朱瑞熙 著

朱瑞熙文集

第三册

上海古籍出版社

两宋文化史研究

（第五、第六、第七章）

目　　录

第五章　复杂多变的职官制度

职官制度作为一种文化现象,是一定的社会经济关系的产物,它反过来又对社会经济关系发生影响。宋朝的职官制度,是适应官僚政治体制的需要而建立的,而且随着官僚政治体制的不断变革而屡次变动,因此呈现出复杂多变而难以捉摸的现象。

第一节　宋朝职官制度的特点

宋朝的职官制度在形式上承袭唐朝后期和五代后周的旧制,实际上陆续作了一些重要的改革。从宋太祖开始,用设官分职、分割各级长官事权的办法,削弱了各级长官的权力,将权力集中于皇帝一身,加强了封建专制主义中央集权的政治统治。其主要特点如下:

一、官职与差遣分离

一般官员都有"官"和"差遣"两个头衔,有的官员还加有"职"的头衔。"官"是指正官或本官。宋初利用唐朝的三省六部等官名组成官阶,如左、右仆射,六部尚书、侍郎,大夫,郎中、员外郎等,在成为官阶的名称后,失去了原有的意义,变成了官阶的一个资级,不再担任与官名相应的职务。这些官名只用以定品秩、俸禄、章服和序迁,故称正官或本官,又称"阶官"或"寄禄官"。其中有文资和武阶的区别。"差遣"是指官员担任的实际职务。有时又称"职事官"。差遣名称中常带有判、知、权、直、试、管勾、提举、提点、签书、监等字,如知县、参知政事、直秘阁、判祠部事、提点刑狱公事等。也有一些差遣名称并不带上述各字,如县令、安抚使等。阶官按年资升迁,如果不担任差遣,一般不能领取俸禄,而差遣则根据朝廷的需要和官员的才能,进行调动和升降。所以,真正决定官员实权的不是阶官,而是差遣。当时士大夫"以差遣要剧为贵途,而不以阶、勋、爵邑有无为轻重"①。

"职"一般指昭文馆、史馆、集贤院(三馆)和秘阁中的官职,如大学士、学士、待制等,是授予较高级文臣的清高的头衔,并非实有所掌。宋神宗元丰三年(1080 年)官制改革,撤销馆职,另设秘书省职事官,自秘书监丞、著作郎以下,都称馆职②。其他文臣兼带馆职,武臣带阁门宣赞舍人,则称"贴职"。因官场中有时也称各种差遣为职,故常以"职名"来称呼贴职,以示区别。

北宋前期官称和实职分离的制度,有利于统治者提拔官阶较低而有才能的官员担任要职,也可撤换无能的官员到闲职。但历时稍久,朝廷内外大批官员无所事事。神宗时,以《唐六典》为蓝图,设置各级官署,规定官员的编制和职权、官阶。新制度使中央文官的官称与实职一致;采用旧文散官的名称重新编制成二十五阶,依此来定俸禄;减少官员等级,改为九品正、从共十八阶。哲宗时,因官阶减少,官员升迁过速,且易混杂,乃将寄禄官分为左、右,进士出身者加左,其他出身者加右。徽宗时,改定选人的寄禄官为承直郎等七阶,使与京朝官的寄禄官相统一。同时,又增设升朝官四阶。这样,文臣的寄禄共三十七阶。

二、文武官等级分明

文官按官阶分为选人和京官、升朝官三等,武官按官阶分为使臣、诸司使、横班三等。选人一般又称幕职州县官,是低级文臣阶官和地方官的总称。选人的寄禄官最初有四等七阶二十六种,其官品为从八品

---

① 《宋史・职官志》序。
② 钱大昕:《潜研堂文集》卷 28《跋〈麟台故事〉》。

和从九品。其中从签书判官厅公事到军、监判官为幕职官,协助府、州长官处理政务,分案治事;从州录事参军到县尉为州县官,分掌州、县事务①。选人的阶官和职官比较丛杂。选人须经磨勘(考核)和一定员数的举主推荐,根据本人有无出身和达到规定的考数(任职满一年为一考),才能升为京、朝官。选人改为京、朝官,初任必须担任知县②。神宗改革官制,未能整顿选人的官阶。徽宗时,先将选人七阶改为承直郎、儒林郎、文林郎、从事郎、通仕郎、登仕郎、将仕郎,后又改通仕郎为从政郎,登仕郎为修职郎,将仕郎为迪功郎③。南宋时沿袭此制。京官乃指与选人品级相近的低级文官,不一定要在京师任职。京官的寄禄官,北宋前期有秘书省著作佐郎、大理寺丞以下到秘书省校书郎、正字、将作监主簿等。神宗改制,自下而上有承务郎、承奉郎、承事郎、宣义郎、宣德郎(徽宗政和间改称宣教郎)等五阶,其官品为从九品、正九品和从八品;同时,废除京官之名,规定在法律上和一般公文中都称"承务郎以上",不过社会上士大夫们仍沿袭旧习称京官④。升朝官乃指可以朝见皇帝和参加宴坐的中、高级官员的总称。北宋前期,文臣自太子中允,武臣自内殿崇班以上为升朝官。神宗改制,文臣自通直郎到开府仪同三司,武臣自修武郎到太尉,为升朝官。

　　武官中的使臣又分为大、小,三班借职、三班奉职、左右班殿直、左右侍禁、东西头供奉官,称"小使臣";内殿崇班、内殿承制以及阁门祗候称"大使臣"⑤。大、小使臣都由三班院统辖。徽宗政和二年(1112年),其他武官都改称"大夫"或"郎",唯独使臣依旧不改⑥。高宗时重定武阶,其中小使臣八阶,大使臣两阶⑦。诸司使中又分为正、副,自皇城使至供备库使,共四十使,是诸司正使;其副是诸司副使。诸司使和

---

① 《庆元条法事类》卷4《职制门一·官品杂压》。
② 《燕翼诒谋录》卷3《京朝官须入知县》。
③⑥ 《宋史·职官志九》。
④ 《老学庵笔记》卷8。
⑤ 《云麓漫钞》卷4。
⑦ 《庆元条法事类》卷4《职制门一·官品杂压》载,大使臣中包括阁门祗候。

副使又各分为"东班"和"西班",自皇城使至翰林医官使共二十使为东班,自宫苑使至供备库使共二十使为西班。东班和西班因朝参时班位的排列方向而得名。诸司使副到徽宗时,改用新名,凡正使称"大夫",副使称"郎"①。其中东班只保留武功大夫一阶,副使称武德郎;西班合并为七阶,即武德、武显、武节、武略、武经、武义、武翼等大夫或郎。东、西班官都是正七品②。横班中也分为正、副,正使是内客省使、客省使、引进使、四方馆使、东上阁门使、西上阁门使;副使是客省副使、引进副使、东上阁门副使、西上阁门副使,共十阶。朝参时位在东班前列成横行。徽宗时,改正使为大夫,副使为郎,共十二阶。后又增设宣正等大夫、郎十阶。总计原有的官阶,共二十五阶。正使为正五品到正六品官,副使为从七品官③。武官还有一种"阁职",类似文官中的馆职,被人们视为"右列清选"。有阁门祗候,东、西上阁门通事舍人,东、西上阁门使等。徽宗时,改通事舍人为宣赞舍人④。凡带阁门之职,都称为"阁职"。

关于宋代职官制,北京大学邓小南教授所著《宋代文官选任制度诸层面》一书有较深入的论述,可参考⑤。

三、寄禄官名称前加"权"、"行"、"守"、"试"

官员的寄禄官名称前大都加上"权"或"行"、"守"、"试"等字,以表示职事官与寄禄官的关系。凡除授职事官,都依寄禄官阶的高低,在寄禄官前加这些字。其中侍郎、尚书初次任职,必定担任"权"官,亦即有一定的试用期,然后升为真官,再正式冠以试或守、行字。神宗官制改革,规定分行、试、守三等:凡官员的寄禄官高于职事官一品者,带行字;寄禄官低于职事官一品者,带守字;寄禄官低于职事官二品以上者,

---

①　《宋史·职官志九》。

②　孙逢吉:《职官分纪》卷44《横行东西班大小使臣》。

③　《职官分纪》卷44《横行东西班大小使臣》。

④　《宋史·职官志六》。

⑤　邓小南:《宋代文官选任制度诸层面》,漆侠主编的《宋史研究丛书》之一。

带试字。哲宗时规定，已任正官者，都改试为守。徽宗时，扩大到选人在京职事官，都依品阶带行、守、试，外任者一律不带①。职事官相同而寄禄官前行、守、试字不同的官员之间，职钱也有一些差别。

四、部分附加性官衔失去实际意义

一部分附加性官衔失去了实际意义，几乎变成了单纯的虚衔。宋朝的附加性官衔中仍旧保留爵和食封、食实封，但与唐又有不同。爵增为十二级，为王、嗣王、郡王、国公、郡公、开国公、开国郡公、开国县公、开国侯、开国伯、开国子、开国男。凡封爵都有食邑。食邑从一万户到二百户共分十四等。食邑仍是虚数，食实封才有一点好处。朝廷封邑诰命常将食邑和实封并列。食实封从一千户到一百户共分七等。实封数约为虚封数的十分之四。食邑还不限于封爵，凡宰相、亲王、枢密使、三司使、殿阁学士以至侍郎、卿监等文武大臣，或位臻将相，都赐食邑。食邑增加到一定数量，则可循资封公封侯。食实封者，按实封一户，每月计钱二十五文，随月俸向官府领取②。此外，宋朝官员的这些封爵和食邑、食实封等都没有子孙世袭的规定。

五、官衔复杂多变

官员的官衔颇为复杂，在神宗改制前更是如此。北宋前期，沿袭晚唐五代余习，每名官员都有一连串的官衔，由寄禄官阶、散官阶、差遣、封爵、食封等按规定的顺序组合而成，称"结衔"，越是高官，衔头越多，结衔越长。《资治通鉴》第一卷司马光署名的系衔为"朝散大夫、右谏议大夫、权御史中丞、充理检使、上护军、赐紫金鱼袋"。其中"朝散大夫"是文散阶，属从五品下。"右谏议大夫"是寄禄官阶。"权御史中丞"是差遣。御史中丞原为从三品官，而司马光的官品仅至从五品下，说明品阶不够高。按规定，凡除御史中丞而"官未至者，皆除右谏议大

---

① 《宋史·职官志九》。
② 佚名：《趋朝事类》；赵昇：《朝野类要》卷3《爵禄·食邑》。

夫权"。"瑁检使"是御史中丞的一种兼职①。"上护军"是勋的第三级。"赐紫金鱼袋"是赐的第五等。宋朝的赐有赐剑履上殿、诏书不名共六等②。这反映了神宗改制前的情况。理宗开庆元年(1259年),吴潜的系衔为"观文殿大学士、银青光禄大夫、沿海制置大使、判庆元军府事兼管内劝农使、金陵郡开国公、食邑五千九百户、食实封一千七百户"③。其中"观文殿大学士"是一种附加性的官衔,即贴职。"银青光禄大夫"是文官阶,属从二品官。"沿海制置大使、判庆元军府事兼管内劝农使"是差遣。南宋在庆元府(即明州,治今浙江宁波)设沿海制置司,由庆元府长官兼任制置使;同时,宋制以宰相、三公、三少等出镇,概称"判"某"军府事"④,吴潜曾任右丞相兼枢密使,故称"判庆元军府事",而不称"知庆元府"。"金陵郡开国公"是爵的第六等。"食邑五千九百户、食实封一千七百户"是所封户数。这反映神宗改制后的情况。

第二节　中　央　官　制

一、中枢首脑部门

宋朝的政府机构分为中央和地方两个系统。中央政府又可分为中枢部门和一般中央机构两大类。中枢部门主要包括中书门下和枢密院、三衙、三司、翰林学士院等。

中书门下　北宋前期,沿唐朝后期之制,设置中书门下,作为中枢部门的首脑官署和正副宰相集体处理政事的最高行政机构。中书门下简称"中书"。其办公厅设在宫中,称"政事堂",别称"都堂"。

---

① 《宋史·职官志四》。
② 《宋史·职官志十》。
③ 阮元:《两浙金石志》卷12《宋重建逸老堂记》。
④ 明《永乐大典》卷11001《府字》。

中书门下的长官为正宰相,称"兼侍中"和"同中书门下平章事",后者简称"同平章事"。宰相的地位和职权是"佐天子,总百官,平庶政,事无不统"①。宰相一般每天要到中书门下值日办公。遇有国家大政,在议定后,奏告皇帝。印文为"中书门下",如有两员以上宰相,则轮流值日掌印。副宰相称"参知政事"。政事堂后称"制敕院",分设五房办事,其官员称"堂后官",宋初开始任用士人②。

中书门下的长官的编制不固定,大致同中书门下平章事和参知政事同时不超过五人。或三相一参,或三相而无一参。太宗以后,以三相二参或二相二参居多③。

从神宗朝开始,宰相制度出现了四次变化。第一次是元丰改制,撤销中书门下,恢复唐初三省制度,置三省长官——尚书令、中书令和侍中。不过,这三个官位只是虚设,从不授人。又仿照唐制,用尚书左仆射、右仆射代行尚书令的职权,再用尚书左仆射兼门下侍郎,代行侍中的职权,尚书右仆射兼中书侍郎,代行中书令的职权,他们是正宰相。又增设四名副宰相:门下侍郎、中书侍郎、尚书左丞、尚书右丞。撤销参知政事④。第二次是徽宗政和间,蔡京任宰相,自称"太师",总领门下、中书、尚书三省之事,改尚书左、右仆射为"太宰"、"少宰",由太宰兼门下侍郎、少宰兼中书侍郎⑤。钦宗靖康年间(1126—1127年),又废除太宰和少宰,改为尚书左仆射和右仆射。第三次是南宋高宗建炎三年(1129年),正式以左仆射和右仆射兼同中书门下平章事,为正宰相;又将门下侍郎和中书侍郎改为参知政事,为副宰相;还取消尚书左、右丞的官称,大致上恢复了宋初的制度⑥,但不同之处是三省合而为一。第四次是孝宗乾道八年(1172年),又改左、右仆射兼同中书门下平章事为左、右丞相,参知政事照旧,废除虚而不设的侍中、中书令、尚书令等

①④⑥ 《宋史·职官志一》。
② 《长编》卷14。
③ 《容斋三笔》卷1《宰相参政员数》。
⑤ 《宋史》卷21。

名称。大臣虞允文、梁克家首任左、右丞相，并兼枢密使。宁宗开禧间（1205—1207 年），以宰相兼枢密使，就成为定制①。

宋初罢免了节度使的兵权，但仍旧保留了它的官称，既作为武臣的一个官阶，又作为一种荣誉的官衔。凡以亲王、枢密使、留守、节度使而兼门下侍中、中书令、同中书门下平章事者，都称"使相"。使相位高爵显，用来安排德高望重的勋贤故老和久任宰相而罢政者，或者依照其旧职或者检校官，加节度使衔而出判藩镇（即带节度称号的州府）②。使相不参预政事，不在敕上书押，仅在宣敕除授时，在敕尾存留其官衔③。神宗官制改革，将节度使阶改为"开府仪同三司"④，但仍保留节度使的称号。

枢密院　枢密院是总理全国军务的最高机构，类似后世的国防部。简称"枢府"。枢密院在北宋前期与中书门下，元丰改制后与三省，对掌文、武大权，称为东、西"二府"。北宋前期，兵部失去了原有的职权。枢密院的长官称枢密使或知枢密院事，副长官为枢密副使或同知枢密院事，签书枢密院事或同签书枢密院事。其下设都承旨和副都承旨，负责"承宣旨命，通领院务"，由武官担任。还设编修官，不定员数⑤。枢密院"掌兵籍、虎符"，有调动兵马之权，但必须得到皇帝的批准，将命令下达殿前司，才能调动⑥。枢密院的长官入朝奏事，与中书门下的长官先后上殿，彼此不通消息。

枢密院长官的地位略低于宰相，他们与参知政事、门下侍郎、中书侍郎、尚书左右丞等统称"执政官"⑦。宰相和执政官合称"宰执"。仁宗庆历（1041—1048 年）前，枢密院长官和宰相互不兼任⑧。庆历间，因

---

① 《宋史》卷 34《宋史·职官志二》。
② 《宋史·职官志一》。
③ 《宋会要》职官 1 之 16；佚名：《南窗纪谈》。
④ 《宋史·职官志九》。
⑤ 《宋史·职官志二》。
⑥ 《朱子语类》卷 128《本朝二·法制》。
⑦ 《庆元条法事类》卷 4《职制门一·官品杂压》；《宋史·职官志一》。
⑧ 《文献通考》卷 58。

对西夏用兵,为便于统一指挥,命宰相吕夷简、章得象兼枢密使。神宗初年,对西夏战事结束,乃罢兼枢密使①。但此例一开,宰相不时兼枢密使之职,南宋更是如此。为了防止武将跋扈,宋朝一般委派文臣任枢密院长官。

　　三衙　三衙指殿前都指挥使司和侍卫亲军马军都指挥使司、侍卫亲军步军都指挥使司。各设都指挥使、副都指挥使、都虞候、副都虞候各一员。宋初殿前都还设置"都点检"和"副都点检",地位在都指挥使之上,后因太祖曾任后周的殿前都点检,乃不复授人。真宗时,又废除侍卫两司的都虞候之职。三衙分掌全国禁军。南宋时,殿前司掌管殿前各班、直和步、骑各指挥的名籍,侍卫亲军马、步军司分掌马军、步军各指挥的名籍;同时,各自负责所辖军队的管理、训练、戍守、升补、赏罚等政令。与枢密院相反,三衙虽然统辖全国禁军,但没有调遣之权②。

　　三司　三司是北宋前期最高财政机构,号称"计省"。总管各地贡赋和国家财政,类似后世的财政部。其长官是三司使,称"计相",地位仅次宰相。副长官是三司副使。三司的盐铁下设兵、胄、商税、都盐、茶、铁、设等七案,掌管全国矿冶、茶、盐、商税、河渠和军器等事;度支下设赏给、钱帛、粮料、常平等八案,掌管财赋之数;户部下设户税、上供、修造、麴、衣粮等五案,掌管户口、二税、酒税等事。三司的附属机构有都磨勘司、都主辖支收司、拘收司、都理欠司、都凭由司、开拆司、发放司、勾凿司、催驱司、受事司等③。神宗时实行变法,在三司之上设"制置三司条例司",不久废罢。后来改革官制,又撤销三司,其职权分为归户、工部等,户部始掌管全国财政。在北宋前期,中书门下主管民政,枢密院主管军政,三司主管财政,三者鼎立,彼此不相知,而大权集中于皇帝一身。神宗改制后,宰相实际上兼管财政。南宋时,宰相兼任枢密使,实际又兼管部分军政。这样,宰相重新握有民政、财政和部分军政

---

① 《职官分纪》卷3《宰相》。
② 《宋史·职官志六》。
③ 《宋史·职官志二》。

的大权。

翰林学士院　设翰林学士承旨、翰林学士等。负责起草朝廷的制诰、赦敕、国书以及宫廷所用文书,还侍奉皇帝出巡,充当顾问①。其他官员入院而又未授学士,即称"直学士院"。如果学士全缺,由其他官员暂行院中文书,则称"学士院权直"或"翰林权直"②。北宋前期,翰林学士常用作寄禄官阶,并不归院供职,故必须带知制诰职者,才真正掌管诏命,直接替皇帝起草麻制、批答及宫廷内所用文词③,称为"内制";单称知制诰或以他职带知制诰者④,则奉皇帝或宰相之命,分房起草官员升迁、磨勘、改换差遣等制词⑤,称为"外制";总称"两制"⑥。神宗改制,翰林学士虽不再另任他职,但仍带知制诰;遇缺,则以侍郎、给事中、中书舍人兼直学士院。南宋时,有以尚书兼权翰林学士,而不带知制诰的⑦。翰林院奏事的文书称为"榜子",移文三省、枢密院使用"谘报"⑧。

二、一般中央机构

宋朝一般的中央机构有三省六部二十四司、各寺监、御史台、谏院等。

三省六部二十四司　三省,即门下省、中书省、尚书省。北宋前期,在宫内设中书门下,在宫外设三省六部;三省长官非宰相者一般不得登政事堂,实际上剥夺了三省议政和决政的职权。元丰改制后,三省成为最高政务机构。南宋时,三省合为一体。宰相们办公的官厅称为"三省都堂"或"都堂"。

---

① 佚名:《元丰官制》。
② 《宋会要》职官6之46。
③ 《宋会要》职官6之50。
④ 《宋史·职官志一》;林駉:《新笺决科古今源流至论》后集卷2《两制》。
⑤ 《文献通考》卷51。
⑥ 《欧阳修奏议集》卷18《又论馆阁取士札子》。
⑦ 徐度:《却扫编》卷下。
⑧ 《宋会要》职官6之51。

门下省，又称"左省"。在北宋前期，其长官名义上是门下侍中，但很少委任过。副长官是门下侍郎。又另派一名给事中任"判门下省事"①，真正掌管本省的职权。主管皇帝宝玺、大朝会设位版、赞拜、拜表、宣黄、外官和流外官考课等。神宗官制改革，重新恢复三省的实际地位和职权，门下省专司审复。

中书省，又称"右省"。在北宋前期，其长官为中书令，但实际有名无职。副长官是中书侍郎。又另派一名中书舍人任"判中书省事"，真正掌管本省职权。主管郊祀、皇帝册文、幕职州县官考课、文官改赐章服、僧道给赐紫衣师号、举人出身、寺观名额等②。神宗官制改革，中书省专司取旨出令。门下省和中书省的左、右散骑常侍，左、右谏议大夫，左、右司谏，左、右正言，通称"两省官"③。门下省的起居郎和中书省的中书舍人称"小两省官"④，散骑常侍、给事中、谏议大夫等称"大两省官"⑤。北宋前期，大两省官员虽名为谏官，但除非皇帝特旨供职，并不得谏诤。

尚书省，又称"都省"。在北宋前期，其长官为尚书令，还有左右仆射、左右丞等，但尚书令从不委任。实际另派诸司三品以上的官员或学士一员任"权判尚书都省事"。尚书省总辖吏、户、礼、兵、刑、工等六部和司封、司勋、考功、度支等二十四司，并主管议定官员谥号、祠祭、受誓戒、在京文武官封赠、注甲发付选人、二十四司人吏迁补等事⑥。尚书省长官的办公厅也称为"都堂"，常与中书门下的办公厅"政事堂"的别称"都堂"相混。尚书省所辖六部二十四司，分属左司和右司，左司掌管吏部（下辖司封、司勋、考功）、户部（下辖度支、金部、仓部）、礼部（下辖祠部、主客、膳部），右司掌管兵部（下辖职方、驾部、库部）、刑部（下

---

① 《宋会要》职官 2 之 1。
② 《宋会要》职官 3 之 1。
③ 《宋史·职官志一》；《文献通考》卷 50。
④ 《文献通考》卷 50。
⑤ 《容斋三笔·侍从两制》。
⑥ 《宋会要》职官 4 之 1、4。

辖都官、比部、司门）、工部（下辖屯田、虞部、水部）。左、右司各设郎中、员外郎一人①。

唐朝尚书省是最高行政机关，颇有威势。但在北宋前期，其职权已被分割给三司、枢密院、礼仪院、审官院等机构，所剩职权无几；同时，尚书省的长官从不委任，各司郎中和员外郎也只是官阶的名称，并不管本司之事。《宋史·职官志》序说："三省六曹二十四司，类以他官主判，虽有正官，非别敕不治本司事，事之所寄，十亡二三。故中书令、侍中、尚书令不预朝政，侍郎、给事不领省职。"元丰改制，以尚书左仆射兼门下侍郎，右仆射兼中书侍郎，为正宰相，又以尚书左、右丞为副宰相。

各寺监　寺指太常、宗正、光禄、卫尉、太仆、大理、鸿胪、司农、太府等九寺。北宋前期，虽然保留了九寺的名位，但大部分作为寄禄官称，而另外委派朝官以上一二员兼充"判本寺事"。其中只有大理、太常二寺还有一些职权。元丰改制，九寺各专其职，并分设本寺的长官卿、少卿各一员以及丞、主簿一至二员。各寺职务忙闲不均。徽宗时有人记述：太府寺所隶场务众多，号称"忙卿"；司农寺掌管仓库，供给军饷，疲于奔命，号称"走卿"；光禄寺掌管祭祀供应酒食，号称"饱卿"；鸿胪寺掌管周邻族国朝贡，号为"睡卿"②。南宋时，将光禄、鸿胪二寺并入礼部，卫尉、太仆二寺并入兵部③。

监指国子、少府、将作、军器、都水、司天等六监。宋初各监的基本情况是，国子监是全国最高学府，仁宗后，成为掌管全国学校的总机构，犹如后来的教育部。少府监的主要职事已划归文思院和后苑造作所，本监只管制造门戟、神衣、旌节等物。将作监只管祠祭供省牲牌、镇石、炷香、盥水等事，有关土木工匠的政令、京城的缮修都归"三司"修造案掌管。仁宗嘉祐三年（1058 年），撤销"三司"河渠案，另设都水监，掌管

---

① 《长编》卷 435；《宋史·职官志九、一》。
② 《麈史》卷下《谐谑》。
③ 《宋史·职官志四》。

修治河道之事。神宗熙宁六年（1073年），撤销"三司"胄案，另设军器监，掌管制造武器。司天监掌管观察天文祥异、钟鼓漏刻、编制历书等。除司天监以外，各监都设"判本监事"一至二员，或设"同判监事"一员，以及丞、主簿等。元丰改制，撤销了司天监，另设太史局，隶属于秘书省。国子监正式设祭酒、司业各一员为正、副长官，主管国子学、太学、武学、律学的政令。又设丞各一员，参领监事；设各学博士多员，负责讲授各种课程。南宋初，国子监并归礼部，重建太学，太学学官时有增减。神宗改制时，除国子监外，各监都设监和少监作为正、副长官，其下又设丞和主簿；同时，恢复了本监职权①。

　　御史台和谏院　宋朝御史台以御史中丞为其长官，俗称御史中丞为"台长"。副长官是侍御史知杂事。御史台主管对朝廷内外百官的监察和弹劾。下设三院：台院，由一名侍御史负责；殿院，由两名殿中侍御史负责，依仪法纠正官员失仪之事；察院，由六名监察御史分工监督六部和各个机构，随事纠正，称为"六察"。官阶低而任殿中侍御史或监察御史，称"殿中侍御史里行"或"监察御史里行"。此外，还设推直官二员，专管审理刑事案件②。台官得上疏言事，评论朝政，弹劾官员。但三院御史言事，必须先向中丞报告。仁宗时刘筠任中丞后，御史言事就不必请示本台长官了③。按照唐制，御史还可"风闻"论事，即使纯属捕风捉影，也算合法。宋初未设谏院，司谏和正言只是寄禄官阶，并不专管谏诤；如朝廷特令供职，才正式成为谏官④。仁宗明道元年（1032年），以门下省址设谏院，是为单独设院之始⑤。其长官称"知谏院事"，以司谏、正言充任。谏院主管规谏讽谕，凡朝政缺失、百官任非其人、各级官府办事违失，都可谏正⑥。元丰改制，以左、右谏议大夫为谏院长

---

① 《宋史·职官志五》。
② 《宋史·职官志四》。
③ 《宋史·刘筠传》。
④ 《文献通考》卷50。
⑤ 《宋会要》职官3之52。
⑥ 《宋史·职官志一》。

官,左隶门下省,右隶中书省。建炎三年(1129 年),另建官署。

除上述外,宋朝还设置秘书省、馆阁、宣徽院、审刑院、太常寺礼院和礼仪院等机构,各有专司,时有兴废。

第三节　地　方　官　制

宋朝地方实行州、县两级建制,县以下建立镇、寨及乡都里保等多层次的行政管理系统;同时,在州之上设置路(道)一级的多元派出机构,以代表朝廷实行全面管辖和监督。

一、州、府、军、监一级机构

州:州与府、军、监同级,直属朝廷[①]。各州长官,实行军制[②]:由朝廷委派京朝官管理州事,称"权知某州军州事",表示全权管理一州的军、民之政,带有强烈的军事性质。知州可直接向朝廷奏事,多用文人,且经常调换。二品以上和带中书、枢密院职事者,称"判某府(州、军、监)"。有些重要府、州的长官必兼其他要职,如河南府、应天府、大名府的知府兼任"留守司公事",定州的知州兼任"安抚使、马步军都总管"[③]。一般知州也必兼本州提举或主管学事、提举数州兵甲巡检公事。知州以外,宋初还设"通判州军事"一至二员,简称"通判",与知州同领州事,裁处兵民、钱谷、户口、赋役、狱讼审理等事。各州公文,知州须与通判一起签押,方能生效。通判还有权监督和向朝廷推荐本州的官员。南宋时,遇有军事,通判还负责筹办钱粮,催收经制钱和总制钱。知州和通判的属官,有录事、司户、司法、司理等各曹参军,或不并置,视本州的户口多寡而定。录事参军主管"州院"(监狱)的庶务,监督各曹。司户参军掌管一州的户籍、赋税、仓库出纳。司法参军掌管议法判

---

① 《燕翼诒谋录》卷 1《知州借绯紫》。
② 王明清:《挥麈后录余话》卷 1《祖宗兵制名〈枢廷备检〉》。
③ 《宋史·职官志七》。

刑。司理参军(宋初称"司寇参军")掌管狱讼审讯。各曹官衙一般称"厅",有的称院,如司理院①。

各州还设各种幕职官和监当官。幕职官有节度掌书记、观察支使、判官、推官等,负责协助本州长官治理郡政,总管各案公文。监当官是各州主管仓场库务等经济机构的官员,负责征收茶盐酒税、矿冶、造船、仓库出纳等事务。名目极多,随事置官。如"监临安府楼店务兼管抽税买竹场"、"监黄州市舶库"等。

二、县级机构

县:宋制,县分为赤、畿、望、紧、上、中、中下、下八等,除赤、畿为四京属县所定等级外,其余都按户数多寡而定。县的长官,宋初称"判县事",后改为"知县"或"县令"②。以京朝官领县称"知县",以选人领县称"县令"③。知县或县令主管一县的民政、司法、财政,如果驻有军队,则兼兵马都监(升朝官)或监押(京官以下)。仁宗初,县始设"丞",委派选人任职④。后以京朝官充丞者,称"知县丞";以选人充丞者,带"权"字,只称"县丞"⑤。丞是县的副长官,主管常平、坑冶、农田水利等事⑥。另设主簿、尉等。主簿掌管官物出纳,销注簿书。尉的职位居主簿之下,掌管训练弓手,维持治安,南宋时兼管巡捉私贩茶、盐、矾等。尉司犹如旧时代的县警察局。县级长官的编制,视县的等级而定,或不并置。宋时称县官为"亲民官"⑦。

各县在居民繁密或地形险要处设立镇、寨。宋初设置县尉,维持乡村秩序,镇将只管城郭以内,归本县管辖。自太宗始,委派本州衙前吏人兼任⑧。后改设镇的监官,掌管巡逻盗贼、烟火事宜,或兼征收酒税

---

① 《宋史·职官志七》;《职官分纪》卷41《通判军州》。
② 周瑛等:《兴化府志》卷1《叙官》。
③⑤ 《朝野类要》卷2《称谓》。
④⑥ 《文献通考》卷63。
⑦ 《宋史·职官志七》。
⑧ 《职官分纪》卷43《镇将、镇副》;《长编》卷18;《宋会要》职官48之92、93。

和商税。不过,有些地区长期保留镇将之职。寨设寨官,招收土兵,训练武艺,防止盗贼。镇、寨官员有权处分杖罪以下刑罚,其余解送本县①。各地还在重要地带或边远地区设立巡检司,不受州县疆界的限制。其长官称"都巡检使"、"同都巡检使"、"巡检使"、"同巡检使",官阶低者称"都巡检"、"巡检"等,主管本界土军、禁军招募和训练的政令,巡逻州邑,捕捉盗贼,兼管巡捉私茶盐矾、私铸铜器和铁钱,或搜捉铜钱下海出界等②。巡检司隶属于所在州县长官统辖③。

三、路——特殊机构

路　宋太祖时,承袭唐制,将全国分为若干道。太宗至道三年(997年)改成十五路,仁宗初年析为十八路,神宗元丰八年(1085年)增至二十三路。路级机构有转运使司、提点刑狱司、提举常平司、安抚使司等。

转运使司的长官,俗称转运使,全称"某路诸州水陆计度转运使"。转运使司负责计度本路的财赋、漕运钱谷;按察州县,荐贤举能;点检狱讼,疏理系囚;养兵捕盗,维持治安,救灾赈恤,考试举人。其职权包括一路的军、民、财、刑等各个方面。如以两省五品以上官员任职,或掌管两路以上者,称"都转运使"④。转运使常兼"本路劝农使",表示对农事的重视。有的转运使还兼"提点市舶司"⑤等职。转运使一般为每路二员。另有转运副使、转运判官,都随本人官资高低而称。转运使司的属官有主管文字、勾当公事官各一员,以及准备差遣(文臣)、准备差使(武臣)若干员⑥。

提点刑狱司的长官,俗称提点刑狱,全称"提点某路刑狱公事",担任提刑的官资,文官一般为升朝官,武官为阁门祗候以上。天禧四年(1020年),命提刑兼本路劝农使,并委派使臣(武官)为副使。仁宗嘉

---

① 《文献通考》卷63。
② 《职官分纪》卷35《都巡检使等》;《宋会要》职官48之122;《永乐大典》卷14622《部字》。
③④⑥ 《宋史·职官志七》。
⑤ 《两浙金石志》卷5《宋杭州放生池碑》。

祐间（1056—1063年），因武官担任"同提点刑狱"大都不得其人，乃停罢。南宋时，各路重设武官提刑一员。提点刑狱司负责察访本路刑狱，审问囚徒，复查案牍，遇州县拖延狱讼不决和盗贼逃亡不获，则按劾失职官员申报朝廷，荐举官员。神宗时，曾命兼管封桩钱谷、盗贼、保甲、军器等事。哲宗时，又命兼管坑冶。孝宗乾道八年（1172年），兼管催督本路经总制钱。提刑司的属官有检法官、勾当公事官等①。

提举常平司的长官，称提举常平。神宗熙宁二年（1069年），始设提举常平司，掌管一路的常平义仓、免役、市易、坊场、河渡、水利等事，推行新法，并荐举官员。哲宗元祐初（1086年）并入提刑司，绍圣初（1094年）复置。元符间（1098—1100年）后，成为固定的官职。南宋初，有些路的提举常平司，或由转运使、提点刑狱兼领，或由市舶司代管②。徽宗时，另设"提举茶盐司"，掌管茶、盐的产销。南宋时，各路都设"提举常平茶盐司"，其长官称"提举某路常平茶盐公事"，实际把提举常平和提举茶盐两司合并为一③。

除提举常平司以外，从神宗时开始，遇事都设提举司，如提举坑冶司、提举市舶司、提学举事司、提举保甲司、都大提举茶马司等，分掌有关事宜，并按察本路官吏。各提举司的属官有勾当公事、主管官等④。

各路转运使，俗称"漕司"；提点刑狱司，俗称"宪司"；提举常平等司，俗称"仓司"。由于这些机构都具有监察职能，因此统称"监司"。监司作为皇帝的"耳目之寄"，权任颇重，号称"外台"⑤。

安抚使司俗称"帅司"，其长官为安抚使，掌管一路的兵政，由知州兼任，必须太中大夫以上或曾任侍从官者乃可得之，官品低者只称"主管某路安抚司公事"⑥或"管勾安抚司事"⑦。南宋前期，各路都建安抚使司，仅广东、广西两路依旧加"经略"二字。安抚使或经略安抚使成为一路的第一长官,掌握一路的兵、民之政,弹压盗贼;用兵时,有权"便宜行事"①。一般仍由各路最重要的州府长官兼任安抚使,如系二品以上官,则称"安抚大使"。同时,凡安抚使都带本路"马步军都总管"之职,由一名武官任副总管。宁宗后,各路兵政都归都统制司,民政分属各司,安抚使司反而有职无权②。安抚使司的属官有参议官、参谋官、勾当公事、指使、准备差使、准备将领、准备差遣、准备使唤、主管机宜文字、主管书写机宜文字③。

　　一路之中,帅、漕、仓、宪各司并立,同掌军政、民政、财政、司法等权,互不统属,而又彼此监督。各司来往公文称为"关牒"④。随着各司的设置,路逐渐具有半地方监察区、半行政区的性质,路的长官实际上行使一级行政单位的职权。从唐到宋,路是由地方监察区向行政区过渡的一种形式。

　　宋朝还在各路设置一些特殊的官府,如发运使司、制置使司、总领所等,各有长官和一些官属。

第四节　官员行政人事管理制度

　　适应官僚政治制度的需要,宋朝逐步形成了一套较为完整的官员行政人事管理制度。其中有品阶、升迁、考课、荐举、恩荫、致仕、俸禄等制度。

一、品阶

　　品阶制度　北宋前期,将官品分为九品,每品分正、从;四品以下,正、从之中又分上、下,共三十阶。官品所起作用甚微,只是决定官员公

---

① 《宋会要》职官 41 之 114;《宋史·职官志七》。
② 《建炎以来朝野杂记》甲集卷 11《安抚使》。
③ 《永乐大典》卷 14620《部字》。
④ 《宋会要》职官 41 之 101。

服颜色的一种标准:宋初规定三品以上服紫色,五品以上服朱色,七品以上服绿色,九品以上服青色。元丰改制,重订官品令,减少官品,共为九品正、从十八阶。官员的服色也改为,四品以上服紫,六品以上服绯,九品以上服绿①。北宋前期的散阶,又称散官,是一种附加性官衔,表示一定的级别,与实际职掌和俸禄无关。文散官从开府仪同三司到将仕郎,共二十九阶;武散官从骠骑大将军到陪戎副尉,共三十一阶②。京朝官和选人,遇郊祀等庆恩,每次加五阶;到朝散大夫以上,每次加一阶。武官诸司使以上,如使额高者加金紫光禄大夫阶;内殿崇班初授,加银青光禄大夫阶③。散阶比较复杂,但作用不大,故在元丰时废除了。此后,散官专指闲散不管事的官职,如节度副使、行军司马、防御副使、团练副使、州别驾、长史、司马、司士、文学、助教等④。这些官称易与元丰改制后的寄禄官阶相混。北宋前期,还有“本官阶”即“官”。本官阶大抵用实际职务的官称组成。以宰相和执政官为例,如吏部尚书是阶官,同中书门下平章事是职官;尚书吏部侍郎是阶官,参知政事是职官。但吏部尚书、吏部侍郎不纯属阶官或职官,管理其事则成为职官,不管理其事则成为阶官。至于选人,完全用幕职的令、录等为阶官,而这些令、录原来都有所系属的监司或州县。所以,情况十分复杂。本官阶用以决定官员的俸禄,并作为官员享受赠官、叙封、恩荫、荐举等待遇的重要标准⑤。北宋前期的本官阶等级,文臣自太师、太尉、太傅到诸寺监主簿、秘书省校书郎、秘书省正字,共四十二阶,武臣自节度使、节度观察留后到左右班殿直、三班奉职、三班借职,共二十七阶。⑥元丰改制,将原京朝官本官阶改为职事官的名称,而新定的京朝官本官阶即寄禄官阶采用了原散阶名称。这些新定的京朝官寄禄官阶,自开府仪

---

① 《宋会要》舆服 4 之 28、29。
② 《宋史·职官志九》;岳珂:《愧郯录》卷 7《散阶勋官寄禄功检校试衔》作武散官二十九阶。
③ 《宋史·职官志十》。
④ 《庆元条法事类》卷 4《职制门·官品杂压》。
⑤ 《文献通考》卷 64。
⑥ 《宋史·选举志四》。

同三司到承务郎共二十五阶。这一改革使京朝官的官阶比前减少了十七阶。寄禄官阶，用来决定京朝官的俸禄；朝廷委派官员任职时，以此为标准，在结衔时在此前面加上"行"、"守"或"试"字。徽宗崇宁二年（1103 年），将选人的寄禄官阶改为承直郎、儒林郎至将仕郎，以便与京朝官的寄禄官阶统一①。大观初（1107 年），增加升朝官的寄禄阶，有宣奉、正奉、通奉、中奉、奉直等大夫，共五阶。政和二年（1112 年），再次改换选人的最后三阶名称，由通仕郎、登仕郎、将仕郎改为从政郎、修职郎、迪功郎。文臣的寄禄官阶至此完备。同时，对武臣的寄禄官阶进行整顿：保留节度使以下到刺史六阶②；新置太尉一阶，作为武阶之冠③；将横班正使各阶一律改为"大夫"，副使各阶改为"郎"；将诸司使改为武功大夫等阶，诸司副使改为武功郎等阶。政和六年，又新设宣正、履正、协忠、翊卫、亲卫等五"大夫"（属正使）和五"郎"（属副使）。政和二年，还改变了内侍和医职的官阶。

宋朝沿袭唐制，保留了一些附加性的官衔。这些加官，除前述封爵和食邑、食实封外，还有勋官、功臣封号、检校官、兼宪衔、试衔等。勋官，共十二级，自上而下为上柱国、柱国、上护军、护军、上轻车都尉、轻车都尉、上骑都尉、骑都尉、骁骑尉、飞骑尉、云骑尉、武骑尉，与唐朝相同。徽宗政和三年（1113 年），罢文臣勋官，南宋复旧④。功臣封号，共分三等。第一等有"推忠"、"协谋"、"同德"、"佐理"等十一种，仅赐给中书门下和枢密院的长官，宰相初次加六字，枢密使副、参知政事等加四字，累加二字。第二等有"推诚"、"保德"、"翊戴"、"守正"等十九种，赐给皇子、皇亲、文武官员等，初次加四字，累加二字。第三等有"拱卫"、"翊卫"、"卫圣"、"保顺"等十种，赐给将士，初次加二字，累加也如此⑤。仁宗时，名臣范仲淹曾被封为"推诚保德

---

① 《宋会要》职官 56 之 25；《宋史·职官志九》。
② 《宋大诏令集》卷 163《政事十六·官制四》。
③ 《宋史·职官志九》；《宋史》卷 21《徽宗纪三》。
④ 《宋史》卷 21《徽宗纪三》。
⑤ 《宋史·职官志九、十》。

功臣"①。检校官,共有十九级,为检校太师,太尉,太傅,太保,司徒,司空,左仆射,右仆射,吏部尚书,兵部尚书,户部尚书,刑部尚书,礼部尚书,工部尚书,左散骑常侍,右散骑常侍,太子宾客,国子祭酒,卿、监,诸行郎中、员外郎等,是文武臣及吏职、蕃官的一种加官,也属有名无实的荣誉头衔。凡加检校官者,在加官前添上"检校"二字。武臣初授内殿崇班,加"检校祭酒"。三班等初授,加"检校太子宾客"。文臣任枢密使,都带"检校太尉"或"检校太傅"②。太祖时大臣潘美,初除山南东道节度使,加"检校太保"③。兼宪衔,共五级,为御史大夫、御史中丞、侍御史、殿中侍御史、监察御史,是武臣的一种加官。试衔,共六级,为大理司直,大理评事,秘书省校书郎,正字,寺、监主簿,助教,一般是选人的一种加官。选人初授,加"试秘书省校书郎";再任如到两使推官,加"试大理评事";节度掌书记、观察支使、防御判官、团练判官,加"试大理司直"、"试大理评事",再加则"兼监察御史",也有加到"检校员外郎"以上者④。神宗改制,废除了检校仆射以下的检校官、兼宪衔、功臣封号、试衔等实际不起作用的加官。但封拜周邻少数民族的君长,仍保留兼宪衔之类的加官⑤。

二、升迁

升迁制度　又称"叙迁"之制。北宋前期,京官以上分为三大类:自将作监主簿到秘书监为一类,自左、右谏议大夫到吏部尚书即两制、两省官为一类,宰相和执政官又为一类。第一类官员根据有出身、卿列馆职、荫补人、杂流等大致分为四等;同是一官,迁转不同。前二等人可超资转官,后二等人逐资转官。第二类官员,因"论思献纳,号为侍从","皆极天下之选",所以不再分等,共十一转。第三类官员,须曾任

① 《范文正公集·褒贤集》。
② 《职官分纪》卷49《检校兼官》。
③ 陆耀遹:《金石续编》卷13《大宋新修南海广利王庙碑铭》。
④ 《宋史·职官志九、十》。
⑤ 《却扫编》卷下。

宰相者才能升转,可超等升资,宰相每次超三官,执政超二官①。武翼郎以上有军功的武臣,每升一官,即双转二官②。至于差遣,也有一系列法度,如自监当官升知县,知县升通判,通判升知州,都以两任为限③。这种升转方法称"关升"④。选人升为京朝官,须经专门机构的"磨勘"手续,才能"改官"为京朝官。南宋高宗后,承务郎以上文臣是四年一转,有出身者超资升转,无出身者逐资升转,升到承议郎都逐资升转,到朝议大夫开始七年一转。承信郎以上武臣是五年一转,升至武功大夫也是七年一转⑤。

三、考课

考课制度　即考核制度。宋初文、武常参官各按职务的繁简定出期限,有三十六个月或三十个月、二十个月满任的,考满迁资,遇郊祀等大典只加转散阶、勋官、封爵、食邑⑥。所谓资,即官员升迁的等级,一般是指官阶;同时,官员任职期满也称"成资"。此时资和任尚相互一致。宋太祖后来改变了岁满升迁之制,京朝官没有劳绩不再迁资,规定京官的每一次任期为三十个月⑦。于是资、任开始分离,虽然差遣任满仍称"成资",但不经考课合格,不能升资。

宋朝称官员升迁本官阶时的考课为"磨勘"。京朝官升转都有一定年限,在任期内每年由上级长官考查其功过,再由审官院、吏部等专门机构复查其考绩优劣,而后决定升转本官阶。考查的标准因职务而异,一般用"七事"考查监司,七事是"举官当否"、"劝课农桑,增垦田畴"、"户口增损"等。用"四善"、"三最"考查守令。四善是"德

①　曾敏行:《独醒杂志》卷2。
②　《朝野类要》卷3《升转》。
③　《文献通考》卷39。
④　《燕翼诒谋录》卷3《关升次序》。
⑤　《宋史·职官志九》。
⑥　《长编》卷2。
⑦　《长编》卷3。

义有闻、清谨明著、公平可称、恪勤匪懈"；三最是"狱讼无冤、催科不扰为治事之最"，"农桑垦殖、水利兴修为劝课之最"，"屏除奸盗、人获安处、振恤困穷、不致流移为抚养之最"。考查分成三等，七事中达到五项列为上等，达到三项列为中等，其他为下等①。选人须经磨勘合格，才能改为京朝官，称"改官"。京朝官和选人任满三周年以上，不论是否代还，由审官院或考课院考核功过，然后引见皇帝，再由皇帝亲自考查，决定升黜②。官员犯有过错或罪行，则按等级延期磨勘。伎术官虽任京朝官之职，审官院不予磨勘③。这时，对武臣的磨勘制度也逐渐形成。此后，大致规定了文臣三年、武臣五年一次磨勘加阶转官之法④。

四、荐举

荐举制度　官员磨勘迁官或担任差遣，一般都要举主推荐，并充当保证人。荐举的对象主要是中、下级文武官员，称"被举官"；荐举人称"举主"。真宗天禧元年（1017 年），开始限制荐举人数：两省五品以上官员，每人每年荐举京朝官五员，升朝官荐举三员⑤。仁宗初，规定通判以上官员可荐举他人，被举人须现任的属官，且举主中还应有两员"职司"，由本部按察官或本路监司、帅司的长官充当⑥。后来规定担任县令，须有举主三员，方才入选⑦。中、低级武臣，由高、中级文臣或武臣荐举，每名举主荐举有定额。举主荐举京官，被举人犯赃罪，举主一般要同罪而受一定的惩处。神宗时，一度取消荐举制。徽宗后，继续实行。

① 《宋史·职官志三》。
② 《宋会要》职官 11 之 6、7；《宋史·选举志六》。
③ 《宋会要》职官 11 之 8、7。
④ 《长编》卷 143；《宋会要》职官 11 之 9。
⑤ 《玉海》卷 118《选举·考课》。
⑥ 《宋会要》选举 27 之 20。
⑦ 《职官分纪》卷 42《县令》。

荐举与升迁、考课等制度紧密结合,随着冗官现象的逐步严重,官员升迁条件日益严格。诸如增加举主和考数或年限,限制人数,缩减所升品阶,制订"止法"等。

宋朝通过建立考课、荐举等制度,加强了对各级官员考核、奖惩的手段,但后来逐渐变成例行公事,徒具形式而已。

五、恩荫

恩荫制度　恩荫又称"任子"、"荫子"、"门荫",是封建统治者根据官员职、阶高低而授给其子弟或亲属以官衔或官职的制度。宋朝官僚地主阶级在官员丧失世袭爵位和封户特权的情况下,为了确保"世守禄位"①,参照唐制,制订了扩大中、高级官员荫补亲属的制度。规定文官从知杂御史以上,每年奏荫一人;从带职员外郎以上,每三年奏荫一人;武臣从横行以上,每年奏荫一人;从诸司副使以上,每三年奏荫一人。没有兄弟、叔侄、曾孙等亲属远近的严格"品限",因而"旁及疏从",以致"入流寝广,仕路益杂"②。

恩荫的名目大致有五类:一是"大礼",即举行郊祀(京城郊外大祭祀,如南郊祀天、北郊祀地)或明堂典礼(祀后土、皇地祇于明堂),每三年一次。宰相、执政官可荫补本宗、异姓、门客、医人各一人;东宫三师、三少到谏议大夫,荫补本宗一人;寺、监长贰到左右司谏、开封少尹,荫补子或孙一人③。据《庆元条法事类》"荐举格"规定,"臣僚遇大礼,荫补缌麻以上亲",宰相为十人,执政官八人,侍从六人,中散大夫到中大夫四人,带职朝奉郎到朝议大夫三人④。二是"圣节",即皇帝诞日。真宗时规定,大两省至知杂御史以上,各奏荫一子充京官,少卿监奏荫一子充试衔⑤。太皇太后、皇太后均录亲属四人为官,皇后二人,诸妃一

①　《长编》卷25。
②　赵汝愚:《(宋)诸臣奏议》卷74,范镇:《上仁宗论荫补旁亲之滥》。
③　《宋史·职官志十》。
④　《庆元条法事类》卷12《荫补·荐举格》。
⑤　范仲淹:《范文正公奏议》卷上《答手诏条陈十事》。

人,公主丈夫的亲属一人①。三是官员致仕(退休)。曾任宰相和现任三少、使相,荫补三人;曾任三少、使相、执政官和现任节度使,荫补二人;太中大夫及曾任尚书侍郎和右武大夫以上,并曾任谏议大夫以上及侍御史,荫补一人。四是官员上奏遗表。曾任宰相和现任、曾任三少、使相,荫补五人;曾任执政官、现任节度使,荫补四人;太中大夫以上,荫补一人;诸卫上将军、承宣使,荫补四人;观察使,荫补三人②。五是改元、皇帝即位、公主生日、皇后逝世时等临时性的恩典,都给予品官亲属以一定的荫补名额。

通过恩荫,每年有一批中、高级官员的子弟获得中、低级官衔或差遣。仁宗时,左正言孙沔说,每遇大礼,臣僚之家和皇帝母后外族,"皆奏荐略无定数",多至一二十人,少不下五七人,不问才愚,都居禄位,甚至"未离襁褓,已列簪绅"③。高宗时,又有官员指出,这时每遇亲祠之岁,任子约四千人④,比北宋增加两三倍。据统计,州县官、财务官、巡检使等低、中级差遣,大部分由恩荫出身者担任。

六、致仕

致仕制度　宋朝逐步建立起一整套比较严密的官员致仕(退休)制度。一般文臣年达七十,武臣年达八十,除少数元老、勋贤等尚需留任外,都应自动申请致仕。如未到规定年龄,无特殊理由,不得请退。如确因昏老不能任事或自愿就闲,可以奏请朝廷准予提前休致,称"引年致仕"。习惯上,凡是援引七十岁这一年限而退闲者,也都称"引年致仕"。官员到了退休年龄,即可提出申请,获得批准,便能领到致仕告、敕,作为致仕的证明文件。北宋前期,高级官员致仕,必须"落职"即解除在三馆、秘阁中所任官职。神宗时,开始允许职事官都带有原职致仕。端明殿学士、工部尚书王素,观文殿学士、兵部尚书、知蔡州欧阳

---

①④　《宋史·选举志五》。

②　《宋史·职官志十》;《庆元条法事类》卷12《荫补·荐举格》。

③　《长编》卷132。

修,是宋朝"带职致仕"的第一、二人。官员致仕后,都升转其本官阶一阶,称"加转一官"。官员致仕时照例应升转的官资或官阶,称为"合致仕官"。如果得到皇帝的特准,还可升转几阶。致仕官员据此领取半份俸禄。

　　宋朝统治者奖励及时致仕和惩处年迈不退的官员。仁宗时,一度对到期致仕者发给全俸。又制造"知止勇退、保全晚节"的舆论,使官员们以及时退休为荣。真宗时,知苏州孙冕刚满七十岁,便在厅壁题诗道:"人生七十鬼为邻,已觉风光属别人。莫待朝廷差致仕,早谋泉石养闲身。……寄语姑苏孙刺史,也须抖擞老精神。"题毕,拂衣归隐九华山。朝廷表彰他的风格,准许他再任,孙冕拒绝。此事成为当时官场中的一段佳话。对另外一些年迈老朽、不愿退休的官员,则不时由朝廷勒令致仕,或停止磨勘转官,或不准荫补子弟,或降官,等等,以示惩罚①。

七、俸禄

　　俸禄制度　宋朝官员的俸禄,包括正俸(钱)、衣赐(服装)、禄粟(粮食)、茶酒厨料、薪炭、盐、随从衣粮、马匹刍粟、添支(增给)、职钱、公使钱以及恩赏等。宋初官员俸禄较低,且部分给实钱,部分折支其他物品。如三班奉职月俸仅七百文、驿券肉半斤。有人在驿舍题诗曰:"三班奉职实堪悲,卑贱孤寒即可知。七百粮钱何日富?半斤羊肉几时肥?"朝廷得悉这一消息②,便在真宗大中祥符五年(1012 年),第一次普遍增加文武职官俸钱③,三师、三公、仆射各增加二十千,三司、御史大夫、六部尚书、中丞、郎、两省侍郎等各十千,京官、大使臣各二千,小使臣各一千五百或一千;文臣中幕职州县官等依旧。仁宗嘉祐间(1056—1063 年),正式制定"禄令",详细地规定了文、武各级官员的俸

---

①　参见朱瑞熙:《宋代官员致仕制度概述》,《南开学报》1983 年第 3 期。

②　《宋朝事实类苑》卷 63《谈谐戏谑》。

③　《宋会要》职官 57 之 28。

禄的数量。如规定宰相、枢密使每月俸料为三百千,春、冬衣服各赐绫二十四、绢三十匹,冬绵一百两,每月禄粟各一百石,傔(侍从)人的衣粮各七十人,每月薪(柴)一千二百束,每年炭一千六百秤,盐七石等。东京畿县五千户以上知县,升朝官每月俸料二十千,京官十八千;三千户以上知县,升朝官十八千,京官十五千。各路一万户以上县令,二十千,等等①。神宗熙宁四年(1071年),因幕职州县官俸料最低,有的县尉月俸仅五贯九百五十文,乃戏作诗云:"妻儿尚未厌糟糠,僮仆岂免遭饥冻? 赎典赎解不曾休,吃酒吃肉何曾梦?"②于是决定增加他们每月的料钱、米麦。元丰改制,京朝官的料钱比前又略有增加③。同时,对在京职事官自御史中丞、开封府尹、六部尚书以下的官方供给钱数,一并改成"职钱",按照阶官高下分为行、守和试三等,"试"者职钱最低。徽宗大观二年(1108年),因职钱也属"添支","其名重复",而且厚薄不均,改为"贴职钱",自学士到直阁以上,不分内外,并予支给④。宰相蔡京每月除领取仆射的俸钱外,又领取司空的俸钱,他的傔从的钱米也都支本色,比元丰间的俸禄成倍地增加了。宣和间(1119—1125年),停支贴职钱,恢复"添支"旧制⑤。

　　南宋初,国家财政窘困,武臣颇众,俸给、米麦都减半支给,后来又多次减少,正任观察使每月禄米才两石六斗。侍从官初任,虽然依旧赐予鞍马、衣服等,但也照例减半,"赐目"上写着:"马半匹,公服半领,金带半条,汗衫半领,袴一只。"颇为滑稽可笑⑥。后来国家财政好转,又逐渐恢复北宋旧制,官员都有添支、料钱,职事官有职钱、厨食钱,负责纂修者有折食钱,在京鹾务官有添支钱、米,选人和使臣如分配不到职

---

① 《宋史·职官志十一》。
② 《宋朝事实类苑》卷63《谈谐戏谑》。
③ 《宋会要》职官57之36。
④ 《宋史·职官志十一、十二》。
⑤ 《宋史·职官志十二》。
⑥ 庄绰:《鸡肋编》卷中。

田,则有茶汤钱,等等①。

　　宋朝官员俸禄还有一些具体的规定,如北宋地方官大都分配给职田,每一员从四十顷到一二顷不等②,南宋时大幅度减少。各路监司、帅司和州军、边县、带兵帅臣等,朝廷还给与一定的"公使钱",专为官员往来时供应酒食之用,依官阶高下、家属多寡而决定钱数③。官员请病假或事假满一百天后,不能继续任职,即停发月俸。赴边远地区包括河北、河东、四川、广南、福建等地任职,可以预借俸钱④,还酌量增加"添支"。官员丁忧持服期间,武臣中三班使臣、横行,文臣中太中大夫以上,都可照领月俸⑤;节度使领取一半,正任刺史三分之一。官员在外地任职,家属可分领俸给、衣赐、添支钱等⑥。

---

①②　《宋史·职官志十二》。

③　《燕翼诒谋录》卷3《公使库不得私用》。

④　《宋会要》职官57之24。

⑤　《宋会要》职官57之38;《宋史·职官志十一》。

⑥　《宋会要》职官57之38、29、56、57。

第六章　利弊参半的军事制度

唐朝中叶后,均田制逐步崩溃,兵农合一的府兵制赖以存在的物质基础逐渐消失,代之而起的雇佣性质的募兵制便应运而生。由府兵制到募兵制的转变,实际是一次兵、农分离的过程,这一过程到宋朝最后完成。职业兵制的较为全面确立,促使宋朝统治者建立起相应的统兵机构和招募、养兵、训练、管理等制度。

第一节　中央统兵机构和地方统兵机构

宋朝的中央统兵机构和地方统兵机构,是指皇帝和朝廷统兵机构以及各地区的统兵机构等。

一、皇帝的统帅权

宋朝皇帝是全国军队的最高统帅,握有调兵遣将的指挥权和招募、训练、管理等最高权力。皇帝的兵权同时也通过朝廷的统兵机构体现出来。真宗时,马知节说:"当今兵柄尽出陛下掌握,至于一命之士,皆由旨授。"[1]高宗时,也曾下诏:"自今三衙官兵差出外州者,并取旨方得起发。"[2]宋朝曾经出现两次皇帝收拢兵权的事件。第一次,在宋太祖建国的第二年。太祖与赵普讨论唐末以来"战斗不息,生民涂地"的原

---

① 《长编》卷67。
② 《建炎以来系年要录》(以下简称《要录》)卷175。

因,赵普认为是"方镇太重,君弱臣强",太祖心领神会。随后,太祖立即采取措施,召见分统禁军的高级将领石守信等喝酒,在酒酣耳热之际,太祖吐露自己的心事,要求他们放兵权,"出守大藩,择便好田宅市之,为子孙立永远不可动之业,多置歌儿舞女,日饮酒相欢,以终其天年"。保证"我且与尔曹约为婚姻,君臣之间两无猜疑,上下相安,不亦善乎?"石守信等既惊且怕,第二天一起称病辞去军职。太祖便顺水推舟,撤销了石守信和高怀德、王审琦、张令铎四人的军职,出为节度使,仅石守信仍兼侍卫都指挥使,"其实兵权不在也"①。史称此事为"杯酒释兵权"。第二次在南宋初年。从高宗建炎元年(1127年)开始,朝廷大臣就注意到将兵权收归中央,集中于皇帝之手。建炎三年,御营使司建请,每军皆以一万人编成一军,每一军设十将,合置五员统制官。每员统制官造出三本军兵花名册,两本分别上交御前和御营使司,一本留在军中,每季揭贴,各将不准互相招收兵士。高宗批准此议,但这时"诸将方自擅,迄不行"②。次年,宰相范宗尹受命兼知枢密院事,同时撤销御营司及其官属。规定今后军额有缺,皆申枢密院增补,不准非时招收;仍用符来遣发。"庶几可以收兵柄,一赏罚,节财用"③。建炎四年,浙西安抚大使刘光世请求依照宣抚处置使司例,"合随宜措置事,并从便宜"。高宗下诏允许他在"临阵出奇,或事干机会"时,便宜行事外,其他场合"并禀朝旨"。还下诏各州守臣,"自军兴以来得便宜指挥事,并罢"④。随着抗金斗争的不断开展,各地抗金武装力量逐步壮大,形成了几支相对独立的抗金队伍。此后,几乎每年都有大臣向高宗提议"渐销诸将之权",具体办法种种,其一为精选偏裨十多人,各授以兵几千人,直属御前,而不隶诸将,合为数万⑤,用扩充御前禁军的办法来收回各将领的兵柄。但抗金斗争的需要,高宗长期不

---

① 《长编》卷2。
② 《要录》卷24。
③ 《要录》卷34。
④ 《要录》卷35。
⑤ 《要录》卷42。

能如愿以偿①。绍兴八年(1138年),监察御史张戒入对,又论诸将权太重,高宗答道:"若言跋扈,则无迹。"又说:"朕今有术,惟抚循偏裨耳。"还吐露一个秘密,即计划将在一二年内采取措施予以解决②。绍兴十一年四月,高宗首先将岳(飞)家军的重要幕客、湖北京西宣抚司参谋官朱芾和李若虚升迁职名,出知外州③。接着,高宗和秦桧经过紧张策划,决定召集韩世忠和张俊、岳飞"并赴行在,论功行赏"。三大帅到达临安后,立即任命韩世忠和张俊为枢密使,岳飞为枢密副使。同时,撤销淮东西、湖北、京西宣抚司建制,官属各迁两官;各军皆"以御前为名,谓之'御前诸将'"④。各军统制官依旧驻扎,"将来调发,并三省、枢密院取旨施行"。高宗在收回三大将兵权时,还假惺惺地对韩世忠等三大帅说:"朕昔付卿等以一路宣抚之权尚小,今付卿等以枢府本兵之权甚大。卿等宜共为一心,勿分彼此,则兵力全而莫之能御,顾如兀术,何足扫除乎?"⑤明明是剥夺韩世忠等人的兵权,却又冠冕堂皇地说是增加他们的兵权!事后,高宗十分得意地对秦桧说,唐朝藩镇跋扈,原因是"制之不早,遂至养成",现今"兵权归朝廷,朕要易将帅,承命奉行,与差文臣无异也"⑥。通过这次集中兵权,皇帝又重新控制了全国的军队,成为真正的最高军事统帅。

二、枢密院——三衙统兵制

朝廷统兵机构:宋朝的朝廷统兵机构,主要是枢密院和三衙。枢密院和三衙的设置和职掌等,详见本书第五章《复杂多变的职官制度》。宋朝统治者通过建立枢密院——三衙统兵体制,将兵权一分为三,即把军队的日常训练和调遣、出征的职责分属三个部门⑦,由枢密院主管全

① 《要录》卷51。
② 《要录》卷119。
③⑤ 《要录》卷140。
④ 《三朝北盟会编》卷206。
⑥ 《要录》卷147。
⑦ 本章多处采用王曾瑜《宋朝兵制初探》一书的研究成果。

国军队的政令、兵籍以及调发兵马的虎符,三衙负责军队的日常管理、训练、升迁、赏罚等事,临时派遣将帅统兵出征。钦宗初,知枢密院事李纲说:"在祖宗之时,枢密掌兵籍、虎符,三衙管诸军,率臣主兵柄,各有分守,所以维持军政,万世不易之法。"①三者分掌部分兵权,互相牵制,都不能拥兵自重而对皇权构成威胁。这一统兵体制充分地维护了皇帝的最高统兵权。

枢密院一般委派文人为其长官。仁宗时,行伍出身的狄青因屡立军功而晋升为枢密使。狄青每次出门,将士们争先瞻仰,引为骄傲。尽管狄青屡次向仁宗表示忠心,但还是遭到许多文臣的非议,他们造作谣言,极力中伤。狄青不得已要求辞职,仁宗乃免去其枢密使之职。②宋朝统治者还降低三衙长官的政治地位,规定不能参预朝政,"见大臣必执梃趋庭,肃揖而退"③。三衙长官原设十二员,从宋太祖起逐步减为九员,规定"三衙用边臣、戚里及军班出身各一人"④。三衙长官的品级被降得较低,甚至殿前都指挥使也不过从二品,与签书枢密院事相同,而殿前副都指挥使仅正四品,马、步军都指挥使和副都指挥使仅正五品⑤。这些做法都体现了统治者利用文臣监督和制约武将的意图。

南宋时期,枢密院制度基本沿袭北宋,但因抗金的需要,枢密院的长官往往由宰相兼任,副长官由副宰相兼任,实际上废除了由宰相和枢密院长官分掌文、武大权的"祖宗之制"。南宋初,百事草创,三衙之帅资浅,乃设"主管某司公事"官,而都虞候以下不再设置⑥。南宋时期,三衙长官不再统率全国军马,三衙的军队与御前诸军一样,只是正规军的一部分。

---

①　《宋史·职官志二》。
②　《长编》卷183;《宋史·狄青传》。
③　汪藻:《浮溪集》卷1《行在越州条具时政》。
④　《要录》卷97。
⑤　《宋史·职官志八》。
⑥　洪迈:《容斋五笔》卷3《三衙军制》。

三、地方统兵机构

宋朝实行州、县两级行政体制,路为半监察半行政区域。路和州、县各设统兵机构。北宋时,三衙禁军分驻和更戍各地,便分由这些统兵机构统率。这些统兵机构中,路一级有总管司、钤辖司、路分都监厅、安抚使司、经略司、经略安抚使司以及都监、监押等。总管司原名部署司,英宗时避御讳,改成此称。部署(总管)和钤辖、都监、监押,作为"将帅之官",在"边境有事、命将讨捕"时临时派遣,"使各将其所部以出";完成任务后,则恢复原状①。这些将帅的品阶有高有低,辖区有大有小,统兵也有多有少。部署与都部署相比,部署统兵较少,辖区较小,地位较低。路分钤辖中,也分为都钤辖和一般钤辖,"官高资深充都钤辖,官卑资浅称钤辖"②。路分都监主管本路的禁军屯戍和边防、训练的政令,"以肃清所部"③。如禁军驻泊,则设驻泊兵马都监,总管一路戍卒。各路的安抚使或经略司、经略安抚司,其长官编制和职权范围等详见本书第五章。各州的统兵机构有都监厅和监押厅、钤辖厅,都监主管在本城屯驻、兵甲、训练、差使等事,资历浅者则称监押。钤辖厅,各州或不并置。高宗初年,规定"要郡守臣带兵马钤辖,次要郡带兵马都监;并以武臣为之副,称副总管、副钤辖、副都监,许以便宜行军马事、辟置僚属,依帅臣法"。各州(府)的长官知州(知府),也兼任统兵官,如知太原府、延安府、庆州、秦州等帅府皆兼经略安抚使、马步军都总管,知定州、真定府、京兆府等兼安抚使、马步军都总管,知泸州、广州等兼安抚使、兵马钤辖,知颍昌府、青州等兼安抚使、兵马巡检。各县的长官知县或县令,如该县有戍兵,则兼兵马都监,宣教郎以下则兼兵马监押④。

各地总管(部署)、钤辖、都监、监押等将官,在宋初专用武将,到太宗时开始参用文臣。此后,以文臣充任主要统兵官,督率武将,逐渐成

---

①　洪迈:《容斋五笔》卷3《三衙军制》。
②　《宋会要》职官48之107。
③④　《宋史·职官志七》。

为制度。即使以武将为总管、钤辖、监押等，仍要受到当地行政长官的管辖。哲宗初，刘挚说："祖宗之法，不以武人为大帅专制一道，必以文臣为经略以总制之。武人为总管，领兵马，号将官，受节制，出入战守，唯所指挥。"①体现了利用文臣监督和制约武将的意图。

第二节　宋代的兵种和编制

一、军队兵种的构成

宋朝的军队，依现代的标准，可分为步兵和骑兵、水兵、炮兵、工程兵、手工业生产兵等。依宋人的习惯，北宋的兵种有禁兵和厢兵、乡兵、蕃兵、土兵、弓手等。禁军是中央的正规军、皇帝的卫兵，分隶三衙统辖。其中"最亲近扈从"皇帝的禁兵，称为"诸班直"；其次，属御前忠佐军头司和皇城司、骐骥院。这两部分禁军皆用来捍卫宫阙。其他禁军，"皆以守京师，备征伐"；在外地，"非屯驻、屯泊，则就粮军也"。诸禁军中，捧日、天武（以上属殿前司）、龙卫（属侍卫马军司）、神卫（属侍卫步军司）四军为上军，每月每人五百文以上料钱（现钱）为中军，不满五百文料钱及捧日天武第五、第七军、龙卫神卫第十军、骁猛、雄勇、骁雄、雄威为下军。禁兵的番号甚多，如太宗时设置的簇御龙直、日骑、龙卫、天武、神卫、御龙骨镖子直、宽衣天武、雄勇、雄猛等。真宗时，殿前司的马军增设骁胜、宁朔、飞猛，侍卫马军司增设忠猛、散员、骁锐等，侍卫步军司增设忠勇、宁远、神威等。禁兵的兵力不断扩充。太祖时，十九万三千人。太宗时，三十五万八千人。真宗时，四十三万二千人。仁宗时，八十二万六千人。英宗时，六十六万三千人。神宗时，六十一万二千人②。哲宗时，五十五万人③。厢兵是各州的地方军，分隶侍卫马军司

---

① 杨士奇等：《历代名臣奏议》卷238《任将》。
② 《宋史・兵志一》。
③ 《长编》卷472。

和侍卫步军司。厢兵一般素质较禁军为低,平时大部分不训练武艺,分别从事各种劳役,诸如修桥筑路、修筑城池、开挖运河、制造武器和船只、运输军用物品、蓄养马匹、接送官员及其家属、酿酒等。厢军的"一军之额有分隶数州者,或一州之管兼屯数州者"①。厢兵的人数,太祖时共十八万五千人。太宗时,三十万八千人。真宗时,四十八万人。仁宗时,四十三万八千人。英宗时,五十万人。神宗时,二十二万七千人。哲宗时,三十多万人②。乡兵,大都是按照户籍编组的各地壮丁,一般不脱离生产,农闲时进行军训;少数乡兵来自招募,"以为防守之兵"。乡兵的名号繁多,比较著名的有陕西保毅和寨户,河北忠顺,河北和陕西强人寨户,河北和河东强壮,河东和河北、陕西义勇,广西土丁,川峡土丁和壮丁,河东和陕西弓箭手,广东和福建、江西枪仗手,邕、钦州洞丁等。全国乡兵的总数不详,仅知仁宗时河北路强壮二十九万三千人,义勇十八万九千人;河东路强壮十四万四千人,义勇七万七千人;陕西路保捷八万八千人。英宗时,陕西路义勇十三万八千人,河北路义勇十五万人,河东路八万。神宗初年,陕西等三路义勇共四十二万三千人③。蕃兵,是西北沿边的地方军。宋朝在陕西和河东与西夏接境地区,招募少数族壮丁,组成蕃兵。蕃兵分布在陕西的秦凤和泾原、环庆、鄜延四路,河东的石、隰、麟、府四州。英宗时,陕西四路的蕃兵共十万人④。

　　南宋的兵种,主要有屯驻大军和禁兵、厢兵、土兵、弓手等。屯驻大军取代禁军,成为正规常备军;京城三衙军以外的禁兵降为地方役兵,犹如厢兵。厢兵和土兵、弓手的情况与北宋相同。南宋初年,重组军队。绍兴五年(1135 年),高宗将张俊和岳飞、韩世忠、刘光世、吴玠五大将率领的神武五军统一改为"行营护军",各为中、后、前、左、右护

---

① 陈傅良:《历代兵制》卷 8《宋》。
② 《宋史·兵志三、一》;《长编》卷 472。
③ 《宋史·兵志四、五》;《长编》卷 129、卷 138、卷 167、卷 203。
④ 《宋史·兵志五》。

军,正式成为屯驻大军①。行营护军约达三十五万人。绍兴十一年,高宗罢免韩世忠和张俊、岳飞三大将的兵权,并取消了前、中、后护军的番号,改称"御前诸军"。此后,在川陕交界和长江沿岸部署了十支御前大军。同时,扩大三衙军的兵力,尤其是杨沂中所部的殿前司军。这些军队的人数,在绍兴十二年(1142年)为二十一万四千人,绍兴二十三年二十五万四千人,绍兴三十年三十一万八千人,乾道三年(1167年)三十二万三千人(似不包括四川大军人数)。此后,经常保持在四十多万人②。淳熙十二年(1185年),御前大军和各州的厢兵、禁兵、土兵等,约达一百万人,其中土兵约四十万人③。

二、军队的编制体制

北宋军队的编制因兵种而有所区别。禁兵大致以一百人为都,五都为营,五营为军,十军为厢,分隶三衙。都的统兵官,马兵是军使和副兵马使,步兵是都头和副都头。在副兵马使和副都头之下,还有军头、十将、将虞候、承局、押官等军职。营又称指挥,是最基本的军事编制单位。营的统兵官是指挥使和副指挥使,军的统兵官是军都指挥使和都虞候,厢的统兵官是厢都指挥使④。禁兵中充当皇帝宿卫的诸班直,是最精锐的部队。殿前司马军的诸班直,有殿前指挥使、内殿直、散员、散指挥、散都头、散祗候、金枪班、东西班、散直、钧容直等,殿前司步军的诸班直,有御龙直、骨朵子直、弓箭直、弩直等,诸班的统兵官有都虞候、指挥使、都军使、都知、副都知、押班,诸直的统兵官有四直都虞候,本直各有都虞候和指挥使、副指挥使、都头、副都头、十将、将虞候。上四军设置捧日、天武和龙卫、神卫左右四厢各设都指挥使。每厢各三军,每军五指挥。每军又各设都指挥使和都虞候⑤。

---

① 《要录》卷96。《三朝北盟会编》卷168作岳飞军为右护军,吴玠军为后护军,误。
② 《宋史·兵志七》;《建炎以来朝野杂记》甲集卷18《乾道内外大军数》。
③ 叶适《水心别集》卷10《外稿·实谋》,卷15《上殿札子》。
④ 曾公亮等《武经总要》前集卷1《军制》。
⑤ 《宋史·职官志六、兵志一》;《长编》卷99。

宋神宗时,陆续在全国各地推行将兵法,在川蜀以外各路设置一百多将。将也是一种编制单位,每将的兵力有几千人,包含各州、各种番号的一些禁军指挥,称为"系将禁军"。另外一些尚未改编为将的禁军,则称"不系将禁军",其地位被降低。驻在汴京的禁军,称"在京禁军"。每将设将或副将。将、副将之下,设队将、押队使臣、训练官等①。将兵法的实行,削弱了地方统兵机构的兵力,诸如都监只管剩员、厢军,此外"不知将司一事"②。川蜀地区约在徽宗时也已组建将兵。北宋后期,系将禁军逐步形成将、部、队三级编制,又在将之上设"军",军的统兵官是统制和统领等。

南宋军队的编制,在高宗绍兴五年底组建五支行营护军后,各支护军一般分为若干番号的军,军各设若干统制和同统制、副统制、统领、副统领、正将、副将、准备将等。个别护军下设"部",部的统兵官也为统制、同统制、统领③。绍兴十一年,高宗罢三大将兵柄后,逐渐形成十支御前大军。御前大军的统兵长官为都统制和副都统制,以下各设军、将两级。军的统兵官有统制和同统制、副统制、统领、同统领、副统领等,将的统兵官有正将和副将、准备将,还有训练官、队将、押队、拥队、旗头、教头等军官军吏④。三衙军经过重建后,也下设若干军,其统兵官有统制和统领、正将、副将、准备将等⑤。

第三节　募兵和养兵制度

一、募兵对象和招募程序

宋朝实行募兵制,军队的兵员大部来自招募。招募的对象,有一、

---

① 《宋史·兵志二》。
② 晁说之:《嵩山集》卷3《负薪对》。
③ 《要录》卷126、卷132、卷137、卷139、卷146。
④ 《宋会要》职官32之40,兵20之44;华岳:《翠微北征录》卷1《平戎十策·恩威》。
⑤ 《要录》卷127;周应合:《景定建康志》卷39《武卫志二》。

当地百姓，"就所在团立"；二、营伍子弟，"听从本军"以接替父兄；三、饥民，往往在灾年招募，"以补本城"；四、罪犯（包括强盗、窃盗、私盐茶贩等）"配隶给役"。有时也强迫抓平民壮丁为兵。招募的具体程序是"先度人材，次阅走跃，试瞻视，然后黥（音 dǎn，脸上刺字）面，赐以缗钱、衣履而隶诸籍"①。

宋太祖时，挑选军中强勇的士兵为"兵样"（等子），分送各道，命如式招募。后来改用木梃，分为尺寸高低，称"等长杖"，委派长官、都监依照人材选取。各州递传送至京师者，则由军头司复验，再将合格者分隶诸军②。真宗时重定的"等杖"，分为五尺八寸到五尺五寸共五等。仁宗嘉祐二年（1057 年），重定等杖，从上四军到武肃、忠靖军，身长都在五尺以上，根据寸、分而决定俸钱数：月俸一千文者，身长分为五尺八寸、七寸三分、七寸，共三等；月俸七百文者，分为五尺七寸、六寸、五寸，共三等；月俸五百文者，分为五尺六寸、五寸五分、五寸，共三等；月俸四百文者，分为五尺五寸、四寸五分，共两等；月俸三百文者，分为五尺五寸、四寸五分、四寸、三寸、二寸，共五等；月俸二百文者，分为五尺四寸、三寸五分、三寸、二寸，共四等；不给月俸者，以五尺二寸或下五寸、七指、八指为等级③。身高是招兵的主要标准，其他还有跑跳动作、检测视力（称"打视"）等④。

新兵入伍，首先要在脸部或手臂、手背刺上所属军号。然后，分发给新兵服装和缗钱，这份缗钱称"招刺利物"（又称身子钱、例物钱）。仁宗时，由士兵出身的枢密使狄青脸上也刺有字，仁宗曾命狄青涂药除去字迹。狄青指着自己的脸答道："陛下擢臣以功，不问门第阀阅，臣所以有今日，由涅尔。愿留此以劝军中，不敢奉诏。"⑤南宋时，一般效

---

① 《宋史·兵志七》。
② 《宋史·兵志七》。《朝野类要》卷 1《故事·等子》载，理宗时仍有"军头引见司等子"或"御前等子"。
③ 《文献通考》卷 152《兵考四》；《宋史·兵志七》。
④ 《朝野类要》卷 5《余纪·打视》。
⑤ 《宋史·兵志七》；李纲：《梁溪先生全集》卷 87《措置招军划一奏状》；《长编》卷 172。

用不刺字。

二、军俸及有关补贴

宋朝的军俸制度较为复杂。正俸有料钱、月粮、春冬衣赐等,还有郊赏、特支、军赏、口券等各种补贴。北宋时,上四军的厢都指挥使带遥领团练使者,每月俸钱一百贯、粮五十斛;各班直的都虞候、各军的都指挥使带遥郡刺史者,减半;其他各班直的将校月俸,从三十千到二千文,共十二等。各军的将校,从三十千到三百文,共二十三等。厢军的将校,从十五千到三百五十文,共十七等;另加给食盐。各班直的俸钱,从五千到七百。禁兵的军士,从一千到三百文,共五等。教阅的厢兵,从五百到三百文,共三等;再下等者只给酱菜钱或食盐[1]。其中禁兵月俸达一千文者,仅有捧日等上四军的士兵,称上禁兵;七百文和五百文者,称中禁兵;不满五百文即四百文和三百文者,称下禁兵[2]。禁兵将士的月粮,上四军的厢都指挥使带遥郡团练使者,为五十石;各班直的都虞候和各军都指挥使带遥郡刺史者,二十五石。殿前司从殿前班都虞候十五石,到广捷副都头和土浑十将二石五斗,共六等。从殿前指挥使五石到鞭箭、清朔二石,共五等。侍卫马、步军司的员僚直和龙卫、神卫以下,从都虞候五石到顺化,忠勇军士二石,共五等。禁兵将士的春、冬服,殿前司从殿前班都虞候到军士,每年给三十匹至绸、绢六匹,另加若干绵、布、钱,侍卫马、步军司从都虞候到军士,每年给绢三十匹到绸、绢五匹,也另加若干绵、布、钱。禁兵的中、高级将校,还按月发给“傔粮”即仆人的口粮:上四军的厢都指挥使带遥郡团练使者,十人;诸班直的都虞候、各军的都指挥使带遥郡刺史者,五人。殿前司从各班、直到捧日、天武、清朔、擒戎军士,侍卫马、步军司从员僚直、龙神卫、振武、忠猛军士,皆给一人到半分;其他军的军士不给[3]。厢军士兵的军俸,从神

---

① 《宋史·兵志八》。

② 《宋史·兵志七、一》。

③ 《宋史·职官志十二、十一》。

宗熙宁四年(1071年)起,规定河北崇胜、河东雄猛、陕西保宁、京东奉化、京西壮武、淮南宁淮,各给酱菜钱一百文,月粮二石,春衣绢二匹、布半匹,冬衣绢二匹、绸半匹、钱一千文、绵十二两。两浙崇节、江东西效勇、荆南北宣节、福建保节、广东西清化,除不给酱菜钱外,其他皆同上述六路。四川路克宁以上,各给小铁钱一千文,粮二石,春衣绢一匹、小铁钱十千,冬衣绢一匹、绸一匹、绵八两、小铁钱五千文①。乡兵在“非时勾集”和守城、捕捉盗贼时,每天给粮二升,每月给酱菜钱三百文②。蕃兵的首领补授军职者,月俸钱从三千到三百文,又每年给冬服绵袍共七种,紫绫三种③。

南宋初年,因财政困难,普减官员俸禄,仅统兵官依旧全支,不打折扣④。绍兴和议后,各屯驻大军的都统制每月另支供给钱二百贯,副都统制一百八十贯。殿前司、步军司、统制和副统制,月支供给钱一百五十贯;统领一百贯;正将和同正将五十贯;副将四十贯;准备将三十贯。这是因为武官的“请受”(正俸)不够赡养家属而另发的类似职钱的一种俸禄⑤。弓士的俸禄,分为效用和军兵两大类。效用中,上等效用每月给食钱九贯、米九斗,次等效用六贯、六斗⑥。孝宗时,兵部规定效用分为十资,一资为守阙毅士、二资为毅士、三资为守阙效士,月俸钱各三千文,折麦钱七百二十文,米一石五升,春、冬衣绢各二匹;依次而上,十资为准备差使,月俸钱五千文,折麦钱一千四百四十文,米六石八升,春、冬衣绢各五匹⑦。光宗时,效用的俸禄又分为正额和额外两类共七资,正额效用中白身和守阙进勇副尉、进勇副尉,日食钱各三百文和米各三升;额外效用中,进勇副尉日食钱三百文和米二升,白身日食钱一百文和米二升半、月折麦钱七百二十文、月粮米三斗、春冬衣绢四匹、冬

①⑦ 《宋史·兵志八》。
② 《长编》卷125;《宋史·兵志四、五》。
③ 《宋史·兵志五》。
④ 庄绰:《鸡肋编》卷中。
⑤ 《宋会要》职官57之85,73—74;《宋史·兵志八》。
⑥ 《宋会要》兵17之32,职官32之21—24。

绵十二两①。一般军兵的俸禄比效用要低，每天所给"虽等杀不同，大率不过二升半米与百金（钱）而已"②。各州的禁兵和厢兵、土兵的俸禄，宁宗时温州的情况是这样：禁兵中的威捷，每人月粮一石五斗、岁钱十九贯三百文省、春冬衣赐钱三十二贯二千多文省。厢兵中的壮城，每人月粮一石二斗、岁钱三贯四百多文省、春冬衣赐钱二十贯八百多文省。土兵中的水寨、管界寨，每人月粮一石五斗、岁钱五贯九百多文省、春冬衣赐钱三十三贯五百多文省。③

　　宋朝军队各种名目的补贴很多，主要有郊赏、特支、雪寒柴炭钱、银鞋钱、口券等。郊赏是朝廷每三年举行一次郊祀大礼时对军队的赏赐，数量较多。如拱圣左右射至奉节的都指挥使领遥郡者到长行，从一百千到十五千，共十等；拣中雄武到就粮威果的都指挥使到长行，从六十千到十千，共七等；骁锐、广捷的指挥使到长行，从四十千到八千，共五等；各路不教阅厢军的指挥使到长行，从七千到二千文，共三等；陕西沿边等处的守把防托功役弓箭手、保毅军寨户（极边）的军都指挥使到长行，从四千到三百文，共七等④。宁宗时，正额和额外的各三资效用，大礼皆赏二贯文，仅额外效用中的白身赏十五贯文⑤。在宋朝每次郊祀的财政支出中，"犒军居十之八"，可见对军队郊赏的数量是十分多的。特支分为两种，一是每遇寒食和端午、冬至节给予的固定的特支，二是临时的特支。如仁宗时，赐在京开浚城濠的役卒以特支钱。神宗时，赐征讨渝州的军兵以特支钱⑥。高宗绍兴三十年（1160 年），曾下诏各军出戍、战守的军兵和效用，因"天寒暴露不易，各特赐帛一匹"⑦。雪寒柴炭钱，又称岁暮凝寒钱，类似今天北方的冬季烤火费。真宗时，开始命在连日雪寒时发给在京各班直和各军厢主以下，到剩员以上柴、炭。

① ⑤　《宋会要》职官 32 之 21—24。
②　　袁说友：《东塘集》卷 9《宽恤士卒疏》。
③　　《水心别集》卷 16《后总》。
④　　《宋会要》礼 25 之 5—10。
⑥　　《长编》卷 153；《宋史》卷 15《神宗纪二》。
⑦　　《宋会要》礼 62 之 68。

有一次,曾共发给柴五百七十八万斤、炭五百八十五万斤。哲宗元祐元年(1086 年),开始发给各军"薪炭钱"。甚至在京的厢军各司人和剩员以及"癃老冻馁者",皆"即营中计口给之"。南宋时,雪寒薪炭钱每年依例"特支"一次,成为军队将士固定的补贴之一。理宗时,朝廷还因纸币贬值,军士生活困难,特命将"岁暮凝寒钱""添作三倍支给",其中一部分发给银子①。银鞋钱,大约开始于真宗时,每季发给河北和河东路戍兵。仁宗时,也发给戍邕州的禁兵银鞋钱,每人每季一千文。神宗时,甚至连保州作院的和雇工匠也依厢军例,发给银鞋钱。说明厢军也可领取银鞋钱②。口券,即军队出戍期间计口发放的领取钱粮的凭证。厢兵到外地服役,也发给口券。到高宗时宋、金绍兴和议后,开始出现生券和熟券之分,生券是对出戍的屯驻大军追加的津贴,熟券则是对不出戍而留守驻地的屯驻大军发放的津贴。理宗时,四川的屯驻兵熟券,每人给第一料川引四贯;屯戍军生券,每人给第一料川引六百贯③。生券的发放,成为朝廷的一项沉重的财政负担。此外,军队还有军赏、薪水钱、转军钱等各种补贴。

第四节　宋军训练制度

宋朝军队的军事训练,主要是教习使用武器进行格斗和演练阵法。北宋前期实行的"更戍法",也含有使军士"均劳逸,知艰难,识战斗,习山川"的用意。南宋中、后期,随着火药兵器的逐渐推广,教习火器的使用和阵法也必然成为军事训练的内容之一。

一、教习武器使用格斗法

北宋时,规定上禁兵和中禁兵每天都要练习武艺,下禁兵则有时练

---

① 《宋会要》礼 62 之 33、48;杜范:《杜清献公集》卷 14《三月初四日未时奏·御笔》。
② 《宋会要》礼 62 之 36、40、44。
③ 袁燮:《絜斋集》卷 4《论备边札子二》;李曾伯:《可斋续稿》后卷 3《救蜀楮密奏》。

习武艺,有时从事杂役。部分厢军也阅习武技,称"教阅厢军"。仁宗庆历间(1041—1048年),招募广南巡海水军、忠敢、澄海,虽然仍称厢军,但"皆予旗鼓训练,备战守之役",实际就是教阅厢军。皇祐元年(1049年),河北水灾,农民流入京东三十多万人,安抚使富弼招募为兵,选拔其中"尤壮者"编组成九个指挥,"教以武技"。这些士兵"虽廪以厢兵,而得禁兵之用,且无骄横难制之患"。富弼还建议将他们加刺"教阅"两字。仁宗不准增加刺字,但命将其中骑兵的番号定为"教阅骑射、威边",步兵的番号定为"教阅壮武、威勇"。正式使用"教阅厢兵"之称①。此后,在东南地区陆续增设教阅厢兵,不过人数并不很多。如神宗初,曾命各州厢军挑选强壮,"团结教阅",留城驻守。还曾改两浙厢军为崇节,在番号前加"教阅"两字②。最初,屯戍川、广的禁兵是不训练武艺的,直到嘉祐(1056—1063年)以后才"稍习焉"③。

禁兵日常训练的基本方法是以鼓声为节,"骑兵四习,步兵五习,以教坐作进退非施于两军相当者然"。从宋初开始,内外各军都用此法训练。这种训练方式局限于队列训练,虽然可以培养将士的组织纪律性,但不符合实战的要求。康定元年(1040年),仁宗亲临便殿(延和殿)检阅各军练习战阵。有人"上封事"提出,各军只是教练"坐作进退",虽然形式上"整肃可观",但"临敌难用",建议今后派遣官员检阅阵法后,命令"解镫以弓弩射"。每营设置三种弓,从一石到八斗;四种弩,从二石八斗到二石五斗,依次阅习。仁宗下令在陕西、河东、河北三路推行。又下诏:"教士不衽带金革,缓急不足以应敌。自今诸军各予铠甲十、马甲五,令迭披带。"还下命允许各军班练习各种武技,不要随便禁止④。宋朝的武器以弓、弩为主。考核将士的军训水平,主要是看挽弓、弩的斗力大小和射箭的准确性。所以,"上封者"提议命将士加

---

① 《宋史·兵志九、三》。
② 史能之:《咸淳毗陵志》卷12《武备·厢军》;赵彦卫:《云麓漫钞》卷12。
③ 《宋史·兵志九》。
④ 《宋史·兵志九》;《长编》卷128。

强弓、弩的阅习。仁宗时编成的《武经总要》一书,也规定:"凡军中教射,先教射亲,次教射远。"①庆历二年(1042年),各军士兵在军训时,以弓、弩射击的亲疏作为赏罚,中"的"(靶心)者免除当月的各种差使,并且登记在册;如军校名额有缺,即依名册递补中"的"最多者。借此鼓励兵士练习弓弩。枢密直学士杨偕还建议,训练骑兵只射九斗到七斗三种弓,画"的"成五道"晕",射击者离开靶二十步,"引满即发",射中者,看"晕"数赏给铜钱。骑兵佩带劈阵刀,训习时用木桿替代。仁宗采纳了他的建议。庆历四年,仁宗下诏命骑兵带甲射击而不能出箭者,取消其坐骑而改授给本营武艺优等的士兵。这时,大臣韩琦提出:教射击而"唯事体容及强弓",不练习"射亲",就不能临阵。臣到沿边,曾定"弓弩挽强、蹋硬、射亲格",希望在各军推行,"以赏肄习"。仁宗乃下诏"以所定格班教诸军"②。神宗熙宁元年(1068年),朝廷颁布河北各军教阅法,凡弓分为三等,九斗为第一,八斗为第二,七斗为第三;弩分三等,二石七斗为第一,二石四斗为第二,二石一斗为第三③。不断制订各种军训的标准,并根据士兵军训的成绩优劣给予赏罚。同年,枢密院建请陕西和河东路挑选三班使臣及担任殿侍的士人做河北各路的指使,教习骑兵。有人还向神宗提出:河北兵"有教阅之名而无其实,请班教法于其军",长期不能及格者,降为厢军。这一建议获得神宗的同意。指使是当时军队中的一种训练官,实行保甲法时也曾派遣指使当教官。次年九月,神宗还批准选置指使巡回训练各军,殿前司四人,马、步军司各三人。熙宁五年四月,下诏在京的殿前、马、步军诸军巡教使臣,皆"以春、秋分行校试,射命中者,第赐银碟,兵房置籍考校,以多少定殿最"。这是对巡教使臣进行"校试",以提高训练官的水平。次月,下诏以泾原路蔡挺衙教阵队在崇政殿"引见",将其教法颁行各路。其教法以五人为伍,五伍为队,五队为阵,阵呈横列。骑兵二队也

---

① 《武经总要》前集卷15《制度·行军约束》。
② 《宋史·兵志九》。
③ 袁裒:《枫窗小牍》卷下。

五伍横列。出动时击鼓为节,扎草人而射,中者有赏。马、步兵皆前三行持枪、刀,后二行带弓、弩,并以虎蹲弩和床子弩各一附队。马、步兵轮流出动射箭和击刺,都闻鸣金即退。预先将强壮的兵、马隐藏在队列中,遇到可用之时,则"别出为奇"。神宗检阅后,认为这一教法"点阅周悉,常有出野之备",故命颁行。元丰元年(1078年),订立了"在京校试诸军技艺格",分为上、中、下三等。步射,六发而三中为一等,二中为二等,一中为三等。马射,五发,急驰直射三箭、背射二箭,命中箭数、等第与步射法相同。弩射,从六中到二中;床子弩和炮(抛石机),从三中到一中,为及等。皆赏银有差。枪刀并标排手也比胜负,"计所胜第赏"。在校试时,如果出现弓、弩坠落,自己身倒足落等,皆为不合格。即使射已中赏,其余箭不合格者,即降一等;无等可降者,即罢之。这时,还在汴京设置教习马军所,专门从在京步兵各营弓箭手中,十人选一,赴该所学习马射;学成后,再回本军分头教其他弓箭手。开封府界和京东西路的将兵,也十人选一,由京师所派教头教习马射。次年,神宗发觉京西第五将教习马军"无状",立即下令将本将陈宗等勒停,于是下诏殿前和步军司各设都教头,"掌隶教习之事",从弩手五营、弓箭手十营、枪刀标排手五营各选武艺优者一人奏补。同时,撤销巡教使臣,逐司各推荐二人为指使。改变河东、陕西各路马军教阅的时间,"旧制"规定马军"驰射野战"从十月一日到次年谷雨日为止,但"塞上地凉",故自今起改为八月起教,至五月一日为止。九月,神宗颁布"教法格"和图像,凡步射执弓和发箭、运手、举足、移步以及马射、马兵使用蕃枪、马上野战格斗,步兵使用标排,皆有说明和图像,共一千余言,"使军士诵习焉"。自从熙宁元年李宏献上一种踏张弩即神臂弓后,神宗将这种新式武器在军队中逐步推广,到元丰八年还命步军弩手第一等者兼习神臂弓。神宗在各路禁军设将后,将兵皆早、晚两次教习武艺。哲宗元祐间(1086—1094年),部分大臣认为将兵"日夜按习武艺","新募之士或终日不得休息";不该命士兵"诵习""教阅新法"等。乃改为禁兵除"新募未习之人"外,其他仅每天教阅一次;取消士兵"诵习""教阅新法"的规定;撤销提举教习马军所。绍圣元年(1094年)后,恢复"元丰条法教习",复行神臂弓射法为一百二十步。但到徽宗时,逐步放松了禁兵的训练,"军兵久失教习",甚至教场也被废弃了①。

二、演练阵法

　　南宋高宗初年,开始颁行枢密院教阅法,专门练习制御摧锋破敌的武艺、全副武装出入、短桩神臂弓、长柄刀、马射穿甲、木梃。每年修订春、秋教阅法,立新格。神臂弓每天给箭二十支,躬亲离靶一百二十步。刀长一丈二尺以上,毡皮包裹,引斗五十二次,不使刀头到地。每营挑选二十人阅习,再将经过两次阅习者五十人编成一队,教习分合,随队多少,分隶五军。每军各置旗号,前军绯旗,飞鸟为号;后军黑旗,龟为号;左军青旗,蛟为号;右军白旗,虎为号;中军黄旗,神人为号。再用五色物号制成招旗和分旗:举起招旗,五军以旗相应,合而成阵;举起分旗,五军也以旗相应,分而成队。队伍向左向右,或前进后退,或分兵藏伏,皆举旗为号。再鸣小金、应鼓,以备遇到视线不及的情况。预约埋伏之地,慢鸣小金即止,急鸣应鼓则奇兵出阵迎战,急鸣小金则伏兵出击。光宗时,尤其重视水军的训练,规定许浦水军和江上水军以及其他沿海水军每年皆须春、秋两次教阅,此外每月还须轮流"阅习"②。

　　宋朝皇帝重视亲自检阅军队,称"御教"。太祖时,开始经常检阅军队。此后,成为制度。南渡后,高宗曾赴镇江府登云门外检阅水军,在射殿多次操阅神武中军官兵等武技。孝宗在位时,曾五次大规模地检阅军队操练,地点在临安府候潮门外或白石、茅滩、龙山等教场。在检阅前一天,各军人马全副武装在教场中宿营。次日,殿前、马、步各军先赴教场下方营,亲随军则在将坛之后排列。黎明,三衙的统兵官皆全装随驾。孝宗从祥曦殿戎服乘马,进入教场,登上幄殿;再穿金装甲胄,登上将坛幄殿,鸣角戒严。殿帅奏取圣旨,马、步军整队戍屯,以备教

①② 《宋史·兵志九》。

战。接连三鼓,马军上马,步军撮起旗、枪,分东、西为应敌之势。四鼓白旗举起,变方阵,为备敌之形;五鼓黄旗举起,变圆阵,为自环内固之形;黑旗举起,变曲阵;青旗举起,变直阵;绯旗举起,变直锐阵;绯心黑旗举起,作长蛇阵;绯心青旗举起,作伏虎阵。殿帅再奏取圣旨,两阵各派勇将挑战,变成八圆阵。叠鼓举旗,左马军战右步军,右马军战左步军;再叠鼓交旗,击刺混战;三叠金,分阵大势,马军四角大战;三叠金,分阵;殿帅奏"教阵讫",取旨。人马摆列,当头鸣角嗾队,以候放教。最后,各军进呈大刀武艺及车炮、火炮、烟、枪等①。光宗和宁宗也不时检阅军队。直到度宗末年,各军在招刺新兵后,"更不教阅","训练之制大坏矣"②。

第五节　军队管理制度

宋朝军队大都是职业兵,因此必须实行不同于征兵制下的一整套管理制度。其中包括拣选和官资、阶级、迁补等制度以及军法等。

一、拣选和官资

拣选制度　宋朝原则上规定武官满七十岁致仕,而对士兵的从军和退军的年龄则没有严格的规定。这是与征兵制度的一个不同点。所以,在拣选制度的实施时,主要依据兵士的体格和武艺,决定升补和降退。太祖时,已初步建立了军队的拣选制度。建隆二年(961年),命殿前司和侍卫司及各州长官检阅所部士兵,将骁勇者升其籍,老弱怯懦者拣退。同时,设置"剩员","以处退兵"。乾德三年(965年),命各地长官挑选本地骁勇的士兵,登记其姓名,部送到京城,以补两司禁兵之缺③。部送到京师的精壮兵士,由军头司复验等第,"引对便坐,而分隶

---

① 《宋史·礼志二十四》;《武林旧事》卷2《御教》。
② 《宋史·兵志九》。
③ 《长编》卷2、卷6。

诸军焉"。原来是厢兵的,可升为禁兵;原来是禁兵的,可升为上军;原来是上军的,可升为班直。都是皇帝亲临挑选,若非"材勇绝伦"者不能应募,"余皆自下选补"。于是精壮者得以填补较高的军种或军级,并相应增加俸禄。仁宗天圣间(1023—1032年),制订"禁军选补法",规定选入上四军的弓、弩武技标准。选补班直的标准是,俸钱三百文以上的禁兵,弓射一石五斗,弩蹋三石五斗;身高达到龙卫标准者,皆由皇帝亲自察看,以隶龙卫和神卫①。

在拣选过程中,对一些不合格者采取以下几种措施:一是降低军级。如神宗时,曾下诏将上四军拣退之人改作五百料钱军额。二是降低军种。如规定禁兵有"退惰"者,要降为厢兵,称"落厢"。三是由大分降为小分。小分又称半分,指领取半份军俸。仁宗皇祐元年(1049年),拣选河北和河东、陕西、京东西路禁、厢兵中的"罢癃"者,降充半分。军士病假满一百天后,也要降为小分。小分禁兵要服杂役。四是降充剩员。皇祐元年河北等路拣选禁、厢兵时,对境外或因罪隶军或曾有军功者悉以剩员处之。哲宗时,规定禁军节级年达六十五岁,即减充剩员。剩员仍领取军俸,如南京台州的剩员,每人每月白米一石二斗,春、冬衣各绢二匹,折布钱八百五十文。五是削除军籍。对于年老体衰或残疾的兵士,不能充役者,则免军为民,允许返乡务农或听任自便居住②。

官资　宋朝的武官按照官阶分为横班和诸司使、使臣共三等。同时,武官一般按照官阶担任相应的差遣即军职。"殿前都校以下,谓之军职"③。北宋时,从三衙长官到都的十将、将虞候、承局、押官等;南宋时,都统制和统制、统领、正将、副将、准备将、队将等,都是军职。宋朝的战士有时是使臣和军兵两级,有时是使臣和效用、军兵三级。武官和

---

① 《宋史·兵志八》。
② 《长编》卷298;施宿:《嘉泰会稽志》卷4《军营》;《宋史·兵志八》;陈耆卿:《嘉定赤城志》卷18《军防门》。
③ 《宋史·职官志一》。

战士因军功或年资升官,如是品官,称"转官";如是无品官,称"转资"。升转军职,则称"转阶级"。仁宗时《武经总要》规定了军中的"赏格","转官"方面为"七资为第一等,五资为第二等,三资为第三等,二资为第四等,一资为第五等"。"转阶级"为"三转为第一等,两转为第二等,一转为第三等"。各兵种的副都头、副兵马使以上,皆依此例升转。北宋后期以后实行的"正额效用八资法",反映了效用转官的八个资级:从一资到八资,神宗熙宁六年(1073年)依次定为给公据、甲头、守阙军将、军将、殿侍、三班借差、三班差使、三班借职。徽宗政和二年(1112年),改为给公据、甲头、守阙进义副尉、进义副尉、下班祗应、进义校尉、进武校尉、承信郎。高宗绍兴间,将给公据改为守阙进勇副尉,甲头改为进勇副尉,其余依旧。在有些地区,还实行专门的资级管理制度,如"川陕效用十资格法"①。其中仅八资承信郎是从九品,其余从一资到七资都是无品武官的升迁资级。高宗绍兴五年,淮西安抚司派兵将收复寿春府和安丰县,申报朝廷"推恩",其中立"奇功"者各转一官资,减二年磨勘;立"军功",转两资;第一等功,各转一官资;第二等功,减二年磨勘;无磨勘之人和军功,犒设一次。宁宗嘉定二年(1209年),下诏义井寨忠义头目人,统制官、承信郎杨敏,统领官、承信郎谢思各特转一官,副将、守阙进勇副尉秦顺,进勇副尉路显各特转一资②。

二、阶级与迁补

各兵种从军士到军官,一般分为三级:一是将校,又称军校、列校,从厢的都指挥使到都的副兵马使、副都头皆属此列;二是节级,包括都的军头和十将、将虞候、承局、押官,依次为五资、四资、三资、二资、一资;三是长行,即军兵、军士。军兵和节级可以合称"兵级"。③

---

① 《武经总要》前集卷14《制度》;《长编》卷245;《宋大诏令集》卷163《改武选官名诏》;《宋史·职官志九》;《宋会要》兵19之41。

② 《宋会要》兵18之36,20之13。

③ 《嘉定赤城志》卷18《军防门》;《宋会要》兵25之30,职官51之26—27。

军兵和将校的军职迁补制度,北宋和南宋略有不同。北宋时,从殿前、侍卫马、步军校,在每次朝廷举行大礼后,各依其军职升迁,称"转员"。军头和十将等节级,也可升迁为副兵马使和副都头等将校。每遇将校有缺额,朝廷只派员"权领之",不算正式官员,直到满"三年转员",才成为正式官,称"落权正授"。至于军头和十将、节级"转补",则称"排连"。这些节级也是按"岁月、功次而递进",往往优先转补年龄在五十五岁以下,有战功之人。部分"长行"充任承局、押官的,其升迁时也属排连。在每次大礼的第二年,皇帝亲临殿庭,检阅转员者的武艺,称"堆垛子"。在转员和排连时,还常常检查被转补人的视力①。

南宋高宗时,转员和排连"屡尝损益",但大体上"因于旧制"。这时屯驻大军的军职,如统制、统领、正将、副将、准备将、训练官、队将等,与北宋的禁兵颇不相同。孝宗时,已形成各级军职限年升迁的制度。诸如准备将任满两年升副将,副将任满两年升正将,正将任满三年升统领,统领再满三年升统制。这种年满依次转官的做法,"无以激扬士气",而且会助长"员阙冗滥"的弊病。宁宗嘉定间(1208—1224年),因内诸班直依照旧格排连,往往"超躐开转","后名反居前列,高下不伦,甚失公平之意",于是重新"均定资序"。理宗后,迁补制度名存实亡,大将对"行伍功赏,视为己物,私其族姻故旧,俾战士身膏于草莽,而奸人坐窃其勋爵矣"②。

三、军法

宋朝的军法内容甚多,统治者借此整肃军纪,维护和加强军队的战斗力。在众多军法中,最重要的基本法是"阶级法"。宋人龚鼎臣记载阶级法是后周世宗创立的:"周世宗既定军制,左右有以刑名相犯取旨。世宗曰'一阶一级,全归伏事之仪。'迄今行之。"③更多宋人则记载

---

① 《宋史·兵志十》;《宋史·贾昌朝传》;洪迈:《容斋三笔》卷15《禁旅迁补》。
② 《宋史·兵志十》。
③ 龚鼎臣:《东原录》。

是宋太祖亲自制定的。程大昌说："阶级法本文曰：一阶一级，全归伏事之仪。世传太祖圣语，故著诸令。"吕祖谦说："太祖作阶级法，专治禁军。"①司马光提出，宋太祖即位后，为革除唐末以来"藩镇跋扈，威侮朝廷，士卒骄横，侵逼主帅，下陵上替"的弊病，亲自制定此法②。此法（斗讼敕）规定：从各军、厢都指挥使至长行，"一阶一级，全归伏事之仪"。其间虽非本部所辖，但临时差至管辖，也属此列。敢有违犯者，上军当行处斩，下军和厢军徒三年，下军配一千里，厢军配五百里。如因"应对举止，偶致违忤"，并非故意陵犯，各减罪二等，上军配五百里，下军和厢军配邻州。以上禁军应配者，配本城。凡"事不干己"而随便口头"论告"者，杖一百；递进状子者，徒二年，并令众三天。各军"论告""本辖人"即顶头上司，"仍降配"，所告之事任何部门皆不得受理。如所告在二事以上，允许审理；如所告之事与己不相干，仍要定罪。诸军控告"本辖人"再犯，其余三犯，"各情重者"，徒二年，配隶邻州本城③。为了维护军队内部的严格等级尊卑关系，阶级法规定了下级"陵犯"、违忤、论告上级的种种刑罚，要求下级绝对服从上级，不得违犯，否则将按军法严刑论处。

阶级法最初在禁兵（押官以上）中实行，到真宗大中祥符元年（1008 年）推广到厢军④。阶级法的实行，保证"行伍之政肃，而士用命矣"⑤，对维护军纪发挥了很大的作用。

此外，各种军法条文很多。如太祖时，规定"禁兵之衣长不得过膝；买鱼、肉及酒入营门者，皆有罪"。只准穿褐色衣服，禁止穿黑衣。禁兵将士无故不得离开本班，每班轮派二人出营购物。军人不准赌博，违犯者，以违制论，徒二年，降低其名次⑥。《武经总要》载录军事法规

---

① 程大昌：《演繁露续集》卷 1《阶级法》；吕祖谦：《吕东莱先生文集》卷 20《杂说》。
② 司马光：《温国文正司马公文集》（以下简称司马光《文集》）卷 31《阶级札子》。
③ 《宋会要》食货 45 之 13。
④ 《宋会要》刑法 7 之 4。
⑤ 《长编》卷 196。
⑥ 《梦溪笔谈》卷 25《杂志二》；张方平：《乐全集》卷 18《再对御札一道》；《宋会要》刑法 7 之 5、6。

七十二条,主要涉及行军作战。内容有"漏军事或散号漏泄者,斩";"临阵先退者,斩";"临阵非主将命,辄离队先入者,斩";"贼军去阵尚远,弓弩乱射者,斩";"临阵弓弩已注箭而回顾者,斩";"不服差遣者,斩";"奸犯居人妇女,乃将妇女入营者,斩";等等①。关于禁兵逃亡,宋初规定逃亡满一天,斩。仁宗时,放宽至满三天。神宗熙宁五年(1072年),改为月俸达五百文的禁兵,满七天,斩②。南宋人王质列举当时军人"有斗伤之禁,有博戏之禁,有禽犬之禁,有巫卜之禁,有饮禁,有滥禁,有逃禁,有盗禁,有诡名之禁,有匿奸之禁,有敛财之禁,有弛艺之禁,有窃造军器之禁,有私传兵式之禁,有出法物之禁,有结义社之禁"③。这些禁约自然还有许多条文。由此可知,宋朝的军法是相当严格的,但随着时间的推移,军政逐步腐败,有法而不行的情况也相当严重。

第六节　军 器 制 度

宋朝是由冷兵器向火药兵器过渡的时期,但仍以冷兵器为主。

一、冷兵器

统治者重视兵器的制造和收藏。太祖时,汴京有南、北作坊和弓弩院,各州都有作院。由三司的胄案主管有关兵器的制造事宜和南、北作坊、弓弩院各务每季账籍。到神宗熙宁六年(1073年),撤销胄案,改设军器监,掌管全国兵器的制造事务。在生产兵器材料的州、府,设置都作院。又设御前军器所。南渡初,重设御前军器所。不久,将军器监并归工部,东、西作坊和都作院并入军器所。后又陆续置官④。

---

① 《武经总要》前集卷14《制度·罚条》。
② 《宋史·兵志七》。
③ 王质:《雪山集》卷6《兴国四营记》。
④ 《宋史·兵志十一,职官志二、五》。

宋初,南、北作坊和弓弩院以及各州作院,都役使工匠造作而"限其常课"。南、北作坊每年造涂金脊铁甲等三万二千件,弓弩院每年造角弝弓等一千六百多万件,各州每年造黄桦、黑漆弓弩等六百二十多万件。还制造兵幕、甲袋、梭衫等行军用的杂物。汴京所造兵器,十天一进,称为"旬课"。仁宗初年,因"天下久不用兵",命各路减少每年制造兵器的一半定额。还因各地"器甲久不缮",派使者分赴各路检查修治。康定元年(1040年)后,因西夏不断侵扰西北边境,再度重视造兵器。这年,命江南和淮南州军造纸甲三万副,给陕西的防城弓手。庆历二年,命鄜延、环庆、泾原、秦凤路各设都作院,赐给河北义勇兵弓弩箭材各一百万件。神宗时,更重视军器的制作。熙宁元年,命入内副都知张若水等"料简弓弩而增修之"。熙宁五年,制造斩马刀几万把,赐给边将;命在京和河北等三路主兵官、监官、工匠"审度"军器的"法度所宜,庶可传久"。设置军器监后,常由该监将"利器颁诸路作院为式"。哲宗初年,一反神宗时所为,将全国制造兵器的兵匠和民工全部遣散;工部和军器监所属内外作坊及各州都作院除继续制作"要切军器"外,其他兵器皆"权住勿造"。绍圣元年(1094年)哲宗亲政后,再度推行神宗时制度,稍稍增造兵器。徽宗即位初,官员们齐说"元祐以来因循弛废,兵不犀利",下令各路都作院"创造修治,官吏考察,一如熙宁时矣"。这时,朝廷还命制造五十将的兵器。政和二年(1112年),诏各路州、府制造兵器"有不用熙宁法式者","有司议罚,具为令"。南渡后,因抗金、抗蒙的需要,兵器的生产更为统治者重视。高宗绍兴间,御前军器所役兵增加到五千六百多人,又在各路增加工匠二千九百多人,于是"内库造作累年,兵械山积"。宁宗后,尤其是南宋末年,尽管"兵纪不振,独器甲视旧制益详"[①]。

二、新式武器

宋朝统治者鼓励军民发明和制造新式武器。太祖时,兵部令史冯

① 《宋史·兵志十一》;《建炎以来朝野杂记》甲集卷18《御前军器所》。

继昇等进献火箭法,经过试验,证明有一定威力,乃赐冯等衣物、束帛。真宗时,新造的新式兵器有木羽弩箭,箭才一尺多,而射程甚远,射中铠甲,则干去而镞存,牢不可拔。盘铁槊,重十五斤,适合马上使用。铁轮拨,重三十多斤,首尾有刃,为马上格斗的武器。还有手炮、火箭、火球、火蒺藜、海战船。仁宗时,有神盾、劈阵刀、手刀、铁连槌、铁简、冲阵无敌流星弩、拒马皮竹牌、火镰石火纲三刃、黑漆顺水山字铁甲、野战拒马刀弩、寨脚车、冲阵剑轮无敌车、大风翎弩箭、临阵拐枪,还有毒药烟球、火炮、蒺藜火球等火药武器。其中以独辕冲阵无敌流星弩最为有名,曾专设独辕弩军。神宗时,李宏进献神臂弓,此弓实际是一种踏张弩,具有射程远、侵彻力大、较轻便等优点。神臂弓的发明,使其他弓弩大为逊色。神臂弓一直流传到明代。此外,还有斩马刀、狼牙箭、鸭嘴箭、出尖四楞箭、一插刃凿子箭、短刃弓、三弓八牛床子弩、一枪三剑箭、劈阵大斧、阔闪促张弓、减指箭、编挨甲等。南渡后,新的武器更为增多。高宗时,韩世忠改进神臂弓,制成克敌弓,"一人挽之,而射可及三百六十步",且可穿透重甲,"以与金人战,大获胜捷"。还有砍杀骑兵的大斧、麻扎刀。孝宗时,有新木羽弩箭、木鹤嘴弩、无羽箭。理宗时,有𥐫筒木弩①。南宋时,火药武器迅速发展。高宗绍兴初,陈规守德安府时,制成长竹竿火炮,以杀伤金军。宁宗时,襄阳府外宋军曾以火箭、霹雳炮、火炮等射入金营。蕲州的守城宋军备有大批弩火药箭、弓火药箭、蒺藜火炮等。理宗时,江陵府和建康府都能生产和维修大批铁火炮、火弓箭、火弩箭、突火枪、霹雳火炮等。突火枪是一种管形武器,以粗竹为筒,内装子窠,点燃药线后,子窠射出,声震一百五十多步。度宗末年,沿边州郡大量仿制回回炮,有人还对此炮作了改进,使威力"远出其上"②。南宋时的火药武器仍以燃烧性火器为主,爆炸性火器仅占次要地位。

---

① 《宋史·兵志十一》、《曾三聘传》;《容斋三笔》卷16《神臂弓》;《武经总要》前集卷11、卷12。
② 《宋史·陈规传》、《宋史·兵志十一》;《景定建康志》卷39《武卫志二·军器》等。

第七节　关于宋朝募兵制的评价

一、募兵制的历史作用

宋朝统治者和许多士大夫津津乐道于本朝的"养兵"制度即募兵制度的优越性。太祖曾对宰臣赵普等说：本朝"可以利百代者，唯养兵也。方凶年饥岁，有叛民而无叛兵；不幸乐岁而变生，则有叛兵而无叛民"①。仁宗时，大臣韩琦说："养兵虽非古，然积习已久，势不可废。非但不可废，然自有利民处不少。古者发百姓戍边无虚岁，父子、兄弟、夫妇长有生死别离之忧。论者但云不如汉、唐调兵于民，独不见杜甫诗中《石壕吏》一首，读之殆可悲泣，调兵之害乃至此！今收拾一切强悍无赖游手之徒，养之以为官兵，绝其出没闾巷，啸聚作过扰民之患。良民虽税赋颇重，亦已久而安之，乐输无甚苦也。而得终身保其骨肉相聚之乐，此岂非其所愿哉！"②说明由征兵制而演变为募兵制是一种历史的必然，对于统治者而言，可以防止"强悍无赖游手之徒""啸聚作过"；对于直接生产者而言，可以免除大部分兵役和一部分劳役，"保其骨肉相聚之乐"。此外，募兵制的实行，使军队专业化、职业化，有利于军队素质的提高。

二、募兵制的弊端

宋朝募兵制也带来了一些弊端，一是"兵冗"，二是"兵骄"③。所谓兵冗，是维持了一支庞大而冗滥的常备军。宋朝国家的财政收入远远超过汉、唐，但朝廷长期入不敷出，就是因为军费开支过于浩大。国家每年的财政收入，几乎十分之七八或十分之五六用于军费④。浩大的

---

① 晁说之：《景迂先生集》卷1《元符三年应诏封事》。
② 沈作喆：《寓简》卷5。
③ 《山堂先生群书考索》续集卷44《兵制门·宋朝兵》。
④ 张载：《张子全书》卷13《边议第六》；陈傅良：《历代兵制》卷8；蔡襄：《蔡忠惠公文集》卷18《国论要目·强兵》。

军费开支,极大地增加了百姓的赋税负担,使直接生产者难以摆脱贫困苦难的境地,因而无法进一步发展生产。所谓兵骄,是军队的将校和军兵"骄惰"成风,战斗力弱。北宋后期,边郡之兵"或白首不遇一敌,终身不历一战,皆坐食军储,幸受温饱。万一有鸡鸣犬吠之惊,则手不能安弦、目不能辨帜,求其捍御之功,则百无一二矣"①。仁宗皇祐间,河北沿边"卒骄将惰,粮匮器朽,主兵者非绮纨少年,即罢职老校","训练有名无实,闻者可为寒心"②。徽宗时,朝廷军政腐败,"劝沮之法坏,骄惰之风成,出戍则亡,遇敌则溃,小则荷戈攘夺以逞,大则杀掠婴城而叛,天下可用之兵无几矣"③。终于导致北宋的灭亡。南宋叶适洞察这一弊病,说:"养兵以自固,多兵以自祸,不用兵以自败,未有甚于本朝者也。"④养兵冗滥,造成宋朝长期"积贫""积弱",成为宋朝"自祸""自败"的重要因素。

　　总之,宋朝募兵制是利弊参半。但养兵冗滥的流弊,不一定是募兵制难以避免的通病,这应该与募兵制的进步性有所区别。

---

① 韦骧:《钱塘集》卷2《议财用》。
② 包拯:《孝肃包公奏议》卷1《仁宗皇帝开天章阁亲制策问》。
③ 张守:《毘陵集》卷1《又乞疾速讲求防秋事务札子》。
④ 叶适:《水心别集》卷11《外稿·兵总论二》。

第七章　宋朝的礼制与宗法

　　中国古代礼仪制度的内容甚广,包括各个时期的国家政治和经济、军事、文化的所有典章制度以及人们的伦理道德修养、行为准则规范等。宋人按照传统的习惯,将这些礼制分为吉礼、嘉礼、宾礼、军礼、凶礼五类,各类的具体内容则与前代稍有不同。这些礼制是为了维持、巩固新的社会阶级结构和宗法关系而制定的。宋朝新的社会阶级结构决定大多数家族组织实行不同于过去的新的宗法。

第一节　宋代的礼制

　　中唐以后的社会变革,从前适用于士族的传统礼制如《仪礼》和《大唐开元礼》已不适用于新的形势。五代十国时期,各国的"礼文仪注往往多草创,不能备一代之典"。宋朝建国后,统治者和一些士大夫开始摸索制订适合当时世俗人情的新的礼制。宋太祖首先命人仿照唐朝的《开元礼》而加以"损益",编纂成《开宝通礼》二百卷。真宗时,设置礼仪院,负责每年增修礼仪制度。仁宗时,多次编修礼书,最有代表性的是嘉祐间欧阳修所编《太常因革礼》一百卷,内容基本因袭《通礼》,但"异于旧者盖十三四焉"。神宗时,由龙图阁直学士宋敏求等编纂成《朝会仪注》、《祭祀》、《祈禳》、《蕃国》、《丧葬》等礼书,"其损益之制,视前多矣"。徽宗时,委官编成《五礼新仪》二百二十卷,正式规定了皇帝和品官、士人、庶人婚丧嫁娶方面的礼制,作为社会礼俗的准绳。

其中关于士人和庶人的礼仪,是中国历史上第一份民间通用礼。南渡后,各朝皇帝依然重视礼书的编修,如孝宗时编成《中兴礼书》三百卷,后又续编八十卷,是当时较有影响的官方礼书。北宋士大夫如程颐、张载,拟订了一些婚姻、丧葬、祭祀的礼仪制度,但大都是古礼。司马光撰成《书仪》,也基本参照古礼,与实际生活相距稍远。南宋时,朱熹曾"欲取《仪礼》、《周官》、《二戴记》为本,编次朝廷公卿大夫士民之礼,尽取汉、晋而下及唐诸儒之说,考订辨正,以为当代之典",可惜"未及成书而没"①。相传《朱子家礼》是朱熹之作。该书较多吸取当时简易实用的礼俗,再参照古礼,制订了一整套民间日常通用的礼制。《家礼》以其实用和简易而被民间遵用,成为一部最为完整的民间通用礼书。

一、吉礼

　　吉礼居五礼之首,主要是对天神和地祇、人鬼的祭祀典礼。宋朝国家级的祭祀分为大、中、小三等。北宋前期,一年中有大祀三十、中祀九、小祀九。大祀为正月上辛祈谷、孟夏雩祀、季秋大享明堂、冬至圜丘祭昊天上帝、夏至祭皇地祇等,中祀为仲春祭五龙、立春后丑日祀风师、春秋二仲上丁释奠文宣王等,小祀为仲春祀马祖、秋分享寿星等。其中,最隆重的典礼是南郊和北郊、享明堂。在正常情况下,京城以外的重大祭祀,都称"郊祀"。皇帝每三年一次"亲祠"南郊或北郊,祀昊天上帝和神州地祇、皇地祇。在明堂中祀昊天上帝和皇地祇以及本朝"祖宗"(已故皇帝),以"行享帝、享亲之礼,以极孝亲之义",称"明堂大礼"②。五代后梁和后唐的郊坛皆设在洛阳,宋初开始在汴京南薰门外建坛,共四成、十二陛、三壝(矮土墙),每壝十二步,内壝以青绳缭绕,"以为限域"。坛成圆形,又称"圜丘"、"圆坛"。坛侧建青城斋宫,以备皇帝住宿。仁宗时,开始建筑外壝,设置灵星门。神宗时,为斋宫

---

① 《宋史·礼志一》。
② 《山堂先生群书考索》前集卷28《礼门·明堂类》;《朝野类要》卷1《典礼·郊祀大礼》。

的主殿和便殿、各门命名①。太祖乾德元年（963年）十一月，初次亲赴南郊，"合祭天、地于圜丘"。从真宗起，基本上每三年一次在冬至日举行南郊仪式，合祭天、地②。

宋朝还在汴京宫城之北十四里筑方丘，逢夏至日祭皇地祇；又在北郊建圜坛，逢孟冬祭神州地祇。由于皇帝亲祠南郊，除祭祀昊天上帝外，还祭祀皇地祇，因此北宋前期皇帝尚未亲赴北郊，仅"差官诣北郊行事"，祭告皇地祇；同时"遣内臣降香，有司摄事如仪"，祭祀神州地祇。神宗元丰元年（1078年），下诏"欲复北郊"，改变冬至合祭天、地的传统习惯。于是朝廷官员们就合祭和分祭展开了争论。元丰六年（1083年），决定冬至日只祀昊天上帝，不设皇地祇位，"始罢合祭"。哲宗初年，仍由"有司摄事"，皇帝未能亲祀。元祐五年（1090年）夏至，祭皇地祇，命尚书右丞许将摄事。于是朝廷近臣又议论纷纷。最后，采纳了礼部尚书苏轼的意见，依旧实行"合祭天地于南郊"之制。到绍圣间（1094—1097年），再次就合祭和分祭进行讨论，议定"罢合祭之礼"，而"亲祀北郊"，但始终没有举行。徽宗时，在"绍述"熙丰新法的浪潮中，再次决定停止合祭，实行北郊亲祀。政和三年（1113年），新筑北郊方坛。次年五月夏至日，徽宗亲赴北郊主持祭地仪式。此后，徽宗在政和七年和宣和二年、五年，三次亲祀地祇于方泽。南渡后，恢复合祭之制，实际上取消了皇帝亲祠北郊的仪式③。

宋朝虽然明文规定，季秋（九月）应大享明堂，但长期只是委托有关官员摄事，皇帝并不亲赴。真宗一度议行此制，但因东封西祀，不克举行。到皇祐二年（1050年）三月，仁宗决定停止当年冬至日亲祀圜丘之礼，在季秋择日"行大享明堂礼"。同时，选定大庆殿为明堂④。九月辛亥，仁宗"大飨天、地于明堂"。明堂中，设昊天上帝、皇地祇、青帝、

① 《宋史·礼志二》。
② 《宋会要》礼28之69—76。
③ 岳珂：《愧郯录》卷3《南北郊》；《宋史·礼志三》。
④ 《长编》卷168；《宋史·礼志四》。

赤帝、黄帝、白帝、黑帝、神州地祇之位,以及宋太祖、太宗、真宗等之位。在全国实行大赦,文武官员和分司官、致仕官皆予转官①。嘉祐七年(1062年),第二次"有事于明堂",稍稍减少从祀的神、人之位。徽宗时,以"宗祀明堂以配上帝,寓于寝殿,礼盖云缺",下命迁秘书省于宣德门东,以其地建造明堂,由宰相蔡京为明堂使,"开局兴工"。政和七年建成,当年九月"大飨明堂,赦天下"。明堂分五室,分祀五名天帝和五名大帝,撤去从祀群神②。有关礼仪皆依《(政和)五礼新仪》③。南渡后,不时举行明堂大礼,所设神位前后略有变化。高宗绍兴四年(1134年)、七年、十年,设昊天上帝和皇地祇、太祖、太宗及天皇大帝以下从祀四百四十三位。绍兴三十一年,设昊天上帝和徽宗、五天帝、五人帝、五官神从祀,仅十七位。孝宗淳熙六年(1179年)、九年,设昊天上帝和皇地祇(合祭天地)、太祖、太宗以及天皇大帝以下从祀,共七百七十一位④。

每遇郊祀、明堂大礼等重大典礼,一般都设"五使",即大礼使、礼仪使、仪仗使、卤簿使、桥道顿递使⑤。往往由宰相任大礼使,太常卿任礼仪使,御史中丞任仪仗使,兵部尚书任卤簿使,知开封府任桥道顿递使。此后,太常卿等或缺,即以学士和其他尚书、丞、郎充任。到哲宗元符元年(1098年),改为礼仪使以下皆委任执政官充任⑥。

宋朝承袭前朝旧制,皇帝亲赴泰山祭祀天地,这一典礼称"封禅"。在泰山上筑土为圜台祭天,报天之功,称为"封";在泰山下社首山辟坛祭地,报地之功,称为"禅"。封禅成为朝廷最重大的典礼。

宋、辽澶渊之盟后,宋真宗为掩饰"城下之盟"的耻辱,决定举行封禅。大中祥符元年(1008年)十月,真宗在进行紧张的准备工作,如议

---

① 《长编》卷168、卷169。
② 《宋史·礼志四》、《徽宗纪三》。
③ 《宋会要》礼24之66。
④ 《宋会要》礼24之98。
⑤ 《朝野类要》卷1《典礼·五使》。
⑥ 《宋会要》礼28之76、84。

定礼仪,修筑行宫和道路,筹措粮草,委任"五使"等后,亲自登上泰山,在圜台享昊天上帝,次日又赴社首山禅祭皇地祇。"大赦天下","常赦所不原者咸赦除之"①。出于同样的目的,真宗又决定西祀汾阴的后土。大中祥符四年,真宗亲率百官、军队抵达河中府宝鼎县(荣河县)奉祇宫,然后赴汾阴后土庙,举行祀后土地祇的仪式。然后"大赦"全国,文武官员皆加官晋爵②。

二、嘉礼

嘉礼主要是联络、沟通人们感情的礼仪。内容包括庆贺、婚冠、饮食、宾射、飨宴等礼,宋人习惯将朝会列入宾礼。据《宋史·礼志》,宋朝的嘉礼有上尊号仪,高宗内禅仪,上皇太后、太妃册宝仪,册立皇后仪,圣节,诸庆节,乡饮酒礼,品官和士庶人婚礼等。

每逢举行大祀仪式,宋朝百官齐集东上阁门,拜表请上尊号,或者三上,或者五上,大都"谦抑弗许";如获皇帝允许,即奏命大臣撰册文、书册宝。皇帝接受册宝多用祀礼完毕的那天,登上正殿行礼,礼毕,有关机构将册宝赴阁门奉进入宫。太祖建隆四年(963年),群臣三次上表请上尊号,下诏待郊祀毕受册。受册前三天,派官奏告天地、宗庙、社稷,于是定为制度。册礼结束,在朝堂赐给百官饮食。高宗绍兴三十二年(1162年),决定内禅,立皇太子赵昚为帝。六月,举行内禅仪式。在紫宸殿设仪仗,以宰相为首的文武百官排队肃立。高宗出宫,鸣鞭,禁卫各班直、仪仗和内侍省使臣等迎驾,高宗升御座。宰执等上殿奏敬仰、依恋之类言词,高宗表示"闲退"的决心,并勉励宰执等"悉力以辅嗣君"。君臣"相与泣下"。宰执降阶后,高宗离座,鸣鞭回宫。宰相和百官排队,听宣诏,再拜,舞蹈,三呼万岁,再拜,再至殿下排队,迎候新皇帝。随后,禁卫、仪仗等迎接皇帝出宫,请安,鸣鞭。内侍扶新皇帝上御座,新皇帝不肯就座,内侍传达高宗圣旨,请新皇帝就座,新皇帝才坐

①　《长编》卷70。
②　《长编》卷75;《宋史·真宗纪三》。

御座东侧，但不南向。百官请安、称贺，再拜，舞蹈，三呼万岁。宰相等上殿请皇帝面南而坐，再拜祝贺，奏事后，退下。皇帝回内宫，鸣鞭。宰执等赴祥曦殿，候高宗登辇，扈从至德寿宫门而退。第二天，新皇帝到德寿宫朝见高宗，百官诣宫门外迎驾。高宗坐御座，新皇帝登殿的东阶拜，奏"圣躬万福"。殿下百官皆再拜，搢笏，三次舞蹈，三次叩头，出笏再拜。以后孝宗内禅和光宗内禅，大致依照此制①。

帝王的诞辰称为"圣节"。开元十七年（729年）八月五日，唐玄宗诞辰，设宴招待百官，并立此日为"千秋节"。布告全国，宴乐庆祝，休假三天。后来文宗诞日，又令禁止屠宰。这是皇帝诞辰置节号和赐宴、禁屠之始。但此后各朝皇帝的"圣节""或置或不置"，直到五代"始立为定制"②。宋朝皇帝都立"圣节"，甚至有些皇太后也仿此建节。如太祖的生日称长春节；太宗的生日称乾明节，后改称寿宁节。哲宗生于熙宁九年十二月七日，因避僖祖（太祖的四世祖）的忌日，改用八日。每逢新皇帝即位，由宰相率领百官上表奏请，为皇帝生日立节。老皇帝的"圣节"便自然消失。仅孝宗时，高宗尚健在，逢天申节依例庆祝；光宗时，孝宗也健在，逢会庆节也依例祝寿。到"圣节"那天，皇帝坐殿，百官簪花，依次上殿祝寿，进献寿酒。皇帝退入另殿，设御宴款待百官以及外国使臣：先由百官进酒祝寿，然后由皇帝赐百官酒食，乐坊伶人致语，同时奏乐；酒数行而罢③。

宋朝在每年春、秋的季、仲以及圣节、郊祀、籍田仪式结束后，皇帝"巡幸"回京等国家举行重大庆祝活动，皆要大宴百官。仁宗天圣（1023—1032年）间后，大宴一般设在集英殿，中宴在紫宸殿，小宴在垂拱殿。举办大宴时，有关机构预先在殿庭布置山楼排场，做成群仙的队仗、外国使臣进贡以及九龙五凤的形状，旁边是司天鸡唱楼。殿上也铺设锦绣帷幕，挂香球等，在殿的东北楹间设置御茶床和酒器，在殿下的

① 《宋史·礼志十三》。
② 《事物纪原》卷1《圣节》；《云麓漫钞》卷2。
③ 《宋会要》礼57之14—23。

幕屋安放百官的食器。从宰相、枢密使到给事中、中书舍人,从节度使、两使留后到军厢指挥使,都坐在殿上;文、武四品以上、知杂御史、禁军都虞候等,坐在朵殿;其他的升朝官、各军副都头以上等,分坐在两庑。殿上使用金器,其他使用银器。行酒九爵。结束时,官员舞蹈拜谢而退。在皇帝赴苑囿、观稼、畋猎等活动时,所到之处设宴,令从官参加,称为"曲宴"。如果设宴招待辽朝使臣,则近臣和刺史、正郎、都虞候以上都列席。皇帝暮春后苑赏花、钓鱼,则三馆、秘阁官员都预会。

五代时,大射之礼未见记载。宋太宗曾命官员起草过"仪注",但尚未依此举行。此后,每遇皇帝游玩池苑,或命宗室、武官射箭,而皇帝自己射箭"中的","从官再拜奉觞为贺"。参加射箭的官员射中目标,皇帝赐其袭衣和金带、散马。苑内都盖射棚、画晕的(靶子)。射箭时,用招箭班三十人,穿绯紫绣衣、帕首,分立左右,以报告中否。遇节序皇帝赐宴,则宗室和禁军大校、州府长官、诸司使副皆命习射,"遂为定制"。外国使臣入朝,也命帅臣相陪,在园苑赐射。徽宗政和间(1111—1118年)所定"宴射仪",规定皇帝亲临射殿,侍宴官公服、系鞋,射官窄衣,奏"圣躬万福",再拜登殿。饮酒三行后,引导射官降阶,皆执弓箭,射恩再拜,三公以下在右,射官在左,不射者按照座位顺序分立。皇帝和官员射中,各举行简短的庆祝仪式;官员射中,即赐窄衣和金带。南渡后,如孝宗时,皇帝几次游玉津园,孝宗射完箭,命皇太子和亲王、管军臣僚等依次射箭,每人轮流三次,每次射四箭。在大射过程中,有时还奏乐和饮酒。

宋朝逐步恢复古代的乡饮酒礼。徽宗政和间,由礼官参定"射仪":在乡饮酒前一天,本州在射亭的东西序,设置提举学事各监司和知州、通判、州学教授、应赴乡饮酒的其他官员以及贡士的席位,本州兵马教谕备好弓箭等,设置乐队。举行乡饮酒礼的当天,初宴,提举学事和知州、通判率领应赴乡饮酒的其他官员和贡士去射亭,拿着弓箭射击。谢毕,饮酒。高宗绍兴十三年(1143年),礼部参照比部郎中林保所定乡饮酒矩范仪制与现行仪制,修定乡饮酒礼,遍下各地推行。绍兴二十六年(1156年),规定乡饮酒礼"愿行于里社者,听从其便",官府不得干预,"虽不预乡饮酒者,皆许赴国子监"。宁宗庆元间(1195—1200年),朱熹用《仪礼》重定乡饮酒礼,各地学者皆依此推行①。

三、冠礼

男子十二岁到二十岁要举行成人之礼,称冠礼;女子十五岁,则举行笄礼。宋真宗大中祥符八年(1015年),曾举行皇太子的冠礼。徽宗还亲自编定《冠礼沿革》十一卷。皇太子冠礼的仪式,是前期奏告天地、宗庙、社稷、各陵等,在垂拱殿和文德殿门内布置停当,又为房于东朵殿。到行冠礼的那天,由皇帝在文德殿主持仪式,皇太子依次试戴折上巾、远游冠、衮冕。礼毕,皇太子入大内,朝见皇后。在公主举行笄礼的那天,在殿庭设置香桌,领公主进入东房,先由尊长替公主"总髻"即将头发梳成发髻,盘在头顶,然后加冠笄,再加为冠朵,三加为九翚四凤冠。皇帝三持这一仪式。最后,领公主拜见君父,提举官代表皇帝宣读训辞:"事亲以孝,接下以慈。和柔正顺,恭俭谦仪。不溢不骄,毋诐毋欺。古训是式,尔其守之。"公主再拜,向前奏道:"儿虽不敏,敢不祗承!"公主再接受皇后和妃嫔等祝贺。官员和平民子女的冠礼和笄礼,司马光《司马氏书仪》也有详细的规定。

亲王和官员娶妻的礼仪,大致相同,有蔽门(纳采)、问名、纳吉、纳成、请期、亲迎、同牢、庙见、见舅姑等礼节。亲王的聘礼,用银子一万两;纳采,用羊二十头、酒二十壶、䌽四十匹;定礼,羊、酒、䌽各加十,及茶一百斤、头𢄢巾段、绫、绢三十匹等。纳财,用金器一百两、䌽一千匹、钱五百贯等;亲迎,用涂金银装肩舆一乘,行障和坐障各一件,生色烛笼四只,等等。宗室子娶妻的聘礼和蔽门、定礼、纳财、亲迎的礼物和随行仪仗都减少一半;"远属族卑"的宗室子则再减。士人和平民的婚仪,问名与纳采合并为一,请期与纳成合并为一。纳采的物品,三舍生

---

① 《宋史·礼志十七》;《宋会要》礼46之1—5。

可以用羊,平民可用雉或鸡、鸭。三舍生和品官的子孙在亲迎时,允许借穿九品官的公服;其他人只能穿戴皂衫衣和折上巾。宋朝的婚姻礼仪,前后有一些变化。如男方迎亲使用的交通工具,北宋前期还普遍使用花车,后来逐渐被花轿代替。司马光说过:"今妇人幸有毡车可乘,而世俗重担子,轻毡车。"①担子就是轿子。新郎骑马在前,花车或花轿在后,还用二烛在前引导。同时,官方所定仪制与民间的俗礼也有一定的差距。如花轿抬到女家后,新娘由女家的亲戚抱上花轿。新娘踏入男家之门前,要举行"撒谷豆"、"跨马鞍"的仪式。当晚,新郎在中堂登上置于一只榻上的椅子,由媒人和姨、姑、岳母顺次敬酒,然后下高座归房。新娘进入男家后,与新郎一起,由主持人带到影堂(挂祖先画像处)前或阶下,主持人进入堂中焚香酹酒,祝者跪地向祖宗报告结婚的信息。这一仪式称"拜先灵"。《东京梦华录·娶妇》记载,新郎和新娘面对面各挽一段彩绢的一端,彩绢中间结一同心,新郎倒行,称为"牵巾"。走到家庙参拜,然后新娘倒行,扶入新房。新房的地上铺席,新郎立在东席,新娘立在西席,新郎与新娘对拜,称为"交拜"。新郎坐在新床之左,新娘在右,各留出一撮头发,合梳为髻,称为"结发"。然后喝"交杯酒"②。

四、宾礼

宾礼即接待宾客之礼。宋朝的宾礼,有大朝会仪和常朝仪、正衙常参、入阁仪、皇太后垂帘仪、百官相见仪制、契丹和夏国金国使副见辞仪、诸国朝贡仪等。

宋朝沿袭前代制度,在每年元旦、五月初一、冬至举行"大朝会"的仪式。太祖建隆二年元旦,初次在崇元殿(后改称大庆殿)接受百官朝贺。太祖服衮冕,设置仪仗。仪仗退后,百官赴皇太后宫门祝贺。太祖穿常服,登广德殿;百官祝寿,教坊奏乐。五月初一,太祖又在崇元殿接

---

① 以上皆参见《宋史·礼志十八》。另见司马光:《司马氏书仪》卷3《亲迎》。
② 《东京梦华录》卷5《娶妇》。

受朝贺。太祖戴通天冠,穿绛纱袍,同样设置仪仗。乾德三年(965年)冬至,太祖在文明殿(后改称文德殿)接受朝贺;四年冬至,在朝元殿(后改称大庆殿)受贺毕,穿常服坐大明殿(后改称集英殿),由百官祝寿,开始用雅乐登歌、二舞,百官饮酒五行,然后结束。仁宗初年,刘太后摄政。天圣五年(1027年)元旦,清晨,宰相、百官与辽朝使臣、各军将校,皆常服到会庆殿(即大明殿)集合排队。仁宗穿靴、袍,在帘内跪拜,向刘太后祝贺,奏乐。然后,枢密使以下官员在长春殿(后改称垂拱殿)迎接仁宗,向仁宗请安和祝贺。百官在朝堂换上朝服,在天安殿(即原朝元殿)排队朝贺,仁宗服衮冕受朝。再换通天冠、绛纱袍,百官再次祝贺。神宗熙宁二年,开始取消五月初一"受朝"之制。元丰元年,修改正殿御殿仪注,龙图阁直学士、史馆修撰宋敏求编定《朝会仪》二篇、《令式》四十篇颁行。其仪式为:元旦、冬至的大朝会,皇帝坐在大庆殿,在殿内外设黄麾仗,在殿门及殿庭设黄麾大仗。文武常参官穿朝服,陪位穿公服。皇帝戴通天冠,穿绛纱袍。奏乐,由太尉诣御坐前,跪致百官庆祝元正的贺词。在位官皆再拜、舞蹈,三呼"万岁",再拜。礼毕,殿下鸣鞭、撞钟、奏乐,皇帝起身进入东房。然后,百官立班向皇帝祝寿,由太尉执爵向皇帝敬酒,并跪致百官祝皇帝"千万寿"的贺词。接着,由殿中监替皇帝进三爵酒;同时赐百官饮酒,奏乐。百官降阶再拜、舞蹈,三呼"万岁"。以前,每遇朝贺和上寿,皇帝皆执镇圭,从此废除不用。南渡初,长期停止举行上述仪式,直到绍兴十五年(1145年)元旦,高宗才坐大庆殿受朝,文武百官"朝贺如仪"①。

北宋前期,皇帝每天赴文德殿视朝听政、文武百官皆赴殿立班。文德殿是前殿、正殿之一,又称正衙、外朝。官员如有诏旨免予常朝,以及"勾当更番宿者"或公事紧急者,可不赴殿立班。当天,文官尚书和武官上将军以下,皆先序立在殿门之外,东、西相向。正衙见、谢、辞的官员,立在大班(以宰相为首的官员班位)之南。右巡使和御史台官员皆

①《宋史·礼志十九》。

就本班的班位。揖毕,台官和左巡使首先入殿,各就本位。接着,南班和右巡使入殿。随后,见、谢、辞的官员,两省官,文班一品和二品的官员等依次入殿。宰相由东上阁门就位。通事舍人一员立在阁门外,北向;四色官立其后。通事舍人宣布"承旨奉敕不坐",四色官急趋至放班位,传达此旨,官员们皆再拜而退①。这一仪式称"常朝"。官员连续休假三天以上后,也应赴文德殿集合,站成横队朝参,称"横行参假",简称"横行"。从宰相和亲王以下官员应见、谢、辞者,皆先赴此殿朝参,称"过正衙"。凡正衙常朝和横行,皆应由一员宰相押班②。

从宋太祖开始,仿照唐朝"入阁"之制,经常逢每月的朔日(初一),举行入阁仪式。唐时,皇帝每天坐前殿会见百官,称"常参"。每逢单日,改坐便殿(紫宸殿,也称上阁)视朝;同时,每月朔、望(十五日)"荐食诸陵寝","有思慕之心,不能临前殿",也坐便殿会见百官,称"入阁"。前殿(正衙)设立仪仗,皇帝改坐便殿,即招呼仪仗由东、西阁门而入,"百官候朝于衙(按指前殿)者,因随入以见"皇帝,故称"入阁"。唐末五代时,皇帝不能每天会见群臣,正衙仪仗废弃不用,反而朔、望入阁有仪仗。久而久之,"遂以入阁为重","至出御前殿,犹谓之入阁"。太祖曾五次坐崇元殿视朝,文武百官"入阁",并设置待制和候对(后改称"转对")官。又曾坐文明殿入阁。太宗时,逐渐"以文德殿正衙权为上阁",不时遇朔日举行入阁仪式,增设黄麾仗,文武百官随中书门下"横班起居"。仪式结束后,还赐百官"廊下餐"③。真宗时,重定《入阁图》,其仪式如下:当天,先列文武百官于殿庭的东、西,陆续引导各官署的官员"分班序立",阁门版奏官员"班齐"。皇帝穿靴着袍,乘辇,上长春殿,停辇,枢密使以下"奉谒,前导"到文德殿上。皇帝升座后,文、武百官拜见,南班中有辞、谢者再拜先退,再引各机构的官员分班序立,

---

① 《宋会要》仪制 4 之 1—3。
② 《文昌杂录》卷 3;《宋会要》仪制 4 之 7。
③ 《云麓漫钞》卷 3;《江邻几杂志》;《涑水记闻》卷 8;《宋会要》仪制 1 之 21—23;《玉海》卷 70《淳化文德殿入阁》。

最后由中书门下诣香案前奏："中书公事,臣等已具文。"奏毕,退下,揖殿门出。接着,刑法官和待制官奏事毕,皆出归本班。弹奏御史出殿,如阁门有失仪者,按式弹纠。最后,左、右史出。阁门使宣布"放仗",百官皆再拜,赐给廊下食。又再拜,阁门使奏"阁内无事"。文、武官出殿后,皇帝回宫①。神宗熙宁三年(1070年),重定入阁仪式,规定在前一天由有关机构供帐于文德殿,到当天皇帝先赴垂拱殿,由内侍省都知、押班等"祗应",进读臣僚奏目。然后,由枢密使等前导,到文德殿后阁。待司天监奏报时刻,阁门奏报"班齐",皇帝从后阁出殿,升榻,然后文、武百官向皇帝就位四拜请安,等等。次年五月初一,正式在文德殿"视朝"②。

　　除节、假日以外,皇帝每天清晨赴垂拱殿受朝听政。垂拱殿是内殿之一,常称"垂拱内殿",有时也称前殿③。至时,宰相、枢密使以下"要近职事者"和武班,即待制以上的文臣和诸司使以上的武臣,皆赴殿朝参,称"常起居"④。皇帝刚出宫门,由带御器械、御龙亲从官请安,诸班都虞候以下齐奏"圣躬万福"毕,在前面引导皇帝到殿庭,分立东、西两边,皇帝升座。客省使到阁门副使等奏"圣躬万福"。随后,由四厢都指挥使以上的武官、改赐章服者等致谢,军头司祗候员僚请安。最后,群臣分班奏事,顺次为宰相、枢密使、三司、开封府、审刑院、其他官员。这一仪式总称"内殿起居"。在处理各司公事完毕后,内侍奏告"门外无公事",皇帝即起身回内宫,算是结束了一次"早朝"⑤。

　　北宋前期,皇帝每五天一次坐内殿(一般在垂拱殿),接受文、武朝臣不论釐务或不釐务者的朝参,称"百官大起居"⑥。真宗晚年,仅单日坐承明殿(后改称延和殿)视朝,"遇五日起居,即御长春殿"。仁宗初年,刘太后摄政,沿袭此制,每五天百官一赴前殿"起居"。后来,"大起

①　《宋会要》仪制1之19—21。
②　《宋会要》仪制之30—34。
③　《文昌杂录》卷3;《宋会要》仪制4之5。
④⑥　《春明退朝录》卷中。
⑤　《宋史·礼志十九》;《宋会要》仪制1之1。

居"之日如适值雨雪,即改作常朝。如适值朝假,则从放假之日算起,另实理五天;如遇垂拱殿常朝,则从宰相和中书舍人、直龙图阁以下到知起居注、皇城内监库藏官皆不赴垂拱殿,只随大班"起居"①。

百官朝见皇帝的礼节,依照内殿视朝和朔、望文德殿视朝、横行等而有不同的规格。在内殿朝见时,官员只向皇帝两拜;朔、望或连续放假三天后,官员都要舞蹈;大起居时,官员都要七拜。自十月朔到二月朔,每次大起居时,都赐官员茶、酒,序班在殿外,再拜以后,集中于朝堂②。官员在每天赴朝时,要提前到宫门前的待漏院,等候开宫门和阁门"呼报排班",然后"穿执而入"③。

以上常朝和横行、过正衙、百官大起居等仪式存在一些弊病,主要是过于重复、繁琐,流于形式,以致许多官员借故躲避常朝,宰相也不再前赴押班,所以平时参加常朝的,只有御史台官员和审官院的待阙阶官而已。到神宗元丰四年(1081年),针对这些弊病,制订出新的朝参制度,分为日参和六参、两参(朔参和望参)共四种。凡门下省起居郎和中书省起居舍人(左、右史)以及尚书省侍郎、御史中丞以上,即侍从官以上,为"日参官"(常参官);三省和御史台官、寺监正副长官以上,即京师百司升朝官以上,为"六参官"(逢一日、五日朝参者);寺监丞、大理评事以上,即在京升朝官以上,包括暂无差遣者,为"两参官"(朔参官和望参官)。还规定今后除朔、望参外,每月定以五日、十一日、二十一日、二十五日为"参日"。遇假日即停罢。契丹使臣见、辞之日,皆特行起居,该天前后三天内原定的起居仪式暂停④。日参的地点在垂拱殿,六参和朔参、望参的地点在紫宸殿⑤。哲宗元祐四年(1089年),较大改变朝参制度,规定朔参官兼赴望参,望参官兼赴六参⑥。到徽宗政

① 《宋会要》仪制1之6、9,2之14、1、2。
② 《宋会要》仪制2之2;《宋史·礼志十九》。
③ 《朝野类要》卷1《班朝》。
④ 戴埴:《鼠璞·正衙常参》;《文昌杂录》卷3。
⑤ 《石林燕语》卷2。
⑥ 《宋会要》仪制2之18、19。

和间,又将六参改为四参,四参官为宰执、侍从,武臣正任,文臣卿监员郎、监察御史以上,四参的地点是垂拱殿①。

南渡初年,朝参制度名存实亡。虽有日参官,但正衙"既不日御,又无入阁之制",内殿又"废起居之礼";遇到"四参"之日,正值大暑或严寒、风雨沾湿,以及节假等,官员多免常朝,所以朝参的日子不多。绍兴和议后,朝参制度渐趋正常。孝宗乾道二年(1166年),重定垂拱殿四参仪式:朝参时,百官随仪仗入殿庭,立班停当后,閤门手持牙牌,上刻有"班齐"二字,由小黄门领入。皇帝先在后幄内坐等,小黄门高声呼问:"人齐未?"当头者答道:"人齐!"皇帝即出幄,卫士鸣鞭,皇帝就座。欧阳修诗云:"玉勒争门随仗入,牙牌当殿报班齐。"即写百官入朝的情景。皇帝升座后,阅读臣僚奏章目录。武臣和皇太子、亲王、使相等分班"常起居"(向皇帝两拜)后,宰执和两省官、文武百官入殿,相对立定,一起向北立,"大起居"(向皇帝七拜)。三省官登殿侍立。两省官和殿中侍御史分班退出。三省和枢密院长官开始奏事,完毕后,顺次为见、谢、辞官员参见皇帝,其他官员奏事,最后皇帝起座离殿②。宁宗嘉定间(1208—1224年),朝参制度不受重视,"每日改常朝为后殿,四参之礼亦多不讲,正殿、后殿、四参间免";同时,常朝的仪式仅有从臣参加,而后殿的仪式从臣不预,四参最多也只有卿、郎参加,且"累月仅或一举"③。

神宗元丰改制后的常朝仪式,规定官员的排立方位:文官东班,武官西班,亲王、环卫官南班。宰相和枢密院长官上殿奏事,不需礼拜。宰相和副宰相站在殿上东壁,枢密院长官以下站在西壁。首先是宰相与枢密院长官"同对",结束后,枢密院长官退待于西壁。其次是宰相开始"进呈"公文奏事,如果是"除目"(官员任命名单),用片纸读奏疏,皇帝颔首赞同,有时也提出一些问题,由宰相回答,然后宰相退立东壁。

---

① 《宋史·礼志十九》。
② 《宋会要》仪制2之22、23。周必大:《二老堂诗话·报班齐》。
③ 《鼠璞·正衙常参》。

第三是枢密院长官"进呈"公文奏事,也照样退立西壁。阁门再领一名到两名官员上殿,或领台、谏官入奏。官员上殿的奏札,必须呈送一式两份。奏事可行者,一份留中,一份转发有关机构①。

从真宗时澶渊之盟开始,辽朝国信使、副每逢元旦和圣节要"朝见"宋朝皇帝,因此也逐渐形成一定仪式。至日,宋朝皇帝坐崇德殿,宰相和枢密使以下大班"起居"和员僚"起居"后,馆伴使、副一班也就位,东面立。接着,接书匣阁门使登殿。通事(翻译官)入殿,向皇帝跪拜,奏"圣躬万福"等。舍人领辽朝使、副从殿外捧书匣入殿,当殿前立。天武官抬礼物列于殿下。舍人揖使臣跪进书匣,阁门跪接,舍人收受。契丹使立,阁门捧书匣登殿,进呈皇帝前,由内侍都知拆书,交给宰相,宰相进呈皇帝。阁门使下殿引契丹使、副登殿,立皇帝前。辽朝国信大使传达本朝国主"问圣体",通事翻译,舍人向皇帝传奏。皇帝让阁门回问辽朝国主,辽使跪奏,舍人向皇帝传奏,揖辽使立起。舍人逐个引辽国信使、副当殿,向皇帝跪拜,"大起居",出班"谢面天颜",再归位;又出班"谢沿路驿馆御筵茶药及传宣抚问",再归位。舍人宣旨赐辽使窄衣、金蹀躞子、金涂银冠、靴等。夏国和高丽、金朝使臣进见和告辞,宋朝也订有一定的礼仪②。

五、军礼

军礼是军队操演、征伐之礼。包括祃祭和阅武、受降、献俘、田猎、打球、救日伐鼓等。军前的大旗,称"牙"。每次出征,必定祭祀牙旗,称"祃"。宋真宗咸平间(998—1003年),下诏太常礼院定"祃仪":筑地为坛,四方,各五十步。设两壝,用青绳围绕,张幕,设置军牙、六纛神位版。祭祀用刚日(单日),供具食物。祭品用牛,但用羊、猪代替。其币,军牙用白色,六纛用黑色,各长一丈八尺。由都部署初献,副都部署亚献,部署三献,皆穿军服,其他将校陪位。礼毕,焚币。还选择日子祭

---

① 方回:《续古今考》卷 27《天子治朝之位》;《石林燕语》卷 5。
② 《宋史·礼志二十二》。

祀马祖和马社①。

　　宋朝皇帝亲自参加阅兵典礼。太祖、太宗时，为习水战，特地在朱明门外开凿讲武池，又在城西杨村筑讲武台，到九月"大阅"时，与从臣登台观看。真宗时，在含辉门外东武村修筑广场，建高台，台上造行宫。到阅兵之日，诸军列阵于台前，左、右相向，"步、骑交属亘二十里"。真宗登台，坐戎帐，召从臣坐观。殿前都指挥使王超手拿五方旗指挥进退，又在两军阵中竖起候台瞭望，派人执旗在上如台上之数相应。初举黄旗，各军旅跪拜。举赤旗，骑兵前进。举青旗，步兵前进。每次旗动，则鼓声震天，士兵呐喊，声闻百里以外。举白旗，各军又再拜呼"万岁"。有关官员奏申"阵坚而整，士勇而厉"，准备再练，真宗下诏停止，于是举黑旗以整顿部队。各军皆"凯旋以退"。真宗召集从臣燕宴，教坊奏乐。返城的路上，真宗登东华门检阅各军回营，钧容直在楼下奏乐，再召从臣坐和燕宴。次日，又赐近臣、将校、内职、诸班卫士饮食。神宗时，曾在崇政殿检阅新教成的牌手，命殿前步军司择骁健者"依法教习"。还亲自阅试禁卫、戍军、民兵等。南渡后的皇帝阅武仪式，见本书第六章《利弊参半的军事制度》。

　　受降献俘之礼，宋朝前后也有一些变化。徽宗政和初所定"受降仪"，大致规定大军凯旋后，遣官奏告天地、宗庙、社稷、山川等，以酒、脯行一献之礼。献俘仪式正式举行时，皇帝登上门楼的御幄，文武百官和投降的敌方首领以及蕃官站在楼下。东上阁门用红绦袋装将"班齐"牌提升上楼，报告皇帝。皇帝就座，百官皆再拜舞蹈，三呼"万岁"，又再拜。然后由舍人领投降的敌方首领穿本国衣冠立楼前，"躬听诘问"。如有复奏，阁门记录毕，仍以红绦袋提升上楼。如无复奏，皇帝决定免其罪，投降的敌方首领以下再拜称"万岁"，再序立。如皇帝决定各赐首服袍带或赐官等，皆一一授予。百官横行向北站立，赞拜后，班首稍前，俯伏跪，致贺词。在位的官员又再拜舞蹈，三呼"万岁"，又再

---

①　《宋史·礼志二十四》；《宋会要》礼48之1。

拜。太祖征服南汉,俘获其国王刘鋹。太祖登明德楼,列仪仗卫士,诸军、百官皆常服立班楼前。楼前东西街稍南设献俘之位。有关官员率领武士将刘鋹用白练捆缚,前面用"露布"(捷报)开路,带到太庙和太社举行告礼,再带到楼前御路之西。百官到齐后,太祖穿常服就座,百官舞蹈起居毕,通事舍人领刘鋹到献俘位。将露布授给摄兵部尚书。摄刑部尚书赴楼前跪奏,将所献俘虏交付有关机构处理。太祖召刘鋹责问,刘鋹伏地待罪。太祖下令将其臣僚龚澄枢等处死,特免刘鋹及其弟保兴等人之罪,并赐袭衣、冠带、靴、笏等,刘鋹等人各穿其服在楼下列队谢恩。百官再称贺毕,结束仪式①。

六、凶礼

凶礼是指丧、荒、吊、禬、恤等五礼。具体为皇帝山陵和后妃园陵、亲王园庙、太子欑所、忌日、外国丧礼及入吊仪、群臣丧葬等仪、士庶人丧礼、服纪等。

宋太祖建国后,在乾德二年(964 年),将其父赵弘殷(庙号宣祖)之墓从开封东南迁到河南府巩县西南。这里地处郑州和河南府之间,南有嵩岳少室,北靠黄河天险,东枕绵亘的青龙山,洛水横贯县境,土质优良,水位较低,宜于深挖墓穴,便于就近开采石料。选定地点后,太祖委派宰相范质为改卜安陵使,翰林学士窦仪为礼仪使,吏部尚书张昭为卤簿使,御史中丞刘温叟为仪仗使,皇弟、开封府尹光义为桥道顿递使。后来范质罢相,以光义代兼辖五使公事。陵墓的形式则采用秦、汉旧制,下建皇堂(地下宫殿),上筑正方形的三层陵台。宣祖的陵墓称安陵。

从宋太祖开始,连续七位皇帝死后都葬在巩县西南的皇陵内。这七位皇帝的陵墓依时间的先后顺序为太祖,永昌陵;太宗,永熙陵;真宗,永定陵;仁宗,永昭陵;英宗,永厚陵;神宗,永裕陵;哲宗,永泰陵。

---

① 《宋史·礼志二十二》。

仅有徽宗和钦宗因被金军所掳,死在北方,徽宗灵柩在高宗绍兴十二年(1142年)归葬绍兴府宝山,称永祐陵。钦宗死后,由金人葬在巩、洛一带,宋人称其墓为永献陵。

宋朝逐渐形成一整套皇帝的陵寝制度。规定:第一,在皇帝死后,向全国颁布遗制或遗诏,皆要求"山陵制度,务从俭约"①。北宋帝陵的规模远逊于秦、汉,各陵的建制基本相同。各陵约各占地一百二十亩,正中为崇高的陵台。陵台呈正方形,周围为神墙,四角有角阙,各墙中间设一神门。陵台四周种植柏树,久而成林,设置专管培育柏树的"柏子户"。陵台之下为皇堂,安放皇帝的棺椁,全部用条石镶砌。陵台到南神门之间,建造献殿,又称"上宫"。四神门外,各设石狮一对。南神门外中轴线的神道两侧,排列着雄伟壮观的石刻群,由陵前拜台向南依次为宫人和内侍、石狮、武士、文官、武臣各一对,蕃使三对,石虎和石羊各二对,仗马和控马官二对,角端一对,瑞禽石刻一对,石象和驯象人一对,望柱一对,乳台和鹊台各一对。沿陵台神墙西北角延伸半里多的地面建筑为"下宫",系皇帝死后供其灵魂衣食起居的场所,分为正殿和影殿(供奉其画像)等②。第二,各陵必由宰相亲撰陵名。如太宗陵由宰相吕端拟定为永熙陵。真宗陵先由宰相丁谓撰定为镇陵,丁谓被贬后,由冯拯改称永定陵③。第三,临时组成以宰相为首的营建"大行皇帝"山陵的五人领导班子。一般委任一员宰相为山陵使,翰林学士承旨(或龙图阁直学士)为礼仪使,御史中丞为仪仗使,枢密直学士(或龙图阁直学士、知制诰)为卤簿使,权知开封府为桥道顿递使。同时,委任一名内侍头目担任按行山陵使,一名武官担任副使;另二名内侍头目担任都大管勾山陵事等。如英宗死后,由宰相韩琦为山陵使,龙图阁直学士李柬之为礼仪使,知制诰韩维为卤簿使,权御史中丞彭思永为仪仗使,权知开封府傅求为桥道顿递使。另外,委任入内内侍省副都知石全

① 《宋大诏令集》卷7《帝统一·遗制》。
② 孙中家等:《中国帝王陵寝》。
③ 《宋会要》礼37之5—8。

育和张茂则为都大管勾山陵事,入内副都知李继和为山陵按行使,带御器械李若愚为副使等①。第四,设置专门管理山陵的机构和官员。宋太祖营建安陵后,即委任巩县令、丞"兼掌陵寝公事"。太宗时,正式任命巩县令"兼陵台令事"。真宗时,升巩县永安镇为永安县,隶河南府,首以殿中丞黄昭益任知陵台令兼永安县事,在陵台令公廨增修县衙。知陵台令兼永安县事,掌管诸陵寝的行政和司法等事。同时,又常设诸陵使、副使和都监,公廨设置在下宫内,后移到宫外。各陵最初设禁军数指挥,负责防护。神宗时,诸陵已设三巡检,各领一百名士兵②。

南渡后,前六帝都葬在越州(绍兴府)会稽县宝山(今浙江绍兴东南会稽山余脉上皇山,北为雾连山,南为新妇尖,中间是谷地)。顺次为高宗,永思陵;孝宗,永阜陵;光宗,永崇陵;宁宗,永茂陵;理宗,永穆陵;度宗,永绍陵。以上各陵史称"南宋六陵"。帝昺陵(衣冠冢)在今广东深圳市赤湾西,系元初人所建。

南宋陵寝制度基本沿袭北宋。稍有不同之处是,第一,皇帝的陵寝只称"欑宫",表示临时择地攒殡。这与称杭州为临安府一样,表示将来收复中原后,还要迁葬回永安县的皇陵。第二,营建"大行皇帝"的临时领导机构稍有不同。孝宗淳熙十四年(1187 年)高宗逝世,委派宗室、荥阳郡王赵伯圭为欑宫总护使,翰林学士、知制诰洪迈为桥道顿递使,吏部尚书兼侍读萧燧为按行使,入内内侍省押班吴回为副使。在萧燧勘察陵墓地段后,又派户部侍郎叶翥为复按使,这是因为两浙"土薄地卑,易为见水",所以再次派员"复按"③。第三,皇帝的陵寝设置"检察宫陵所",作为管理陵寝的常设机构。又以会稽知县兼陵台令,兼管皇陵事务④。

在南宋六陵之前,已有五位帝、后的灵柩葬于绍兴府会稽县宝山。

① 《宋会要》礼 37 之 5—15。
② 《宋会要》礼 37 之 27—35。
③ 张淏:《宝庆会稽续志》卷 3《陵寝》;《嘉泰会稽志》卷 6《陵寝》;《宋会要》礼 37 之 23—27。
④ 《宋会要》礼 37 之 41—45。

最早的一位是在高宗绍兴元年(1131年)四月病逝的隆祐太后(又称元祐皇后,即哲宗的废后孟氏,谥昭慈)。接着,在绍兴十二年(1142年)八月,高宗又将金朝归还的徽宗及其皇后郑氏以及高宗皇后邢氏的棺木葬于隆祐太后西北处,称徽宗攒宫为永祐陵,郑皇后和邢皇后附此。绍兴二十九年(1159年)九月,韦太后去世,也建攒宫在永祐陵之西。

七、宋代士人与平民的丧葬制度

宋朝制订了士人和平民的丧葬制度。政府三令五申禁止厚葬。"丧葬令"规定棺椁内不得安放金宝珠玉,不准用石板作为棺椁和建造墓室。对墓田的面积和坟的高度、石兽和明器的数量等,都一一依照官员的品级进行限制。如五品和六品官准许用明器三十件,七品和八品二十件,非京朝官十五件①。明器的方相(四目的偶像,一称"险道神")和魌头(两目的偶像),规定四品以上官员可使用方相,四品以下只能用魌头②。一般士大夫也提倡薄葬,使薄葬成为风气。仁宗时,翰林学士承旨宋祁撰《治戒》篇授其子,提出他身后应三日敛,三月葬,不为流俗阴阳拘忌;棺用杂木做成,不要将金、铜杂物放在墓内;墓上植五棵柏树,坟高三尺,不要用石翁仲和石兽③。太子太师致仕杜衍在弥留之际,告诫其子"敛以一枕一席,小圹卑坟以葬"④。甚至像王安石的外祖母黄氏,病重时"以薄葬命子"⑤。一些士大夫建墓,不用砖头,只用石灰和筛土夯实,避免将来被村民发掘而盗取砖头出卖⑥。宰相晏殊和张耆死后,都葬在许州阳翟(治今河南禹县),相距数里。有人先盗张耆墓,从中得到金宝珠玉甚多,遂完其棺椁而去。后来盗晏殊墓,所得仅木胎金裹带一条和金数两,明器都是陶制品,颇为失望,遂用刀斧劈

① 《朱子家礼》卷4《丧礼·治丧》。
② 《庆元条法事类》卷77《服制门·丧葬》。
③ 《宋景文集》卷48《戒》;《宋史·宋祁传》。
④ 《长编》卷185。
⑤ 王安石:《王文公文集》卷86《外祖母夫人墓表》。
⑥ 《江邻几杂志》。

碎遗骨。这件事使有些人以为张耆因"厚葬完躯",而晏殊因"薄葬碎骨",是"俭葬之害"①。尽管如此,司马光在《书仪》中拟定丧仪,劝告世人"慎勿以金玉珍玩入圹中,为亡者之累"②。南宋时,理学家李衡死前作遗训示子:他瞑目后,棺木"以小为贵,仅能周身足矣",棺中不放一物,即使冠、裳也属无用,只需裁一席子垫背即可③。朱熹提出,丧事都不必用冥器、粮瓶之类,这些东西"无益有损",棺椁中不放置一件世俗的用物④。

　　宋朝民间在丧葬和祭祀仪式上已普遍地使用纸钱和纸制明器。北宋初,在福州的东岳行宫,人们都用纸钱去祭神乞福。当时人描写,纸钱数量之多好似"飞雪"⑤,最后把纸钱焚烧掉。张耒《冈沙阻风》诗云:"堤边纸钱灰若雨,沽酒赛神巫语降。"⑥百姓在寒食节扫墓,不设香火,却挂纸钱在墓旁的树枝上。离故乡远者,登上高山,眺望而祭,撕裂纸钱,随风飞去,称"掰钱"⑦。司马光和南宋人俞文豹记载,当时民间遇到丧事,亲友都要赠送纸钱、纸绢等,"焚为灰烬,于生死俱无益"⑧。孝宗在宫中祭祀祖宗的仪式上,也主张焚烧纸钱⑨。唐朝中期以后,开始流行用缯绮等扎成祭屋、鸟兽、花木、车马、仆从、侍女,全部焚烧。到北宋初,京兆府百姓遇到丧葬,陈列偶像,其中外表用绫绢(生丝织品)金银做成的偶像称"大脱空",外表用纸并着色的偶像称"小脱空"⑩。但用丝织品做成明器烧毁,仍旧是一种浪费。所以,此后又更多地使用纸制的明器。赵彦卫说:"古之明器……今以纸为之,谓之冥器,钱曰冥

① 《东轩笔录》卷7;《鸡肋编》卷上。
② 《司马氏书仪》卷8《丧仪四》。
③ 《永乐大典》卷10422《李字》。
④ 《朱子语类》卷89《礼六·冠昏丧》。
⑤ 梁克家:《淳熙三山志》卷8《公廨类二·祠庙》。
⑥ 张耒:《柯山集》卷11。
⑦ 《鸡肋编》卷上。
⑧ 《司马氏书仪》卷5《丧仪一》;俞文豹:《吹剑录外集》。
⑨ 《枫窗小牍》卷下。
⑩ 《司马氏书仪》卷7《丧仪三》;陶榖:《清异录》卷下《丧葬》。

财。"①纸制明器常常用来焚烧,作为送给亡人的礼品;也有殉葬入墓的。使用纸钱和纸质明器代替实钱和陶瓷明器,是社会的又一次不小的进步。

土葬和火葬是当时两种主要的葬法。从宋初开始,火葬逐渐流行。太祖建国伊始,曾下诏"禁民以火葬",但收效不大。河东路百姓因为"地狭人众,虽至亲之丧,悉皆焚弃"②。一般士大夫到外地做官,病死任上,子孙火焚其枢,收集骨殖带回故里安葬③。朝廷规定军人出戍,死后允许火葬,将骨灰运回。又规定郊坛三里以外,"方得烧人"。二程认为国家对火葬实际上是"明立条贯,原不为禁"。所以,民间把火葬看成合乎礼法,"虽孝子慈孙,亦不以为异"④。由于火葬具有省地和省钱的优点,加上朝廷允许一般百姓这样安葬,因此,到南渡后,更加盛行。临安城里的富室不时发点慈悲,对穷病而死者"给散棺木,助其火葬"⑤。有些佛教僧寺一面极力宣传火化,一面为世俗百姓办起火葬场,当时称为"化人亭"。如平江府吴县(今江苏苏州市)城外西南的通济寺,其化人亭约有十间屋子,可见其规模并不很小⑥。

丧葬仪礼还受到佛、道二教和民间其他送信的很深影响。主要表现在七七日和百日、周年之说,择日和择地安葬,做道场等功德,穿孝服,居丧饮食等方面。佛教编造人间和阴间、天堂和地狱的故事,说人死后,每遇第七天,其魂必经一次阴司,受许多苦。由头七、二七,一直到七七即过完最后一次阴司,称"断七"。然后有百日、三周年,都要经过一次阴司。百姓出于孝心和爱心,以及迷信无知,便在父母等亡故后,请僧徒做道场或水陆大会、打醮,写经造像,修建塔庙,称"做功德"。做完功德,又做羹饭,称"七次羹饭"。据说,这样便可弥补亡人

---

① 《云麓漫钞》卷5。

② 《宋史·礼志二十八》。

③ 《司马氏书仪》卷7《丧仪三》。

④ 程颢、程颐:《二程遗书》卷2上。

⑤ 《梦粱录》卷18《恤贫济老》。

⑥ 黄震:《黄氏日抄》卷70《申判府程丞相乞免再起化人亭状》。

的罪过,使之脱离地狱之苦,升入天堂,享受种种快乐;否则,永远打入地狱,受尽锉烧舂磨的痛苦,不得超生①。道教原来只讲清净自然,没有地狱天堂之说,但见佛教僧侣获利,也加以仿效,编造了"送魂登天,代天肆赦,鼎釜油煎,谓之炼度;交梨火枣,用以为修"的说法,其中"可笑者甚多"②。于是民间遇到丧事,请僧侣和道士念经、设斋、打醮、做佛事等,便成为习惯,鲜以为怪③。

百姓还相信阴阳先生或"葬师"的话,人死后,安葬既择年月日时,又相信风水形势,认为日后子孙是否富贵贤寿或贫贱愚夭,全部靠此。所以,世俗多将棺枢寄放僧寺,无人看守,往往因为年月不利,拖延几十年不葬,甚至终身、数世不葬,不免被他人抛弃,或被盗贼所发,或遭水火漂焚。还有一些人家因为离卜葬的日期还远,又不愿出殡置之费,多停枢在家,以致将家中各种杂物放在棺上,就像使用几案一样④。

子孙的孝服,在五代刘岳撰《书仪》时,规定五服(即斩衰、齐衰、大功、小功、缌麻,以亲疏为等差)都穿布衣,衣裳制度大略相同,这还接近"古礼"。到宋朝,由于"世俗多忌讳",除非儿子为父母,媳妇为公婆,妻子为丈夫,小妻(妾)为丈夫,无人穿着麻布做的衣服。不然,丧家的尊长不同意,众人也会讥诮。当时还习惯遇到至亲丧事时,要披头散发表示哀悼。按照"古礼",应披散全部头发。宋太宗死后,真宗"散发号擗(分裂)"。"有司定散发之礼",仅皇太后"全披发"即披散全部头发,皇帝和皇后、诸王、公主、县主、诸王夫人、六宫内人皆"左被发"即披散左边的头发。民间则习惯为父亲只披散左边的头发,为母亲披散右边的头发,为公公披散后面左边的头发,为婆婆披散后面右边的头发⑤。比前代要复杂得多。

在丧葬过程中,民间已习惯"用乐"即聘请乐队奏乐。初丧时,奏

① 车若水:《脚气集》卷下;《司马氏书仪》卷5《丧仪一·魂帛》。
② 陆游:《放翁家训》。
③ 《燕翼诒谋录》卷3《丧葬不得用僧道》。
④ 《司马氏书仪》卷7《丧仪三》;司马光:《家范》卷5《子下》;《鸡肋编》卷上。
⑤ 《司马氏书仪》卷6《丧仪二》;《宋史·礼志二十五》;《司马氏书仪》卷5《丧仪一》。

乐"娱尸"。出殡时,仪仗队由"美少年、长指甲"的僧侣敲打着从少数民族传来的花钹、花鼓槌在前引导,与丧者家属的号哭声前后呼应。宋初,曾下令禁止士庶之家在丧葬时用乐和僧徒仪仗前引,但收效甚微。南宋时,临安府居民在修设道场时,普遍用"瑜珈法事",整天敲击鼓、钹。同时,民间在居丧期间,照样饮酒吃肉,还互相宴请,鲜以为怪①。

第二节　关于宗法

经过唐末农民战争的扫荡和五代十国时期的战乱,门阀士族遭到毁灭性的打击,他们的旧式的以血缘为纽带的宗族组织也随之崩溃,族人星散,封建宗法关系松弛。残存的士族后裔,因为亡失家谱,世系中绝,谱牒之学日趋衰落。谱牒之学本是门阀士族用来夸耀自己贵族血统的一门学问。郑樵说,隋、唐而上,官府有簿状,私家有谱系,选举官员必据簿状,私家婚姻必依谱系。历代还设置"图谱局",凡百官、族姓的家状,上交官府,为之考定详实,从而使"贵有常尊,贱有等威",所以"人尚谱系之学,家藏谱系之书"。但在门阀士族退出历史舞台以后,"取士不问家世,婚姻不问阀阅"②,既没有人为之修谱续牒,又没有人想利用旧式的门阀士族血统来谋求政治和经济上的特权,因此,到北宋初期,即使"名臣巨族",也"未尝有家谱"③。由于士大夫不讲究谱牒,世人也不载,"由贱而贵者耻言其先,由贫而富者不录其祖,而谱遂大废"④。一般庶族地主(宋朝称官僚地主)因为出身微贱,不愿追述自己的祖先,也无从追溯自己的世次。同时,地主士大夫正陶醉于新王朝的太平盛世而怡然自得,尚未感到在旧的封建家族组织崩溃以后,需要重新建立一种新的封建家族组织。

---

① 《吹剑录外集》;《鸡肋编》卷上;《司马氏书仪》卷5《丧仪一》。
② 郑樵:《通志》卷25《氏族略第一·氏族序》。
③ 欧阳修:《集古录跋尾》卷2《后汉太尉刘宽碑阴题名》。
④ 苏洵:《嘉祐集》卷13《谱例》。

　　但是,宋朝的政治和经济制度决定了除皇帝和皇亲贵族享有世袭特权以外,一般官员、地主都不享有世袭固定官职和田产的特权。由于政治上和经济上的激烈竞争,使他们的各个家庭处于相对动荡不定的境地。因此,在仁宗时期,有些敏感的士大夫逐渐从甜蜜之梦中清醒过来,意识到自己各个家庭的政治地位和经济地位的不稳定性,于是就产生了一种需要,即在封建国家的强力干预之外,寻找某种自救或自助的办法。同时,由于农民对地主的人身隶属关系相对松弛,地主阶级也正需要寻找一种补充手段,以便加强对于农民的控制。这个办法和手段,就是利用农村公社的残余,建立起新的封建家族组织。

　　宋仁宗皇祐、至和年间(1049—1056 年),欧阳修和苏洵不约而同地率先编写本族的新族谱,并且提出了编写新族谱的方法;范仲淹也在苏州创建义庄,以其田租供养族人。这时,道学家张载、二程等人也推波助澜,大力宣传造家谱和立"宗子之法"的好处。在这些著名政治家和学者的倡导和推动下,新的封建家族组织便在各地陆续建立起来。

一、小宗之法

　　小宗之法:宋朝的封建家族组织一般实行"小宗之法"。中国古代的家族组织都实行"宗法",笼罩着一层温情脉脉的宗法关系的纱幕。秦、汉以前,宗法分大宗和小宗两种。比如一名诸侯有数子,嫡长子继承其爵位为诸侯,其余数子即为别子,各为一家开宗的祖先,其嫡长子累世相继,这就是"大宗"。如果别子再有次子,则另立一宗,也由次子的嫡长子世世继承,称为"继祢",这就是"小宗"。《礼记·大传》说:"别子为祖,继别为宗(按即大宗);继祢者为小宗。""有百世不迁之宗(按即大宗),有五世则迁之宗(按即小宗)。"这就是宗法制度。大、小宗族都由宗子或宗主充当族长。宋朝一些名臣学者十分重视封建宗法统治。苏轼认为,秦、汉以后,由于官爵不能世袭,"天下无世卿","大宗之法不可以复立",而可以用来收合亲族的"小宗之法"也存而不行,因此,北宋时习俗"不重族",完全是"有族而无宗"的缘故。"有族而无宗"，族就不能收合；族不能收合，族人就不能相亲，从而忘记祖先。如今的"公卿大臣、贤人君子"的后代，之所以不能"世其家如古人之久远者"，是因为"其族散而忘其祖也"①。另一位道学家张载认为，今天富贵者，只能维持三四十年，身死之后"众子分裂"，家产"未几荡尽"，于是"家遂不存"，这样一来，"家且不能保，又安能保国家"！为了避免出现这种危机，他明确提出："管摄天下人心，收宗族，厚风俗，使人不忘本，须是明谱系世族与立宗子法。"假如"宗法不立，则人不知统系来处，……无百年之家，骨肉无统，虽至亲，恩亦薄"。"宗法若立，则人人各知来处，朝廷大有所益"。他赞成立嫡长子为"大宗"，又赞成实行"继祢之宗"即小宗②。苏洵、欧阳修则不然，他们在提出编写族谱的方法时，明确主张实行"小宗之法"。程颐在议论祭祖制度时，主张在不同节序分别祭始祖、先祖、祢，而常祭则祭高祖以下③，实际上综合了"大宗"、"小宗"之法。苏轼认为："莫若复小宗，使族人相率而尊其宗子。宗子死，则为之加服；犯之，则以其服坐，贫贱不敢轻，而富贵不敢以加之，冠婚必告，丧葬必赴，此非有所难行也。"他进一步指出："天下之民，欲其忠厚和柔而易治，其必自小宗始矣。"④朱熹在《家礼·通礼》中，规定在祠堂中设龛以奉"先世神主"，虽然其中也提出"大宗"的设龛法，但又声明如果大宗"世数未满"，则仿"小宗之制"；同时，他规定祭祀止于高祖以下四代（高祖、曾祖、祖、父），因此实际上仍然是实行"小宗"制度。朱熹祭祀高祖以下四代的主张，成为南宋后期的习俗。

宋朝地主阶级一般不实行世袭制度，官爵不能世袭，田产不能世袭，这一制度决定了除皇室家族组织同时行用大宗、小宗之法以外，一般封建家族组织只能行用小宗的宗法。

宗子（族长）：宋朝的封建家族组织常常选立官僚地主为宗子（族

---

①④　苏轼：《苏东坡应诏集》卷3《策别十三》。
②　《张载集·经学理窟·宗法》。
③　《河南程氏遗书》卷18《伊川先生语四》。

长），形成以官僚地主为核心的宗族势力。

　　宋朝以前的封建家族组织主要是按姓氏、门第论高下的世家大族，比较严格地按照嫡长继承制选立宗子。但是，宋朝的封建家族组织则不强调这一点，而更多地从地位、财力、才能等方面考虑，选立本族中地位、财力、能力等最高的官僚地主，这是因为宋朝重新建立的封建家族组织，一般是由官僚地主倡导，然后经过修族谱、置族产、订族规等过程而组成的。张载虽然在立"宗法"上，认为实行"大宗"或"小宗"法均可，但他更主张由有官职的族人当"宗子"来继承祭祀。他认为如果嫡长子"微贱不立"，其中有次子为"仕宦"，则不问长少，须由士人来当宗子，继承一家的祭祀。"大臣之家"也要按照这个办法实行，如果以嫡长子为"大宗"，就应根据家计尽力保证抚养"宗子"，再将剩余"均给族人"；"宗子"还应专请士大夫来教授；要求朝廷立下条法，允许族人将自己应升的官爵转赠给"宗子"，或者允许族人把奏荐自己子弟的恩泽给与"宗子"。张载还把立"宗法"提到"天理"的高度①。程颢、程颐也说过与张载"明谱系世族与立宗子法"完全相同的一段话②。他们还提出"夺宗法"，主张让官位高的族人代替原来的"宗子"。他们说："立宗必有夺宗法。如卑幼为大臣，以今之法，自合立庙，不可使从宗子以祭。"③程颐还提出"宗法须是一二巨公之家立法"④，选择"宗子"，像唐朝一样建庙院，不准分割祖产，派一人主管⑤。由张载、二程提倡的"宗法"看出，他们改变了古代选立宗子的旧标准，而提出了新标准。这一新标准透露，宋朝地主阶级所要建立的新的封建家族组织，是以"仕宦"即官僚地主为核心力量，受到官僚地主的控制，其根本目的是要保证各个官僚地主家庭能够传宗接代、永世不绝，并且借此来巩固宋朝的封建统治。

---

① 《张载集·经学理窟·宗法》。
② 《河南程氏遗书》卷6《二先生语六》。
③ 《二程外书》卷11。
④ 《河南程氏遗书》卷17《伊川先生语二》。
⑤ 《河南程氏遗书》卷15《伊川先生语一》。

二、族产、义庄、义学

族产   宋朝的封建家族组织以一定数量的族产作为物质基础。宋朝以前,门阀士族所拥有的财产世代相传,一般不进入流通领域,他们的经济地位比较稳定,所以不需要另置一套义田庄之类的族产;士大夫对族人的救恤,普遍采用分与"禄赐"、"禄奉"之法①。但到宋朝,官僚地主为了解决各个家庭经济地位的不稳定性,以及为了模糊农民的阶级意识和培植本族的政治势力,就购置族产,作为宗族结合的物质基础。

义庄   仁宗庆历间到皇祐二年(1050 年),范仲淹在苏州长洲、吴县置良田十多顷,将每年所得租米,自远祖以下各房宗族,计口供给衣食及婚嫁、丧葬之用,称为"义庄"。由各房中挑选一名子弟掌管,又逐步立定"规矩",命各房遵守。范仲淹亲自定下"规矩"十三条,规定各房五岁以上男女,计口给白米,每天一升;冬衣每口一匹,五岁到十岁给半匹;族人嫁娶、丧葬,则分等给现钱。在以后的"续定规矩"中,进一步规定:义庄的经济管理有相对的独立性,即使"尊长",也不得"侵扰干预"义庄掌管人或勾当人"依规处置";族人不得借用义庄的人力、车船、器用,不得租佃义田,不得以义宅屋舍私相兑赁质当,不得占居会聚义仓;义庄不得典买本族人田土,遇有外族人赎回土地,即以所得价钱于当月另行典买②。这些规定都是为了保证义庄经济的稳定和巩固,尽量避免因本族人的侵欺而破败。在范仲淹死后,义庄田产逐渐增多。到宁宗时,曾有族人购置田租五百多石的土地,称"小庄",用以"补义庄之乏"③。理宗时,范氏义庄田产增加到三千多亩④。范氏义庄还得到封建国家的保护。英宗治平元年(1064 年),特降"指挥",允许在范氏各房子弟违犯义庄规矩而本家"伸理"时,由当地官府"受理"⑤。

---

① 《汉书》卷 89《朱邑传》;《旧唐书》卷 93《唐休璟传》;《新唐书》卷 183《毕诫传》。
② 《范文正公集·义庄规矩》。
③ 清乾隆本《范氏家乘》卷 5《贤裔传·宋赠朝议大夫、次卿公(良遂)传附持家传》。
④ 《范文正公集·朝廷优崇·与免科徭》。
⑤ 《范文正公集·建立义庄规矩》。

范氏义庄的建立,为宋朝的封建家族组织树立了典范。从此,许多官员竞相仿效,独自置田设立义庄,成为当时十分光彩的一种义举。北宋后期,官员吴奎、何执中①、官员遗孀谢氏②等出钱买田或割己田宅为"义庄宅",以供祭祀、赡养族党子弟,"永为家规"。这时,封建国家也立法,规定每名太中大夫(文阶从四品)、观察使(武臣正五品)以上官员,可占"永业田"十五顷,由官府发给"公据",改注税籍,不许子孙分割典卖,只供祭祀;有余,均赡族人③。鼓励高级官员置办义田庄性质的"永业田",以保证高级官员世代富裕。南宋时,义庄迅速增多。官员赵鼎、汤东野在规定其子孙不得分割田产、世代永为一户的同时,又亲自出钱买田为义庄,以供给"疏族之贫者"④。官员楼璹在明州买田五百亩,立名义庄,订出"规约",由四个儿子轮流主持⑤。

范氏义庄是由官员独立置田兴办的,这是族产的一个来源。

族产的另一个来源,是由族人共同筹田建立。官员汪大猷在庆元府鄞县率先捐田二十亩,作为本族的义庄,族众"皆欣劝"⑥。家铉翁与本族地主相约,按照范氏义庄的标准,由"族大而子孙众多者",推举一人为"约主",以十年为期,买田为义庄,使"仕而有禄食者、居而有余财,各分其有余以逮其不足者"⑦。沈涣也在鄞县本族中倡导兴办义田,"乐助者甚众",得田几百亩⑧。

宋朝的族产一般沿用范氏义庄的"义田"、"义屋"等名称。有些地区称为"公堂田"。江西抚州金溪县,陆九渊的宗族,置有"公堂之田",供给全族一年之食,"家人计口打饭,自办蔬肉"⑨。有些地区还设置另

① 《宋史》卷316《吴奎传》;卷351《何执中传》。
② 张衮:《嘉靖江阴县志》卷18《列女》。
③ 《长编》卷414,元祐三年九月乙丑;卷478,元祐七年十一月甲申。
④ 赵鼎:《忠正德文集》卷8《家训笔录》;《要录》卷96。
⑤ 王元恭:《至正四明续志》卷8《学校》。
⑥ 《宋史》卷400《汪大猷传》。
⑦ 家铉翁:《则堂集》卷2《积庆堂记》。
⑧ 《絜斋集》卷14《通判沈公行状》。
⑨ 罗大经:《鹤林玉露》卷5。

一种族产,称为"祭田"或"蒸尝田"。朱熹在《家礼》中主张初立祠堂,即置祭田,由宗子主持,供给祭祀之用,不得典卖①。朱熹的弟子黄幹,在福州古田等处置祭田四亩多,每年收租谷十六石,充祭祀之用。规定先在每年租谷内拨六石充祭祀的经费和纳税,交族长掌管;所余谷物积存起来,十年后即以增置田产,轮流赡养宗族中贫乏者。黄幹把所置祭田称为"蒸尝田"②。福州福清人陈藻也说:"今自两府而至百姓之家,物力雄者,则蒸尝田多。其后子孙繁庶,而其业依律以常存,岁祀不乏。"③说明福州以及建宁府④等地都设祭田或蒸尝田作为族产。祭田或蒸尝田三要用来祭祀祖先,与义田的效用不尽相同。

义学　以义田为中心,各地区官员还为本族举办"义学"、"义田塾"、"家塾",聘请教师以训族里子弟⑤;设置"义廪",资助"仕进及贤裔贫者"⑥;设置"义冢",以葬宗族的贫苦者⑦。

宋朝地主阶级为了克服自身的矛盾,找到了设置族产这一非官方的解决方法。族产名义上是一族的公产,但实际上都被官僚、地主把持着。按照规约,族产只准添进,不准典卖,具有相当的稳定性,因此它的存在首先在一定限度内保证了官僚地主经济地位的相对稳定,也保证了一部分封建地主土地所有制的相对稳定。按照规约,族产都是以散财宗族、救济贫者和培养士人的名义建置的,还不准本族族人租种,其用意无非是要模糊农民的阶级意识,避免在族内发生阶级冲突;同时,借此培植本族政治力量,使本族地主豪绅成为当地的强大势力。有的义庄还规定:凡"患苦乡间,害及族党者,虽贫勿给;男婚越礼,女适非正者,虽贫勿助。"⑧这就剥夺了族内一些稍有反抗行为的贫苦农民分得义田一部分收益的权

---

① 《朱子家礼》卷1《通礼·祠堂·置祭田》。
② 黄幹:《勉斋集》卷34《始祖祭田关约》。
③ 陈藻:《乐轩集》卷8《宗法》。
④ 《名公书判清明集·户婚门·立继》"嫂讼其叔用意立继夺业"。
⑤ (明)田顼:《尤溪县志》卷6《人物志》;曾丰:《缘督集》卷3《寄题项圣予卢溪书院》;洪迈:《夷坚志》卷30《界田义学》;《吕东莱先生文集》卷10《宗法条目》。
⑥ 刘松等:《隆庆临江府志》卷11。
⑦ 《朱文公文集》卷88《龙图阁直学士吴公神道碑》。
⑧ 游九言:《默斋遗稿》卷下《建阳麻沙刘氏义庄记》。

利,由此官僚地主得以加强对于族内贫苦农民的控制。

三、族谱、祠堂、族规

族谱　宋朝的封建家族组织依靠族谱来结合全族族人。宋以前的谱牒记录"世族继序"①,主要用来夸耀门第,并由官方的图谱局记录副本,核实备案,作为任用官吏的依据。宋朝不置谱官,族谱都由私家编修,主要用来"敬宗收族",即结合、维持本族族人。与范仲淹在苏州举办义庄同时,即仁宗皇祐、至和年间,欧阳修、苏洵不约而同地最先编写本家的族谱,并提出了编写族谱的方法和体例。欧阳修将家藏旧谱与族人所藏诸本"考正其同异",发现大抵"文字残缺,其言又不纯雅"。他看到"遭唐末五代之乱,江南陷于僭伪,欧阳氏遂不显"。他认为,"祖考"相传"遗德"是"以忠事君,以孝事亲,以廉为吏,以学立身",希望子孙"守而不失",所以采用司马迁《史记》表和郑玄《诗谱》法作"谱图",画出世系,传给族人。同时,把"安福府君"欧阳万以来的迁徙、婚嫁、官封、名谥及其行事等编成新族谱②。苏洵这时也编写了《苏氏族谱》。他认为,秦汉以来的"仕者""或至百世而不绝,无庙无宗而祖宗不忘,宗族不散,其势宜亡而独存,则由有谱之力也"。所以,他编写本族的族谱,以便使后人观谱后,"孝悌之心可以油然而生"③。欧阳修、苏洵都采用"小宗之法"(五世以外则易宗)。欧阳修的"谱例"是:"谱图之法,断自可见之世,即为高祖,下至五世玄孙而别自为世"。原则是以远近、亲疏为别,"凡远者、疏者略之,近者、亲者详之。"④苏洵的"谱法"是:"凡嫡子而后得为谱,为谱者皆存其高祖,而迁其高祖之父。"苏洵认为:"独小宗之法,犹可施于天下,故为族谱,其法皆从小宗。"宋朝官僚地主经济和政治地位的相对不稳定性,使一般家庭难以

① 《旧唐书》卷46《经籍志上》。
② 欧阳修:《居士外集》卷21《欧阳氏谱图序》。
③ 《嘉祐集》卷13《谱例》、《苏氏族谱》。
④ 《居士外集》卷21《欧阳氏谱图序》。

世代富贵,如果要想追溯五世以上的祖先事迹,往往遇到其间贫贱的几世,既缺少记载,又于族人脸上无光,因此最好的办法是只记五世,即用小宗之法。但是,对于皇室贵族而言,他们的政治和经济地位是比较稳定的,所以可以按照"大宗之法"(百世不迁)来编族谱。苏洵正是基于这种理由而提出"大宗谱法"的。

欧阳修、苏洵编写族谱的目的是"收族",即在区别远近、亲疏的基础上,结合本族的族人,即使有些族人"贫而无归",也应由富者"收之"①。由此来结合、维持封建家族组织。

宋仁宗以后,欧阳修、苏洵的族谱成为宗谱形式的规范,影响极为深远。北宋后期,官员王安石、朱长文、游酢、程祁②等都编有世谱或家谱。南宋时,许多官员都为本族编写族谱。据各种文集、方志以及《宋史·艺文志》、郑樵《通志·艺文略》等书记载,有曾丰《重修曾氏族谱》、方大琮《方氏族谱》、吴潜《吴氏宗谱》、欧阳守道《欧阳氏族谱》、游九言《游氏世谱》③,又有《三院吕氏世谱》、《胡氏世谱》、《陶氏世谱》、《东平刘氏世谱》、《赵清献家谱》、《尤氏世谱》。这些族谱往往请著名的士大夫撰序或作跋,如文天祥曾为《燕氏族谱》写序,为《吴氏族谱》、《彭和甫族谱》、《李氏谱》作跋,又撰《李氏族谱亭记》。陈亮为其家谱石刻写后记。黄震也为《姜山族谱》写序。在新谱编成后,隔一段时间,即须续修,如江西丰城《孙氏世谱》在乾道九年(1173 年)、庆元五年(1199 年)、咸淳元年(1265 年)三次增修,浙东淳安《桂林方氏宗谱》也在北宋末和咸淳十年(1274 年)两经编修④。

---

① 《嘉祐集》卷 13《族谱后录上篇》、《大宗谱法》、《苏氏族谱亭记》。
② 《王文公文集》卷 33《许氏世谱》;朱长文:《乐圃余稿》卷 9《朱氏世谱》;游酢:《游廌山集》卷 4《家谱后序》;程敏政述:《程氏统宗世谱序》。
③ 曾丰:《缘督集》卷 17《重修族谱序》;方大琮:《铁庵集》卷 31《方氏族谱序》;吴潜:《履斋遗稿》卷 3《吾吴氏宗谱跋》;欧阳守道:《巽斋文集》卷 19《书欧阳氏族谱》;游九言:《默斋遗稿》卷下《游氏世谱》。
④ 尤袤:《遂初堂书目·姓氏类》;文天祥:《文山先生全集》卷 9、10;《陈亮集》卷 16《书家谱石刻后》;《黄氏日抄》卷 90《姜山族谱序》;吴澄:《吴文正集》卷 32《丰城县孙氏世谱序》;方之连:《桂林方氏宗谱》卷 1《序》。

宋朝的族谱显然还属于开创阶段,一般考订不够精确,同时数量也远比不上元、明、清各代。南宋末文天祥说:"族谱昉于欧阳,继之者不一而足,而求其凿凿精实,百无二三。"原因是"士大夫以官为家,捐亲戚,弃坟墓,往往而是",甚至苏轼也不免如此①。欧阳守道认为欧阳修所编族谱尚有粗疏之处,这是因为欧阳修"游宦四方,归乡之日无几,其修谱又不暇咨(谘)于族人",所以谱中"虽数世之近、直下之流,而屡有失亡"。欧阳守道还认为,现今"世家",也罕有族谱,虽然是"大家",但"往往失其传"②。这反映直到南宋末年,族谱的编修还不十分普遍。

宋朝地主阶级编修族谱、结合族人的根本目的,是要把同族农民束缚在大土地所有制经济内,固着在地主的田庄上,以便恣意进行残酷的奴役和压榨。

祠堂 宋朝的封建家族组织以祠堂作为全族祭祀祖先、举行重要典礼、宣布重要决定等活动的中心。唐制允许品官、士族建立家庙,"庶人"则"祭于寝"。经过唐末农民大起义的扫荡和五代的混乱,"礼文大坏,士大夫无袭爵",所以一般都不建庙,"四时寓祭室屋"③。北宋初年,"士大夫崛起草茅,致通显,一再传而或泯焉,官无世守,田无永业",即使官员也只在"寝室奉先世神主",不曾建立家庙。仁宗庆历元年(1041年),开始允许文武官员,依照"旧式"建立家庙。皇祐二年(1050年),又规定正一品平章事、枢密使、参知政事等以上大臣建立家庙,其余官员祭于寝(室)。但是,由于有庙者的子孙可能因官低而不能承祭,朝廷又难以尽推"袭爵之恩",因此此事不了了之④。以后,必须朝廷下诏,少数大臣才得建立家庙⑤。据南宋末年人统计,宋朝大臣赐家庙者,仅文彦博、蔡京、郑居中、邓洵武、史弥远等十四人⑥。不过,

---

① 《文山先生全集》卷10《跋李氏谱》。

② 《巽斋文集》卷19《书欧阳氏族谱》;卷11《黄师董族谱序》。

③ 《文献通考》卷105《宗庙十五》;《宋史》卷109《礼志十二·吉礼十二·群臣家庙》。

④ 《朱子家礼》卷1《通礼·祠堂》清郭嵩焘案语;《宋史》卷109《礼志十二·吉礼十二·群臣家庙》。

⑤ 司马光:《文集》卷79《文潞公家庙碑》云,文彦博在嘉祐四年秋最早建成家庙。

⑥ 《鹤林玉露》卷11。

北宋时,已经出现了一些"祠堂"。范仲淹死后,庆州、淄州长山县等地为表彰他的功绩,陆续为他建立纪念性的祠堂①。王安石死后,在江西抚州故居,当地官员建立了"荆国王文公祠堂"②。范仲淹的义庄,也只建有功德寺。这些事实说明,在宋朝相当长的一段时间里,只有大臣因朝廷的特诏得以建立家庙③,一般封建家族组织都还没有建立祠堂。

宋朝封建家庭组织建立祠堂,把它作为全族的活动中心,应该说是从朱熹、陆九渊等人的提倡开始的。朱熹在《家礼》一书中开宗明义地宣扬设置祠堂的重要性,他认为这体现了"报本反始之心、尊祖敬宗之意,实有家名分之守,所以开业传世之本"。由于当时一般士庶都不得立庙,为与家庙之制不致混淆,"特以祠堂名之"。他主张在居室之东建祠,由宗子主持,子孙不得据为己有。祠堂内设四龛,供奉高祖以下先世神主。他还规定了祠堂内设祭器以及祭祀的仪式、服装等④。这时,抚州金溪的陆九渊宗族已经为本族建立起"祖祢祠堂",每天清晨,家长率领子弟"致恭"于此,"聚揖"于厅,妇女在堂上道"万福";晚上安置也如此⑤。祠堂不仅是祭祀祖先之处,族内有重要事情都要到这里来宣布决定,甚至族人每天要到这里请示、汇报。南宋时,有关祠堂的记载并不很多,到元、明后就逐渐增多。

族规　宋朝的封建家族组织依靠"家法"、"义约"、"规矩"等条法即族规来统治族人。唐朝世家大族已经制订"家法"等一类成文的条规。江州长史陈崇曾"为家法戒子孙"。河东节度使柳公绰,也"有家法"⑥。但从宋朝开始,随着封建家族组织的重新建立,这类成文的或不成文的条规便逐步增多起来。北宋中期,京兆府兰田人吕大钧制订

---

① 《范文正公集·褒贤祠记》卷1、2。
② 陆九渊:《象山先生全集》卷19《荆国王文公祠堂记》。
③ 《东京梦华录》卷5《娶妇》条云,新人、新妇"至家庙前参拜",但这一习俗只可能在贵族、大臣中实行。
④ 《朱子家礼》卷1《通礼·祠堂》。
⑤ 《鹤林玉露》卷5。
⑥ 《宋史》卷456《陈兢传》;《旧唐书》卷165《柳公绰传》。

了《乡约》。吕大钧系张载的门生。《乡约》要目有四:德业相劝、过失相规、礼俗相交、患难相恤,详细地规定了自愿入约者应该遵守的事项。南宋中期,朱熹又根据这一《乡约》及吕大钧其他著作稍稍增损,撰成《增损吕氏乡约》,流行于世①。这一《乡约》虽然不是封建家族组织的规约,但显然对"家法"、"义约"等影响很大。吉州永新人颜诩,全族百人,"家法严肃,男女异序,少长辑睦,匦架无主,厨馔无异"②。理宗时,台州黄岩县封建家族订有"义约规式"③。绍兴府会稽县裴氏家族,同住一村中,世推一人为族长,"有事取决,则坐于听事"。族长要制裁有过失的族人,就用竹箄。竹箄是世代相传的④。江州德安县"义门"陈氏专设"刑杖厅",厅门的一副对联写道:"家严三尺法,官省五条刑。"充分反映族规与国法的关系。饶州鄱阳县朱氏家族,该族尊长每天聚集子弟"训饬","久而成编",共分父母、兄弟、宗族三部分,外族人"或疑其太严"⑤。抚州金溪县陆氏家族,由一位最长者任"家长",总管全家之事。每年选派子弟分管田畴、租税、出纳、厨炊、宾客等家事。公堂田只供给米饭,菜肴各家自办。私房婢仆,各家自己供给,准许交米附炊,每天清晨将附炊的米交到,管厨炊者登记于历,饭熟,按历给散。宾客到,则先由主管宾客者会见,然后请家长出见,款以五酌,仅随堂饭食。每天早晚,家长领子弟到祠堂请安致礼。子弟有过,家长聚集众子弟"责而训之;不改,则挞之;终不改,度不可容,则告于官,屏之远方"。清晨,击鼓三叠,一名子弟高唱:"听,听,听:劳我以生天理定,若还懒惰必饥寒,莫到饥寒方怨命,虚空自有神明听。"又唱:"听,听,听:衣食生身天付定,酒肉贪多折人寿,经营太甚违天命,定,定,定!"从唱词的内容看,可能出自陆九渊兄弟之手。婺州吕氏家族的"规矩"规定,"子弟不奉家庙","未冠执事很慢(按谓"祭祀时醉酒,高声喧笑、斗争,久待

---

① 《朱文公文集》卷74《增损吕氏乡约》。
② 《宋名》卷456《颜诩传》。
③ 《杜清献公集》卷17《跋义约规式》。
④ 《燕翼诒谋录》卷5《越州裴氏义门旌表》。
⑤ 清《义门陈氏大成宗谱》卷首"粹言家语"。《黄氏日抄》卷90《〈训族编〉序》。

不至之类"），已冠颓废先业（按谓"不孝、不忠、不廉、不洁之类"），并行榎（按即楸）楚（按用楸木荆条作为刑具笞打）。"又陆续制订"约束"和"规约"，如孝宗乾道六年（1170 年）"规约"规定：凡"亲在别居，亲没不葬（谓服除不葬，火焚者同），因丧婚娶（身犯及主家者），宗族讼财，侵扰公私（谓告讦、胁诈、邀索之类），喧譟场屋（诈冒同），游荡不检"，并予"除籍"即开除族籍，最后还规定"仍关报诸州在籍人"①。

据宋人零星记载，封建家族组织中族长是各个家族的统治者，掌有主管全族的一切权力。按照各族"规矩"，族长掌管义庄、祭田的收支②；族长到族人家里，必须坐在主位，不论亲疏都如此。封建法律还规定，凡族人无子，如要立继，必须得到族长的同意③。

从宋仁宗时期开始，经过许多著名政治家和学者的提倡，以官僚地主为核心力量，以"小宗之制"为宗法，以族产为物质基础，以族谱为结合维持工具，以祠堂为活动中心，以"家法"、"义约"、"规矩"为统治手段，封建家族组织便在全国范围逐步建立起来。毛泽东在《湖南农民运动考察报告》一文所说，中国的男子"普通要受三种有系统的权力的支配"，其第二种权力为"由宗祠、支祠以至家长的宗族系统（族权）"④。这一宗族系统便是从宋朝开始形成的，并且经过元、明、清各代不断地得到巩固和完善。

（本著作为杨渭生主编《两宋文化史研究》的第五、六、七章，杭州大学出版社 1998 年版）

---

① 《鹤林玉露》卷 5；《吕东莱先生文集》卷 10《宗法条目》。
② 《勉斋集》卷 34《始祖祭田关约》；《名公书判清明集·户婚门·立继》"命继与立继不同（再判）"。
③ 《朱子语类》卷 91《礼八·杂仪》。《名公书判清明集·户婚门·立继》"嫂讼其叔用意立继夺业"。
④ 《毛泽东选集》第 1 卷，人民出版社 1952 年版，第 33 页。

中国历史大辞典·宋史卷

一司条法：宋朝廷内外各司和各路帅抚、监司管理财赋、兵马的机构，皆制订"一司条法"，又称"一司敕"。如吕夷简编《一司一务敕》以及《熙宁新编大宗正司敕》、《司农寺敕》等。一司或一路条法与通行全国的敕令格式同时行用。

七色补官人：又称"非泛补官人"。宋七种通过特殊途径补授官职的人。一为宗室女婿曾得解者，二为皇室贵族女婿和捧香人，三为官员异姓缌麻以上亲属该享受恩泽者，四为阵亡人女婿，五为上书献颂、文理可采的士人，六为随从出使国外而补官者，七为吏人任职满期该减磨勘年者。

十恶：法定的十种重大罪名。北齐始定"重罪十条"，隋代正式列入法典。唐、宋因之，凡犯谋反（企图推翻统治）、谋大逆（企图毁坏皇室宗庙、陵墓、宫殿）、谋叛（企图叛国投敌）、恶逆（殴打或谋杀祖父母、父母等）、不道（杀死一家非犯死罪者三人等）、大不敬（偷盗皇帝衣物、指斥皇帝等）、不孝（不供养或控告、咒骂祖父母和父母等）、不睦（殴打或控告丈夫等）、不义（杀死长官或师长等）、内乱（奸淫近亲等）中任何一条，即为"十恶"，遇常赦及皇帝疏决，均不能得到赦免或减刑。

十三阶：武官横行正使自右武大夫（原西上阁门使）至通侍大夫（原内客省使）合称十三阶。一般武臣不迁通侍大夫。

丁忧：宋官员遇父母亡故，一般皆解除官职，持服三年（实为二十七月）。若武官丁忧不解除官职，则给假一百日，大祥、小祥、禫、卒哭等另给假日。丁忧人不得租赁私人房屋居住。

九经科：贡举科目之一。约五代后唐始置，北宋沿袭，为"诸科"之一。九经为《周易》、《尚书》、《毛诗》、《礼记》、《周礼》、《仪礼》、《春秋》、《公羊传》、《穀梁传》。考试帖书一百二十帖，答墨义六十条。太平兴国二年（977 年），规定九经及第和进士甲、乙科者，皆授将作监丞、大理评事，通判各州。熙宁年间罢诸科，此科即废。

八刑：宋徽宗大观元年（1107 年），创立八行科，以孝、悌、睦、姻、任、恤、忠、和为八行，违反八行而犯罪的则为八刑。士人犯八刑，州、县长官登记于籍，转报学校，士人入学，按籍审查，如犯不忠、不孝、不悌、不和，终身不得入学；犯不睦，十年不得入学；犯不姻，八年；不任，五年；不恤，三年。能改过自新，不再犯罪，审察属实，亦能重新入学。参见"八行科"。

八行科：贡举科目之一。宋大观元年（1107 年）置。凡士人具备孝、悌、睦、姻、任、恤、忠、和等八"行"，即免试贡入太学上舍，经审察核实，授给美官。不能全备者，按其"行"多寡，选为州学三舍生。约北宋末废。

入务：宋司法名词。宋代为不违农时，不废农务，法律规定，州、县官府每年二月初一日入务，至十月初一开务。在务限内，不受理民间婚姻和田宅的词讼，至开务后始受理。为防止豪强乘机侵夺贫弱，又规定交相侵夺者不拘务限，照常受理。

入流：平民和官员子弟因得官而进入仕途之称。宋人流途径有：应举中第、荫补得官、摄官、富室进纳、吏人年满补授等。

入门杖子：刑罚方法之一。凡大辟、劫盗等重要案犯逮捕到官，必先在两腿及两足底，责打讯杖数百下，称"入门杖子"，然后关入监狱。

士籍：宋末地方官府所编本地举人名籍。咸淳七年（1271 年）置。凡举人之家，皆编排成保伍。每家开具乡贯、三代、年龄、娶妻姓氏、兄弟男孙人数；其中有习举业者，则各书姓名及所习赋经。各家子孙，凭此籍所录年甲，年满十五岁，即与本乡贡士结保，向县衙请举，领取印历，登入士籍。士籍一式四份，分属县、州、转运司和礼部。保伍于每次唱名放榜后,重新编排,新举人按上述规定,保明上籍。虚增人名、冒充举子者,同保皆要受罚。

万言书:宋士大夫上皇帝的长篇奏章,称"万言书"。

大补:南宋的太学招补新生考试。凡前举或当年省试落第举人和州、县学推恩学生等,皆可赴试,合格者入太学外舍,称"大补"。参见"待补法"。

大赦:赦令名称之一。对杂犯死罪以下加以赦免,有时还赦免常赦不予宽减的犯人,如劫杀、谋杀而已杀人者,遇大赦,得以减罪,改配二千里。其文告由翰林学士院锁院起草。

大辟:即死刑,分凌迟、处斩、处死(包括绞、重杖打死)等数种。宋初,凡州、军断大辟,须由刑部复审。淳化二年(991年),改由审刑院详议。后仍归刑部。行刑前,由长官聚集当职官,亲自提审犯人,核对姓名、年龄、籍贯、简历等。行刑时,派官吏监临,差人护送。

大司成:学官名。崇宁元年(1102年),创办辟雍,作为太学的外学。三年,设大司成、司业各一员,掌管辟雍,训导学生。四年,改辟雍大司成为太学大司成,总管国子监和内外学校,凡有关学校事宜,皆可专奏朝廷,位在各部侍郎之上,约宣和三年(1121年)废。

大理寺狱:简称"大理狱"。刑狱名。元丰元年(1078年)以大理卿一员、少卿二员,专管审讯刑狱。凡皇帝下旨审讯重要、机密案犯以及三司、各寺、监吏人犯杖以上罪,皆送此狱结断。

三元:乡试、礼部试、殿试皆名列第一,称"三元"。

三最:宋吏部考功郎中考察州、县守令的标准之一。以"狱讼无冤、催科不扰为治事之最,农桑垦殖、水利兴修为劝课之最,屏除奸盗、人获安处、振恤困穷、不致流移为抚养之最"。元丰间罢,元祐后复行。

三史科:简称史科。贡举科目之一。北宋承唐制设置,为"诸科"之一。三史即《史记》、《汉书》、《后汉书》。淳化三年(992年),规定考墨义十五场,另十五场命抽卷当面阅读,能知义理、分辨其句、识难字者为合格。熙宁年间罢诸科,此科亦废。

三礼科：贡举科目之一。北宋承唐制设置，为"诸科"之一。三礼即《周礼》、《礼记》、《仪礼》。考试墨义九十条。景德二年（1005年），规定在每十条义中，问经注六条、疏义四条，以通六者为合格。大中祥符四年（1011年），改以通五者为合格。熙宁年间罢诸科，此科亦废。

三传科：贡举科目之一。北宋承唐制设置，为"诸科"之一。三传即《左传》、《公羊传》、《穀梁传》。考试答义一百十条。景德二年（1005年），规定在每十条答义中，问经注六条、疏义四条，以通六者为合格。大中祥符四年（1011），改以通五者为合格。熙宁年间罢诸科，此科亦废。

三色官：宋流外、进纳、摄官等概称"三色官"。依法，有举主二员，可参吏部或本路监司选阙，但不能注某些差遣窠阙，如主簿、县尉相兼处。

三字训：南宋童蒙读物名。宁宗时，《三字训》与《太公家教》、《蒙求千字文》等同时行世，为后来《三字经》的蓝本。

三舍法：宋三舍考选法或三舍选察升补法的简称。熙宁四年（1071年），立太学生三舍法，将学生分为上舍、内舍、外舍三等。初入学为外舍，名额不限，春、秋考试两次；外舍选升内舍，名额二百员；内舍选升上舍，百员。上舍生优异者直接授官。学生各习一经，随所属讲官学习。元丰二年（1079年），订出三舍法一百四十条，进一步规定太学补试、私试、公试、舍试方法和升舍方法。元符二年（1099年）后，三舍法逐步推广于各类学校。崇宁三年（1104年），罢州郡解试和省试，取士皆由学校按三舍法升贡。宣和三年（1121年），罢州县学三舍法，仅太学依旧。南宋太学继续实行三舍法并不断完善严密，武学、宗学等同。

三司推勘院：官署名。属三司。开宝八年（975年）置。设知推勘院事一人，不久废。嘉祐五年（1060年），设三司推勘公事一人，以京朝官充，掌推劾盐铁；户部、度支三部公事。元丰元年（1078年）罢。

口宣：皇帝遣使慰问近臣、邻国使者或有所赐与，由翰林学士撰文，称"口宣"。采用四六句文体，开始必云"有敕"。有时皇帝的批答亦采用口宣形式。

山长：宋初学者依山林名胜创办书院教授学生,其掌教者称为"山长"。大中祥符五年(1012年),朱式为岳麓山书院山长,其他书院亦设山长或山主,有的还设副山长。南宋后期,山长多由州学教授兼任,景定间改由吏部选派,与州学教授同等待遇,遂为朝廷的命官。

上舍：宋学校实行三舍法,第一等称上舍。熙宁四年(1071年),太学上舍招生一百人。上舍生考试分上等、中等、下等,名列上等的直接授官,中等免礼部试,下等免解试。上舍生常被选充太学前廊学录、学谕、直学等职事人,有月俸。入学满六年而获释褐,称走马上舍。元符二年(1099年)规定,州学每年可贡上舍生一人入京师,暂补太学外舍,考试合格即补内舍;三次考试不升舍,遣还州学。崇宁元年(1102年),改州学为每三年一贡,考试成绩上等补上舍,中等补下等上舍,下等补内舍,其余为外舍。

及第：宋殿试分甲取人,文科一二甲赐本科及第,武科状元赐武举及第。太学上舍生分数最高者,赐上舍及第。此外,礼部试和殿试合格人,通称"及第举人"或"及第人"。

义庄：地主豪绅以赡济族人为名的一种田庄。宋仁宗时,范仲淹在苏州(今属江苏)置田十余顷,以所得租米赒给宗族,供衣食、婚嫁、丧葬之用,称为义庄。其后竞相仿效,义庄逐渐盛行。

义学：宋时官员、地主在家乡开办学校,招聘名士教育本族及乡里子弟,称义学或义塾。义学之设,始于范仲淹。规模较大的有四斋,分大、小学,六岁以上入小学,十二岁以上入大学;考试名列前茅者受奖,发解、登科、补入太学者赠以钱物,学规仿照当时著名书院制订。不少义学置有田产。有的还建孔庙,供春、秋祭祀。

义塾：又称义田塾、义学。有些义塾由士人命名,如景定元年(1260年)婺州东阳(今属浙江)所建横城义塾。有些义塾同时又称书院,如龙山书院、卢溪书院。参见"义学"。

乡试：又称"乡贡"、"乡举"。贡举考试方式之一。各地州、府每三年考试本地举人,由判官任进士科考官,录事参军任诸科考官,按解额录取合格举人,分甲、乙等第,第一名称"解元"。乡试合格举人可赴省试。

乡贯状:即举人、官员所写本人家状。因乡贯为家状中重要项目,故称。

小长:北宋州、县小学设学长,崇宁五年(1106 年),为别于州、县学学长,改称小长。"大观重修国子监小学格"规定,州、县小学设职事小长一员,学生三十人以上增设一员。

小学:宋小学有州县小学和在京小学之分。州县小学,始见于至和元年(1054 年)京兆府小学规石碑,其后崇宁元年(1102 年)又令州县建立,设教谕,立学规,招收十岁以下儿童。在京小学约建于元丰年间,分"就傅"、"初筮"两斋;政和四年(1114 年),学生近千人,分十斋,行三舍法,自八岁至十二岁,依各人程度,分别补入内舍、上舍,每季一试,逐舍升补。南渡后,学校重建,绍兴十二年(1142 年),附小学一斋于太学,各州县亦陆续建立。

小录:①"同年小录"的简称,见"题名登科录"。②崇宁二年(1103 年),权知贡举安惇亦曾编写贡院试官小录,登记当年试官姓名、生年月日等项。

小帖子:宋制,官员于奏状或奏札后,另纸申述或请求的补充文字,称"小帖子",作用与贴黄同。亦有在贴黄后再加小帖子的。

专一监视斗面官:官名。南宋省仓,丰储仓,草料场,淮东西、湖广总领所大军仓、草料场等各设专一监视斗面官一人,以武臣充任。

比试:又称"较试"。宋贡举考试方式之一。武举人入仕,须经比试、发解、省试等三场考试,最后为殿试。第一场考经义和弓马,称"比试"。

比换:宋官员和吏人转官的一项规定。朝廷内外各司吏职,原该年劳补官者,依法准许自愿改换相应官资,注拟差遣,称"比换"。官员亦可比换其他类别的相应官资。

比部：官署名。属刑部。北宋前期设判部事一员，以无职事朝官充任，无职掌。元丰改制，主管审核内外帐籍。凡仓库、场务出纳官物，定期加以审查并稽核百司经费，决定与否勾销。设郎中或员外郎。

比罪：宋法规定，被判处编管或流配罪而可用官职等抵罪、纳铜赎罪以及犯诬告或出入人罪的官员等，准许比照其他刑罚减罪或免罪。诸如原判配沙门岛（在今山东蓬莱西北海中），比照流二千里；刺面配，比照徒三年；不刺面配，比照徒二年；编管、移乡，比照徒一年。平均每流五百里比照徒半年。官员勒停、冲替，举人永远不得应举，流外品官勒停等，主刑在杖以下，亦各比照徒一年。以现任一官或职、差遣，可抵数年的徒罪；纳铜一百斤，亦可赎此罪。

开封府尹：官名。不常设。宋时选差亲王担任，兼功德使。主管京城民政、狱讼，刑部或御史台无权纠察；捕除“寇盗”。

开宝通礼科：贡举科目之一。北宋初承唐制，设开元礼科，为“诸科”之一。开宝六年（973年），《开宝通礼》成书，改开元礼科为开宝通礼科，以新书考试。熙宁四年（1071年）罢，元祐六年（1091年）复置，绍圣元年（1094年）又罢。

五甲：宋贡举殿试和礼部试所定合格举人的等级。太平兴国二年（977年），复试礼部奏名举人，按优劣分为三等。淳化三年（992年）殿试进士，始分五等，第一至三等赐及第，第四、五等赐出身。天圣五年（1027年），改“等”为“甲”。此后，礼部正奏名分“甲”，特奏名分“等”，成为制度。

五经科：贡举科目之一。北宋承唐制设置，为“诸科”之一。五经即《周易》、《尚书》、《毛诗》、《礼记》、《春秋》。考试贴经八十贴，答墨义五十条。熙宁年间罢诸科，此科即废。

太学：两宋最高学府。汉武帝始设太学，历代多仍其旧。仁宗庆历四年（1044年），置太学，内舍生二百人，从八品以下官员子弟和平民的优秀子弟中招收。神宗时扩充名额，推行三舍法。学生各习一经，随所属讲官受学。始入学为外舍，经过考核，递升内舍和上舍。徽宗时，创辟雍为外学,外舍生都入外学,名额三千。太学内舍生六百,上舍生二百。北宋亡,太学废,南宋绍兴十三年(1143年)重建。太学设学官和学职。学官有国子祭酒、司业、博士、丞、主簿、正、录等。学职有前廊学录、学谕、直学等。北宋太学生大致由官府供给饮食,南宋内舍生和各斋长、谕由官给食,外舍生自费。徽宗时,还从太学直接选拔人才,停止解试和礼部试。

太学正:宋太学学官和职事名。仁宗时,始设太学正,只差学生任职。神宗后,既委任命官,又选差上、内舍生;前者为命官学正,后者为职事学正,两者职责相同。参见“学正”。

太学生:宋太学生员简称。庆历四年(1044年)建太学,从八品以下官员和平民子弟中招生。一般分三舍,外舍经考核升内舍,内舍升上舍。在学学生均为布衣(仅少数为有官人),但享有免除丁役、雇人代服差役的特权,外舍生还可赎杖以下私罪,内、上舍生可赎赃私罪和徒以下公罪。有的地区士户(太学生本户)一度还可免纳上供银钱。

太学录:宋太学学官和职事名。仁宗时始设,专差学生任职。神宗后,既委命官任职,又选差上、内舍生任职;前者为命官学录;后者为职事学录,两者职责相同。参见“学录”。

止法:宋官员转官的一项规定。即各类官员和吏人逐级升转达到的最高官阶。文官至中大夫,原该升转至侍从官阶的太中大夫,但依法必待官职达到侍从格,方许升转;执政至金紫光禄大夫,必待拜相,方许转行特进。武官至武功大夫,须建立军功,方许转至横行官阶的右武大夫。后妃亲属按恩例得官,只能转至训武郎;吏人年劳出职,只能转至承直郎或从政郎。

中旨:宋官府文书名称。凡颁降御笔或圣旨,直接交付有关官府执行,称“中旨”。

内舍:宋学校实行三舍法,第二等称内舍。庆历四年(1044年),太学内舍招生二百人,由朝廷支给食钱。熙宁四年(1071年),太学行三舍法,内舍名额仍旧。元丰二年(1079年),增为三百。元符二年(1099

年),州学皆置内舍。南宋绍兴十三年(1143年)太学重建,内舍以百人为额。外舍生在学满三季,年终积分合格,次年公试入等,升补内舍,内舍生连续三次私试被黜,则退降外舍。内舍生两年一次赴上舍试,结合当年校定分数,合格者升补为上等、中等、下等上舍生。

手诏:或称手札御书、御札。北宋前期,宰执、亲王、枢密使有所陈请,例颁手诏答复,由中书门下共同议定,命翰林学士起草。熙宁间有"内降手诏",不由中书门下,直接付外执行。徽宗时又有"御笔手诏",由皇帝亲笔撰书付外。手诏一般不用四六句文体。

从吉:宋承旧制,父母或尊亲属亡故,遗属守丧,至大祥(满二十五月)毕,禫服(满二十七月)终了一月后改服吉服,称"从吉"。方可朝见或参选。

长书:宋士大夫上朝廷大臣的长篇文字,称"长书"。

仓法:全称"诸仓乞取法"。宋特别法之一。神宗以前,吏人一般不给俸禄。熙宁三年(1070年),因京师诸军粮仓吏人任意克扣军粮,神宗命三司定出约束十条,给仓吏俸禄,严厉处罚请托、勒索。其后,朝廷各司和监司各州吏人普遍推行此法而增俸,因称仓法为重禄法。哲宗初罢。绍圣间复行。

升甲:宋贡举考试的一项规定。举人殿试合格,按试卷成绩分成五甲,赐及第、出身、同出身。其中部分举人,又有特殊优待,得以递升一甲甚至二甲。礼部特奏名举人分等录取,在一定情况下,亦有"升等"的优待。

升压:宋铨选制的一项规定。原该堂除差遣的官员,自愿回吏部注授本等合入窠阙者,许提升名次,居同等名次人之上,以资奖励,称升压。

升贡:宋代州学、辟雍取士的一种方法。崇宁三年(1104年),罢州郡解试和礼部试,州学、辟雍取士皆由县学上舍中选拔,称升贡;县学按外舍、内舍、上舍逐等升补;同时,由县学上舍中选拔优异者升贡入州学,由州学升贡入京师辟雍。宣和三年(1121年),撤销辟雍,全国州县学亦罢三舍法,升贡随即停止。

升补:宋三舍法中的一项规定。凡县学生经岁升试合格,升入州学;州学生堂试累次中格或附太学上舍试合格,补入太学。太学外舍生经公试或内舍生经上舍试,成绩入等,去年或当年校定分数合格,即可升补内舍或上舍。参见“三舍法”。

升舍:宋学校逐舍升补制度。熙宁四年(1071年),太学实行三舍法,学生由外舍升补内舍,由内舍升补上舍。武学、宗学等亦实行此制。参见“三舍法”。

分司:官职名。(1)唐东都(洛阳)分设略如京师官府,任此官者称“分司”,大抵皆闲秩。宋南、北、西三京亦置分司御史台、国子监,由执政、侍从、一般官员等充任,职事甚简,如御史台仅行香拜表日押班,国子监惟主管钱粮出纳。设宫观官前,士大夫多申请为休息之地。自哲宗起,自请分司的官员,皆可带职事官。同时,分司亦为朝廷安置责降官员之处。(2)南宋各路坑冶司、总领所、财用司、茶盐司等在某些州、县设置之分支机构,亦称分司,各设幹办官等。

分房法:宋贡院考校试卷的一种方法。孝宗时,礼部试、类省试、各州解试举人各场试卷,分散于各房,由考官批分定等。绍定二年(1229年),复规定经义亦分房考校。由分房法形成避房法,并产生诸房旁通考校图。参见“避亲”、“诸房旁通考校图”。

公试:宋承唐制,太学有公试,由朝廷降敕差官主考。元丰二年(1079年)规定,太学外舍生每年公试一次。每年二、三月间举行,两日三场,第一日考诗、赋、经义五道,第二日考论、策各一道(分两场)。差外官主持考试,另派一两员学官参预考核。南宋后期公试,平均七人取一,第一等常缺,第二等约二十人取一。外舍生公试入第二等,即升补内舍,故公试为外舍生升进的阶梯。武学、医学、律学等亦有公试,考试内容虽别,试法则与太学大同小异。

公荐:宋初,知举官赴贡院主试之前,台阁近臣可推荐其熟知的“有才艺”之士,名为“公荐”,实际皆为请托。建隆四年(963年)下诏禁绝。

公罪:罪名之一。宋承唐制,法律规定,因公务致有过失而犯罪,其中无私曲之情,称"公罪"。犯公罪所受处罚比私罪轻。

计相:即"三司使"。宋三司使总领四方财赋,地位仅次于执政,故称。

文资:宋文官的官资。文职官员有时亦称为文资。

户部推勘检法官:官名。元祐三年(1088年)依三司旧制置。掌在京官司有关钱谷事宜。

引年致仕:宋代官员未到或已到法定的致仕年限,因昏老不能胜任职务,或者自愿退居就闲,援引七十岁休致的规定,向朝廷申请致仕,称"引年致仕"。有时官员年满七十也称为"引年"。

双元:乡试、礼部试皆名列第一,称"双元"。

双转:超转的一种。宋官员升转的一项规定。武翼郎以上有军功武官,依法升转一官时可升转两官,称为"双转"。进士及第、出身的文官,至朝请大夫,不转奉直大夫而转朝议大夫;至朝议大夫,不转中散大夫而转中奉大夫,亦为"双转"。朝廷执政、学士等,亦有双转的殊遇。

双宣:宋翰林学士院平时由两名学士分值,遇朝廷有大除拜,锁院撰麻三道以上,则并召两员宿值分撰,故称。

书学:宋徽宗崇宁三年(1104年)始设。学生习篆、隶、草三体及《说文》、《字说》、《尔雅》等五书,兼通《论语》、《孟子》义。篆书以古文、大小二篆为法,隶书以二王、欧、虞、颜、柳真行为法,草书以章草、张芝九体为法。考校书法分上中下三等。大观四年(1110年),书学并入翰林书艺局。宣和六年(1124年),置提举措置所,生徒以五百人为额,士流、杂流亦分为二斋。

书院:宋代私人或官府所立讲学、肄业之所。宋初官学甚少,学者择山林僻静处,创办书院或精舍进行讲授。著名的有白鹿洞、岳麓山、应天府、嵩阳等书院。仁宗后,州学大盛,书院日趋衰落。南宋孝宗后,各地官员复竞相创建书院,几遍及全国。书院最初为民办学馆,后因官员提倡和朝廷赐勅额和田亩、书籍,委派教官等,变成半民半官性质的地方教育中心。掌教者称山长或洞主。院有学规,聘请学者讲学。学生分斋习读,书院供给宿舍、几案和一定食钱。成绩考核采积分制。为统治者培养出不少人才,对后代教育制度产生很大影响。

书黄:凡皇帝用以发布命令的各种形式文书,经给事中书读,又经中书舍人书读行下,书毕即备案录黄,再发往尚书省给札颁布执行。

书判拔萃科:铨选试法之一。宋承唐制,建隆三年(962 年)置,命资格未至的选人试判三道,从律中出题,合格者分成五等,特予放选授官或超资授宫。天圣七年(1029 年),重定试法:应试选人录所撰判词三十道,送流内铨,词理优长者赴京考试判十道,合格者准予参加殿试。景祐元年(1034 年)罢。

世赏:即"荫补",取《尚书》"赏延于世"义,故名。

札子:官府文书名。宋中书、尚书省、枢密院处置公事,已被旨者,许用札子命下级官府执行。南宋各路帅司亦许用札子指挥所部。中书札子,宰相押字在上,次相及参政顺次向下;枢密院札子则枢密院长官押字在下,副长官顺次向上。有些官员在一定情况下,许用札子向皇帝奏事。见"奏札"。

打视:宋担任库务差遣和投军人员,皆须检查视力,高声读出所指远处数字,称"打视"。

功德疏:皇帝诞日,各路帅守、监司各自进呈贺表和道、释功德疏,并献银。表、疏皆用四六句文体,经通进银台司投进。

龙飞榜:宋贡举考试时颁布的一种文榜。皇帝即位后,第一次亲临殿廷,策试礼部奏名举人,所公布合格举人名次榜,称"龙飞榜"。凡中此榜者,得受特殊优遇,称"龙飞恩例"或"龙飞特恩"。

石鼓书院:宋著名书院之一。在荆湖南路衡州(今湖南衡阳)石鼓山。始建于唐李宽。宋至道间,赐"石鼓书院"敕额。景祐三年(1036 年),州县学兴,书院荒废。南宋淳熙十二年(1185 年),知潭州潘畤因旧址复建,其后宋若水等加以扩建,聘名士戴溪为山长,招考学生,并置田二千二百多亩,岁收米二百多斛,以为书院经费,直至宋末不废。

正犯:宋法律称劫杀、谋杀、故杀、斗杀并已杀人的罪犯,以及犯十恶,伪造符印,放火,官员犯入己赃,将校、军人、公人犯枉法赃,监主自盗赃等罪犯,为"正犯"。余如将邪法药物给人服食,为人合药、针刺故意不如原方,制造厌魅、符书、咒诅企图给人疾苦,故意使牲畜、猛兽杀伤他人,故意给人食用有毒之物,诬告他人死罪,诈陷他人,断案官吏故意入人死罪等,皆同正犯。正犯遇朝廷常赦、皇帝疏决,不予赦免或减刑。

布政榜:北宋诸王、节度使虽不赴镇,但仍自行颁发榜文,告谕本镇军民,称"布政榜"。

申状:官府文书名。宋内外官府呈文于中书、尚书省、三司;御史台呈文于中书、枢密院;在外官员呈文于所统摄官府,如三省、枢密院或省、台、寺、监和本路察访官,皆用"申状"。状前贴至京道里和申发日、时。《庆元条法事类》载有"申状"式。

甲次:又称"班次"。宋选人经过磨勘获准改官,数名编为一甲,而后按照各甲顺序,定期引见。举人应试,亦编成甲。甲复按一定顺序排列,则为"甲次"。

甲库:官库名。(1)属吏部。主管收藏官告院所撰黄甲及中书发送门下省的拟官奏状。在收到黄甲后两日,出给签符并关送南曹格式司、官告院。(2)高宗时曾设御前甲库,负责向皇帝提供有关官府不能供应的图画、酒等杂物。

甲科:宋承唐制,贡举考试进士等科合格人,分成数等或数甲,俗称第一等或第一甲为"甲科",第二等或第二甲以下为"乙科"、"丙科"。

出身:宋官场对官员入仕前身份和入仕途径的一种称呼。各科举人殿试合格,由朝廷赐及第、出身或同出身,即成为"有出身人"。其他诸科举人和太学上舍生合格人,赐本科和上舍出身或同出身。凡文才出众,不经殿试,亦可赐进士出身或同进士出身。"有出身人"在注官和升转时,比"无出身"人(主要为荫补入仕者)受优待。

出官:宋选人等初次接受差遣之称。选人和荫补得官人年满二十五(后改为二十岁),经铨试或呈试合格,方许赴吏部注授差遣;一任回,方许收偡。如铨试不中,年满四十;呈试不中,年满三十,亦许出官。亦有朝廷特准免试而出官者。铨试或呈试时,进士及第人不得试经义,武艺出身人不得试武艺。宗室恩例子弟铨试,在试场无杂犯者皆出官。在京各司吏人,另按规定出任主簿、县尉、奉职、借职等。吏人出官又称"出职"。

出入罪:法定罪名之一。宋承唐制,凡断案官、吏判无罪为有罪,轻罪为重罪,称"入罪";判有罪为无罪,重罪为轻罪,称"出罪"。由于过失而出入人罪,称"失出入人罪";故意而出入人罪,称"故出入入罪"。失入死罪者,按失入人数和原断案官吏首从治罪,不因罢官、赦降原减;失入或失出徒半年罪者,免罪。吏人故出入杖以上罪者,即使判而未决,仍罚勒停,徒以上罪者,虽遇常赦,亦永不收叙。若因接受财物而出入死罪者,虽未得财物,亦配广南。

出常调:宋吏部在常调以外注授差遣窠阙。如知州军有劳绩,得其他官员荐举,名实相符,特升转运使、转运副使、转运判官或提点刑狱、各府推官、判官,谓之"出常调"。

帅札:南宋四川安抚制置司拥有军务重权,兼处置铨量、差注、类试等事,其颁发札子,称"帅札"。其他安抚制置司受命便宜行事,亦可颁发。

归正人:宋士民的一种称呼。宋人因流落邻国,脱身回归,或原系契丹等族,从金朝等来归,皆称"归正人"。有官人归正,恢复原官职,往往注授不厘务差遣;士人许在所在州军入学听读或赴秋试;百姓给官田耕种。

归明人:宋时辽人、金人来归;或溪峒首领纳土已久,出仕补官,给田赡养,皆称"归明人"。归明官年二十五以上,许注授官职,但只能添差不厘务差遣,并规定在任期内不得差出。

归顺人:宋时凡西夏、蕃部部落首领带领亲属、马匹,或金朝女真族、汉族官民,"归顺"宋朝,或溪峒首领纳土"归顺",依旧主管溪峒职事,称"归顺人"。

归朝人:宋时凡原系燕山府(治今北京城西南)等路州军人,脱离辽朝;或原系宋人,脱离金朝,投归宋朝,皆称"归朝人"。"归朝"成为归朝官员的一种出身,一般只能添差不厘务差遣;其余人不拘年限,皆予养济。

四杀:法定罪名之一。凡犯谋杀、斗杀、劫杀、故杀并已死人的罪行,称"四杀"。遇朝廷常赦或皇帝疏决,亦不赦免或减刑。

四善:宋吏部考功郎中考察州、县守令的标准之一。以"德义有闻、清谨明著、公平可称、恪勤匪懈"为"四善"。元丰间罢,元祐后复行。

四门学:学校名。宋初国子监仅收七品以上官员子弟为学生,八品以下官员子弟无从入学。庆历三年(1043 年),依唐制创办四门学,招收八品以下官员和平民子弟,每年补试一次,派学官锁宿和封弥试卷,录取文理相通的奏名朝廷,发给监牒;试考不合格,允许在学听读,下次再试;三试不合格,便取消听读资格。太学立,四门学即废。

册书:官府文书名。立后妃,封亲王、皇子、大长公主,拜三师、三公、三省长官时用之。由翰林学士撰文。

处士:宋称隐居不仕的学人为"处士"。朝廷对一些隐士、道士、高龄者授予两字或四字"处士"称号,并颁发诰身。著名处士有种放、魏野、林逋、孔旼、尹焞等。也有士人自称处士的。

务限法:宋代诉讼法之一。"务"指农务。宋大致承袭后周显德四年(957 年)之制,规定每年二月初一日开始"入务",即进入农忙季节,直到九月三十日为止,属于"务限"期间。为了不违农时,不废农事,限内州县官府停止受理有关田宅、婚姻、债负、地租等争讼案件。到十月初一日"开务",直至次年一月三十日为止,才受理这类词诉。同时,又规定涉及"交相侵夺"或与农务无关的案件,州县官府可不拘务限,照常受理。

付身:又称"付身文字"、"付身文书"。宋吏部四选等发给任差遣官员的功过历,须随身携带。上级官府于其上批写:该官员于某年月日奉某官司之命,差到干办某事,至某年月日替罢;有无未结绝事件、在假月日、不在职月日以及展磨减勘指挥等。

仙尉:唐俗称县尉为少仙,宋俗称县尉为仙尉。

外舍:宋学校实行三舍法,第三等称外舍。熙宁元年(1068 年),太学外舍招生一百人,入斋听读,官府不贴食钱,为太学非正式学生。四年,太学行三舍法,外舍生始为正式学生,名额不限。五年,限七百人,由官府给食。元丰二年(1079 年),增至二千人。元符二年(1099 年),州学推行三舍法,每年贡上舍、内舍生一至二人,补入太学外舍、内舍。崇宁三年(1104 年),太学外舍划归辟雍。南宋重建太学,外舍生陆续增至千人以上。

印纸:宋代官府文书名。(1)宋制,官员已授差遣,须于十日内缴真本告札、付身,赴礼部本选照检,请二日内于所交纸二十张上用印。中书门下省、枢密院所授官和外移差遣者,则直接由官府给付。此纸在铨选制中称"印纸",有行程历、保官、选人、使臣、京官、捕盗官并捕盗人及御前、尚书吏部印纸之分。官员出行,即填写所经地点、月日于行程历印纸,至目的地交官府检验。如系担任差遣,即在选人或京官、使臣印纸上填写到任月、日,替罢则填写有无不了事件、在任功过等项。印纸均由本人随身携带。使臣及遥郡、横行印纸,终身不得改换。官员若弃毁批书印纸后空纸,则降半年名次注阙。(2)太医局各科医生皆给印纸,填写平日轮流为太学和武学生以及各营将士治病情况,年终考核其功过,予以奖惩。(3)官府印制的契书,供民间买卖田产等时填写,作为田产等交易和纳税的凭据。

印卷:贡举考试考校试卷的一种方法。五代后唐明宗,命举人在礼部试前五日内向贡院交纳试纸,加盖官印。宋袭此制,举人应试前,将家状、试卷投纳贡院,在卷头和卷身接缝处加盖礼部墨印。淳熙五年(1178 年)起,又在卷头背缝斜盖长条朱印,横贯家状和程文,以防贡院官吏作弊。

印题：宋贡举考试的一种方法。考试时，刻印试题、题解，分发应试举人，称"印题"。大中祥符元年（1008年），真宗亲试诸科举人，刻印题解，发给举人。五年，亲试进士科举人，出诗、赋、论三题，雕印分赐。自此逐渐推广至省试及各类解试，遂使刻印试题、题解成为制度。

白堂：宋官员因公事诣政事堂向宰相和执政请示汇报，称"白堂"。

白札子：宋士大夫上宰相、执政议论政事札子，称"白札子"。

白鹿洞书院：宋著名书院之一。位于江西庐山五老峰下，群山环合，景色宜人。南唐昇元间，在此置田聚徒，建庐山国学。宋初仍沿此称，太平兴国二年（977年），朝廷赐监本《九经》，称白鹿国学。五年，采纳白鹿洞主明起建议，将学田拨给官府，明起亦任蔡州褒信主簿。咸平五年（1002年）改称书院，与石鼓、岳麓、应天等书院齐名，学生常数十百人。后渐衰落。南宋淳熙六年（1179年），朱熹知南康军，访求遗址重建，奏请朝廷赐予"白鹿洞书院"敕额和监本《九经》，聘陆九渊等讲学。陆续添置学田，学生日众。朱熹为订学规。自此，书院规模不断扩大，成为各地书院的楷模。

讯杖：刑罚方法之一。宋承五代旧制，开庭审讯犯人，先杖其臀或腿、足底三十，称"讯杖"。

议司：宋司法机构之一。元丰六年（1083年）定制，大理寺治狱分为断、议两司。议司由大理丞、卿、少卿组成。凡断司所断公案，大理正详审后，移议司复议，遇有疑难、争论，提议改正，大理卿、少卿再加审定。

礼部试：即"省试"，又称"南省试"、"春试"。贡举考试方式之一。宋沿唐制，由尚书省礼部掌管贡举政令。礼部设贡院，英宗后，每三年考试一次。试前一年秋季，各地州府、转运司及太学等举行解试，合格者在冬季解送礼部，呈验解牒，交纳试纸，加盖官印。次年春季正月或二、三月开考。按照不同科目，第一日考诗赋或经义，第二日考论，第三日考策。省试合格举人，由贡院放榜，正式奏名朝廷后参加殿试。省试第一名称省元。

主客：官署名。属礼部。北宋前期,设判主客事一员,以无职事朝官充任,无职掌。元丰改制,主管接待周邻各族、各国朝贡人使、宴设、赐予及审批柴氏袭封、祭享等事。设郎中、员外郎。元祐元年(1086年),兼管膳部。建炎三年(1129年)并省郎曹,由礼部郎官一员兼领。

召试：宋选举官员考试方式之一。即直接由朝廷诏召应试。文科进士出身已任官职而献文求试,或被荐举,特旨召试,合格者授秘书省官;武科人召试,合格者授中书舍人。试法为应试官预先交纳家状、试卷稿纸;试前一日,考官锁宿拟题;在学士院或舍人院、中书后省应试;试诗、赋或策、论。试卷成绩分成七等或五等。宗室献文求试,亦召试学士院,合格者赐进士出身或迁官。

加役流：刑罚方法之一。唐废断趾法,改为加役流。宋因之,定为流刑的一种。加役流犯人在配决后,须在流放地点服三年苦役。建隆四年(963年)行折杖法,加役流改为责打脊杖二十下、服苦役三年。

边报：宋代官府文书名。沿边州军将边境情况用实封申报尚书省、枢密院,称“边报”。

对拜：贡举考试过程中的一种仪式。宋承唐制,试进士日,厅前设香桌,知贡举等官照规定仪式而拜,举人答拜,然后下帘幕,出示试题,进行考试。

对换：又称“对易”、“对替”、“两易”、“对移”。宋官员注授差遣的一种方法。官员因避亲嫌,或因罪被劾受轻罚者,得与其他官员换任。已授差遣,愿与资序相同官员换任,经吏部审验亦可。已经对换者,不得再换。因犯罪应入远地者,不得对换至近地。

对读官：宋贡院官名。举人试卷密封、誊录副本后,以真本和副本交对读所,选差现任京朝官和选人及粗通文理的大小使臣充任。对读官指挥对读吏人进行核对,订正誊录时脱误,再将副本送点检试卷官考校。

司门：官署名。属刑部。北宋前期,设判司门事一员,以无职事朝官充任,无职掌。元丰改制,主管门关、桥梁、道路之禁令及其废置、移复之事,并讥察官吏、军民、商贩出入时诈伪违法者。设郎中或员外郎。建炎三年(1129年),由比部兼领。隆兴初,改由都官兼。

司封:官署名。属吏部。北宋前期,设判司封事一员,以无职事朝官充任,仅主定谥事。元丰改制,主管封爵,赠官,宗室诸亲和命妇奏荫、承袭等事;设司封郎中或员外郎。

司勋:官署名。属吏部。北宋前期,设判司勋事一员,以无职事朝官充任,无所职掌。元丰改制,主管功勋酬奖、审复赏格,设司勋郎中或员外郎。隆兴元年(1163年),省并司勋郎中,由司封郎中兼领司勋事。

司寇参军:官名。开宝六年(973年),改各州马步院为司寇院,委派新及第进士或明经等任司寇参军,专治刑狱。太平兴国四年(979年),改司寇院为司理院,司寇参军亦改为司理参军。

式假:宋官员给假的一项规定。除遇父母亡故而解官持服、祖父母亡故而重服外,其余亲戚亡故,朝廷按规定给假,称"式假"。给假期从三十日至一日,有许多等级。武臣和归正、归附官丁忧,不解除官职,亦给式假一百日。

百官表:官府文书名。宋百官诣殿朝拜皇帝,宰相为班首押班,向皇帝进呈百官表。表文系衔总称"文武百僚",后云"丞相臣某等",由礼部郎官撰词。

百家姓:宋童蒙读物名。陆游《秋日郊居》诗自注云:农家子弟上冬学,所读有《杂字》、《百家姓》,谓之"村书"。

百篇举:贡举科目之一。唐设此科,试者一日内撰诗百篇即中选。宋未正式设科,有求试者即命试。太平兴国五年(980年),太宗亲试求试士人,仅成数十首,为激励后学,仍赐及第。景德三年(1006年)废。

过省:宋举人礼部试(即省试)合格称"过省"。

过堂:宋尚书省、枢密院所属官员,在入局任职之日,分携所议公事,诣政事堂谒见宰相和执政,然后施行,称"过堂"。

考:宋制,由吏部等每年对官员进行考察,任满一周年为一"考",欠日不能成考。考分上、中、下三等,作为注授差遣的依据,上等可缩短、下等则延长其升转年限。

考功：官署名。属吏部。北宋前期，设判考功事一员，以带职朝官或无职事朝官充任，主管审复太常寺所拟谥和幕职州县官、流外官年终考课之事。元丰改制，主管文武官考课、磨勘、关升、资任的政令及名谥、碑碣等事；设考功郎中或员外郎。

考课：宋制，官员在任满一年为一考，由上级官府考校优劣。以四善、三最（或四最）考校守令，以七事（或十五事）考校监司。考校入优等或上等者，得减选、升资或转官。京朝官晋升官阶和选人改为京朝官时的考课，则称"磨勘"。

刑法试：宋选举官员考试方式之一。京朝官、选人等愿考刑法者，由两制，刑部、大理寺主判官及各路监司奏荐，选派大理少卿或刑部郎官一员主考，试断案、刑名、《刑统》大义等各若干道，称"刑法试"。第一等授审刑院或大理寺、刑部等法官。

刑统赋：宋律学读本。律学博士傅霖撰。共二卷。将《宋刑统》律文提纲挈领地撰成韵文，以便记诵。并略作注解。现存《藕香零拾》、《格致丛书》本，一卷。后人为《刑统赋》作注的有《刑统赋解》、《粗解刑统赋》、《刑统赋疏》等。

吏部四选：宋主管铨选官府总称。元丰前，以审官东、西院，流内铨，三班院分治四选。元丰改革官制，铨注之法皆归吏部，以审官东院改尚书左选，流内铨改侍郎左选，主管文选；以审官西院改尚书右选，三班院改侍郎右选，主管武选。

吏部阙榜：宋吏部流内铨颁布官阙的文榜。皇祐年间，吏部流内铨设立阙亭，凡州县报官阙，即时出榜颁布，称"吏部阙榜"。但部吏往往隐匿不告，甚至公然评价，卖给选人。

吏部条法总类：宋官员铨选制度法典。淳熙二年（1175 年），龚茂良等将吏部尚左、尚右、侍左等七司现行改官、奏荐、磨勘、差注等条法和指挥，分门别类加以删定。次年成书，以"吏部条法总类"为名，共四十卷，分六十八类、三十门。嘉定六年（1213 年），又编成《嘉定编修吏部条法总类》五十卷。今存《吏部条法总类》,载《永乐大典》卷 14620 至 14622、卷 14624 至 14629,共九卷,约景定四年(1263 年)后编成,分差注、奏辟、考任、荐举、关升、磨勘等门。

成资:官员任职期满,即为"成资"。参见"资"。

西官:又称"郡马",俗称"裙带头官"。为亲王南班之婿、宗室女封郡主者之夫。

西班:①见"诸司使"。②宋龙图阁、观文殿学士、待制等序班在西,故称西班学士或西班。

岁升试:宋县学生入学已满三月,未犯上二等罚,准许在第二年正月赴州学补试,合格者补入州学外舍,因每年补试一次,称岁升试。县学生三赴此试不能升入州学,即取消学籍。

曲赦:赦令名称之一。朝廷因皇帝巡幸或某地发生严重灾害,颁布命令,赦免一路、一州或陪都、京畿的罪犯。其文告由翰林学士院锁院起草。

回授:宋官员转官的一项规定。官员磨勘后原应转官,碍于止法,经奏请,准许授予弟侄、子孙,使之出官或转行,为"回授"。官员的服色,亦允许回授其父。还允许将官阶回授,用以封赠父母。

光斋:宋代太学的一种礼仪。太学生学成及第,做官后归学省视,都行此礼。太学各斋皆置板牌,用朱笔竖写本斋及第者姓名,下题某年登科,或甲科,或释褐,称光斋牌,挂于本斋炉亭。凡返学光斋,进士及第者沿五代后唐旧制,向本斋纳一笔钱,称光斋钱;宰执、状元、帅漕新任,各送本斋一批贵重礼物,然后题名于光斋牌上。

光监钱:宋贡举考试报考费。熙宁九年(1076 年)规定,每次科场,除国子监三舍生外,举人须纳光监钱三贯,给牒应试,其钱充贡院和期集院费用。

同出身:宋时凡进士科举人殿试进入一定甲次(第四甲或第五甲或第三、四、五甲),即赐同进士出身。其他如诸科举人和太学上舍生合格人,亦各赐本科和上舍同出身。

同年会：宋承唐俗，称同榜登科者为"同年"，同年聚会则称"同年会"。

同文馆试：宋贡举考试方式之一。绍兴十四年（1144 年），命远离原籍一千里以上居住临安（今杭州）的举人，附于国子监发解试，另立号考校，考试场屋设在同文馆，称"同文馆试"。

同文馆狱：刑狱名。神宗前，只置开封府、御史台狱。元丰、绍圣间，蔡确、章惇、蔡卞相继在同文馆置刑狱，审问元祐旧党官员，称"同文馆狱"。

同知贡举：官名。宋礼部试时，由朝廷在六部侍郎、台谏等长官中选差两至三员（最多达九员），任权同知贡举，协助权知贡举主持本届考试。

先生：①宋俗对于饱学之士的尊称。②宋朝授予某些著名隐士、道士、仙姑、处士的一种称号。如大中祥符三年（1010 年），隐士郑隐赐号"正晦先生"；宣和七年（1125 年），"丹华广范崇真处士"刘知常赐号"金庭辅教元明先生"。

名公书判清明集：宋断案判词汇编，共十四卷。南宋后期人编纂。判词作者有刘克庄、胡颖等。分官吏、赋役、户婚等门，每门又分若干类。每一判词皆扼要介绍案情，援引法律条文，加以分析，作出判决。今存《续古逸丛书》影宋本，仅有户婚门。上海图书馆藏明隆庆三年（1569 年）刻本，为全本。

优试：宋制每年由近臣和判流内铨官，在尚书省试各司吏人，出律题三道，成绩合格后，还须口诵所答内容，中者即补正名，理劳考。其自叙劳绩，官员为之陈请者，特免口诵，称为"优试"。获得优试者，皆能中选。

传胪：宋贡举考试过程中的一种仪式，即"唱名"。因殿试放榜时，由知贡举官呼唤举人姓名，军头司立于殿陛下，以次传唱，故名。

任：宋官员任职满二年或三年甚至五年、六年为一任，满一任即成一资或循一资。故常称"资任"。但资与任并不等同。在任已经成资，有些官员许理为任,但有些因冲替或差替或授予小处、远处差遣,却不许理为任。武官换文资,须用换授前两任当一任。

年劳:宋官员转官和吏人出职的一项规定。官员和吏人任职至一定年限,称"年劳"。按年劳,可依次迁改或补官。详见"年劳补官法"。

年劳补官法:俗称"出职法",亦称"流外出官法"。宋吏人授官的一项规定。朝廷内外各司吏职和各州、监司吏人,任职至法定年限,可补授将仕郎(即迪功郎),并可免铨试,直接注授差遣。枢密院、三司吏人,可补三班借职以上武官;内廷各司主吏、三司大将,可补三班借职等。不因年劳而补官者,则不得注授差遣。

自陈:①宋朝对官员选择差遣的一项规定。官员奏请任某一宫观官,作为"自陈",日后仍可恢复原职;若由朝廷下诏委任,则非"自陈",一般不恢复原职。但亦有受朝廷特别优待,作为"自陈"的。②官员自己向朝廷陈述或提出某一要求,如"自陈"致仕等。

自讼斋:宋学校斋名。太学生违反学规比较严重,即送入此斋反省。崇宁元年(1102年)撤销,将"不率教"者转入辟雍。辟雍废后复置。徽宗时,州学亦置自讼斋,上书获罪士人和三舍生中讥讽时政者,遣回原籍后,于此听读。南渡后,诸王宫学亦设此斋,凡犯罪未至拘管程度的宗室于此"循省"。

后司:宋司法机构之一。高宗、孝宗时,殿前司和侍卫马、步军司等三衙以及长江沿岸诸军,各设审讯狱讼机构,称为"后司"。狱讼皆由主帅判决,不经属官。光宗时,命熟悉法制的属官兼管。嘉定五年(1212年),以武举人主管后司公事。

后敕:即"续降指挥"。参见"续降"。

行艺:宋学校对学生品德和学业的一种要求。行即道德行为,艺即经术学问。太学斋长、斋谕每月登记学生行艺,每季末选优秀者报学谕加以考试。外舍生、内舍生升舍和上舍生出官,除成绩合格外,还要参考平日行艺作决定。

杂犯:宋法律称犯十恶、四杀等罪犯为正犯,其他罪为"杂犯"。杂犯在朝廷常赦、皇帝疏决时,一般可获赦免或减罪一等。

杂议:宋司法名词。凡遇疑难重要案件,经复审不能判决,即命内、外制与大臣、台谏官一起讨论,称杂议。

杂流:凡非科举中第,由军班、进纳、捧香恩例、上书献策、勤王、守御、捕盗、奉使等途径补授官职者,包括公人、吏人、作匠、技术人(如医人)等,皆称"杂流"。杂流人迁官,至武功大夫止,即使已迁至横行,其恩数、俸禄等仍依武功大夫。杂流补官限至训武郎,职至监当和将领、副将之类。

杂出身:宋官员出身之一。凡非经应举登第、荫补、吏人年劳出职而得以补官者,皆属"杂出身"。

会食:宋太学每遇节日,官厨停伙,学生领出食钱和米,分斋会食,除正旦、寒食早餐饮酒三杯,其余节日晚餐饮酒五杯或七杯以上。各官衙亦有会食之礼,由官员轮日主办。

合入:宋铨选制的一项规定。官员达到一定官阶、任数、考数,即升改为相应的官职,如迪功郎以上资序的官员,则应改为京官,文林郎以上资序的官员,则应改为升朝官,是为"合入"。应注拟相应的差遣窠阙,如许合入县令、录事参军人,权知诸职官;太学博士通历任满四考,准予改为合入官;国子正、录,太学正、录,通历任满五考,准予改为合入官。

合台:宋弹劾制之一。御史台御史中丞以下,所有官员每入向朝廷上一奏疏,以论他人罪过,称"合台"。

合尖:宋选人出官,须有一定数目官员写保状荐举,最后一份保状适足此数,称"合尖"。

关:①官府文书名。宋中书、枢密院之间以及同一长官统摄下的各机构之间,互相往来的文书,称"关",文体与札子大同小异。②宋官府间相互借送物件,称"关借"、"关送",寓有关照、通知之意。

关升:官员升迁方法之一。选人、京朝官、大小使臣关申吏部四选,按照一定的年龄、出身、考数、任数、举主员数,升迁相应的资序或差遣。

关试：贡举考试方式之一。宋承五代后唐旧制,凡举人殿试登科,照例交纳敕牒的朱、胶、绫纸成本费,并由礼部贡院关送至吏部南曹,试判三道,称"关试"。

关题：又称"合题"。宋贡举考试出题的一种方法。考官拟经义题时,从六经中摘取上下不相连贯而大旨相近的几节经文,合为一题,称"关题"。淳熙十六年(1189年)后,屡废屡复。嘉定十五年(1222年),准许出关题,但不准断章。

庆元条法事类：宋法典之一。宁宗嘉泰二年(1202年),右丞相谢深甫监修编成,共四百三十七卷(一作八十卷)。次年颁行,今存清人传钞本、1948年木刻本,皆缺四十二卷。全书分职制、选举、文书、榷禁、财用、库务、赋役、刑狱等十六门,每一门又分若干类,每类载敕、令、格、式、申明等。

守选：又称"守常选"。宋铨选制的一项规定。选人任满,例须待下一次到吏部注授差遣,即殿试列入第五甲人,亦不应立即授官,而命守选。神宗时,废守选法,进士、选人守选者,皆须考试刑法,通者放选注官。

军功：宋武官出身之一。凡亲冒矢石、斩获敌人首级、身受重伤、退敌解围及运粮守城、进筑把隘等,皆为"军功"。

军班：低级武官出身之一。宋内外诸军兵、诸班直与军头司等人,因年劳或军功得官,皆属军班。

巡铺官：宋贡院官名。雍熙二年(985年)礼部试,为防止诸科举人舞弊,派官员巡察廊下。景德四年(1007年),命官员巡试铺。天圣二年(1024年),始有巡铺官之名。从此,场屋设巡铺官成常例。礼部试时,由审刑院选差官员充任,掌贡院巡案,指挥京城八厢军卒四周巡廊,检查举人是否挟带书籍、暗中传授或请人代笔等。

医学：宋承唐制,设太医局,分科招收学生,隶太常寺。徽宗崇宁二年(1103年),始建医学,隶国子监。依太学订学制,分方脉、针、疡三科教导学生,实行三舍法,招收上舍生四十人、内舍六十人、外舍二百人,分斋习读。学生成绩入高等,授尚药局医师以下医职,其他各按等第补官,为本学博士、正、录和外州医学教授。大观四年(1110年),并入太医院,改称太医学。政和五年(1115年),州、县亦建医学。宣和二年(1120年),京医学罢。南宋复置。南宋末,医学(实即太医局)招斋生二百五十人,共八斋舍,教授四员。

贡士:对举人的一种称呼。凡解试合格贡送礼部的举人,称"乡贡进士"或"乡贡学究"、"漕贡进士"、"监贡进士"等,通称"贡士"。崇宁三年(1104年),罢各州解试和礼部试,士子均由学校升贡,每三年一殿试。由各地学校升贡入京师辟雍、太学或赴殿试(即"贡士举")的学生,皆称"贡士"。南宋高宗、孝宗时,"进士"、"贡士"并提,"贡士"即指应"贡士举"的太学生。

贡院:宋贡举考试机构和试场。礼部贡院主管各路州、军所解送进士、诸科举人名单和家状、保状、试卷,并负责核对其乡贯、举数、年龄等。平时以朝官一员主判。遇科场年份,由朝廷选派知举官主持礼部试,原主判官即罢任。试毕,以合格举人奏名朝廷,筹备殿试。贡院内设封弥院(所)、誊录院(所)、对读所、编排所、别试所、过落司等。仁宗以前,礼部未造贡院,借用太常寺或国子监、式成庙为试场。崇宁至政和年间,礼部、各州皆建造贡院。南宋时,礼部和部分州军亦陆续修建贡院。

贡院参详官:宋贡院官名。主管复查点检试卷官所定试卷等第。熙宁九年(1076年)礼部试,始设参详官四员,选差学官、秘书省官充任。南宋一般设八员,以卿监、六部郎中充任,其中一员必须差监察御史。嘉泰年间,改称"监试"。绍定元年(1228年),复称参详官。

贡院监门官:宋贡院官名。掌引导举人进入试场,对号入座,并搜检是否怀挟书籍。雍熙二年(985年),试诸科举人,始差官员监门。景德四年(1007年)礼部试,始以监察御史监贡院门。此后,各类解试亦差有出身官员任贡院监门官。

拟差:又称"拟注"。宋朝授予官员差遣的一种方式。即由吏部四选、兵部及转运司等奏拟差遣。

批书：宋主管官府按照格式，为官员批写或填写有关印纸或付身，称"批书"。批书印纸有缺漏，或不依条式，须召升朝官两员作保，并罚降两月名次注阙。《庆元条法事类》载有命官批书印纸式、殿侍批书印纸式、副尉批书差遣功过式等。

批答：宋执政以下官员上疏奏请，皇帝以降诏方式答复；执政以上，则降"批答"，以示厚遇。批答不经中书，直接由宫中封所上疏付翰林学士院撰赐之。

折杖法：刑罚方法之一。流、徒、杖、笞刑的代用刑。建隆四年（963年）规定：凡原判加役流，改罚配役三年、脊杖二十下；原判流放三千、二千五百、二千里，顺次改罚脊杖二十、十八、十七下，皆配役一年；原判徒刑三年、二年半、二年、一年半、一年，顺次改罚脊杖二十、十八、十七、十五、十三下，刑后释放；原判杖刑一百、九十、八十、七十、六十下，改罚臀杖二十、十八、十七、十五、十三下，刑后释放；原判笞刑五十、四十和三十、二十和十下，改罚臀杖十、八、七下，刑后释放。后又规定，每脊杖一下，减役五十四日；大杖一下，减役二十七日。

折笞法：刑罚方法之一。徒、杖二刑的代用刑。大观二年（1108年）改定笞法，用小杖责打，笞十改小杖五、二十为七、三十为八、四十为十五、五十为二十。重和元年（1118年）复定折笞杖之数，笞五十折杖十、四十折八、三十折七、二十折六、十折五。后又规定每笞二十下，折大杖一下；笞四十，折脊杖一下；每笞一下，折减役十四天。

折狱龟鉴：又称《决狱龟鉴》。宋绍兴间，郑克集郑子产以后典型疑难刑事案件，加按语论说，编纂成书，以为典狱之戒。共三卷（一作二十卷）、三百九十五事，分释冤、辨诬、鞫情、议罪等二十门。现存《龙威秘书》本，一卷；《四库全书》、《墨海金壶》、《丛书集成初编》等本，八卷。清人陆心源辑其遗文，撰《折狱龟鉴补》，载《潜园总集·群书校补》。

违年：宋官员赴任有规定期限，逾限即为过犯，称"违年"。违年情况，记入本人印纸。

远地：宋官员担任差遣州军离都城逾千里者为"远地"。

远恶州军：宋代法律规定，有些犯人须移居遥远、艰险的地区。如广南的南恩、万安、昌化、吉阳军等，称"远恶州军"。

还省：宋贡举考试的一项规定。举人乡试合格获准取解或获得免解资格，赴省试前遇近亲亡故，服丧期满，可在下次省试时还试，称"还省"。亦有原已获准免省，后又命其还省，再赴省试。

还殿：宋贡举考试的一项规定。举人省试中第，因故未参加殿试，可在下次还试，称"还殿"。

进士：宋承唐制，凡应进士科考试的举人皆称"进士"，其已登第者自称"前进士"。熙宁年间进士科几乎成为唯一贡举科目，有"国学进士"、"免解进士"、"漕贡进士"、"监贡进士"、"乡贡待省进士"、"待补进士"、"武举进士"之目，然均为布衣。进士科举人殿试合格，按五甲等级，授予进士及第、进士出身或同进士出身后，方为"登科"。

进拟：宋时刑部拟定断狱奏稿，送呈皇帝核示，称进拟。主管拟进断案刑名文书的机构为进拟案。

进纳：俗称"买官"、"纳粟补官"。三色官之一。宋制，富室纳粟赈粜，雇夫筑城，以粮食、现钱助边，均可依数量多寡补不同官职。至正七品以上成为官户，也有减至九品者。至升朝官则免户役。身死，其子孙仍同编户，官员进纳粮食或现钱，亦可减磨勘年数，转一官或占射一次差遣。

进草：宋制，中书遇急事不及奏报，先随宜处置付外执行，而后用黄纸撰状（状背由宰相、执政押字）进呈，称"进草"。

进士科：贡举科目之一。隋始置，唐中叶后，渐趋重要，宋为贡举考试最重要科目。考试内容有诗、赋、论、时务策、贴经及墨义等。其中诗、赋成绩为合格与否的关键。贴经可用作文或撰赋代替。熙宁年间罢试诗赋、贴经、墨义，只试经义和论、策。元祐四年（1089年），分设诗赋进士、专经进士两科，皆兼试诗赋和经义、论策。绍圣元年（1094年），又罢诗赋进士科，命士人专习经义，殿试仍旧考策。南宋定制，分经义进士和诗赋进士两科。士人多习诗赋,专经者十无二三。朝廷对进士及第或出身者待遇优厚,故进士科得人最多,后世称为"将相科"。

材武人:武官名。包括因捕获"强恶盗贼"补授官职或得以升名、减年磨勘以上者,因守城补授官职而转官及减年磨勘者,因随军被赏而转官、减年磨勘者。

杖:法定行刑器具之一。宋承后周显德杖制,用竹板或荆条责打犯人。常行官杖长三尺五寸,大头阔不过二寸,厚和小头径不过九分;小杖长四尺五寸,大头径六分,小头径五分。徒、流、笞、杖,通用常行杖。天圣六年(1028年),规定杖重不得过十五两,削节,不准钉饰及添筋胶等物,并加盖官给火印。

杖刑:用官杖责打犯人脊背或臀部、腿部。杖刑原定一百、九十、八十、七十、六十下共五等,折杖法行,顺次改罚臀杖二十、十八、十七、十五、十三下五等,流、徒刑责打脊背,杖、笞刑责打臀部。杖决以后,流刑尚须服苦役,徒、杖、笞刑释放。

听敕:宋在朝大臣受到御史台官员弹劾,请求出朝,并提前迁出都城,在寺观中安顿待命,称"听敕"。

别推:又称"别勘"、"别鞫"、"移推"。宋司法审讯程序之一。凡州、县大辟犯人或犯罪品官,业已结案,但未经本路提刑司录问而推翻原来的口供,或其家属诉冤,许移司重审;如已录问而翻供、诉冤,则申提刑司审察,另差官员审理。如大辟犯人临赴刑时翻供,由本路无干碍监司重审,否则移交邻路提刑司差官审理。

别头试:简称"别试"。贡举考试方式之一。凡礼部试、乡试、漕试等考官和有关官员的子弟、亲戚、门客,应试时必须回避,另派考官设场屋考试,称"别头试"。别头试始于唐,但仅限于礼部试,且未形成制度。宋雍熙二年(985年),始命礼部试考官亲戚移试别处。咸平元年(998年),派官别试国子监、开封府发解官亲戚。景祐四年(1037年),各路亦实行别头试。从此,除殿试外,各级考试大多设别头场或别试院,进行考试。

别试所：又称"别试院"、"别院"、"小院"。宋贡举考试机构。为各级考试举行别头试之处。北宋礼部试常在国子监或太常寺设别试所，南宋后期于大理寺西专建别试院。

呈试：宋选举官员考试方式之一。凡大小使臣、校尉，每半年一次赴殿前司或马军司，考试弓马及七书义，称"呈试"。中选者，再赴兵部右选厅铨量读法，注授武职差遣。亦编题名录，设同年宴。

秀才：原为才能秀异者的称呼。汉始作为举士之科目。唐贡举秀才科等第最高。宋读书、应举者，皆称"秀才"。

近地：宋官员担任差遣州军离都城不及千里者为"近地"。

条法事类：宋随事分类编纂的法典。孝宗时，以《淳熙敕令格式》内容散乱，不易检阅，吏人得以为奸，命敕令所将现行敕令格式申明，仿《吏部条法总类》体例，随事分门，别为一书，以《淳熙条法事类》为名。此后，陆续编成《庆元条法事类》、《淳祐条法事类》。"条法事类"遂成有别于"敕令格式"的另一种体例的法典。

私试：又称月校。宋承唐制，太学有私试，由本学长官自行出题考校，朝廷不差考官。元丰二年（1079年），规定太学外舍生每月私试一次，年一公试，考试合格，补内舍生。后私试法愈益严密，季考三场，第一月考经义，第二月考论，第三月考策，遇公试则免考。由国子监长官命题，差本学官充考校、封弥、誊录等职。考后第三日，司业入学揭榜。每十人取一人。武学、医学、律学等亦有私试，试法与太学大致相同。

私罪：罪名之一。宋承唐制，法律规定，非关公务，别因私情而犯罪，称"私罪"。虽因公务而意涉阿曲，亦判为私罪。犯私罪所受处罚比公罪重。

告词：宋朝廷在告命上所题褒扬的文词。侍从官以上，用四六句文体。朝内各司官员告告亦命词，外任官员，惟京官通判以上有之。封赠官员父母，太中大夫、观察使以上用专词，其余用海词（即通用的词）。

身言书判：宋考察选人的一种标准。即身材相貌、言词谈吐、书写判词。建隆三年（962年）设书判拔萃科，凡未到格的选人，皆可应试，考判词三道。真宗时,始命近臣与判吏部流内铨官以身、言、书、判试选人,判词优等,授京官知县或大理寺丞,其次循一资或授职官知县,并引对便殿。后议者以身、言、书、判无益于事,乃罢。

免省:宋贡举考试的一项规定。举人或太学生解试合格后,不经礼部试(即省试)而直接参加殿试,称"免省"。元丰二年(1079年)规定,太学上舍生在省试前成绩中等,即免省试。绍兴三十二年(1162年)后,许宗室子弟已获两次文解者,直赴殿试。宝祐三年(1255年)起,免省举人须从发解处领历,凭次为证,参加殿试。

免选:宋铨选制的一项规定。选人不经守选,直接赴吏部注授差遣,称"免选"。

免解:宋承五代后唐制,举人获准不经解试,直接参加礼部试,称"免解"。免解者,或准一次免解,或永远(即一生)免解。进士科或武举举人获得永远免解者,称"免解进士"。

免殿试:宋贡举考试的一项规定。应赴殿试举人,遇皇帝即位后第一次开科取士,或遇皇帝居丧,特准免赴殿试,直接诣殿参加唱名仪式,并释褐授官,称"免殿试"。南宋初,边远地区礼部正奏名举人因赴试不及者,亦免殿试,即家赐同进士出身。

状:贡举文科、武科殿试第一名,均称"状元"。唐有状元、状头之称,所指惟礼部试第一名。宋开宝八年(975年)殿试,重定礼部试合格举人名次,始有省元、状元之别,故状元又称"殿元"。太学上舍生积分和舍试分数最高者,称"释褐状元"。官场中有时亦统称殿试第二、三名为状元。

应天府书院:宋著名书院之一。在南京应天府(今河南商丘),商丘旧名睢阳,故又称睢阳书院。大中祥符二年(1009年),应天府富民曹诚捐资于五代末儒士戚同文旧居旁兴建,聚书一千余卷,广招学生,讲习颇盛。朝廷赐"应天府书院"额,命同文之孙奉礼郎戚舜宾主持,以本府幕职官提举,订学规,凡讲课、考试、劝督、赏罚,皆为立法;休假、探亲时间,亦有规定,曲尽人情,士人皆愿入学。景祐元年(1034年),

改为应天府府学。

诏书：官府文书名。宋制，赐待制、大卿、大监、中大夫、观察使等五品以上官用之。由翰林学士院锁院起草，采用四六句文体。

诏狱：刑狱名。宋初官员犯法，由御史台或开封府、大理寺审讯。仁宗后，直接由皇帝下诏特派官员或太监置狱审讯，称"诏狱"。

词科：贡举科目宏词科、词学兼茂科、博学宏词科三科的通称。宋绍圣元年（1094年）设宏词科，考试章表、戒谕、露布、檄书等九种文体，分上、中两等推恩。大观四年（1110年），改为词学兼茂科，加试制、诰，不试檄书。宣和三年（1121年），定三岁一试，此后相沿不改。绍兴三年（1133年），改称博学宏词科，考制、诰、诏、表等十二种文体。嘉熙三年（1239年），改称词学科，每年一试。

补试：宋太学招生考试，称为补试。庆历四年（1044年），规定每年一次，考论一首。神宗后，改为一年四试，考经义。高宗时，改为一年两次，后因考生增多，年仅春季一试。孝宗初，规定礼部试后，由朝廷差官锁院，各地举人皆可赴试，录取合格者补外舍，称为混补。后因考生太多，改行待补法，对投考人数加以限制。武学、医学、宗学等亦以补试招生，试法大体仿照太学。州、县学每年春、秋补试两次，白身人考试经义合格，即注学籍。参见"混试法"、"待补法"。

判官：官名。宋三司各部设判官三员，分管各案。开封府亦设判官二员，分日轮流审判案件；左、右军巡院设判官二员，分管京城争斗和案件审理。临安府设签书节度判官厅公事、观察判官各一员。各州幕职官亦设签书判官厅公事和节度判官，如该州不设通判，则升判官为签书判官厅公事以兼之；小州判官、推官不并设，或以判官兼司法，亦有由他官兼判官者。

宋刑统：全称《重详定刑统》、《重定刑统》，简称《刑统》。宋重要法典。建隆三年（962年），因《大周刑统》条目浩繁，且有法意不明之处，不便使用，命判大理寺窦仪及苏晓主持修订。乾德元年（963年）成书。除以《大周刑统》为蓝本，加以修改补充外，还采有关刑制律文及格、令、宣敕、续降,另成《新编敕》四卷。全书分二百十三门,共三十卷。首列律条、律疏,以下按时间顺序分列敕、令、格、式。其中律文多抄唐律,敕、令、格、式则多为唐律所无。现存《嘉业堂丛书》本,系据天一阁藏宋钞本所刊。

局生:①宋元丰改制,司天监改为太史局,监生改称局生。学生经铨试历算合格,便收为局生。②宋太医局亦有局生。医生经补试合格,即为局生。局生分科专管医治三衙诸军班直病患,经锁试,得任医官。

改注:宋官员注授差遣的一种方法。原已注授某一差遣寪阙,因避亲或违反铨选条法,允许或必须遍回原阙,另射他阙。

改官法:宋选人改为京朝官之制。凡在任选人,取得本路一定员数的帅抚、监司、知州作举主保奏,按本人历任任数和考数,经磨勘合格,授予改官状五份,即赴京等待班引,班引后改承务郎以上官资,即成为京朝官。改官途径有三:一、用考第改官。承直郎至修职郎须三任六考,迪功郎七考,举主皆五员,改为京官。进士及第第二、第三名,初任回,即经磨勘改为次等京官;承直郎资序和儒林郎系进士、明经、九经出身,改升朝官。进纳人四任十考,有举主五员,亦可磨勘改官。二、酬赏改官。军功出身,九考,有举主六员,改京官通直郎资序。三、致仕改官。选人陈乞致仕,历任半年以上,曾关升至六考,改为通直郎资序。朝廷限定每年选人出官员数。

附试:宋贡举考试方式之一。某些举人应试,不专设场屋,准许附属于一定贡院应试,称"附试"。远离原籍举人,京城官员随侍有服亲和门客,可在各路转运司或国子监附试。宏词、刑法科举人,则可分别于春试太学上舍生时和铨试院附试。

画学:宋徽宗崇宁三年(1104年),始设。学生以绘佛道、人物、山水、鸟兽、花竹、屋木为业,并习读《说文》《尔雅》《方言》《释名》等。依照太学法补试各地画工。士流、杂流,各自为斋。由官厨给食。考试时,以不模仿前人,而所画之情态形色俱若自然而笔韵高简者为上等。大观四年(1110年)画学并入翰林图画局。宣和间,画学益兴,徽宗亲自出题取士,考试艺能。南宋未置。

刺:①官府文书名。宋尚书省移文六部,称"刺"。②常用文书名。又称"名纸"。宋官员互谒,皆用此通报。监司、知州初上任,吏入参谒,先送上刺,称"衙谢刺"。

刺环:刑罚方法之一。宋官府捕获盗贼,在耳后或手背刺环:判徒、流刑,刺方环;判杖刑,刺圆环;皆墨色。三次被判杖刑,改刺面。环径不超过五分。南宋时,强盗初犯刺环于项。

刺面:又称"黥面"。刑罚方法之一。宋承五代后晋刺配法。犯强窃盗罪重者刺"强盗"两字于额;普通"盗"在耳后刺环,三次犯杖罪刺面。所刺字与环径,因发配地点远近而不同:配本城,刺四分;配牢城,刺五分;配远恶州军或沙门岛(在今山东蓬莱西北海中),刺七分。

担榜:宋制,殿试合格人分五甲。第五甲最末一名,谑称"担榜状元"。

拍试:宋武官考试方式之一。武官奏补人铨试弓马并抽考律文,称"拍试"。拍试合格者,即可赴解试。

责授:宋贬谪官员,朝廷授以低阶,不受法定该降若干级官阶的限制。被责授散官者,准许任意居住一地,但不得擅离。

青词:又作"青辞"。每逢有关节日或遇天灾,在著名宫观建水陆道场,由翰林学士或地方官起草奏章表文,献给"天神"。因用硃笔写在青藤纸上,故名。一般用四六句文体。宋守臣祈晴、祈雨,亦有"青词"。

奉朝请:宋官员提举都城某一宫观,或免去职务守本官等,有些人依旧逢一、五日朝见皇帝,称"奉朝请"。

直学:宋学校职事名。太学的直学属前廊,北宋设四员,南宋二员,掌管太学生的学籍、进出门登记簿,兼治不尽职的斋仆。徽宗时曾以命官为直学,与职事直学同时任用,但不久省罢。州、县学设直学一至二员,差进士或州学生,管理本学钱粮。宗学、武学亦设直学,其职责与太学的直学相似。

武学:宋学校名。庆历三年(1043 年)建,数月后罢。熙宁五年

(1072年)复建。学生以一百人为额,准许未参班的使臣和门荫、草泽人经保荐报考,试验(人材、弓马)合格(或奏举),即予入学,学习兵法,三年后考试,按等第授官。崇宁间各州设武学,仿儒学立考选升贡法。分为三舍,称外舍生为武选士,内舍生为武俊士。宣和二年(1120),州县武学罢。南渡后,绍兴十六年(1146年)始复武学,一如旧制。庆元五年(1199年),各州州学皆设武士斋舍,选官教习。

武举:又称"右科"。贡举科目之一。宋承唐制,天圣七年(1029年)置,但废置不常。治平元年(1064年)再置,迄宋末不改。神宗朝规定,每三年一次随进士、明法举人发解年份,先在秘阁考《孙》、《吴》墨义、对策,再在殿前司考武艺。殿试考骑射和策,武艺和策皆优者,授右班殿直。南宋时,武举之法逐步与进士科相仿。

贤良科:全称"贤良方正能直言极谏科",又称"贤良方正科"。贡举科目之一。西汉始设,宋为制科之一。乾德二年(964年)、景德二年(1005年)、天圣七年(1029年)所设制举各科,此科皆列第一。规定由各路长官荐举或自行在原籍投状应试。试法同制举。庆历六年(1046年),改为随礼部贡举,不准自荐。熙宁七年(1074年)罢。此后屡经废复,直至宋末。参见"制科"。

非次阙:宋吏部四选差遣阙榜公布后五日,所剩无人登记的窠阙,为"非次阙"。登记此阙,有恩例、资、考、举主等限制。

呼召:宋官员或士人欲见宰相、执政,须将本人名刺、门状递呈本府书司值省官,称为"下呼召"。然后等候呼召,至时随其引导参见。

帖:官府文书名。宋诸州行下属县公文,不用符者则用"帖"。其他上级官府对下属,亦可用"帖"。《庆元条法事类》载有"帖"式。

帖经:又称"填帖"。贡举考试方法之一。宋沿唐制,掩盖举人所习经书前后两头,仅露中间一行,裁纸贴其三字,或随时增减,要求举人默填被贴之字,用以考进士、诸科举人。进士科举人可撰文或赋一篇代替,称"赎帖"。熙宁四年(1071年)罢明经科,进士科亦罢试帖经。

忠义人:凡宋朝军人、百姓,在边境或邻国境内,心怀忠义,建立军功者,皆称"忠义人"。部分归正人,亦属忠义人。

明法科:贡举科目之一。宋承唐制,雍熙二年(985年)置,兼习三小经,为"诸科"中地位最低的科目。景德二年(1005年),规定考律、令、小经,每十道义中,问疏义六道、经注四道,以通六者为合格。熙宁四年(1071年),罢诸科,将明法科改为新科明法。

明经科:贡举科目之一。隋始置,唐析为五经、三经、二经、学究、一经、三礼、三传等科。北宋嘉祐三年(1058年),设明经科(内分三礼、三传等科)。在大经(《礼记》、《左传》)、中经(《毛诗》、《周礼》、《仪礼》)、小经(《周易》、《尚书》、《穀梁传》、《公羊传》)中,每经考墨义、大义并贴小经,考时务策。殿试考大义,贴大经、中经和小经。出身与进士科相同。熙宁四年(1071年)罢。

国子生:宋初国子监招收七品以上官员子弟入学,称为监生或国子生。庆历四年(1044年)建太学,扩大招收范围。此后监生包括太学生、武学生,国子生则专指其父兄叔伯在朝、经补试合格入学的人,名义上属国子学,实际附属于太学。武学亦曾设国子生额,主要招收武臣亲属。

国子监:两宋最高学府。宋承五代后周之制,设国子监,招收七品以上官员子弟为学生。端拱二年(989年),改国子监为国子学,不久复旧。庆历四年(1044年)建太学,国子监成为掌管全国学校的总机构,负责训导学生、荐送学生应举、修建校舍、建阁藏书,并刻印书籍。所刻书籍,称"监本"。监本一般刻印精美,居全国之冠。南宋初,太学废,国子监仍于行在所招收学生数十人。北宋陪都西京、南京、北京亦设国子监,设分司官,由执政、侍从等官担任。设判监事、直讲、丞、主簿。自元丰三年(1080年)起,改设祭酒、司业、丞、主簿、博士、正、录等。监内分立厨库、学、知杂等三案,分管太学钱粮、文武学生升补考选等事。

国子司业:学官名。隋炀帝大业三年(607年),取《礼记》"乐正司业"之义,国子监设司业官。宋元丰三年(1080年),改革官制,始设国子司业一员,掌国子监及各学的教法、政令,为祭酒的副手。为正六品官。南宋隆兴间,并省司业,不与祭酒同时任命。乾道七年(1171 年),复行旧制。

国子监丞:学官名。隋炀帝大业三年(607 年),始于国子监设丞三员。宋雍熙三年(986 年),已设国子监丞一员。选差京朝官或选人,掌钱谷出纳之事。元丰改革官制,国子监仍设丞一员。南宋依旧。为正八品官。

国子祭酒:学官名。晋武帝咸宁间,立国子学,设国子祭酒。宋元丰三年(1080 年),改革官制,始置国子祭酒一员,掌国子监及太学、武学、律学、小学的政令。为从四品官。南宋绍兴三年(1133 年)复置国子监,十二年,仍设国子祭酒一员,总治监事。

国子监主簿:学官名。北齐初,始设国子主簿。宋景祐二年(1035 年),因国子监房廊、殿宇、刻印书籍等杂事繁多,设本监主簿一员,由现任学官(限以京朝官)兼任。后专设主簿一员,选差京官或选人,专管帐簿、勾考钱谷收支事务。神宗改革官制,国子监仍设主簿一员。南宋依旧。为从八品官。

尚书左选:简称"尚左"。元丰五年(1082 年),以审官东院改,铨注文臣寄禄官自朝议大夫、职事官自大理正以下、非中书敕授者。设左选郎中一员。与尚书右选总隶于吏部尚书。

尚书右选:简称"尚右"。元丰五年(1082 年),以审官西院改,铨注武臣升朝官自皇城使、职事官自金吾阶仗司以下非枢密院宣授者。设右选郎中一员。与尚书左选总隶于吏部尚书。

服阕:宋承旧制,父母亡故守丧三年(实为二十七月),期满除服,称"服阕"。

岳麓山书院:简称岳麓书院。宋著名书院之一。开宝九年(976 年),知潭州朱洞在岳麓山抱黄洞(今湖南善化西)下创建。咸平四年(1001 年),有学生六十多人,朝廷赐监本经籍。大中祥符八年(1015 年),真宗依旧名赐敕额。庆历间兴州学,书院荒废。南宋乾道元年(1165 年),知潭州刘珙按旧规重建,张栻主持教事。绍熙五年(1194

年),朱熹知潭州,再次修复,置田五十顷,学者至千余人。朱熹还亲往书院讲说。德祐二年(1276年),毁于兵火。

制书:官府文书名。宋制,皇帝处理国家大事,颁布赦令、德音,任命宰相、节度使等,采用诏告、宣敕、御札、御宝批以及颁发给三省、枢密院的"奉圣旨"文书等,皆为"制书"。

制科:又称"贤科"、"贤良"。贡举科目之一。宋承唐制,由皇帝诏试才识优异士人,称"制科"。乾德二年(964年),设贤良方正能直言极谏、经学优深可为师法、详闲吏理达于教化等三科。景德二年(1005年),定为六科。天圣七年(1029年),增至九科(一说十科)。熙宁七年(1074年),全罢。元祐初,复贤良方正能直言极谏科,绍圣初又罢。南宋复置,仅一科,以至宋末。制科试策论,限字数,要求严格,中式后待遇优厚,名士如苏轼、苏辙、富弼等均由此科入仕,故士大夫以此为荣,称之为"大科"。

制勘院:宋临时审讯机构之一。神宗以来,奉皇帝命令临时立案审问判决,称"制勘院",结案后撤销。

金玉新书:宋通行法典之一。编者、卷数、成书时间不详。今存《永乐大典》第6524、14575、15251等卷中,内容包括封桩钱物、递铺等。

金花帖子:又称"泥金帖子",即"榜帖"。宋初承唐制,知举官用黄花笺,约长五寸、宽二寸半,书登科举人姓名,花押于下;外套大帖,复书姓名于帖面,称为"榜帖"。登科举人用以归报其家。唱名放榜制定,此法遂废。

金花榜子:宋成都府和明州官府,仿唐金花帖子式样,以木制成高一尺半、宽六寸,绿地、金花缘边的榜子。解试揭榜,考官书合格人姓名、乡贯、三代姓名于其上,授报榜人向合格者报捷,作为官府的正式通知。

知令录:宋官名简称。知令,指知县令;知录,指知司录、知录事参军。选人知令录包括知司录、知录事参军、知县令。

知举官:俗称"主司"。官名。宋礼部试时,朝廷在侍从近臣、两省和台谏长官中,选差权知贡举一员和同知贡举两至三员(其中一员必须差台谏官),主持本届考试,决定合格举人名次。总称"知举官"。

例:即成例。宋法令名称。朝廷对某些人、事的处理,为律、令、敕、式所未载,后相继援用,遂成惯例,经选择后编入现行条法,与敕有同等效力。在实际应用时,官员经常弃法用例,甚至用例破法。

供课:宋学校平时对学生布置的作业,亦称功课。规定每旬一课,上旬赋、义,中旬论,下旬策,各给课簿,以备考查,不定等第高下。课题申报学官后,予以公布。学生供课不足,要受责罚。太学和州、县学均行此法。

侍郎左选:简称"侍左"。元丰三年(1080年),以流内铨改,铨注自初仕至州县幕职官。设吏部侍郎领左选一员。若差官员兼摄,则称左选侍郎,后又称侍左侍郎。另设左选郎中一员,员外郎一员。南宋时,员外郎或减罢。

侍郎右选:简称"侍右"。元丰五年(1082年),以三班院改,铨注自借差、监当至供奉官、军使。设吏部侍郎领右选一员。若差官员兼摄,则称右选侍郎,后又称侍右侍郎。另设右选郎中一员,员外郎一员。南宋时,员外郎或减罢。

炉亭:宋太学各斋均有炉亭,为学生聚会、阅书、住宿之处。分前、后两部分。前一部分有斋亭,设斋长、斋谕等座位及学生宿舍。后一部分中置火炉,左、右设座位二十四,炉后有书厨,书厨左侧为厨舍,右侧为浴堂。前、后两部分隔以天井。炉规板牌、学生初参则例等均悬挂于炉亭。

帘试:宋学校和选举官员考试方式之一。学生和选人在场屋帘前应试,以防应试者请人代笔,称"帘试"。政和七年(1117年)规定,初次考试补入县学者,须经帘试核实。各地州县学生投考太学合格,亦须赴太学复试,由国子博士、学正、学录各一员,垂帘考试。试卷不糊名、誊录。绍熙元年(1190年)起,荫补子弟铨试合格后,由吏部在帘前复试,亦属帘试。

放试: 宋贡举考试程序。考试前,考官进入贡院即行锁院,准备就绪,引进举人入院应试,称"放试"。

放选: 宋铨选制的一项规定。吏部每季一次,注授选人差遣窠阙。选人每任期满,依法应守选,若朝廷缺官,随时命赴吏部集注差遣,称"放选"。遇恩赦,幕职、州县官及未出官选人,例准放行注授差遣,亦称"放选"。

放榜: 宋贡举考试举人试卷合格,由贡院申报上级官府审批后,即派官员去贡院公布合格名单,称放榜。礼部试所放榜,榜首书"礼部贡院"四字。

学长: 宋学校职事名。咸平三年(1000年),东宫建学,设学长一员、副学长二员。至和元年(1054年),京兆府(今陕西西安)小学设学长二至四员,选学生担任,负责传授学生艺业、检查有无违反学规,聚会时按学生年龄、身份排列次序。崇宁五年(1106年),改小学学长为小长。县学设学长一员,选州学生或进士充,职责与州学教授同。

学正: 宋学官和学校职事名。仁宗时,太学选差学生任学正,为太学职事之一。熙宁四年(1071),选上舍生任学正,每经两员。末年,由朝廷委命官担任,参用部分上、内舍生。从此,出现命官学正和职事学正的区别。命官学正三年一任,为正九品官。南宋太学最初置学正二员,后仅置一员,任用命官。命官学正和职事学正的职责相同,即执行学规,每二十日考校学生一次。

学规: 宋学校的学生规则。庆历四年(1044年),国子监负责制订学规。现存最早学规为仁宗至和元年(1054年)京兆府(今陕西西安)小学规,详细规定教授讲授和学生学习进度、处罚违法学生等。太学学规有五等之罚:轻的数月不准请假出入校门,重的换斋、入自讼斋,最重的屏斥出学。书院学规着重讲明教育宗旨和治学的根本方法,如朱熹白鹿洞书院学规、陈文蔚双溪书院学规等。

学录: 宋学官和学校职事名。仁宗时,太学选差学生为学录,为太学职事之一。熙宁四年(1071年),每经两员,从上舍生中选差;末年改由朝廷委命官担任,参用一部分内、上舍生。其由命官担任的,列入学官,为正九品。遂有命官学录和职事学录之分,但职责同为协助学正执行学规,参预考校学生工作。南宋太学职事学录居前廊,称前廊学录,因前廊分东、西,故又有东廊学录、西廊学录之称。

学谕:宋学校职事名。仁宗庆历间,太学各斋设学谕。熙宁四年(1071年),选上舍生担任,每经两员。崇宁元年(1102年),太学外学辟雍亦设学谕。学谕以所授经教谕诸生,负责季终对学生的考校,学行卓异者,由本学长官保明授官,或直接升任学官。州县学、武学、宗学、算学、书画学等亦设学谕。

学究科:贡举科目之一。北宋承唐制设置,为"诸科"之一。开宝七年(974年),诏《毛诗》《尚书》《周易》三经学究并为一科。雍熙二年(985年),复分为三科。景德二年(1005年),规定《尚书》《周易》学究,考本经时,每十道义,各问疏义六道、经注四道,以通六者为合格。熙宁年间罢诸科,此科因只"诵书不晓理"而亦废。

学事司:宋官署名。全称提举学事司,简称学司。崇宁二年(1103年),始置各路学事司,设提举学事官一员,掌管本路学政,每年巡察所部州县学官及生徒的优劣勤惰,予以奖惩。宣和三年(1121年)罢,不久复置。南宋依旧。

试换:宋选任官员的一种考试方式。又称锁厅换试。北宋时,武臣愿换文资者,经三员从官荐举,即可应试,试法与铨试同。南宋绍兴间,敦武郎以下许请两名官员担保,以经义、诗赋求试。太学生老于场屋者,多改应武举,然后再赴锁厅试应进士科。如荫补得官人和武举及第者,愿再试出身,便应解试和礼部试。仅年老补授和杂出身人,不准试换。

诗赋论策:贡举和学校考试的课题。宋承唐制,以诗、赋、论、策考试举人和学生。天圣前,进士科考诗、赋、论,惟制科考策(时务策)。天圣二年(1024年),叶清臣始以策中殿试进士科第二名。宝元间,通考诗、赋、论、策。熙宁三年(1070年)殿试,专以策取士。四年,省试、解试罢考诗、赋、帖经、墨义,用经义、论、策试进士。元祐四年(1089年),置进士经义、诗赋两科,除诗赋进士考诗、赋外,皆考经义、论、策。南宋时,诗赋进士考诗、赋、论、策,经义进士考经义、论、策;殿试则皆考策。

详复:宋时州府审查各县申报大辟案件,使之罪状明白、刑法相当,即申本路,由提点刑狱司讨论决断,称"详复"。刑部等官府复查州府所申疑案,予以决断,亦称详复。

详定官:官名。宋制,御试举人时,先由初考官评定试卷等第,封弥后,由复考官再评。最后,详定官对照初考官与复考官所定等第,有不同时,确定其一。详定官等皆系临时委派。

详定编敕所:简称"敕局"。掌将历年所颁敕令统一整理,删编成册,使之成为正式法令。天圣间始置,有提举、详定、删定等官。熙宁后称编修诸司敕式所。元祐变更熙丰之法,改称重修敕令所。南宋初,称详定重修敕令所。其后,又改称详定敕令局、编修敕令所等。一般由宰相兼提举、执政兼同提举、侍从官兼详定官,于职事官内选差删定官。

详定一司敕令所:官署名。掌删定一司新颁敕令,纂类成书。设提举详定一司敕令官、详定官、删定官等。

京削:又称"改官举状"或"京状"。宋代高、中级官员向朝廷荐举选人经过磨勘改为京官的一种奏状。高、中级官员每年或分上、下半年荐举选人改为京官有一定的名额,一个名额称一"京削"。

审复:宋时刑部或大理寺长官审定刑名,行下所属州郡断狱;刑部的比部郎中审核各路仓库官物的数量,均称"审复"。

宗学:宋学校名。创于神宗元丰时,徽宗崇宁元年(1102年),诸王宫皆设大、小学,置教授。宗室子弟十岁以上入小学,二十岁以上入大学;小学生近一千人,分十斋。由宗正寺兼领。绍兴十四年(1144年),重建宗学于临安(今浙江杭州),招收大、小学生一百人,置大、小学教授各一人。嘉定九年(1216年),诸王宫学并归宗学,仍隶宗正寺。凡有籍宗室子弟三年补试一次。

定差：全称"八路定差法"。宋朝授予官员差遣的一种方法。四川、两广、福建、湖南等八路州县文、武官差遣,许本路及北方诸路在选官员随意选定窠阙,然后各由本路安抚制置司、转运司按照"定差阙",分四季集注定差,每季第一月上旬公布阙榜,第二月由选人参司注授,第三月准备定差文状保明,申报吏部,请求颁发官告。

实封：①宋公文封装方式。官员奏呈札子和表状,事关机密、灾异及陈"妖术"、狱案与被旨分析事状,皆须实封,即将札子、表状封皮折角重封,两端盖印,无印者书官员名,封面不贴黄。在外奏者,只贴"系机密"或"急速"字样。依法应实封公文,若只用通封,主管官员须受罚。②宋官员封爵内容之一。又称食实封。自一千户至一百户共七级。文官至卿、监,武官至横行,勋至上柱国,加封食邑和实封食邑。如司马光的官衔有"食邑一千三百户、食实封四百户"。每实封一户,按月随俸领取二十五文。

官当：赎刑之一。宋承唐制,法律允许被判处编管或流配罪及犯诬告或出入人罪的官员,用现任或历任官、职、差遣,抵徒罪若干年,但不得用爵或勋官抵罪。

官年：官员上报朝廷的年龄。宋平民初次应举,必虚减岁数,以期及第后得与富室为婚;若不幸潦倒场屋,得特奏名恩典,亦可趁六十岁以下当官。品官子女、亲属,则多虚增岁数,以便荫补后早登仕籍。以此,遂有"官年"和"实年"的差别,并得到朝廷准许,形于制书。

官牒子：宋上级官府长官追呼下级吏人,通常用片纸写明呼唤原因,差走吏勾集,称"官牒子"。

降授：宋官员犯罪,降等注授差遣;无等可降者,授远小去处。降官者系衔首带"降授"二字。

参选：又称"参注"。宋官员注授差遣的一种方式。即官员携带印纸、告敕或宣札,到主管官府如吏部四选或兵部、刑部、各路转运司等注授差遣。

参斋：宋太学新生入学之称。参斋时必须穿襕衫(圆领大袖的白细布袍,下施横襕为裳,腰间有襞积)、戴幞头,由斋仆带上名刺(名帖),每斋两枚,引至斋厅与众见面;纳斋用钱、参加帘试。次日,在太学官厨就餐,就餐前亦备名刺参见前廊职事。未就餐前,出入太学仍穿襕衫、戴幞头,不登记门簿,亦不请假;就餐后,改穿常服(乌纱帽、皂罗衫)。在新参学生到齐后,将姓名、乡贯写在本斋炉亭题名板牌上,算正式入学。

参堂:又称"干堂"。宋官员注授差遣的方式之一。京、朝官若不经吏部注授差遣,而直接赴政事堂由宰相注授,则称"参堂"。

经任:"经历任"之简称。宋铨选制的一项规定。官员担任差遣达二年成资以上,为"经历任"。

经使阙:宋吏部四选差遣阙榜公布后六日,即非次阙榜公布后一日,所剩无人申请登记的窠阙,为"经使阙"。登记此阙,有恩例、资、考、举主等限制。

经明行修科:贡举科目之一。宋元祐元年(1086年)置,命升朝文官各举一人应试,试法与进士科同,及第后授官优于进士。元祐四年,改为必须特诏,方许奏举。约绍圣年间废。

残酷:刑法名词。绍兴二十八年(1158年)刑部规定:凡命官徇私情监禁无辜之人非理致死;亲自用杖拷打及违法决罚,或审判已终而非理行刑,使已勘断犯人导致残疾,谓之"残酷"。

残零阙:又称"残阙"。宋官员差遣的一种窠阙。吏部四选的破格阙榜公布后满十日,所剩无人愿认窠阙,列为残零阙;残零阙再榜后满十日,所剩无人愿认窠阙,列为无人愿就残零阙。年老免铨试选人或杂出身人,朝廷准予注授残零阙差遣。

相甲:宋殿试合格举人分五甲,第五甲登第人,后多贵显,俗称"相甲"。

枷讯:又称"枷问"。景德四年(1007年),规定杖刑以下罪犯如抗拒不招,则戴上十五斤重的刑具枷,继续审讯,称"枷讯"。

枷制:法定刑具之一。淳化二年(991年),官府置枷,徒、流罪重二十斤,死罪重二十五斤。景德四年(1007年),规定杖以下罪应枷讯者,置枷重十五斤。枷用干木制,长五至六尺,颊长二尺五至二尺六寸,阔一尺四至一尺六寸,径三至四寸。枷上刻阔狭、轻重数字。杻长一尺六至二尺,宽三寸,厚一寸;钳重八两至一斤,长一尺至一尺五寸;锁长八尺至一丈二尺。

按劾:宋弹劾制之一。凡台、谏官向朝廷上奏疏检举官员过失,称"按劾"。

指挥:宋法令名称。为尚书省各部临时解释敕文,命令下级遵照办理的指令。高宗时,秦桧专权,率用政事堂批状、指挥行事。指挥的效力,有时凌驾于敕令格式之上。孝宗时,编入敕令格式,成为法律的一部分。

指射:(1)四川、两广、福建、湖南等八路文、武官差遣,许本路及北方诸路在选官员随意选定窠阙,称八路官员"指射差遣法"。吏部四选窠阙,在一定情况下,亦许选入指射。若两人以上指射一窠阙,则当日拟定名次最高人。(2)百姓指定租佃或购买某处系官田产或房屋等,亦称"指射"。

封弥:又称"糊名"。贡举考试考校试卷的一项规定。唐命试者在试卷上自糊姓名。宋淳化三年(992年)殿试,初行糊名考校法。咸平二年(999年)礼部试,选派官员专司封印卷首。明道二年(1033年)诸州解试,亦令封弥。景祐四年(1037年),又令开封府、国子监及别头试实行封弥法。从此,各级考试在试者纳卷后,普遍密封卷头,或截去卷头,编成字号,送誊录所抄成副本,据以考校定等。初考官考校试卷后,亦密封所定等第,再送复考官。

封弥院:又称"封印院"。宋贡举考试掌管封弥的机构。淳化三年(992年),始行封弥(即糊名)考校法。景德四年(1007年),始见封印院名。是年礼部试,派知制诰周起、祠部员外郎滕元晏"封印举人卷首",用"奉使印",又命殿中丞李道"监封印院门"。天圣七年(1029年),始铸"封弥院印"。此后,各级考试均设封弥所。封弥院对举人所纳试卷,点数登记,然后密封或截去卷头,转送誊录所;初考官考校试卷、定等后,又密封所定等,发送复考官。

封印卷首官:又称"封弥卷首官"。宋贡院官名。主管密封举人试卷卷首的姓名、乡贯。咸平二年(999年)礼部试,设"同考试及封印卷首"官,由考官兼封印卷首。景德四年(1007年),始专设"封印卷首官"。天禧三年(1019年)后,又兼用"封弥官"、"封弥卷首官"名。治平四年(1067年)起,废"封印卷首官"名,只称"封弥卷首官"。

春秋科:贡举科目之一。宋元祐元年(1086年)置,司马光因王安石贬低《春秋》,特在太学置《春秋》博士,并设春秋科。绍圣四年(1097年)罢。此后几经置废,至靖康元年(1126年)再置,次年又废。

奏札:又称"殿札"。在外官员仅前两府及奏军机密速者,在京官员仅上殿奏对及大两省,许用札子奏事,其他官员皆用表状。知州以上官员向皇帝告辞,亦用奏札。字体稍大,每行不超过十八字,每次不超过三札。

奏状:官府文书名。宋在外官员除前两府、在京官员除上殿奏事和大两省外,不能用札子,只准用表状,称奏状。奏状末云"谨录奏闻,谨状"。状前和封面用黄纸贴事目。《庆元条法事类》载有"奏状"式。

奏补:宋高、中级官员遇朝廷举行大礼,奏荫弟侄、子孙或门客,称"奏补"。

奏狱:又称"奏案"。各路提点刑狱司复官州郡申报死刑案件,以为情轻法重或情重法轻,事有怀疑,理可怜悯,奏申朝廷,取旨裁决,多获宽贷,称"奏狱"。

奏笺:宋官员、命妇进呈后妃、东宫文字,称"奏笺"。笺中不书"顿首",而云"叩头",亦不称臣,命妇则称"妾",年月日下具丈夫或儿子官职、姓名等。

奏举:又称荐举。选人和使臣积累一定考数,由一定员数的举主推荐,经磨勘改为京官;各级官员遵照朝廷命令,荐举同级或下级官员担任各种差遣;中、高级官员和皇室贵族依据荫补法,奏荐一定人数的子弟、亲属补授低级官职,皆属奏举。

奏裁:宋司法名词。各级官府遇疑案、要案,以及大理寺奉旨审讯案件,直接奏请朝廷裁决,均称奏裁。

奏谳:宋时疑难重要案件,奏请朝廷复审,称奏谳。由大理寺判决,刑部详议,上报中书,请皇帝定案。

南行:宋官员被朝廷贬责至两广或江西瘴烟远恶和水土恶逆州县,称"南行"。

牵钱:宋买卖过程中,有时除牙人外,还有牵头,从中沟通买主和卖主的关系,收取牵钱,作为报酬。牵钱按买卖数量抽成,一般比牙钱为少。

削:①又称"荐削",即举状。②宋代高、中级官员作为举主,每年或分上、下半年,向朝廷推荐选人改为京官的定额的一种计数单位。高、中级官员向朝廷递呈一纸举状,推荐一名选人改为京官或任职,称为一"削"。各级官府间准许互相挪移削,以便调整荐举名额。选人本人须有五名举主作保,即须取得五纸举状乃能改官,此五纸举状称"五削";若任职期内有劳绩,可减少一名举主即一纸举状,称"减一削"。

背批:宋制,官员任职或出行,若主管官府无印纸,可取官员本人告敕或宣札、公据,在背面认真批写某时差到干办某事、至某时替罢及有无不了事件等,由当职官具衔签押盖印,称为背批。

罚直:宋赎刑之一。朝廷内外各司吏人犯轻罪,可判罚一定数目铜钱赎罪,称为罚直,所罚钱归官府所有。规定十直(值)为一等,每直铜钱二百文足。

罚俸:宋赎刑之一。百官犯轻罪,可判罚一定数目俸金赎罪,所罚金归官府所有。一品官每月罚铜钱八贯、二品六贯五百文、三品五贯、四品三贯五百文、五品三贯、六品二贯、七品一贯七百文、八品一贯三百文、九品一贯五十文,以半月为一等。

点抹:宋学校教官和科场考官考校试卷的一种方法。试卷有小错,考官在旁加点,大错则勾抹。各级科场规定,举人试卷不得揩改,涂注一字,须卷后计数。诗错三或五字为一"点",三点为一"抹",降级一等;达三抹九点,即不合格。庆历四年(1044年),宋祁等拟定"抹式"十二条,如误用事等。又拟定"点式"四条,如诗重叠用字等。

点检试卷官:宋贡院官名。景德四年(1007年)礼部试,始设点检进士程文官和考校诸科程文官。天禧三年(1019年),改称点检试卷官,从馆职、学官中选派。其后,各级考试均委任点检试卷官,按课题不同,分别考校举人试卷,批定分数,初定等第进呈;在知举官决定合格与否及等第后,再查试卷中有无杂犯事项。

点检雷同官:宋贡院官名。理宗后,各级贡举考试时,举人私相抄袭,或抄古作,或袭老儒预制,极多雷同,故在礼部试和国子监解试时,各增点检雷同官一员,凡雷同试卷,即与黜落。后以贡院参详等官皆兼考校雷同试卷,乃罢。

贴放:宋司法名词。天圣四年(1026年)规定:死罪案件情理可悯和刑名可疑者,州、军具案奏报朝廷,有司不得驳斥。其后,即使依法不当奏、吏当坐罪者,审刑院或刑部在奏草后贴黄纸申述情理可悯、刑名可疑等,多得宽减,称为"贴放"。

省元:贡举礼部试第一名之称。开宝八年(975年)殿试礼部奏名举人,重定名次,省元始与状元有别。殿试唱名时,省元如过第三名尚未呼及,可越众声明,虽成绩在下等,亦可升甲,或升到第一甲。皇帝因丧暂停殿试,便以省元作榜首。

省札:官府文书名。尚书省处置公事,长官签押后,发付诸司、诸路监司、州军执行,称"省札"。常用由拳山(今浙江富阳西北)纸印制。

叙复:宋朝廷对犯罪官员减轻处分的一项规定。官员在任被责降官或罢官、追停、停职等,遇赦恩得以恢复原有官资,收叙任用,称"叙复"。

须入:宋铨选制的一项规定。选人初次改京官,必须先作知县或县令,谓之"须入"。庆元初规定,除殿试头三名、省试第一名外,皆须任县令。五年(1199年),又命大理评事已改官而未历县令者,并须作亲民官一次。

狱空：宋时，各类监狱无拘禁人犯，即奏报"狱空"，朝廷因而下诏奖谕。但官员贪功图赏，常将现禁人犯寄藏他处，而后谎报。

选：宋分选人注拟的差遣窠阙为十等，每一等为一选，第一选为两府司录，次赤令、留守、两府、节度、观察判官、少尹，顺次至第十选，为中下县、下县簿、尉。

选调：自迪功郎至承直郎，为选人的七阶官阶，选人只能在此中逐阶升迁，难出常调，故又称"选海"。

复试：贡举考试方式之一。宋乾德四年（966年），命中书复试不合格举人，取其优长者。稍后，因礼部试毕，落第举人诉知举官不公，太祖亲临殿廷复试。宰执、大臣子弟省试合格，赴后省复试；童子科试人，须赴都堂在宰执前挑试；制科举人进呈论策卷子，若合格，必送中书省复试。乡试、国子监补试也经常复试。

复推：宋司法审讯程序之一。凡犯人在录问或行刑前推翻原来的口供，或其家属诉冤，则由有关官府再行审理，称"复推"。

复考所：宋贡举考试机构。殿试、省试时常设复考所，选派复考官和复考点检试卷官。初考官用朱笔考校试卷、定出等第后，密封送复考所，由复考官和复考点检试卷官复审，用墨笔再定等第后，转送详定所。

律学：宋初置律学博士，负责教授法律。神宗熙宁六年（1073年），于朝集院设律学，置教授四员。凡命官、举人皆得入学，各处一斋。举人先听读而后试补：习断案者考试案一道，习律令者考试大义五道。考试合格，由官等第给食。每月公试一次、私试三次。元祐三年（1088年），律学生不再由官给食。南宋未置。

待次：①选人经过磨勘改为京官，须编成一甲，排列名次，等待引见皇帝，方能正式赴任，称"待次"。又称"候次"、"待班"。②即"待阙"。

待罪：宋官员向朝廷撰奏状自劾，称"待罪"。宰相、执政奏章中自谦言"臣待罪政府"。各州军遇火灾，长官亦须"待罪"。帅府镇压农民起义，先杀后奏，亦言"待罪"。

待阙：又称"守阙"。宋官员任满后，向吏部等主管官府申请登记差遣窠阙；或已登记窠阙，待现任官员任满以代之，均为"待阙"。南宋后期规定，侍左选人须待六年阙，侍右小使臣须待五年半阙，方能注授差遣。

待补生：南宋候补太学生、国子生或武学生的简称。绍兴十三年（1143 年）重建太学，规定太学额外考中的学生，准许待阙，俟太学生出阙，即予填补。但此时尚未有待补生之称。乾道二年（1166 年），准许在朝清要官牒送期亲子弟做待补国子生。其后，太学正式实行待补法，就各州解试落第入中，按百人取三或取六的比例，留作待补太学生。太学开补时，由本州出给公据，赴补试一次。武学亦有待补生。参见"待补法"。

待补法：南宋太学等招补新生的一种方式。淳熙四年（1177 年），太学招生，行混补法，考生太多，遂加以限制，改行待补法。后每遇科举年分，各州按未解发者百人取三人的比率，将解试时有两场或一场试卷文理优长的人，报州备案，待太学补试，出给公据，赴补试一次。以前省试落第的可召保就补；当年省试落第的，凭原发解公据赴补。其后，规定解试终场人百取其六赴补试。

重禄法：宋特别法之一。熙宁三年（1070 年）立仓法。朝廷各司与监司、各州均仿之，吏人皆给厚俸，称"重禄法"。领取重禄吏人称"重禄公人"，重禄公人受贿或勒索，即从严惩罚。

重法地分：宋仁宗嘉祐间规定开封府诸县为"重法地分"，凡出现在这一地区的盗贼皆从严判刑。后扩大到其他各路。

秋赋：又称"秋试"。贡举考试方式之一。各路转运司和府、州以及国子监、太学等，每三年一次在八月十五日开设科场举行解试，考试应举士人或学生。因考试时间定在秋季，故名。

信札：官府文书名。宋神宗以后，官员除授，画旨而未给诰，先降札子加以任命，称"信札"。

保引：宋制内外各司差遣，凡由官员依恩例担保引荐亲属，系名簿籍,等待考试或超补,称"保引"。与州、县通常差补不同。

保头:宋制,举人赴解试、选人注官,皆须三、五人或十数人结成一保,撰写保状。三次应举而终场者得为保头,曾预解试而年龄稍大、才行为众所推者亦得为保头。保头负责检查本保举人家状,撰写保状,率本保举人接受考官或朝廷引见。

保任:①即奏举。举主为被推荐的京、朝官或选人担保,被荐人若在担任差遣期间违法、失职,举主亦须受罚。②无户籍的举人,须有京、朝官保明行止,方可在开封府参加解试。

诰:宋代官府文书名。(1)又称"官告"、"诰命"、"告命"、"告身"。为官员的一种委任状。凡官员升改职阶、命妇除授及封叙、赠典,应命词者,皆颁发诰。诰由官告院预先制造,一般用绫为地,两端装轴。填写官员的姓名、年龄、籍贯、三代情况和升改职阶等项。按官职等级,给予不同规格的绫纸、裱、轴等,如皇室贵族的诰用罗为地,侍从以上的诰皆用紫丝银铎铃网袋贮存。(2)皇太后发布的命令亦称"诰"。

送勘:宋司法审讯程序之一。各州死罪案件除申报刑部外,还申报本路提点刑狱司,称"送勘"。

类省试:简称"类试"。宋贡举考试方式之一。建炎元年(1127年),战乱道阻,举人难赴省试,命各路提刑司选官于转运司所在州府举行类省试,每十四人取一。绍兴五年(1135年),恢复省试,仅四川仍实行类试。七年,由宣抚司移试于制置司。类省试合格举人,直接参加殿试。

前廊学录:宋太学职事名。即职事学录。参见"学录"。

闻喜宴:朝廷特赐新及第举人宴会名称。宋承唐制,太平兴国二年(977年),赐新及第进士和诸科举人闻喜宴于开宝寺。五年,改于琼林苑。开宴日,侍从以上官员和馆职、知举官皆命押宴;宴罢,新及第人题名刻石于贡院。南宋绍兴十五年(1145年),改宴于礼部贡院。

阁长:宋俗称宦官中干办龙图等阁者为阁长。

亲笔:皇帝处置公事付外执行,亲手撰写并押字,一般不加盖御宝,称"亲笔"。

举：①举人参加乡试或省试一次，作为一"举"。一举约三年。举人应试，要登记举数。乡试达一定举数，可免解或永免文解，直赴省试；省试达一定举数，可享受特奏名的优待。举人若违犯条法或考试成绩低劣，即殿数举。②荐举、奏举的简称。

举人：宋承唐制，凡应贡举考试的各科士人，均称"举人"，俗称"举子"。登科即授官，应试不合格须再应举。无"出身"，但可免除丁役、身丁钱米；曾赴礼部试者，犯徒以下公罪和杖以下私罪，均许赎。

举主：选人磨勘出官、官员接受差遣和举人应试时的推荐和保证人。举主依法须有一定员数和一定官职。选人出官和被荐官员的官诰上，要登记举主的姓名，若日后不如举状，如"违犯名教"、犯贪赃罪等，则举主连坐。

举状：又称"举削"、"奏削"、"荐削"、"荐牍"。宋代举主为被推荐人所撰荐举书。内容视推荐目的，如改官、转官、荫补、应举等而有所区别。保举初入官选人参选，须写明确是正身，年已及格，合该参选等项。参见"职令状"、"京状"。

举削：又称"奏削"。宋州以上官府和高、中级官员每年荐举选人改京朝官或任一定差遣的定额。参见"削"。

差遣院：官署名。太平兴国六年（981年）置京朝官差遣院，简称差遣院。主管少卿监以下京朝官考课、注拟差遣事宜。淳化四年（993年）废，并入审官院。

洗冤集录：宋法医学专著。宋慈著。五卷。作者博采治狱之书以及官府历年所公布条例和格目，加以订正、补充，吸取民间医药学知识与官府刑狱检验经验，分检覆总说、验尸、四季尸体变化、自缢、溺死、杀伤、服毒以及其他伤死等五十三项。淳祐七年（1247年）书成，颁行全国，成为办案官吏检验的指南。今存最古版本为北京大学图书馆藏元刻本。清孙星衍依元刻本校勘重刻。

祠部：官署名。属礼部。北宋前期，设判部事一员，以无职事朝官充任,主管祠祭、国忌、休假日期,各州僧尼、道士、女冠、童行名籍,颁发剃度受戒文牒。元丰改制,设郎中、员外郎,主管官员申请坟寺,僧道帐籍、度牒、赐紫衣师号、主持教门,祠祭奏告、奉安、祈祷,神庙加封赐额,兼领医官磨勘、医生试补等事。建炎三年(1129年),兼领膳部。

宫观官:官职名。宋真宗时始设宫观使,但员数甚少。在京宫观,以宰执充使,丞、郎、学士以上充副使,两省或五品以上为判官,内侍官或诸司使、副为都监。又有"提举"、"提点"、"管勾"、"勾当"、"主管"等名目。宋神宗时为安置反对派官员,始规定宫观差遣不限员数,以三十个月为任。南宋员多阙少,官员动辄请祠,曾规定承务郎以上官员权差宫观一次,选人权差破格岳庙,每月给俸,算作资任。

宣头:宋承晚唐、五代之制,枢密院奉旨处置公事,颁降文书,有时用"宣头",惟给驿马,命监修工程之类时用之。"宣"的底本称"宣底"。

宣帖:又称"宣札"。宋颁给军校的委任状,持此可依照恩例升补官职。

宣敕:法令名称。熙宁十年(1077年)《刑部敕》编成,规定皇帝圣旨和札子批状,由中书颁发者称"敕",由枢密院颁发者称"宣"。

宣葬:宋官员死,朝廷特赐资财,助办葬事,称"宣葬"。

院长:宋俗称都城内缉事人为院长。

除名:宋对犯罪官员处分方式之一。即除去名籍,成为无官的平民。被除名者,同时还有某些处分,包含勒停,有时还送某州编管。

除籍:又称削籍、落籍。宋学制和官制中的一项规定。太学生严重违反学规,请长假满一年,均予除籍。州学外舍生在学公试三次,不能升补内舍,除籍罢归本县。县学生三经岁升试不能升入州学,或三年不参加岁升试,皆除籍。文官二十年以上不到吏部,武臣因事亡没,亦皆除籍。

贺表:官府文书名。宋各路帅臣、监司遇祥瑞或朝廷典礼,献骈体表文祝贺,惟冬至节不用骈体。

绞刑:刑罚方法之一。次于斩刑。宋承唐制,法律规定,处决绞罪犯人时,替犯人戴花,然后用带索勒死。

结正:宋司法审讯程序之一。唐称"结竟",宋初避太祖之祖赵敬讳,改称"结正"。凡审判终结,司法官呼集判处徒、流和死刑的罪犯及其家属,告以所定罪名,询问囚犯是否服罪,不服,许自陈,进行复审,这一程序称"结正"。

结甲:①宋选人改官手续中的一种编组方式。凡经磨勘该改官的选人,由吏部出榜,以四人或三人、二人结为一甲,每五日或十日引一甲至便殿朝见皇帝,称"结甲"。②宋官府将百姓数人编为一甲,使之赴官纳税或领取青苗钱等,亦称结甲。

结衔:宋代官员都有一系列官衔,由寄禄官、散阶、差遣、封爵、食封、勋、服色等按一定顺序组合而成,称结衔。北宋前期,差遣多系在寄禄官前,在朝如枢密使、三司使,在外如转运使、提点刑狱等,莫不如此。带职诸学士结衔时亦冠于寄禄官前,唯以宰相兼昭文馆、集贤殿学士者,以及待制、修撰则列于寄禄官后。元丰改制,撤销一些加官,结衔简要,差遣皆移于寄禄官后,唯奉使外国者依旧,南宋时亦移至寄禄官后。官员责降者,系衔首带"降授"两字。丁忧者,具衔时只称"草土臣"。

结款:即结案。宋司法审讯程序之一。经过法定的一系列审讯程序,最后结款。

逐便:宋官员被贬责至远地州军,若遇赦恩,量移近里州军;再遇赦恩,则撤销对其居住地的限制,称"逐便"。但亦有不经量移即放令逐便者。

殊死:宋斩刑。为最严厉的一种刑罚。行刑时,使犯人身首异处,故名。

恶弱水土处:宋吏部四选规定广南新、循、琼、钦、廉、邕、宜、融等十九州、军,南恩州阳春县、惠州河源县,福建漳州龙岩、漳浦县,汀州上杭、武平县,江西赣州安远、龙南县等属"恶弱水土处"。

致仕:宋官员退休称"致仕",也称"休致"、"致政"、"休退"等。致仕制度规定,文官年满七十为致仕之期,武臣延长十岁。自愿就闲,可提前致仕。少数元老大臣不在此限。官员准备退休,先向朝廷递呈申请表、札,获准后,领取致仕告、敕。宋神宗前官员退休,皆解除原任官职,自神宗起,允许带职致仕。退休官员享受种种优待:(1)从真宗起,职事官致仕皆给半俸,立有战功的部分退休武官领取全俸。(2)致仕时皆升转一官,以后每遇朝廷推恩,还能转官。(3)高级官员可荫补一定数目的近亲子弟为官;中级官员如荫补子弟,即不能转官,称"守本官致仕"。(4)为子弟乞请"恩例"。(5)致仕后,为亲属叙封或封赠、回授官爵。若朝廷特命复出任职,则称"落致仕"。

配:刑罚方法之一。或称决配、刺配、流配,即用杖责打犯人背部,刺面,然后发配指定地点服苦役。原为宽恕死罪而设,后成为常刑。犯人被断配隶属军籍,称"配军",罪重者刺面,轻者不刺面。发配地点有数等,北宋为沙门岛(在今山东蓬莱西北海中)、广南(今广西及广东雷州半岛和海南岛等地)、三千里到五百里、邻州、本州、本城,南宋为海岛、远恶州军、广南、三千里到邻州、本州等。

配隶:宋官府对犯人执行配刑,使之隶属于一定地点或部门管制服役,称"配隶"。被判配刑的犯人一般称为"配隶人"。

破白:宋选人初次获得保举状,称"破白"。

破格阙:宋吏部四选非次阙榜公布后,京官所注知州、通判等阙满半年,选人、使臣所注知县、县令等阙满一季,所剩无应格人愿意申请登记的寀阙,为"破格阙",再次择日登记,除司法参军、县令外,不受资、考、举主、路分、年龄等限制,准许应射阙人指射,依照恩例名次高低,混同拟注。

格式司:官署名。属吏部。设判格式司事一员,主管调查州县户口数而升降地望、参定官员料钱、核实员阙等事。

校定:宋学校计算学生成绩的一种方法。太学订有校定条令,凡外舍生第一年在学满三季,分数入等,称校定。每年终校定有限额,神宗时,外舍三十人校一人,内舍十人校一人。宁宗时,外舍二十人校一人,内舍仍旧。外舍生当年校定,称外校,次年公试合格,升补内舍。内舍生校定分优、平两等,以当年公、私、上舍试分数同凑;校定入优等称优校,每次约校三名;校定入平等称平校,每次约校七名。内舍优校生赴上舍试又入优等,即为两优。已被校定者称校定生,遇学谕、直学、斋长等职事缺,则选充。武学、宗学等亦实行校定法。州学亦曾实行此法。参见"积分法"。

班引:宋选人改官的一种手续或仪式。经磨勘改为京官的选人,数人编成一甲,定期引见皇帝,才能改官。选人在便殿立班,逐一宣名,皇帝若对某人有所怀疑,即命吏部侍郎复验,如不中选,则取旨另作决定。

班改:宋选人经过磨勘应改为京官,须赴班引见皇帝,才能改官。参见"班引"。

起复:宋制,文官父母丧制未终,朝廷起用,先授武官,系衔添"起复"两字,而后授予原来官职,也有直接授以原官职的。有些官员因年龄已该致仕,或正被责降职,朝廷再次起用,亦称"起复"。

起居表:官府文书名。宋帅守、监司每月初一向皇帝进呈起居表,以代朝参。起居表先送京城"都进奏院",届时经阁门投进。皇帝持服期间,各种节日官员所上贺表,皆改称起居表。

都官:官署名。属刑部。北宋前期,设判都官事一员,以无职事朝官充任,无职掌。元丰改制,主管在京各司无选限公人的名籍及其补换、更替,依条制据其功过展减磨勘,置册登记各地编配、羁管人员名籍。设郎中、员外郎。隆兴初,都官兼管比部、司门之事。

虑囚:录问在押犯人及时判决之称。太平兴国六年(981年),命诸州五日一虑囚,案情明白,即予决断,并规定"三限",大事四十日,中事二十日,小事十日,不须追捕而易判者不过三日。雍熙元年(984年),改为每十日一次。每年夏季,朝廷还选派官员往各地逐一录问系禁罪人,情理轻者及时判决释放,其他罪案催促结绝,不准拖延。

监生:①宋庆历四年(1044年)兴办太学前,国子监招收高、中级官员子弟为生员,称监生。兴办太学后,直属国子监的国子学、太学、武学、律学等生员,由国子监颁发监牒,也称监生。②司天监(太史局)亦有监生,无定额,地位在学生之上。正名学生入司天监满五年以上,精通历算、天文、三式、经书等,申请考试合格,方补监生。参见"国子监"、"局生"。

监牒:国子学、太学、武学等学生身份的证明文书,似今学生证。又称监帖、补牒、绫纸、绫牒、卷牒。用素白绫做成,两端装轴,成卷轴形。宋承五代后唐学制,凡投考国子监所属国子学、太学、武学等士人,一经补试合格,便发给监牒,成为正式学生。监牒上写有监牒字号,颁发监牒的朝廷指挥,学生的姓名、乡贯、户主、三代名字和职业、所治课目、某年补中、年龄、赞词,给牒的年月和官吏花押等项,加盖国子监官印。

监岳庙:官职名。宋神宗时,五岳庙设管勾或提举、提点官。以选人或武臣为监岳庙,若非自愿而朝廷特差者,如同黜降。南宋时,因员多阙少,选人和使臣往往选差破格岳庙及次等宫观差遣。

射阙:宋官员注授差遣的一种手续。官员接受差遣前,按吏部四选颁布的阙榜,申请登记某一差遣窠阙,称为"射阙"。射阙时,须填报籍贯或寄居之地,历任功过、举主情况,以及有田产物力处。

借借:又作"借借"、"假借"、"偕借"。(1)宋代杂税之一。约宋徽宗时,始订有借借法,规定各级官府可在圣节向市户借用钱财。实际上官府常以借借为名,勒索市户的财物。州、县学的上舍生、内舍生一度可免借借,少数佛寺亦享有免除借借的特权。(2)民间借贷法之一,即暂借物品,一般不出租金;借借钱财,则须纳息钱。

特转:宋官员升转的一项特殊规定。不依常法,而由朝廷特别指挥酬赏转官,称"特转"。

特奏名:即"恩科"。贡举名目之一。宋制,举人年高而屡经省试或殿试落第者,遇殿试时,许由礼部贡院另立名册奏上,参加附试,称"特奏名"。礼部贡院合格奏名举人,则称"正奏名"。开宝三年(970年),始命应试十五次以上终场的举人,具名奏闻,各赐本科出身,但规定今后不得为例。景德二年(1005年)殿试,将合格的特奏名进士科举人,分赐本科及第、出身或同出身;诸科举人赐同学究出身,授试衔官。

积分法:南宋一些学校和书院考核学生成绩的一种方法。淳熙五年(1178年)前,太学校定学生成绩,未曾限定分数,仅至年终将每月私试合格积累分数,从上到下,按录取比率依次校定。淳熙五年,始规定内舍生校定,遇上舍试年份,优等为十分;非上舍试年份,优等为八分,从上录取两名;其余皆为平等。南宋后期,太学私试合格成绩分为三等,第一等常缺;第二等头名给三分,第二名二分半;第三等头名给二分,第二、三名一分半,第四、五名一分三厘,其余一分;皆从第二、三名取起。公试合格成绩分为两等,第一等亦常缺,第二等前三名给分不详,第四、五名皆一分。内、外舍生在公、私试中,只能选试一种,以一种合格成绩校定。内舍生当年积分满八分,为优校,如上舍试再满八分,即为两优。潭州州学生月试积分高等,升入湘西岳麓书院,又积分高等,升入岳麓精舍。参见"校定"。

徒刑:刑罚方法之一。宋承唐制,分徒刑为三年、二年半、二年、一年半、一年共五等。依照折杖法,五等徒刑可改为责打脊杖二十至十三下,即予释放。

病囚院:亦称病牢。为监犯治病的医院。宋承五代后唐置。咸平四年(1001年),因王禹偁请,除徒、流刑以上病囚仍在病囚院治病外,其他得保外就医。

效士:宋绍兴二年(1132年)规定,凡陈边事利便、实有可取的进士,来自河北、京东的"行在"士人,均收充"效士",每月支钱十贯、米一石,由枢密院置籍总辖。后分隶"行在所"、行宫、枢密院等。效士可赴类试所应试,成绩优等者由学士院召试;成绩平等者,免文解,直赴省试。

海行:宋官府以法制文书敕令格式可通行天下,称之为"海行",又称"海行条贯"。

海外州军:宋代法律规定,有些流放犯人必须移居广南的万安、昌化、吉阳军和琼州。此四州、军称"海外州军",系远恶州军的一部分。

流外：杂流之一。朝廷诸司吏职及诸州、监司吏人,在九品之外,皆属"流外人"。流外人任职年满,可依法补授低级有品官职,从而入流,具有"流外出身"。但须三任七考,有举主六员,方可任县令、通判。惟不得任司法参军、监盐场、盐仓及主簿兼县尉等官职。

流刑：刑罚方法之一。即流放到一定地点去充军或服苦役。建隆四年(963年)创折杖制,定流刑四种:加役流、流三千里、二千五百里、二千里,分别折脊杖二十、二十、十八、十七。流罪犯人在决杖后,剃发,去巾带,携二十日口粮,到指定地点,服役一年。加役流则须服役三年。一般流刑并不远配,惟贷死罪者方远配。

斋长：宋学校职事名。各类学校都分斋教学,每斋约三十名学生,设斋长一员。太学斋长,选学生担任,按斋规处罚犯规学生,每月登记本斋学生行艺于簿籍,每季末评选成绩优秀者送学谕考试。

斋文：每逢有关节日或遇天灾,在著名佛寺举行祭祀仪式,由翰林学士或地方官起草奏章表文,献给神佛。一般用四六句文体。有时亦称水陆道场文词为斋文。

斋谕：宋学校职事名。各类学校都分斋教学,每斋约三十人。庆历间太学始设斋谕。元丰二年(1079年)起,太学各斋设斋长、斋谕各一员,选学生担任。斋谕协助斋长率导本斋学生,执行学规和斋规。

斋用钱：南宋太学外舍生初次参斋,须向本斋集正纳钱十七千,称斋用钱,然后准赴帘试,次日在官厨就餐。此后,每人每月纳斋用钱一千,请长假者、斋长、斋谕和内舍生免纳,贫乏者减半。参见"参斋"。

宾贡：贡举名目之一。宋承唐制,周邻各族、各国士人向开封府投牒申请,经朝廷批准,可参加科举考试,称"宾贡"。太平兴国五年(980年),国子学高丽学生康戬应进士举。咸平元年(998年),赐高丽宾贡进士金成绩"及第",附于礼部试榜。此后,不断有宾贡进士和太学生应试,赐出身,释褐授官。

家讳：宋官员接受官职、差遣时,对违犯其家三代名讳者,准许要求回避,朝廷特予改地或改授官职差遣,或临时更改官称。

家状：宋贡举考试，举人须亲写家状，内容为本人姓名、年甲、乡贯、三代、户主、举数、场第等，其中包括父母年甲、现任或曾任官职。连粘在试卷前，成为卷首。试前，投纳贡院。省试时，由礼部在家状和程文接缝处加盖礼部墨印。文、武官员亦须写包括乡贯、三代、出身、历任有无违缺等项的家状，交朝廷备案。

凌迟：又称"磔裂"、"剐刑"。为最残酷的一种死刑。始于五代。行刑时，先切割犯人皮肉，斩断肢体，最后断其喉管。太宗时镇压川峡农民起义，首用此刑。真宗曾下诏禁止，神宗时，李逢等三人因谋反罪凌迟处死。《庆元条法事类》列为大辟之一。

请举：又称"请解"。宋举人参加解试的一种手续。举人向州、府或转运司、国子监、太学等投纳家状，申请应举，称请举。请举获准，方可参加解试。

诸科：北宋贡举科目九经、五经、开元礼、三史、三传、三礼、学究、明法等科的统称。地位次于进士科。应举者经礼部试和殿试合格，即各获本科及第、出身或同出身。熙宁年间罢诸科，命诸科举人改应进士科，原诸科举人最多的京东、陕西等五路举人，在礼部试时另行考试，并增加录取名额。元祐年间复设诸科中部分科目如春秋科、通礼科等，另立经明行修课。绍圣年间，罢春秋科。南宋尽废诸科，科举常选仅进士一科。参见"进士科"。

诸房旁通考校图：宋礼部贡院考官分工考校试卷时使用的一种图。宁宗时，试卷进入贡院，即分给各房考官考校，并绘制分俵各房情况示意图，称"诸房旁通考校图"。如第一场试卷在某房，第二、三场试卷在某房，披图即见。

座位榜：又称"混榜"、"座图"、"座次榜"。宋贡举考试时在考场前颁布的一种图榜。大中祥符元年（1008年），真宗亲试进士科举人，于崇政殿两廊设置座位，逐一标出举人姓名，又榜示座次，命举人依次入座。四年，据翰林学士晁迥等提议，举人预先向贡院交纳书桌，由贡院排定座位次序，使不同科目间隔而坐，省试前一天揭榜颁布。考试时依榜就座,不得改易。

资:宋制,各类差遣皆有任期,满一任即得一资。资为考察官员、注授差遣的一种依据。文、武官员皆有资,文称文资。元丰改制前,大率以职为阶官,一官阶内分几级,即为几资;若不分级,则一阶等于一资。选人以幕职、令录等为阶官,而以差遣为职,崇宁二年(1103年)始定为七阶。选人递迁之法称循资,京朝官递迁之法称转官。

部注:宋授予官员差遣的一种方式。即吏部四选按照窠阙,注授官员差遣。部注是官员获得差遣的主要途径,但其窠阙常被各路帅守、监司辟差或被中书门下堂除侵夺。

部符:宋尚书省吏、户、礼、兵、刑、工等六部、寺、监发往下级官府的公文,称"部符"。其末必云:"符到奉行。"

预借:宋制,川峡、广南、福建等路边远州军幕职州县官,允许预支一月至数月俸钱,亦称"预借"。

陶铸:宋宰相提拔官员,称"陶铸"。一度避留正家讳,改为"陶镕"。

赦书:宋制,每三年郊祀一次,发布赦免罪犯的命令,称"赦书"。分大赦、曲赦、德音等。

勒留官:宋承唐制,在京诸司吏人任职年满,本应出职授官,勒令继续留司任吏职;或在任差遣得替后,命回本司祇应者,称勒留官。勒留官再依据选限,准予出职。

勘结:又称"推结"。宋司法审讯程序之一。即推勘结绝或审理结案。宋制,遇天时变异,皇帝即令各路提点刑狱,催促各州将拖延不决的刑狱及时审理结案。

教授:学官名。宋太宗为皇侄等置师傅,名为教授。仁宗庆历四年(1044年),州学设教授为学官,以经术、行义训导、考核学生,执行学规。元丰元年(1078年),全国大州共有教授五十三员,元祐元年(1086年)后,各州亦多有之。宗学、律学、武、小学等亦设教授一至数员。

教谕:宋学官或职事名。太学附属小学,设教谕一至二员,负责训导和考校、责罚学生,为正九品官。武学、医学、州学亦设此职。崇宁四年(1105年),各州设武学教谕。政和五年(1115年),各路置医学教谕。高宗时,有些不设教授的州学置教谕一员主管学事。

教官试:宋选拔州学教授的一种方式。熙宁八年(1075年),始用考试方法选拔州学教授。元丰七年(1084年),规定试入上等为博士,中、下等为学正、学录。元符元年(1098年),规定每年一试。绍兴十二年(1142年)起,凡进士出身合试教官的人依次考经义、诗赋两场,中选则为诸州教授。

敕书:官府文书名。皇帝赐少卿监、中散大夫、防御使等六品以下官员的文书,称"敕书"。由翰林学士撰文。

敕杖:皇帝亲自下令,对官员用杖责打,称"敕杖"。

敕葬:宋大臣、贵戚死,皇帝派宦官监护丧葬,称"敕葬"。有关敕葬事宜,丧家不能参预,全由监护官作主,以致费用无算,竭家产而不能举办。

敕牒:宋尚书省颁发的一种文书。凡知县以上、进士及第出身者,被指挥差充科举考试官,出使国外,接待外国使臣;僧道被旨住持寺庙,给降庙额等公事,皆用敕牒。

敕榜:官府文书名。赐酺、戒励百官、晓谕军民时用之。由翰林学士撰文。

敕令格式:宋法令、法制文书名称。唐、五代法令、法制文书为律、令、格、式。宋初称令、格、式、敕。神宗以律不能概括所有情况,改为敕、令、格、式,而仍存律。断刑狱必先依律,律未载,则依敕、令、格、式。《宋史·刑法志》:"禁于已然之谓敕,禁于未然之谓令,设于此以待彼之谓格,使彼效之之谓式。"凡刑名轻重、行政条法、奖惩标准、公文程式,均有规定。后朝必定编纂前朝的敕、令、格、式,使成正式法制文书,如《元丰编敕令格式》《乾道重修敕令格式》等。尚书省各部亦将专门的敕、令、格、式编纂成书,如《吏部四选敕令格式》《接送高丽敕令格式》等。

职:宋任官制度,有官、职、差遣之别。职为一种加官,即馆职和贴职。有时差遣亦简称职,故又常称贴职为"职名",以示区别。

职司:宋选人磨勘改官,须一定员数举主奏举,其中之一必为职司。按规定,唯转运使、转运副使、提点刑狱与朝廷专差的宣抚、安抚、察访等使及尚书省六部长贰许作职司。

职令状:又称"关升职令状"、"关升荐削"。宋代高、中级官员荐举选人由判、司、簿、尉关升为令、录、职官的一种举状。选人初官,若被注授幕职官差遣,则得"职状";被注授县令、县丞,则得"令状"。

职事学录:宋太学职事名。即前廊学录。参见"学录"。

检断:宋司法审讯程序之一。即检察断放或点检断遣。宋时遇久雨、久旱、盛暑及其他天变,皇帝下令疏决虑囚,各路提点刑狱或监司分往各州检查治狱情况,囚犯事理轻者判决释放,已判杖以下罪者责保付外。

检验格目:宋司法机构检验死伤的标准表格。淳熙元年(1174年),浙西提刑郑兴裔所制。格目包括原告和初、复检属官、吏人、仵作、耆甲、保正副等姓名,受状、承牒和到达检验地时间,官舍距检验地远近,伤损痕数,致命原因等项。遇有告杀人者,由所差官员填写。一式三份,一付被害人家属,另两份申报所属州县和提刑司。宁宗时,湖南、广西提刑司增印正背人形图,随《检验格目》颁发有关机构,命在图上用朱红标明损伤部位。

探花:贡举文科、武科殿试第三名,皆称"探花"或"探花郎"。北宋沿袭唐俗,新及第人期集,选年最少者,先去琼林苑折花,迎接状元,并且吟诗,称探花郎。熙宁后,逐渐成为殿试第三名的美称。

捧香恩例:宋外戚入仕方式。后妃亲属以恩例得官,称"捧香恩例"。简称"捧香"。捧香授官人为七色补官人之一,只能升转至训武郎,不得任知县、县令及监盐场、盐仓等差遣。

推丞:官名。元丰二年(1079年),设大理寺推丞四员,属右治狱,掌审理京师百官或制勘刑狱及追究官物。

推官:官名。宋三司各部设推官一员,主管各案公事。开封府亦设左、右厅推官各一员,分日轮流审判案件。临安府设节度推官、观察推官各一员。各州幕职官亦设节度和观察推官,小州推官、判官不并置,或以推官兼观察支使,主管本州司法事务。

推鞫:又称"推勘"、"鞫勘"或"勘鞫"。宋司法审讯程序之一。即推究审问。各州由司理参军主管。元丰官制行,大理寺丞等亦兼推鞫狱事。

推勘院:宋临时审讯机构之一。神宗以来,由中书下令临时立案审问判决,称"推勘院",结案后撤销。

黄甲:宋殿试合格礼部正奏名举。人分五甲,以黄纸写榜,称"黄甲"。唱名后,新及第人行拜黄甲、叙同年仪式。

黄甲阙榜:又称"吏部黄甲榜"。宋吏部注授新及第人差遣所颁布的文榜。殿试毕,吏部开具合格人姓名、甲次、名次,以及各人所注授差遣,揭榜公布,称"黄甲阙榜"。

唱名:又称"唱第"、"传胪"、"胪传"、"胪唱"。宋贡举考试过程中一种仪式。雍熙二年(985年),太宗在崇政殿亲试礼部奏名举人,合格者分两日按姓名宣唤,面赐及第。从此形成唱名赐第制度。凡殿试结束,必连续两日举行唱名仪式,由知贡举官呼唤举人姓名,按甲次授予本科及第或出身、同出身。

堂长:宋书院和州学职事名。南唐白鹿洞书院除洞主外,另设堂长一员。宋承此制,不少书院有堂长,差补进士或贡士一员任职,由官府给牒,为书院的职事人。仁宗时,有的州学亦设堂长,为学生的首领,由州官给牒委任,位在学录之下。

堂札:宋官员进呈宰相、执政的札子,称"堂札"。

堂占:宋官员注授差遣的一种方式。即选人事先占射政事堂所掌握差遣窠阙。神宗时罢。

堂帖:官府文书名。唐政事堂处置公事所颁文书,称"堂帖"。宋因之,不久废,改为"札子"。后复行,系中书行遣小事时所颁公文。

堂试:宋州学每季考试一次,地点在讲堂(有些州学称明伦堂),故称堂试。每次考三场,由本学教授出题,试卷封弥、誊录与一般考试同。州学生堂试三次合格,在学不犯第三等以上罚,由学官担保,准许赴太学补试。

堂除:又称"堂选"、"堂差"。宋制,京官、选人一般由吏部选差,其有特殊勋劳者,得由政事堂直接奏注差遣。政事堂置有堂除簿,登记已堂除官员的出身、年龄、历任、资序、有无过犯、是否宰执有服亲属等项。堂除获差较候选于吏部为速,热中者视为捷径。应堂除人若愿归吏部注授,许升压同等名次之人,以资鼓励。

堂谢:宋官员新授官职,除朝见皇帝谢恩外,赴政事堂向宰相、执政致谢,称"堂谢"。

堂阙:宋官员差遣的一种窠阙。有些差遣,如监察御史、省郎以上官员、秘书省书局编修官、各路节镇通判、各州教官、大理寺法官等,朝廷较为重视,定为政事堂掌握的窠阙,由宰相、执政直接注授,称"堂阙"。堂阙皆为现阙,官员被差除此阙者,一般不须待阙。

常调:宋吏部按正常制度对官员注授差遣窠阙。即官员按照不同官阶、出身、任数、考数、举主员数,逐级升任相应差遣。如吏部选两任亲民官,有举主,升通判;通判两任满,有举主,升知州军,谓之"常调"。

移:宋各级官府之间文书往来称"行移",往来文书则称"移文"。学士院移文三省称"谘报",尚书省移文六部称"刺",各州互相移文称"牒"。

移注:宋官员注授差遣的一种方法。即移授其他差遣窠阙。在任应移的职官、知县、县令或监当官,任满即予移注相应差遣。其他选人,须任满后一年,准许移注。奏举职官、知县、县令,历任不犯赃私罪,准许移注与现任同等路分的差遣。进纳人六考,有职官等举主四员;摄官人改正官后六考,有职官等举主三员,皆许移注。

脚色:两宋文件名。宋制,初入仕者撰简历,须陈述籍贯、户主、三代名衔、家庭人口及年龄、本人出身及履历,如注授、转官,并须说明举主有无过犯;崇宁、大观间须说明不在元祐党籍,绍兴间须说明并非蔡京、童贯、朱勔、王黼等亲属,庆元间须说明并非伪学(道学)。

笞刑:刑罚方法之一。即用笞杖或荆条责打犯人。宋初规定,笞杖长三尺五寸,大头径二分,小头径一分半。后改为长四尺,上阔六分,厚和下径各四分。笞刑共五等。建隆四年(963年)创折杖制,五等笞刑准折责打臀杖七、八、十下。徽宗时,复有若干改变。

符:官府文书名。宋诸州对下属县行文用“符”,末云“符到奉行”。《庆元条法事类》载有“符”式。尚书省各部有部符。

铨试:宋选举官员考试方式之一。凡选人(包括官员所荫补亲属、同进士出身与特奏名者)及宗室子弟须赴吏部流内铨应试合格,或赴吏部长官厅前帘试合格,方能参注文职差遣,称“铨试”。景祐元年(1034年)罢书判拔萃科,过去荫补人试判多请人代笔,因增铨试。中榜者亦叙拜同年,编题名录。

铨量:新任知州、通判上任前,皆赴京朝见皇帝辞别。四川、两广去朝廷远,特免赴京朝辞,只赴本路安抚制置司,令精加铨量,察其人物,核其功过,若确能任使,并非昏缪老病之人,则准予之任。

旌擢:官员建立功绩,朝廷特予升迁官职、差遣。

减年:宋官员磨勘中的一项规定。凡官员磨勘转官,有规定年限,若获朝廷恩例,得以减少一定年数,提前转官或参选,称“减年”。朝廷对减磨勘乇官员颁发公据,以资证明。吏人、宦官任职年满,依法可补授官职,若有劳绩,亦可减年提前出官,作为奖励。

鹿鸣宴:唐代乡试毕,地方官用乡饮酒礼,会集僚属和士人,歌鹿鸣之诗。宋各级考试放榜后,官府设宴款待及第或合格得解举人,称“鹿鸣宴”。官员即席赋诗,以示庆祝。南宋殿试唱名毕,两浙路帅、漕二司在临安丰乐楼开鹿鸣宴,同年进士皆赴,团拜于楼下。

盗贼重法:宋特别法之一。熙宁四年(1071年)规定劫盗判死刑,没收家产,妻子编置一千里,遇赦配远恶地。判徒、流刑,编配岭南;流罪遇降等处罚,配三千里,没收一半家产,妻子减等判刑。应编配者,即使遇赦,亦不移地或释放。窝藏判死刑的劫盗,情节严重者,斩;其他皆配远恶地,没收一半家产。盗罪判徒、流刑,配五百里,没收三分之一家产。窃盗三次犯罪,杖配五百里或邻州。虽非重法地区,若窝藏重法的罪犯,亦以重法论处。

混补法:宋太学招补新生的一种考试方法。各地士人,经原籍给公据,召到保人,不论有无学籍,皆可参加太学入学考试,考本经大义一场,合格后即补外舍生,称混补法。自淳熙四年(1177年)起,以应试者太多,改行待补法。宁宗时一度复行混补法。参见"待补法"。

断司:宋司法机构之一。元丰六年(1083年)定制,大理寺治狱分为断、议两司。断司由大理评事、司直和大理正组成,负责对公案进行判决,大理正详审其当否,签押盖印,并注明日期,然后移议司复议。

断丞:官名。元丰二年(1079年),设大理寺断丞六员,属左断刑,掌协同大理司直、大理评事复审各地奏劾命官、将校和大辟因以下疑狱。

断章:宋贡举考试出题的一种方法。试官拟经义题时,从六经中摘取上下不相连贯而文意割裂的语句,或强裂句读,合为一题,称"断章"。嘉泰元年(1201年)后,朝廷屡令禁止。

谘报:一作"咨报"。宋承唐制;翰林学士院发往三省的公文,不用申状,而用尺纸直书事由,其末云:"谘报尚书省,伏候裁旨,月日押。"仅当值学士一人押字。

寄应:宋代举人不在原籍,而在其他州府参加乡试取解,称寄应。

寄理:宋官员转官的一项规定。本该转官,而官序名犯家讳,官衔暂带"寄理"二字,至他年一并升转。

弹奏:宋弹劾制之一。凡台、谏官向朝廷上奏疏弹劾官员犯有公罪,以及阁门、御史台检举官员违犯、仪制等事,皆称"弹奏"。

绫卷:即监牒。因监牒用素白绫做成卷轴形,故又称绫卷。参见"监牒"。

续降:宋法令名称。朝廷编纂各种法制文书后,陆续颁布的宣敕、赦书、德音等,称"续降宣敕"、"续降德音"。尚书省及其所属吏、刑、户等部为处理某事对下级官府发出的指挥,相继援用,称"原降指挥",其后陆续发出新的指挥,则称"续降指挥",亦称"后敕"。以上二类陆续颁布的新法令,通称"续降"。续降指挥等由有关机构编录成册,定期颁布,内外遵守。

超转:亦称"越转"。宋官员转官的一项规定。凡有军功武官或进士及第、出身等文官,经磨勘,朝廷特准一次超越数阶官阶升转,称"超转"。宰相、执政依法一次可升转二至三阶。阁门内侍等曾规定"七资超转法",神宗时废,改为诸司使副有军功者,准许特超七资。

期集:①宋承唐制,新及第士人唱名、释褐后,择日期集,由状元等主持,选差同年任纠弹、笺表、主管题名小录、掌仪、典客、掌计、掌器、掌膳、掌酒果、监门等职事官,称"团司"。数日后,赴朝谢恩。又数日,拜黄甲,叙同年;赴国子监谒谢孔、孟;赴闻喜宴;于礼部贡院立题名石刻。北宋时,应科新及第人分别在太平兴国寺和大相国寺置局,南宋时在礼部贡院。②举人相谋共陈利便,指定一处,会集诸人定议,称"期集"。③临安府选差各大寺院头首,集合诸头首相聚,评定候选人德行,保明当差,亦称"期集"。

期集费:新及第举人期集游宴的费用。宋初由新及第举人按甲次高下,自行凑集。熙宁六年(1073年)规定,朝廷赐新及第进士三千贯、诸科七百贯,为期集费。九年罢。元祐三年(1088年)后,朝廷赐一千七百贯为期集费,迄南宋末不改。

博士:学官名。宋太学、国子学、武学、宗学与律、算、书、画、医等学皆置博士,以本学行艺教授学生。太学博士简称"太博",为从八品官。

朝报:又称"邸报"。官府文书名。宋门下后省每日编纂朝廷发生大事,由给事中审定,交都进奏院印发全国,称"朝报"。

提刑司:官署名。全称"提点刑狱司",简称"提刑司"或"宪司"、"宪台"。负责本路司法刑狱、巡察贼盗等事。淳化二年(991年)始委派朝官或阁门祗候以上担任提点刑狱公事和同提点刑狱。后设专司。绍圣初,兼管坑冶事。乾道八年(1172年),又兼催督经总制钱。其属有检法官、干办官。

提举国史：官名。宋制，以左相兼监修国史，右相兼提举国史。南宋时，略有变化：绍兴三年(1133年)，命左相吕颐浩兼提举修国史。乾道元年(1165年)，又命参知政事虞允文兼权提举修《三朝国史》。隆兴元年(1163年)，右相汤思退提举国史，因避其父讳，改称"提领"。开禧三年(1207年)，卫泾始以签书枢院兼提举国史。

遗表：宋官府文书名。官员临终前所撰表文，死后由其家属申报朝廷。太中大夫以上官员老死者，既申奏致仕，又上遗表，朝廷则给予遗表恩泽。

赎铜：赎刑之一。宋制，犯罪官员可纳铜赎罪。规定笞十下，赎铜一斤，至五十下五斤；杖六十下，六斤，至一百下十斤；徒一年，二十斤，至三年六十斤；流二千里，八十斤，至三千里一百斤；绞、斩，一百二十斤。铜每斤，折纳铜钱一百二十文足。纳铜期限因罪轻重而有长短，遇赦恩可免纳。

赐出身：宋朝廷授予殿试合格人和其他士人的一种身份。凡举人殿试合格，即赐本科及第、出身或同出身。其他不经科举，如太学上舍生，遗逸、文学之士，官员言事或奏对称旨，或试法而经、律皆达优等，或材武高超，或年幼能文，皆可特赐进士及第或出身。原非科举入仕人，因献文别试合格，或因朝廷将予重任，特敕赐进士及第、赐御前进士及第等，皆称"赐出身"。

掌仪：①宋学校职事名。太学、武学、州县学皆常设掌仪一员，掌升堂、释奠的仪礼以及接待各地来太学观光者。神宗时，太学曾设掌仪八员。②贡举殿试唱名后，及第人期集，由状元从同年中挑选二人任掌仪，则为临时职任。

量试：宋选举官员考试方式之一。二十五岁以上宗室子弟，出官前，由礼部贡院考试，称"量试"。仅试一场，考经义二道，诗、赋各一首；或考论一道。成绩合格者，授予保义郎或承节郎；不合格者，四十岁以上，授予承信郎，四十岁以下，许省试时再试。若在各地州、军量试，合格者即授承信郎。

短使：宋铨选制的一项规定。三班使臣常程差遣时间为三个月或一个月的，称短使。短使不作正式差遣。使臣有过犯者，仅授短使，立功后方免。

释褐：举人、太学生易粗布衣而服官服，称"释褐"。宋制，平民穿黑色或白色衣服，低级官员穿绿色公服。太平兴国二年（977年），赐新及第进士和诸科举人绿袍、靴、笏。从此，中第者未命官而先解褐，遂形成制度。熙宁年间实行三舍法后，太学上舍生积分和舍试皆列优等，在化原堂释褐，赐给袍、笏，称"两优释褐"，分数最高者号"释褐状元"。

集正：宋太学职事名。太学置集正二员，掌管学生名册，督促供课不登的学生。斥退学生时，一集正宣读弹文，另一集正执行惩罚。斋设集正一员，掌管一月出入经费、借还官书及其他事务。

集注：宋官员注拟差遣的一种方式。吏部四选，川、广定差等注授选人差遣窠阙，主管机构正副长官当厅端坐，对愿注授选人，高喊其阙而问之，以授窠阙。集注每季一次，于第一月揭出阙榜，故又称"四时选"。

集断：宋司法名词。集合大理寺法官评议罪刑，称"集断"。真宗时规定，参预集断的法官皆须书写姓名，若议刑有失，则受处罚。

锁院：宋贡举考试过程中为防止考官作弊而实行的一项措施。各级考试举行前数日，考官同时进入贡院，关闭院门，开始拟题、收领试纸、排定举人座位图，准备选日开考，直至考毕，定出等第，考官方得出院。在此期间，均为"锁院"时间。礼部试自锁院至开院，限期一月，如未毕事，可延期十天。

锁宿：宋贡举和选举官员考试过程中，为防止考官作弊而实行的一项措施。淳化三年（992年）省试，翰林学士承旨苏易简等权知贡举，锁宿尚书省，不回私宅，避免亲友请托。大中祥符四年（1011年），规定省试、解试考官均差官员伴入贡院锁宿。此后，各级重要考试，如试补太学生和四门学生、复考举人试卷，学官或试官皆须赴指定处所锁宿。

锁厅试：宋贡举考试方式之一。现任官员参加贡举考试,锁其官厅而出,故名"锁厅试"。北宋初,赴举官考试合格,迁官而不赐科第;不合格则停现职。淳化三年(992年),应试合格始赐进士及第。天禧二年(1018年),由各地长官考试艺业,及格,方取解赴礼部试。天圣四年(1026年)规定,应试不合格免予责罚。宗室亦可应锁厅试,原为京官经考试获进士出身者,迁一官;原无官者,授修职郎。

循资：宋制,七阶选人依不同出身,考、任数及举主人数,自下而上递升,依格铨授,不得逾越,称为循资。循资之法,有常调、酬奖、恩例、奏荐与举人入官之不同。

御札：宋制,布告登封、郊祀、宗祀及重大号令时用之。由翰林学士起草。皇帝手诏亦可称"御札"。

御厨：官厨名。属礼部。北宋前期,设勾当御厨官,委派膳部以外官员充任,主管皇帝膳食等事。元丰改制,归膳部统领,设勾当御厨官数员。哲宗时,改隶光禄寺。崇宁二年(1103年),并入太官局。下隶珍馐署、良酝署、掌醢署等。

谥法：宋承旧制,帝、后及大臣死,按其生平事迹,评定一个称号,称谥法。皇帝一般谥十六字,皇后两字。公卿和三品以上职事官亡故,其家录行状送尚书省请谥,移太常礼院议定,博士撰议谥文,考功审复,宰相判定后,奏呈皇帝。未葬前,将所定谥赐其家。定谥后一般不得改易。谥字分美、恶,每字皆有特定含义。

就移：宋官员注授差遣的一种方法。官员因被奏举或责降,就地改注其他相应的差遣窠阙,称"就移"。

寓试：宋贡举考试方式之一。嘉熙元年(1237年),停止牒试。凡郎官以上资序监司、知州、通判的门客和姑姨同宗子弟,以及寓居士人,由所住县发给公据,家状写明原籍,不问举人来自何地,采取乡试方法,混合试于各路转运司。

童子科：又称童子举。贡举科目之一。宋承唐制设置。凡十五岁以下儿童,能通经作诗赋,州申报朝廷,由国子监验讫,送中书复试,入格者再由皇帝亲试,临时决定赐予出身、授给官职或免除解试,不定试期和录取名额。淳熙八年(1181年),始将合格者分为三等。嘉定十四年(1221年)定制,每春集中京城挑试,录取三名。咸淳三年(1267年),废。

童子试:贡举的一种考试方式。宋代设童子科,十五岁以下儿童皆可应试,最后由皇帝亲试,使之诵经、史、子、集,或诵兵书、习射,或诵御制诗文。参见"童子科"。

湖学:宋时东南著名地方学校湖州(今浙江吴兴)州学的简称。宝元三年(1040年),知州滕宗谅始建。康定二年(1041年)胡宿增建。胡瑗任教授时,一反当时尚词赋之风,立经义、治事两斋。讲明六经和治道,注意治民、治兵、水利、算数等。讲述经义,常结合时事加以论说。教法切实,学风严整。学生常数百人,时称"湖学"。庆历四年(1044年)汴京建太学,遂以湖学为榜样。

谢表:官府文书名。宋帅臣、监司初次到任、升迁以及朝廷有所宣赐,皆上谢表。监司、知州以上官员致仕、责降,亦许上表谢恩。《庆元条法事类》载有谢表式。采用四六句文体。

谢恩银:北宋新及第进士和诸科举人诣阁门向皇帝谢恩,须纳银一百两(一作三百两),称"谢恩银"。熙宁六年(1073年),始免。

疏决:又称"决狱"。即清理、决放监狱所拘押未判暂禁或已判待行的囚犯。景德间,真宗于盛暑疏决京师囚徒。其后,遂为定制:每年五月,预差官员分赴三司、御史台、大理寺等处监狱,编排囚徒名册,定出罪目,申尚书省进呈后疏决。除犯十恶、四杀等罪不予宽减外,杂犯死罪以下皆减罪一等,杖罪以下即予释放。各路监司限五至七月往州、县疏决系囚,催促结绝刑狱。

编敕:宋初沿用唐代律、令、格、式,皇帝在一定时间对一定人、事发布的诏敕,称"散敕"或"敕条",其中长期适用的敕文,经编纂成书,即称"编敕"。太祖时,窦仪等编成《编敕》四卷,与《刑统》同时行用。太宗时,增为《太平兴国编敕》十五卷、《淳化编敕》三十卷。真宗时,成《咸平编敕》十二卷、《景德农田编敕》五卷等。仁宗时,编《天圣编敕》,

始附刑名敕文,具优先适用效力。编敕中,除各条诏敕正文外,常附有看详、申明、指挥、赦书、德音等。

编排试卷官:简称"编排官"、"管号官"。贡院官名。北宋初,编排官必兼详定,天禧三年(1019 年),始分为二。编排官选派翰林学士、六部员外郎等充任,主管编排举人试卷字号和合格举人名次。殿试唱名时,在御座前依照名次将试卷对号拆封,转交中书侍郎。

禁谒:宋朝廷禁止有关官员会见宾客的法令。如县令、知州、通判非假日不准出谒;在京台谏、侍从以上,假日准许受谒,但不许出谒;大理寺官员则既禁止受谒,又禁止出谒。

摄官:又称"权局"、"差摄"。宋制,两广诸路州县、幕职官缺,选差有官人或罢任待阙人、举人等临时代理,称摄官。依法,只能选差有举人以上资格者担任。凡得两次文解举人,经转运司考试合格,充额外摄官,又称试额摄官;再经考试,合格者任待次摄官;再经考试合格或历两任无过犯,为正额摄官;再历两任无过犯,解送吏部补迪功郎,从此成为正官。由摄官改为正官者,摄官便成为其出身。

照札:官府文书名。宋神宗以后,官员除授,先给信札。若官员辞免,或不待其接受诰命,使先供职,令有关官府知晓,皆再降札子,由宰执亲自签押,称"照札"。

嵩阳书院:宋著名书院之一。在河南登封太室山下。五代时始建。宋至道二年(996 年),朝廷赐"西京嵩山书院"敕额和监本《九经》。景祐三年(1036 年)重修,改赐"嵩阳书院"额。宝元元年(1038 年),赐田十顷。庆历间全国兴州县学时废。

腰斩:刑罚方法之一。为法外最残酷的一种死刑。约始于五代。宋太宗时,温州邓翁因咒诅杀人腰斩。神宗时,张靖等两人因谋反腰斩。徽宗时,农民领袖方腊起义失败,亦被腰斩于开封。

牒:官府文书名。宋内外各官府不相统摄者,相互往来公用"牒"。《庆元条法事类》载有"牒"式。

牒试:亦称"胄试"。宋贡举考试方式之一。有关官员子弟、亲戚、门客,为避嫌,牒送别处贡院考试,称"牒试"。景德二年(1005 年),始命文、武升朝官嫡亲送国子学附试,此后逐渐形成制度:知州、通判的门客,本治所的同宗或异姓亲属,离乡二千里的随侍同宗亲属,考官缌麻以上亲属和大功以上婚姻之家,皆牒送本路转运司应试;本路帅司和监司的亲属、门客,送邻路转运司应试;宰执、侍从、在朝文武官的子侄等,牒送国子监附试。嘉熙元年(1237 年)废罢。

解元 又称"解头"、"举首"。各类解试第一名之称。礼部试前,举人群见皇帝,解元另立一班,排在最前;有时只准解元进见。省试、殿试时,若遇试题经义、出处不明,解元可向考官上请。

解试 贡举考试方式之一。唐地方官考试举人,将合格者贡给朝廷,称"乡贡",又称"解试"。宋解试包括州试(乡试)、转运司试(漕试)、学馆(太学)试等。每三年举行一次,举人考试合格,即由州、转运司或太学等按解额解送礼部,参加省试。崇宁三年(1104 年),停乡试,举人全由学校升贡。宣和三年(1121 年),复乡试,迄宋末不变。

禀台 宋官员因公事向御史请示汇报,称"禀台"。参见"御史台"。

誊录 贡举考试考校试卷的一项规定,防止考试中作弊。大中祥符八年(1015 年)礼部试,行誊录法。随后,推广及于殿试和各类解试。举人试卷在封弥院密封卷头后,发送誊录院,由书手抄成副本,考官即据以定等第。

誊录院 又称"誊录所"。宋贡举考试掌管誊录的机构。大中祥符八年(1015 年)始置。举人纳卷后,密封卷头,编成字号,发送誊录院,在宦官监督下,由誊录官指挥数百名书手抄录成副本,再送考官考校定等。此后,各级贡举考试皆设誊录院。

满里子弟 宋制,随侍现任知州、通判等缌麻以上亲长而离原籍二千里以上举人,称"满里子弟"或"满里亲子孙"。应试时,由各路转运司举行别头试,即牒试或漕试。

新民学 北宋后期称新归附的周邻少数族为新民或归明人,在这些州县城寨招收新民子弟就学,则称"新民学",简称"新学"。按照其诵读《孝经》《论语》《孟子》等熟练程度和通晓义理情况,分三等推赏。新民学设教授,由本路提举学事司奏举命官或贡士、摄官等充任。徽宗时,新民学一度实行三舍法。南宋在有些少数族聚居州县重建新民学,置教授,定学生名额。

新科明法:贡举科目之一。宋熙宁四年(1071 年)后,由明法科改,只准熙宁五年前明经和诸科举人不能改试进士科者应试,考试律令、《刑统》大义、断案。崇宁初罢,建炎二年(1128 年)复立,绍兴十六年(1146 年)又罢。

辟差:又称"差辟"、"辟置"、"奏辟"。亦称"奏举"。宋授予官员差遣的一种方式。各路安抚司、转运司、知州等,依法许自行选择官员,具名奏辟。但往往侵夺吏部四选窠阙,使冗官现象更形严重。

辟雍:商、周天子之学称"辟雍",历代相沿。宋崇宁元年(1102 年),于汴京城南营建辟雍,外圆内方,有屋一千一百七十二楹,为太学的外学,容纳各路贡士共三千人。原属太学的外舍生也转到外学学习。每年进行考核,合格的升入太学。外学有四讲堂,分成一百斋,每斋三十人。由国子监祭酒总管,另置司业、丞各一员,博士十员,学正、学录各五员。三年,置辟雍大司成一员。四年,改为太学大司成。宣和三年(1121 年),撤销辟雍,学生归入太学为外舍生。

殿试:又称"御试"、"廷试"、"亲试"。贡举考试方式之一。唐武则天曾策问贡士于洛城殿,为殿前试士之始。宋以殿试为士人入仕的最高级考试。举人经省试中第,须再赴殿试,才算真正登科。殿试开考时,选派初考、复考、详定、编排、点检试卷、封弥、对读、巡铺等官。在一日内试诗、赋、论题,熙宁三年(1070 年)改试时务策。举人纳卷后,试卷封弥、打号、誊录,送考官批阅定等。殿试完毕,由皇帝主持唱名仪式,合格人按等第高下授本科及第、出身、同出身,释褐授官。中榜者为"天子门生";惟有官人不得定为状元。

殿试详定所:宋贡举考试殿试时负责详审举人试卷的机构。从两制、六部尚书、台谏官、学官中选差详定官。举人试卷,经初考官、复考官定等第后,密封送详定所详审:若初、复考官所定一致,详定官不得变动;相异则择一而从,但不得自行立等。嘉祐年间,王安石任详定官,始不用初、复考官所定而另定。从此即为定制。绍兴五年(1135 年)复旧,规定初、复考官所定等第不妥时,详定官才得奏禀而另置等第。

遭章:宋弹劾制之一。凡官员被台、谏官上奏疏论其罪过并请朝廷贬责,称"遭章"。

榜子:官府文书名。翰林学士院奏事和皇亲外出归第奏闻时用之。宗室任外官、使臣等差出,用辞见榜子;回京赴吏部、三班院等,则用入门榜子。

榜眼:贡举文科、武科殿试第二名,皆称"榜眼"。官场中亦常统称殿试第二、三名为榜眼。

算学:宋徽宗崇宁三年(1104 年)始建,依元丰算学条制编成"算学敕令格式",招收二百十名学生,允许命官和平民报考。学生习读《九章》《周髀》及习题,兼学《海岛》《孙子》等算法并历算、三式、天文书,另各习一小经。大观四年(1110 年),算学并入太史局。宣和二年(1120 年)罢。南宋复置,隶太史局。

漕试:又称"漕举"。宋贡举考试方式之一。景祐年间,命各路转运司类试现任官员亲戚。此后形成制度,由转运司类聚本路现任官所牒送随侍子弟和五服内亲戚,以及寓居本路士人、有官文武举人、宗女夫等,举行考试,试法同州、府解试。漕试合格,即赴省试。

端公:宋御史中丞的俗称。又,南宋亲事官呼皇帝为端公。

横行:(1)即"横班"。(2)常朝以外遇休假达三日以上,文武百官毕集内殿朝见皇帝,称"横行"。

蕃学:宋时供少数贵族和外国商人子弟入学的学校。神宗熙宁间,于熙(治今甘肃临洮)、河(治今甘肃临夏东北)两州置蕃学,招收蕃部首领和蕃官子弟入学。徽宗时,在陕西用蕃字地区置蕃学,挑选通蕃语、识文字之人为教授,教授经典或佛经。熙宁间,广州州学因勿巡国使请求,另设校舍,招收蕃、俗子弟学习。大观二年(1108 年),在广州专建蕃学。泉州亦曾于徽宗时设置蕃学。

墨义：贡举考试方法之一。宋沿唐制，以经义考试进士和诸科举人，命其笔答，称为墨义。试法为简单的书面问答，如问："作者七人矣，请以七人之名对。"答："七人某某也，谨对。"又问："请以注疏对。"答："注疏曰云云，谨对。"熙宁四年（1071年）罢明经科，进士科亦罢考墨义。

题名：进士和诸科举人及第，编同年题名登科录，并在礼部贡院立题名碑。各级官厅亦各立本厅历任官员题名碑，记录姓名、官职、到任和离任日期。

题名登科录：又称题名录、登科录、同年小录、题名小录。同一年及第举人的题名册。唐进士及第，于慈恩寺塔下题名。宋各科举人及第，由朝廷拨款，状元选差同年任职事官，主编和刻印题名登科录，登记甲次、名次、姓名、乡贯等。

踏逐：宋俗语，即物色、挑选、寻找之意。神宗时废奏举，改用选格，因只论功过，各级官府乃变相荐举平日亲信，称为"踏逐申差"。其实仍为荐举，不同之处是"踏逐申差"的举主不与被举人同罪。

德音：赦令名称之一。对死罪、流罪减刑，其他轻罪则予释放，有时亦释放流罪犯人。其宽恕地区和罪犯等级广狭不常，但一般比曲赦地区广，比大赦罪犯等级窄。德音文告由翰林学士院锁院起草。

谳狱：即复审已判刑事案件。宋初，以大理寺主管全国奏案，若不能判定，则命内、外制和大臣、台谏官同议。其后，谳狱增多，弊病日甚。至南宋末，谳狱拖延时日，犯人多毙于狱中。

糊名考校法：贡举考试考校试卷的一项规定。唐始命选人在试卷上自糊姓名，称"糊名"。又称"封弥"。宋由贡院糊举人试卷卷头姓名、乡贯等，防止考试中作弊，称"糊名考校法"。详见"封弥"。

熟状：宋制，中书遇要事须奏对，常事须拟进，白纸撰状，宰相押字，其他执政列具姓名，经皇帝亲阅，在纸尾盖御宝，并批示"依"，然后付外施行，称"熟状"。

慰表：官府文书名。宋皇亲亡故，皇帝或皇太后等持服期间，官员撰表文安慰皇帝或皇太后等,称"慰表"。

膳部:官署名。属礼部。北宋前期,设判部事一员,以无职事朝官充任,无职掌。元丰改制,主管供进酒膳、祠祭牲牢礼料、藏冰供赐等事。设郎中、员外郎。下隶御厨、翰林司、牛羊司。元祐元年(1086年),由主客郎中兼管。建炎三年(1129年),由祠部郎官兼管。

磨勘院:官署名。太宗淳化三年(992年),设磨勘京朝官院和磨勘幕职州县官院,总称磨勘院。主管对京官、升朝官和幕职州县官的考核事宜。次年,改磨勘京朝官院为审官院,磨勘幕职州县官院为考课院。

避亲:宋任命官员和贡举考试时,对有服亲属和婚姻之家有所回避,称"避亲"。北宋宰相、执政亲属不能任翰林学士、知制诰、中书舍人。南宋改为只避本省官,如宰相和尚书左右丞亲属不得任尚书侍郎等。太宗时,如贡举官亲戚可与其他举人同试。真宗时,设别试所,专考试官亲戚。自此,各级考试皆然,试卷密封、誊录、考校、拆号等均由避亲官主管。仅铨试、公试、上舍试士人不令别试,只将试卷转送他房考校。各地官员的避亲举人,牒送转运司赴牒试或漕试。嘉熙元年(1237年)罢牒试,改赴寓试。

避房法:宋贡举考试考校试卷的一项规定。举人三场试卷,分发贡院帘内各房,由点检试卷官考校,决定去取高下。遇举人与本房考官有亲嫌时,转送他房考校,称"避房法"。铨试、公试、上舍试均采用此法。

檄:宋代官府文书名。朝廷为揭露敌方罪恶,表明出师理由,借此激励人心:以期全国上下共同诛讨而发布的文告。

翻异:宋代法律称已判未决的犯人推翻原来的口供为"翻异"。又称"翻变"。判处死刑犯人,若在录问或临赴刑场前翻异,须加重审。

翻黄:宋诸路监司、州军用黄纸翻录朝廷所颁降赦书、德音,转发所部,称"翻黄"。

(本部分为邓广铭、程应镠主编《中国历史大辞典·宋史卷》的相关条目,上海辞书出版社1984年版)

中国大百科全书·中国历史

（附:法学）

目　　录

宋

10世纪60年代到13世纪70年代建立的以汉族为主体的封建王朝。960年在开封建国,1127年政权南迁后建都临安(今浙江杭州),1279年被元朝灭亡。习惯上称1127年前的宋朝为北宋,1127年后的宋朝为南宋。

北 宋 政 治

北宋建国　专制主义中央集权制度的确立

北宋建国和消灭诸割据势力　五代后周显德六年(959年),后周世宗柴荣病死,他的幼子柴宗训继位。次年正月,殿前都点检赵匡胤在陈桥驿(今河南封丘东南陈桥镇)发动兵变,率军返回开封,夺取皇位,建立了宋朝,改年号为建隆,定都于开封(见陈桥兵变)。

宋朝建立时,北边有劲敌辽朝和在辽朝控制下的北汉,南方有吴越、南唐、荆南、南汉、后蜀等割据政权。宋太祖赵匡胤在平定李筠、李重进叛乱后,依照先南后北的战略方针,首先集中兵力进攻经济富庶的南方诸国,准备在此后北向收复燕(今北京)云(今山西大同)等州。

乾德元年(963年),宋太祖出兵荆南,占领江陵府(今湖北江陵),荆南主高继冲投降,宋军继续向湖南进发,击败抵御的守军,擒湖南主周保权,平定了湖南。

乾德二年至三年,宋军自剑门、夔峡两路进攻后蜀,连败后蜀军的反抗,迫使后蜀主孟昶归降。

开宝三年(970年)至四年,宋发兵岭南,负隅兴王府(今广东广州)的南汉主刘鋹投降。

开宝七年至八年,宋发兵进攻南唐,战舰沿江而下,歼灭南唐军主力,包围江宁府(今江苏南京),南唐主李煜投降。

宋太宗赵炅继位后,使用政治压力,迫使吴越钱俶和割据漳泉二州的陈洪进相继纳土归附,两浙、福建亦纳入宋的版图。

宋太祖曾两次发兵进攻北汉,未获克捷。太平兴国四年(979年)初,宋太宗亲率大军北征,他采用了围城打援的战法,派潘美等率军四面合围太原,并击败了辽朝援兵,北汉主刘继元被迫投降。至此,安史之乱以来的两百多年的藩镇割据局面,基本上结束了。

专制主义中央集权制的空前加强　在消灭各封建割据政权的同时,宋太祖、宋太宗还逐步加强了专制主义中央集权制的统治。安史之乱以来,藩镇之所以能够与中央皇室对抗,主要在他们"既有其土地,又有其人民,又有其甲兵,又有其财赋",掌握和控制了地方的各种权力。为改变这种情况,宋太祖采取如下措施:

① 稍夺其权。为削弱节度使的行政权力,把节度使驻地以外的州郡——"支郡"直属京师。同时派遣中央政府的文臣出任知州、知县,"列郡各得自达于京师,以京官权知"。这一制度逐步推行后,到宋太宗初年,西北边境州郡也都换上了文官。宋代虽然保留了节度使的名义,但在北宋初年,事实上已降为某一州郡的长官,后来更徒具空名,而不到节度使驻地赴任。即使如此,宋太祖仍恐州郡长官专权,一面采取三年一易的办法,使州郡长官频频调动,一面又设置通判,以分知州之权,利用通判与知州之间的相互制约,使一州之政不致为知州把持,防止偏离中央政府的统治轨道。

② 制其钱谷。宋初于各路设置转运使,将一路所属州县财赋,除"诸州度支经费"外,全部运输至宋统治中心开封。前此藩镇以"留州"、"留使"等名目而截留的财物,一律收归中央。

③ 收其精兵。宋太祖继承了周世宗的许多做法,派遣使臣到各地,选拔藩镇辖属的军队,"凡其材力伎艺有过人者,皆收补禁兵,聚之京师,以备宿卫"。藩镇的兵权也逐步被剥夺净尽。与此同时,在次第

削平南方诸国后,下令拆毁江南、荆湖、川峡诸地的城郭,于是可能被藩镇用来抗拒中央的城防也被撤除了。

在上述变革之下,全国各地的"兵也收了,财也收了,赏罚刑政一切收了",从而极大地加强了中央政府的统治力量。就宋代行政体制看,"收乡长、镇将之权悉归于县,收县之权悉归于州,收州之权悉归于监司,收监司之权悉归于朝廷","以大系小,丝牵绳连,总合于上",把中央集权制强化到空前未有的程度。前此那些藩镇割据势力被完全铲除。在宋朝统治的三百余年中造成一个"无腹心之患"的统一的政治局面。

军队和官僚机构是维护和运转中央集权制的两个重要工具,宋太祖、太宗采取种种防微杜渐的政策和措施,极力使这两个工具适应专制主义的需要,从而表现了皇帝权力的空前加强。范浚在《五代论》中指出:"兵权所在,则随以兴;兵权所去,则随以亡。"这些话揭示了唐末五代以来,在政治局面变换中,兵权所起的决定性作用。从小军官到殿前都点检,又从殿前都点检跃上皇帝宝座的赵匡胤,十分懂得军事力量的重要作用。因此,宋太祖、太宗所制定的军事政策便具有了极其鲜明的时代特点。

有关"杯酒释兵权"的记载虽富有戏剧性,未必全都属实,但与赵匡胤一道起家,并作为赵匡胤的义社兄弟的石守信、王审琦等禁军大将不再掌握军权,则是极为明确的事实。以后又废除殿前都点检和侍卫亲军马步军都指挥司,禁军分别由殿前都指挥司、侍卫马军都指挥司和侍卫步军都指挥司,即所谓三衙统领。禁军领兵权之析而为三,以名位较低的将领掌握三衙。宋初制军的这些措施都意味着皇权对军队控制的加强。与此同时,宋初还建立了不同于前朝的枢密院,设枢密使,主管调动全国军队,分掌军政大权。枢密使与三帅各有所司:"天下之兵,本于枢密,有发兵之权,而无握兵之重;京师之兵,总于三帅,有握兵之重,而无发兵之权。"调兵权与领兵权析而为二,各自独立,相互制约,有利于皇权的控制。

　　宋太祖总结了历代的统治经验,认为"可以为百代之利者,唯养兵也",因而确定了募兵养兵制度(见募兵制)。宋政府每年招募大量兵士,特别是荒年募兵更成为一项定制,其后的嗣君们谨守不变。被迫离开土地的农民以及流浪汉,所谓"失职犷悍之徒",还有在死亡线上挣扎的饥民,这些本来足以危害宋专制统治的各种社会力量,通过募兵养兵制度,转化为维护宋专制统治的军事力量。

　　历代统治者都依赖军队以加强其专制统治。赵宋王朝对军队依赖的程度更超过前代。宋东京开封是无险可守的四战之地,实现其"强干弱枝"、"由中制外"的政策,就只能把重兵屯聚在京畿。于是"举天下之兵宿于京师","屯兵于内,连营畿甸","以兵为险",便成为宋王朝的基本方针。赵匡胤之所以重视募兵养兵制度,这是重要原因。宋初统治者虽然从根本上认为养兵"为百代利",但又恐怕军队也可能因这样那样的事故而发生变乱,因而又制定了许多政策和措施,加以预防,其中主要的有:

　　① 兵将分离政策。利用更戍法,将屯驻在开封的禁军轮番到各地戍守,或移屯就粮,定期更换。名义上使士兵们"习山川劳苦,远妻孥怀土之恋",实际上是借着士兵们的经常换防,造成兵不识将,将不识兵,兵无常帅,帅无常师,以避免对皇权造成威胁。

　　② 内外相维政策。宋太祖把全部军队分为两半,一半屯驻京畿,一半戍守各地。宋神宗赵顼对这种做法加以解释说:"艺祖养兵止二十二万,京师十万余,诸道十万余。使京师之兵足以制诸道,则无外乱,合诸道之兵足以当京师,则无内变。内外相制,无偏重之患。"实际上,这种"内外相制"的政策,不仅体现于京师与诸道之间,而且也体现于皇城内外、开封与府畿各县之间兵力的平衡。在这种政策的作用下,军事能力无形中削弱了不少。

　　③ "守内虚外"政策。宋初统治者目睹五代以来内部多变的景象,使他们产生了这样一种想法,"内患"比"外忧"更为可怕。宋太宗曾说:"国家若无外忧,必有内患。外忧不过边事,皆可预防。惟奸邪无

状,若为内患,深可惧也!"因此,他们总是把假想敌放在国内,没有把注意力放在边境。宋朝面对辽朝强大的军事压力,并未采取认真、有效的对策。

对官僚制度和官僚机构,像对待军队一样,宋代的最高统治者们也极尽防制之能事。历代宰相居中央政府首位,具有"事无不统"的大权。宋太祖唯恐宰相权柄过大,不利于皇帝专制,因而采用分化事权的办法削弱相权。军政大权归枢密院掌握,而财政大权则由三司使掌握,宰相所掌仅限于民政了。在军、财、民三权分立中,枢密使与宰相"对掌大政","号为二府",皇帝利用这两者间的异同,发号施令,独断专行。宋初不仅以三权分立的办法削弱相权,而且还设置参知政事、枢密副使和三司副使,作为宰相、枢密使和三司使的"副贰",与各部门长官发生制约作用,以削弱各部门长官的权力。与此同时,宋又提高了御史台、谏院等台谏官的权力和地位,许其风闻言事,纠举、弹劾各级官员特别是宰执大臣等高级官员,作为皇帝的耳目,以利皇帝的专制统治。台谏气焰日盛,宋仁宗赵祯时,宰执大臣的任用去留往往取决于台谏,因而不少做宰相的不得不屈从于台谏的意向行事,宰相权势更加削弱、下降了。

此外,在设官分职、科举考试制度等方面,也都具有它的时代特点,体现了专制主义中央集权的加强。

宋太祖、太宗建立的一些制度,大大加强了宋朝的专制主义中央集权,造成了统一的政治局面,为经济、文化的高度发展创造了良好条件。但是由于"以防弊之政,作立国之法",一些强化专制主义中央集权制的政策和措施,转化成为它的对立面,"冗兵"、"冗官"和"冗费"与日俱增,使宋封建国家陷于积贫积弱的局势中。

北宋社会阶级结构和赋役制度

社会阶级结构　宋朝将全国居民分为主户和客户两大类。乡村主、客户的差别,主要是以土地资产的有无来划分。主户是土地和资产占有者。依照占有数额的差别,分为五等。第一等户大致是占有土地三、四顷到几十顷、上百顷的大地主,第二、三等户是土地较少的中、小地主,三等户中也有自耕农。上三等户习惯上称为上户,大致上属地主阶级。上户中还包括官户和形势户。官户可以免除差役和杂税等。第四、五等户,习惯上称为"下户"。第四等户仅有少量田产,第五等户田地更少,很多是半自耕农,第四、五等户占主户的大多数。乡村客户主要是佃农,他们全无田地,主要依靠租种地主的田地为生。宋朝的客户一般不是地主的"私属",也被编入户籍,成为国家的正式编户,交纳身丁钱和负担夫役,部分客户直接负担二税。宋廷逐步明确规定了客户的迁移手续和社会地位。客户在户口统计中,约占总户数的百分之三十五左右。

地主占有土地,剥削客户的主要手段是收取地租。租佃关系已经成为宋朝主要的剥削形态。地主和佃客之间订有口头或书面租佃契约。宋初比较通行的剥削方法是分成租制,地租一般都占收获的五成以上。少数客户自有耕牛,耕种所得一般与地主对分。相当多的客户没有耕牛或农具,向地主租赁,一般要把收获物的六成以上交给地主。另一种剥削方法是定额租制,由地主规定地租定额。在租佃制下,佃客对生产有较多的支配权,但地主可以随意增租。

工匠是手工业中的直接生产者。宋朝官营手工业大都采用一种介于征调和雇募之间的"差雇"制,轮流征调工匠服役,给予雇值和食钱,民营手工业则普遍采用和雇制,雇主和工匠之间一般出于双方情愿。官营手工业也有采用和雇制的。有些经济发达的地区还出现众多的机户,如梓州(今四川三台)有几千家,但机户常被官府或官吏强迫织造匹帛,而且少给或拖欠工钱,以致破产失业。

州县城郭内还居住着许多富裕的商人。汴京资产达百万的富商很多,超过十万者"比比皆是"。如著名的"大桶张氏","以财雄长京师",许多士大夫也利用一切机会贩运货物,牟取暴利,"日取富足"。社会上逐步改变了贱视商人的传统观念,商人成为封建国家的"四民"(士农工商)之一,取得了"齐民"的资格。国家允许商人中的"奇才异行者"参加科举,也允许其子弟参加科举。商人还可通过接受朝廷的招募为封建国家管理税收,向官府进纳钱粟,充当出使随员,跟宗室或官员联姻,交结权贵等途径获得一官半职。商人一般都要购置土地,把部分商业资本转化为田产,使自己变成单纯的地主或商人兼地主。

替地主、富豪家庭服役的奴婢,部分来自雇佣,部分来自买卖或抵债,被雇佣的奴婢在法律上被称为"人力"和"女使"。人力和女使跟雇主一般订有雇佣契约,写明期限、工钱或身子钱等项。法律规定,主人不得随意打死奴婢,不得私刺其面。奴婢的身份地位比前代提高较多,标志着宋代社会中奴隶制残余的进一步削弱。

赋役制度　北宋田赋主要是征收夏秋两税,大致按照每亩征收一斗的定额课取,如江南个别地区仍沿袭十国旧制,亩税三斗。各地历史情况和生产水平不同,因而税额也有一些差别。夏税征收钱币或绸、绢、绵、布、麦等实物。在实际征收二税时,还常常采用支移、折变办法,使纳税户的负担更繁重不堪。此外,还有身丁税(身丁钱)、杂变(沿纳)、和籴、和预买、科配等税目。宋时赋税苛重,故南宋朱熹也说:"古者刻剥之法,本朝皆备。"

服役方面,分为职役和夫役。宋初职役,实行差法,由乡村主户担任,如衙前主管运送官物、看管府库等,按照规定,由第一等户轮流充当。里正、户长、乡书手负责督催官府赋税,里正由第一等户轮差,户长由第二等户轮差,乡书手由第三等或第四等户轮差。耆长、弓手、壮丁负责社会治安,由第一等或第二等户轮差耆长。第三等户轮差弓手,第四等或第五等户轮差壮丁。第三、四、五等户还轮差斗子、掏子、栏头、秤子、拣子、库子等役。上等户常因职役过于繁重,千方百计逃避,将负担转嫁给下等户乃至客户。夫役是自耕农、佃农负担的无偿劳役,如修浚河道、营建土木、运输官物等。夫役一般按人丁户口科差,但官户享有免役特权,实际负担夫役的是下户。客户作为国家的编户,也要按丁口负担夫役。

有些上户采用诡名寄产或诡名挟佃的办法,把全部或大部田产诡称献纳于僧寺、道院,或者假立契书,诡称典卖给官户、形势户。还有一些上户以及官户则诡立许多户名,把产业、人丁化整为零,想方设法,将本户列入贫下单丁的户籍,借以避免纳税和服役。因此,繁重的赋税和夫役,往往落到中、下户以及客户身上。他们为了避免重负,有的去为商贾、僧道,有的逃亡佣作。

北宋与辽、西夏的和战

宋太宗收复燕云战争的失利　太平兴国四年(979 年),宋太宗乘灭北汉之势,移师辽南京幽都府(今北京),企图一举收复为石敬瑭割让契丹的燕云地区。

宋军初战获胜,连下易(今河北易县)、涿(今河北涿县)等州,嗣即因辽军的苦守待援,不得不屯兵于坚城之下。宋太宗率军于高梁河(今北京西直门外)与辽援军展开激战。在耶律休哥、耶律斜轸等军夹击之下,宋军大败,宋太宗中箭,急乘驴车逃走,从此不再亲临战场。雍熙三年(986 年),宋军再次发动了大规模的攻势战。东路主力由曹彬率领,自雄州(今河北雄县)北上,攻涿州;中路田重进军出飞狐(今河北涞源),攻蔚州(今河北蔚县);西路军由潘美、杨业率领出雁门(今山西代县),攻山后诸州。宋方的战略意图是以东路军牵制住辽的主力,使西、中两路乘隙攻取山后诸州,然后三路大军合击幽都府。

宋西路军进展迅速,连下寰(今山西朔县东)、朔(今山西朔县)、应(今山西应县)、云(今山西大同)四州,中路军亦攻占了蔚州。东路宋军主力连续受耶律休哥军的阻击和骚扰,虽然攻占了涿州,而粮道被切断。在辽承天皇太后亲率援军和耶律休哥军攻击下,宋东路军于岐沟关(今河北涞水东)大败溃散,伤亡惨重。西、中两路军因此被迫撤军。西路军杨业由于得不到主帅潘美的支援,在陈家谷口(今山西宁武东北)战伤被俘,绝食三日而死。

宋太宗两次攻辽失败,便放弃收复燕云的打算,只在河北平原上疏浚、沟通沿边河道,使西起沉远泊(今河北保定北)、东达泥沽海口(今天津塘沽南)的屈曲九百里之地,遍布塘泊,筑堤贮水,沉远泊以西则依靠种植榆柳林木,设置寨、铺,派兵戍守,以与辽朝相对峙。

辽军不断南侵　宋、辽澶渊之盟　在宋取守势后,辽朝对宋却展开攻势。就在宋军第二次收复燕云战争失利的冬天,辽数万骑逾燕山南下,宋军刘廷让率军阻击,分精兵与李继隆,令其支援,而李继隆逃至乐寿(今河北献县),坐视刘廷让军数万人被歼于君子馆(今河北河间北)。自此,辽利用其骑兵优势不时进扰。咸平二年(999年),辽承天皇太后、辽圣宗耶律隆绪率兵南下,宋将傅潜率大军驻定州(今河北定县),闭门自守,不敢出战。次年正月,辽兵到瀛州(今河北河间),大败宋军,擒宋将康保裔。咸平六年,望都(今属河北)之战,宋将王继忠兵败降辽。景德元年(1004年),辽承天皇太后、圣宗又以收复瓦桥关(今河北雄县旧南关)以南地区为名,发兵南下,回避不少城市的攻坚战,直趋黄河边的澶州(今河南濮阳附近),对宋的都城开封构成严重威胁。

宋朝大臣王钦若主张放弃东京逃跑,迁都昇州(今江苏南京),陈尧叟主张迁都益州(今四川成都),只有新任宰相寇准等少数人力请宋真宗赵恒亲往澶州前线督师,以振作士气。这时寇准倚重的将领,是在历次抗辽战斗中屡立战功的杨嗣和杨延朗(杨业之子,后改名延昭)。杨延朗上疏,建议"饬诸军,扼其要路,众可歼焉,即幽、易数州可袭而取",但未被采纳。宋军在澶州前线射杀辽南京统军使萧挞览,辽军士气大挫。宋真宗进入澶州后,两军处于相持局面。

辽军的南侵,原是以掠夺财物和进行政治讹诈为目的,及侵入宋境后,因屡受挫败,就示意愿与宋朝议和。这恰好符合了宋真宗的意愿。他只盼辽军能够尽快北撤,不惜代价。十二月,宋、辽商定和议,交换誓书,约定:①宋朝每年交给辽朝绢二十万匹、银十万两;②沿边州军各守疆界,两地人户不得交侵,不得收容对方逃亡"盗贼";③双方不得创筑城堡、改移河道。此外，还约定辽帝称宋帝为兄，宋帝称辽帝为弟。这就是所谓澶渊之盟。澶渊之盟后，王钦若转而在宋真宗面前攻击寇准，说寇准把宋真宗当作"孤注"一掷，订立"城下之盟"是大耻辱。宋真宗罢免寇准，改任王旦作相。此后，宋朝裁减河北戍兵一半、沿边戍兵三分之一。

宋与西夏的和战 宋太宗时，占据夏州(今陕西横山西)一带的党项族首领李继迁受辽封号，称夏国王。淳化二年(991年)，宋赐李继迁名赵保吉，授银州观察使。李继迁不受，攻扰宋沿边诸州，宋朝下令禁止夏州青白盐入境，断绝贸易。此举没有达到预期的目的，反而使沿边依靠贩卖青白盐为生的大批熟户，投奔李继迁。至道二年(996年)春，宋军护送大批粮草赴灵州(今宁夏灵武西南)，在浦洛河为西夏伏兵袭击，粮草全被夺去。同年秋，李继迁领兵攻宋灵州。宋太宗派兵分五路去解灵州之围，宋军有的半路折回，有的遇敌不战，仅两路宋军进至乌、白池，与夏军大小战斗数十次，宋军始终不能取胜。关西民夫向灵州运粮，沿途饥渴困苦，遭受攻击，死十余万人。此后数年内，李继迁相继攻下灵州、西凉府(今甘肃武威)。

李继迁后来战死，子李德明继位。他为了专力攻取河西诸州，遂改变策略，与宋修好。景德三年(1006年)，宋册封李德明为定难军节度使、西平王，每年"赐"银一万两、绢一万匹、钱三万贯、茶二万斤，并重开榷场，进行贸易。宋仁宗赵祯即位后，又在边界增设三处榷场。此外，民间贸易也相当频繁，出现了"商贩如织"的景况。

李德明死后，子元昊继位，将都城兴州(今宁夏银川)升为兴庆府，宝元元年(1038年)称皇帝，国号大夏(西夏)，改元天授礼法延祚(见西夏景宗李元昊)。这时，河西地区已全部为西夏所占有，经济、军事实力都已比较雄厚，乃撕毁勉强维持了三十年的宋夏和约，开始攻宋。宋朝也终止按年"赐"物，禁止沿边居民与之互市。

康定元年(1040年)至庆历二年(1042年)，西夏每年都对宋发动一两次大规模的进攻。宋朝在西边驻军三四十万，但诸将直接听命于朝廷,作战时互不联络,互不支援,难以合力攻敌。三川口(今陕西延安西北)之战、好水川(今宁夏隆德东)之战、定川寨(今宁夏固原西北)之战,宋军大将刘平、石元孙被俘,任福、葛怀敏等战死,损失惨重。官私屋舍被夏军焚毁,居民和牲畜屡遭屠掠。宋朝在屡败之后,虽也在重新部署兵力,表示要整军决战,实际上却希望能与西夏议和。西夏在与宋交战中虽多次获胜,但掳掠所获既抵偿不了战争中的耗费,也抵不上从前依照和约与通过榷场互市从北宋取得的物资。由于民间贸易中断,西夏人民生活所必需的茶、纺织品等都很缺乏,他们也都厌恶战争,希望恢复和平互市。加上辽朝不愿西夏过分强大,双方出现了嫌隙。衡量利弊,李元昊遂在庆历四年以如下条件与宋朝媾和:宋册封元昊为夏国主,夏对宋名义上称臣,宋每年"赐"夏绢十三万匹、银五万两、茶两万斤,还按年在双方的节日赠西夏银两万二千两,绢、帛、衣着两万三千匹,茶一万斤。重开沿边榷场贸易,恢复民间商贩往来。

北宋前期、中期的阶级矛盾和农民起义

川蜀农民起义　宋初,川峡地区保留较为落后的生产关系。土地集中尤其严重,豪强地主役使着几十、几百乃至几千家"旁户",世代相承,视同奴隶。旁户除向豪户纳租外,还负担官府的赋税和夫役。宋朝消灭后蜀,除向蜀地人民征收两税等"常赋"外,还在成都设置博买务,征调各州农民织作一些精美的丝织品,禁止商人贩卖和农民出售,并"掊取"茶利,使川峡人民的生路几致断绝。到淳化四年(993年)二月,广大旁户在王小波领导下,在永康军青城县(今四川灌县南)发动了武装反抗斗争(见王小波、李顺起义)。

王小波宣告:"吾疾贫富不均,今为汝均之!"立即获得川蜀人民广泛的响应。起义军攻占青城,转战邛州(今四川邛崃)、蜀州(今四川崇庆)各县,进而攻打眉州彭山县。起义军把贪污害民的彭山县令齐元振处死,并把他搜刮所得金帛散发给农民。起义队伍发展到一万多人。王小波在作战中牺牲,起义军推举李顺为领袖。李顺继续贯彻均贫富

的主张,凡起义军所到之处,将"乡里富人大姓"家中的财物、粮食,除生活需用外,"一切调发",分给贫苦农民。

淳化五年正月,起义军攻克成都府,李顺建国号"大蜀",年号"应运",占领了剑关以南、巫峡以西的广大地区。宋太宗极为震惊,立即派遣两路大军,分别向剑门(今四川剑阁北)和峡路进军。李顺原想在宋大军入蜀前,先派兵占领剑门栈道,但未获成功。宋军占据栈道,得以长驱直入,李顺也在战斗中壮烈牺牲。起义军余部在张余、王鸬鹚等人领导下,在川南、川东一带坚持斗争,直到至道二年(996年)最后失败。起义失败后,宋朝取消了成都的博买务,川峡地区的封建生产关系得到了一些调整。

北宋中期的农民和士兵起义　宋真宗初年,益州(今四川成都)戍卒在王均领导下举行起义,占领益州,建立大蜀国。王均起义失败后数年,以陈进为首的宜州(今广西宜山)士兵发动起义,拥立卢成均为南平王,前后坚持斗争三四个月。

宋仁宗、英宗时,小规模的农民起义和士兵斗争在各地陆续爆发。其中声势较盛的有王伦领导的起义,张海、郭邈山等领导的起义,王则领导的起义。庆历三年(1043年)五月,京东路沂州(今山东临沂)"捉贼虎翼卒"一百多人在王伦领导下起义,杀死巡检使朱进,起义士兵数量随时扩大,南下淮南路。宋廷极为震惊。七月,宋军围攻,起义军战败,王伦在采石矶被俘牺牲。同年,陕西大旱,商州(今陕西商县)农民一千多人,在张海、郭邈山、党君子、李铁枪等人领导下起义,活跃于"京西十余郡,幅员数千里",官员纷纷逃窜。驻守光化军(今湖北老河口市北)的宣毅卒五百多人在邵兴率领下哗变,与起义军互相配合。邵兴进军至兴元府(今陕西汉中),大败宋军。宋朝以重兵残酷镇压起义军,年底,张海、邵兴等相继在作战中牺牲,起义失败。庆历七年十一月,河北路贝州(今河北清河境)宣毅军小校王则也发动兵变,并且利用弥勒教,与京东路德州(今山东陵县)、齐州(今山东济南)士兵和农民秘密联络。王则占领贝州后,建国号安阳,称东平郡王,改年号为德圣(一作得圣),设置官吏。宋朝调集数路兵力,并派遣参知政事文彦博主持镇压。经过六十多天的苦战,起义被残酷地镇压下去。

广大农民和地主阶级及北宋统治集团的矛盾日益尖锐,农民、士兵的反抗斗争"一年多如一年,一火(伙)强如一火"。士兵斗争与农民起义互相结合,是这一时期阶级斗争的显著特点。

北宋中期庞大、腐败的军队和官僚机构　宋太祖时选练禁军,作为正规军,开宝时(968—976年)有禁军十九万三千人,厢军十八万五千人。宋仁宗时,为对西夏用兵和加强对内镇压,各路广募兵士,禁军激增至八十多万人,皇祐元年(1049年),总计达一百四十万人,为宋代的最高数字。宋朝用来养兵的费用,竟达全国财政收入总数的十分之七八。

宋真宗对辽和议后,兵士平时缺少训练,不识战阵,习于骄惰。禁军领取粮饷,要雇人挑运,陕西沿边的骑兵,不能披甲上马。从南方调来的禁军,自称不会打仗,见到敌人就怕得要死。河北沿边的禁军,"卒骄将惰,粮匮器朽",将领不是"绮纨少年",便是"罢职老校",训练更是有名无实。边郡兵士平时坐食军贮,万一有警,则"手不能安弦,目不能辨帜"。加上将帅频繁更换,兵不识将,将不识兵,以致作战时将领和士兵上下不相附,指挥失灵。宋真宗、仁宗还经常沿用宋太宗制定的"将从中驭"的办法,自定阵图,交由将帅临阵按图指挥战斗,因而屡战屡败。

宋朝官僚机构日益庞大,通过恩荫(任子)、科举、进纳、军功、胥吏出职等途径入仕者不断增加。真宗时,文武百官为九千七百余员。宋仁宗皇祐(1049—1054年)间,增至一万七千余员,还不包括未受差遣的京官、使臣和守选的选人在内。宋英宗时,更增至两万四千员。正官之外,等候差遣空缺的人员多到不知其数,"一位未缺,十人竞逐,纡朱满路,袭紫成林"。

在庞大的官僚机构中,一切因循守旧,以袭守成规相标榜。有人对朝政有所建明，即被指为喜功生事；或者不顾时忌，指事陈说，则被指为"沽激"。官员们以"因循懦默者为得计"，遇事唯恐承担责任或招人非议，影响官位，腐朽的官气和暮气笼罩着整个宋朝政府。与此同时，大臣们竞相"广市田宅，争求重利"，文武百官无不仿效。宋仁宗时"势官富姓，占田无限，兼并冒伪，习以为俗，重禁莫能止焉"，"公卿大臣之占田或千顷而不知止"。土地兼并的发展，使地主与封建国家、农民的矛盾日趋尖锐。

财政危机　冗兵、冗官，加上最高统治集团的大肆挥霍，使宋王朝的消费逐年增加。据《宋史·食货志》载，宋真宗天禧五年（1021年）全国收入一亿五千零八十五万余，支出一亿二千六百七十七万余。宋仁宗皇祐元年（1049年），全国收入一亿二千六百二十五万余，"而所出无余"。到宋英宗治平二年（1065年），财政已出现赤字。当年，全国收入一亿一千六百一十三万余，支出一亿二千零三十四万余，非常支出一千一百五十二万余，竟然短缺近一千五百万（单位均为贯、石、匹、两等）。国家财政年年亏空，不断"发诸宿藏"，以致"百年之积，惟存空簿"。宋朝的财政危机日益加深。

从庆历新政到王安石变法

宋朝阶级矛盾和民族矛盾日益严重，统治集团面临危机四伏的局面，士大夫们感到必须采取措施，摆脱困境。早在宋真宗初年，知扬州王禹偁建议对辽和夏州李继迁"谨边防，迪盟好"；减少官、兵冗员，减轻税收；严格选举，使入官不滥；淘汰僧尼，减少耗费等。宝元二年（1039年），同判礼院宋祁上疏，以为国用不足在于"三冗三费"。"三冗"是全国有定官而无限员，各级官员比前增加五倍；几十万厢军坐耗衣食；僧尼、道士人数日增而没有限额；"三费"是道场斋醮，百司供费无数；京师多建寺观，多设徒卒，增添官府衣粮；大臣罢黜，仍带节度使衔，靡费公用钱。他主张裁减官兵，节省经费。所有这些足以说明，宋朝已经不能只率由旧章而无所作为地统治下去了。

庆历新政　庆历三年(1043年),宋仁宗任用范仲淹为参知政事,富弼、韩琦为枢密副使,责成他们条列当世急务,以"兴致太平"。范仲淹、富弼在《答手诏条陈十事》奏中认为,当时中心问题是整顿吏治。他们提出内外官吏过于冗滥,其中老朽、病患、贪污、无能的人应一律裁汰,宋仁宗采纳了这些意见,连续颁布几道诏令,规定:①改革文官三年一次循资升迁的磨勘法。注重以实际的功、善、才、行提拔官员,淘汰老病愚昧等不称职者和在任犯罪者。②严格"恩荫"制。限制中、上级官员的任子特权,防止权贵子弟亲属垄断官位。③改革贡举制。令州县立学,士子必须在学校学习一定时间方许应举。改变专以诗赋、墨义取士的旧制,着重策论和操行。④慎选各地长官。由中书、枢密院慎选各路、各州的长官,由各路、各州长官慎选各县的长官,择其举主多者尽先差补。⑤改进职田法。重新规定官员按等级给以一定数量的职田,以"责其廉节",防止贪赃枉法。⑥"减徭役"。将西京河南府(今河南洛阳东)的五县废为镇,又析王屋县(今河南济源西)并入河南府,以精简乡村役人。范仲淹、富弼还提出"厚农桑"、"修武备"等建议,则并未实施。

范仲淹的各项政策,在当年和次年上半年陆续颁行全国,号称庆历新政。由于这些法令侵犯了贵族、官僚的利益,在实施过程中,遭到他们强烈的反对。反对派诬范仲淹等人为朋党。庆历五年初,范仲淹、富弼、韩琦、欧阳修等人相继被罢官出朝,他们的新政只推行了一年零几个月,便宣告夭折。新政失败了,但社会矛盾并未缓和,财政危机更加严重。在这种情况下,士大夫要求改革的呼声日益高涨。

嘉祐四年(1059年),三司度支判官王安石向宋仁宗上《言事书》,要求培植人才,以便改革现行法度。他指出,国家财力困穷,风俗衰坏,在于没有合乎先王之政的法度。然要"改易更革天下之事,合于先王之意",却又缺乏人才。人才成为当务之急。他主张从教、养、取、任等四个方面"陶冶"人才,使"在位者得其才",然后"稍视时势之可否,而因人情之患苦,变更天下之弊法,以趋先王之意"。他还指出,汉、唐、五代所以乱亡,晋武帝所以招致祸乱,皆源于人才不足。《言事书》还指出,当时财政的困窘,决非由于官员之冗滥和官员俸禄之过多,关键在于理财不得其道,不能因世之宜而变通;假若能理财得其道、通其变,即使增加官吏俸禄,也不会影响国家的经费。所以,他主张"因天下之力,以生天下之财,取天下之财,以供天下之费"。《言事书》受到了许多士大夫的赞扬,却未被宋仁宗采纳。

稍后,司马光、苏辙、苏轼等也多次上奏札,提出"斟酌事宜,损益变通"的主张。司马光的改革主张,主要为裁减禁军,精加选择;量材录用官员,使久其任;减损冗费,节省财用;善于理财,保养财源,使"农尽力","工尽巧","商贾流通",皆能乐业安富,然后"上下交足"。他还指出:"上下偷安,不为远谋,此最国家之大患也。"苏轼也提出了"课百官","安万民","厚货财","训军旅"等涉及政治、经济、军事各个方面的改革主张。在百姓穷困,官府仓库空虚,社会危机四伏的情况下,士大夫们"争言便宜,以变更旧制"。改弦更张,势所必然。

王安石变法　治平四年(1067 年)正月,宋神宗赵顼即位。神宗立志革新,熙宁元年(1068 年)四月,召王安石入京,任翰林学士兼侍讲,次年二月升任参知政事。神宗一心依靠王安石来变法立制,富国强兵,改变积贫积弱的现状。当时,王安石已成为众望所归的人物,士大夫们大都以为只要王安石登台执政,"太平可立致,生民咸被其泽"。

王安石主张,为了改变国贫的局面,必须采取"民不加赋而国用饶"的理财方针。一方面"摧制兼并",把大商人、官僚、地主的部分剥削收入收归朝廷,另方面扶植"农民"(地主阶级中下层和自耕农),减轻差役,兴修农田水利,发展生产,预防农民起义的兴起。为此,王安石建立一个指导变法的新机构——制置三司条例司,条例司撤销后,由司农寺主持变法的大部分事务。吕惠卿、曾布等人参与草拟新法,此后陆续制订了均输、青苗、农田水利、募役、市易、免行、方田均税、将兵、保甲、保马等"新法"。各路设提举常平官,督促州县推行新法。这些新法按照内容和作用大致可以分为几个方面:

供应国家需要和限制商人的政策,主要是均输法、市易法和免行法。

均输法　宋初以来,为了供应京城皇室、百官、军队的消费,在江南、两浙、荆湖、淮南等路设置发运使,负责督运各地"上供"物资。发运使只是照章办事,完全按照每年的定额,丰年不敢多运,凶年不能少运,经常支出大笔运费,运来一些过剩物品,只得在京城半价抛售。各司往往隐瞒财富,不肯如实申报朝廷,反而以支移、折变等名目加倍收税,朝廷调用物资时,又多不管产地和时令,一味强征。这些做法给富商大贾囤积居奇、控制市场提供了方便,百姓则被加重赋税负担,朝廷仍然财用窘急。

熙宁二年七月,颁行淮、浙、江、湖六路均输法。以薛向为六路发运使,设置官属,推行此法。朝廷从内藏库拨予钱五百万贯,并拨予上供米三百万石,以供周转的费用。发运使掌握六路的财赋情况,斟酌六路每年应该上供和京城每年所需物资的品种、数额以及库存情况,然后按照"徙贵就贱,用近易远"的原则,"从便变易蓄买",贮存备用,借以节省价款和转运的劳费。王安石试图由朝廷"稍收轻重敛散之权",调节供求关系,做到"国用可足,民财不匮"。均输法从增加宋朝"国用"出发,多少改变了旧制,增加了财政官员的权力,夺取了富商大贾的部分利益,同时也稍稍减轻了纳税户的许多额外负担。

市易法　熙宁五年三月,颁行市易法。在此以前,同管勾秦凤路经略司机宜文字王韶曾在古渭城(后改名通远军,今甘肃陇西)设置市易司,借官钱为本,每年收商利约可一二十万贯。又有平民魏继宗上书建议在开封设置常平市易司,管理京师市场,物价贱则稍增价收购,贵则稍减价出售,以便由官府掌握"开阖敛散之权",达到"商旅以通"、"国用以足"的目的。中书据此制定市易法,在开封设置市易务,以内藏库等钱一百八十七万贯作本,控制商业。市易务根据市场情况,决定价格,收购滞销货物,待至市场上需要时出售,商贩向市易务贷款,以产业作抵押,五人以上互保,出年息二分,半年出息一分。商贩向市易务成批地赊购货物,也出年息二分。后来陆续在杭州、成都、广州、扬州、润州(今江苏镇江)等几十个重要城市设立市易务,又将开封市易务升为都提举市易司,作为市易务的总机构。市易法在限制大商人垄断市场方面发挥了作用,也增加了朝廷的财政收入。

免行法　熙宁六年七月,正式颁行免行法。开封各行商铺原来承担供应官府所需物品的任务,经常被迫用高价收购货物供官,所以"每纠一人入行,辄诉讼不已"。当年,肉行徐中正等首先提出向官府交纳"免行役钱","更不以肉供诸处"的要求。宋神宗命提举在京市易务吕嘉问和开封府司录司共同调查各行利害,成立详定行户利害条贯所,制订条法。免行法规定,各行商铺依据赢利的多寡,每月向市易务交纳免行钱,不再轮流以实物或人力供应官府。此后,宫廷买卖物品,都通过杂卖场、杂买务,并设置市司负责估定物价。

调整封建国家、地主和农民关系的政策以及发展农业生产的措施,有青苗法、募役法、方田均税法和农田水利法。

青苗法　熙宁二年九月,制置三司条例司颁布青苗法。宋仁宗时,陕西转运使李参在当地百姓缺少粮、钱时,让他们自己估计当年谷、麦产量,先向官府借钱,谷熟后还官,称"青苗钱"。几年后,军粮经常有余。王安石、吕惠卿等据此经验,制定青苗法。规定以各路常平、广惠仓所积存的一千五百万贯石以上的钱谷为本,其存粮遇粮价贵,即较市价降低出售,遇价贱,即较市价增贵收购。其所积现钱,依陕西青苗钱法,每年分两期,即在需要播种和夏、秋未熟的正月和五月,按自愿原则,由农民向政府借贷钱物,借贷者,每五户或十户结成一保,由第三等以上户充当"甲头",客户贷款,须与主户合保。在河北路,贷款的限额是客户与第五等户每户一贯五百文,第四等户三贯,第三等户六贯,第二等户十贯,第一等户十五贯。本县如有剩余,允许第三等以上户借贷。如还有剩余,借贷给有物业抵当的坊郭户,贷款以适中的粮价折算,收成后,随夏、秋两税,加息十分之二或十分之三归还谷物或现钱。凡灾伤达五分以上的地区,允许延期归还。先分派提举官到河北、京东、淮南三路试行,俟其就绪,然后再在各路推行。

实行青苗法的目的,是要使农民在新陈不接之际,不至受"兼并之家"高利贷的盘剥,使农民能够"赴时趋事"。跟高利贷者的加倍利息相比,青苗法取息二分或三分,应该说是比较轻的。青苗法限制了高利贷者的活动,朝廷也从中获得大量利息。

募役法　熙宁四年正月,司农寺拟定的募役法(免役法)先在开封府界试行。同年十月,颁布全国实施。免役法规定,废除原来按户等轮流充当衙前等州、县官府差役的办法(见职役),改为由州、县官府出钱雇人应役。各州、县预计每年雇役所需经费,由民户按户等高下分摊。上三等户分八等交纳役钱,随夏、秋两税交纳,称免役钱。原来不承担差役的官户、女户、僧道、未成丁户、坊郭户等,要按定额的半数交纳役钱,称助役钱。州、县官府依当地吏役事务简繁,自定额数,供当地费用;定额之外另加十分之二缴纳,称免役宽剩钱,由各地存留,以备灾荒年份,全部免征"役钱"时,即以此钱充用。募役法使原来轮流充役的农村居民回乡务农,原来享有免役特权的人户不得不交纳役钱,官府也因此增加了一宗收入。

方田均税法　熙宁五年八月,司农寺制定《方田均税条约》和《式》颁行。官僚地主无止境地兼并土地,隐瞒田产和人口,乡村中、下户卖掉土地,却仍负担重税。田产不均、赋税不实,一直是严重问题。方田均税法分为方田和均税两部分,规定每年九月由县官丈量土地,以东南西北各千步为一"方",计四十一顷六十六亩多。依据方、庄帐籍,检验土地肥瘠,分为五等,规定税额。丈量后,到次年三月向民间公布,分发方帐、庄帐、甲帖和户帖四种土地帐帖,作为"地符"。分家析产、典卖割移,都以现在丈量的田亩为准,由官府登记,发给契书。诡名挟佃者,都予合并改正。同时,各县以原有税数为定额,禁止使用合零就整等手段超溢此额。荒地归于耕佃之家,不必追查。瘠卤不毛之地,允许占有佃种。《条约》和《式》颁布后,派济州巨野县尉王曼为指教官,先在京东路实行,再在各路推广。到元丰八年(1085 年),开封府界、京东、陕西、河北、河东五路,"已方而见于籍者"共两百四十八万余顷,约为全国纳税土地的半数以上,从而使赋税的负担与土地占有的实际情况相符合,官府的田赋收入也得到保证。

农田水利法　熙宁二年十一月,制置三司条例司颁布《农田水利利害条约》。这是王安石主张"治水土"以发展农业,增加社会财富的重要措施。条约奖励各地开垦荒田,兴修水利,修筑堤防圩岸,由受益人户按户等高下出资兴修。如工程浩大,民力不足,可依青苗法,由官府贷款,如官钱不足,州县官劝谕富室出钱,依例计息,由官府置簿催还。变法派广泛吸取发展生产的建议,社会地位低下的胥吏、商贩、农民、仆隶甚至罪废者,只要能讲求水利、有利农业,都可直接到东京献策。兴修水利有成绩,还要授官嘉奖。在王安石的倡导下,一时形成"四方争言农田水利"的热潮。这项新法推行七年后,据统计,全国共兴修水利工程一万零七百九十三处,水利田三十六万余顷,疏浚河汊、湖港之类不计其数。福建莆田木兰陂,在此期间最后建成,溉田一万多顷。扬州天长县(今属江苏)的三十六陂、宿州临涣县(今安徽宿县西)的横斜三沟,建成后也溉田九千顷。这时,北方在治理黄、漳等河的同时,还在几道河渠的沿岸淤灌成大批"淤田",使贫瘠的土壤变成了良田。

巩固封建统治秩序和整顿、加强军队的措施,有将兵法、保甲法、保马法以及建立军器监等。

将兵法　作为"强兵"的措施,王安石一方面精简军队,裁汰老弱,合并军营,另一方面实行将兵法。自熙宁七年始,在北方各路陆续分设一百多将,每将置正将一人,挑选武艺较高、作战经验较多的武官充任,专掌训练。元丰四年,又在东南的淮东、淮西、浙西、浙东等设十三将。"将"成为军队编制的基本单位,正将以下设副将、部将、队将等。将兵法的实行,使兵知其将,将练其兵,提高了军队的战斗力。

保甲法　熙宁三年,司农寺制定《畿县保甲条制》颁行。各地农村住户,不论主户或客户,每十家(后改为五家)组成一保,五保为一大保,十大保为一都保。凡家有两丁以上的,出一人为保丁。选取主户中"物力最高"和"有材干心力"者充任保长、大保长和都、副保正。农闲时集合保丁,进行军训;夜间轮差巡查,维持治安。保甲法随后推行到全国各路。保甲原属司农寺,熙宁八年改隶兵部。第二年,实行结队法对丁保进行军训,两大保编成五十人一队。这年,各路"义勇、保甲民兵"达七百一十八万余人,其中保甲民兵六百九十三万余人。王安石组织保甲、训练保丁的目的有二:一是使各地壮丁接受军训,与正规军相参为用,军队的缺额不再填补,以节省国家的大量军费。年岁稍久,保甲民兵便可以代替大部分军队。二是建立严密的治安网,把各地人民按照保甲编制起来,以便稳定封建秩序。

此外,王安石等变法派还改革了科举制、整顿了各级学校。王安石变法以"富国强兵"为目标。从新法实施,到守旧派废罢新法,前后将近十五年时间。在此期间,每项新法在推行后,虽然都不免产生了或大或小的弊端,有的是因变法派自己改变了初衷,有的是因执行新法出现偏差,但基本上都部分地收到了预期的效果,使豪强兼并和高利贷者的活动受到了一些限制,使中、上级官员、皇室减少了一些特权,而乡村上户地主和下户自耕农则减轻了部分差役和赋税负担,封建国家也加强了对直接生产者的统治,增加了财政收入。当时朝廷内外的仓库所积存的钱粟"无不充衍"。

各项新法或多或少地触犯了中、上级官员、皇室、豪强和高利贷者的利益,因此,在每一项新法实施的过程中,都无例外地遭到他们的阻挠和反对。他们在朝内外利用一切机会,制造事端,造作谣言,掀起阵阵波澜,使新法不得不在十分艰难的环境下推行。

新法以"富国强兵"为目标,在西北边防线上,对西夏展开了攻势。到熙宁六年为止,由王韶采用"招抚"和镇压的策略,占领了吐蕃部落居住的熙(今甘肃临洮)、河(今甘肃临夏东北)等州。王安石罢相后的元丰四年、五年,宋神宗又对西夏发动了两次进攻,第一次攻西夏西平府(今宁夏灵武西南)之战,宋军无功而返;第二次永乐城(今陕西米脂西北)之战,宋军大败,士兵、民夫损失二十余万人。

统治阶级内部矛盾的发展

元祐更化　元丰八年(1085 年)三月,宋神宗赵顼死。十岁的幼子宋哲宗赵煦继位,宋英宗的皇后高氏以太皇太后身份处理军国大事。因为新法侵犯了皇亲国戚的利益,高太后早就反对。她刚一执政,便首先起用在守旧派中享有声誉的司马光为宰相,由他主持废除新法。

司马光入朝前,已经上章请求急速罢去保甲、免役和将兵等法。入朝当政后,又上章攻击王安石"不达政体,专用私见,变乱旧章",主张全部"更张"新法。有人以为按照古训"三年无改于父之道",不宜骤改。司马光力争说:"太皇太后以母改子,非子改父。"为推翻新法提供了理论依据。高太后、司马光等首先废罢保甲军训和保马,在一年多的时间里,新法大部被废罢。变法派被列为王安石等人的亲党,榜之朝堂。其主要成员蔡确、章惇、吕惠卿、曾布等先后被贬官。

司马光还主张把宋神宗时为了对付西夏而建立的熙河兰会路和在延州(今陕西延安)、庆州(今甘肃庆阳)外围建立的安疆、葭芦、浮图和米脂等堡寨,都送还西夏,他认为这样做既可免"激令愤怒",还可以换取双方短期内相安无事。

在司马光废罢新法的过程中,守旧派中只有刘挚、王岩叟、刘安世等人完全赞成,而另外一些人则认为有些新法还可继续施行,如范纯仁不主张废除青苗法,苏轼、苏辙、范纯仁等人不主张废除免役法。元祐元年(1086)九月,司马光死,新法已大都废罢,变法派也相继被排挤出朝,新法的存废已经不容再有争论。

蜀洛朔党争　司马光死后,八十一岁的守旧派文彦博继任左相。守旧派牢固掌握朝政后,开始因人事的倾轧和政见、学术主张的分歧而分化为几个小集团。崇政殿说书程颐以师道自居,对宋哲宗正色训诫,又主张一切都用古礼。中书舍人苏轼认为他不近人情,每加讥讽。程、苏二人从此尖锐对立。程颐及其门人贾易、朱光庭等被称"洛党"。苏轼、吕陶等被称为"蜀党"。刘挚、梁焘、王岩叟、刘安世等被称为"朔党"。三党展开了一场混战。

元祐四年,蔡确谪居安州(今湖北安陆),赋诗十章,被梁焘等守旧派指为"讥讪"高太后。高太后再贬蔡确新州(今广东新兴)安置。左相范纯仁建言"不可以语言文字之间、暧昧不明之过,诛窜大臣"。蔡确贬后,梁焘、刘安世交章弹劾范纯仁党附蔡确,范纯仁罢相。元祐六年,左相吕大防和右相刘挚不合,御史台官员郑雍、杨畏依附吕大防,奏劾刘挚交结蔡确和章惇,梁焘、王岩叟虽上疏为刘挚辩护,刘挚却终于罢相。朱光庭为刘挚辩解,也罢给事中。守旧派内部交讧的结果,政局愈加混乱。

绍述　元祐八年(1093年)九月,高太后病死,宋哲宗始得亲政。哲宗早就对高太后不满,并有志继续宋神宗的新法。次年三月,左相吕大防被罢免。苏辙劝宋哲宗不要"轻变"元祐之政、不要再用变法派,哲宗大怒,罢苏辙门下侍郎。四月,章惇为左相。又改元祐九年为绍圣元年,表示决心恢复新法。

以章惇为首的变法派再度掌握政权,对守旧派甚至中间派进行打击。宋哲宗下令追贬司马光、吕公著等,吕大防、刘挚、苏辙、梁焘、范纯仁等流放到岭南。韩维等三十人贬官,致仕官文彦博由太师贬为太子少保。中书舍人林希在撰写对守旧派的贬官制词中,阴斥高太后"老奸擅国"。

在打击守旧派的同时,章惇等人逐步恢复新法。绍圣元年,依照宋神宗时的"条约",恢复免役法、保甲法。二年,复青苗法。四年,重置市易务。元符元年(1098年),"以常平、免役、农田水利、保甲,类著其法,总为一书",名《常平、免役敕令》,颁行全国。在这段时间内,各项新法基本上按照熙宁、元丰时期的模式进行,只是为了克服熙、丰推行时曾经产生的弊端,并且为了消除阻力,对新法也稍稍做了一些改革。

在恢复新法的同时,章惇、曾布等又主持对西夏的开边活动。绍圣二年八月,宋朝终止与西夏边界谈判,采取进筑堡寨,开拓疆土的战略,先后筑堡寨五十余所,占据了河东路西北,陕西路横山和天都山一线的战略要地,屡败西夏兵,迫使西夏叩关求和。元符二年,又举兵攻占青唐(今青海西宁),以青唐为鄯州,邈川(今青海乐都)为湟州,却遭吐蕃族的反抗,宋将种朴阵亡,宋朝被迫放弃青唐等地。

变法派一方面反击守旧派和恢复新法,另一方面却又不断出现内部分裂。曾布在王安石初次罢相时,曾上疏攻击市易法,与吕惠卿、章惇分裂。绍圣初,曾布又阻挠吕惠卿回朝任职。曾布还指责章惇引用小人,专恣弄权,攻击章惇、蔡卞处理元祐党人"过当",是"报私怨",指责章惇、蔡卞各自植党。章惇和蔡京、蔡卞兄弟原来政见一致,后又发生龃龉,蔡京和蔡卞的权势日盛。变法派大臣互相倾轧,削弱了自己的力量。

宋徽宗、蔡京集团的腐朽统治

元符三年(1100年)正月,宋哲宗病死,无子。宋神宗皇后向氏提议立宋神宗第十一子赵佶。章惇以为赵佶"轻佻","不可以君天下"。曾布、蔡卞等人呵叱章惇,支持向太后。向太后决策,由赵佶即位(宋徽宗),自己"权同处分军国事"。向太后早就反对新法,当权后,起用韩琦之子、守旧派韩忠彦为左相,曾布也乘机排除异己,进为右相。变法派大臣章惇、蔡京、蔡卞等人被先后贬斥出朝。

元符三年七月,宋徽宗亲政后,听从曾布绍述之说,决定恢复新法,改年号为崇宁,表示崇法熙宁。崇宁元年(1102年)五月,韩忠彦罢相。蔡京勾结宦官,重返朝廷,很快取代曾布任右相。从此,蔡京与童贯、王黼、梁师成、杨戬、朱勔、李彦、高俅等人在宋徽宗统治的二十多年的大部分时间里,掌握全部军政大权,成为北宋王朝极度腐朽、黑暗的时期。

蔡京首先定文彦博、吕公著、司马光、苏轼、苏辙、程颐等一百二十人为元祐奸党,又将元符末向太后执政时,主张维持新法和恢复旧法的臣僚,分为正、邪两类。此后,重定元祐和元符末党人及上书邪等者合为一籍,共三百零九人,刻石文德殿门,颁行全国,称"元祐党籍碑"。

奸党名籍中,还包括章惇、张商英、李清臣、陆佃等十名与蔡京意见不合的变法派。章惇因反对立宋徽宗,被指责为"为臣不忠"。被列入党籍的官员,重者被编管、责降到远地,轻者则赋闲或谪降,非经特许,不得内徙。其子弟同样受到种种限制。

宋徽宗重用蔡京一伙,依仿制置三司条例司设置讲议司,商定关于宗室、冗官、国用、商旅、盐泽等政事。他们借推行新法之名,行聚敛之实,如免役法的恢复,巩州(今甘肃陇西)的役钱由元丰时每年的四百贯增加到二万九千余贯。方田的官员往往在原有税额外,增加税数,称为"蹙剩",一县多达几万贯。在丈量过程中,贿赂公行,弊端百出。豪右形势之家多减免赋役,把负担都转嫁到下户头上。

蔡京借口"不患无财,患不能理财",极力搜刮财富。崇宁元年,恢复榷茶法,在产茶州军设官场专卖,禁止商人、园户私相贸易。崇宁四年,罢官场,允许商贩向园户买茶贩卖,由官府"抽盘"后,批给茶引。政和元年(1111年)后,朝廷一年的茶税收入达四百余万贯。每年以一百万贯供皇帝"私奉"。蔡京还大改钞盐法,废除东南六路官运官卖制,由商人任便向榷货务出钱买盐钞,凭盐钞去产地领盐,再到指定的州县贩卖。钞法屡次更易,商人出钱买钞,尚未领盐,钞法已变,又须贴钱领新钞,如无钱更换新钞,则"已输钱悉干没,数十万券一夕废弃,朝为豪商,夕侪流丐",甚至被迫自尽。朝廷还以卖盐多寡为州县官的考核标准,州县往往强迫百姓按户等买盐,有的上户一家全年买到上千贯,第三等末户买到三五十贯。宣和元年(1119年)前后,榷货务岁入淮南和两浙盐利,分别为一千四百至一千五百万贯和七百至八百万贯,成为朝廷财政的一笔重要收入。宋徽宗见到盐钞、茶引成柜搬入朝廷,得意地说:"此太师(即蔡京)送到朕添支也。"

宋徽宗还用宦官直接掠夺民间田地。政和六年(1116年),由宦官杨戬在京西路设公田所。杨戬死后,宦官李彦又设置西城括田所。李彦等人在京西、京东、京畿、河北等路,以把官地、荒地、逃田、退滩等收归官府为名,将大量民田指作"天荒",掠为"公田",课取"公田钱",强占的田地共达三万四千多顷。大批百姓被夺去常产，"愁怨溢路"。

宋徽宗、蔡京将各地仓贮钱谷搜罗一空。各路每年向朝廷上供的数额，宋神宗时已增加一倍，宋徽宗时重定上供额，又增加到十几倍。蔡京的亲信胡师文为江、淮、荆、浙等路发运使，将每年籴买东南粮米的大部分本钱，移作上供，供徽宗挥霍，胡师文因而升户部侍郎。各路官员竞相仿效，仓贮钱物全被搜空。各地官府还千方百计敲诈百姓。西蜀原来税钱三百文折绢一匹，因辗转纽折，竟增至二十三贯。对一向不施行支移的地区，加征地里脚钱，一斗税粮的地里脚钱竟与元丰时正税相当。此外，还巧立名目，仅绢帛一项，有和买、预买、泛买、常平司和买、应副燕山和买等，米谷一项，有和籴、均籴、补发上供和籴等。名为预买，实不给钱，名为和籴，只给低价。赃吏猾胥，从中侵渔。大批百姓饥寒转徙，苦不堪言。

宋徽宗再次对西夏和青唐用兵。崇宁二年至三年，王厚统兵先后占领吐蕃湟、鄯、廓（今青海尖扎北）等州，瓦解了当地吐蕃政权。蔡京还强令王厚招诱西夏卓罗右厢监军仁多保忠，双方用兵三年，胜负相当。政和四年，西夏军攻环庆路，宋以宦官童贯为陕西经略使，战事再起。童贯袭用以往进筑城寨的战略开边，但开拓之地有限，城寨多建于不毛之地，难以防守。宋军与西夏军屡次举行大规模战斗，互有胜负。宣和元年，童贯令大将刘法率重兵袭取西夏朔方之地，两军会战于统安城，宋军大败，刘法被杀。西夏亦为战争所困，双方遂于当年讲和休兵。

宋徽宗、蔡京一伙大肆搜刮民财，穷奢极侈，恣意挥霍。宋神宗元丰间左藏库月支约三十六万贯，这时增加到一百二十万贯。宋徽宗初年，杭州设造作局，由童贯主管，每天役使几千名工匠，为皇室制造奢侈品。所需物料，全向民间征敛。稍后，又在苏州设应奉局。宋徽宗酷爱奇花异石，蔡京最初命朱勔密取江浙花石进奉，后来所运花石规模不断扩大，动辄用船数十艘，每十艘编为一"纲"，号花石纲。朱勔仗势掠夺民间花木、奇石，运到汴京。一块石头的运费，民间至用三十万贯。各路监司、郡守仿效朱勔等人，凡"尺寸之地，入口之味，莫不贡献"，花石

所过,沿途甚至毁桥梁,凿城郭,州县官府积存的钱谷,为之一空。大批
农民长期被征发当民夫,搬运贡物,不能种田,直到力竭饿死,或者自缢
于大车的辕轭下。大批花石树木运到京城,用来建造延福宫、景龙江和
艮岳。艮岳用人工筑成,周围十多里,主峰高九十尺,使用山石以万计,
都由各地限期运来。山上建造馆舍台阁,穷极华侈。徽宗整日在宫中
纵情取乐,宫女多至以万计。

蔡京第宅宏敞,园内林木参天,与其子蔡攸等第宅相邻,"极天下
土木之工",金碧相照。蔡京家蓄养姬妾成群。蔡京生日,各地都要奉
献大宗礼物,称"生辰纲"。宦官童贯掌握军权,每得军需,悉充私藏,
家中金币宝玉堆积如山。朱勔在苏州占有甲第、名园,田产跨连郡
邑,每年收租十多万石。童贯、王黼等人公然鬻卖官爵,贿赂公行,门
庭若市。京师人说:"三百贯,直通判,五百索(即一贯),直秘阁。"王黼
侍妾甚众,其中有官封者达十八人。其子十四岁便任待制,被称为"猢
狲待制"。

北宋末年的农民起义

北宋王朝极其腐朽、黑暗的统治,使社会生产受到严重破坏。日益
众多的农民破家荡产,"人不堪命,遂皆去而为盗",已成为历史的
必然。

方腊起义　两浙路是北宋经济最为发达的地区。封建国家的财
赋,有很大一部分来自这里。宋徽宗时,应奉局、花石纲之类,又对该地
区的广大农民、工匠大肆搜刮和奴役,社会秩序动荡不定。宣和二年
(1120年),睦州青溪县(今浙江淳安西北)农民在方腊领导下发动
起义。

方腊(方十三)是青溪万年乡帮源峒地主、保正方有常家的佣工
(一说方腊是漆园主)。十月九日,方腊假托"得天符牒",率领农民,杀
方有常一家,首揭义旗。远近农民闻风响应,很快发展到上万人。起义
军尊称方腊为"圣公",改元永乐,置将帅为六等。在起义的头三个月

内,陆续攻占睦(今浙江建德东)、歙(今安徽歙县)、杭、婺(今浙江金华)、衢(今浙江衢县)、处(今浙江丽水西北)等六州五十多县。各地响应起义的,有苏州石生,湖州归安(今浙江吴兴)陆行儿,婺州兰溪灵山峒(今浙江兰溪西南)朱言、吴邦,永康方岩山(今浙江永康东)陈十四等。台州仙居吕师囊、越州剡县(今浙江嵊县)裘日新(仇道人)等,也领导当地摩尼教秘密组织起兵响应。

宋徽宗于宣和三年正月,派童贯率领京畿禁军和陕西蕃、汉兵十五万人南下。宋军攻杭州,起义军战败,退回青溪。歙州、睦州、青溪相继落入宋军之手。方腊带领余部退守帮源峒。四月末,宋军重重包围帮源,发动总攻。起义军奋战,七万多人壮烈牺牲,方腊力竭被俘。八月,方腊英勇就义。起义军余部分散在浙东坚持战斗,直到宣和四年三月,最后失败。

宋江起义　重和元年(1118年),河北、京东遭水灾,贫苦农民流离失所,无以为生。宣和元年(1119年)十二月稍前,宋江领导京东路的农民举行起义。起义军活跃在河北、京东、淮南一带。大约在方腊起义失败的前后,宋江等三十六名首领接受了宋朝的招安,起义就此失败。

张迪、高托山等起义　方腊、宋江等起义失败后,宋徽宗、蔡京一伙以极大的代价从金朝手中赎回燕京(今北京)及其附近的六州,燕京驻军和官吏的给养,都摊派在河北、山东、河东百姓头上,还须运到燕京交纳。为了运送一石粮食,沿途盘费十几石到二十几石,造成这地区百姓的极大灾难。随后,王黼又在全国征收免夫钱,数达六千二百万贯。州县官吏对百姓竭泽而渔,急如星火,加上连年灾荒,饿殍遍野。宣和五年,河北、京东等路农民遂相继起义,少者几百人、几千人,多者发展到几万人、几十万人。河北路洺州(今河北永年东)张迪"聚众数十万,陷州县",曾围攻濬州(今河南浚县)五日。刘光世率宋军镇压,张迪牺牲。河北高托山在望仙山起义,号称三十万人,转战于河北和京东路青(今山东益都)、徐(今属江苏)、密(今山东诸城)、沂(今山东临沂)等州一带,宣和七年被宋朝杨惟忠、辛兴宗军战败,高托山降宋。京东路青州张仙(张先、张万仙)号"敢炽",率领起义军号称十万人。同年,在沂州礓鼓山与宋军作战,失败,张仙接受宋朝"招安"。济南府孙列率领当地农民号称十万人,占领铧子山,靖康元年(1126年)被宋梁方平军战败。沂州临沂的武胡、北京大名府(今河北大名东北)的杨天王、郓州(今山东东平)的李太子、沂州和密州的徐进、水鼓山的刘大郎等率领的农民军也都号称万人以上。这些起义队伍所到之处,杀地主、官僚,攻打州县,或则保聚山谷之间,以崇山峻岭为据点,树起起义的旗帜,"巡、尉不敢抗,县、镇不敢守"。

女真兵马的南侵和北宋的灭亡

政和五年(1115年),辽朝统治下的女真族贵族首领完颜旻(阿骨打),在混同江(今松花江及同江以东黑龙江)边建立起奴隶占有制的国家,国号金。随后向辽朝进攻,屡败辽兵。宋徽宗等以为辽朝有必亡之势,决定联金灭辽,乘机恢复燕云。宣和二年(1120年),宋、金订立"海上盟约":双方夹击辽朝,金军攻取辽的中京大定府(今内蒙古宁城境),宋军攻取辽的南京析津府(今北京)和西京大同府(今山西大同);灭辽后,燕云之地归宋,宋将原来送与辽的岁币转送给金朝。宣和四年,金军攻占辽中京、西京,由童贯、蔡攸统领的宋军,接连两次攻打辽南京,都被辽军打败。童贯要求金军攻辽南京。十二月,金军由居庸关进军,一举攻下辽南京。金朝提出:燕京(辽南京)归宋,宋将燕京租税一百万贯给予金朝。宋徽宗、王黼全部应允照办。金军将燕京城内财物和男女掳掠一空而去,宋朝接收的只是一座残破不堪的空城,改燕京为燕山府。

金军第一次南侵　在攻打燕京和宋、金交涉燕京归属的过程中,宋朝军事政治的腐朽情况在女真贵族面前已暴露无遗。金军于宣和七年二月俘获了辽天祚帝,乘胜于十一月侵宋:西路由完颜宗翰率领,从云中府(今山西大同)进取太原府;东路由完颜宗望(斡离不)率领,由平州(今河北卢龙)进取燕山府。两路约定在攻下太原、燕山府后,会师于宋朝东京开封府。西路军在太原城遭到王禀领导下宋朝军民的顽强抵抗,长期未能攻下。东路军到达燕山府,宋守将郭药师投降,金即以降将为向导,长驱南下,渡过黄河,直达东京城下。

宋徽宗自从听到金兵南下的消息,即急忙传位给太子赵桓(宋钦宗),企图南逃避难。宋钦宗即位,改明年为靖康元年(1126 年)。这时朝野官民纷纷揭露蔡京、王黼、童贯、梁师成、李彦、朱勔等"六贼"的罪恶,要求把他们处死。宋钦宗被迫陆续将蔡京等人贬官流放或处斩。

靖康元年正月,宋钦宗起用了主战派李纲为亲征行营使,部署京城的防御。战守之具粗备,金完颜宗望部即已抵达城下。宋钦宗派使者去金营求和,完颜宗望提出:宋须交金五百万两、银五千万两、牛马骡各一万头匹、驼一千头、杂色缎一百万匹、绢帛一百万匹;割让太原、中山(今河北定县)、河间三镇(称三镇,即包括其所属州县);尊金帝为伯父;以宋亲王、宰相作人质,送金军北渡黄河,才许议和。金军攻城,李纲亲自督战,多次打退金军。

驻守陕西等路的宋军,听说开封被围,立即由种师道、姚平仲等率领前来"勤王"。各地乡兵和百姓也自动组织起来,迅速向开封集中。种师道等各地援军达二十多万,金军不到六万人。李纲、种师道主张坚守京城,在敌军粮尽力疲北撤时,中途邀击,可以取胜。二月,姚平仲领兵半夜出城劫营失败,宋钦宗和太宰李邦彦罢免李纲,向金军谢罪。这些荒谬举动,激怒了东京军民,太学生陈东等在宣德门上书,要求复用李纲,罢免李邦彦等人,几万人来到皇宫前,痛骂李邦彦,砸碎登闻鼓,打死宦官几十人。宋钦宗不得已宣布再用李纲为尚书右丞、京城四壁防御使。李纲复职,下令能杀敌者厚赏,军民无不奋跃。但宋钦宗却继续派使者去金营求和,竟然答应了金朝赔款和割让三镇的要求。

完颜宗望见宋朝备战,勤王军不断来援,又因已得三镇,便撤军北归。宋朝两次出兵救援太原,均被金军击破,宋军主力耗折殆尽。

金军第二次南侵　宋朝的最高统治集团虽然把太原、中山、河间三镇的土地和人民全部割归金朝,三镇的人民却起而抗拒,"怀土顾恋,以死坚守"。北归的金军并不能凭靠宋朝最高统治集团的无耻诺言而占有三镇。因此,究竟应否割让三镇的问题,在北宋最高统治集团中也成为重新争论的议题。于是在靖康元年八月,金军再次南侵。完颜宗翰和完颜宗望仍分东、西两路进兵。这时,宋将王禀坚守太原已八个多月,因粮尽援绝,九月初被攻下。东路金军也于十月初攻入河北路的重镇真定府(今河北正定)。宋钦宗惊慌失措,召集百官商议是否如约割让三镇事。这时,种师道已死,李纲贬官,主和派唐恪、耿南仲等控制朝政,坚主割地,遣返各地的勤王军,撤除京城的防御工事。金军渡过黄河,完颜宗翰向宋朝提出,要划黄河为界,河东、河北地归金。宋钦宗一一答应,并且亲自下诏给两路百姓,劝谕他们"归于大金"。

　　十一月,金军前锋到达东京城外。闰十一月初,金军攻城。城内兵力有限,士气不振,宋廷于危急之际竟派郭京带领"六甲神兵"出战,大败逃散,东京城破。宋钦宗派宰相何㮚去金营求和,完颜宗翰、完颜宗望要宋徽宗前往商议割地。宋钦宗亲去金营求降,献上降表。从靖康元年十二月起,金军大肆搜刮宋朝宫廷内外的府库以及官、民户的金银钱帛。靖康二年四月,金军俘虏徽、钦二帝和后妃、皇子、宗室贵戚等人北撤。宋朝皇室的宝玺、舆服、法物、礼器、浑天仪等也被搜罗一空,满载而去,北宋从此灭亡。

南　宋　政　治

宋政权南迁　南宋初抗金斗争

　　金军从开封撤退之前,册立了原北宋宰相张邦昌为楚帝,企图建立一个完全听命于女真贵族的傀儡政权,统治黄河以南地区。金军撤退后,宋廷旧臣不再拥戴张邦昌,张邦昌只好避位。五月,康王赵构即位于南京应天府(今河南商丘),改元建炎元年(1127),是为宋高宗。

　　宋高宗赵构即位之初,起用当时深孚众望的抗战派李纲为相。这时河北、河东地区都有忠义民兵抗击入侵的金军。李纲要把这些力量加以组织、领导和使用，使其发挥更大的作用，便推荐宗泽任东京留守，张所任河北西路招抚使，王璪为河东经制使，傅亮任经制副使，并提出改革军制，整顿军纪，募兵买马等一系列建策，部署收复河东和河北失地。但赵构、黄潜善、汪伯彦等人，却只想用割让土地和缴纳岁币的办法，以求金人不再进军，决不敢作以武力进行抵抗的打算，因而对李纲的谋划百般阻挠和破坏。李纲任相仅七十五天，即被罢免，张所等抗战派也相继被罢免。上书言事、力主抗金的太学生陈东和进士欧阳澈也被杀害。

　　女真贵族的烧杀掳掠，在北方强制推行奴隶制等行径，激起北方人民的武装反抗。河东地区的人民用红巾作标志，组织武装，到处袭击金军。泽州（今山西晋城）和潞州（今山西长治）一带的忠义民军，曾猛攻金军大寨，金左副元帅完颜宗翰几乎被俘。女真贵族痛恨红巾军，逐捕最急，每每妄杀平民以泄愤，而红巾军却愈益壮大。河北庆源府（今河北赵县）五马山（在今河北赞皇）上，有官员赵邦杰和马扩领导一支抗金队伍，他们拥立自称信王赵榛的人作号召，人数达十万以上，各地的许多抗金武装闻风响应。河北西路招抚司都统制王彦，率军渡河，攻占了新乡县城，后被金军打败，王彦率部转移到共城（今河南辉县）西山。他的部属都在面部刺上"赤心报国，誓杀金贼"八字，以表示与金军斗争到底的决心，这支军队从此便以"八字军"著称。两河忠义民兵纷纷接受王彦的领导，队伍扩大到十万以上，屡次打败金军。此外，如幽燕地区的刘立芸、杨浩和智和禅师、刘里忙等人也分别组织抗金队伍。张荣领导的梁山泊水军，陕西邵兴（后改名邵隆）和邵翼组织的义兵，也都各自为战，奋勇抗金。

　　赵构和黄潜善、汪伯彦对北方人民的抗金斗争，实际上采取敌视态度。他们将"行在"迁往扬州，以求苟安享乐。只有留守开封的宗泽，把那些归附在他的旗帜下的各地农民起义军加以组合，并和黄河以北的忠义民兵取得密切联系，整顿防御，以加强作战实力，建炎元年冬和二年春,宗泽率军击退金军的大举进攻。但是,他收复失地的计划一直得不到赵构的批准,几次吁请赵构返回东京,也未被采纳,积愤成疾,与世长辞。接任东京留守的杜充,一反宗泽所为。北方人民抗金武装也遭受挫折,先后为金军击破。

建炎二年秋至三年春,金军又发动攻势,前锋直指扬州,赵构仓皇逃往江南。抵达杭州不久,苗傅和刘正彦发动政变,逼迫赵构退位。吕颐浩和张浚联络韩世忠、刘光世和张俊起兵"勤王",政变宣告失败。东京留守杜充放弃开封,率军退往江南的建康府(今江苏南京)。当年冬,金将完颜宗弼率大军渡江,占领建康府,杜充投降,赵构又自杭州出奔,漂泊于海上。金军追至明州(今浙江宁波),沿途遭受南宋军民的不断袭击,遂于建炎四年春在大肆掳掠后北撤。韩世忠在黄天荡一带拦截金军,相持四十天之后,金军以火攻破韩世忠军,才得回到建康。岳飞率部克复了建康府,金军退至长江以北。绍兴元年(1131年),张荣的梁山泊水军在泰州(今属江苏)缩头湖击败金将完颜昌,俘获完颜昌之婿蒲察鹘拔鲁。金军又被迫放弃淮东。

金朝在建炎四年九月册立刘豫为"大齐皇帝",建立傀儡政权,与南宋对峙,并集结重兵,攻打川陕。同月,宋川陕宣抚处置使张浚命都统制刘锡率五路军马,与金完颜宗辅(讹里朵)、完颜宗弼、完颜娄室所部在富平(今属陕西)举行大规模会战,宋军溃败,陕西五路大部丧失。都统吴玠率军扼守大散关附近的和尚原(今陕西宝鸡附近),屏蔽西川。绍兴元年十月,完颜宗弼大军猛攻和尚原,吴玠率军顽强抵御,重创金军,完颜宗弼身中两箭,金军遭受自灭辽破宋以来的首次惨败。三年正月,金军攻下金州(今陕西安康)。吴玠领兵至饶风关(今陕西石泉西)抵敌,战败。四年二月至三月,吴玠军又在仙人关(今甘肃徽县南),再次大破完颜宗弼的重兵。金军退守凤翔,暂时不敢窥伺四川。

绍兴四年五月至七月,岳飞出师反击伪齐,连克郢州(今湖北钟祥)、随州(今湖北随县)和襄阳府(今湖北襄樊),并于襄阳府附近击败伪齐悍将李成的反扑。岳飞派遣部将王贵和张宪进兵邓州(今河南邓县），击败金、齐联军几万人，又攻占唐州（今河南唐河）和信阳军（今河南信阳）。屯兵鄂州（今湖北武昌）。岳飞按照预定计划胜利地收复襄阳六郡，这是南宋建立政权以来第一次收复大片失地。

绍兴四年九月，金、齐联军自泗州（今江苏盱眙）和楚州（今江苏淮安）两地渡淮，大举南侵。十月，金军一支前锋在扬州大仪镇（今江苏扬州西北）遭遇韩世忠军伏击。金与伪齐联军进攻庐州城（今安徽合肥），岳飞奉命领军救援，在庐州城下又破敌军。

经过抗金将士四五年的艰苦奋战，南宋的统治才得以稳定下来。绍兴六年，宰相兼都督张浚部署韩世忠进攻淮阳军（今江苏邳县西），不克。岳飞率军连破镇汝军、虢州（今河南卢氏）、商州（今陕西商县）和顺州（今河南嵩县西南），兵临蔡州（今河南汝南）。伪齐向金朝求援，遭到回绝，不惜孤注一掷，分兵进犯两淮。伪齐军在藕塘（今安徽定远东南）等地分别遭到杨沂中等军拦击，大败而逃。岳飞军又在唐、邓等州击破金与伪齐联军的分路进攻，再次兵临蔡州，打退了敌人的追兵。

绍兴七年，宋廷罢免畏敌怯战的淮西军主将刘光世，但由于处置失策，副都统制郦琼裹胁大部淮西军叛变、投降伪齐，一时朝野震惊。宰相张浚引咎辞职。赵构遂取消岳飞的北伐计划。金完颜昌等人得势，废除刘豫的伪齐政权，向赵构诱降。绍兴八年三月，赵构任用秦桧为相，决意求和。赵构和秦桧进行极其屈辱的乞和活动，招致广大人民和很多士大夫的强烈反对，群情激愤。李纲、张浚、韩世忠、岳飞等人纷纷反对"议和"，枢密院编修官胡铨上奏，要求斩秦桧之流，以谢天下，赵构罢免主张抗战的官员，放逐胡铨，起用主和派，控制舆论，接受称臣纳贡的和议条件，派秦桧代表自己跪受金朝诏书。金朝将陕西、河南归还宋朝。

完颜宗弼在金朝政治斗争中得势，杀完颜昌等人，于绍兴十年撕毁和约，分兵四路，大举南侵，迅速夺取陕西、河南之地，进逼两淮。赵构被迫命令各军抵抗。新任东京副留守刘锜率领王彦旧部八字军进驻顺昌府（今安徽阜阳），以少击众，大败完颜宗弼的金军主力。完颜宗弼退守汴京，宋军分路出击，韩世忠军夺据海州（今江苏连云港）等地。陕西吴璘、杨政、郭浩等军屡败金兵，后因田晟在泾州（今甘肃泾川北）战败，宋军退守川口要隘。金军也因伤亡较多，退守凤翔府，不再出战。岳飞早先已制定了"连接河朔"的战略方针，积极与北方忠义民兵保持密切联系。他派梁兴、赵云、董荣等人深入黄河以北地区，组织游击军，广泛出击，袭扰金军，亲率主力北上，连克蔡州（今河南汝南）、颍昌府（今河南许昌）、淮宁府（今河南淮阳）、郑州（今属河南）、河南府（今河南洛阳东）等地，宋将张俊拥兵自重，玩敌怯战，到达宿州（今安徽宿州）、亳州（今安徽亳州）后，旋即退师，使岳飞处于孤军深入、兵力分散的境地。金帅完颜宗弼乘机大举反扑。郾城之战，岳飞军以少击众，迎头痛击，大败金朝主力骑兵。接着，王贵、岳云等又在颍昌大败金兵，形势对宋朝极为有利。岳飞上书赵构，要求各路宋军乘胜进军，收复失地。广大人民也闻风响应，不少州县已为忠义军所攻占。赵构和秦桧却急令各路大军停止进击，撤回原来驻地，岳飞被迫班师，金朝重占河南之地。韩世忠、刘锜等军也纷纷从前线撤回。刚开到前线的杨沂中军也在宿州溃败。

　　绍兴十一年春，金军攻打淮西。在柘皋镇（今安徽巢县北）被杨沂中、刘锜、王德等军击败，宋军收复庐州。金军回兵攻下濠州（今安徽凤阳），又分别打败韩世忠、张俊、杨沂中等援军，岳飞的援军赶来，金军退回淮北。九月，吴璘等军随后攻取秦州（今甘肃天水）、陇州（今陕西陇县）等地，并在剡家湾等战役中屡获胜捷。尽管如此，也未能改变宋廷妥协苟安的决策。

　　赵构和秦桧采用阴谋手段，解除岳飞、韩世忠等大将的兵柄，并且设置冤狱，以"莫须有"的罪名，杀害力主抗金的岳飞和战将张宪、岳云，迫令抗战派韩世忠等人退闲。

　　当年十一月，以赵构和秦桧为首的投降派和金朝议定屈辱的和约，其主要条款是：①南宋称臣于金，并且要"世世子孙，谨守臣节"。②宋金两国,东起淮水中流,西至大散关(今陕西宝鸡西南)为界,中间唐州(今河南唐河)、邓州(今河南邓县)、商州(今陕西商县)和秦州之大半皆属金朝。③南宋每年向金朝输纳银二十五万两、绢二十五万匹。这就是所谓的"绍兴和议"。

投降派的黑暗统治 人民的反抗

土地兼并的加剧 南宋土地兼并和土地集中的现象,达到十分惊人的地步。由于很多农民丧失土地,以至在南宋户口统计中出现了大批的"无产税户"。南宋初年,长江下游的很多圩田,无不被豪家所霸占。著名的建康府(今江苏南京)永丰圩,收租达三万石,数十年间,总是辗转于皇室、大将、权臣手中。在归属秦桧时的某年,大水冲坏圩岸,秦桧竟强迫四个州的民夫,为自己修筑。永丰圩成为一方的民间大害。大将张俊霸占的田地横跨不少州县,在解除兵权家居后,岁收租米六十万斛。秦桧死后,号称家道式微,至宋孝宗时,其子孙仍能收租十万斛。淮东土豪张拐腿家,岁收租谷七十万斛。南宋中期,宋廷没收权臣韩侂胄及其党羽们的田地,每年可得租米七十二万二千七百余斛,还有钱一百三十一万五千余贯。南宋后期,出现了年入租米百万斛的豪富,这是前所未有的纪录。南宋官田在垦田总额中的比例不大,但往往被官员和豪强地主占佃,而不纳租课,故官府常出卖官田。

南宋地租的主要形式,仍旧是实物分成租和定额租。定额租依田地肥瘠不等,达每亩一至两石。正额地租之外,地主对佃客还有各种名目的剥削,如强迫佃客代纳赋税,收租时还附加耗米,大斗收租,强迫送礼等类。不少地主还用"划佃"的办法,驱逐旧佃客,以提高地租额。高利贷也是一种重要的剥削方式,地主通过放债,强夺佃客的房屋、农具、种子和口粮,甚至强迫佃客妻女作奴婢。官府为地主督租,也成为南宋时较常见的现象。很多缴纳不起地租的佃客,惨遭官府的拘捕和监禁,甚至死于非命。

苛捐杂税的加重 北宋赋税的繁重,本已超过前代,而南宋又超过北宋。南宋初,浩大的军费开支成为增税的借口。宋高宗以爱养生灵作标榜,实现屈辱的和议后,人民的负担依然节节上升,直到南宋晚期,一直保持着有增无减的势头。南宋统治者一方面加重旧税税额,另一方面又新增许多苛捐杂税。

南宋比较普遍地以大斗、大斛、斗面、斛面、加耗、呈样、预借、重催等手段加重百姓两税负担,大斗和大斛使纳税额增加几成至一倍,斗面和斛面是将量器内的粮食平面堆高,所谓"斛面坡陀斗面高",有的地区甚至超过正税额。加耗米有的甚至为正税四倍。呈样又称样米,是官员以检查粮食质量为借口而进行的勒索。预借由预收两三年的税额发展到六七年的税额。重催是缴纳两税后,官府不予承认,而重叠催税。北宋时的和买绢帛,到南宋初不仅完全成为官府不支分文的正式赋税,而且在东南地区,又与夏税䌷绢绵等,以高价折钱输纳,称为折帛钱。南宋的和籴粮草也与北宋相似,实际上官府少给或不给价钱,特别到南宋晚期,农民的和籴负担愈加沉重。

南宋新增的苛捐杂税,名目繁多,特别是一些地区性的赋税,不可胜数。北宋末创设的经制钱,加上南宋初创始的总制钱,合称经总制钱。其下有很多繁琐苛细的税目。在宋宁宗前期,铜、铁钱年收总额近两千万贯,成为宋廷一笔重要的财政来源。月桩钱是为供应军事开支,而勒令各州县政府按月解送的一种横敛。州县无所从出,巧立名目,向民间榨取。如在江南西路,则有麯引钱,白纳醋钱,卖纸钱,户长甲帖钱,保正牌限钱,折纳牛皮、牛筋、牛角钱,诉讼赢者有欢喜钱,输者有罚钱等苛繁税目。宋宁宗时,东南各路月桩钱仍达三百九十多万贯。版帐钱也是南宋初创设的重赋,以供应军费为名,由各州县搜刮无名目的杂敛拼凑成数。其中以两浙路的税额最重,如常熟县(今属江苏)的版帐钱达九十二万八千多贯。

广大的自耕农、半自耕农和佃农,是赋税的直接或间接承担者,官户、寺院和乡村上户虽然拥有大部分田产,却千方百计逃避赋税。南宋政府为了保证赋税收入的稳定,不得不采取一些措施,以核实各地的田产。宋高宗时,在南宋的大部统治区实行经界法,丈量土地,划分田亩等级,重定税额。自南宋中期至后期,也在某些地区实行经界法,或令各地实行手实法和推排法。但由于官员和地主通同作弊,这些清查田产的措施,往往不能起到查核隐产,均平赋税,减轻下户负担的作用。

投降派的黑暗统治　金朝不许南宋随便罢免首相,以保证秦桧相位的稳固。大将张俊追随秦桧,参与降金和杀害岳飞,得以独掌枢密院。宋、金和议后,秦桧又指使御史弹劾,迫使张俊去位。从此秦桧便独揽大政十多年。赵构宠用的医官王继先和宦官张去为也很有权势,与秦桧狼狈为奸,互相勾结。岳飞部将牛皋对宋金和议表示不满,人民抗金武装首领出身的邵隆反对割地,被先后毒死。不仅很多抗战派被贬逐流放,就是秦桧的党羽,只要稍不合意,也动辄贬逐流放。赵构和秦桧采用高压手段钳制抗金舆论,任命秦桧儿子秦熺主编官史日历,恣意篡改史实,并严禁私史,大兴文字狱,实行特务统治。特务机关皇城司的逻卒布遍临安府(今浙江杭州),发现稍有不满言论者,即处以毒刑。赵构和秦桧还大力提倡点缀"昇平",凡进献歌颂他们降金行径的文字者,即予升官。在竭力搜刮民脂民膏的基础上,投降派纷纷营造豪华的宫殿和大宅,过着穷奢极侈的生活。官场贪贿成风,各地官员贿赂秦桧的礼品不可胜数,其家财富为宋朝左藏库的数倍。

绍兴二十五年,秦桧病危,企图由秦熺继承相位。赵构对秦桧的专权业已十分猜忌,乘机命秦桧祖孙三代退闲。秦桧死后,朝野纷纷揭露秦桧一伙的罪恶,赵构贬黜一批秦桧亲党,也为一些受打击的官员平反,却仍然委任投降派万俟卨、汤思退等人掌政,并下诏声明前此与金议和皆"断自朕志",故相秦桧"但能赞朕而已",以维持屈辱的宋金绍兴和议。

人民的起义和反抗　在金军南侵过程中,从前线败退下来的宋朝溃兵、游寇,如李成、孔彦舟、曹成等各领叛乱武装数万人,流窜各地,到处杀掠,残害百姓。加之金兵的屠戮,官府和地主的加强压榨,广大人民陷入水深火热之中,故不断爆发地区性的武装起义。在信州贵溪、弋阳一带(今属江西),王宗石利用摩尼教,发动起义,信州和饶州的贫苦农民纷纷加入,起义军迅速发展成几万人的队伍。宋廷派刘光世军前往镇压,王宗石等二十多名领袖战败被俘,二十万无辜平民惨遭屠杀。福建路范汝为、叶铁等人领导农民起义,攻占建州(今福建建瓯),前后坚持三年,起义军勒令地主"计其岁入之数"交纳租税。否则,便剥夺其种粮、牛畜,而驱逐出境。赵构派韩世忠以优势兵力围攻建州,城破后,范汝为投火自尽。起义军余部在范忠领导下,又继续战斗了近一年,最后失败。其他如婺州(今浙江金华)有和尚居正领导的起义,虔州(今江西赣州)有陈颙、罗闲十等几百支起义队伍,约十多万人,互相联络,共同反对官军,后被岳飞镇压下去。南安军(今江西大余)有吴忠、宋破坛、刘洞天等起义军,荆湖南路有邓装、胡元奭等起义军,李冬至在郴州宜章(今属湖南)起义,杀入广东路,号称"平天大王"。这是宋朝小规模农民起义很频繁的时期。

当时规模最大的,是洞庭湖滨的钟相、杨么起义。鼎州(今湖南常德)人钟相在北宋末宣传"等贵贱,均贫富"的思想,组织民众,建炎四年发动起义,攻占了洞庭湖周围的十九县。钟相建立大楚政权,自称楚王,立年号天载,设置将相官属。起义军镇压官吏、儒生、僧道、巫医、卜祝等人,夺取他们的财物。钟相被匪徒孔彦舟杀害后,杨么继续领导斗争,并宣布一律免除税赋差科,不受官司法令束缚。起义军实行陆耕水战,凭借水军优势,发挥车船威力,屡次痛击官军。绍兴五年,宋廷派遣岳飞率兵镇压。岳飞采用政治诱降为主,军事进攻为辅的策略,最后瓦解和消灭了这支起义军。绍兴和议后,投降派的黑暗统治,进一步激起人民群众的强烈反抗。从绍兴十三年起,福建路出现管天下、伍黑龙、满山红等多支起义队伍,攻打漳、泉、汀(今福建长汀)、建(今福建建瓯)等州,屡次击败宋军,绍兴十六年被福建安抚使薛弼镇压下去。绍兴十九年,汀、漳、泉州的何白旗的起义军曾发展到江南西路和广南东路境内,次年,起义失败。绍兴十四年,宣州泾县(今属安徽)摩尼教徒在俞一领导下举行起义,遭到秦桧之兄、知宣州秦梓的血腥镇压。甚至偏僻的海南岛也发生陈集成起义,反抗贪官的暴敛。临安府还发生了军校施全行刺秦桧的著名事件,施全被捕杀。

绍兴末到隆兴初的抗金斗争

金海陵王完颜亮即位后,策划灭宋,占据江南。赵构被迫部署战备、起用宿将刘锜等人,组建江州(今江西九江)、荆南府(今湖北江陵)等御前诸军。绍兴三十一年(1161年),完颜亮部署大军,分道攻宋,这时,金朝后方的广大人民都群起反抗。在济南府一带有耿京、辛弃疾等人领导的起义军,在胶东有开赵等人领导的起义军,在大名府(今河北大名)有王友直领导的起义军。在宋金接壤地区,如海州(今江苏连云港)的魏胜,泗州(今江苏盱眙)的夏俊和张政,颍州(今安徽阜阳)的孟俊,陈州(今河南淮阳)的陈亨祖,邓州(今河南邓县)的李雄,都克复州府,归附宋朝。宋将李宝率水军北上,先后与魏胜和开赵等军取得联系,一举歼灭了停泊在胶西县陈家岛(或作唐岛,今山东青岛附近)一带,准备自海上进攻临安府的金朝舰队,使金海陵王南侵计划受到严重打击。这是世界历史上首次使用火药兵器的著名海战。

金海陵王完颜亮亲率大军渡淮,宋淮西大将王权不战而遁,统制姚兴以寡敌众,力战阵亡,刘锜军也战败退回镇江。金军企图由采石(今属安徽马鞍山市)渡江,督视江淮军马府参谋军事虞允文凭借南方的水军优势,督率宋军,迎击于采石江中,金军渡江失败,移军扬州(见采石之战)。这时,金世宗完颜雍已在东京辽阳府(今属辽宁)另立政权,宣布废黜金海陵王。金海陵王强令所部再次渡江,于是扬州金军发生内讧,金海陵王被杀,金军北撤。成闵率宋军尾随,却不敢交锋,使金军主力全师而返。

驻守鄂州(今湖北武汉武昌)、荆南府(今湖北江陵)和襄阳府(今湖北襄樊)一带的宋军,与义军互相配合,击退中路金军的进犯,并先后克复蔡州(今河南汝南)等地,由于后援不继,统制赵樽等奉命班师,蔡州复被金军攻陷。

四川宣抚使吴璘率军出川,攻占陕西秦(今甘肃天水)、陇(今陕西陇县)、巩(今甘肃陇西)、兰(今属甘肃)等州大片失地。金州都统制王彦收复商(今陕西商县)、虢(今河南灵宝)等州,连战克捷。兴元都统制姚仲在原州(今甘肃镇原)战败。金将徒单合喜得到增援,率军争夺陕西,与吴璘军在德顺军(今甘肃静宁)交战,胜负未分,宋廷迫令吴璘班师,遭到金军追击,宋军大败,原来已收复的地区,又被金军夺去。

绍兴三十二年,赵构传位予宋孝宗赵眘。孝宗锐意抗金,他刚即位,便宣布给岳飞父子昭雪,召回抗战派张浚、胡铨等人,同时驱逐朝中的秦桧党人。隆兴元年(1163年),张浚出任枢密使、都督江淮军马,派大将李显忠和邵宏渊出师北上,连破灵璧县(今属安徽)和虹县(今安徽泗县),进据宿州州治符离县(今安徽宿县)。金将纥石烈志宁指挥大军反攻,邵宏渊坐观李显忠与金军激战,李显忠失利,宋军各部相继弃城溃逃,损失惨重。符离战败后,主和派官员纷纷攻击张浚,抗战派、参知政事辛次膺辞官。宋孝宗被迫遣使与金军议和,并重新任用秦桧余党汤思退为相。隆兴二年,汤思退使用阴谋手段,排挤张浚出朝,撤销海州(今江苏连云港)、泗州(今江苏盱眙)等处的戍守,并暗通消息,请金朝出动重兵胁迫议和。金军遂再次渡淮南侵,魏胜率义军在淮阴县(今属江苏)勇敢抗击,镇江府都统制刘宝在楚州(今江苏淮安)拒不救援,魏胜战死。金军攻陷楚州、濠州(今安徽凤阳)、滁州(今安徽滁县)等地。宋孝宗废黜汤思退,被迫与金朝签订和约。南宋皇帝不再对金帝称臣,改称侄,为侄叔关系,每年缴纳银绢各二十万两、匹,双方各守旧疆,这就是“隆兴和议”。

宋孝宗时的政治概况

“隆兴和议”后,宋孝宗并不甘心向金朝屈服,他进行整军和理财,准备再次北伐。乾道五年(1169年),起用抗战派大臣虞允文为右相兼枢密使,虞允文推荐范成大出使金朝,提出索取北宋皇帝陵寝所在地和更定接受金朝国书礼仪的要求,但遭到金朝的拒绝。宋孝宗还按照虞允文的建议,大力简汰各支屯驻大军的老弱残兵,加强训练,多次亲自阅兵,取得一定成效。侍卫马军司的军队移屯建康府(今江苏南京)。虞允文再任四川宣抚使,积极选练兵士,增加军储,添置马匹,联络北方抗金武装,计划由四川和东南同时出兵,在河南会师。淳熙元年(1174年),虞允文病故,北伐计划遂告中辍。宋孝宗设置左藏封桩库,逐年储备,主要作为战备军需,至淳熙十年,中央和地方库存钱币达四千七百多万贯,其中左藏封桩库达三千多万贯,是宋神宗以后的又一次高额储备记录。

宋孝宗虽图治心切,然而在某些方面受制于太上皇赵构,又不得不依赖于腐败的军事官僚机构,难以有多大的建树。宋孝宗鉴于秦桧专权的教训,躬亲政务,设法限制和贬抑宰相专权,重用亲信曾觌、龙大渊、张说、王抃和宦官甘昇,却导致这班人的招权纳贿。各地官府的横征暴敛有增无减,豪绅官僚对土地兼并和掠夺的状况也并无改变。

宋孝宗时阶级矛盾仍然相当尖锐,小规模农民起义时常爆发,在宋孝宗即位之初,广南西路爆发王宣和钟玉起义,李云起义。乾道元年,因官府向各地农户强制配卖乳香,郴州宜章县弓手李金组织群众,发动起义,攻破郴州(今湖南郴县)和桂阳军(今湖南桂阳),并南下广南东路,围攻连州(今广东连县)、英州(今广东英德)等地,宋朝从荆襄前线抽调精兵到湖南镇压,李金被俘,起义失败。淳熙二年,荆湖北路的茶农、茶贩在赖文政领导下举行起义,起义军转入荆湖南路,又进入江南西路,多次击败官军,并南下广南东路。江西提刑辛弃疾结集大批民兵配合官军,扼杀了起义。六年,南宋政府用"和籴"名义向民间大量搜刮粮米,在郴州又爆发陈峒领导的起义。起义军攻克连州、道州(今湖南道县)、桂阳军所属诸县。广南西路境内也爆发了李接起义,起义者张贴榜文,宣布十年之内不收赋税,各地人民纷纷参加起义,称李接为"李王",骂官军是贼。起义群众陆续攻下容州(今广西容县)、雷州(今广东海康)、高州(今广东高州东北)、化州(今属广东)、贵州(今广西贵县)、郁林州(今广西玉林)等地。所到之处,开发仓廪,赈施贫乏。十一年,汀州(今福建长汀)又爆发姜大老起义,这些起义都遭到官军的残酷镇压。

庆元党禁　开禧北伐

宋孝宗在位二十七年,因倦于政事,传位给四十多岁的儿子宋光宗赵惇,自己当太上皇。宋光宗患有精神病,并受制于李皇后,与太上皇的关系日益紧张。绍熙五年(1194年)宋孝宗病死后,连葬礼也无法进行,朝中骚动。宗室赵汝愚和外戚韩侂胄等共同策划,取得宋高宗吴皇后的赞同,迫令宋光宗退位,当太上皇。立其次子赵扩为皇帝,是为宋宁宗。宋宁宗即位后韩侂胄和赵汝愚两派展开了激烈的斗争。

宰相赵汝愚倡导理学,引荐朱熹,朱熹亦为赵汝愚谋划,企图阻止韩侂胄参预朝政,韩侂胄设法贬逐赵汝愚、朱熹一派。庆元二年(1196年),宋廷宣布程朱理学为"伪学",毁禁理学家的"语录"之类书籍,科举考试稍涉义理之学者一律不取。三年,将赵汝愚、朱熹一派及其同情者定为"逆党",开列"伪学逆党"党籍,共计五十九人。名列党籍者受到不同程度的处罚,凡与他们有关系的人员,也都不许担任官职,不许参加科举考试,这就是庆元党禁。党禁持续时间不长,至嘉泰二年(1202年),即宣布弛禁,不仅已死的赵汝愚和朱熹得到"追复",其他诸人也相继复官。

开禧二年(1206年),身任平章军国事的韩侂胄在没有作充分准备的情况下,贸然发动北伐战争,江陵府(今属湖北)副都统制皇甫斌败于唐州(今河南唐河),江州(今江西九江)都统制王大节攻蔡州(今河南汝南)不克,全军大溃。池州(今安徽贵池)副都统制郭倬与主管侍卫马军行司公事李汝翼败于宿州(今安徽宿州)。建康府(今江苏南京)都统制李爽败于寿州(今安徽凤台)。唯有勇将毕再遇屡获胜捷,亦无补败局。金军乘胜分路南下,攻破光化军(今湖北光化西北)、枣阳军(今湖北枣阳)、信阳军(今河南信阳)、随州(今湖北随县),又渡过淮河,攻陷安丰军(今安徽寿县)、濠州(今安徽凤阳)、滁州(今安徽滁州）、真州（今江苏仪征）等地。四川宣抚副使吴曦叛变,向金称臣,进献誓表和四川图志,割让关外西和州（今甘肃西和）、成州（今甘肃成县）、凤州（今陕西凤县东北）、阶州（今甘肃武都）四郡。金册封吴曦为蜀国王。吴曦的这种降敌行径,受到四川官员和将领的强烈抵制,四川宣抚副使司随军转运使安丙与监兴州合江仓杨巨源、兴州中军正将李好义等人互相联络,闯入伪宫,诛杀吴曦,平定了这次叛乱。随后,李好义等出兵克复关外四州,击破金军。新任四川宣抚副使安丙不许乘胜北伐,却制造内部纷争,派人杀害杨巨源,吴曦原部将王喜指使党羽刘昌国毒死李好义。

韩侂胄因军事失利,向金朝议和。这时金军实际上已无力继续作战,主力撤回淮河以北,只留下一军在濠州待和。宋朝使臣到金营,金朝提出斩韩侂胄等人,作为和议条件。韩侂胄见议和不成,决定再次整兵出战。朝中主和派礼部侍郎史弥远与杨皇后及后兄杨次山等勾结,指使权主管殿前司公事夏震等秘密杀死韩侂胄。嘉定元年（1208年）,主和派完全遵照金朝的要求,与金重订和约,改金宋叔侄之国为伯侄之国,岁币由银绢各二十万两、匹增至各三十万两、匹,宋朝另付犒军银三百万两。

嘉定时的政治概况　宋与蒙古联合灭金

嘉定元年（1208年）,史弥远任丞相,开始长期专擅朝政。韩侂胄擅权于前,史弥远专政于后,统治阶级更加奢侈腐朽:结党营私,贿赂公行,很多通过行贿而得的州县官员,都争相搜刮民脂民膏。在开禧用兵之后,因巨额的军费和赔款,南宋又出现财政危机,并长期持续,年年加重。史弥远等人乞灵于滥发纸币。宋孝宗时,曾规定东南会子每界发行一千万贯。到宋宁宗庆元时,改为每界发行三千万贯。第十一界发行额为三千六百三十二万余贯,第十二界为四千七百五十八万余贯,第十三界为五千五百四十八万贯。宋廷还规定不再以金、银、铜钱等兑换东南会子,而在东南会子兑界之际,以旧会子两贯折换新会子一贯,造成了会子充斥,币值跌落,物价飞涨,民生憔悴的局面。

宋宁宗时,爆发了多次起义反抗事件。广州大奚山岛人民依靠煮盐捕鱼为生,官府藉口搜捕私盐,派人上岛骚扰,庆元三年(1197 年),岛民一千多人奋起反抗,兵锋直指广州城下。官军进行镇压,全岛一万人口,皆遭屠戮。嘉定元年,郴州(今湖南郴县)黑风峒瑶族首领罗世传和汉族举人李元砺领导武装反抗,纵横于荆湖南路、江南西路和广南西路,发展到几万人,屡败官军,但两人先后接受招安,又发生内讧,终于被统治者各个击破。十二年,因官吏克扣军俸,四川爆发军士张福、莫简领导的"红巾队"起义,攻破不少州府,直逼成都,后遭优势的官军包围,红巾队失败,莫简自杀,张福被害。此外,武官罗日愿因痛恨史弥远的降金政策,秘密结约宫廷内外下级官兵、临安府府学生等,企图发动政变,杀掉史弥远等投降派官员。因被告密,罗日愿等人遭捕杀。

宋金议和后,金朝很快遭受新兴蒙古族的军事攻击,迁都南京开封(今河南开封),苟延残喘。嘉定七年,宋朝因真德秀的提议,停止向金朝输纳岁币。十年,金宣宗决定分兵南侵,企图扩充疆土,补偿对蒙古战争的损失。从此,宋金战争又绵延了十多年。在四川战场,金军攻陷皂郊堡(今甘肃天水西南)后,宋利州统制王逸率领官军和忠义民兵收复,继攻秦州。沔州(今陕西略阳)都统制刘昌祖下令退师,并解散抗金忠义民兵,招致宋军大溃败。兴元府(今陕西汉中)都统制吴政奋勇抗击,打败金军,而战死于黄牛堡(今陕西宝鸡西南)。新任沔州都统制张威于大安军(今陕西宁强大安镇)歼灭金军精锐,金军退遁。安丙再任四川宣抚使,联合西夏夹攻金军,夏兵攻巩州(今甘肃陇西)不下,退兵。安丙部署各军分路北伐,也师出无功。在京湖战场,制置使赵方督率扈再兴、孟宗政等力拒金兵,金军屡攻枣阳军(今湖北枣阳)、樊城等地,都以失败告终。宋军反攻唐州(今河南唐河)、邓州(今河南邓县),亦不能下。在山东和两淮战场,金朝统治下的山东地区,爆发杨安儿、杨妙真、李全等领导的起义,以红袄作标志,称红袄军,占据山东绝大部分地区。李全等各支起义军配合宋军,击破金军对两淮地区的大举进犯。由于宋朝军民的坚决抵抗,金宣宗南侵计划宣告破产。金哀宗即位,决定改变战略,结束侵宋战争,宣布"更不南伐",并派使臣到宋"通好"。

嘉定十七年,宋宁宗病死。宋宁宗原先立宗室子赵竑为皇子,史弥远得知赵竑痛恨他专权祸国,乃拥立另一宗室子赵昀即帝位(宋理宗),废赵竑为济王,出居湖州(今浙江吴兴)。后因湖州人潘壬、潘丙拥立赵竑为帝,史弥远派兵捕杀,又逼令赵竑自缢。宋理宗和史弥远巩固了自己的地位。宋理宗即位后的最初九年,事实上只是权相史弥远的傀儡,朝政昏暗如故。

山东抗金的红袄军,在宋宁宗末年,已发生分化,李全和杨妙真夫妇不再反抗女真统治者,只是发展个人实力,企图并吞红袄军的其他各支部伍,打算占据扬州,然后渡江夺取南宋"行在"临安府。后因兵败,又投降蒙古。另一首领彭义斌则坚持抗金,并与蒙古军进行斗争。他曾向南宋当局建议收拾李全,南北互相配合,克复中原,而只图苟安一隅的宋廷却置之不理。最后,彭义斌在赞皇县(今属河北)五马山与蒙古军激战,壮烈牺牲。李全叛变后,占据楚州,随后又进攻扬州,淮东安抚副使赵范和提点刑狱赵葵兄弟率宋军迎战,绍定四年(1231年),李全战败被杀。

绍定六年,史弥远病死,宋理宗亲政。当年北方形势发生急剧变化,蒙古军包围金朝都城南京开封,金哀宗出逃蔡州。蒙古约宋朝出兵夹击,灭金后河南地归还宋朝。七月,宋将孟珙出兵,歼灭金将武仙重兵,与蒙古军联合包围蔡州,端平元年(1234年)正月,宋军与蒙古军攻破蔡州,金朝灭亡。

南宋后期抗元斗争 南宋灭亡

南宋军民抗蒙 宋理宗赵昀亲政之初,尚希望有所作为,任用一批被史弥远排斥的知名之士,企图利用金朝灭亡之机,占据黄河以南地区。端平元年(1234年)，赵葵、全子才等率军进驻原北宋三京，即东京开封府、西京河南府和南京应天府(见北宋四京与南宋行在)，三城已被蒙古兵掳掠一空，宋军乏食。蒙古兵反攻洛阳，宋军溃败。蒙古遂对南宋发动进攻。

端平二年，蒙古皇子阔端和曲出分路进攻四川与襄汉。宋将曹友闻在大安军阳平关(今陕西宁强西北)击退蒙古军。曲出军攻破枣阳军和郢州(今湖北钟祥)，而未能夺取襄阳府。三年，蒙古军再攻四川，曹友闻在阳平关战死，蒙古军长驱入川，除川东的夔州路外，绝大部分州县失陷，人民惨遭屠掠。阔端虽旋即撤军，而南宋仍不能控制川北的蜀道天险，处于无险可守的状态。宋襄阳府的南军(原南宋正规军)与北军(新募的中原兵)发生冲突，北军纵火焚毁府库，投降蒙古，南军亦在撤离时大肆抢掠，蒙古军进而占领襄阳。

嘉熙元年(1237年)、二年，杜杲先后在安丰军(今安徽寿县)和庐州(今安徽合肥)大破进犯的蒙古军。蒙古宗王口温不花领兵进攻黄州(今湖北黄冈)，宋将孟珙带兵奋战，击退蒙古军。接着孟珙与蒙古军大战三次，收复信阳军，攻打襄樊，后又攻下光化军、蔡州等地。孟珙以江陵府为军事大本营，大兴屯田，训练军队，经理荆襄，策应四川，屡破蒙古军。时值蒙古大军进行第二次西征，未能全力攻宋，战局暂时稳定下来。

南宋失蜀道天险后，蒙古军经常出没成都平原，进行杀掠破坏，宋朝被迫将四川的首府自成都府迁往重庆府，四川制置副使彭大雅修筑府城。淳祐二年(1242年)，余玠出任四川安抚制置使，他采纳冉琎、冉璞兄弟的建议，大规模因山筑垒，将各州治所移入山城，特别是将合州治所迁入钓鱼山城(今四川合川东)，建成强固的军事要塞。余玠还在成都平原兴置屯田，积贮粮食，教练军旅，屡次击退蒙古军的侵扰。余玠守蜀十年，未能实现恢复全蜀的宿愿，最后因遭受丞相谢方叔等人的谗诬，服毒自杀。宋理宗、谢方叔委任余晦接替余玠，四川形势恶化。在荆襄战场，淳祐十一年，京湖安抚制置使李曾伯部署将士，收复了襄阳府和樊城,并重新修筑城防。

　　蒙哥即汗位后,开始集中兵力,进攻南宋。宝祐六年(1258 年),蒙哥大举侵宋,他亲率主力入四川,命忽必烈率军攻打鄂州(今湖北武汉市武昌),兀良合台自云南入交阯,北上攻打潭州(今湖南长沙),蒙哥军在四川节节推进,击破宋军的顽强阻击,兵临合州钓鱼山城下。开庆元年(1259 年),宋将王坚率军民死守钓鱼城,重创蒙古军,蒙哥战死于军中,蒙古军被迫撤围退兵(见钓鱼城之战)。忽必烈军猛攻鄂州不克。兀良合台兵临潭州,向士璧率军民顽强抵抗,兀良合台遂撤兵北上。贾似道督师救援,却私自暗中求和,愿意向蒙古称臣纳贡,双方划长江为界。忽必烈已知蒙哥汗死讯,急欲北返,争夺皇位,遂答应贾似道的议和条件而撤兵。贾似道在事后隐瞒求和真相,谎报鄂州大捷,并贬斥和杀害印应飞、向士璧、曹世雄等有功人员,将王坚调离四川,使之抑郁而死。

　　腐败的统治　宋理宗在位期间,农民反抗斗争依然相当激烈。绍定二年(1229 年),汀州(今福建长汀)爆发了晏梦彪领导的农民起义,赣州爆发陈三抢和张魔王起义,江南西路、福建路和广南东路农民纷纷"截发刺字",起而响应。这支起义军被镇压以后,另一领袖小张魔王仍坚持斗争。

　　面对蒙古强大的军事压力,南宋国政却愈益腐败。宋理宗沉溺于声色,宠信阎贵妃和宦官董宋臣、卢允昇。丞相董槐主张对外戚、执法官和皇城司士卒严加约束,遭到外戚等的怨恨。侍御史丁大全与董宋臣、卢允昇相勾结,弹劾董槐,并派兵劫持董槐出朝。两年后,丁大全窃据相位。开庆元年(1259 年),丁大全因隐匿军情不报,被弹劾罢官。宋理宗贾妃之弟贾似道以前线统兵大臣的身分,于军中拜右相。景定元年(1260 年),贾似道进而排挤左相吴潜出朝,独擅朝政。景定五年,宋理宗死去,宋度宗赵禥即位。度宗更加昏庸荒淫。尊奉贾似道为"师臣",又加以平章军国重事的头衔。宋度宗和贾似道过着极端糜烂的生活,不理政务,却又不准其他丞相和执政大臣问政,一切朝政,全由贾似道门客廖莹中和堂吏翁应龙办理。文天祥、李芾等正直的士大夫，都受到排斥或迫害。贾似道嫉功害能，潼川府路安抚使刘整等武将叛变降敌，南宋疆土日蹙，民穷财匮，而军队却又不断扩充，贾似道为了筹措军粮，解决财政的困窘，在景定四年颁布"公田法"。规定凡占田二百亩以上的官户和民户，一律由政府抽买三分之一，事实上，强买不限于大户逾限之田，小户的田地也在强买之列，官府一般只支付会子、官告和度牒。会子在贬值之余，大抵都成废纸。官府买到公田后，设公田庄，按规定，公田地租比原先私人地租减五分之一，由于官吏和庄官从中作弊，不少公田地租却高于原来私人地租。公田法实施于浙西，在民间造成极大祸害。宋廷后又取消庄官，改为召富户承佃公田，形成官府、佃主和租户三级租佃关系。各种繁重的赋役，给民间造成极大的骚扰和痛苦，南宋已至不可收拾的地步。

南宋灭亡　忽必烈北返，夺取汗位，在1271年改国号大元。此前，忽必烈已接受南宋降将刘整的建议，将军事主攻方向转移至襄阳府和樊城，并编练了强大的水军，从而确定了消灭南宋的战略部署。咸淳四年（1268年），蒙古军开始包围襄樊，宋军屡次救援，都被击败。八年，民兵领袖张顺和张贵率壮士三千人，乘轻舟顺流转战，突破重围，直抵襄阳城中，而张顺和张贵先后战死。九年，元军切断襄阳府和樊城的浮桥联络，攻破樊城。守将范天顺和牛富英勇牺牲，襄阳守将吕文焕降元（见襄樊之战）。襄、樊失陷后，南宋朝野震惊，而贾似道仍专持国柄，拒绝一切救亡建策。十年，宋度宗病死，贾似道拥立全后的幼子赵㬎即位，是为宋恭帝。

元朝丞相伯颜统率大军沿汉水和长江东下，水陆并进，击破南宋部署在长江、汉水一带的大量舟师，鄂州都统制程鹏飞等献城投降。黄州、蕲州（今湖北蕲春）、江州（今江西九江）、六安军、安庆府、池州（今安徽贵池）等地宋守臣相继降元。德祐元年（1275年），贾似道抽调诸路精兵十三万集结芜湖，又派使者前往求和，情愿称臣纳币，伯颜不许。两军遂于鲁港、丁家洲一带（今安徽铜陵附近）开战，在元军攻击之下，宋全军溃败,贾似道自鲁港乘小船逃到扬州。元军乘势纵击,进陷建康府。由于宋军水陆主力的瓦解,贾似道被革职贬斥远方,宋廷下诏各地起兵"勤王"。贾似道在流放途中被押解官杀死。江南西路安抚使文天祥、郢州守将张世杰等起兵救援临安府。张世杰受命指挥都督府各军,克复浙西各郡,在镇江府附近的焦山,集结大批水军,元军以火箭攻击,破南宋水军,进逼临安府。宋理宗谢后、宋度宗全后不顾文天祥、张世杰等人的反对,于德祐二年带宋恭帝出降。但守淮东的李庭芝和姜才,守潭州(今湖南长沙)的李芾,守重庆府的张珏,守静江府(今广西桂林)的马塈等,都坚持抗战,不屈而死。

文天祥、张世杰、陆秀夫等人拥立宋度宗的两个幼子赵昰和赵昺,在江南西路、福建路和广南东路一带继续抗元,图谋恢复。宋端宗赵昰于福州即位,改元景炎(1276年),因元军进逼,由张世杰、陆秀夫护卫,逃往海中,病死于碙洲(今广东雷州湾碙洲岛)。文天祥在赣州战败,转战到海丰北的五坡岭被俘。张世杰和陆秀夫拥立赵昺为帝,改元祥兴(1278),退至南海中崖山(今广东新会县南海中),作为最后据点。祥兴二年,元朝水军向崖山发起猛攻,宋军失败,陆秀夫抱幼帝赵昺投海而死,张世杰率部乘船突围后,遭遇大风,溺死海中,南宋灭亡。文天祥被押解元朝大都(今北京),拒绝元世祖忽必烈的亲自劝降,英勇就义。

宋朝政治制度

宋朝政治制度

宋朝统治者为防止藩镇割据的重现和大臣、外戚、女后、宗室、宦官的擅权,镇压劳动人民的反抗,以及防御辽、夏等侵扰,把政治、军事、财政大权最大限度地集中到朝廷,建立起一整套专制主义中央集权的政治制度,包括职官、军事、科举、法律等制度。

官制

宋朝在宫城内设置中书门下,作为中枢部门的首脑官署和正副宰相集体处理政事的最高权力机构,或称政事堂。中书门下的长官在北宋前期称同中书门下平章事。为分散宰相的事权,增设参知政事,作为副宰相。宋神宗赵顼元丰官制改革,撤销中书门下,将其职权分归门下、中书、尚书三省,以尚书左、右仆射各兼门下、中书侍郎为正宰相,再设门下、中书侍郎各一人,尚书左、右丞各一人为副宰相。宋徽宗赵佶时,蔡京为相,自称太师,总领门下、中书、尚书三省之事,改尚书左、右仆射为太宰、少宰,作为宰相。南宋时,改左、右仆射为左、右丞相,复以参知政事为副相。宋哲宗元祐时,设平章军国重事或同平章军国事,以处"老臣硕德",位居宰相之上,每数日一朝,非朝日不到都堂。宋宁宗时,韩侂胄任"平章军国事",每三日一朝,宰相不再掌印。南宋末年,贾似道专权,任"平章军国重事",左、右丞相实际上屈居于类似副宰相的地位。

宋朝设置枢密院,作为主管全国军政的最高机构。枢密院与中书门下对掌文、武大权,称为东、西"二府"。其长官称枢密使或知枢密院事,副长官称枢密副使或同知枢密院事等。

主管财政的最高机构,北宋前期称"三司",即盐铁、度支、户部三部。其长官称三司使,号称"计相"。宋神宗改革官制,撤销三司,将三司的大部分职权归户部和工部。南宋增设总领所,负责供应数路或一路各军钱粮,并参预军政。其长官称"总领某路财赋军马钱粮",简称总领。

北宋前期,宰相主管民政,枢密使主管军政,三司使主管财政。宋神宗官制改革后,宰相实际兼管财政。南宋时,宰相又兼任枢密使,兼管军政。这样,宰相再次握有民政、财政和军政的大权。

专管监察的机构是御史台,其长官称御史中丞,副长官称侍御史知杂事,主管纠察百官,肃正纲纪。台官有弹劾权,可以上疏言事,评论朝政,弹劾官员,还准许"风闻"论事。专管规谏讽谕的机构是谏院。宋仁宗赵祯时始单独置院,其长官称知谏院事或左、右谏议大夫,凡朝政缺失、百官任非其人、各级官府办事违失,都可谏正。台、谏官都以言事弹劾为责,其职权本无多大差别,这一状况导致后世台、谏的合流。

为皇帝起草制诰、赦敕、国书和宫廷内所用文书的机构是翰林学士院,设翰林学士承旨、翰林学士、直学士院等。翰林学士与中书舍人或知制诰分掌"内制"和"外制",总称"两制",翰林学士等还侍奉皇帝,充当顾问。

宋初的最高司法机构是大理寺和刑部。宋太宗赵炅时,设置有"审刑院",其长官称知审刑院事,官属有详议官。各地奏案先经大理寺裁决,报告审刑院复查,写出奏稿,上呈中书。中书申奏皇帝论决,宋神宗改革官制,审刑院并入刑部。

三省六部,即门下省、中书省和尚书省以及吏、户、礼、兵、刑、工等六部。北宋前期,三省的名誉长官"门下侍中"、"中书令"和"尚书令",也极少委任过,而另外各委派一名官员判本省事。尚书省所辖六部,也各另派官员一人至二人判本部事,本官不管本职,而且新设一些机构分割了各部的大部分职权。如审官院代行吏部考校京朝官的职权,太常礼院和礼仪院代行礼部的礼仪之权,三司代行户、工部的大部分职权,审刑院代行刑部复审大理寺所定案牍之事等。直到宋神宗改革官制,以三省代替中书门下,六部各设尚书和侍郎,主管本部事务,三省六部才行使相应的职权。

宋朝的地方政府机构实行州(府、军、监)、县二级制(见府、州、军、监)。宋初沿袭唐制,将全国划分为十多道。宋太宗时改道为路,路作为朝廷派出机构的辖区,在州、县之上(见两宋路制)。宋神宗元丰八年(1085年)分为二十三路。北宋前期,各路皆置转运使和提点刑狱,有些路常置安抚使,各设官衙办事。安抚使司俗称"帅司",由本路最重要的州府长官兼任,主管一路的军政,也兼管民政、司法和财政等。转运使司俗称"漕司",主管所领州县的水陆转运和财政税收,兼管司法和民政等。提点刑狱司俗称"宪司"，主管一路的司法，兼管财政等。宋神宗时，增设提举常平司，俗称"仓司"，主管本路常平、义仓、免役、市易、坊场、河渡、水利之事，南宋时与提举茶盐司合并，增管茶盐。此外，又设提举坑冶、茶马、市舶等司，漕、仓、宪等司总称监司。监司号称"外台"，具有监察职能，权任颇重。

各州（府、军、监）直属朝廷，由朝廷委派京、朝官管理州郡事，称"知某州军州事"，表示全权管理本州的军、民之政，知州可直接向朝廷奏事，多用文人，并经常调换。知州以外，设"通判某州军州事"同领州事，裁处兵民、钱谷、户口、赋役、狱讼听断等事，行文与知州联署。其官属有录事、司户、司法、司理等各曹参军。录事参军主管州衙庶务，纠察各曹稽违；司户参军主管户籍、赋役、仓库受纳；司法参军主管议法断刑；司理参军主管审讯狱讼。此外，还有节度掌书记、判官、推官等幕职官以及州学教授。

各县设知县或县令，还有丞、主簿、尉等。宋初设判县事，为一县之长。后常以京、朝官领县者称知县事，以选人宰县者为县令。知县或县令主管一县民政、司法、财政，如有驻军则兼兵马都监或监押。宋仁宗初，始置县丞，以选人充任。后以京、朝官充县丞者，称知县丞。丞为县的副长官。主簿主管本县出纳官物，销注簿书。尉的职位在主簿之下，俸禄相同，主管阅习弓手，维持治安，后命兼巡捉私茶、盐、矾等。

宋代实行官、职和差遣分离的制度（见官、职、差遣）。宋初利用唐代的三省六部等官名组合而成官阶，只用以定品秩、俸禄、章服和序迁，因此又称为"阶官"或"寄禄官"，宋神宗改革官制时，文官（京朝官）定为二十五阶，宋徽宗时增为三十七阶（包括选人），还改定武官共五十二阶。差遣是指官员担任的实际职务，即"职事官"。

昭文馆、史馆、集贤院、秘阁等的职衔，如大学士、学士、待制等，是授予较高级官员的清高的头衔。官、职和差遣的分离，导致大批冗员的出现。

宋代还把文官按官阶划分为"幕职州县官"、"京官"和"升朝官"三大类。幕职州县官又称选人,是低级文官的总称。其寄禄官有两使职官、初等职官、令录、判司簿尉共四等七阶,宋徽宗时改为承直郎至迪功郎共七阶。京官是比选人品级略高而不常参的低级文官的总称,其寄禄官共有承务郎到宣教郎等五阶。宋神宗官制改革,废除京官之称,改为"承务郎以上"。升朝官是可以参加朝见、宴坐的中上级文官的总称,其寄禄官有通直郎到开府仪同三司等二十五阶。选人经过考核和一定员数举主的推荐,达到一定考数(任职满一年为一考),便能升为京朝官。选人升为京朝官称为"改官",是每个官员仕宦生涯中的一件大事。武官也按官阶分成使臣、诸司使、横班。另有节度使到刺史等,实际成为另一种官阶。

宋代保留了前代的一些附加性官衔,如散阶、封爵、食邑、勋官和检校官等,都已成为荣誉头衔。爵有王、嗣王、郡王到各县开国子、开国男共十二级。只要官资及格,该封开国男以上者,即给予食邑二百户以上达一万户;又官资及格,给予食实封一百户以上到一千户。每食实封一户,每日计钱二十五文,随月俸领取。勋官有上柱国、柱国到云骑尉、武骑尉共十二等。检校官有太师、太尉、太傅、太保、司徒等十九级。文臣任枢密使,都带检校太尉、太傅。

北宋前期的官品沿袭唐制,文官共九品,有正、从,自正四品以下,又分为上、下,共三十等。但官品和官职多不相称。宋神宗官制改革,正名责实,减少了官品的等级,改为九品正、从十八级。

朝廷对各级官员制订了磨勘(考核劳绩过失)、叙迁、荫补等法。宋初废除按岁月叙迁之制。宋太宗时,设审官院和考课院分掌京朝官和幕职州县官的考课事宜。宋神宗官制改革,设吏部四选分掌文、武官的考课、差遣等事。宋真宗赵恒时,还规定文臣(京朝官)任满三年、武臣四年(后改为五年)磨勘升转本官阶一次,幕职州县官在改为京朝官时也实行磨勘。此后,为减少冗员,不断加严磨勘条件,如延长磨勘年限、规定迁转的止法、限止每年磨勘转官的员数、增加举主等。磨勘的标准有多种。以举官当否、劝课农桑、增垦田畴等"七事"考核监司。以德义有闻、清谨明著、公平可称、恪勤匪懈等"四善"和"狱讼无冤，催科不扰，为治事之最；农桑垦殖，水利兴修，为劝课之最；屏除奸盗，人获安处，赈恤困穷，不致流移，为抚养之最"等"三最"考核州县长官。考核分为三等，七事中具有五项者列为上等，具有三项者列为中等，不足两项者列为下等。朝廷按官员考绩以定升迁。其中宰执、侍从和卿列馆职、科举出身的文官有优先权，可以超资升转，其余荫补出身、杂流等只能逐资转官。有军功的武官，自武翼郎以上，每转一官，即双转两官。在遇朝廷举行郊祀或明堂大典、皇帝生日以及本人致仕、奏进遗表等情况下，中、上级官员还可荫补其亲属、门客以官衔或差遣。如《庆元条法事类》记载，遇大礼时，宰相可荫补缌麻以上亲十人，执政官可荫补八人，节度使等可荫补六人。

　　宋代中、上级官员的待遇比较优厚，有俸禄、职田、祠禄、恩赏等。俸禄分为正俸、添支、职钱、禄粟、衣赐（春冬服、冬绵），还有傔人（随从）衣粮，以及茶酒、厨料、薪炭、饲刍之给等。在北宋前期，宰相、枢密使月俸三百贯（每石米价约六七百文到一千文），禄粟月一百石，春、冬衣共赐绫四十匹、绢六十匹，冬绵一百两，随身傔人的衣粮七十人，每月给薪一千二百束，每年给炭一千六百秤、盐七石，节度使月俸四百贯，禄粟月一百五十石等，待遇最高。待遇最低者为内侍省宦官"郓、唐、复州内品"，月俸仅三百文，而"入内小黄门"等禄粟仅一石。宋神宗改革官制，分别阶官和职事官，用阶官定俸禄，阶官的俸禄称为"料钱"。在京职事官自御史中丞、开封府尹以下至律学正，改给"职钱"，每月为一百贯至十四贯不等。部分在京职事官在料钱外，另支职钱。其中又照顾到阶官的高低，职钱略有增减。这些俸钱一般都半给现钱、半予折支，很多官员还可支取公用钱（公使钱）。外任地方官还配给职田，自三四十顷至一二顷不等。宋神宗后，一些下台的或势将下台的官员有的还被授予或自请担任宫观官、监岳庙等闲官，坐领"祠禄"。此外，朝廷的各种临时赏赐，也成为官员的又一重要经济收入。

军制

宋太祖赵匡胤在夺取到政权后，即对五代诸王朝实施的中央军政结构逐步进行了一些调整，一般由文臣主持的枢密院，统管军政。还设殿前司、侍卫马军司和侍卫步军司，合称三衙，三衙武帅在平时分掌禁兵（禁军）和厢兵（厢军），但无权调遣。枢密院和三衙分掌"发兵之权"和"握兵之重"，互相牵制。禁军用以"守京师，备征戍"，在出外征战或沿边戍守时，又临时设立部署（后改名总管）、钤辖、都监之类统兵官。后来，又往往派文臣任经略使、经略安抚使、安抚使等，或兼任总管之类，统辖副总管等武将。"枢密掌兵籍、虎符，三衙管诸军，帅臣主兵柄"，是北宋的军事统辖体制。

禁军有复杂的番号和等级，大致分上禁军、中禁军和下禁军三等。按照规定，禁军有厢、军、指挥（营）和都四级军事编制单位，其中最普遍、最重要的是指挥一级。禁军在调动、屯戍和作战时，往往打乱厢和军的编制，而以指挥作为基本单位。临时拼凑的各种番号的禁军指挥，与部署之类统兵官之间，"兵不知将，将不知兵"，成为北宋军事能力软弱的重要原因。北宋初，禁军是中央军，实行更戍法，由京城轮流出戍外地，隶属部署司者，称"驻泊"，隶属各州者，称"屯驻"，因某地粮草价贱，即暂往该地驻扎，称"就粮"。实行更戍法，主要是为防范军队与地方，武将与军士之间发生密切的关系，威胁皇权，后又陆续在各地设置就粮禁军，作为地方军，不回驻京城，但也实行更戍法。北宋初还实行内外相制的办法：以一半兵力驻守京师，一半兵力轮流出戍外地。由于就粮禁军的不断增设，到宋仁宗时，开封禁军仅为南北方各地就粮禁军之半，即使如此，开封兵力仍比任何一路多得多，也足以内外相制。

除禁军外，北宋尚有厢军、乡兵、蕃兵、土兵和弓手。厢军驻扎各地或隶属某些机构，往往不加训练，只服杂役。在陕西、河东路与西夏接壤地区，宋朝编组少数民族壮丁充蕃兵，其编制实际上依其大大小小的部族为单位。蕃兵是北宋西北地方军，很有战斗力。宋朝在各地设置多种乡兵,如河北、河东和陕西的义勇,河东和陕西的弓箭手,广西的土丁,广东的枪手,江西和福建的枪仗手等,王安石变法时的保甲也是乡兵。乡兵大都是按户籍编组各地壮丁,也有少数乡兵实行招募。乡兵不算正式军队编制,平时从事生产,仅在参加军事行动时发放钱粮。少数乡兵,如陕西和河东的弓箭手之类,也有相当战斗力。土兵为宋神宗时所设,隶属各地巡检司。弓手原为吏役,隶属各县尉司。宋神宗时,将弓手由轮差改为雇募后,南宋人也将弓手作为一种军队。"弓手为县之巡徼,土兵为乡之控扼",都属地方治安部队。南宋时,因河东、陕西相继失陷,蕃兵事实上已撤销,而厢军、乡兵、土兵、弓手等仍保留。

宋朝实行募兵制,经常采取灾年招兵的办法,企图将"天下失职犷悍之徒"招收为兵,用以防范人民的起义和反抗。但在兵源缺乏的情况下,也抓夫充军。罪犯也是宋军军士的重要来源。此外,还鼓励营伍子弟接替父兄从军。宋太祖曾挑选壮士作为"兵样",分送各地依此募兵。后又改用"等长杖",主要按被募者的身长,分配于各等禁军,而短弱者则充厢军。兵士须在脸部、手部等处刺字,以防逃亡。兵士的家属一般居住于军营。宋朝制定详细的军法,其中最重要的是"阶级法",规定各级官兵之间严格的隶属关系,兵士对上级稍有冒犯,便须处死或流放,连上告也得判刑。军士逃亡,按规定需处以严刑。宋朝军法虽严,因军政腐败,特别是对犯法的武将,有法不依,执法不严的情况屡见不鲜。官兵俸禄等级繁多,正俸有料钱、月粮、春冬衣等名目,还有如招刺利物、郊赏、特支、军赏、口券等各种补助。由于军政腐败,官员刻剥和私役军士的情况十分普遍,很多军士兼营他业以维生。

北宋各代养禁军、厢军达数十万人至一百几十万人,维持了一支前朝未有的庞大而冗滥的常备军。军中老弱众多,训练颇差,编制也往往不满员,严重地影响了战斗力。军费占据财政开支的大部分,尽管宋廷竭泽而渔,仍出现长时期的财政危机。

　　宋神宗时实行将兵法,在四川以外各路和开封府各县设置一百几十将。每将大都有几千兵力,包括各种番号的若干禁军指挥,而事实上已打乱了原有的编制,称系将禁军。各地不编组为将的禁军称不系将禁军,降居次要地位。留驻京城的禁军称在京禁军。编组系将禁军,旨在加强军训,并作为征战时的机动主力。北宋后期,系将禁军逐渐形成将、部、队三级编制,不久又在将之上设军。此后,统制、统领等临时差遣也演变为军一级的统兵官。

　　北宋和南宋之交,禁军大部溃散,南宋重新编组正规军,称屯驻大军。南方各地原有的系将禁军和不系将禁军,沦为与厢军相类的杂役兵。但在军情紧急时,仍可抽调禁军壮卒,军士又分成拣中和不拣中两等。屯驻大军几经改组,番号也屡有更易。绍兴十一年(1141年),宋廷用阴谋手段解除岳飞、韩世忠等大将兵柄后,陆续在沿江和川陕交界设置十支屯驻大军,各军番号为某州府驻扎御前诸军,统兵官为都统制和副都统制。北宋的三衙统兵制度已经废除,三衙的三支军队,实际上也是屯驻大军。这十三支正规军下设军、将等军事编制单位。屯驻大军改变了禁军番号和等级繁多的状况,其军士一般分效用和军兵两级。效用军俸较高,很多效用实际上不刺字,效用和军兵内部又分若干等级。各屯驻大军有一定比例的"不入队人",充辎重、火头等非战斗人员。

　　宋军以步兵为主,弓弩是主要兵器。骑兵缺马的情况相当严重,宋朝不重视骑兵建设,往往将骑兵作为步兵的附庸。南宋因防江和防海之需,水军规模大于北宋,自长江中游、下游至沿海各州,大都部署水军。水军在对抗金、元的战争中起着重大作用。宋朝已进入冷、热兵器并用时期,特别到南宋中、后期,成批生产的火药武器,已在宋军兵器中占有相当的比重。火药兵器不仅应用于陆战,也应用于水战。

　　宋宁宗开禧北伐失败后,三衙和十都统制司的正规军体制逐渐破坏。一般由文臣任制置使、安抚制置使、宣抚使等,主持各大军区,逐步改变这类官员以往节制军事软弱无力的状态,在事实上取代和剥夺了十都统制司的统兵权和指挥权。各大军区的制置使等,又在屯驻大军之外,另外创建很多番号的新军,这些新军的兵力不断扩充,逐渐成为南宋后期的正规军主力。各屯驻大军兵力相应渐次减削,仅占正规军的一小部分。

科举制

宋太祖至宋真宗朝,在革除唐代科举制弊病的基础上,建立起一套相当完整、严密的科举制,成为封建专制主义中央集权制的重要组成部分。

北宋前期,贡举设进士、诸科(包括九经、五经、开元礼、三史、三传、三礼、学究、明法等科)和明经,另外还有制举、武举、童子举等科。熙宁四年(1071 年)后,废罢明经、诸科和制举,命诸科举人改应进士科,另设新科明法。宋哲宗元祐四年(1089 年),进士科分为诗赋进士、经义进士两科,又设贤良方正能直言极谏(原属制举科目之一)等科。绍圣时,恢复熙宁之制。后一度设八行、宏词等科。南宋设诗赋进士、经义进士、武举、贤良方正能直言极谏、博学宏词等科。宋代科目逐渐减少,进士科成为最主要的科目。

宋代实行解试、省试和殿试三级考试制。解试又称乡贡,由地方官府考试举人,然后将合格举人贡送朝廷。解试包括州试(乡试)、转运司试(漕试)、国子监试(太学试)等几种方式,在省试前一年秋季,择日考试,举人解试合格,由州或转运司、国子监等按照解额解送礼部,参加省试。省试由尚书省礼部主管,宋英宗后每三年举行一次,在春季选日考试各地举人,连试三日,合格者由礼部奏名朝廷,参加殿试。自开宝六年(973 年)开始,由皇帝亲临殿陛复试礼部奏名合格举人。从此,每次省试后,必定举行殿试,殿试所定名次与省试有所不同,举人殿试合格才算真正"登科"。

除解试、省试、殿试外,南宋时四川还举行与省试相当的类省试,以照顾远离临安的四川举人。

为了防止考官作弊,在解试和省试时,规定有关官员的子弟、亲戚、门客必须回避,另派考官设场屋考试,称"别头试"。如由官府用公牒送到别处贡院考试,称"牒试"。现任官员参加贡举考试,称"锁厅试"。

各级考试程式逐步完备。如省试,在开考前数日,考官进入贡院,直到考毕,不得外出或会见亲友,称为"锁院"。举人事先向贡院交纳试纸和家状,加盖官印。在考场内,举人按座位榜对号入座,按贡院刻印的试题考试。封弥院将试卷卷头上的举人姓名、乡贯糊住,编成字号;誊录院负责誊写试卷副本;对读所负责校勘。考官根据副本审批定等,再送知举官等覆审并决定名次。这种考试程式比唐代严密得多。

考试内容,因科目而异,如北宋前期,进士科考试诗、赋、论各一首,时务策五道,贴《论语》十帖,答《春秋》或《礼记》墨义十条。后来允许用作文或撰赋代替,称"赎贴"。宋神宗熙宁四年后,停试诗赋、帖经、墨义,改考经义和论、策。新科明法考律令大义和断案。宋哲宗元祐四年,对经义进士考试本经义三道、《论语》义一道等,兼考论、策;对诗赋进士考试诗、赋,也兼考论、策。此后,各科考试内容还有一些变化。

参加科举考试的各科士人,通称"举人"。举人没有出身,只享有免除本人丁役、身丁钱米的特权;曾赴省试的举人,可以赎免徒以下的公罪和杖以下的私罪。举人殿试合格,按五甲(或五等),授予本科及第、出身或同出身等。前三名依次为状元、榜眼、探花。对于多次参加省试或殿试的落第举人,只要达到规定的举数及年龄,由礼部另立名籍奏申朝廷,参加殿试,称"特奏名"。经过简单的考试,授予本科一定的出身或文学、助教等。

宋代科举向士大夫广泛开放,除严禁有"大逆人"近亲、"不孝"、"不悌"、"工商杂类"、僧道还俗、废疾、吏胥、犯私罪等人应试外,对于各科举人,不重门第,考试合格,就可录取。

两宋三百余年间,贡举登科者共有十一万多人,平均每次录取的人数为唐代的十倍左右。更重要的是,唐代登科后,还要经过吏部身、言、书、判的考试,才能走上仕途,宋代士人及第即可释褐入官,因而更能够吸引广大知识分子参加科举,"以一日之长","决取终身富贵"。大多数举人出身于一般地主和殷富农民,还有少数工、商子弟和官宦子弟,由此来扩大统治基础,加强专制主义统治。

朝廷为防止科举中发生弊端,禁止知举官与举人结成"座主"(或"恩门"、"师门")与"门生"的关系;禁止台阁近臣在知举官入贡院前,"公荐"自己所熟悉的士人,或"嘱请"知举官录取某一举人;禁止举人在试场夹带文字、暗传经义或点烛等。

宋徽宗崇宁三年(1104 年),曾停止举行解试和省试,全国取士都经过学校升贡,太学成为士人参加殿试的主要途径。宣和三年(1121年),恢复旧制。

法律

宋初,以《后周刑统》为蓝本,经过修改和补充,编成《重详定刑统》三十卷,是宋代的第一部法典。该书律文大都照抄唐律,令、格、式、敕则增添了许多新的内容。宋代皇帝的诏敕是最有效力的法律形式,敕可代律,所以编敕是当时最重要的立法活动。每逢皇帝即位或改元,把多年的单行敕令分类整理,删去重复和矛盾的内容,再颁布实行,称为编敕。敕由皇帝根据实际需要随时颁布,不及律稳定,但具有灵活性。不仅有适用于全国范围的敕,而且有适用于一司、一路、一州、一县的专敕。宋神宗时,进一步肯定敕的地位和作用,改其目为敕、令、格、式,律反而不被重视。宋代的立法制度遂由从前的律、敕并重而进入了以敕代律的新时期。自宋孝宗赵昚时开始,编纂"条法事类"。今存《庆元条法事类》(残本),是宋宁宗时行用的一部法典。宋代法令繁多,超越前代,因而法网严密。但也出现皇帝以言废法的现象,尤以宋徽宗时最为严重,所谓内降手诏、御笔手诏,如不奉行或执行迟缓,即以"违制"或"大不恭"论罪。有些权臣也用都堂批状、指挥行事,以至与成法并立。

宋代法律的内容极为广泛,对官民的舆服、官员职制、选举、文书、榷禁、财用、赋役等,涉及政治、经济、日常生活等各个方面,都作了详尽的规定。这些内容带有时代的特点。如唐、宋之际社会阶级结构发生一些变化,宋代法律便明确规定了官户、形势户的涵义及其各种特权,又规定了乡村客户的迁移手续和法律地位等,这些都是中国历史上首次出现的条法。宋代土地私有制进一步发展,法律正式制订了保护土地买卖的条文。宋代农村租佃关系盛行,地主和佃农之间一般订有契约,佃农违反契约,就要受法律的制裁。有关这类经济法、民法等的条文日益增多。农民起义此起彼伏,连绵不绝,法律对此作了种种防范和镇压的规定,如严禁民间私有武器,严禁"传习妖教"。对于谋反、谋大逆、谋叛等罪,判刑都比前代加重,或腰斩、弃市,或凌迟处死。对于强盗、窃盗等罪,也计赃和情节加重判刑。宋仁宗嘉祐(1056—1063年)时,规定对在开封府诸县犯罪者皆判重刑,量刑始有"重法地"和"非重法地"之分。宋神宗时,重法地扩大到河北、东京、淮南、福建等路,还制订了《盗贼重法》。

　　宋初在朝廷中央设置刑部和大理寺,作为最高司法机构。大理寺决断全国所申奏的案件,刑部复审大理寺所定重大即死刑案件,并主管全国刑法,刑事和民事诉讼,官员犯罪后赦宥、叙复、雪理等事。宋太宗时,在宫中另设审刑院,复查大理寺所定案件,直属皇帝。宋神宗官制改革,撤销此院,恢复刑部原有的复审权。经过大理寺和刑部二审的重要案件,还须经门下省复核,发现不当,即予驳正。中书省还有权作进一步评议。遇重大疑案,皇帝命正、副宰相与御史、谏官、翰林学士等"杂议",然后决断。有时奉皇帝命令,特设"诏狱"审理重大案件。宋神宗时,依诏立案审判犯人而特设的机构,称制勘院;依中书之命而特设的机构,称推勘院,结案后撤销。地方的司法机构,路一级设置提点刑狱司,复核和审查所属州府判决的案件和囚帐,并经常巡视州县。州一级的司法机构,宋初设司寇院,后改称司理院,审讯民事诉讼和刑事案件。又设州院(或府院、军院),由录事参军主管,职责与司理院相同,另设司法参军,主管检法议刑(判决)。自御史台、大理寺、开封府、临安府以至地方州县,还都设置监狱。宋朝逐步制订出一套严密的刑事审判制度。审行鞫(审)、谳(判)分司和州县司法机构独立审判的原则。县级审判机构有权判决包括杖罪以下诸罪。州级审判机构在元丰前有权判决包括死刑在内的各种案件,元丰后,判决的徒以上案件必须呈报提刑司审复。

宋代对有关田宅买卖、财产继承、婚姻、债负、交易等民事诉讼的期限、裁决等制订了详细的法律条文。如为保证农时,不妨农务,规定地方司法机构以每年二月初一到九月三十日为"务限",停止审理上述案件,到十月初一"开务"后,始行受理。又规定词诉结案的时限,县为当天结绝;如须追问证人,不得超过五天;州府为十天;监司半月。又如规定大理寺判决案件的时限,大事为二十五天,中事二十天,小事十天。

宋代还沿袭唐代,将刑罚分为笞、杖、徒、流、死五等,但对徒、流刑都附加杖刑。流刑在决脊杖之外,还在脸上刺字或耳后刺环,称"刺配"。宋代又沿用五代旧制,流配犯人发往远恶地区服苦役,称为"配隶"。配隶者附属于军籍。宋仁宗后,增加了凌迟即剐刑,与绞、斩同列为法定的死刑之一。

宋代还有赦免制度,赦免分为大赦(死罪以下者都予免罪)、曲赦(适用于一路、一州等范围)、德音(死、流罪者减刑,其他罪者释放)等。但赦免仅限于一般犯罪,凡属"十恶"之类危害封建国家和社会的重大犯罪,不在赦免之列。

高度发展的宋代经济

在漫长的中国封建时代,宋代是经济发展迅猛的时期,无论在农业、手工业、商业等方面,都取得了突出的、引人注目的成就。

农业

作为国民经济基础的农业,由于人口的增加,垦田面积的扩大,铁制工具制作进步,耕作技术的提高,产量倍增,以及经济作物的扩大,多种经营的展开,从而取得了前所未有的全面发展,为手工业、商业的发展奠定了基础。

人口和垦田的增加　封建时代的生产以个体劳动为基础,因而人口的增长和减少,对社会生产具有直接影响。宋代人口就其总趋势看,一直是增长着的。

经过唐末、五代以来的长期战乱,宋太宗赵炅末年(997年),全国户口统计仅有四百一十三万二千五百七十六户。宋真宗赵恒末年(1021年),增加到八百六十七万七千六百七十七户,一千九百九十三万零三百二十口。宋仁宗赵祯末年(1063年),增加到一千二百四十六万二千三百一十七户,两千六百四十二万一千六百五十一口。宋英宗治平三年(1066年),增加到一千二百九十一万七千二百二十一户,二千九百零九万二千一百八十五口。宋徽宗赵佶大观四年(1110年),更增加到二千零八十八万二千二百五十八户,四千六百七十三万四千七百八十四口。宋代户口统计一般只计男丁,户口数字中的口数乃指男丁的人数。按每户实际平均五口计算,宋徽宗时全国人口约为一亿,这是前代所未达到的。北宋国土小于汉、唐,但人口则多于汉唐,人口增长速度和人口分布密度都高于汉唐,这是宋代农业生产远远超过汉唐的一个重要条件。

南宋国土比北宋约减少五分之二,而农业生产发达地区都在南宋境内。南宋初,除四川、广南等地外,东南一带遭受严重的兵燹破坏,如在建炎末,产米最丰富的平江府(今江苏苏州)在金军屠杀和官兵荼毒之余,加上瘟疫,死亡五十万人,仅剩十分之一二的人口。明州(今浙江宁波)、洪州(今江西南昌)等地都遭受金军屠城的惨祸。但是,由于北方劳动人民大批南迁,和南方农民共同辛勤劳动,使南宋的农业生产,较快地得到恢复和发展。

宋高宗赵构末年(1161年),南宋全国户口统计为一千一百三十六万四千三百七十七户,两千四百二十万二千三百口,此后户口数或升或降,至宋宁宗末年(1223年),全国户口统计为一千二百六十七万零八百户,两千八百三十二万口。依每户实际平均五口计算,南宋自孝宗至宁宗时,人口约有六千万左右。南宋与金朝、元朝接壤的淮南路、京西南路、荆湖北路等，户口比北宋减少，但在腹地的某些路，人口仍有所增长。如自宋徽宗崇宁元年（1102年）至宋宁宗嘉定十六年（1223年），两浙路自一百九十七万五千户增至两百二十二万零三百户，江西路自一百五十五万一千八百五十八户增至两百二十六万七千九百八十三户，湖南路自九十五万二千三百九十八户增至一百二十五万一千二百户，福建路自一百零六万一千七百五十九户增至一百五十九万九千二百一十四户，成都府路自八十八万二千五百一十九户增至一百一十三万九千七百九十户。

随着人口的不断增长，垦田面积也不断扩大。宋代平原地带已大部垦辟，如浙西平江府一带，"四郊无旷土，随高下悉为田"。"江（江南路）、浙（两浙路）之田，不以肥瘠，民争尺寸"。"两川地狭生齿繁，无尺寸旷土"。在山陵地区，尤其是南方各路，还到处"垦山为田"，开垦了大批梯田。"梯田"一词即起源于宋代。宋代梯田的数量也相当可观。如福建路大部分耕田都是梯田。建康府（今江苏南京）的上元和江宁县，宁国府的宣城县（今属安徽），山田约占耕田的半数。由于广大农民的积极垦辟，宋代垦田以前所未有的速度增加。据官方统计，宋太宗至道二年（996年）为三亿一千二百五十二万五千一百二十五亩，而至宋真宗天禧五年（1021年）即达五亿二千四百七十五万八千四百三十二亩，二十五年间增长了百分之六十八。由于品官形势之家的隐田漏税，宋仁宗时登录在国家版籍上的仅二亿二千八百万余亩，以后虽有所回升，到宋神宗赵顼时，仅达四亿六千一百六十五万五千五百五十七亩。根据宋神宗时人口增长情况，以及宋代农户生产能力估计，北宋时垦田可达七亿至七亿五千万亩，超过汉唐时期的垦田数。

农田水利的发展　北宋时，农民尽可能克服自然条件的限制，因地制宜地开垦农田。长江下游各地，圩田（围田）大有增加。北宋中期，仅宣州（今安徽宣城）到池州（今安徽贵池），就有千区以上的圩田。不少圩田，圩长数十里，围垦田达数百顷、上千顷。例如永丰圩、万春圩、陶新圩等，就是这类著名的圩田。圩田能防旱抗涝，使收获可得到较多保证,成为当时的稳产高产田。绛州(今山西新绛)农民人工引马壁谷水淤田,使河床淤泥入田,因而原来亩收谷五七斗的盐碱地,变成了良田,每亩可收二三石。江淮农民还垦殖数量甚多的沙田。福建、江西等路农民,还"缘山导泉",在山田种植水稻。宋神宗时王安石变法,大搞农田水利建设,取得了巨大成就。

南宋也比较重视水利建设,仅在五十年内,各地兴建或修复较大的水利工程,如潭州(今湖南长沙)的龟塘,可溉田万顷;兴元府(今陕西汉中)的山河堰,溉田九千三百三十多顷;镇江府练湖的七十二源,溉田在万顷以上。江东路不少州县也盛行圩田。太平州(今安徽当涂)的耕地,圩田十居八九。浙西路围田相望,据宋孝宗淳熙十年(1183年)统计,达一千四百八十多所。淀山湖四周被围垦几十万亩。两宋在东南地区兴修圩田、围田之类,实际上即是对低洼地的改造与垦殖。然而在当时的历史条件下,豪势之家霸占水利、围湖造田,平时垄断水利,一遇涝灾则以邻为壑,又对农业生产发生不利的影响。如绍兴府著名的鉴湖,灌溉面积几乎占会稽县农田的一半,由于豪强富户不断侵耕包占,至宋宁宗时,几乎丧失了灌溉效能。

农具的改进　宋时农具制作不但数量大、质量好,而且品种多。铁制犁铧已经多样化,主要有尖头、圆头两种,适用于耕作不同的土壤。碎土疏土用的铁耙,安装在耧车车脚上的铁铧,除草用的弯锄,在北宋中原和华北地区已普遍使用,说明耕作程序增多,农民对精耕细作更加注意。铁耙、镬头、铡刀、镰刀等形制也有改进,轻巧耐用。戽水灌田的龙骨翻车,有全用脚踏和用牛拉的两种,已为南方农民普遍使用。南方山田的大量垦辟,使用了高转筒车,依靠水力推动,引水上山。其他如插秧用的秧马、中耕用的云荡等则是宋代的创造,对农业生产也有一定的作用。

作物品种的交流,亩产量的提高,复种技术的推广　北宋结束了十国割据局面,消除了南、北方交通的障碍,各地农民得以彼此交流培育农作物的经验。宋太宗曾命江南、两浙、荆湖、岭南、福建等路各州官员,劝谕百姓种植粟、麦、黍、豆,由淮北提供种子;江北各州则学习南方,广种水稻。此后,河北、河东、京西、京东等路都逐步推广种稻。淤田办法推行之后,北方种稻面积更为扩大。籽满粒大的天竺绿豆在北宋时引进,西瓜从辽代时自中国西部边疆传至中国北部契丹统治区,南宋初传到江南地区,逐渐为各路所普遍种植。由越南传入的占城稻,宋真宗时推广到江南、两浙以及淮南诸路。占城稻成熟早,抗旱力强,并且"不择地而生",适于普遍种植,从而扩大了稻的栽种面积。南方农民还培育出许多优良稻种,如苏州的师婆粳、箭子稻,洛阳的和尚稻等。这类优良品种,仅籼稻就达几十种之多,糯稻也不下一二十种。

特别值得注意的是,宋代农业在精耕细作方面有进一步的完善。其中尤以两浙路精耕细作居全国之最。其精耕细作的方式已比较完善,不仅深耕细耙,而且在育秧、灌溉、粪肥、中耕管理、换茬等方面,都有一套行之有效的作法,因地制宜地种植粮食作物。

由于优良品种的培育和交流,比较普遍地实行精耕细作,提高了农田单位面积产量。北宋两浙路产量最高,苏州一般年成每亩产米二至三石。南宋自四川至长江下游,一般都可产米两至三石,还出现了亩产稻谷六七石的高产纪录。

在宋代复种技术也得到了推广。自大江以南,稻米普遍分"早禾"和"晚禾"两种,种植和收获的时间不同,但一般并非双季稻。南宋时,由于爱吃面的北方人口大量南迁,佃客缴租,在不少场合下,只纳稻,不纳麦,促使冬麦和晚稻两熟制得到大面积推广,成为长江流域相当普及的耕作制度,改变了南方种麦较少的状况。实行复种,一般可亩产稻麦三四石。此外,在闽广一带已出现双季稻,然而仅限于膏腴的农田种植,尚不普遍。由于提高亩产量和增加复种指数,宋代耕田的利用率大为提高,这是农业史上的重大变革,宋代以后的粮食生产仍大体沿袭了这个发展方向。

经济作物的发展,专业化程度的提高　在粮食生产增长的基础上,宋代的经济作物,特别是在南方,有相当大的发展。当时有菜园户、漆户、药户、花户、果农、菜农、蔗农等专业经营者,他们部分或主要地从事商品生产,这对男耕女织的传统自然经济结构有一定程度的突破。

南方各地普遍栽种茶树。淮南、江南、两浙、荆湖、福建和川蜀地区,种茶的园户极多,不少州郡以产茶著名。北宋时,仅江南、两浙、荆湖、福建地区,每年输送官府茶叶专卖机构的,即达一千四百四十一万二千斤,而淮南产茶地则由官府自己置场,督课园户采制,其岁入数字还不计在内。南宋的产茶州县又比北宋有所增加。川蜀、两广、两浙、福建是著名的甘蔗种植区,福、明(今浙江宁波)、广、汉(今四川广汉)、遂(今四川遂宁)五州都有一些"糖霜(冰糖)户",种植甘蔗,生产各种蔗糖,其中以遂州(南宋升遂宁府)的冰糖最为著名。苏州洞庭山共三千户居民,"多种柑橘、桑麻,糊口之物尽仰商贩";种柑橘一亩,比种稻麦得利多至数倍。广南农民也"多种柑橘以图利"。福建、广南、川蜀还种植荔枝,以福州所产最多,兴化军(今福建莆田)"最为奇特"。

宋朝的纺织纤维生产仍以丝和麻为主,而棉花的栽培区逐渐扩大,产量逐渐提高。北宋至南宋初,植棉地区局限于气候较热的广南和福建路。棉花当时称吉贝或木绵。海南岛的黎族人民和云南大理地区人民,在宋朝以前已种植木绵,纺织为白氎布。北宋末,曾与金朝商定,将木绵布一万段,作为岁币的一部分。南宋初,宋廷所需的木绵布是从福建路收买。到南宋后期,棉花种植区已向北推进到江淮和川蜀一带。

各地农业发展的不平衡　宋朝农业生产南北方发展不平衡,经济重心已显著南移,而南北各路的生产水平也同样存在颇大的差异。

在北方,河北路、京东路、陕西路的关中平原一带是比较富庶的地区,但河北路东部沿海一带,因大面积盐碱地的存在,也不适于耕植。河东路和陕西路的大部是贫瘠落后的地区。京西路在北宋建国后约一百年内,一直是人口稀少,大量土地荒废,后来才得到开发。

在南方,长江下游和太湖流域一带的两浙路,是丰腴的谷仓,出现了"苏湖熟,天下足"或"苏常熟,天下足"的谚语。四川的成都平原,江南东、西路等地的农业也相当发达,而荆湖南、北路的农业生产水平较差。广南东、西路土旷人稀,以粗放经营为主,尚未得到很好开发,然而至晚在北宋后期,缺粮的福建路已必须依赖广南余粮的接济,广南的粮食甚至还由海道远销两浙路。四川、荆湖不少山区和少数民族聚居区,还停留在刀耕火种的水平。北宋的淮南路也是比较富庶的地区。南宋时,淮南东、西路,京西南路等地,与金朝、元朝接壤,因长期战乱,大片农田荒芜,耕作粗放,亩产量很低,始终没有恢复到北宋时的生产水平。

尽管宋代各地农业发展很不平衡,但从总的方面来看,其发展水平远远超过汉唐,则是无疑的。

手工业

中国古代三大发明——指南针、印刷术、火药,宋时逐渐应用于实际,获得迅速发展。造船、矿冶、纺织、染色、造纸、制瓷等部门,在原料采集、生产过程和产品种类、数量方面,都有显著的进展。各业作坊规模之大,超越了前代。独立手工业者的数量也较前代加多。

造船业的发达　北宋建都开封,每年需要大量漕船载运东南的粮食等货物。宋太宗至道末(997年),各州岁造船三千三百三十七只。官营作坊打造战船、漕船等,民营作坊打造商船、游船。两浙的明(今浙江宁波)、温、台(今浙江临海)、婺(今浙江金华)等州,江西的虔(今江西赣州)、吉州(今江西吉安),荆湖的潭(今湖南长沙)、鼎(今湖南常德)等州,陕西的凤翔府斜谷(今陕西眉县西南)等地,都已成为造船业的中心。福建沿海四个州军都生产海船,海船质量居全国首位。长江两岸交通要冲还设有专门修船的场所。

内河航运出现了"万石船"。当时所造海船船形下侧如刃,便于破浪,船上设备齐全,包括抛泊、驾驶、起碇、转帆和测深等方面。还设置了隔离舱,使用了称为"转轴"的桅杆,从而增强了战胜逆风恶浪的能力。这种海船在当时世界上是最先进的,中外商人所乘用的海船很多是宋人建造。北宋末年出使高丽用的一种大海船称"神舟",其高长阔大,什物器用及所载人数都相当于"客舟"的三倍。洞庭湖的杨么起义军与官府对抗,双方都用大力制造车船。车船用翼轮激水行驶,每一双翼轮贯轴一根,谓之一"车",轴上设踏板,供人踩踏。当时出现三四十车的大船。车船航行快速，但不能用于航海。后来又发展了车桨并用，又可随时装卸的新技术。造船业的发达，促使远洋航行技术不断进步。

矿冶业　宋代采矿冶炼业的发展为农业、手工业、商业的发展提供了雄厚的物质基础。河北、京东、陕西、河东等路都已大量开采石炭（煤）。河东境内居民、东京开封及其附近城乡的上百万户人家都用石炭作燃料。封建官府在许多地方的市场都征收石炭税，或由官府买卖石炭。江西丰城、萍乡山间的煤矿也已被开采。今河南鹤壁市发现北宋后期河北路相州的煤矿遗址，由地面开凿竖井，依煤层开掘巷道，采取"跳格式"挖掘，先内后外，逐步后撤，还有排水井和木制辘轳等排除坑道积水的设备。

今河北邢台、安徽繁昌、福建同安等地，都曾发现宋代冶铁遗址。繁昌遗址的冶铁炉呈圆形，用栗树柴作燃料，石灰块作熔剂，但更多的冶铁炉使用石炭作燃料。石炭火力强，冶炼快，铁的质量高，对改进农具作用极大。徐州利国监（今属江苏）、兖州莱芜监（今属山东）是当时著名的冶铁地。宋仁宗皇祐（1049—1053 年）间，全国每年得铁七千一百二十四万一千斤。宋英宗时，又增加一百余万斤。利国监用石炭冶铁作兵器，犀利异常。冶铁炉的鼓风器由皮囊改为木风箱，装置牢固，风力增大。

宋代在军事和医药上都已利用石油，沈括在《梦溪笔谈》中科学地预见到石油日后"必大行于世"。

北宋初，全国共有矿冶二百零一处。宋英宗时增加到二百七十一处。宋仁宗皇祐时，朝廷每年得金一万五千零九十五两，银二十一万九千八百二十九两。宋英宗时，金减少九千六百五十六两，银增加九万五千三百八十四两。铸钱用的铜，由官府严格控制。宋仁宗皇祐时，年收五百一十万零八百三十四斤。宋英宗时，增至六百九十七万零八百三十四斤。宋神宗时，更增加到一千四百六十万五千九百六十九斤。铜钱需要铅、锡混合铸造。宋仁宗皇祐时，铅年产九万八千一百五十一斤，锡三十三万零六百九十五斤。宋英宗时，铅增为二百零九万八千一百五十一斤,锡增产一百余万斤。宋神宗时,铅更增加到九百一十九万七千三百三十五斤,锡两百三十二万一千八百九十八斤。这样高额的矿产量在当时世界上是首屈一指的。南宋矿冶业在产品数量上较北宋逊色,但在技术上又有一些提高。

纺织业　北宋时,南方的丝织业逐渐胜过北方。两浙、川蜀地区的丝织业最为发达。宋仁宗时,梓州已有几千家机户,从事丝织业生产。成都府、汉州(今四川广源)、青州(今山东益都)、济州(今山东巨野)、河北路等地也有许多机户或绫户。开封府设有绫锦院,为皇室贵族织造高级织品。河北路产绢,号称"衣被天下"。丝织物的品种和花色比前代增加了很多。如蜀锦就有数十种名目,号称"天下第一"。亳州(今安徽亳州)轻纱,抚州(今属江西)莲花纱和醒骨纱,婺州(今浙江金华)红边贡罗和东阳(今属浙江)花罗,越州(今浙江绍兴)寺绫,邵州邵阳(今属湖南)隔织,定州(今河北定县)刻丝(即隔织)等,是当时著名的丝织品。李觏描述当时江南地区丝织业的盛况说:"平原沃土,桑柘甚盛,蚕女勤苦,罔畏饥渴。……茧簿山立,缲车之声连甍相闻。非贵非骄,靡不务此。……争为纤巧,以渔倍息。"麻织分布在成都府路、广南西路、京东东路、河东路等地,广西广泛种植苎麻,农村妇女都善长织布。麻布产量比唐代增加很多。有些地区的麻织品极为著名,如明州象山女儿布、平江府(今江苏苏州)昆山药斑布、江西虔布等。南宋丝织品和麻织品的生产继续增长,随着植棉区的扩大,棉织品在全部纺织品中的比重有所上升。

染色业　宋代印染技术比唐代有所提高。刻工雕造花板,供给染工印染斑缬。开封有官营染坊,也有像"余家染店"的民营染坊,还有推车染色的工匠。各州也有民营染坊和染工。

造纸业　随着雕版印刷业的兴盛,纸张的需要量激增,促使民间造纸业迅速发展。宋代造纸技术比前代大有提高。徽州黟县、歙县生产的纸张,放在熏笼上用火焙烤,五十尺为一幅,各幅匀薄如一。这种方法比上墙日晒要进步得多。因此,纸张的产量比前增加很多。宋代纸张一般都达到薄、软、轻、韧、细的水平。纸的种类很多,有白色纸、自然色纸等。在质量方面有薄厚与粗细之分,又有全料和半料之别。四川的藤纸、浙东的竹纸、江南的楮纸等,因原料的不同而各有特点。江西清江的藤纸、江东徽州的龙须纸、平江府的春膏纸等都是纸中佳品。各地还有多种加工制作的笺纸。纸张经过加粉、加蜡、染色、砑花,制造成精致的印花笺,笺色有红、紫、褐、黄、碧等,而以红色笺最为流行。建阳书坊曾用一种特制的椒纸印书,系用山椒果实煮汁染成,纸性坚韧,且可防蠹。纸还用来制作纸甲、纸被、纸帐、纸衣等。

制瓷业　宋代制瓷业普遍发展,在产量和制造技术方面都比前代有很大提高。制瓷窑户几乎遍布全国各地。不仅供贵族享用的高级瓷器,在工艺技术上达到新水平,而且生产出大量的一般日用器皿,为居民广泛使用。各地瓷窑形成自己的特色。北方的定州(今河北定县)定窑,所产薄胎白瓷,用印花、刻花和划花装饰的日用器皿,曾充作贡品。汝州(今河南临汝)汝窑,生产带有较细纹片的青釉瓷,"色近雨过天青",宋徽宗时专为王室烧造。颍昌府阳翟(今河南禹县)出产的瓷器,釉色若玫瑰般娇艳,间以紫红和青蓝,极尽绚丽灿烂,后世称为"钧瓷"。开封官窑生产的瓷器,土脉细润,有月白、粉青等色,带蟹爪纹片。南方的饶州(今江西波阳)景德镇窑,出产各种品类的瓷器,远销各地,号称"饶玉"。该镇瓷窑内部已有很细的分工,有陶工、匣工、土工之分,有利坯、车坯、釉坯之分,还有印花、画花、雕花之分。临安府凤凰山、乌龟山下官窑,出产瓷器的釉面呈现出各种美丽的纹片,特别是青瓷,有翠青如玉之感,是瓷中珍品。此外,如北方的耀州(今陕西耀县)窑、磁州(今河北磁县)窑,南方的吉州(今江西吉安)窑、处州龙泉(今属浙江)窑以及广南东路、福建路沿海地区的瓷窑,也都发展迅速。广南东路和福建路的瓷器主要是销售海外。宋代瓷器产量的增长,使制瓷业在宋代全部手工业中占有突出的地位。

制盐业　宋代制盐有晒、煮两种方法。解州安邑(今山西运城西北)、解县(今运城西南)境的盐池是池盐的主要产地。京东、河北、两浙、淮南、福建、广南等路沿海地区,煮海水为盐。河东、陕西、河北等路的一些地区的贫苦农民括取咸土煎煮为盐,称为土盐,以并州的永利监(今山西太原南)为最多。成都和梓、利、夔州等路凿井取卤煎煮,称为井盐。宋仁宗时,蜀中民间首创卓筒井,口小而井深,井壁与唧筒都用竹为之,采用了机械提卤的先进技术,极大地提高了功效。

手工业作坊　宋代规模较大的手工业生产,都集中在官营和少数私营的作坊。官营作坊为统治阶级制造器物。南、北作坊在宋神宗前,分成五十一作,有工匠和兵校七千九百三十一人,专门制造各种军用物资。官营作坊主要"差雇"民匠;有时也和雇一些民匠,并役使有手艺的军匠、罪犯等,私营作坊采用和雇方式雇募民匠。陵州(今四川仁寿)开私盐井的豪民,一家多者有一二十口井,少者有七八口井,每家和雇工匠四五十人到二三十人,每井约四五人。工匠大都是隐名改姓逃避户籍和刑法的农民或罪犯,向豪民领取"工直"。徐州利国监有三十六处铁冶,每冶工匠至少数十人,多雇佣逃亡农民。这些工匠脱离了农业,对雇主不存在严格的隶属关系,但遭受着残酷的经济剥削。

商业、城市经济、货币流通

宋代商业的发展,超过了前代,大城市和小镇市的兴旺发达,纸币的出现和广泛使用,海外贸易的盛况空前,都非常引人注目。

大城市的繁华,小镇市的兴旺　宋时因城市人口的膨胀,在很多州县城门外,形成了新居民区,称做草市。有的草市,例如著名的鄂州南草市,其人口和规模甚至大大超过城区。

宋代拥有一批人口在十万以上的大城市。都城开封是北宋最大的城市。宋真宗天禧五年(1021),开封府仅新、旧城内,八厢居民,即达九万七千七百五十户。唐代长安和洛阳城内的坊只是居民住宅区,黄昏后锁闭坊门,禁止夜行,商业活动只能白天在市里进行。北宋开封和其他大城市的繁盛,逐渐突破了坊和市的界限,相同行业的店铺多集中在邻近,工商与居民杂处,面街开店,随处都有商铺、邸店、质库、酒楼、食店。相国寺每月开放五次,中庭两庑可容上万人,商旅交易,都集中在这里。还出现了迟至三更的繁盛夜市,到五更,"鬼市"(早市)又开张营业。各地货物诸如粮食、水产、畜产、蔬果、茶、酒、药材、纺织品、器皿、书籍等,都运到这里销售。日本扇、高丽墨和大食香料、珍珠等,在开封市场上也是热门的货物。宋真宗时,北京大名府的坊郭主、客户也达几万家。宋仁宗时,广州只有子城,城外"蕃、汉数万家"。

临安府作为南宋的"行在所",也是最大的商业城市。尽管在南宋初遭受严重战祸,到宋宁宗初年,临安府城已增至十一万二千多户。市民、达官贵人、官府和宫廷所需的粮食和百货,都来自附近州县,以至福建、广南、淮南等地,城内店铺林立,还有不少质库、手工业作坊、寄存货物的塌坊,十分繁华。长江下游的建康府(今江苏南京)也是重要的商业城市,南宋后期府城人口达几十万。长江中游鄂州(今湖北武汉武昌)城外的南草市,是川、广、荆、襄、淮、浙的贸易中心,居民达十万户。四川的成都府城也达十万户。泉州作为对外贸易中心,州城居民约十万户,五十万人。

在大城市发展的同时,成千上万个镇市也因商业的发达而兴盛起来。《元丰九域志》等书都记录了大量镇名,其地位仅次于县治。官府在各镇设立场务,收取商税。市的地位又低于镇,有些市也设置行政机构。有的镇市发展到相当大的规模。如黄池镇(今安徽芜湖东)和沙市(今属湖北)是从属于州县的镇市,却发展为商旅萃聚的贸易中心,黄池镇商业的繁荣已超过太平州(今安徽当涂)。上海的前身青龙镇(今上海青浦县北),也是宋时有名的商埠。此外,乡村还有定期的集市,称墟(见墟市)、集(或草市),农民在此出售蔬菜、鱼虾或手工业品,成为沟通城乡经济的重要环节。较大的市、墟或集开设酒店、客店。有些市、墟或集因商业的发达而发展成为镇,有的镇也升为县。由于商品流通和交换的频繁,官府在不少商船客货辐辏地设置税场,商税收入也非常可观。

行与作　唐代城市中同业店铺组织成行。宋代自都城至州县城镇,同业商铺组织成"商行"。入行的商户称"行户",参加商行叫"投行"。随着商业的发展,商行的组织不断增加。开封市上,至少有一百六十多行,临安有四百一十四行。商行保护和垄断本行的商业利益。外来的商人,不经投行,不得在市上贸易。各行有自己的行话,行的首领叫"行头"或"行老",他们有权规定本行商品的价格。各行还有作媒介招揽买卖的牙人。

商行还是官府控制和勒索商人的工具。唐代后期,皇室通过商行征购宫廷需用的货物,称"宫市"。宋真宗时,宫中也常常通过商行向商铺征购货物。内东门司购买行人物品,有拖欠多年不给价钱的。开封供应百货的商行,被官府上下勒索,比别处多十倍以上,各行赔累很多。各行商铺被迫轮流"祇应",向皇室或官府低价或无偿地提供货物,商行反而成为束缚商人的一种组织。

民间工匠的同业组织也称"行",开封的各行工匠集中在大货行和小货行。如做靴鞋的称"双线行"。行又可称"作"。如木作、碾玉作、漆作等,其中包括作坊及各类工匠。有些行业的工匠寻找工作,必须经行老介绍。

货币流通　北宋货币以铜钱为主,铁钱为辅。金银作为货币,流通量不大。北宋铜钱年铸造额约为唐朝的一二十倍,特别到宋神宗元丰时,年铸造额高达五百零六万贯,依每贯五宋斤计,约折合一万五千余吨。尽管如此,北宋的铜、铁钱仍不能满足商品流通的需要,由于各种复杂的原因,还出现了"钱荒"。

商业中的"赊",即信用关系,孕育了世界上最早的纸币"交子"(见交子、钱引)。宋真宗初年,益州(今四川成都)十六户富商发行一种交换券,叫做"交子"。宋仁宗天圣元年(1023年),官府收夺私家发行纸币之权,在益州设立交子务,负责印制和发行交子事务。交子以铁钱作为本位,每界(期)发行额为一百二十五万六千三百四十贯,另储备铁钱三十六万贯,以保证交子随时兑换。交子以两周年为一界,当界满时,制造新交子,调换旧交子。商民向官府持旧换新,每贯交纸墨费三十文。起初交子只在川峡流通,后来发行数量越来越多,交子流通的地区扩大到陕西、河东等路,官府便在开封设置交子务,专门负责交子的印造发行。

南宋铜钱年铸造额减至十万贯左右。最多的年份也不过十五六万贯。由于大量铜钱外流,钱荒愈益严重。除了铸造铁钱外,纸币逐渐成为主要的货币。南宋的纸币主要有四种,四川钱引、湖广会子和两淮交子都以铁钱为本位,东南会子则以铜钱作为本位。各种纸币都有规定的流通地域,相互之间又有一定的兑换率。官府没有足够的铜钱和铁钱作为兑换本钱,为了弥补财政亏空,又大量滥印纸币。东南会子在宋孝宗时,规定两界并行,每界发行一千万贯,到淳祐六年(1246 年),第十七、十八界东南会子已发行了六亿五千万贯。滥发纸币,造成严重的币价贬值,通货膨胀,使广大人民的生活遭受很大痛苦,而政府的财政危机也愈益严重。南宋亡国前夕,贾似道又主持发行新纸币关子,停止第十七界东南会子的行用,规定第十八界东南交子三道折合关子一道,结果却造成更剧烈的通货膨胀。

宋与辽、西夏、金等的经济交流　宋与辽、西夏、金、回鹘、大理、吐蕃等存在不同程度的经济交流。宋与辽、西夏、金在某些交界地点设置榷场,进行官方许可的贸易,但榷场贸易有各种规定和限制,官府还要抽税,故民间的走私贸易,不论在陆地或沿海,都相当兴盛。宋与辽、西夏、金等使者相互往还,也往往附带做生意。辽对宋出口物品有羊、马、马具、皮革、毛毡、刀剑、北珠、盐等,宋对辽的出口物品有茶、药材、粮食、丝麻织品、漆器、香料、犀角、象牙、硫磺、铜钱等。宋的榷场收入大致可抵消对辽输纳岁币的损失。西夏对宋的出口物品有驼、马、牛、羊、玉、毡毯、药材、盐等,宋对西夏的出口物品有茶、丝织品、粮食、香料、漆器、瓷器、铜钱、银等,特别是茶马贸易,对宋与西夏都至关重要。回鹘将玉器、马匹、药材、香料等运往内地,从内地换回茶、铁器、钱币等。金对宋的出口物品有北珠、毛皮、人参、丝织品、银、马等,宋对金的出口物品有粮食、茶、铜钱、牛、书籍、外洋舶货等。辽、西夏、金主要使用宋朝钱币。在今吉林、内蒙古等地的考古发掘中,发现湖州铜镜、建阳刊本,而景德镇和龙泉的瓷器更是遍及各地。大理是南宋的主要马匹供应者，其出口物品还有药材、手工业品等，宋对大理的出口物品有书籍、丝织品、钱币、茶、银等。中国境内各个政权密切的经济联系，为元朝统一准备了重要条件。

海外贸易　宋时海外贸易得到很大发展，与海外联系地区之广，进出口货物品种和数额之多，都远远超过了前代。宋朝是当时世界上重要的海上贸易国。

宋时有从广州和泉州通往越南、印尼乃至阿拉伯、东北非洲等地的海上交通线，还有从明州或杭州通往日本和高丽，由登州（今山东蓬莱）或密州板桥镇（今山东胶县）通往高丽的海上交通线。宋朝与印度支那半岛、南洋群岛、阿拉伯半岛以至东北非洲等几十个国家都有贸易关系。

北宋在主要港口广州、明州、杭州、泉州、密州、秀州（今浙江嘉兴）、温州、江阴军（今江苏江阴）等地相继设立市舶司，主管舶商进出手续，并征收舶税，抽买舶货。宋仁宗皇祐时，市舶收入每年为五十三万余贯，宋英宗时增为六十三万余贯，成为国家的一项重要财政收入。南宋海外贸易有很大发展。宋高宗在位末年，市舶收入达二百万贯，超过北宋最高额近一倍以上。为保持市舶收入的稳定增长，宋朝有时还派遣使臣出海，招徕外商。广州和泉州都是当时世界上有名的大商港。明州主要与日本、高丽贸易，规模略小。

在两浙、福建、广南等路，海商数量很多。《萍洲可谈》载"海舶大者数百人，小者百余人，以巨商为纲首"。"舶船深阔各数十丈，商人分占贮货，人得数尺许，下以贮货，夜卧其上。货多陶器，大小相套，无少隙地"。这就是宋代商人来往东南亚等地搭载的商船。

大食、真腊、阇婆、占城、勃泥、麻逸、三佛齐等国，也有不少商人经南海到宋朝贸易。宋朝输出东南亚等地的商品主要有瓷器、丝织品、铜钱、金、银、铜、铁、铅、锡等；输入的商品主要有香料、药材、犀角、象牙、珊瑚、珍珠、玳瑁、苏木等。

宋朝和日本、高丽之间的贸易关系极为密切。宋朝开往日本的商船,主要由两浙路出发,几乎年年都有。宋朝运往日本的商品主要有药材、香料、瓷器、文具、书画、丝织品等,自日本输入的商品主要有硫磺,木材、水银、沙金、工艺品等。日本制造的宝刀和扇子,在宋朝最为著名。宋朝不断有商船横渡黄海,驶往高丽。运往高丽的商品有各种绸缎、腊、茶、瓷器、书籍等;自高丽输入的商品有人参、矿产、绫布以及扇子、文具等。

交通运输、邮递

宋代交通运输业也相当发达。内河运输以大江(长江)、汴河和运河为主动脉。自东南地区通过汴河和运河输送东京的粮米,一般为六百万石,有时甚至达八百万石,漕运额大大超过前代。陆游描写长江中游鄂州税务亭一带,"贾船客舫,不可胜计,衔尾不绝者数里","吴船与蜀舸"途经黄牛峡(今湖北宜昌西)时,都要到庙中祈神,反映了大江民间水路运输的兴盛。宋朝除广泛的海外贸易外,国内沿海运输业也有较大规模,两者都以民间运输为主。南宋初,官府一次自潮州海运三万担粮至福州,而另一支船队又运粮至温州。宋朝缺马,畜力车以牛车最普遍,也广泛使用人力和畜力驮运。开封府的"太平车"需用五、七头牛拉拽,"平头车"则是独牛车,又有驴拽的独轮车,人拽的"浪子车"。宋时官府运输,往往以同类物资编组为纲。如米以一万石为一纲,铜钱以两万贯为一纲,金以两万两为一纲,银以十万两为一纲。官府以纲作为计量单位,制订有关纲运的各种法令,其中包括对押纲人员的奖惩。

宋时的通信系统是遍布各地的驿站网。邮递分步递、马递、急脚递、金字牌递等。规定步递日行二百里,除官府文书外,还可邮寄私人信件。马递日行三百里。急脚递日行四百里。金字牌递日行五百里。金字牌是朱漆牌,刻以金书"御前文字,不得入铺",专用以递发皇帝御前紧急重要公文。事实上规定的速度往往达不到,邮递稽迟的情况经常发生。南宋时,枢密院又造一种以雌黄色为底色的青字牌,规定日行三百五十里;后又改用黑漆红字牌,规定日行三百里(见驿传)。

高度繁荣的宋代文化

在漫长的中国封建时代,宋代是文化高度繁荣的时期,无论在科学技术、哲学思想、教育、文学、艺术、史学等方面,都取得了长足的进步。

科学技术

宋代是中国古代科学技术发展的高峰期,著名科学家沈括是最重要的代表人物。指南针、印刷术和火药是闻名于世的三大发明,到宋代又有了划时代的发展。天文、数学、医药、农艺、建筑等各个领域的成就,不仅超越前代,而且在当时的世界上处于领先地位。

三大发明　指南针在战国时已经有用天然磁石制造"司南"的记载。到宋代又有重大进展,沈括《梦溪笔谈》记载,用天然磁石摩擦针锋磁化为磁针,可以指南而常微偏东。宋军中配备有指南鱼,用于阴天和黑夜判断行军方向。北宋末已有使用指南针于航海的记载。南宋时,海船上普遍装有"针盘",即原始的罗盘导航。这是世界海运史上空前的进步,对发展海上交通,推进世界各地人民的交往,起了巨大的作用。

雕版印刷的发展和活字印刷的发明。唐、五代时开始应用雕版印刷术印书,北宋时有了很大发展。国子监刻印的书,后世称监本,各地官府也刻印书籍。各地民营书坊刻印的书,世称坊本。开封府、杭州、西川、福建是当时印书的中心。刻印技术,杭州第一,蜀本次之,福建又次之,开封刻版虽可与杭州媲美,但纸张不佳。南宋地方政府、寺院和书坊都刻印书籍。临安府是印书业最发达的地方,质量也较高。平江府(今江苏苏州)、婺州(今浙江金华)、饶州(今江西波阳)、抚州(今属江西)和吉州(今江西吉安)等地,也都是重要的印书业中心。福建路建阳县的麻沙、崇仁两镇集中了众多的书坊,印书质量虽较差,但印刷量很大,行销远方,世称麻沙本。四川成都府、眉山县有许多书坊,刻印不少史籍和诗文集。

宋仁宗庆历(1041—1048 年)年间,布衣毕昇发明活字印刷术,用胶泥刻字排印。对后代木活字、铜活字的创造有很大影响。毕昇的发明,比欧洲早四百年,是对世界文明的伟大贡献。南宋时,周必大也曾用胶泥活字和铜版,印刷自己的著作《玉堂杂记》。

火药和火器。唐末战争中已有火药箭和用抛石机投掷火药包"发机飞火"的记载。宋朝政府设有火药武器的作坊。北宋仁宗时编撰的《武经总要》,记载了三种火药配方,以及火箭、火炮、蒺藜火球、毒药烟球等火器的做法和用途等。宋神宗时,边防军已大量配备火药箭。南宋军队配备的火药兵器,数以万或十万计,有火箭、火枪、突火枪、铁火炮、霹雳炮等。开庆元年(1259 年),寿春(今安徽寿县)军民又发明了名为"突火枪"的管形火器,在巨竹筒内装火药和"子窠",点燃后将"子窠"发射出去。"子窠"是后世子弹的前身。发射"子窠"的管形武器的发明,是世界武器制造史上划时代的进步。

天文学　北宋时进行了多次较全面的恒星观测。元丰(1078—1085 年)年间观测的结果,于元祐三年(1088 年)绘成星图,南宋淳祐七年(1247 年)又在平江府(今江苏苏州)刻石,称为《天文图》。

景德三年(1006 年)关于"客星"的记载,是世界上著名"超新星"中的最早记录;至和元年(1054)关于世界天文史上最著名的"超新星"的记录,在现代天文学研究中极受重视。

元祐(1086—1094 年)时,苏颂、韩公廉等人,创造了世界上第一台"天文钟"(水运仪象台),并将其结构写成《新仪象法要》,其中关于擒纵原理的发现,已开近代钟表构造的先河。他们还创造了"浑天仪",球面按照恒星位置穿有小孔,人进入内部可看到模拟的天象,是世界上最早的"假天仪"(见水运仪象台和假天仪)。南宋绍兴年间,王及甫也制造过类似的"假天仪"。

宋代的历法经过多次改进,姚舜辅编制并于大观元年(1107 年)施行的《纪元历》,首创利用观测金星以定太阳位置的方法。而由杨忠辅创制,并于庆元五年(1199 年)实行的《统天历》,确定回归年的数值为

365.242 5 日,和现行公历的一年长度完全一样,但比公历颁行早三百八十三年。

数学　北宋中期贾宪的"开方作法本源"图,世称贾宪三角形,比西欧相同的帕斯卡三角形早约六百年;他的"增乘开方法",与霍纳的方法大致相同,但早约七百七十年。南宋淳祐七年(1247 年),秦九韶著《数书九章》,他的"正负开方术"发展了"增乘开方法",算式井然有序,今人称为"秦九韶程序";而"大衍求一术",则发明了整数论中一次同余式组的普遍解法,是闻名于世的中国剩余定理。南宋末杨辉著有《详解九章算法》《日用算法》《田亩比乘除捷法》和《乘除变通算宝》,后三种都是实用算法著作。

医药学　宋代医药学比唐代有较大的发展。官修的有《开宝本草》《嘉祐本草》等。元丰五年(1082 年),唐慎微撰《经史证类备急本草》,共收药物一千七百四十六种,为《唐本草》的一倍。宋徽宗时重加刊正,称《政和本草》,沿用近五百年,日本、朝鲜亦曾刊印。

医方,宋太宗初官修《太平圣惠方》一百卷,收一万六千八百三十四方。宋徽宗时审定的《和济局方》,收复方二百九十七,是中国由国家颁布的第一部配方手册,不少名方至今沿用。

针灸,宋以前只重视灸法,宋时才重视针法。王惟一(一作惟德)受命考订针灸经络,并先后铸铜人两具,外刻腧穴名称。他又著《铜人腧穴针灸图经》三卷,标志着针灸学的重大进步。

太医局将产科、眼科等单独设科,是医学史上的重大进步。南宋陈自明撰《妇人大全良方》二十四卷,分论妇科、产科诸病,附有方剂和医案,有许多新见解。北宋钱乙《小儿药证直诀》,是理论与实践结合的名著。南宋宋慈《洗冤集录》十五卷,是世界上最早的法医学专著,对后世法医学影响很大,近代又被译为英、法、德等多种文字。

农艺学　北宋末陈旉总结两浙农民的耕作经验,在南宋初撰成《农书》,是综合性的农学著作,介绍了稻、麦、粟、豆、麻、芝麻等种植时间和方法,以及养牛和蚕桑等,注意到多种经营,以提高土地利用率。

指出土壤好坏不一,只要治理得法,都适合耕种并能经常保持新壮,书中有专篇论述施肥、秧田育苗等农技。

皇祐元年(1049 年),陈翥撰写的《桐谱》,嘉祐四年(1059 年),蔡襄著《荔枝谱》,淳熙五年(1178 年),韩彦直著《橘录》,都是传世最早的有关经济作物的专著,论述了桐、橘和荔枝的种类、土宜、栽培、采伐或采摘,以及果品的加工、贮藏,有的还论述了防治病虫害、果园管理等。园艺方面,除"本草"一类书中和南宋陈景沂《全芳备祖》已有论述外,还有不少专书,如刘攽、王观、孔武仲都撰有《芍药谱》传世;《菊谱》亦曾有多种,传世本是刘蒙于崇宁三年(1104 年)撰写的。这些书中论述了植物变异现象,以及通过嫁接产生变异等。

建筑　端拱二年(989 年),喻皓建成开封开宝寺木塔,他根据当地多西北风,使塔身微向西北倾斜。修建杭州梵天寺塔时,他对木塔的稳定性问题又作了科学的说明。开封开宝寺木塔焚毁后,庆历元年(1041 年)建成砖塔,屋檐、斗拱等用特制的铁色琉璃砖块,塔身面砖为有佛像等浮雕图案的铁色琉璃砖,因此俗称铁塔。改变了砖砌塔筒与木制楼板相结合的传统做法,改用发券等法建筑塔心室和楼道等,成为以后北方通用的砖塔建筑方法。今河北定县城内的开元寺塔,是为了抵抗辽军瞭望敌情而于至和二年(1055 年)建成,亦称瞭敌塔,高 84 米,是中国现存最高的砖塔。苏州报恩寺砖塔和泉州仁寿寺、镇国寺两座石塔,则具有宋代南方建筑风格,飞檐高出,形象轻盈。泉州附近的洛阳桥,嘉祐四年(1059 年)建成,"其长三百六十丈,种蛎于础以为固",是中国著名的梁架式古石桥。《清明上河图》描绘的虹桥,用木建成,结构科学,不建桥墩,便于航运。北宋灭南唐,根据樊若冰的建议造船数千艘,先在石牌镇(今安徽怀宁县境)附近长江支流上,依樊若冰测量的长度,试造浮桥。开宝七年(974 年)冬,"移石牌镇浮梁于采石矶(今安徽马鞍山市境),系缆三日而成",在长江下游建成浮桥,经历了一年的风雨洪水考验,是世界桥梁史上的创举。建筑学著作方面,宋初喻皓的《木经》惜已失传。元符三年(1100 年),李诫编撰的《营造法式》三十四卷,对材料、结构、式样以及彩绘等,都有详细的说明和精致的图样,是中国现存最古的建筑学专著。

哲学思想

宋太宗时校定孔颖达《五经正义》,宋真宗时又颁邢昺《九经疏义》,这几十年主要是唐代经学的继续,学术思想不很活跃。宋仁宗时,刘敞撰《七经小传》,以己意进行解释,开创了新学风。孙复、石介、胡瑗和李觏相继而起,分别就《春秋》、《易》、《礼》进行新的阐述,李觏还说孟子背离孔子。及至欧阳修、司马光、苏轼、苏辙等公开对孟子、《周礼》和《易》,提出不同程度的疑问,学术风气大变,由原先的"汉学"转变成了新的"宋学",理学和其他儒家学派先后出现。

宋代理学是以儒家经学为基础,兼收佛、道思想形成的新儒学,基本上可分为两派:一派是以程颢、程颐及朱熹为代表的客观唯心主义学派,称为"程朱理学";一派是以南宋陆九渊为首的主观唯心主义学派,即"心学"。谈宋代理学的从来都把周敦颐列为首位,实际上,周敦颐虽撰写过《太极图说》和《通书》,他的学术思想在北宋并无传人(程颢、程颐全不传他之学)。南宋朱熹对其著作大力阐明之后,才为世人所注意。所以在北宋学术思想领域内,周敦颐是全然没有地位的。张载反对"有生于无"的思想,提出"太虚"即"元气"、"气",是万物生成的本源。晚年融合《易》、《礼》和《中庸》的思想,撰《西铭》,把天、地、君、亲合为一体,以及事天、地、君、亲之道,综述了义理和伦常,备受理学家的赞赏。

程颢、程颐,世称"二程",是理学的奠基者,两人观点基本一致,其著作后人辑为《二程全书》。他们提出"理"(又称"天理")或"道",作为世界万物的本体,常自称其学为"道学",通常称为"理学"。他们认为"理"是永恒存在、无所不包的,先有"理",然后产生万物,而又统辖万物。这显然是受佛教"真如"、"佛性"(意为最后的真理)说的影响。人性说等则有道家的影响。二程理学当时没有多大影响。大致到南宋孝宗时,程颐的四传弟子朱熹集理学之大成,理学才大为兴盛。朱熹的论著很多,有文集、语类和《四书集注》等。二程创立的理学,经过朱熹的发展和阐述,成为更精致、更系统、更富哲理的新儒家学派,世称程朱理学或程朱学派。宋理宗时,程朱理学成为官方哲学。元、明、清时期,在思想文化界更居于统治地位。陆九渊提出"心即理也",号为"心学",是理学的主观唯心主义学派的创立者。他说:"宇宙便是吾心,吾心即是宇宙。"认为"本心"即是真理,可以采用"易简工夫",只要"根本者立",再"发明人之本心",即在自省上下功夫,"一是即皆是,一明即皆明",就可成为圣贤。深受佛教禅宗"一悟即至佛地"的"顿悟"说的影响。他反对朱熹那套博览群书,"格物致知"的做法,认为是"支离"。朱熹讥讽陆学过于简易,是"禅学"。这就是淳熙二年(1175年),两人在信州(今江西上饶)鹅湖寺进行的"鹅湖之会"争论的主要内容。

除理学外,宋代还有一些具有朴素唯物主义思想的儒家学派,主要有王安石的"新学",陈亮的"永康学派"和叶适的"永嘉学派"等。王安石吸收老子、商鞅、韩非等道家、法家思想,形成被称为"新学"的儒家学派。一开始就受到刚产生的理学派的攻击。他说的"道",也称为"元气",是物质性的,由"元气"产生万物。并认为"新故相除"是"天"(自然)和"人"(社会)共同的变化规律,为自己的变法提供理论根据。"新学"形成后,盛行了六十年左右,南宋以后逐渐衰落。陈亮反对理学家脱离客观事物的"道",倡导功利主义,认为义和利本出于一元,王和霸也出于一元,两者都是程度的区别,并无本质的差异。他和朱熹曾就"王霸义利",进行了长时间的辩论。叶适认为不能说"道"在天地之先,能生天地;他指出《易传》中的"太极生两仪,两仪生四象"之说"文浅而义陋"。他也提倡功利主义,指出"既无功利,则道义者,乃无用之虚语尔"。有《水心文集》、《习学记言序目》传世。

教育

宋初沿旧制,设国子监为最高学府,一度改名国子学。宋仁宗庆历时设太学,北宋末,太学生达三千八百人,实行三舍法。又设武学、律学、算学、书学、画学等专门学校,国子监主要成为中央教育管理机关。

地方教育有州县学和书院。由于印刷术普及等原因,宋代教育的发达远远超过前代。在乡村农民中,如《百家姓》《千字文》之类的识字课本,有一定程度的普及。不少地区利用农闲举办冬学,由穷书生教农家子弟识字。福州一地解试,宋哲宗时每次参加考试者已达三千人,宋孝宗时增至两万人。南宋时,福建建宁府(今建瓯)每次参加解试者达一万余人,连小小的兴化军也达六千人,反映了教育的普及程度。

州县学　北宋前期,州县学很少。宋仁宗宝元元年(1038年),令藩府设立学校。庆历四年(1044年),曾令州县皆设学校。熙宁四年(1071年),又诏各州县普遍设学校。计划逐渐以学校"升贡"代替解试,崇宁三年(1104年)至宣和三年(1121年)的十八年间,解试、省试曾全部停废。北宋末是州县学最盛时期,不仅有学舍供学生食宿,还有学田及出租"房廊"的收入作为学校经费。大观三年(1109年),北宋二十四路共有学生十六万七千六百二十二人,校舍九万五千二百九十八楹;经费年收入钱三百零五万八千八百七十二贯,支出二百六十七万八千七百八十七贯;粮食年收入六十四万零二百九十一斛,支出三十三万七千九百四十四斛;校产中有"学田"十一万五千九百九十顷,"房廊"十五万五千四百五十四楹。在校学生之多,校舍之广,经费之大且如此充裕,都是空前的。

书院　宋代私人办学得到很大发展,一些学者、儒生纷纷设立"精舍"、"书院",教授生徒。宋初著名的四大书院是白鹿洞(今江西庐山)、岳麓(今湖南善化岳麓山)、应天(今河南商丘)、嵩阳(今河南登封)或石鼓(今湖南衡阳石鼓山)书院;此外,茅山(今江苏南京三茅山)书院,亦颇有名。这些书院大多得到政府的资助与奖励,如赐额、赐书、赐学田等,也有私人捐赠学田和房屋。书院规模都较小,学生数十至数百人。北宋中期以后,书院逐渐衰落。南宋时,儒学受佛教寺院宣传教义的影响,书院大兴。朱熹首先于淳熙六年(1179年)兴复白鹿洞书院,次年竣工,并置学田,聘主讲,亲订规约,即著名的《白鹿洞规》,还常亲去授课,质疑问难。绍熙五年(1194年),朱熹恢复并扩建岳麓书院,学生达千余人。朱熹以白鹿洞书院作为研讨、传布理学的中心。其建置、规约,乃至讲授、辩难等方式,无不受禅宗寺院的影响。各地儒学家的书院先后建立,如陆九渊的象山书院、吕祖谦的丽泽书院,等等。南宋先后兴建的书院总数达三百所以上,书院大多得到官方的支持。书院与州县官学,成为南宋地方的主要教育机构,书院大多又是理学的传布中心,理学因而益盛。

文学艺术

宋代文学艺术继唐代之后,有了进一步的发展,而且更加丰富多彩。各种文艺形式,诸如散文、诗、词、绘画、书法、雕塑、"说话"、诸宫调、宋杂剧、南戏等的兴起、革新与发展,使宋代的文学艺术呈现出一派繁荣瑰丽的景象。

古文运动　宋初骈体文占统治地位,柳开、王禹偁以继承韩愈、柳宗元的古文传统为己任,穆修、苏舜钦等相继而起。宋仁宗时,欧阳修登上文坛,倡导流丽畅达,骈、散结合的散文新风,主张"其道易知而可法,其言甚明而可行",成为北宋古文运动的领袖。王安石认为文章应"务为有补于世";苏轼在强调"言必中当世之过"的同时,认为文章应如"精金美玉",很重视文采。曾巩、苏洵、苏辙等名家辈出,古文运动终于取得全胜。他们的文章大多风格清新,自然流畅。欧阳、曾、王、三苏与唐代的韩愈、柳宗元,后世合称为"唐宋八大家"。

诗　宋初王禹偁首倡继承杜甫、白居易诗风,但不久即出现杨亿、刘筠为代表的西昆诗体,崇尚词藻华丽,重形式、轻内容,风靡一时。文坛主将欧阳修以及梅尧臣、苏舜钦等相继而起,诗作大多平淡清新,间或粗犷奔放,诗风始为之一变。才华丰茂的苏轼,诗备众格,洒脱豪放。王安石不少"以适用为本"的诗,如《河北民》《兼并》《感事》《省兵》等,反映社会生活,主张改革。黄庭坚提倡"以故为新",并主张作诗文要"无一字无来处",其后便形成了江西诗派。但其后继者走了只注重文字技巧、声韵格律的形式主义道路。江西诗派陈与义,南渡后诗风转向悲壮。杨万里、范成大、陆游、尤袤,号称"中兴四大诗人"。其中最杰出的是著名爱国诗人陆游,才气豪迈,诗作悲壮奔放,晓畅自然。南宋末民族英雄文天祥的诗,很少雕饰,诗集《指南录》是抗元诗史,《正气歌》更是传世名篇。宋诗继承唐诗而有所创新,题材广泛,一个显著的特点是描写农事的诗篇较多,真实地描写了农民的生活和民间疾苦,大有助于了解宋代社会。爱国诗篇之多,更成为南宋诗的一大特色,对后世产生巨大影响。

词　北宋前期以晏殊、张先、欧阳修为代表的婉约派,诗尚婉丽,未完全摆脱五代羁绊。柳永精通音律,开始创作慢曲长调新体裁,长于铺叙,情景交融,深受下层平民的欢迎,以至“凡有井水处,即能歌柳词”。高才逸气的苏轼,冲破词专写男女恋情、离愁别绪的境界,清新豪放,开创了豪放词派。南宋著名爱国词人辛弃疾,在苏轼豪放派词风基础上高度发展,抒情、写景、叙事、议论,无往不宜,气势磅礴,充溢着爱国主义的激情。陈亮、刘克庄和宋末刘辰翁,均受辛弃疾影响,都是豪放派爱国词人。婉约派词人有苏轼门人秦观,他善于以长调抒写柔情,语工而入律。北宋末年的周邦彦,所作多艳词,词调方面有创新。北宋末南宋初,著名女词人李清照,独树一帜,影响较大,其散文、诗篇虽不甚多,都属佳作,实为古代最有成就之女作家。南宋后期的姜夔,长于音律,讲究技巧,对后世影响很大。

绘画　李成为五代入宋的山水画名家,师法五代荆浩、关仝,善画平远寒林,时称“古今第一”。范宽重视自然山水的写生,画风雄健,自成一家。李成、范宽、关仝,形成北方山水画的三个主要流派。宋神宗时的郭熙,师法李成,其画秀美明净,与李成齐名,世称“李郭”。郭熙与子郭思合著《林泉高致》,认为应观察山水,分别四季,画出朝暮等景色,要求赋予山水画以生活气象。南唐入宋的南方山水画派名家巨然,学习董源水墨画风,并称“董巨”,淡墨轻岚,自成一体。南宋初,李唐以画牛著称,兼工人物,尤擅山水画,创“大斧劈皴”法,并为刘松年、马远、夏珪所师法。他们合称南宋四大画家。

五代后蜀黄筌、南唐徐熙,善画花鸟,风格不同,有“黄家富贵”、

"徐熙野逸"之说。黄筌子居寀等入北宋画院,风格工丽细致,为"院画体"的标准画格。其后两派逐渐合流。宋神宗时的崔白,所画花鸟,清淡生动。宋徽宗绘画造诣很深,尤工花鸟,画风工整,神形俱妙。南宋花鸟画传世作品不少,作者大都佚名,画面也大都鲜明生动。

北宋前期的武宗元,专长佛道人物画,行笔流畅。北宋中期的李公麟,以画马驰名,又是宋代最有影响的宗教人物画家,所画人物,性格突出,形神俱工。南宋四大画家,都兼工人物,刘松年所画《中兴四将图》,为著名人物图画。

反映当时社会生活风习的风俗画,宋代也有较大的发展。北宋末张择端的《清明上河图》,是风俗画的代表作,所绘开封景况,是当时社会生活的忠实写照,具有极大的史料价值。李唐的《村医图》,绘一乡村医生在田边为患者治病,救护及围观者紧张的神态,跃然纸上。李嵩的《货郎图》,描绘了一群妇女儿童被货郎担所吸引的生动情景。

文人画,不讲形似,只讲神韵、情趣。作者都是文人,自称所作为"艺画"。他们轻视严整细致的画作,称之为"术画",将作者称为"匠人"。文人画的代表作者为苏轼、米芾、米友仁等,苏轼喜作枯木怪石,画竹学文同。米芾画山水,不求工细,多用水墨点染,"意似便已";子友仁,继承父风,世称"米派"。

书法 淳化三年(992年),宋太宗出秘阁所藏历代书法家珍品,命王著编次,标明为《法帖》,称为《淳化阁帖》。此后重辑、翻摹的很多。北宋时,潭州(今湖南长沙)据《阁帖》又增补部分作品;绛州(今山西新绛)亦据《阁帖》而有所增损,皆摹勒上石,十分精美,世称《潭帖》和《绛帖》,对传布书法艺术很有贡献。宋代书法家以苏轼、黄庭坚、米芾和蔡襄最为著名。苏轼擅长行、楷,刻意创新,用笔丰润而以韵胜;黄庭坚擅行、草,以侧险取势而挺秀,亦以韵重;米芾亦擅行、草,师法王献之,技巧为当时第一;蔡襄正楷端重,行书婉媚,草书参用飞白法。宋徽宗正楷学唐薛曜而略变其体,称为"瘦金体",亦善狂草。南宋陆游、张孝祥、文天祥等,书法造诣也很高。

雕塑　北宋元祐时塑造的太原晋祠的四十二尊侍女彩塑,富丽浓艳,各具神态,栩栩如生。山东长清灵岩寺,北宋末所塑四十六尊罗汉彩塑,色彩素雅,形象各异,生动逼真,都是很典型的宋代塑像,为中国艺术宝库的珍品。四川大足石刻,多数是宋代作品,上起宋太宗时,下至宋理宗,造窟数以百计。铭记中载有元丰至绍兴时的雕刻匠师元俊、文惟一等二十一人,以他们为代表的民间艺术家创造了无数生动的石刻造像,佛和菩萨形态端庄而具有世人气息;供养人、力士,夸张有度,各有特征。经变故事造像中,多是现实生活的片断与劳动生产场景,朴实健康,微妙入神。

工艺　宋代的织锦,以苏州、建康、成都的最为著名。纹样通常是龟背纹、云水纹、古钱、卍字等,穿插龙、凤、朱雀、"三友"、"四季"、"八仙",以及"百吉"等图案、文字,绚丽多彩。缂丝也称"刻丝",主要产地为定州、苏州。织法称为"通经断纬",可以将山水、花鸟、人物、楼台等照样织制,成为绝妙的工艺品。传世的沈子蕃缂丝花鸟,图案逼真。刺绣有平绣、辫绣、扣绣和打籽绣等多种绣法,针线细密,配色精妙,所绣山水、花鸟、昆虫、祥云等,宛如图画。1967年浙江瑞安仙岩塔中,发现宋庆历(1041—1048年)以前的三方经袱,在杏红色素罗地上,用白、黄等色平绣的对飞翔鸾团花双面图案,花纹两面一样,是传世的双面绣品中有明确年代的最早艺术品。

雕漆即"剔红"。以金属或木作胎,通常再涂上几十层朱红色漆,乘未干透时镂雕人物、花鸟、山水、楼台等,金属作胎的常露出胎底金属本色。用黄漆作底再涂朱红漆,刻成黄地红花,称为"腊地"。也有以朱漆作底而涂黑漆,刻成锦地压花。或以各色漆重叠涂抹,雕刻时所刻花纹深浅不同,现出各种色彩的图案,如黄蕊、红花、绿叶、黑石等,十分美观。产地主要是两浙路,尤以温州最为著名,北宋首都开封有专卖温州漆器的店铺。

戏曲与曲艺　宋代各种新的曲艺、戏曲形式主要有话本、诸宫调、宋杂剧和南戏等。话本原是"说话"(讲故事)艺人的底本,对后世的长、短篇小说和戏剧很有影响。宋神宗时孔三传以不同宫调的不同曲子，说唱情节曲折的长篇故事，称为诸宫调。南戏《张协状元》前面有一段诸宫调，可从中看到宋代说唱相间的诸宫调的某种格式。诸宫调对宋杂剧、南戏、金院本和元杂剧都有较大影响。宋杂剧是继承唐代参军戏，又吸收"大曲"（歌舞）、诸宫调等形成的早期戏剧。北宋时，杂剧有时还指傀儡戏、"角觝"等。南宋的杂剧，专指有滑稽讽刺的表演，并以曲子演唱的短剧，角色通常四五人。传世的无名氏《宋杂剧图》，描绘了演出时的生动场面。南戏，北宋末兴起于永嘉（今浙江温州），形成于南宋光宗（1190—1194年）时，亦称"永嘉杂剧"、"温州杂剧"。南戏起自民间歌舞小戏，后吸收宋杂剧及其他民间伎艺，作者亦多下层文人，词语通俗，不为士大夫所重视，流行于今浙东、福建地区。

史学

宋代是中国封建时期史学的鼎盛期，新史体先后创立，长篇巨著之多，史学家成就之大，各种地理志的纂修，以及把史学领域扩大至金石学等，都足以凌驾汉唐，睥睨明清。

宋初，薛居正等据五代各朝实录等，仿《三国志》体例，编成《五代史》（即《旧五代史》）。宋仁宗时，欧阳修受命重修唐史，成《新唐书》，以别于五代后晋刘昫《唐书》（即《旧唐书》）。欧阳修不满薛居正《五代史》，重撰《五代史记》（即《新五代史》）。《五代史记》效法《南史》《北史》体例，将五朝纪传综合在一起，按时间先后编排。《新唐书》增修仪卫、选举、兵等志。宋代编修的前代史还有多种，传世的有王溥《唐会要》《五代会要》，徐天麟《西汉会要》《东汉会要》，以及路振《九国志》，陆游《南唐书》等。

司马光主编的《资治通鉴》，自战国迄五代，是中国第一部编年体通史，取材详备，考订精确。这种经过改进的编年史体，称为《通鉴》体，成为后来编年史的通用体裁。南宋袁枢自出新意，将《通鉴》中的重要事件分门别类，每事详备始终，并列出标题，撰成《通鉴纪事本末》，开创了吸收纪传、编年两体之长的新史体——纪事本末体。

　　南宋李焘用四十年时间,编撰《续资治通鉴长编》,对众多的官私资料,进行考订辨伪,是《通鉴》之后第一部出色的当代编年通史,亦是中国古代卷帙最庞大的私修编年史。杨仲良仿《通鉴纪事本末》,编撰《皇宋通鉴长编纪事本末》,彭百川撰《太平治迹统类》三十卷,实际上也是一部《长编纪事本末》,两书都分类编纂北宋的重要事件,保存了《长编》已佚的部分史料。

　　宋人编撰的当代史,还有徐梦莘《三朝北盟会编》,编年纪述徽、钦、高三朝与金的和战史事,每事取诸家之说,全录原文,保存了丰富资料。李心传《建炎以来系年要录》,编年系月,专记高宗一朝史事,考证史实,条理清晰。王偁《东都事略》,为纪传体北宋史,无志,间亦有他书未载史料。佚名《宋史全文》记宋太祖赵匡胤至宋理宗赵昀朝史事,其北宋一代十五卷,全系自《续宋编年资治通鉴》(《长编》之摘抄本)辑录者,南宋十五卷,则系辑录《中兴两朝圣政》诸书而成;佚名《两朝纲目备要》记光、宁二朝事;宋末元初佚名《宋季三朝政要》记理、度、恭三朝事,虽都较简略,仍为研究南宋史所必备。

　　宋政府重视编修本朝史,设国史院、实录院等机构,或由宰相兼任"提举"或"监修",编纂日历、实录、会要、国史等,常受政治斗争影响而改编。宋代官修史籍记述之详,篇幅之大,居汉唐明清各朝之冠。宋孝宗赵昚在位二十七年,其在位时的编年体官史《日历》,竟有两千卷。现行《宋会要辑稿》,仅为宋代官修《会要》的残本,材料已十分丰富。钱若水《宋太宗实录》亦有残本二十卷传世。

　　两宋之际郑樵仿《史记》修撰的纪传体通史《通志》,纪传袭自旧史,全书精华是相当"志"的二十略。宋元之际马端临仿唐杜佑《通典》修撰《文献通考》,取材下迄宋宁宗,分二十四考,引文摘取原文,叙述条理分明,尤以宋制为详,为研究宋史所必备。《通考》与《通典》《通志》,并称"三通"。

　　宋代方志的著述达到了前所未有的水平,体例已臻完备,后代方志在体例上大致未超脱宋方志之窠臼。有多种地理总志,记载宋朝统治区域概貌;专记州、县、镇的地方志,也大量出现。宋初乐史《太平寰宇记》,增设风俗、人物、土产等门。王存《元丰九域志》,分路记载州、县户口、乡镇、土贡额数等,可供考核史实。北宋末欧阳忞《舆地广记》,略于户口、土产等,详于沿革地理等,清晰详明。南宋王象之《舆地纪胜》,多记山川名胜,所引文献资料,多为他书所未见。祝穆《方舆胜览》,略于沿革建制,详于名胜、诗赋、序记。传世的州、县、镇志,尚有二十多种,少则数卷,多至百卷。北宋宋敏求《长安志》记述还比较简略,而南宋梁克家《淳熙三山志》、范成大《吴郡志》、陈耆卿《嘉定赤城志》、周应合《景定建康志》、潜说友《咸淳临安志》等,内容丰富,体例完备,标志着地理志编撰的重大进步。南宋常棠《澉水志》为澉浦镇镇志,镇志的出现,反映了宋代社会经济发展的新情况。孟元老《东京梦华录》、周密《武林旧事》、吴自牧《梦粱录》,分记北宋末开封和南宋临安的繁华景况,为研究宋代城市生活提供了丰富的资料。

金石学是中国考古学的前身,是宋代史学领域新开辟的园地。北宋欧阳修《集古录》,是现存最早研究石刻文字的专书。南宋洪适《隶释》和《隶续》,为传世最早的集录汉魏石刻文字专书,对有关史事进行了考释。赵明诚《金石录》,著录金石拓本两千种,并作辨证,有宋代初刻本存世。元祐七年(1092)成书的吕大临《考古图》及《释文》,著录古代铜、玉器二百多件,绘图形、款识,载尺寸、重量等,记出土地及收藏处,开创著录古器物体例,是中国最早而较有系统的古器物图录。南宋人继作《续考古图》。北宋王黼《宣和博古图》,著录古铜器达八百多件,亦绘图形等,考证精审,所定古器名多沿用至今。宋代金石学诸书为研究五代以前,尤其是研究商周秦汉史,提供了宝贵的参考资料。

宋朝的历史地位

宋朝是当时的世界大国,并且是经济文化高度发展的封建帝国。其经济文化多方面的成就,不仅在当时世界上居于领先地位,并且对人类文明作出了重大贡献,产生深远的影响。就举世闻名的中国四大发明而言,其中印刷术(见活字印刷)、火药、指南针三项,开发应用的主要阶段都在宋代。宋朝在世界上最早发行纸币(见交子、钱引),又是海上贸易大国之一,输入品大多是原料,而输出品大多是手工业制成品,这也反映了宋朝在世界上的经济地位。

在中国历史发展的长河中,宋朝属于封建社会的中期,尚未产生资本主义萌芽。唐五代以来,从阶级关系到政治制度的一系列变化,大致到宋代告终,宋代处于一个相对稳定的发展时期。宋代社会生产迅猛发展,其农业、手工业、商业等的发展水平,大大超过唐朝,成为战国秦汉以后,中国经济发展的又一高峰期。中国经济重心的南移,也完成于宋代。在长江下游和太湖流域一带的浙西平原,其经济以稻麦两熟制为基础,成为当时世界上的最发达地区。唐诗与宋词的主要取向与境界,全不相同,自难以断言其间的高低优劣,但宋代的词和在文学艺术方面的全面发展,则非唐代之所能及;而从科学技术、哲学思想、教育、史学等方面作综合比较,宋代无疑也都超越了唐代,成为中国封建文化发展的鼎盛期。

总之,宋代在物质文明和精神文明所达到的高度,在中国整个封建社会历史时期之内,可以说是空前的。从世界历史的范围看,宋元时代又是中华文明居于世界领先地位的最后时期。自明以降,中华文明便逐渐落后于欧洲文明,丧失了世界上的先进地位。

但从另一方面看,宋朝是中国历史上统治地区最小的中原王朝。在铲除唐五代藩镇割据势力的基础上,实行了一系列“守内虚外”的政策,有效地维持了内部统治局面的长期稳定,又造成了对外军事能力的软弱状态。在与北方辽朝的抗衡中,宋朝处于劣势,后被新兴的金朝占夺了北方半壁山河,最后又被北方的元朝灭亡。宋金元时代复杂的、尖锐的民族矛盾和斗争,造成了北方部分地区经济文化的严重倒退。

(本条与邓广铭、漆侠、王曾瑜、陈振合撰)

澶渊之盟

北宋与辽在澶州（今河南濮阳附近）缔结的一次盟约。澶州亦名澶渊郡，故史称宋辽此次和议为"澶渊之盟"。

北宋景德元年（1004年），辽承天皇太后和辽圣宗耶律隆绪以收复瓦桥关（今河北雄县旧南关）南十县为名，发兵南下。闰九月，辽军进入宋境，采取避实就虚的战术，绕过宋军固守的城池，十一月，破宋军守备较弱的德清军（今河南清丰）、通利军（今河南浚县西北）等，抵达黄河边的重镇澶州城北，威胁宋朝的都城东京开封，宋朝野为之震动，人心惶惶。

宋朝大臣王钦若主张迁都昇州（今江苏南京），陈尧叟主张迁都益州（今四川成都）；宰相寇准力请宋真宗赵恒亲征。宋真宗被迫北上。这时寇准倚重的将领是在历次抗辽战斗中屡立战功的杨嗣和杨延朗（杨业之子，后改名延昭）等人。杨延朗上疏，建议"饬诸军，扼其要路，众可歼焉，即幽、易数州可袭而取"，但未被采纳。宋军在澶州前线以伏弩射杀辽南京统军使萧挞凛（一作览），辽军士气受挫。宋真宗在寇准一再催促下，登上澶州北城门楼以示督战，宋军士气为之一振。宋、辽两军出现相峙局面。

辽军这次南侵，其目的只是想进行一次物资掠夺和政治讹诈，因折将受挫，表示同意与宋议和。宋真宗只希望辽军能尽快北撤，不惜代价，于是遣使向辽求和。十二月，宋、辽商定和议，交换"誓书"，约定：宋朝每年给辽绢二十万匹、银十万两，沿边州军各守疆界，两地人户不得交侵，不得收留对方逃亡的"盗贼"，双方可以依旧修葺城池，但不得创筑城堡、改移河道。此外，又约定辽帝称宋帝为兄，宋帝称辽帝为弟，宋辽为兄弟之国。盟约缔结后，宋、辽形成长期并立的形势，两国之间不再有大的战事，为中原与北部边疆经济文化的交流创造了条件。

参考书目

陶晋生：《宋辽关系史研究》，台北联经出版事业公司1984年版。

　　王煦华、金永高:《宋辽和战关系中的几个问题》,《文史》第9辑。

方腊起义

　　北宋末的一次农民起义。宋徽宗赵佶时,歙州(今安徽歙县)贫苦农民方腊(方十三)到睦州青溪县(今浙江淳安西北)万年乡帮源峒保正方有常家当佣工(一说方腊是漆园主)。当时宋徽宗、蔡京、童贯一伙贪得无厌地压榨人民,赋役繁重,"人不堪命,遂皆去而为盗"。

　　宣和二年(1120年)十月初九,方腊假托"得天符牒",率领农民,杀死方有常一家,以帮源峒为据点,聚集贫苦农民,号召起义。在誓师时,他悲愤交集地控诉:"今赋役繁重,官吏侵渔,农桑不足以供应。吾侪所赖为命者漆楮竹木耳,又悉科取,无锱铢遗。""且声色、狗马、土木、祷祠、甲兵、花石靡费之外,岁赂西、北二虏银绢以百万计,皆吾东南赤子膏血也!""独吾民终岁勤动,妻子冻馁,求一日饱食不可得,诸君以为何如?"他估计当时形势,指出:"东南之民,苦于剥削久矣,近岁花石之扰,尤所弗堪。诸君若能仗义而起,四方必闻风响应,旬日之间,万众可集。""我但划江而守,轻徭薄赋","十年之间,终当混一矣!"在方腊的号召下,青溪远近的农民闻风响应,很快发展到上万人。

　　十一月初,义军尊称方腊为"圣公",改元"永乐",置将帅分为六等,头扎红巾等各色头巾作为标志,建立农民政权。二十二日,起义军在青溪县息坑(今浙江淳安西)全歼两浙路常驻宋军五千人,击杀该路兵马都监蔡遵、颜坦。随后,乘胜进取青溪县,俘获县尉翁开。十二月初,攻克睦州,占据寿昌、分水、桐庐、遂安等县。不久,向西攻下歙州,全歼宋东南第三将"病关索"郭师中部,东进攻克富阳、新城,直趋杭州,以"杀朱勔"相号召。杭州是两浙路的首府,又是造作局所在地,花石纲指挥中心之一,聚集着大批官吏和富商、地主。二十九日,起义军攻入杭州,杀死两浙路制置使陈建、廉访使赵约,知州赵霆逃走。积怨已久的群众,在杭州捕捉官吏,发掘蔡京父祖坟墓,暴露其骸骨。

　　起义军获得广大农民的热烈拥护和响应。苏州石生,湖州归安县(今浙江吴兴)陆行儿,婺州兰溪县灵山峒(今浙江兰溪西南)朱言、吴邦,永康县方岩山(今浙江永康东)陈十四,处州缙云县(今属浙江)霍成富、陈箍桶等,纷纷领导当地农民,参加起义。台州仙居县吕师囊,越州剡县(今浙江嵊县西)裘日新(仇道人),衢州郑魔王等领导当地摩尼教秘密组织起兵响应。湖、常、秀等州农民,也"结集徒众",准备攻打州县。各地农民望见义军的旗帜,听见鼓声,就跑来迎接。参加义军的更是"项背相望"。

　　义军骤然兴起,切断了宋王朝的经济命脉,宋徽宗等惊恐万状。他们一面急忙撤销苏、杭造作局和停运花石纲,罢黜朱勔父子兄弟的官职,妄图松懈义军的斗志;一面派童贯任江、淮、荆、浙等路宣抚使,谭稹任两浙路制置使,调集京畿的禁军和陕西六路蕃、汉兵十五万,南下镇压起义。宣和三年正月,童贯、谭稹分兵两路,由王禀、刘镇等分别率领,向杭州和歙州进发,企图在睦州会合。

　　同年正月,方腊派遣方七佛领兵北伐,一举攻下崇德县,进围杭州东北的秀州(今浙江嘉兴),并分兵进入湖州(今浙江吴兴)境内。正值王禀率领东路宋军从北而来,方七佛义军迎战,不胜,退守杭州。同时,方腊率领主力南征,相继攻下婺(今浙江金华)、衢(今属浙江)两州。义军别部北上攻克宣州宁国县(今安徽宁国西南),进围广德军(今安徽广德)。史称义军先后攻下六州五十多县,包括今浙江省全境和安徽、江苏南部、江西东北部的广大地区。

　　义军秀州之战失利,杭州失去屏障。二月,宋军包围杭州,义军经过苦战,因粮尽援绝,被迫退出杭州。杭州失守,革命形势急转直下。三月初,义军再次进军杭州,不胜。宋军杨可世、刘镇部攻陷歙州,王禀部攻陷睦州。四月初二,衢州失守,义军将领郑魔王被俘。十七日,婺州失陷。十九日,王禀部攻陷青溪县。方腊带领义军退守帮源峒。王禀、刘镇等各路宋军会合,层层包围帮源。二十四日,宋军发动总攻。义军腹背受敌,奋起抵抗,七万多人壮烈牺牲。方腊及其妻邵氏、子方亳(二太子)、丞相方肥等三十多人力竭被俘,解往汴京,八月二十四日英勇就义。

方腊被俘后,义军各部继续转战浙东各地。童贯派郭仲荀、刘光世、姚平仲等领兵分路镇压。五月,台州仙居县义军由俞道安带领,从温州永嘉县楠溪攻占乐清县,义乌县义军据天仙峒,寿昌县义军据月溪峒,与宋军激战,天仙峒、月溪峒相继陷落。兰溪县灵山峒义军胡姓、祝姓二将与宋军刘光世部奋战,胡、祝等一千六百多人战死。越州剡县裘日新与宋军姚平仲部作殊死战,裘日新在桃源(今浙江嵊县南)战败牺牲。闰五月,宋军姚平仲部攻陷台州仙居境义军据点招贤(今浙江临海西)等四十多峒。方五相公、方七佛部义军接连失利。六月,仙居义军吕师囊转移至黄岩,宋军折可存部自三界镇追击。义军扼守断头山。宋军以轻兵从山后偷袭,义军战败,吕师囊等三十多名首领牺牲。七月,俞道安部义军从乐清攻打温州,战斗三十多天,不下,转入处州境。十月,俞道安在永康县山区被宋军包围,英勇战死。此后,义军余众在各地继续坚持战斗,直到宣和四年三月,才完全被宋军镇压下去。宋军所到之处,烧杀抢掠,无所不为,无辜百姓被杀害的不计其数,两浙经济遭受严重破坏。

参考书目

何竹淇:《两宋农民战争史料汇编》,中华书局1976年版。

职役

宋代役法之一。也称吏役。封建国家按照户等高下,轮流征调乡村主户担任州县公吏和乡村基层组织某些职务,称差役。这些职务如由封建国家出钱雇人担任,则称"雇役"。差役、雇役、保役及义役都是实行职役的方法。

宋代官府按照税钱、物力等的多寡,将乡村民户划分为五等(见户等制),再按户等的高下及丁口多少轮差相应的色役。差役分为乡役、州县役两大类:①乡役,是指在乡村基层组织"乡"、"管"或"耆"中担任头目和一般办事人员。包括里正、耆长、户长、壮丁等。里正为一"乡"之长，负责催督赋税，在乡村第一等户中轮差，役满后，勾集去州衙担任衙前。乡书手隶属于里正，为文书会计，轮差第三或第四等户。耆长和户长是一"耆"或一"管"之长。耆长负责督捕盗贼和防止烟火，轮差第一、二等户。户长承受官府的符帖催税，轮差第二等户。壮丁隶属于耆长，轮差第四、五等户。②州县役，是指在州县官府中担任公吏，包括衙前、人吏、承符、散从、步奏官、弓手、手力、院虞候等，还有杂职、斗子、拣子、掏子、秤子、仓子、解子、拦头、医人、所由等。衙前在州衙管理府库，运输上供官物，筹办时节宴会，送迎官吏，管理馆驿；衙前有军将至左右押衙、都知兵马使等阶，任职日久，一般升至都知兵马使，可出职补官。人吏或吏人，主管文书等，州衙的人吏在雇募不足时，选差中、下户任职；县衙的人吏，有押司、录事等，选差有田产并谙熟公事的乡户任职。承符、散从、步奏官，分属州衙各曹，负责追催公事，选差乡村第三等以上户或坊郭户（有的地区实行雇募）。其下有人力当差。弓手，隶属于县尉，"专捉盗贼"，轮差第三等户。手力，在县衙负责追催公事和在城赋税，轮差第二、三等户。院虞候、杂职，依承符、散从官例，选差乡户。斗子、库子、秤子、拣子、掏子、仓子等，是州县仓库的下级管理人员，选差下户或中户"有行止人"充当。拦头在村店要津设卡收商税，差第五等户。

　　宋代的职役始终是差、雇两法兼行，但各代比重有所不同。宋太祖赵匡胤至宋真宗赵恒时期，差役法逐渐确立。此法规定，官户、坊郭户、未成丁户、单丁户、女户、寺观户免役，乡村下户的职役较少，上户的职役较多较重。对于乡村上户，差役使他们完全控制农村基层政权，并占据部分州县吏职，便于统治广大农民，这是封建国家赋予他们的权利；同时，又使他们承担官府规定的一些义务。对于乡村下户，差役是继唐中叶以来封建徭役的新形式，是封建国家对下户无偿劳动的直接掠夺。

　　从宋仁宗赵祯朝起，差役法的弊病日益显露。主要是许多乡村上户在担任衙前期间,因丢失官物或为官吏敲诈等而倾家荡产。因此,乡村上户普遍视衙前役为畏途,想方设法逃避。至和二年(1055年),朝廷改行衙前"五则法":废除里正衙前,只差乡户衙前,将上户按财力和衙前役按重难各分为五等,根据户等的高低轮差相应的衙前。但是,直到宋神宗赵顼朝前,乡户衙前依然是乡村上户的沉重负担。所以,从神宗熙宁四年(1071年)开始,在全国范围实行新役法,改差法为雇法,以前的当役人户交纳免役钱,坊郭户、官户等以前无役者交纳助役钱。统称新役法为雇役法或募役法。在雇役的同时,也保留部分差役,如开封府界仍旧轮差下户充当壮丁,上户充当耆长。又如自熙宁七年起,恢复了乡役方面的差法,并与保甲法相结合,形成了"保役法"。这时,即废除户长和坊正,又轮差城乡保丁充当"甲头",使之催纳赋税、青苗钱和役钱。不久,又废除壮丁、耆长、其职责归于都副保正、大保长;裁减各地弓手名额,用保丁补充原额的人数。宋哲宗元祐元年(1086年),除衙前外,恢复差法,按五等丁产簿定差。接着,又逐步实行部分雇法。绍圣年间(1094—1097年),改进免役法,同时兼行部分差役法:各地有不纳役钱而轮差壮丁者,依旧;仍以保正、保长代替耆长,甲头代替户长,承帖人代替壮丁,后又以保长取代甲头,负责催税。南宋时,兼行差雇二法,免役钱照旧征收,而大量地差乡户应役。保正承行文书,保长催税,不免赔累甚至破产,因而上户多将此役转嫁给中、下户。宋高宗赵构时,婺州金华县百姓结伙出田和米,帮助役户轮充,称为"义役",各地陆续仿效。宋孝宗赵昚时,一度命官户跟民户一样,轮差保正。宋宁宗朝直至南宋末年,不少地区实行两浙路的义役,以保证差役的实行,但常遭猾胥奸吏的阻挠和破坏。

　　元代以后,职役通称为"差役"(见杂泛差役)。

参考书目

漆侠:《关于宋代差役法的几个问题》,《宋史论文集》,中州书画社1983年版。

聂崇岐:《宋役法述》,《宋史丛考》,中华书局1980年版。

夫役

宋代役法之一,又称工役。宋官府按照坊郭、乡村民户丁口多寡或户等高低,征调丁夫,从事劳役。宋初规定男子二十到五十九岁为丁,凡城乡有一丁以上的民户都须承担夫役,但官户享有免役特权。正在担任职役的乡村上民暂免夫役。客户作为国家的编民,也要按丁应役。宋代夫役多用厢兵,故民户夫役负担比前代略有减轻。北宋时,每年春季征调丁男修筑黄河堤岸,谓之"春夫"。一旦出现水患,则征调"急夫"。此外,夫役还用于筑城、开河、盖屋、修路、采矿、运粮等。北宋时还出现所谓免夫钱,如宋神宗熙宁十年(1077年),允许距河七百里以上的民户交钱免差,谓之"免夫钱",以雇民夫,但尚未成定制。宋哲宗元祐三年(1088年),正式改变差夫旧制为雇夫新法。但此后也未全用雇法。元祐时曾规定,夫役不问户等贫富,概以男丁科差,以至出现上户偏轻、下户偏重之患。五年,改为各地州县可用丁口、也可用户等科差夫役。宋徽宗大观间,命修河春夫,皆纳免夫钱,"定为永法"。宋徽宗末年,征调山东、河北民夫运粮到燕山府(今北京),民力告竭,纷纷起义。接着,又在全国范围征收免夫钱,每税钱一贯收免夫钱十贯,或按照户等计口出钱,每夫二十到三十贯。南宋时,某些地区继续征收免夫钱,但民户并未免役。地方官府往往计算田亩,强征民夫筑城、护送官员,运输军粮武器,修治桥道,建造馆舍等,劳役仍然十分沉重。上户富室出钱雇人或强迫客户代役,夫役的实际负担者是下户和客户。所以,夫役是封建国家强迫广大农民负担的无偿劳役。

参考书目

梁太济:《两宋夫役的征发》,《宋史研究集刊》,浙江古籍出版社1986年版。

义役

宋代役法之一。南宋乡村民户为了减轻上户轮差保正、保长的重役,自行结合,割田出粮,帮助当役户,称为"义役"。义役始于婺州(今浙江金华)、处州(今浙江丽水)等地。约在宋高宗赵构绍兴年间(1131—1162年),婺州金华县长仙乡的一些"大姓",因轮派保正役而时起纠纷,乃创议合伙捐田一百亩,帮助当役者应差;每年三月旧保正将田移交给新保正,作为应役之资。由此,"义役"便在民间实行,并于绍兴三十二年得到知婺州吴芾的称赞。大约与婺州义役同时,处州民间也实行义役,宋孝宗乾道时(1165—1173年),知处州范成大言于朝廷,于是义役遂从两浙路扩展到江东、江西和福建等路,各地上户纷纷实行。义役的实行有所谓"义役规约",各地虽颇不相同,但其主要内容是:①由本"都"或本"甲"的上户担任役首,主持义役的实施,如收取役田租课,排定各户服役顺序等。但有的地方不设役首。②役户按年月顺序轮流充当都保正、副都保正、保长或户长,义役田均给保正、保长或户长,收取租课,以供服役费用。③一都或一甲全体人户按户等高低割田或捐粮、钱,置义役田庄。有时地方官府亦买田支助。有的地区只由乡户自行按户等商定服役顺序,不置义役田;有的地区则集资雇人代役。④有些地区在义役田租课有剩余时,则另置新田,将旧田归还原主。义役大都由乡村上户把持,实际上减轻了上户的负担。原来役轻或无役的中下户,在上户勒索敲诈之下,加以吏胥的阻挠和破坏,负担增重,以至破家荡产,因而义役成为"不义之役"。

朱熹

　　(1130—1200年)　宋代理学家。字元晦,后改为仲晦,号晦庵,又号晦翁、遯翁。祖籍歙州婺源县(今属江西),生于南剑州尤溪县,曾寓居建州崇安和建阳(以上今皆属福建)两县。绍兴十八年(1148年),登进士第。二十一年,铨试及格,授左迪功郎、泉州同安县主簿。任满归乡,被差监潭州南岳庙,拜李侗为师。一再辞去官职,专心著书讲学。宋孝宗淳熙间(1174—1189年),历任知江西南康军、提举江西常平茶盐公事、提举浙东常平茶盐公事等。宋光宗时,历任知漳州、秘阁修撰、知潭州兼湖南安抚使。宋宁宗初,升焕章阁待制兼侍讲。庆元二年(1196年),被反对派弹劾,落职罢祠。庆元六年,病死。嘉定元年(1208年)谥"文"。朱熹最初积极主张北伐抗金,后来变为"合战、守之计以为一",最后成为坚定的主守派。做地方官时,在福建、浙东实行社仓法,在漳州推行经界法,企图补救时弊。朱熹早年研习儒家经典外,还学佛教禅学、道经、文学、兵法等,无所不学。追随李侗后,遂为程颢、程颐之四传弟子,专心攻求义理之学。同时,又汲取了周敦颐、张载等人以及禅学的部分学说。在宋孝宗赵昚时,集北宋以来各派理学的大成,逐步建立起完整而系统的理学体系。朱熹的理学主要包括哲学义理和伦理道德学说。朱熹以"理"作为自己哲学体系的基本范畴,明确阐述"理"与"气"的关系,认为"理"产生于天地万物之先,即"理"先于"气","气"依"理"而存在。万物有万理,万理的总和就是"太极",太极即"天理"。跟天理对立的是"人欲"。"圣人之教"是要人们"存天理,灭人欲"。人的天性本来都是善的,只因各人禀受的"气"有所差别,所以气质的性有善恶、贤愚的不同。由此提出了"格物致知"、"正心诚意"、"居敬"等一系列理论。朱熹还把传统的纲常学说加以理论化和通俗化,把三纲五常当作当时社会的最高道德标准,认为纲常伦理是永远存在、"不可磨灭"的。朱熹知识渊博,著述丰富,涉及各个领域,主要有《四书章句集注》《楚辞集注》《诗集传》《资治通鉴纲目》《宋名臣言行录》,以及由门人编纂而成的《朱子语类》《朱文公文集》等。朱熹生前在政治上并未取得较高的权位,但在社会上讲学授徒、著书立说,影响广泛。死后,其学说和著作得到宋理宗赵昀的推崇。从此,朱熹的学说成为理学的正统,理学成为官方哲学,朱熹也被后代统治阶级尊为"大贤",其学说对后世有巨大而深远的影响。

参考书目

钱穆:《朱子新学案》,台北三民书局1971年版。

张立文:《朱熹思想研究》,中国社会科学出版社1981年版。

科举制·宋

宋初太祖、太宗、真宗等朝,在革除唐代科举制弊病的基础上,建立起一套相当完整、严密的科举制度,成为封建专制主义中央集权制的一个重要组成部分。

熙宁四年(1071年)前,有贡举、武举、童子举、制举等。贡举又设进士、明经诸科(包括九经、五经、开元礼、三史、三传、三礼、学究、明法等科)。熙宁四年,废罢明经、诸科,命诸科举人改应进士科,又另设新科明法。后又废制举。元祐后,进士科分为诗赋进士、经义进士两科,一度设经明行修、八行、宏词等科。南宋时,进士一般仍分诗赋进士、经义进士。另有武举、制举、博学宏词科等,但应举及登科人数都很少。终宋一代,科目呈现逐步减少趋势,进士科愈益成为最主要的科目,士人皆以进士科登第为荣。

宋代实行解试、省试、殿试等三级考试制。解试又称乡贡,由地方官府考试举人,然后将合格举人贡送朝廷。解试包括州试(乡试)、转运司试(漕试)、国子监试(太学试)等几种方式,每逢科场年,在八月十五日开考,连考三日,逐场淘汰。举人解试合格,由州或转运司、国子监等按照解额解送礼部,参加省试。省试由尚书省礼部主管,在春季选日考试各地举人,分别科目连试三日,合格者由礼部奏名朝廷,参加殿试。自开宝六年(973年)开始,由皇帝亲临殿陛出题考试礼部奏名合格举人,并重定名次。从此,每次省试后,必定举行殿试,殿试所定名次与省试有所不同,举人殿试合格才算真正"登科"。除解试、省试、殿试外,南宋四川还举行与省试相当的类省试,以照顾远离临安的四川举人。为了防止各级考试的考官作弊,规定有关官员的子弟、亲戚、门客应试时必须回避,另派考官设场屋考试,称"别头试"。在不同时期,对不同科目和身分的举人,实行不同的考试方式,有牒试、帘试、附试、同文馆试、锁厅试、比试、拍试、刑法试等。

各级考试的考试程式逐步完备。如省试,在开考前数日,考官全部同时进入贡院,开始进行考试准备工作,在考试期间不得私自外出或会见亲友,称锁院。举人向贡院交纳试纸和家状,加盖官印。在考场内,举人按座位榜对号入座,座位上标明举人姓名;官府刻印试题及注解,分发举人,举人纳卷后,封弥院负责密封试卷卷头,亦即将举人姓名、乡贯糊住,或截去卷头,编成字号;誊录院负责誊写出试卷副本,对读所校勘副本使无脱误。考官根据副本批分定等,再送复考官及知举官复审并最后决定名次。

省试时,朝廷委派权知贡举一员,主持该次考试。为分割事权,又委派权同知贡举二至三员协助。另外,选派贡院监门官数员,巡察院门,谨视出入;编排试卷官、封弥卷首官各数员,负责编排试卷字号、密封卷头及考官所定等第;誊录官、对读官各数员,负责誊写和核对该卷副本;每五百名举人又设点检试卷官一员,按课题(经义、诗、赋、论、策)分房考校试卷,批定分数,初定等第;参详官负责复查点检试卷官所定等第和批分。殿试时,增派详定官数员,负责详审初考和复考官所定试卷等第。

参加科举考试的各科士人,通称"举人"。举人登科便授官,不再称举人,应试不合格则须再次应举。举人没有出身,只享有免除本人丁役、身丁钱米的特权;曾赴省试的举人,可以赎免徒以下的公罪和杖以下的私罪。举人殿试合格,按五甲授予本科及第、出身或同出身等身分。前三名依次为状元、榜眼、探花。殿试放榜,举行唱名仪式,皇帝临殿,由知举官依照甲次、名次宣唤中第举人姓名,当殿授予出身,并各赐绿袍、笏、靴等。新及第人选日期集,赴闻喜宴,编同年小录等。

宋代科举向士大夫广泛开放,除严禁有"大逆人"近亲、"不孝"、"不悌"、"工商杂类"、僧道还俗、废疾、吏胥、犯私罪等人应试外,对于各科举人,不重门第,只要文章合格就可录取。每次殿试录取的举人总数,比唐代礼部试要多十倍左右,大多数举人出身于一般地主和殷富农民,还有部分工、商子弟,世代官宦的子弟居于少数。

朝廷还禁止及第举人与知举官结成"座主"或"师门"与"门生"的

关系,防止考官为非作歹,与举人结成朋党;禁止台阁近臣在知举官入贡院前,"公荐"自己所熟悉的士人,或"嘱请"知举官录取某一举人;禁止举人在试场夹带文字、暗传经义或点烛等,严防作弊。

宋代科举制曾经起过一些积极作用。许多杰出的政治家、经学家、文学家、科学家等均由此途选拔出来,在客观上也推动了文化教育的发展。

太学·宋

宋代太学仍为最高学府,隶国子监。宋初仅设国子监,学生名额甚少,且只收七品以上官员子弟。宋仁宗庆历四年(1044 年),范仲淹推行新政(见庆历新政),始以东京开封锡庆院兴办太学,招收内舍生两百人,采用胡瑗的湖学法制订"太学令"。宋神宗赵顼时,扩建太学,增加学生名额达两千四百人,设八十斋,并重订太学条制,推行三舍法。宋徽宗赵佶时,兴建辟雍作为外学,太学(包括辟雍)共招生三千八百人,同时废除科举,人才皆由学校选拔,太学达到极盛时期。南宋绍兴十二年(1142 年),在临安府重建太学,至宋末学生达一千七百多人。

宋代太学形成一套比较完整的学制。太学生从八品以下官员子弟和平民的优秀子弟中招收。庆历间(1041—1048 年),内舍生由太学供给饮食。宋神宗熙宁五年(1072 年)起,外舍生亦由太学给食。南宋时,外舍生入学,须纳"斋用钱",方能在官厨就餐;贫者减半纳;内舍生和各斋长、斋谕免纳。学生各习一经,随所属学官讲授。学生分成三等,即上舍、内舍、外舍。考核学生成绩和学生升等的制度,称"三舍法",规定新生入外舍习读,经公试、私试合格,参考平日行艺,升补内舍。内舍生两年考试一次,考试成绩和当年公、私试分数校定皆达优等,为上等上舍生,即释褐授官;一优一平为中等上舍生,准予免礼部试;两平或一优一否为下等上舍生,准予免解试。上舍生不再参加公试。私试每月一次,由学官出题自考学生;公试每年一次,由朝廷降敕差官主持。学生分斋学习,每斋三十人,屋五间、炉亭一间为全斋阅览和会议处,设斋长、斋谕各一人,负责督促和检查学生的行艺。宋代学官与唐略同,然无助教、直讲,又增学正、学录、监书库、监厨官等。职员称学职或职事人,有前廊学录、学谕、直学等,大多由上舍生或内舍生担任,每月有俸钱。工人称斋仆、贴斋等,亦领"月给钱"。

宋代太学为统治者培养出大批官员和学者。随着理学的逐渐形成和政治斗争波澜起伏,太学还成为传播理学和各派政治力量竞争角逐的场所。一些太学生如陈东等人,曾上书言事,推动了抗金斗争。宋代太学制给后代以很大影响(见国子监)。

国子监

中国古代最高学府和官府名。晋武帝时,始立国子学,设国子祭酒和博士各一员,掌教导诸生。北齐改名国子寺。隋文帝时,改寺为学。不久,废国子学,唯立太学一所,省祭酒、博士;置太学博士,总知学事。炀帝即位,改为国子监,复置祭酒。唐沿此制,国子监下设国子、太学、四门、律算、书等六学,各学皆立博士,设祭酒一员,掌监学之政,并为皇太子讲经。唐高宗龙朔元年(661 年),东都亦置监。一度改称司成馆或成均监。

宋属礼部。宋初承五代后周之制,设国子监,招收七品以上官员子弟为学生。端拱二年(989 年)改国子监为国子学,淳化五年(994 年)依旧为监。庆历四年(1044 年)建太学前,国子监系宋朝最高学府。但高、中级官员子弟坐监读书,仅是挂名,数量既少,平日听课者又甚寥寥。自设太学和其他各类学校后,国子监成为掌管全国学校的总机构,凡太学、国子学、武学、律学、小学、州县学等训导学生、荐送学生应举、修建校舍、画三礼图、绘圣贤像、建阁藏书、皇帝视察学校,皆属其主持筹办。元丰改革官制(见元丰改制)前,国子监官员有判监事、直讲、丞、主簿等。自元丰三年(1080 年)起,改设国子祭酒(即旧判监事)、司业(祭酒的副手)、丞、主簿、太学博士(即旧直讲)、学正、学录、武学博士、律学博士等官,监内分成三案:厨库案管太学钱粮、颁发书籍条册,学案管文、武学生公私试、补试、上舍试、发解试等升补、考选行艺,知杂案管监学杂务。各案设胥长、胥佐、贴书等吏人多员。国子监还设书库,刻印经史书籍,供朝廷索取、赐予以及本监出售之用。南宋在监内专设"印文字所"。国子监所印书籍称"监本",一般刻印精美,居全国之冠。北宋陪都西京、南京、北京亦陆续置国子监,设分司官,由朝廷执政、侍从等官迭互充任,职事颇简,仅出纳钱粮,实际成为士大夫休养之所。崇宁四年(1105 年),罢三京国子监官,各设司业一员。

辽太祖置南面上京国子监,设祭酒、司业、丞、主簿、下辖国子学。中京另建国子监,设官与上京同。金代国子监下辖国子学、太学,设祭酒、司业各一员;监丞二至三员,一员兼管女直学。元初置国子监,属集贤院,下辖国子学,设祭酒、司业,掌国子学的教令;监丞,专领监务。另建蒙古国子监和回回国子监学,以示与汉人、南人之别。

明初设中都国子学,后改为国子监,掌国学诸生训导的政令。明成祖永乐元年(1403 年),在北京设国子监,皆置祭酒、司业、监丞、典簿各一员。清代国子监总管全国各类官学(宗学、觉罗学等除外),设管理监事大臣一员;祭酒,满、汉各一员;司业,满、蒙、汉各一员。另设监丞、博士、典簿、典籍等学官。光绪三十三年(1907 年),并归学部。

参考书目

张邦炜、朱瑞熙:《论宋代国子学向太学的演变》,《宋史研究论文集》,河南人民出版社 1984 年版。

马端临:《文献通考》卷 57《职官考十一》,万有文库,商务印书馆 1936 年版。

王圻:《续文献通考》卷 56《职官考六》,万有文库,商务印书馆 1936 年版。

《清史稿》卷 115《职官二》,中华书局 1977 年版。

(本书为中国大百科全书出版社 1992 年版)

附：中国大百科全书·法学

钱法

中国古代关于金属铸币的法规,包括金属铸币的铸造、流通、收藏以及长短钱等方面的立法。

铸造法　金属铸币起源于商代。随着商业的发展,逐渐成为货币的主要形式。战国时期,各国都有自己的钱币,其形制、大小、轻重各不相同。秦代统一币制,铸两等货币,黄金为上币,单位用"镒"(二十两);铜钱为下币,重半两。从此开始以"两"为货币单位,并采用外圆方孔的圜钱形式。汉初因秦钱重,不便使用,命百姓铸榆荚钱,如夹杂铅铁,处以黥罪。汉武帝(公元前141—前87年在位)时,销废旧钱,专令水衡都尉在京铸五铢钱。此钱轻重合宜,形制进步,自汉到隋基本行用不废。王莽5次改铸新钱,币制混乱。东汉公孙述在成都废铜钱,铸铁五铢钱。隋初铸"开皇五铢",规定每一千钱重四斤二两,命各关置百钱为样品,进关者经检查合格,才准携带入关,否则熔铸。禁止使用旧钱,放任不禁者,县令停禄半年。唐初废五铢钱,铸"开元通宝",每十文重一两,一千文重六斤四两。乾封元年(666年),铸"乾封泉宝",开创钱币于"通宝"或"元宝"之上冠以当时年号的命名方法。宋太宗(976—997年在位)初年,铸"太平通宝"。此后置钱监二十多处,最多的一年铸六百万贯。每千文约重四斤九两。北宋主要铸小平钱,南宋主要铸折二钱。金代最初使用辽、宋旧钱,正隆二年(1157年)铸"正隆通宝",轻重如宋小平钱。此后,亦铸大小铜钱多种,有小平、折二、折三、折五、当十等,钱文皆用汉字。元代主要行使宝钞,至大三年(1310年)始行铜钱法,铸汉文"至大通宝"小钱和蒙文"大元通宝"当十大钱两种。至正十年(1350年),铸"至正通宝",有地支纪年钱、纪值钱、权钞钱。权钞钱是用金属铸币来代表宝钞,分五分、一钱、一钱五分、二钱五分、五钱等五种。明初颁行"洪武通宝钱制",铸当十、当五、当三、当二、当一小平钱等五种,全部用铜。生铜一斤,外加火耗一两,铸小平钱一百六十文。铸匠每天造钱有定额。京城设"宝源局",各行省设"宝泉局",掌管铸钱事宜。宝源局发钱样给各省,令依式铸造。此后,户部增设宝泉局,专管铸钱,称"钱法堂",又设督理钱法侍郎官。但所铸不多,并且往往尅铜而添入铅锡。嘉靖元年(1522年)后,因不用宝钞,恢复铸钱,还补铸各朝未铸者。所铸名目繁多,有金背、火漆、镟边等类。制钱(本朝钱)分为京钱、省钱两种:京钱称"黄钱",每七十文值银一钱;外省钱称"皮钱",每一百文值银一钱。明末括古钱以充废铜,新铸钱品杂乱,质地恶薄,结果大贬其值。清初仿明制,在京师由工部设宝源局、户部设宝泉局,铸"顺治通宝"。顺治十年(1653年)后的钱法规定,制钱七成红铜、三成白铅;一千文为一串,每文钱重一钱(后增为一钱二分五厘),二千串为一卯;钱式有五种,直到清末皆照此五式铸造。清文宗(1850—1861年在位)时,铸当千、当五百、当百、当五十、当十共五种大钱,百以上称"元宝",百以下称"重宝"。后又铸铁钱和铅钱。清德宗(1875—1908年在位)末年,另造铜元。

私铸法 历代封建王朝,一般都是把钱币的铸造权集中在封建国家手里,禁止民间私铸。汉武帝元鼎二年(前115年),下诏禁止各郡国私铸。王莽规定私铸者全家没为官奴婢,吏和近邻知而不告,与之同罪。隋、唐初年,准许诸王子等在外地设炉铸造,但不准百姓盗铸和用恶钱贸易,还不时由官府用好钱回收恶钱销熔。宋代以后,随着封建中央集权制度的加强,禁令更加严格。宋代禁止民间私铸和使用轻小钱、砂毛钱等,告者有赏。宋高宗绍兴六年(1136年)规定,铸、熔铜钱和私造铜器者,一两以上,皆徒二年,罪重者从严判刑,罚偿钱三百贯;准许他人告发;邻居失察者,亦罚偿金二百贯。明代立法,私铸工匠,为首者依律问罪,胁从和知情者枷示一月,家属编戍。各级官员缉获私铸起数,附入考成。清代改定私铸律,为首者和匠人罪斩决,财产没官;为从和知情买使,总甲十家长知情不告,地方官知情,分别判刑;告奸赏银五十两。后又定剪钱边律罪为绞监候,申严私贩之禁,并限期收缴私钱。

流通法 在古代,钱币的使用和流通,往往有一定的地区范围。南朝梁初,京城和三吴、荆、郢等地使用铜钱,其他地区杂用谷、帛交易,交、广地区则全用金、银。唐德宗(779—804年在位)时,各地一度禁带现钱过境。宪宗(805—820年在位)时,不准铜钱越出岭外。北宋开封府界等十三路专用铜钱,陕西、河东两路兼行铜、铁钱,川蜀等四路使用铁钱。南宋主要使用会子,东南各路兼用铜钱,四川兼用铁钱。宋初禁止铜钱流入"蕃界"和"阑出""化外",边关官吏失察,五贯以下处罪,五贯以上处死。后改为阑出一贯文,即处死罪,并制订徒、流、编配、首从等法及许人捕捉、告发给赏。南宋时,屡次申严福建、广东沿海铜钱出界之禁。绍兴二十八年(1158年),定"铜钱出界罪赏",如规定将铜钱与蕃商博易者徒二年、千里编管。金代禁止铜钱出境,亦制定罪赏格,同时规定民间交易,一贯以上用交钞,不得用铜钱;商旅携带钱币不得超过十贯。明、清的货币流通,偏重于规定各种铜钞和宝钞、银的搭配比例。明成化元年(1465年),颁行通钱法,凡商税课程,铜钱和宝钞各半兼收。弘治元年(1488年)规定,纳赎、收税,历代旧钱和制钱各收一半;如无制钱,即收旧钱,二文当一文。万历五年(1577年),定出各项商价银、钱按八与二的比例搭配使用,顺治十年(1653年)规定,用京局、外省钱搭配支给俸饷,钱粮征收银七钱三。大抵在1920年后,制钱才不再流通,其辅币地位逐渐被铜元所代替。

收藏法　为确保流通领域铜钱充足,历代往往制订"限钱"法,对收藏现钱数额加以限制。唐宪宗元和三年(808年),规定最多为五千贯。元和十二年,又限定在一、两个月内,用超过部分购贮货物,限满违犯者,平民处死,有官品人等奏告朝廷贬责。唐文宗太和四年(830年),放宽期限,藏钱超过限额一万到十万贯者,在一年内用出;超过十万到二十万贯者,在两年内用出。宋高宗绍兴二十九年(1159年)规定,民户积钱超过一万贯、官户超过二万贯,满二年不换成他物者,皆予没收。金代规定,官民之家藏钱最多不过二万贯,猛安、谋克一万贯,有能告发限外藏钱者,奴婢免为良人,佣者出离,以十分之一充赏金,十分之九没官。清代规定凡积钱到一百千以上,以违制论处。

　　长短钱法　在铜钱不够使用的朝代,还实行"短钱"或者"省陌"法。此法最初起自民间。梁武帝(502—549 年在位)时,破岭以东,用八十钱为百称"东钱";江郢以上,用七十钱为百称"西钱";京城用九十钱为百称"长钱"。虽然国家加以禁止,要求通用足陌钱,但在民间仍逐渐形成一种习惯法。唐穆宗(820—824 年在位)时,规定从俗使用,每缗垫八十钱。唐昭宗(888—904 年在位)末年,京城用八百五十文为一贯。河南更减少五十文。五代后唐明宗(926—933 年在位)时,规定买卖皆用八十陌钱,禁止短钱,后汉隐帝(948—950 年在位)时,更明确立法:输官钱为八十文,出官钱为七十七文,称"省陌",成为官定钱法之一。宋太宗(976—997 年在位)初年下诏,民间缗钱一律用七十七文为百。此后一般官私出入,皆用此制。有时百姓向官府纳钱仍用八十文陌制。金世宗大定二十年(1180 年)前,官府通行足陌钱,民间通行短钱,以八十文为陌。大定二十年定制,官私用钱,皆以八十文为陌。

　　古代钱法,在实行过程中不免出现各种弊病,但在一定程度上仍起了促进社会经济发展的作用。

(本书为中国大百科全书出版社 1984 年版)

宋代笔记小说选译

目　　录

前　　言

　　这是一册宋代笔记的选译。

　　所谓笔记,顾名思义就是信手记录撰写的东西。它没有总的撰写纲要或计划,不分篇,不分章节,每条笔记前有的加个小标题,有的连小标题也没有,写得多了,编成一卷或几卷,加个书名,就成为了一部笔记。也有的笔记看上去分了类,其实只是写完后才重新分类编排,并不要像现在人们写书编讲义那样按类按章节依次写下去。如果真是这样依次写下去的,那倒不好算笔记了。

　　这种笔记最早出现在魏晋南北朝时期,多数讲鬼神精怪,也有少数讲名人佚事、社会琐闻。这些佚事琐闻自然有真有假,但总写得不像是凭空编造,而是真人真事,所以一般叫它杂史、杂记。鬼神精怪在今天看来当然全属虚构,因为世界上本来就没有鬼神精怪之类的东西,人死了哪能成鬼,狐狸只是动物哪能成精,所以把这类笔记都认定为小说,从而派生出一个"笔记小说"的名称。

　　魏晋南北朝是门阀士族掌权的时代。这种门阀士族代表了古代封建领主制的残余势力,是腐朽反动的东西。到唐代这个腐朽反动的东西退出了历史舞台,社会有了很大的进步,给文化事业的繁荣创造了条件,因而笔记不仅在数量上大大增多,在内容上也有所开拓。原先最占优势的讲鬼神精怪的笔记小说,在唐代已加入了很多人的成分,现实生活的成分,而且逐渐以故事情节取胜而不像过去那样专凭怪异惑人,从而开创了所谓传奇小说。讲人事的也不仅局限于过去的佚事琐闻,而涉及国家大事以至典章制度之类比佚事琐闻更正经更堂皇的东西。再有是考证性质的笔记也开始出现了,历史上某些事物的真相如何? 文献上某些词语应如何解释? 前人的讲法对不对,符合不符合事实? 在有些笔记里已作讨论,这也就是作考证。

宋代的笔记,基本上遵循唐代的格局而又大有发展。

先说记述国家大事、典章制度、人物故事的笔记,这在宋代是占了绝大多数,最初如太祖时孙光宪的《北梦琐言》,记述晚唐至五代旧事,真宗时张齐贤的《洛阳搢绅旧闻记》,记述后梁、后唐洛阳旧事,这几位实际上都是先朝人物入宋后继续仕宦的。多记本朝时事,朝廷故实的,是仁宗以后的笔记。如欧阳修的《归田录》,司马光的《涑水记闻》,王辟之的《渑水燕谈录》,彭乘的《墨客挥犀》,朱彧的《萍州可谈》等,都是记述太祖以来的旧闻掌故。有的篇目详述故事本末,接近史体,有的篇目详述当时典制,足补史阙。南北宋之际,著名的有方勺的《泊宅编》,庄绰的《鸡肋编》,张邦基的《墨庄漫录》,叶梦得的《避暑录话》等,都记述北宋佚闻并兼及南宋初年史事。高宗到光宗时,这类著作更多,如雨后春笋。其中一部分追述南北宋之间与辽、金的和战旧事,在徐梦莘的《三朝北盟会编》,李心传的《建炎以来系年要录》都有所征引。还有一部分记述其他史事人物的,如王明清的《挥麈录》,邵伯温的《邵氏闻见前录》,朱弁的《曲洧旧闻》,陆游的《老学庵笔记》等,也很有名。从宁宗到南宋灭亡,这类笔记为数仍不少。如岳珂的《桯史》①,叶绍翁的《四朝闻见录》,以及宋元之间周密的《齐东野语》、《癸辛杂识》,都记述了不少有价值的资料。此外,这类笔记中还有一些是专门记述典章制度的,如神宗时宋敏求的《春明退朝录》,庞元英的《文昌杂录》,高宗时叶梦得的《石林燕语》,以及其后岳珂的《槐郯录》,王得臣的《麈史》,周必大的《玉堂杂记》、《二老堂杂志》,赵与时的《宾退录》,赵昇的《朝野类要》等。也有一些兼评诗文而带有诗话性质,如罗大经的《鹤林玉

---

① 桯(tīng)。

露》,赵令時的《侯鲭录》等。至于兼记许多科技知识成果,如沈括的《梦溪笔谈》,那更是众所周知,不用在这里多说了。

再说专讲怪异的笔记,这在宋代笔记中以种数论已退而居次。其原因一是前面所说早在唐代已出现了传奇小说,到宋代(尤其是南宋)、元代又盛行更有人情味的小说、讲史、说经、说参请等四家说话。最后还出现了用白话写作的大量话本,用文言文撰写讲怪异的笔记已仅受少数人欢迎。二是社会在进步,满纸荒唐的鬼神精怪已不甚为人们所相信,因而这时期的怪异笔记常注明是某某人亲见亲闻来取信于读者。这时期怪异笔记中部头最大、最负盛名的是洪迈的《夷坚志》,原本多至四百二十卷,现残存并经搜辑重编还有二百多卷。

至于考证性质的笔记,论数量自然不如前两类笔记多,因为考证这门学问毕竟不是广大群众能接受的东西,即使在知书识字的古代知识分子中,喜爱考证的仍旧属于少数。但讲质量却无疑很高,不仅高于那些讲怪异的笔记,而且比一般讲国家大事、典章制度也高出许多。著名的有程大昌的《演繁露》,王观国的《学林》,洪迈的《容斋随笔》,王应麟的《困学纪闻》。其中《困学纪闻》是清代学者常读的名著,《容斋随笔》据说是毛泽东同志晚年爱读的书。

以上这么多的宋代笔记,无疑是我国古代文化遗产中的一笔宝贵财富。就以这本选译入选的条目举例来说,如《各地岁时习俗》让我们知道宋代的某些地方的新年习俗,这在史书里是很少记载的。《幞头之制》让我们知道所谓乌纱帽的来历,《汤饼之制》让我们知道面食的种种演变,《上元张灯》让我们知道今天农历正月十五灯会的由来,也都是有关习俗的好资料。《布衣毕昇和活板印书》讲活字印刷术的发明,《都料匠预浩》讲《木经》的作者,《杨么车船》讲战船的改进,都是科技史上的好资料。《潮州象》、《星殒皆石》也是对自然界现象的科学记载。《置参知政事》、《吕蒙正辞让恩荫》、《裁损宗室恩数》、《致仕之失》等都有关典章制度。《宋白改榜》、《教官改正试题》更是科举中的趣事。《主家不得黥奴仆》等说明当时还残留脸上刺字的不文明做法。

《风灾霜旱》、《京师木工》则为农民、工匠的疾苦呼吁。《译经》、《丘浚智打珊僧》讲佛教,《舶船过海外》、《蕃商》讲中外贸易,也都是难得的资料。这些笔记都是知识分子写的,因此对知识分子包括成了显贵的文士讲得特别多。如《输租氓评〈斗牛图〉》、《米芾嗜书画》、《赵水曹书画八砚》讲知识分子擅长的书法和绘画。《范文正公作墓志》、《欧阳文忠公"三上"作文章》、《满城风雨近重阳》讲作诗做文章。《捧砚得全牛》、《张丞相草书》讲文士的怪癖。至于历史事件和人物事迹则在笔记中提供得更多,如《艺祖滁州成功业》、《王济以鹅翎作箭羽》、《吕蒙正不喜记人过》、《晏元献识事君之体》、《寇莱公喜燃烛》、《李国舅》、《陈秀公见荆公》、《王荆公择邻》、《朱氏盛衰》、《吃菜事魔》、《二张援襄》等在史料上都极有价值。当然,这些笔记记述时也难免有失误,如《野火不可信》中所列举前人笔记三条失误中沈括《梦溪笔谈》的失误就占了两条,而《梦溪笔谈》还是高水平之作,可见水平不如《梦溪笔谈》的失误还会更多。但总的说来,这些失误毕竟不占多数,绝大多数的宋代笔记应该说是瑕不掩瑜。

　　宋代笔记种数很多,就《宋史·艺文志》而言,就著录了小说类 359部,传记类 401 部,故事类 198 部,杂家类 168 部,合计多达 1 126 部。除去一部分宋以前人的著作,还有一部分不属笔记的著作外,宋人笔记估计不下 700 部,其中现存的也不是一个小数目。这本选译当然只能选用其中极小的一部分。选的标准是重人事而不言怪异,所以讲鬼神精怪的就一概不入选,尽管这类笔记也多少反映了社会现实。再是讲学术讲得专门的也不入选,因为选译的阅读对象是中等文化的读者而并非专家,从而像《困学纪闻》这样有名的考证性笔记也只得割爱。所选用的条目大体按内容性质排列,顺次为社会风尚、科技记录、典章制度、民众疾苦、佛教、中外贸易、书画、诗文、历史事件和人物。每条的小标题有许多是原书里本来就有的,也有些是选译者代拟的,有几条因文字较长还试为分段。正文前的提示则是为帮助读者阅读而写的,仅就内容的某一二点略事启发,并非全面的内容摘要。

一、各地岁时习俗

我国地域广大,逢年过节时各地常有奇异的习俗,这里介绍了宋代某些州县的情况,当然到今天又都有很大的变化了。

余尝行役①,元日至邓州顺阳县②,家家闭户,无所得食。令仆叩门籴米③,其家辄叫怒,谓惊其家亲④,卒不得。赖蔓菁根有大数斤者⑤,煮之甘软,遂以充肠。

宁州腊月八日⑥,人家竞作白粥,于上以柿、栗之类染以众色为花鸟象,更相送遗。

浙人七夕⑦,虽小家亦市鹅、鸭食物,聚饮门首,谓之"吃巧"。不庆冬至⑧,惟重岁节。

---

① 行役:因公务而在外跋涉,也泛指行旅。
② 邓州:治今河南邓县。顺阳县:今河南淅川县东南。
③ 籴(dí敌):买粮食。
④ 家亲:当指亲属的鬼魂。
⑤ 蔓菁:即芜菁。一、二年生草本:直根肥大,质较萝卜致密,有甜味,呈球形或半圆形一般白色。
⑥ 宁州:治今甘肃宁县。腊月,农历十二月。
⑦ 浙:指浙东和浙西两个地区。七夕:宋初以农历七月初六日为七夕,宋太宗时改用七月初七日。
⑧ 冬至:二十四节气之一。每年十二月二十二日前后太阳到达黄经270°(冬至点)时开始,从此气温渐低,所以天文学上规定此日为北半球冬季开始之日。宋时京师最重视冬至节,称为"亚岁",以至称冬至的前夕为"二除夜"。后文的岁节指正月初一的"元旦"。

澧州除夜①，家家爆竹②，每发声，即市人群儿环呼曰："大熟。"如是达旦。其送节物，必以大竹两竿随之。广南则呼"万岁"③，尤可骇者。

宁州城倚北山④，遇上元节⑤，于南山巅维一绳⑥，下达其麓，以瓦缶盛薪火⑦，贯以环索，自上坠下，遥望如大奔星，土人呼为"彗星灯"。

襄阳正月二十一日，"穿天节"⑧，谓之云交甫解佩之日⑨。郡中移会汉水之滨，倾城自万山泛彩舟而下。妇女于滩中求小白石有孔可穿者，以色丝贯之，悬插于首，以为得子之祥。

湖北以五月望日谓之"大端午"⑩，泛舟竞渡。逐村之人，各为一舟，各雇一人凶悍者于船首执旗，身挂楮钱⑪。或争驶殴击，有致死者，则此人甘斗杀之刑。故官司特加禁焉。

成都自上元至四月十八日，游赏几无虚辰。使宅后圃名西园⑫，春时纵人行乐。初开园日，酒坊两户各求优人之善者⑬，较艺于府会，以骰子置于合子中撼之⑭，视数多者得先，谓之"撼雷"，自旦至暮，唯杂戏一色⑮。坐于阅武场，环庭皆府官宅看棚。棚外始

---

① 澧（lǐ里）州：治今湖南澧县。
② 爆竹，点燃竹竿，爆裂发声。此时尚未发明火药线，所以没有出现纸裹火药的爆竹。
③ 广南：宋代设广南东路和广南西路，总称"广南"，主要为今广东、广西地区。
④ 倚：靠着。
⑤ 上元节：即农历正月十五日的元宵节。
⑥ 维：连结，系。
⑦ 缶（fǒu否）：一种口小腹大的陶器。
⑧ 襄阳：府名，治今湖北襄樊。
⑨ 交甫解佩：是指神话中江妃二女解佩带的饰物赠郑交甫的故事，交甫受佩而去，趋数十步，怀中无佩，二女也不见。
⑩ 湖北：荆湖北路，治在今湖北江陵。望日：阴历每月十五日。
⑪ 楮（chǔ楚）：纸。
⑫ 使：转运使的简称。北宋各路都设转运使，掌管一路的军、民、财、刑等政。西园：原为五代后蜀权臣宅第，饶有园林之胜，宋人题咏者甚多。
⑬ 酒坊：又称酒户，从事酿酒沽卖或买酒沽卖的人户。优：以乐舞戏谑为业的艺人的统称。
⑭ 骰（tóu投）子：一种赌具，又称"色子"。
⑮ 杂戏：即杂剧。

作高凳，庶民男左女右，立于其上如山。每诨一笑①，须筵中哄堂，众庶皆噱者②，始以青红小旗各插于垫上为记③，至晚较旗多者为胜，若上下不同笑者，不以为数也。

　　浣花自城去僧寺(忘其名)凡十八里④，太守乘彩舟泛江而下。两岸皆民家绞络水阁⑤，饰以锦绣，每彩舟到，有歌舞者，则钩帘以观，赏以金帛。以大舰载公库酒⑥，应游人之家，计口给酒，人支一升。至暮遵陆而归。有骑兵善于驰射，每守出城，必奔骤于前。夹道作棚为五七层，人立其上以观，但见其首，谓之"人头山"，亦分男女左右。

　　至重九药市⑦，于谯门外至玉局化五门⑧，设肆以货百药，犀、麝之类皆堆积。府尹、监司⑨，皆武行以阅⑩。又于五门之下设大尊，容数十斛⑪，置杯杓⑫，凡名道人者皆恣饮⑬。如是者五日，云亦间有异人奇诡之事。

　　方太平盛时，公私富实，上下佚乐⑭，不可一一载也。如澧州

---

①　诨(hùn 混)：诙谐逗趣引人发笑的话。也指打诨逗趣的人。
②　噱(jué 决)：大笑，发笑。
③　青红小旗：两戏班各以青、红一色为标记。
④　浣(huàn 唤)花：溪名，锦江的支流，在四川成都市西南，溪旁有杜甫草堂。宋时，成都人称每年四月十九日为"浣花邀头"。是日，游人士女出南门，到杜甫草堂，设宴于草堂的沧浪亭，泛舟于浣花溪的百花潭。从年初开始宴游，到此日为止，所以比其他时候更为隆重。
⑤　绞络水阁：在水边用绳索等临时搭成的台阁或棚子。
⑥　公库：公使库。各地官衙有公使钱，供给官员宴请、馈赠官员赴任、罢官等费用。又设公使库，经营一些商业，也酿公使酒。
⑦　重九：节令名，又称"重阳"。农历九月初九日。药市：宋时川蜀的定期集市。成都府以每年五月和九月九日为药市。至时，买卖香药，游人纷沓。宋祁撰有《九日药市作》诗。
⑧　谯(qiáo 桥)门：建有望楼的城门。玉局化：道观名。又称"玉局观"。在成都府城北柳堤。据道教的说法，道经二十四化，上应二十四气，六十甲子分别隶属，玉局化是其中的一化。观中有玉局坛、老君洞。五门：当指玉局观的正门，因五门并列得名。
⑨　府尹：一府的长官。监司：宋各路转运使司、提点刑狱司、提举常平司，有监察各州官吏之责，总称监司。
⑩　武行：步行。
⑪　斛(hú 胡)：量器名。古以十斗为一斛，南宋末年改为五斗一斛，两斛为一石。
⑫　杓：同"勺"。一种有柄的可以舀取东西的器具。
⑬　恣(zì 字)：放纵，无拘束。
⑭　佚：通"逸"。安闲，逸乐。

作"五瘟社"，旌旗仪物，皆王者所用，唯赭伞不敢施①，而以油冒焉②。以轻木制大舟，长数十丈，舳舻樯柂③，无一不备，饰以五彩，郡人皆书其姓名、年甲及所作佛事之类为状④，以载于舟中，浮之江中，谓之"送瘟"。成都元夕每夜用油五千斤，他可知其费矣。

（庄绰《鸡肋编》卷上）

　　我曾经出行，正月初一到邓州顺阳县，家家关门，没有办法弄到食物。叫仆人敲门买米，人家总是又喊又骂，说是惊动了他的家亲，终于没有弄到食物。亏得芜菁根有大到几斤重的，煮熟后又甜又软，就用它们来填饱饥肠。

　　宁州在腊月初八，家家都煮起白粥，粥上放着柿子、栗子等，染上各种颜色，做成花鸟的样子，互相赠送。

　　两浙民间在七月初七，即使小户人家也买了鸭、鹅等食物，在门前聚饮，称为"吃巧"。不庆贺冬至，而只重视元旦。

　　澧州除夕，家家爆竹，每当发出爆烈声，市人的小孩们就围着高喊道："大熟。"这样要闹到天亮。他们赠送节日轧物，一定要带上两竿长竹。广南地区则高呼"万岁"，特别叫人吃惊。

　　宁州城倚靠北山，逢到上元节，在南山顶缚一根绳子，垂到山脚下，用陶罐装上柴火，用链条套在绳子上从山上滑下来，远远看去好像一颗大流星，当地人把它叫做"彗星灯"。

　　襄阳人把正月二十一日称为"穿天节"，说是江妃二女解佩赠送郑交甫的日子。州里去汉水边集会，全城人都从群山间乘彩船沿江而下。妇女在河滩里寻找有孔可穿的小白石，用彩色丝线串起来，插挂在头上，认为这是生儿子的征兆。

---

① 赭（zhě 者）：黄褐色，偏红。宋时皇帝使用红、黄二种伞。
② 油冒：油布覆盖的伞。
③ 舳（zhú 逐）舻：舳，船后持舵处；舻，船头刺棹处。樯：桅杆。柂：同"舵"。
④ 年甲：年岁和甲子。

　　湖北人把五月十五日称为"大端午"，划船竞渡。每个村的百姓，都各自置办一条船，雇一名凶悍的人在船头执旗，身上挂着纸钱。有时争道殴打，打死了人，这个人甘愿受斗杀之刑。因此官府严加禁止。

　　成都府从上元到四月十八日，游览赏玩几乎没有停歇。转运使府第后面的花圃名叫西园，春天听任人们游乐。开园的第一天，两家酒坊各邀请会演技的优伶，在府衙比赛，拿骰子放进合子里摇动，看点数多的先演，称为"撼雷"，从早到晚，只演清一色的杂剧。在阅武场设座，场地周围都是本府官员家属的看棚。棚外才放高凳，百姓们男子在左女子在右，立在凳子上好像山一样。每次逗趣取笑，必须筵席中为之哄堂，百姓也都引得发笑的，才拿青色红色小旗各自插在垫子上作记号，到晚上比较旗多者取胜。如果上边和下面不是同时发笑，也就不算数。

　　浣花溪从城里到佛寺（忘记了它的名字）共十八里，太守乘彩船沿江而下。两岸都是百姓家结扎的水阁，装饰着锦绣，每当彩船开到，有欢舞的，就钩起帘子观看，赏给钱帛。用大船装载公使库酒，所有游玩的人家，按人数给酒，每人给一升。到晚上沿着陆路回去。有的骑兵擅长跑马射箭，每当太守出城，必定在前面奔驰。街路两旁搭了五七层棚子，人们站在上面观看，只露出头部，称为"人头山"，也是按男女分立左右。

　　到重九节药市，从城门外到玉局观五门，开设店铺出卖各种药物，犀角、麝香之类成堆。府尹和监司都边走边看。又在五门之下设置大酒尊，可以装进几十斛酒，放上酒杯和勺子，凡是自称道人的，都听任畅饮。像这样连续五天。据说也偶然出现奇人奇事。

　　正当太平盛世，公私富足，上下逸乐，不能一一记载。如澧州举办"五瘟社"，旗帜仪仗等物都是帝王所用，只有一种赭伞不敢用，而用油布覆盖。用轻木建造大船，长几十丈，舳舻桅舵，无不俱备，还用五彩装饰，州民都书写自己的姓名、年岁以及所做佛事之类，写成状子，装在船里，漂到江中，称为"送瘟"。光成都府在元宵节每夜用油五千斤，其他费用也可想而知了。

二、黄龟年实践婚约

黄龟年在乡贡预荐时受县尉赏识,约定把女儿嫁他,等他进士及第,县尉去世,他仍践约娶了县尉的女儿。这在封建社会固获得人们称道,就在今天也不失为一种好的品德。

　　(黄公龟年①)未第时②,最贫素③,自处淡如④。应乡贡⑤,引保日⑥,有考官某县尉居帘内,见公丰姿秀发⑦,惊喜曰:"有如此奇男子,安得出我门下。"既而预荐⑧,尉喜甚,约妻以女。及中第日,尉已捐馆⑨,其妻挈累扶榇⑩,相遇于中途。黄哭之恸⑪,命逆旅主人达情⑫,请遂初约⑬。夫人曰:"往事尚忍言之哉!无禄县尉清贫⑭,死无余资。吾携百指⑮,扶护而归,衣衾斥卖殆尽⑯,方以不达乡井为虑,那可复议脔先辈事⑰?况黄甲少年⑱当结好鼎族⑲。

---

① 黄龟年:字德邵,福州永福(今福建永泰)人。徽宗崇宁五年进士登第,任洺州司理参军,钦宗时历任吏部员外郎、监察御史、修政局检讨官,高宗时累迁殿中侍御史、太常少卿、起居舍人、中书舍人,绍兴十五年病死。娶永福县主簿李朝旌之女。

② 第:及第,科举考试合格中选。

③ 素:寒素。

④ 淡如:不介意,无所谓。

⑤ 乡贡:乡试。即州一级的贡举考试。

⑥ 引保:举人参加贡举考试,必须三人以上或十人互相作保,不准有大逆人近亲和不孝、不悌等人混杂,知举官逐保接见验实。

⑦ 丰姿:同"风姿"。风度仪态。秀发:神采,才华显露。

⑧ 预荐:举人乡试及格,即由州或路荐送尚书省,参加礼部试,称为"预荐"。

⑨ 捐馆:原意为捐弃馆舍,是死亡的婉称。

⑩ 挈(qiè 窃):用手提着,带领。累:牵累人的子女等家属。榇(chèn 衬):棺材。

⑪ 恸(tòng 痛):痛哭。

⑫ 逆旅:旅店。

⑬ 遂:完成,实践。

⑭ 无禄:又作"不禄",即不长命。

⑮ 百指:十口人,每人十个手指,故称百指。

⑯ 衾(qīn 侵):被子。斥卖:变卖。

⑰ 脔(luán 峦):科举发榜后择新进士为婿叫脔婿,这里的脔即脔婿的省称。先辈:对新进士的敬称。

⑱ 黄甲:殿试合格的礼部正奏名举人分成五甲,以黄纸写榜,称为"黄甲"。

⑲ 鼎族:显赫的家族。

吾且行矣①,善为我辞。"黄垂涕曰:"呜呼! 吾许人以诺,死为负
之,吾行将何归? 夫人不念死者言,乃作世俗夷虏语②! 苟遂吾
志,秋毫自赍③,不敢闻命也。"遂定婚于邂逅间④,分携恸哭
而别⑤。

某氏从公归,能执妇道⑥,琴瑟在御⑦,没齿无闲言⑧。公登从
橐⑨,夫人尚无恙⑩,若公者,可谓有德有言者也。

噫⑪! 今之年少弄笔墨取科第者⑫,项背相望⑬,闻公之风,盍
亦知所以自省哉⑭!

(张世南《游宦纪闻》卷4)

(黄公龟年)没有登第的时候,极其贫寒,却安之若素。出应乡贡
考试,在应保的那天有位考官某县尉坐在帘子里,看见他神采奕奕,惊
喜道:"有这样的奇男子,怎能够出自我门下。"不久黄公名在荐送之
列,县尉很高兴,约定把女儿嫁给他。到他进士及第的时候,县尉已经
去世,县尉夫人带领家属护送棺柩,和黄公在半路上相遇。黄公哭得极
其伤心,叫旅店主人向县尉夫人表达自己的意思,要求实践当初的婚
约。夫人说,"过去的事情还忍心去谈啊! 没有禄命的县尉一生清贫,

---

① 且:即将。
② 乃:竟然,居然。夷虏:对异族或外国人的贬称。
③ 秋毫:再细微的东西,任何东西。赍(jǐ):携带。
④ 邂逅(xiè hòu 泻厚):不期而遇。
⑤ 分携:离别。
⑥ 妇道:为妇之道。多指卑谦处世而言。
⑦ 琴瑟:琴瑟同时弹奏,其音和谐,用以比喻夫妇和好。
⑧ 没齿:没世,一辈子。闲言:原指背后对别人的讥议。评论,此处指夫妇间的口角。
⑨ 从橐(tuó 驼):起居舍人的别称。起居舍人掌管记录皇帝言行,称"右史"。橐,即橐笔,原为书
史小吏,手持橐囊,插笔于头颈,侍立于帝王左右,以备随时记事。
⑩ 无恙:没有疾病,健在。
⑪ 噫:感叹声,犹言"唉"。
⑫ 科第:科举及第。
⑬ 项背相望:人很多的意思。
⑭ 盍(hé 和):"盍不"的省缩词,即"怎么不"的意思。自省:自我反省。

死后也没有余财。我携带一家十口,护着棺枢回去,衣被几乎变卖一空,正怕回不了家乡,哪里可以再谈认先辈做女婿的事情呢?何况是黄甲少年应该与显赫的家族攀亲。我即将动身了,好好替我谢绝。"黄公流下眼泪说:"唉!我许下了诺言,人家去世我却违背了,我这种行为将算什么呢?夫人不想念死者的话,竟然说出了世俗的话来!如果能够实现我的愿望,任何东西都由我带来,夫人的话可不敢听从。"于是在邂逅之际定婚,然后痛哭而别。

某氏跟随黄公回家,能够遵守妇道,感情和谐,一辈子没有闲言语。黄公做到起居舍人,夫人还健在。像黄公这样,可以说是有德有言的人了。

唉,现今年轻人弄笔墨取得科第的,项背相望,知道了黄公的风义,也该知道怎样去反省一下吧?

三、幞 头 之 制

这篇讲述"幞头"的沿革,如何从软头巾发展成多种硬壳帽,对了解我国古代服饰很有帮助。

　　幞头之制①,本曰"巾",古亦曰"折",以三尺皂绢,向后裹发。晋、宋曰"幕"②。后周武帝遂裁出四脚③,名曰"幞头",逐日就头裹之。又名"折上巾"。唐马周请以罗代绢④,二脚系于上前,法武也,二脚垂于后,法文也,两边各为三折,法三才⑤,又加巾子,制度

---

① 幞(fú服):古代的一种头巾或帽子。又称折上巾。创始于北周武帝时,只用软帛垂脚。隋代用桐木制造,唐代用罗代替绢,仅帝王垂脚上曲,臣僚下垂。五代时,两脚逐渐平直。宋代君臣通用平脚,皇帝或服上曲。制:式样,法式。
② 晋:西晋(265—317年)和东晋(317—420年)。宋:南朝刘宋(420—479年)。
③ 后周武帝:即北周武帝宇文邕,鲜卑族人,公元560—578年在位。
④ 马周:字宾王,博州茌平(今山东茌平县)人。太宗时官至中书令。
⑤ 三才:又作三材,指天、地、人。

不一。隋大业十年①吏部尚书牛弘上疏②:"裹头者,内宜著巾子③,以桐木为内,外黑漆。"唐武德中④,尚平头小样者。证圣二年⑤,则天临朝⑥,以丝葛为之⑦,以赐百官,呼为"武家样"。又有高头巾子,亦呼为"武家诸王样巾子"。景龙四年⑧,内宴⑨,赐百官内样巾子⑩,高而后隆,目为"英王样巾子"⑪。明皇开元十四年⑫,赐臣下内样巾子,圆其头是也。又裴冕尝自制巾子⑬,谓之"仆射巾"⑭。

自唐中叶已后,诸帝改制,其垂二脚,或圆或阔,用丝弦为骨,稍翘翘矣。臣庶多效之,然亦不妨就枕。陈宏画明皇裹头坦腹仰卧吹玉笛图⑮,又郑谷诗云⑯:"玉阶春冷未催班⑰,暂拂尘衣就笏眠⑱。"

---

① 大业:隋炀帝年号(605—617年)。
② 吏部尚书:吏部的长官,掌管全国官吏的任免、升降、考核、调动等事务。牛弘:字里仁,安定鹑觚(今甘肃灵台县)人,历任隋秘书监、吏部尚书等职。
③ 著(zhuó浊):穿着,附着。此处作衬垫。
④ 武德:唐高祖年号(618—626年)。
⑤ 证圣:唐代则天后年号(695年)。证圣元年九月,改年号为"天册万岁",故证圣不会有二年。此处作证圣二年,误。
⑥ 则天:武则天。唐高宗皇后。公元690—705年在位。并州文水(今山西文水县东)人,公元690年废睿宗,自称圣神皇帝,改国号为周,改元天授,改名为曌(zhào照)。
⑦ 葛:用葛织成的布。
⑧ 景龙:唐中宗年号(707—710年)。
⑨ 内宴:皇帝在宫内为臣僚所设的宴会。
⑩ 内样:宫内流行的式样。
⑪ 英王:唐中宗李显曾封英王。
⑫ 明皇:即唐玄宗李隆基,公元712—756年在位。明皇的明是他死后的谥号。开元:唐玄宗年号(713—741年)。
⑬ 裴冕:唐代大臣。河东人。玄宗天宝初,以门荫迁渭南县尉,历任监察御史、殿中侍御史、河西行军司马等。玄宗迁蜀,任御史中丞兼左庶子,后迁中书侍郎、同中书门下平章事、右仆射等。
⑭ 仆射(yè业):官名,唐代左右仆射是尚书省的长官。
⑮ 陈宏:宏一作"闳"。唐代画家,越州会稽(治今浙江绍兴市)人。任永王府长史。玄宗召画人像,妙绝逼真。与阎立本同时驰名,人多从其学。
⑯ 郑谷:唐代诗人。字守愚,袁州宜春(今江西宜春市)人。僖宗时进士,任都官郎中。其诗多写景咏物之作,表现士大夫的闲情逸致,风格清新通俗。
⑰ 玉阶:宫殿前的台阶。催班:催促百官站班,准备朝见皇帝。班,官员上朝,在殿前按照官位排成一定的班次。
⑱ 拂:掸去,拂拭。笏(hù):古代大臣上朝时所执的狭长板子,用象牙或玉、竹制成,以便记事备忘。

其便如此。唐末丧乱①，自乾符后②，宫娥、宦官皆用木围头③，以纸绢为衬，用铜铁为骨，就其上制成而戴之，取其缓急之便④，不暇如平时对镜系裹也。僖宗爱之⑤，遂制成而进御。

五代帝王多裹"朝天幞头"，二脚上翘。四方僭位之主⑥，各创新样，或翘上而反折于下，或如团扇、蕉叶之状⑦，合抱于前。伪孟蜀始以漆纱为之⑧。湖南马希范二角左右长尺余⑨，谓之"龙角"，人或误触之，则终日头痛。至刘汉祖始仕晋为并州衙校⑩，裹幞头左右长尺余，横直之，不复上翘，迄今不改。国初时脚不甚长⑪，巾子势颇向前；今两脚加长，而巾势反仰向后矣。

（赵彦卫《云麓漫钞》卷 3）

幞头这个东西，原来叫"巾"，古时候也叫"折"，用三尺长的黑色绢，从前向后束裹头发。晋、宋时代叫做"幕"。后周武帝就此裁出四只脚。称为"幞头"，每天在头上包裹又称为"折上巾"。唐代马周建议用罗来代绢，两脚系结在前边的上部，取法于武；两脚垂在后边，取法于文；两边各有三重折叠，取法三才，又加上巾子，制度很不一律。隋大业十年（614 年），吏部尚书牛弘上奏疏说："裹头，内层应该衬垫巾子，用桐木做里，外面涂上黑漆。"唐武德年间，崇尚平头小样的。证圣二年，武则天临朝，用丝葛做巾子，赐给百官，叫做"武家样"。又有高头的巾子，也叫做"武家诸王样巾子"。景龙四年（710 年），宫内设宴，赐给百

① 丧乱：政局败坏动乱。
② 乾符：唐僖宗年号（874—879 年）。
③ 宫娥：宫女。
④ 缓急：紧急。
⑤ 僖宗：唐僖宗李儇，公元 873—888 年在位。
⑥ 僭（jiàn 渐）位：封建时代把建立非正统政权并称帝者称为"僭位"。
⑦ 团扇：又称"宫扇"。圆形有柄的扇子，古代宫中常用。
⑧ 伪孟蜀：指五代十国时期孟知祥建立的后蜀国。
⑨ 马希范：五代十国时期楚王，字宝规，马殷之子。
⑩ 刘汉祖：五代十国时期后汉高祖刘知远，沙陀族人，公元 947—948 年在位。晋：指五代十国时期的后晋。并州：治今山西太原。
⑪ 国初：本朝初年。

官内样巾子,高而且后边隆起,叫做"英王样巾子"。唐明皇开元十四年(726年),赐给臣下内样巾子,圆头的就是。另外裴冕曾经自己制作巾子,称为"仆射巾"。

从唐代中叶以后,各朝皇帝改变巾子的式样,巾子所垂的两脚,有的圆有的阔,用丝弦做骨子,稍微有点翘起了。官员庶民多仿效,但它也并不妨碍就枕睡觉。陈宏就画过唐明皇戴着头巾露着肚子仰卧吹玉笛的图。郑谷诗也说,"玉阶春冷未催班,暂拂尘衣就笏眠。"它的方便正是如此。唐末丧乱,从乾符以后,宫娥宦官都用木围头,用纸或绢作为衬垫,拿铜或铁做骨子,就其上制成而戴用,取它紧急时带起来方便,不用像平日那样照着镜子系裹。唐僖宗喜欢这种式样,就做了供御用。

五代时帝王们多戴"朝天幞头",两只脚往上翘起。四方僭位之主,各自创造新的式样,有的向上翘起而再向下反折,有的像团扇、芭蕉叶的形状,两脚向前合拢。伪孟蜀开始用漆纱来制造。湖南马希范的两角左右各长一尺多,叫做"龙角",人们不小心碰到它,就会整天头痛。到刘知远开始在后晋充当并州衙校,戴的幞头左、右两脚各长一尺多,向横里直伸,不再向上翘起,这种样式到今天仍旧没有改变。只是国初时两脚不很长,巾子比较向前倾斜,如今两脚加长,而巾子反而向后倾斜了。

四、汤　饼

汤饼在古书里是时常见到的,它究竟是什么东西,这条笔记作了考证。其中某些地方还考得不够精密,但大体上是不错的,可以信从的。

　　煮面谓之汤饼,其来旧矣。案《后汉书·梁冀传》云:"进鸩加煮饼。"①《世说》载何平叔美姿容②,面至白,魏文帝疑其傅粉③,夏

---

① 鸩(zhèn):传说中的一种毒鸟,这里指用鸩做成的毒药。
② 《世说》:即《世说新语》,南朝宋刘义庆撰。何平叔:即何晏,字平叔。南阳宛(今河南南阳市)人。三国时魏国著名玄学家。
③ 魏文帝:三国魏文帝曹丕,公元220—226年在位。傅(fū夫)粉:抹粉,搽粉。

月令食汤饼,汗出,以巾拭之,转皎白也。又案吴均称饼德①,曰"汤饼为最"。又《荆楚岁时记》云②:"六月伏日,并作汤饼,名为辟恶。"③又齐高帝好食水引饼④。又《唐书·王皇后传》云:"独不念阿忠脱紫半臂⑤,易斗面为生日汤饼邪?"《倦游杂录》乃谓"今人呼煮面为汤饼"⑥,误矣。《嬾真子录》⑦谓"世之所谓长命面,即汤饼也",恐亦未当。余谓凡以面为食具者,皆谓之饼,故火烧而食者,呼为烧饼;水瀹而食者⑧,呼为汤饼;笼蒸而食者,呼为蒸饼,而馒头谓之笼饼,宜矣。然张公所论市井有鬻胡饼者⑨。不晓名之所谓,乃易其名为炉饼,则又误也。案《晋书》云:"王长文在市中啮胡饼⑩。"又《肃宗实录》⑪云:"杨国忠自入市⑫,衣袖中盛胡饼。"安可易胡为炉也? 盖胡饼者,以北人所常食而得名也,故京都人转音呼饼为胡饼,呼骨切⑬,胡桃为胡桃,亦呼骨切,皆此义也。余案《资暇集》论毕罗云⑭:"蕃中毕氏、罗氏,好食此味,因谓之毕罗,后人加'食'旁为'饆饠'字,非也。"又云:"元和有奸僧鉴虚⑮,以羊之六府特造一味⑯,传之于今,时人不得其名,遂以其号目之曰

---

① 吴均:字叔庠,吴兴故鄣(今浙江安吉县)人,南朝梁的文学家。
② 《荆楚岁时记》:书名,南朝梁代宗懔撰,书中皆记今湖北、湖南一带的乡土风俗。
③ 辟恶:避除邪恶。
④ 齐高帝:南朝齐代皇帝萧道成,公元479—482年在位。水引饼:汤饼的别称。
⑤ 紫半臂:一种紫色短袖衣衫。
⑥ 《倦游杂录》:书名,宋张师正撰,笔记体著作。
⑦ 《嬾(lǎn 懒)真子录》:书名,即《嬾真子》,宋马永卿撰,笔记体著作。
⑧ 瀹(yuè 月):以汤煮物。
⑨ 张公:指张师正。
⑩ 啮(niè 聂):啃、咬。
⑪ 《肃宗实录》:已佚。唐肃宗,唐代第九位皇帝李亨,公元756—763年在位。实录:中国历代所修每个皇帝统治时期的编年大事记。
⑫ 杨国忠:唐玄宗时的权相。
⑬ 呼骨切:切是反切,用两个字拼合成另一个字的音,是传统的一种注音方法,这里是用"呼"、"骨"二字拼音来读"胡"字。
⑭ 《资暇集》:书名,唐李匡乂(yì 易)撰,笔记体著作。毕罗:一种面制的食品,其馅可荤可素,其味可咸可甜。
⑮ 元和:唐宪宗年号,公元806—820年,共15年。
⑯ 六府:指胆、胃、小肠、大肠、肾、膀胱六种脏器。府,通"腑"。

'鉴虚',往往俗字又加'食'旁为'鉴虚'字。"然则胡饼谓之"胡",
义可知矣,又《玉篇》从"食"从"固"为"餔"字①,户乌切,注云"饼
也"。谓之餔饼,疑或出此。余故并论,使览者得详矣。

(黄朝英《靖康缃素杂记》卷2)

　　用水煮面食称作汤饼,由来已久。据《后汉书·梁冀传》说:"进鸩加
煮饼。"《世说》记载何平叔姿容美的,面色极白,魏文帝怀疑他擦了粉,夏
天让他吃汤饼,使他出汗,用巾擦脸,脸色更为洁白。又据吴均称赞饼的
好处,说"汤饼第一"。又《荆楚岁时记》说,"六月伏天,竞相作汤饼,称为
辟恶。"又齐高帝喜欢吃水引饼。又《唐书·王皇后传》记载:"为什么不
想想阿忠脱下紫半臂,换一斗面来做生日汤饼啊?"《倦游杂录》却说"今
天人们把煮面叫作汤饼",就错了。《嬾真子录》说,"世人所谓的长命面,
就是汤饼,"怕也不妥当。我认为凡是用面制成的食品,都称之为饼,所
以用火烧烤而吃的,叫做烧饼;用水煮了吃的,叫做汤饼;用笼蒸来吃的,
叫做蒸饼;而馒头则叫笼饼,是恰当的。但是张公所说市井有卖胡饼的,
不知道因何得名,给它改名为炉饼,则又错了。据《晋书》记载:"王长文
在市中啮胡饼。"又《肃宗实录》说:"杨国忠自入市,衣袖中盛胡饼。"怎么
可以把"胡"换成"炉"呢? 大概这种胡饼,是因北方人经常食用而得名,
所以京城里人把胡饼转音为胡饼,呼骨切,把胡桃转音为胡桃,也是呼骨
切,都是这个意义。我根据《资暇集》所论毕罗说:"蕃人中有毕氏、罗
氏,喜欢吃这种食品,因而称之为毕罗,后人加'食'旁为'饆饠',是不
对的。"又说:"元和时有个叫鉴虚的奸僧,用羊的六腑特制一味食品,
传到今天,当时人不知道这食品的名称,就把它叫做'鉴虚',俗写又常
给'鉴虚'加'食'旁。"那么胡饼称为"胡",其意义也就可知了。又据
《玉篇》有从"食"从"固"的"餔"字,户乌切,书中注"饼也"。叫它餔
饼,可能来源于此。我因而一并论述,使读者得知其详。

---

① 《玉篇》:字书名。南朝梁、陈间顾野王撰,后来通行的是唐孙强增字,北宋陈彭年重修的本子。

五、上 元 张 灯

　　农历正月十五日是传统的上元节,这天晚上叫上元夜,也叫元宵。这段笔记考证上元夜放灯的沿革,是研究我国民俗的好资料。

　　上元张灯①,《太平御览》所载《史记·乐书》曰②:"汉家祀太一③,以昏时祠到明④。"今人正月望日夜游观灯,是其遗事,而今《史记》无此文。唐韦述《两京新记》曰⑤:"正月十五日夜,敕金吾弛禁⑥,前后各一日以看灯。"本朝京师增为五夜。俗言钱忠懿纳土进钱买两夜⑦,如前史所谓买宴之比,初用十二、十三夜,至崇宁初⑧,以两日皆国忌,遂展至十七、十八夜。予按《国史》乾德五年正月诏⑨,以朝廷无事,区寓乂安⑩,令开封府更增十七、十八两夕⑪。然则俗云因钱氏及崇宁之展日,皆非也。太平兴国五年十月下元,京城始张灯,如上元之夕。至淳化元年六月⑫,始罢中元⑬、下元张灯⑭。

（洪迈《容斋三笔》卷 1）

---

① 上元:即元宵节。
② 《太平御览》:类书名。宋太宗太平兴国年间(976—984 年)李昉等奉命编纂,共一千卷,内分五十五门。《史记》:中国第一部纪传体通史。西汉司马迁撰。共一百三十篇。
③ 太一:神名,或称太乙。又,星名。
④ 昏时:天色才黑的时候。
⑤ 韦述:唐太仆少卿。撰有《两京新记》五卷,两京指西京长安和东京洛阳,书今已残缺。
⑥ 敕:皇帝的文书,用以下达命令。金吾(yù 育):负责京城治安的武官,早晚传呼,禁止夜行。金吾原指仪仗棒,用铜皮包裹两头的木棒。弛:解除,免除。
⑦ 钱忠懿(yì 易):即钱俶,五代吴越国主,降宋,死后谥忠懿。
⑧ 崇宁:宋徽宗年号(1102—1106 年)。
⑨ 国史:我国封建时代官方所修本朝的史书。乾德:宋太祖年号(963—968 年)。
⑩ 区寓:即区宇,疆域,区域。乂(yì 易)安:亦作"艾安",太平无事。
⑪ 开封府:治今河南开封。淳化:宋太宗年号(990—994 年)。
⑫ 淳化:宋太宗年号(990—994 年)。
⑬ 中元:节令名,农历七月十五。
⑭ 下元:节令名,农历十月十五日。

上元放灯,《太平御览》所载《史记·乐书》说:"汉朝祭祀'太一',从黄昏时候一直祭祀到天亮。"今人在正月十五日夜晚游玩看灯,是从这时流传下来的,只是现在的《史记》里没有这段文字。唐代韦述的《两京新记》说:"正月十五日夜晚,皇上命令金吾解禁,前后各一天来看灯。"到本朝京城里增加为五个夜晚。民间传说是钱忠懿进献国土时献钱币买了两夜,就像前代历史上出钱买宴那样,最初用十二日和十三日两夜,到崇宁初年,因为这两天都是国家的忌日,于是延期到十七日和十八日两夜。我查考《国史》乾德五年(967 年)正月诏书,因朝廷无事,区宇太平,命令开封府再增加十七日和十八日两夜。那么民间传说由于钱氏以及崇宁的延期,就都非事实。太平兴国五年(980 年)十月下元,京城开始也放灯,像上元一样。到淳化元年(990 年)六月,才停止中元和下元的放灯。

六、古今父母称谓

称谓往往随时代而有变化,这里仅就对父母的称谓作比较,找出宋人和古人的不同之处,并试探索其缘由。

古人称父曰"大人",又曰"家父",捐馆则曰"皇考"①。今人呼父曰"爹",语人则曰"老儿",捐馆曰"先子",以儿子呼父习以为常不怪也。羌人呼父为"爹"②,渐及中国。法帖,陈、隋诸帝与诸王书③,自称"耶耶"。韩退之祭女挐文④,自称曰"阿爹"、"阿八",岂唐人又称母为"阿八"? 今人则曰"妈"。按诗:"来朝走马,率西水浒。"⑤马,音姆,岂中国之人,因西音而小转耶? 先子,《礼经》皆曰

---

① 捐馆:去世。
② 羌人:居住在中国西部的少数民族。
③ 法帖:指宋太宗刻的《淳化秘阁法帖》。诸王:王子们。
④ 韩退之:唐代著名文学家韩愈,字退之。
⑤ 来朝走马,率西水浒:见《诗经·大雅·绵》。

"先君子"①,惟《孟子》载曾西之语曰"吾先子"②,盖称父之爵耳。

(赵彦卫《云麓漫钞》卷 3)

古人称父亲为"大人",又称"家父",去世以后则称为"皇考"。今人称呼父亲为"爹",对他人说话则称"老儿",去世后称为"先子",儿子这样称呼父亲已习以为常而不怪。羌人称父亲为"爹",逐渐影响到中原地区。法帖中陈、隋各朝皇帝写给王子的信,自称为"耶耶"。韩退之祭女儿文,自称为"阿爹"、"阿八",难道虏朝人又称母亲为"阿八"?今人则称"妈"。按《诗经》说:"来朝走马,率西水浒。"马字,音姆,难道是中原人因西部地区的发音而小有变化吗?先子,《礼经》里都作"先君子",只有《孟子》记载曾西的话说"吾先子",实际是称他父亲的爵位而已。

七、斗　鸡

从古以来,中国和外国都有斗鸡的游戏,宋代广州人对此更加喜爱。这条笔记对斗鸡本身和斗的方法都作了详尽的记述,是研究此项游戏的重要资料。

　　芥肩、金距之技③,见于《传》而未之睹也。余还自西广④,道番禺⑤,乃得见之。番禺人酷好斗鸡,诸番人尤甚⑥。鸡之产番禺者,特鸷劲善斗⑦。其人饲养,亦甚有法。斗打之际,各有术数⑧,注以

---

① 《礼经》:《仪礼》。
② 曾西:孔子的学生曾参之孙。
③ 芥肩、金距:《左传》昭公二十五年:"季(平子)、郈(昭伯)之鸡□,季氏介其鸡,郈氏为之之金距。平子怒。"注:"介,捣芥子播其羽也。"金,铜、铁等金属。距,鸡爪,后专指雄鸡足后突出如趾的尖骨。
④ 西广:广西。
⑤ 番禺:即广州。
⑥ 番人:指留在广州的外来客商。
⑦ 鸷(zhì 志):凶猛。
⑧ 术数:方法,策略。

黄金观如堵墙也。

凡鸡，毛欲疏而短，头欲竖而小，足欲直而大，身欲疏而长，目欲深而皮厚。步徐眈视①，毅不妄动，望之如木鸡。如此者，每斗必胜。

人之养鸡也，结草为墩，使立其上，则足常定而不倾。置米高于其头，使耸膺高啄②，则头常竖而嘴利。割截冠绥③，使敌鸡无所施其嘴。剪刷尾羽，使临斗易以盘旋。常以翎毛搅入鸡喉，以去其涎④，而掬米饲之⑤，或以水噀两腋⑥。调饲——有法⑦。至其斗也，必令死斗。胜负一分，死生即异，盖斗负则丧气⑧，终身不复能斗，即为鼎实矣⑨。然常胜之鸡，亦必早衰，以其每斗屡滨死也⑩。

斗鸡之法，约为三间⑪：始斗少顷，此鸡失利，其主抱鸡少休，去涎饮水，以养其气，是一间。再斗而彼鸡失利，彼主亦抱鸡少休，如前养气而复斗，又为一间。最后一间，两主皆不得与，二鸡之胜负生死决矣。鸡始斗，奋击用距，少倦则盘旋相啄。一啄得所⑫，嘴牢不舍，副之以距。能多如是者必胜，其主喜见于色。

番人之斗鸡，乃尤甚焉，所谓芥肩、金距真用之。其芥肩也，末芥子糁于鸡之肩腋⑬。两鸡半斗而倦，盘旋伺便，互刺头腋下，翻身相啄，以有芥子能眯敌鸡之目⑭，故用以取胜。其金距也，薄刃

---

① 眈视：威严地注视。
② 耸：高起。膺（yīng 英）：胸。
③ 绥（ruì 锐，阳平）：鸡头下垂部分，即肉髯。
④ 涎（xián 闲）：口水，粘液。
⑤ 掬（jū 居）：双手捧取。
⑥ 噀（xùn 逊）：喷。腋：指鸡的翅腿与腹部连接的地方。
⑦ 调：畜养训练。
⑧ 丧气：意志沮丧。
⑨ 鼎实：放在鼎中加以烹调的食品。鼎，古代的一种烹饪器具，三耳两足，用金属制成，这里其实指锅子。
⑩ 滨：临近、迫近。
⑪ 约：预先规定共同遵守的条文。间：间段。
⑫ 得所：得到适宜的处所。
⑬ 糁（sǎn 伞）：溅，撒。
⑭ 眯（mǐ 米）：尘土等物入眼而不能睁开看东西。

如爪,凿枘于鸡距①,奋击之始,一挥距或至断头。盖金距取胜于其始,芥肩取胜于其终。季孙于此,能无怒耶②? 小人好胜,为此凶毒,使微物不得生,自三代已然③。

（周去非《岭外代答》卷9）

芥肩、金距的斗技,见于《左传》但没有亲眼看到过。我从西广回来,路过番禺,才有机会看到。番禺人酷爱斗鸡,那些番人尤甚。鸡出产在番禺的,特别凶猛善斗。当地人饲养鸡,也很得法。斗打的时候,各有方法,用黄金作赌注,围观的人多得像堵墙。

凡鸡,毛要疏而短,头要竖而小,脚要直而大,身子要疏而长,眼睛要深而皮要厚,步子稳重目光专注,果敢而不乱动,看上去好像一只木头雕成的鸡。像这样的,每次斗打必定获胜。

人们饲养鸡,编草成墩,让鸡站在上面,则鸡的脚经常保持稳定而不倾侧。把米放在比它头高的地方,使它耸胸高啄,则头经常竖起而嘴锋利,截割鸡冠和肉髯,使敌对的鸡没有地方下嘴。梳剪尾巴上的羽毛,使临斗时便于回旋周转。经常用鸟羽搅入鸡的喉咙,除去口液,而捧米喂养,有时用水喷它的两腋。饲养和训练一一有法。到斗打的时候,一定叫它尽死力战斗。胜败一分,死活就不同了,因为斗败就意气颓丧,终身不能再斗,就成为鼎中之物了。但是常胜的鸡也一定早衰,因为每斗打要多次临近死亡。

斗鸡的方法,约定分为三个间段:开始斗打一会儿,这只鸡失利,它的主人抱着鸡稍事休息,除去口液并饮水,养足力气,这是第一个间段。再次斗打而那只鸡失利,它的主人也抱着鸡稍稍休息,像前一只鸡那样养足力气再斗,这是又一个间段。最后一个间段,两个主人都不得参

---

① 凿枘(ruì 锐):装套在……之上。凿,榫卯;枘,榫头。
② 季孙:春秋时代鲁桓公之子季友的后裔,又称季孙氏。此处指季平子。“季孙于此,能无怒耶”:《左传》记有鲁昭公二十五年,季平子与郈昭伯两家斗鸡,“季氏介其鸡,郈氏为之金距,平子怒。……”实际是季平子要侵郈氏地,以斗鸡为由,怒郈氏不相让。
③ 三代:夏、商、周。

与,两只鸡的胜败生死就此判定。鸡开始斗打时,用爪猛击,稍为疲劳,便回旋相啄。一下子啄到合适的地方,嘴就牢牢咬住不放,再用爪来帮助。能够这样斗打的一定胜利,它的主人也喜形于色。

番人的斗鸡,就更甚了,所谓芥肩、金距真正地用上了。他们的芥肩,是把芥末撒到鸡的翅下。两只鸡相斗到一半,感到疲劳时,互相围着打转,乘机互相把头钻到对方的腋下,再翻转身来相啄,因为有芥子能够眯住敌鸡的眼睛,因而用以获胜。他们的金距,是像鸡爪一样的薄刃,装套在鸡爪上,开始奋击,一挥爪子有时能够切断对方的头。大概金距取胜在斗打的开始,芥肩取胜在斗打的终了。季孙氏在这种情况下,能够不发怒吗? 小人好胜,做这种凶恶毒辣的事,致使小动物不得生,从三代以来就已经这样了。

八、布衣毕昇和活板印书

中国人发明了印刷术,以后还发明了活字印刷术,记述毕昇制作活字用来排印书籍的是沈括的《梦溪笔谈》,试读这《笔谈》的原文,便可知毕昇的方法确已十分科学。

　　　板印书籍,唐人尚未盛为之。自冯瀛王始印《五经》①,已后典籍,皆为板本。

　　　庆历②,有布衣毕昇③,又为活板。其法用胶泥刻字,薄如钱唇④,每字为一印,火烧令坚。先设一铁板,其上以松脂、蜡和纸灰之类冒之⑤。欲印则以一铁范置铁板上⑥,密布字印,满铁范为一

---

① 冯瀛王:即冯道。字可道,瀛州景城(今河北沧州西)人。五代后唐、后晋时历任宰相。契丹灭后晋,附契丹任太傅;后汉时任太师,后周时又任太师、中书令。后唐长兴三年(932 年),他倡议在国子监内校定《九经》文字,并组织刻工雕印,至后周完成。官府大规模刻印书籍自此始。
② 庆历:宋仁宗年号(1041—1048 年)。
③ 布衣:没有做官的平民。
④ 钱唇:铜钱的边缘。
⑤ 和(huò 祸):搅拌到一起。冒:覆盖,蒙上。
⑥ 范:框子。

板,持就火炀之①。药稍熔,则以一平板按其面,则字平如砥②。若止印三二本,未为简易;若印数十百千ㄙ,则极为神速。常作二铁板,一板印刷,一板已自布字,此印者才毕,则第二板已具,更互用之,瞬息可就。每一字皆有数印,如"之"、"也"等字,每字有二十余印,以备一板内有重复者。不用则以纸帖之③,每韵为一帖④,木格贮之。有奇字素无备者,旋刻之,以草火烧,瞬息可成。不以木为之者,文理有疏密⑤,沾水则高下不平,兼与药相粘,不可取。不若燔土⑥,用讫再火令药熔,以手拂之⑦,其印自落,殊不沾污⑧。

昇死,其印为予群从所得⑨,至今宝藏。

(沈括《梦溪笔谈》卷 18)

雕刻木板印刷书籍,唐朝人还没有大规模地采用。从冯瀛王开始用它来印《五经》,以后的书籍,都是雕板印本。

庆历年间,有个平民叫毕昇,又创造了活板。他的方法是用胶泥刻字,像铜钱的边那样薄,每一个字做成一个字印,用火把它烧硬。事先准备好一块铁板,铁板上用松脂、蜡搅拌纸灰之类盖满。要印时就把一只铁框子放置在铁板上,然后密密地排满字印,排满了铁框子就成为一板,拿铁框子放在火上烘。等到松脂、蜡等药稍稍熔化,就用一块平板按压在上面,板面上的字就像磨刀石一样平整。如果只印刷三两本,算不上简便;如果印上几十本成百上千本,那就极其迅速了。平时做好两块铁板,一块板印刷,另一块板已经在排字,这一块印刷刚毕,第二块就

---

① 炀(yáng 杨):又作"烊"。熔化金属;烘,烤。
② 砥(dǐ 底):磨刀石。此处指像磨刀石那样平整。
③ 帖:通"贴"。
④ 韵:语音名词。此处指韵部,是将同韵的字归在一起。
⑤ 文理:纹理。
⑥ 燔(fán 凡):焚烧,烤。
⑦ 拂:甩动,摆动。
⑧ 殊:绝对,根本。
⑨ 群从(zòng 纵):指族中的侄辈。

已准备好，两块板倒换着使用，转眼就可以印完。每一个字都有几个字印，像"之"、"也"等字，每个字有二十多个字印，以备同一板里有重复的字时好用。不用时就用纸贴上，每一个韵的字为一贴，分别存放在木格里。有些不常用的字平时没有准备的，就临时雕刻，用草火烧过，转眼就可以制成。不使用木料刻制印字，是木料的纹理有疏有密，沾水后就会高低不平，而且和药相粘连，用完后是没法取下来。不如用土烧制，用完后再烘烤让药熔化，用手拨动，那些印字就会自己掉下来，一点也不会被药沾污。

毕昇去世以后，那些字印被我的族侄所得，直到现在还宝藏着。

九、都料匠预浩

都料匠预浩是宋代著名的木构建筑工程师，他所设计建造的汴京开宝寺塔至今还保存着。这条笔记记载了预浩的生平，虽简略，但很宝贵。

> 开宝寺塔在京师诸塔中最高①，而制度甚精，都料匠预浩所造也②。塔初成，望之不正而势倾西北。人怪而问之，浩曰："京师地平无山，而多西北风，吹之不百年，当正也。"其用心之精盖如此。国朝以来木工，一人而已。至今木工皆以预都料为法。有《木经》三卷行于世。世传浩惟一女，年十余岁，每卧则交手于胸为结构状，如此逾年，撰成《木经》三卷，今行于世者是也。
>
> （欧阳修《归田录》卷1）

开宝寺塔在京城各塔中最高，而制度极为精致，是都料匠预浩所建造。塔刚建成，看上去不正而向西北倾斜。人们感到奇怪问他，预浩说："京城地势平坦没有山丘，而多刮西北风，吹上不到一百年，塔身一

---

① 开宝寺塔：在河南开封市。参见《王介甫嫁女》篇"开宝寺福胜阁"注。
② 都料匠：总工匠，负责工程的设计和指挥。预浩：一作喻皓。

定会正的。"他用心的精巧大体如此。国朝以来的木工,他是独一的人才。直到现在木工都取法于预都料。他有《木经》三卷传世。民间传说预浩只有一个女儿,十多岁时,每睡觉就两手交叉在胸前做成房屋结构的形状,这样过了一年,写成《木经》三卷,就是现在通行于世的那部。

一○、杨 么 车 船

我国的战船和武器到宋代有很多改进和创造,这里所记钟相、杨么起义军和官兵战斗中使用的便可窥一斑,这时欧洲的武器还远远落在我国后面呢!

鼎澧群盗如钟相、杨么(乡语谓幼为"么")①,战船有车船②、有桨船、有海鳅头③,军器有拐子(其语谓拏为"铙"),有鱼叉,有木老鸦。拏子、鱼叉以竹竿为柄,长二三丈,短兵所不能敌。程昌㝢部曲虽蔡州人④,亦用拏子等,遂屡捷。木老鸦一名不藉木,取坚重木为之,长财三尺许,锐其两端,战船用之尤为便习。官军乃更作灰炮,用极脆薄瓦罐,置毒药、石灰、铁蒺藜于其中⑤,临阵以击贼船,灰飞如烟雾,贼兵不能开目。欲效官军为之,则贼地无窑户⑥,不能造也,遂大败。官军战船亦仿贼车船而增大,有长三十六丈、

① 鼎澧(lǐ lǐ):鼎州和澧州,鼎州治今湖南常德;澧州治今湖南澧县。钟相:鼎州武陵(今湖南常德)人,宋高宗建炎四年(1130年),在鼎、澧一带聚众起义,提出"等贵贱,均贫富"的主张,被起义群众拥立为楚王,在与官军作战中被俘牺牲。杨么:鼎州龙阳(今湖南汉寿县)人,随钟相举行起义,因年纪最轻,被称为杨么,钟相牺牲后,领导起义军坚持战斗,最后为岳飞打败,被俘牺牲。
② 车船:又称轮船,船舷两侧安装双翼轮,中贯一轴,以脚踩踏轮轴,使翼轮激水行驶。
③ 海鳅头:船名。又称海鹘、海鳅船或鳅头船。船形头低尾高,前大后小,像鹘之形。船上左右装浮板,形如鹘翼翅。与车船相比,车船如同重骑兵,海鳅船如同轻骑兵。
④ 程昌㝢:或作程昌寓。南剑州顺昌(今福建顺昌)人。以吏部郎追随宋高宗至扬州,与汪伯彦等不合,出守蔡州,徙知鼎州,参预镇压杨么起义,后改知静江府,转江西沿江制置使。部曲:原为军队编制之称,后家仆也用此称,此处指兵士。蔡州:治今河南汝南。
⑤ 蒺藜(jí lí 及离):又名"刺蒺藜"。一年生草本,果实外表长有针刺。
⑥ 窑户:专门烧造陶瓷器的人户。

广四丈一尺、高七丈二尺五寸,未及用而岳飞以步军平贼①。至完颜亮入寇②,车船犹在,颇有功云。

(陆游《老学庵笔记》卷 1)

鼎、澧群盗如钟相、杨么(当地土话称年幼为"么"),战舰有车船、桨船、海鳅头,兵器有掔子(当地称掔为"铙")、鱼叉、木老鸦。掔子、鱼叉用竹竿做柄,长两三丈,短兵器难以与它抵敌。程昌禹部下战士虽是蔡州人,也习惯使用掔子之类,因而屡次打胜仗。木老鸦一名不藉木,用坚硬沉重的木料做成,长才三尺多,削尖两头,战舰上使用尤其方便。官军于是另外制造灰炮,用极其脆薄的瓦罐,装进毒药、石灰、铁蒺藜,临阵时来打贼船,灰四处飞扬好像烟雾一般,使贼兵张不开眼睛。贼兵想仿效官军,可是当地没有烧窑的人家,不能制造,于是大败。官军的战船也模仿贼兵的车船而加大,有的长达三十六丈,宽四丈一尺,高七丈二尺五寸,还没来得及使用而岳飞已用步兵平贼。到完颜亮入侵,车船还在,颇立有战功。

一一、陈 俞 治 巫

由于经济文化落后,往往有信巫不信医的事情,这里讲了一个破除巫术把病治好的故事,它对今天某些思想落伍不讲科学的人仍有教育意义。

陈俞,字信仲,临川人③,豪侠好义④。自京师下第归⑤,过谒

---

① 岳飞:字鹏举,相州汤阴(今河南汤阴)人。宋高宗绍兴五年(1135 年)参预镇压杨么起义。

② 完颜亮:即金海陵王。公元 1149—1161 年在位。1161 年大举攻宋,在采石被宋军击败,退至瓜洲被部将杀死。

③ 临川:县名,抚州的治所,今江西抚州。

④ 豪侠:豪放任侠。

⑤ 下第:参加科举考试而未考上。

伯姊①，值其家病疫②，闭门待尽③，不许人来，人亦无肯至者。俞欲入，姊止之曰："吾家不幸，罹此大疫④，付之于命，无可奈何，何为甘心召祸？"俞不听，推户径前，见门内所奉神像，香火甚肃，乃巫者所设也⑤。俞为姊言："凡疫疠所起⑥，本以蒸郁熏染而得之⑦，安可复加闭塞，不通内外！"即取所携苏合香丸十余枚⑧，煎汤一大锅，先自饮一杯，然请姊及一家长少各饮之，以余汤遍洒房壁上下，撤去巫具，端坐以俟之⑨。巫入，讶门开而具撤，作色甚怒。俞奋身出，掀髯瞪视⑩，叱之曰："汝何巫人，敢至此！此家子弟皆幼，病者满屋，汝以邪术炫惑⑪，使之弥旬弗愈⑫，用意安在⑬？是直欲为盗尔⑭！"顾仆缚之，巫犹哓哓辩析⑮，将致之官，始引伏请罪⑯。俞释其缚，使自状其过⑰，乞从私责，于是鞭之三十，尽焚其器具而逐之。邻里骇慑⑱，争前非诮⑲，俞笑不答。翌日，姊一家脱然⑳，诮者乃服。

又尝适县，遇凶人凌弱者，气盖一市，为之不平，运拳捶之死而

---

① 谒(yè 业)：晋见，拜见。伯姊：长姊。
② 疫：古人对流行的急性传染病的通称。
③ 尽：死。
④ 罹(lí 梨)：遭受困难或不幸。
⑤ 巫：以装神弄鬼为职业的人。
⑥ 疫疠(lì 例)：有强烈传染性的所谓"疫气"。
⑦ 蒸郁：热气郁勃上升。
⑧ 苏合香丸：用苏合香油、白术、丁香、朱砂、木香、白檀香、薰陆香、龙脑、麝香等配制而成的一种药丸，主治感冒风寒、霍乱吐泻、痢疾等。
⑨ 俟(sì 四)：等待。
⑩ 掀：揭起。髯(rán 然)：两颊上的胡子，也泛指胡子。
⑪ 炫：炫耀，卖弄。
⑫ 弥：满，遍。旬：十天。
⑬ 用意：用心，居心。
⑭ 直：特。
⑮ 哓哓(xiāo 消)：争辩的声音。辩析：分辨解释。
⑯ 引伏：通"引服"，认罪，服罪。
⑰ 状：陈述，描绘。
⑱ 骇：惊恐，惊扰。慑(shè 摄)：恐惧，害怕。
⑲ 非：即诽，毁谤之意。诮(qiào 窍)：责备。
⑳ 脱然：形容疾病消失。

遁,会建炎初元大赦获免①。后累举恩得缙云主簿以卒②。终身不娶妻妾,亦奇士也。

(洪迈《夷坚志补》卷 2)

　　陈俞,字信仲,临川人,为人豪侠好义。从京城下第回乡,路过大姊家,要去拜见,恰遇她全家患上病疫,正关门等死,不许外人进来,别人也没有登门的。陈俞想进门,大姊阻止他说,"我家不幸,遭受这场大疫,一切听任命运,无可奈何,你为什么自愿召祸?"陈俞不听,推开门直向前走,看到门里面供奉着神像,香火十分严肃,是巫师所陈设。陈俞对大姊说:"凡疫疠之所起,本来是由蒸郁熏染而得的,怎么可以再加闭塞,不通里外!"立即拿出随身所带苏合香丸十多颗,烧成一大锅汤,先自己喝了一杯,然后请大姊及其一家老小各自喝下,拿剩下的汤洒遍房间的墙壁上下,撤掉巫师的器具,端端正正地等待巫师。巫师进来,奇怪门敞开而器具被撤去,变了脸色发怒。陈俞挺身出来,吹胡子瞪眼睛,大声斥骂道:"你是什么东西,竟敢到这里来! 这一家子弟年纪都小,生病的人满屋,你卖弄邪术来骗人,使他们过了一旬还不好,你想做什么? 是特意要当盗贼吧!"看一眼仆人,叫把他捆起来,巫师还哓哓不休地分辨解释,直到要把他送到官府,才引伏请罪。陈俞给他松了绑,让他讲出自己的过错,他请求接受私罚,于是鞭打了他三十下,烧光他的器具把他赶走。乡邻们很惊恐,都前来攻击责难,陈俞笑而不答。第二天,大姊全家病都好了,责难的人才信服。

　　陈俞又曾经到县城里,遇到凶恶人欺侮弱者,气焰压倒一市,陈俞抱不平,挥拳把此人打死而后自己逃跑。碰上建炎元年大赦得以免罪。后来以多次参加科举恩典做上缙云县主簿,直到去世。他终身不娶妻妾,也是一位奇士。

---

① 建炎:宋高宗年号(1127—1130 年),共四年。初元大赦:宋朝皇帝常在接位、改年号等时颁布大赦令,赦免杂犯死罪以下犯人。

② 累举恩:宋举人年高而多次参加省试或殿试落第,准许在下次殿试时参加附试,称"特奏名"。朝廷降低标准录取,授予低级的官职。缙(jìn 禁)云:县名。属处州,今浙江缙云。

一二、潮　州　象

我国商周时在黄河流域本有象,以后因中原人口的增多和地利的开发,象被迫逐渐向南方迁徙。这条笔记说明到南宋还有大群野象在今广东潮州活动。象在这些地方消失是宋以后的事情。

　　乾道七年①,缙云陈由义自闽入广②,省其父提舶司③,过潮阳④,见土人言:"比岁惠州太守挈家从福州赴官⑤,道出于此。此地多野象,数百为群。方秋成之际,乡民畏其蹂食禾稻⑥,张设陷阱于田间⑦,使不可犯。象不得食,甚忿怒⑧,遂举群合围惠守于中⑨,阅半日不解⑩。惠之迕率一二百人,相视无所施力。太守家人窘惧⑪,至有惊死者。保伍悟象意⑫,亟率众负稻谷积于四旁⑬。象望见,犹不顾,俟所积满欲,始解围往食之,其祸乃脱。"盖象以计取食,故攻其所必救。厖然异类⑭,有智如此,然为潮之害,端不在鳄鱼下也⑮。

(洪迈《夷坚丁志》卷10)

---

① 乾道:宋孝宗年号(1165—1173年),共九年。
② 缙云:见《陈俞治巫》篇注。
③ 提舶:提举市舶司的简称。掌管本地区的海外货物和海船抽税、贸易等事。
④ 潮阳:治今广东潮阳。
⑤ 比岁:近年。惠州:治今广东惠州。挈(qiè 切):带,领。福州:治今福建福州。
⑥ 蹂:践踏,摧残。禾:泛指谷类,此处仍指稻。
⑦ 陷阱:为防御或猎取野兽而设的陷坑。
⑧ 忿:同"愤"。
⑨ 举:全部。
⑩ 阅:经历。
⑪ 窘:难住。
⑫ 保伍:宋神宗时实行保甲法,乡村民户以十户组成一保,五十户为一大保,十大保为一都保,设保长、大保长和都副保正。此处保伍,当指保正、保长。
⑬ 亟:急,迫切。
⑭ 厖(páng 旁):通"庞"。异类:类以外的动物。
⑮ 端:果真。

乾道七年(1171年)，缙云县人陈由义从福建到广东探望他的任提举市舶司官职的父亲，路过潮阳县，听见当地人说："近年惠州太守带领家属从福州去上任，经过这里。这里有很多野象，几百头一群。正当秋收的时候，乡下百姓害怕它们践踏抢吃稻谷，在田里张设陷阱，使它们无法侵犯。象得不到食物，极其愤怒，就整群出动把惠州太守四面包围在中间，过了半天不解围。惠州迎接太守的士兵有一二百人，互相看着，无从出力。太守的家属又窘又怕，甚至有吓死的。保伍明白了象的用意，急忙率领众人背负稻谷堆积在四边。象看见了，仍旧不加理睬，等到所积的稻谷满足了欲望，方才解围前去吃，一场灾难才算解脱。"原来群象用计谋来获取食物，故意攻击人们之所必救。庞然异类，竟有这样的智慧，但对潮州的祸害，确是不在鳄鱼之下了。

一三、星 殒 皆 石

我国在先秦时已注意到殒石的现象，在《春秋》、《左传》等古文献里就有多次记载。这条笔记从实物考知殒星是石。说明作者已具有科学头脑。

　　建隆中①，南都一夕星殒如雨②，点或大或小，光彩煜然③，未至地而灭。景祐初④，忻州夜中星殒极多⑤，明日视之皆石，闻今忻民犹有蓄之。乃知《公羊传》以"雨星不及地而复"⑥，其说得之。

---

① 建隆：宋太祖年号(960—963年)，共四年。
② 南都：真宗大中祥符七年建应天府(治今河南商丘县南)为南京。殒：通"陨"。坠落。
③ 煜(yù 玉)：明亮；照耀。
④ 景祐：宋仁宗年号(1034—1038年)。
⑤ 忻(xīn 欣)州：治今山西忻州。
⑥ 《公羊传》：《春秋公羊传》。解释《春秋》的书。"雨星不及地而复"：见《春秋公羊传》庄公七年。复，复返。所以说像落雨一样的星返，是因为古人看到落在地面的东西不发亮，不是星，故以为星又复返原位了。

左氏以"如雨"而言"与雨偕"①，非也。

（王辟之《渑水燕谈录》卷9）

建隆年间，南京有一晚星坠落下来好像下雨一样，点子或大或小，光彩明亮，没有掉到地面就熄灭了。景祐初年，忻州晚上星坠落下来特别多，明天一看都是石块，听说如今忻州百姓还有收藏的。由此可知《公羊传》所说"雨星不及地而复"是说对了，《左传》把"如雨"说成"与雨偕"是错的。

一四、置参知政事

各个朝代的官制极为复杂，研究历史的人对此最感麻烦。这条笔记讲宋初设参知政事的沿革，极有史料价值。

太祖皇帝以赵普专权②，欲置副贰以防察之，问陶毂以下丞相一等有何官③？毂以参知政事、参知机务对④。乾德二年四月乙丑⑤，乃以薛居正、吕馀庆为参知政事⑥，不押班，不知印，不升政事堂⑦。曾不思唐朝宰相名色最多，若仆射，若内史，若纳言，若参预朝政，若同二、同三品，其为相则均也。而为同平章事，乃资历最浅

---

① 左氏：《春秋左传》。"与雨偕"：见《左传》庄公七年。偕，是一起的意思。
② 太祖皇帝：宋太祖赵匡胤，公元960年代周称帝，建立宋朝。赵普：幽州蓟县（在今北京市）人，宋朝开国功臣，太祖、太宗时宰相。
③ 陶毂：邠州新平（今陕西彬县）人。五代后周时历任兵部、吏部侍郎，入宋后任翰林学士承旨，宋初典章多为所定。
④ 参知政事、参知机务：唐代以中书、门下、尚书三省长官品位最高，不轻易授人，故常以他官居宰相之职，而使之带参知政事、参知机务等衔。
⑤ 乾德：宋太祖年号（963—968年），共六年。
⑥ 薛居正：开封府（治今河南开封）人。历仕五代后晋、后汉和后周，宋初任户部侍郎。吕馀庆：幽州安次（河北廊坊西旧州）人。历仕后晋、后汉和后周，宋初任知开封府。
⑦ 政事堂：宰相们公议政事的场所。

者,自天宝之乱①,多以资浅者为之,而此名一定不易矣。毂以儒学见重于太祖,而不考前代典故如此。此官之设几于宰相之属。其后至道元年四月戊子更制②,令升政事堂,知印、押班一同宰相,仍合班为一。其后为相者渐多,而参政之权渐轻③,不得有所可否矣。

(王栐《燕翼诒谋录》卷1)

太祖皇帝因赵普专权,想设置副手来防范和监察,问陶毂比丞相低一级的有什么官,陶毂回答有参知政事、参知机务。乾德二年(964年)四月乙丑,就任命薛居正和吕馀庆为参知政事,规定不率领百官朝见皇帝的班子,不掌管大印,不上政事堂。没有想到唐朝宰相名称最多,如仆射,如内史,如纳言,如参预朝政,如同二品、同三品,作为宰相地位是相等的。而任同平章事的,乃是资历最浅的人。天宝之乱常以资历浅的人任宰相,而这一名称便固定不变了。陶毂以儒学为太祖重视,却对前代典故如此不加考究,这个官职的设置几乎只是当宰相的属官。此后到至道元年(995年)四月戊子改革制度,叫参知政事可登政事堂,在掌管大印和率领百官朝见皇帝的班子方面也与宰相完全一样,仍旧合成一个班子。此后做宰相的人逐渐增加,而参知政事的职权逐步变轻,对政事不能表示同意或不同意了。

一五、韩郡王荐士

宋代幕职州县官必须由一定人数的举主推荐,才能办理考核手续,而后晋升为京朝官。这里讲了个韩世忠主动替人充当举主解救困难的

---

① 天宝之乱:唐玄宗天宝十四年(755年),节度使安禄山发动的叛乱。
② 至道:宋太宗年号(995—997年),共三年。
③ 参政:参知政事的简称。

故事,写出这位已退休的大将气概。

　　绍兴中①,韩郡王既解枢柄②,逍遥家居,常顶一字巾③,跨骏骡,周游湖山之间,才以私童史四五人自随④。时李如晦(晦叔)自楚州幕官来改秩⑤,而失一举状⑥,忧挠无计⑦。当春日,同邸诸人相率注天竺⑧,李辞以意绪无聊赖⑨,皆曰:"正宜适野散闷可也⑩。"强挽之行,各假僦鞍马⑪。过九里松⑫,值暴雨,众悉迸避⑬。李奔至冷泉亭⑭,衣袽沾湿⑮,愁坐良叹⑯。遇韩王亦来,相顾揖⑰,矜其憔悴可怜之状⑱,作秦音发问曰⑲:"官人有何事萦心⑳,而悒怏若此㉑?"李虽不识韩,但见姿貌魁异㉒,颇起敬,乃告以实。韩

────────────────

① 绍兴:宋高宗年号(1131—1162年),共三十二年。
② 韩郡王:韩世忠,字良臣,延安府(今陕西延安)人。出身贫苦,少年从军。宋高宗初年,以军功累迁御营左军都统制,迁京东淮东路宣抚处置使。绍兴十一年与岳飞、张俊同时入朝,任枢密使,解除兵权。他曾封延安郡王,所以这里称韩郡王。枢柄:枢密院的兵柄。
③ 一字巾:一种头巾,相传韩世忠所创制。
④ 童史:侍僮,幼仆。
⑤ 李如晦:即李辉,字晦叔,南康军建昌(今江西永修西北)人。楚州:治今江苏淮安县。幕官:即幕职官。部分地方官的总称,包括签书判官厅公事至各州府推、判官等,辅助有关长官处理政务,分案办公。改秩:即改官。幕职州县官取得本路一定员数的举主作保,按本人历任任数和考数,经考核合格,即晋升为京官或升朝官。
⑥ 举状:举主为被推荐人所撰荐举书。
⑦ 挠:扰乱。
⑧ 邸:邸店,兼营商品买卖和接纳旅客住宿的店铺。天竺:山名,在今杭州西湖西,有上、中、下三天竺寺。
⑨ 意绪:心情。聊赖:寄托,依靠。
⑩ 适:往,到。
⑪ 假:租赁,借。僦(jiù 救):租赁。
⑫ 九里松:地名,在西湖北。
⑬ 迸:散乱,走散。
⑭ 冷泉亭:亭名。在灵隐寺前飞来峰下冷泉旁。
⑮ 袽(rú 如):旧絮。
⑯ 良:很,甚。
⑰ 顾:问,拜访。揖:拱手作礼。
⑱ 矜:通"怜"。怜悯,同情。
⑲ 秦:宋陕西为古秦国之地,故俗称陕西为"秦"。
⑳ 官人:对有一定社会地位的男子的敬称。萦(yíng 营):缠绕,牵挂。
㉑ 悒怏(yì yàng 义样):忧郁不乐。
㉒ 魁:高大,魁伟。

曰："所欠文字，不是职司①？"答曰："常员也②。""韩世忠却有得一纸③，明日当相赠。"命小史详问姓名④、阶位，仍询居止处。李巽谢感泣⑤。明日，一吏持举牒授之日："郡王送来。"仍助以钱三百千。李遂升京秩⑥，修笺诣韩府⑦，欲展门生之礼⑧，不复见。

（洪迈《夷坚甲志》卷1）

　　绍兴年间，韩郡王既已解除枢密使，优游在家自得，经常头戴一字巾，骑匹健骡，遍游于湖山之间，只跟随着自家四五个侍僮。这时李如晦（晦叔）从楚州以幕职官的身份到临安来办理改官的手续，但丢失了一份举状，忧虑烦恼没有办法可想。时值春日，同住邸店的人相约去天竺，李推托心情百无聊赖，大家都说："正该去野外散心。"强拉他一起去，各自租借了鞍马。过了九里松，遇上了暴雨，大家四散躲避。李如晦跑到冷泉亭，衣絮沾湿，愁容满面地坐着长叹。遇到韩郡王也来这里，相互问好作揖。韩郡王同情他憔悴可怜的样子，用陕西话问他说："官人有什么事情牵挂在心，而这样郁郁不乐？"李如晦虽然不认识韩郡王，但看他相貌魁伟，与众不同，肃然起敬，便如实相告。韩说："你缺少的文书，不是职司的吧？"回答说："是常员。""韩世忠却有一张，明天可送给你。"让小史问清楚姓名，官阶和职位，还询问居住的地方。李如晦逊谢感泣。第二天，一个吏人拿来文书交给他说："是郡王送来的。"还资助钱三百千。李如晦于是晋升为京官，他写了书札去韩府，要行门生之礼，韩郡王没有再见他。

---

①　职司：宋幕职州县官经考核改为京朝官，必须一定员数的举主推荐，其中一员必为职司，乃指转运使、提点刑狱、安抚使等。

②　常员：幕职州县官改官时所需的一般举主，与职司相对而言。

③　却：还。

④　小史：幼仆。

⑤　巽：通"逊"。谦让。

⑥　京秩：京官。

⑦　修：撰写。笺：文体名，书札、表状之类。

⑧　展：施行。门生：被举官对举主的谦称。

一六、吕蒙正辞让恩荫

封建社会做大官的儿子也可恩荫做官，这自然是不合理的。吕蒙正虽然无力把这种不合理制度废止，但自动提出降低儿子恩荫授官的品秩，在当时已属难能可贵了。

　　吕中令蒙正①，国朝三入中书②，惟公与赵韩王尔③未尝以姻戚徼宠泽④。子从简当奏补⑤，时公为揆门相⑥，旧制，宰相奏子，起家即授水部员外郎⑦，加朝阶⑧。公奏曰：“臣昔忝甲科及第⑨。释褐止授九品京官⑩。况天下才能老于岩穴不能霑寸禄者无限⑪。今臣男从简始离襁褓⑫，一物不知，膺此宠命⑬，恐罹阴谴⑭，止乞以臣释褐日所授官补之。”固让方允。止授九品京官，自尔为制。

　　　　　　　　　　　　　　　　　（文莹《玉壶清话》卷3）

―――――――――

① 吕中令蒙正：吕蒙正，字圣功，河南府(治今河南洛阳)人。太宗太平兴国二年(977年)状元，历任升州通判、知制诰、参知政事、宰相等职，太宗、真宗时三次入相。有重望，直言敢谏，卒赠中书令，谥文穆。
② 中书：即中书门下，是宰相办公议事的地方。
③ 赵韩王：赵普，参见《艺祖滁州成功业》篇注。
④ 姻戚：有婚姻关系的亲戚。徼(yāo腰)：招致，要求。宠泽：皇帝给予的恩德或禄位。
⑤ 从简：吕蒙正长子，曾任太子洗马、光禄寺丞、国子博士等，其父死后，任监麴院，因盗官物除名，后献其父遗集，授卫尉寺。丞奏补：上中级官员遇朝廷举行重大典礼，奏申朝廷荫补弟侄、子孙或门客，授予中低级官衔或实职，称“奏补”。
⑥ 揆门相：宋代宰相别称“揆”，吕蒙正这时任中书侍郎兼户部尚书、平章事。
⑦ 起家：自家中由平民身份而出任官职。水部员外郎，宋神宗元丰官制改革前，为文臣的阶官之一，属升朝官中的后行员外郎。水部：官署名。主理沟洫、桥梁、舟楫、漕运等事。
⑧ 朝阶：据《续资治通鉴长编》卷29应为“朝散阶”。指升朝官的一种加官。
⑨ 忝(tiān舔)：有愧于，辱，常用作谦词。甲科：贡举考试进士等科殿试合格的举人，分成数等或数甲，俗称第一等或第一甲为“甲科”。及第：举人和太学生经殿试合格，朝廷按成绩授予本科及第、出身、同出身等。
⑩ 释褐：举人或太学生参加贡举考试合格授官，换下粗布衣而改穿官服，称为“释褐”。
⑪ 岩穴：山洞，此处指隐居之处。霑，即沾。分润，分得。禄：专指官员的禄米，泛指所有俸禄。
⑫ 襁褓：包裹婴儿的被褥等。
⑬ 膺：接受。
⑭ 阴谴：鬼神谴责。

中书令吕公蒙正,曾经三次进中书,在本朝只有他与赵韩王是这样的。他从来没有替自己的姻亲谋求朝廷的禄位。儿子吕从简应该奏补官职,当时他正担任宰相,按照旧制宰相申奏儿子授官,一开始就授予水部员外郎,并加给升朝官的散官阶。公上奏说:"臣以前愧取甲科及第,初次做官也只授给九品京官。而况天下有才能而老死岩穴不能分到点滴俸禄的不计其数。如今臣的儿子刚离开襁褓,一点事情都不懂,却要接受朝廷的这一恩典,恐怕会遭到鬼神的谴责,请求只拿臣刚做官时所授的官职授给他。"坚决辞让再三朝廷方才答应,只授予九品的京官,从此立为定制。

一七、裁损宗室恩数

宗室在宋代享受较为优厚的待遇,成为国家财政一个沉重负担。王安石变法决定减少宗室待遇,确是正确的措施。

> 王荆公作相,裁损宗室恩数①,于是宗子相率马首陈状诉云②:"均是宗庙子孙,且告相公看祖宗面③。"荆公厉声曰:"祖宗亲尽亦须祧迁④,何况贤辈!"于是皆散去。
>
> （陆游《老学庵笔记》卷2）

王荆公做宰相,削减宗室的恩典,于是宗子们一起拥到马前递呈状纸诉说道:"我们都是宗庙的子孙,奉告相公要看祖宗的面子。"荆公厉声回答说:"即使祖宗世代远了,也要从祖庙中迁出,何况你们!"于是都散走了。

---

① 王荆公:王安石。参见《王荆公择邻》篇注。宗室:皇帝的宗族。
② 宗子:宗室中的嫡长子。陈状:递上状纸。
③ 相公:宋代对宰相的称呼。
④ 祧(tiāo 佻):祖庙。

一八、王某与李生"同院"

　　捐钱买官做是我国封建社会里一大弊政,这里讲一个捐钱得官者的笑话,从另一角度对此弊政作了讽刺。

> 　　国子博士王某知扶风县①,有李生以资拜官②,每见王,辄称"同院"。王不能平,因而面质曰:"某自朝士③,与君名位不同,而见目同院,何也?"李生徐曰:"固知王公未知县时④,自是国子博士,谓之'国博',某以纳粟授官,亦'谷博'也,岂非同院乎?"王骂之,大笑。
>
> 　　　　　　　　　　　　　　　　　　　　(毕仲询《幕府燕闲录》)

　　国子博士王某在知扶风县时,有一个姓李的因为向官府捐钱拜了官,每次见到王某,总是称他为"同院"。王某愤愤不平,当面质问他说:"我本来是升朝官,与你名位不同,而你把我看作同院,是什么道理?"李生慢吞吞地说,"我原本知道王公在没有知县时是国子博士,叫做'国博'。我因为向官府缴粮而授给官职,也是'谷博',这难道不是同院吗?"王某听罢,又是骂来又是大笑。

一九、致 仕 之 失

　　宋代沿袭前朝,文官年满七十岁要退职,叫"致事"或"致仕"。原先官员们都在生前致仕,到南宋时七品以上官员便推迟到死后才办致

---

① 　国子博士:北宋前期为文臣升朝官的官阶之一,相当于神宗元丰官制改革后的承议郎。元丰改制,国子博士为国子监所属学官之一,负责训导学生。扶风:县名。属凤翔府,今陕西扶风。
② 　以资拜官:与后面的"纳粟授官"意义相同,见《捧砚得全牛》篇注。
③ 　朝士:在朝的官员,此处指升朝官。
④ 　固:确实,的确。

仕手续。笔记作者设想改革却未能如愿。

　　　大夫七十而致事①，谓之"得谢"，美名也。汉韦贤②、薛广
德③、疏广④、疏受⑤，或悬安车以示子孙⑥，卖黄金以侈君赐⑦，为荣
多矣，至于龚胜⑧、郑宏辈⑨，亦诏策褒表⑩，郡县存问⑪，合于三代
敬老之义。本朝尤重之，大臣告老，必宠以东宫师傅、侍从⑫，耆艾
若晁迥、孙奭、李柬之亦然⑬。宣和以前⑭，盖未有既死而方乞致仕
者。南渡之后⑮，故实散亡⑯，于是朝奉、武翼郎以上⑰，不以内外

①　大夫：古代诸侯之下有大夫一级，隋唐以后，大夫成为高级官员称号。致事：即致仕，古代官员因老病交还官职。
②　韦贤：字长孺，西汉时鲁国邹县(今山东邹县东南)人，质朴好学，世习鲁诗，兼通《礼》《尚书》等，应征入朝，历任博士、光禄大夫詹事、大鸿胪，汉宣帝时任丞相五年，因老病退职，以丞相致仕，自韦贤始。
③　薛广德：字长卿，西汉沛郡相县(今安徽萧县西南)人，教授《鲁诗》，历任博士、谏大夫、御史大夫，申请致仕，朝廷赐安车驷马送归。
④　疏广：字仲翁，西汉东海郡兰陵县(今山东枣庄市东南)人，专治《春秋》，家居教授，朝廷征为博士，后以太子太傅致仕，汉宣帝赐黄金二十斤，皇太子赠五十斤，他散金招待父老故旧。
⑤　疏受：字公子。疏广之侄。汉宣帝时，以贤良举为太子家令，迁太子少傅。
⑥　安车：古代一种用一匹马拉的小车，可以乘坐。
⑦　侈：夸大，张大。
⑧　龚胜：字君实。彭城(治今江苏徐州)人，好学明经，任郡吏、尉、丞、重泉令，汉哀帝征为谏大夫，迁丞相司直、光禄大夫，出为渤海太守，王莽专政时致仕。
⑨　郑宏：字穉卿。泰山郡刚县(今山东宁阳东北)人。西汉时曾任南阳郡太守。
⑩　诏策：诏书。褒表：即褒扬，赞美或表扬的意思。
⑪　存问：慰问，存是想念的意思。
⑫　东宫师傅：即太子太师、太子太傅、太子少师、太子少傅等官。侍从：宋代殿阁的学士、直学士、待制与翰林学士、给事中、六部尚书、侍郎为侍从官。
⑬　耆(qí 奇)艾：年老的人。古人称六十岁为耆、五十岁为艾。晁迥：字明远，澶州清丰(今河南清丰)人。宋太宗时登进士第，真宗时历任知制诰、翰林学士承旨、工部尚书等，仁宗时以太子少保致仕，精通佛老与儒学经传。孙奭(shì 式)：字宗古，博州博平县(今山东茌平西)人。宋太宗时九经及第。真宗时官至龙图阁待制，仁宗时历任翰林侍讲学士、判国子监、龙图阁学士，以太子少傅致仕。
⑭　宣和：宋徽宗年号。李柬之：字公明，濮州(治今河南濮阳)人，宋仁宗时历任馆阁校勘、开封推官、京东转运使，侍御史知杂事，出知荆南府、判西京留司御史台，英宗时复旧职，兼侍读，神宗时以太子少保致仕，再迁少师卒。
⑮　南渡：指赵宋政权南迁。
⑯　故实：典故，史实。
⑰　朝奉：即朝奉郎，宋神宗元丰改制后，为文臣寄禄官阶之一(正七品)。武翼郎，武臣官阶之一。宋徽宗政和二年(1112 年)由供备库副使改名。为武臣第四十二阶(从七品)。

高卑,率为此举。其最甚而无理者,虽宰相辅臣考终于位①,其家
发哀即服②,降旨声钟给赙③,既已阅日④,方且为之告廷出命。纶
书之中⑤,不免有"亲医药,介寿康"之语⑥,如秦太师⑦、万俟丞相、
陈鲁公、沈必先、王时亨、郑仲益是已⑧。其在外者,非易箦属纩⑨,
不复有请。间千百人中有一二焉,则知与不知,骇惜其死,子弟游
宦远地⑩,往往饮泣不宁⑪,谒急奔命⑫。故及无事日,不敢为之。
绍兴二十九年⑬,予为吏部郎⑭,因轮对奏言⑮,乞令吏部立法⑯,
自今日以往,当得致仕恩泽之人物故者⑰,即以告所在州,州上省

---

① 辅臣:辅佐的大臣。考终:老寿而死,善终,考是老的意思。
② 服:服丧,指依照丧礼穿戴规定的丧服。
③ 声钟:大臣死后,命寺庙鸣钟致哀。给赙:即赙赠,中级以上官员死后,由朝廷按规定赠给绢、钱、羊、酒等。
④ 阅日:经历时日。
⑤ 纶书:皇帝的诏令或文书。纶,是古代官员系印用的青丝带。
⑥ 介寿康:祝愿之词。介,助。"亲医药,介寿康",是说勤服医药,以助健康长寿。
⑦ 秦太师:秦桧,字会之,江宁府(治今江苏南京)人。宋徽宗时登第,钦宗靖康时官御史中丞,被金军俘虏后,为金将信用,南宋初潜归江南,历任参知政事、右相、左相,独相十七年,杀害岳飞,与金订立绍兴和议。
⑧ 万俟(mó qí 末奇):万俟卨(xiè 屑),字元忠,开封府阳武县(今河南原阳)人。宋徽宗时登太学上舍第,历任枢密院编修官、比部员外郎,高宗时依附秦桧,任参知政事。秦桧死后,一度任右相,继续主和。陈鲁公:陈康伯,字长卿,信州弋阳(今江西弋阳)人。宋徽宗时上舍登第,高宗后期历任吏部尚书、参知政事、左相等,力赞抗金。孝宗初出判信州,入朝再任左相,封鲁国公。沈必先:沈,与求,字必先,湖州德清(今浙江德清县)人。徽宗间登进士第,高宗时历任御史台官、吏部尚书、湖南安抚使、浙西安抚使、参知政事等。王时亨:王刚中,字时亨,饶州乐平(今江西乐平)人。宋高宗时登进士第,历任中书舍人、四川制置使,孝宗时官至同知枢密院事。力主战守,反对议和。郑仲益:郑闻,字仲益,开封府人。宋高宗时登进士第,历任吏部员外郎、中书舍人、刑部尚书等,孝宗时任参知政事。
⑨ 易箦(zé 则):春秋时曾参病死之前要换掉他不该用的"箦"(竹席),后人把"易箦"作为将死的代称。属纩(kuàng 矿):用新棉放在临死的人鼻前,验其是否停止呼吸。纩,絮衣服的新丝棉。属纩,此处委婉表示病重将死。
⑩ 游宦:离家在外做官。
⑪ 饮泣:无声的哭泣,以致泪流入口,形容极为悲伤痛苦。
⑫ 谒急:请急,请假。
⑬ 绍兴:宋高宗年号(1131—1162年),共三十二年。
⑭ 吏部郎:即吏部郎官,是吏部的郎中或员外郎的统称。
⑮ 轮对:在京文班升朝官及翰林学士等,每五天轮流论述时政缺失、朝廷急务以及刑狱冤滥、百姓疾苦等事。
⑯ 吏部:属尚书省。掌管文职官员的服色、职务注授、考核、升迁等事。
⑰ 物故:死的委婉语。

部①，然后夷考其平生②，非有赃私过恶于式有累者③，辄官其后人。若真能陈义引年或辞荣知止者④，乞厚其节礼，以厉风俗⑤，贤于率天下为伪也。太上览奏欣纳⑥，曰："朕记得此事之废，方四十年，当如卿语⑦。"既下三省⑧，诸公多以为是，而首相汤岐公独难之⑨，其议遂寝⑩，今不复可正云。

（洪迈《容斋随笔》卷10）

大夫七十岁而致事叫做"得谢"，是好的名声。汉代的韦贤、薛广德、疏广、疏受，他们有的把安车悬挂起来留示子孙，有的出售黄金以夸耀君王恩赐，荣耀得很。至于龚胜、郑宏等人，也诏书表彰，郡县慰问，合乎三代敬老的道理。本朝对此尤其重视，大臣年老告退，一定授给东宫师傅和侍从官以示尊宠；对年老的官员像晁迥、孙奭、李柬之也是这样。宣和以前，还没有在人已死了才请求致仕的。南渡以后，典章散失，于是文官朝奉郎、武官武翼郎以上，不论在朝或在外任职以及官阶的高低，一般照此办理。其中极其没有道理的是，即使宰相辅臣老寿而死在官位上，他们的家里已经举哀服丧，皇帝也已降旨令寺庙鸣钟致哀并赠送钱物，都已过了好长时间，才替死者向朝廷申报发给致仕的命令。诏书之中，不免写上"亲医药，介寿康"的话头，像秦太师、万俟丞相、陈鲁公、沈必先、王时亨、郑仲益都是这样的。那些在外地任职的，

---

① 省部：尚书省吏部。
② 夷考：考察，夷为语助词，无意义。
③ 赃私：贪污中饱私囊。式：规格，榜样。此处为规定的意思。累，麻烦，连累。
④ 引年：援引七十岁退休的规定，自愿退居就闲。
⑤ 厉：通"励"。劝勉。
⑥ 太上：宋高宗让位于孝宗后，称为"太上皇"。
⑦ 如：遵从，依照。
⑧ 三省：南宋时，门下、中书、尚书三省合并，统称三省。
⑨ 汤岐公：汤思退，字进之，处州青田（今浙江青田县）人。宋高宗时，中博学宏词科，授秘书省正字，依附秦桧，官至参知政事。秦桧死，升任左相。孝宗初，因力主和议，责居永州，忧悸而死。此人曾封岐国公，所以称他汤岐公。难：反驳；责问。
⑩ 寝：停止。

除非到临终，就不会再请求致仕。在千百个人里偶或有一两个事先这样做的，则听到的人，无论平素有没有交情，都会惊骇惋惜其死，子弟在远处做官职，往往哭泣不宁，请假奔丧。所以在平安无事的时候，不敢去做这种事。绍兴二十九年（1159 年），我担任吏部郎，趁轮对时上奏，请求命令吏部立法，从今以后，应该享受致仕恩泽的人而亡故的，就报告所在的州，州上报尚书省吏部，然后考查他的生平，只要不是贪污犯罪违反规定的，都即当给他的后人授官。如果真是能够告请引退或辞却荣华而知足的人，请求在节礼特加优待，藉以鼓励风俗，这比引导天下去弄虚作假要好得多。太上皇读了奏疏，很高兴地采纳了，他说："朕记得这件事的废坏，不过四十年，一定依照你的话办。"把奏疏下达三省以后，诸公都认为应该这样，独有首相汤岐公非难，建议就被搁下，现在已经不能改正了。

二〇、宋 白 改 榜

　　我国封建社会里的科举考试历来有许多弊端，宋白受贿取舍不公只是一例，幸而宋太祖没有受其愚弄，最后宋白只好改榜使协公议，这也算是有真才实学的考试者的幸运吧！

　　　　太祖时，宋白知举①，多受金银，取舍不公，恐榜出②，群议沸腾，乃先具姓名以白上，欲托上旨以自重③。上怒曰："吾委汝知举，取舍汝当自决，何为白我？我安能知其可否？若榜出，别致人言，当斫汝头以谢众！"白大惧，而悉改其榜，使协公议而出之④。

　　　　　　　　　　　　　　　　　　（司马光《涑水记闻》卷 1）

————————————

① 　宋白：字太素，大名府（今河北大名）人。宋太祖建隆间登进士第，历任知兖州、翰林学士等。曾三次担任贡举的知举官，选拔后进颇多，但也引起议论。知举：即知举官，俗称"主司"，礼部试时，由朝廷差权知贡举和同知贡举几员，主持本届考试，决定合格举人名次，总称知举官。
② 　榜：各级贡举考试时用来公布录取名单的一种告示。
③ 　自重：加重自己的权威。
④ 　协：符合。

宋太祖时，宋白担任贡举考试的知举官，收受很多金银，在录取与否上很不公道，担心发榜以后，大家议论纷纷。于是先把录取的姓名报告皇上，想借皇上的旨意以自重。皇上发怒说："我委派你当知举官，是否录取应当由你自己决定，为什么要先来告诉我？我怎么知道可以不可以？如果发榜以后，引起大家的议论，就砍下你的脑袋来向大家谢罪！"宋白吓坏了，把榜全部改正过来，使它符合大家的公论然后公布出去。

二一、教官改正试题

宋代麻沙本书籍刻印较为粗糙，学校教官未经核对，便据以列出试题，致出现失误。但经过学生指出，并与"监本"核对，便承认错误，甘心受罚，并且改正试题。这种不惮改过的精神，是值得称许的。

> 三舍法行时①，有教官出《易》义题云②："乾为金③，坤又为金，何也？"诸生乃怀监本《易》至帘前请云④："题有疑，请问。"教官作色曰⑤："经义岂当上请⑥！"诸生曰："若公试⑦，固不敢。今乃私试⑧，恐无害。"教官乃为讲解大概。诸生徐出监本，复请曰："先生

---

① 三舍法：全称"三舍考选法"。宋神宗熙宁四年（1071年），立太学生三舍法，将学生分为上舍、内舍、外舍三等，初入学为外舍生，逐级升迁为内舍、上舍生，上舍生优异者直接授官，其他学校后来也推行此法。
② 《易》：又称《周易》，本是撰于先秦时的占卜用书。后成为儒家的《五经》之一。
③ 乾为金：乾为六十四卦之首，象征阳性、刚健，故有"乾为金"之说。
④ 监本：宋代国子监刻印书籍，较为精美，时称监本。
⑤ 作色：因生气而变脸色。
⑥ 上请：学生或举人对试题有疑问，可至帘前请教授或考官解答，称"上请"。
⑦ 公试：学校考试方式之一，如太学的公试，由朝廷降敕差外官主考，外舍生公试合格，方可晋升内舍。
⑧ 私试：又称"月校"。学校考试方式之一，如太学的私试，由本学按月自行出题考试，外舍生每月私试一次。

恐是看了麻沙本①。若监本,则'坤为釜'也②。"教授皇恐③,乃谢曰④:"某当罚。"即输罚,改题而止。然其后亦至通显。

（陆游《老学庵笔记》卷7）

学校实行三舍法的时候,有位教官出了一道《周易》经义的题目说:"乾是金,坤又是金,是什么原因?"学生们于是怀中藏着监本《周易》走到帘前请示道:"试题有可疑处,请允许提问。"教官沉下脸说:"经义怎么可以要求解释!"学生们说:"如果是公试,自然不敢。现在是私试,怕不碍事吧!"教官便替他们讲解个大概。学生们慢慢地掏出监本《周易》,又请问说,"先生恐怕是看了麻沙本。如果是监本,应该是'坤为釜'。"教授惊慌失措,就谢罪道,"我应该受罚。"随即交纳罚金,改正试题而后结束了这件事。不过这位教授后来官也做得很显贵。

二二、主家不得黥奴仆

宋代将生杀之权收归朝廷中央,禁止主人随意残害奴仆,这是发生在中国封建社会中期的一个颇为重要的现象,奴仆的社会地位总算得到一些改善。

五代诸侯跋扈⑤,枉法杀人,主家得自杀其奴仆。太祖建国,首禁臣下不得专杀。至建隆三年三月己巳降诏⑥,郡国断大辟⑦,

---

① 麻沙本:宋时,建州建阳县麻沙镇(宋高宗绍兴二十七年升为县,今福建建瓯)书坊刻印书籍极多,质量较差,称为"麻沙本"。

② 坤为釜:坤为六十四卦之次,象征阴性,资生万物,而釜则为一种炊具,能煮食物,化生为熟,故称"坤为釜"。

③ 皇恐:即惶恐。

④ 谢:谢罪,承认错误。

⑤ 五代:唐代灭亡后,相继出现于中国北方大部分地区的后梁、后唐、后晋、后汉、后周五朝的总称。

⑥ 建隆:宋太祖年号(960—963年),共四年。

⑦ 郡国:宋代不实行郡园制,此处指州一级。大辟:死刑罪。

录案朱书格律断词①、收禁月日、官典姓名以闻,取旨行之。自后生杀之权出于上矣。然主家犹擅黥奴仆之面②,以快其怨毒。真宗咸平六年五月复诏,士庶之家奴仆有犯,不得黥面,盖重于戕人肌肤也③。祖宗谨重用刑④,苟可以施忠厚者,无所不用其至。如诏太岁、三元、圣节⑤,不决死罪,则淳化二年三月也⑥。令众人自五月一日至八月一日免⑦,则天圣四年四月辛未诏也⑧。列圣相承,莫敢不遵,此所以祈天永命欤⑨。

（王栐《燕翼诒谋录》卷3）

　　五代时诸侯跋扈,违法杀人,主人家也可以杀死自己的奴仆。太祖建国后,首先就禁止臣僚不得擅自杀人。到建隆三年（962年）三月己巳颁布诏书,州里判处死刑,要在案卷上用朱笔书写所依据的法律条文、判决词和逮捕月日、有关官吏姓名,上报朝廷,取得圣旨后执行。自此以后生杀大权出于皇上了。但是主人家仍旧擅自在奴仆脸上刺字,以泄私愤施狠毒为快意。真宗咸平六年（1003年）五月又颁布诏书,士大夫和庶民之家奴仆犯了罪,不准私自刺他们的脸,这是因为对残害人体肌肤的做法看得很严重。祖宗用刑极为慎重,只要能够施忠厚处总是竭尽最大可能去做。如颁布诏书规定逢太岁、三元和

---

① 录:录问。司法程序之一。刑事案件经地方官府审判后,再由上级官府派员提问犯人复核,询问是否承认口供,称录问。格律:格,为法令、法制文书"敕令格式"中的一类;律,即律文。断词:又称判词,即今判决书。

② 黥:在身上刺字或花纹,再涂上墨。

③ 戕(qiāng枪):残害。

④ 祖宗:北宋时一般指宋太祖和太宗,南宋时则泛指北宋诸帝。

⑤ 太岁:即木星。旧历纪年所用值岁干支的别名,如逢甲子年,甲子日即为太岁;乙丑年,乙丑日即为太岁,以此类推,至癸亥年止。三元,以旧历正月、七月、十月的十五日为上元、中元、下元三个节日,源出于道教。圣节:皇帝和皇太后的生日。

⑥ 淳化:宋太宗年号,共五年。

⑦ 令众人:使之示众。

⑧ 天圣:宋仁宗年号。参见《仁宗发还户绝田产》篇注。

⑨ 祈天永命:祈求上天使国家永远生存。

圣节,不得执行死刑,这是淳化二年(991年)三月的事情。从五月一日到八月一日,不得将犯人押出示众,这是天圣四年(1026年)四月辛未诏书的规定。列朝圣上相承,没有敢不遵守的,这就是大宋之所以能祈天永命啊!

二三、陆东在人面上起草

宋代虽然不准民间私自在人面上刺字,但官方还依法可刺,并未将此不文明的做法禁绝。这条笔记说地方官在人面上刺错字又改刺,等于叫犯人受双重的痛苦。

> 有朝士陆东①,通判苏州而权州事②,因断流罪③,命黥其面④,"特刺配某州牢城⑤"。黥毕,幕中相与白曰⑥:"凡言'特'者,罪不至是,而出于朝廷一时之旨。今此人应配矣,又特者,非有司所得行。"东大恐,即改"特刺"字为"准条"字⑦,再黥之,颇为人所笑。后有荐东之才于两府者⑧,石参政闻之⑨曰:"吾知其人矣,得非权苏州日,于人面上起草者乎?"

（魏泰《东轩笔录》卷10）

有一位叫陆东的朝士,担任苏州的通判又权知州事,因为给人判处

---

① 朝士:泛称中央的官吏。陆东:其人不详。
② 通判:俗称"倅"。各府、州副长官,各设一至二人,负责监察本地官员,管理民政、财政等。权,暂时代替。
③ 流罪:流放到一定地点去充军或服苦役。
④ 黥:见《主家不得黥奴仆》篇注。
⑤ 刺配:刑罚方法之一,在犯人额、耳后等部位刺字,并发配牢城。牢城:囚禁流配罪犯的处所。
⑥ 幕:即幕职官,指地方军政长官衙门中的参谋公事、书写文字等官属。
⑦ 准条:根据有关法规条例的规定。
⑧ 两府:北宋元丰官制改革前,是中书门下和枢密院的统称。
⑨ 石参政:指石中立。字表臣,河南府洛阳(今河南洛阳市)人。以恩荫补西头供奉官,历直集贤院、盐铁判官、纠察在京刑狱、翰林学士承旨等。仁宗景祐四年(1037年)拜参知政事,明年罢。

流放罪,命令在此人脸上刺"特刺配某州牢城"等字。刺完字,幕僚们告诉他说,"凡是说'特'的,是所犯罪行没有达到这个程度,而出自朝廷临时的指令。现在此人本来应该流放,又加了'特'字,这不是主管官衙有权行使的。"陆东十分害怕,立即把"特刺"两字改成"准条",重新刺上,这事很被人嘲笑。后来有人向两府推荐陆东的才能,石参政听了说:"我知道这个人了,那不是权知苏州的时候,在人家脸上打草稿的吗?"

二四、狄青不去面文

北宋士兵要刺字,这也是不文明的做法。士兵出身的狄青贵显后不愿用药除去脸上刺字,则是要把自己作为士兵们学习的榜样。

> 狄武襄公青本拱圣兵士①,累战功致位枢府②。既贵,时相或讽其去面文者③,但笑不答。仁庙亦宣谕之,对曰:"臣非不能,姑欲留以为天下士卒之劝。"上由此益爱之。
>
> （方勺《泊宅编》卷2）

武襄公狄青本是拱圣军的士兵,屡立战功高升进枢府。显贵了,宰相中有人劝他弄灭脸上所刺的文字,他只是笑而不答。仁宗也叫他这样做,他回答说:"臣并非不能这样,只是想暂时保留作为天下士兵的劝勉。"仁宗从此更加喜欢他。

---

① 狄武襄公青:狄青,字汉臣,汾州西河(今山西汾阳)人。行伍出身,善骑射。宋仁宗时,在与西夏的战争中屡立军功,历任泾原路都部署、经略招讨副使、真定路都部署、知延州等,入朝任枢密副使,平定侬智高反叛,升任枢密使,后因受谣言中伤,出判陈州。拱圣:殿前司所属诸军的番号之一。
② 枢府:枢密院的简称。枢密院,是总管全国军务的最高机构,设枢密使、副使或知枢密院事、同知枢密院事为正副长官。
③ 面文:宋制,士兵入伍,要在脸部、手背、手臂等处刺"某某第某指挥"等字。

二五、风 灾 霜 旱

农民遭受风灾和旱霜，收成无望，要求官府减免田税。但吏胥藉口法律上没有这项规定，不予理睬。对此，作者十分感慨，提出凡遇水、旱以外的天灾，应该派贤良的守令去处理，使农民得到实惠。

  庆元四年①，饶州盛夏中时雨频降②，六七月之间未尝请祷，农家水车龙具倚之于壁③。父老以为所未见，指其西成有秋，当倍常岁，而低下之田，遂以涝告。余干、安仁乃于八月雁地火之厄④，地火者，盖苗根及心，蟊虫生之，茎干焦枯，如火烈烈，正古之所谓蟊贼也⑤。九月十四日，严霜连降，晚稻未实者皆为所薄，不能复生，诸县多然。有常产者诉于郡县⑥，郡守孜孜爱民，有意蠲租⑦，然傔吏多云："在法无此两项。"又云："九月正是霜降节，不足为异。"案，白乐天《讽谏杜陵叟》一篇曰⑧："九月霜降秋早寒，禾穗未熟皆青干。长吏明知不申破⑨，急敛暴征求考课⑩。"此明证也。予因记元祐五年苏公守杭日⑪，与宰相吕汲公书论浙西灾伤曰⑫："贤哲一闻此言，理无不行。但恐世俗谄薄成风，揣所乐闻与所忌讳，争言

---

① 庆元：宋宁宗年号（1195—1200 年），共六年。
② 饶州：治今江西波阳县。
③ 水车龙具：龙骨车，一种脚踏转动的水车。
④ 余干：县名，今江西余干西北。安仁，县名，今江西余江东北。
⑤ 蟊（máo 矛）贼：统指吃禾苗的害虫。
⑥ 常产：恒产，包括田地和房屋，因为宋代避讳"恒"字，改称"常产"。
⑦ 蠲（juān 捐）：免除。
⑧ 白乐天：白居易，字乐天。
⑨ 破：州县催理赋税官物达百分之九十以上，称为破分，即停止催督。
⑩ 考课：考核。官员任满一年为一考，由上级官府考核优劣。
⑪ 元祐：宋哲宗年号（1086—1094 年），共九年。苏公：苏轼。苏轼在元祐五年时知杭州。
⑫ 吕汲公：吕大防，祖籍汲郡（隋代郡名，治在今河南汲县西北），元祐元年（1086 年）封汲郡公，元祐三年拜尚书左仆射。论浙西灾伤，指苏轼撰《上吕仆射论浙西灾伤书》，载《苏东坡集》续集卷 11。

无灾，或有灾而不甚损。八月之末，秀州数千人诉风灾①，吏以为法有诉水旱而无诉风灾，闭拒不纳，老幼相腾践，死者十一人。由此言之，吏不喜言灾者，盖十人而九，不可不察也。"苏公及此，可谓仁人之言。岂非昔人立法之初，如所谓风灾、所谓早霜之类，非如水旱之田可以稽考②，惧贪民乘时，或成冒滥，故不轻启其端。今日之计，固难添创条式，但凡有灾伤出于水旱之外者，专委良守令推而行之，则实惠及民，可以救其流亡之祸，仁政之上也。

（洪迈《容斋五笔》卷7）

　　庆元四年（1198年），饶州在盛夏中连续降雨，六、七月间不曾向上天求雨，农民家中龙骨水车靠搁在墙壁上。父老们认为从来没有见过，指出秋收有望，产量要比平常年份加倍，而低洼的田地，就报有水涝。余干、安仁两县到八月间遭到地火的灾难，所谓地火，是苗的根和心，生了害虫，茎干枯焦，像烈火燃烧，正是古人所说的蟊贼。九月十四日，连降寒霜，晚稻尚未结实的都遭霜打，不能再活，各县大多如此。有恒产的人户向州县诉苦，知州孜孜爱民，有心要减免田租，但僚吏们多说："按照法制没有这两项规定。"又说："九月正是霜降的季节，不足为奇。"案白居易《讽谏杜陵叟》诗说："九月降霜秋早寒，禾穗未熟皆青干。长吏明知不申破，急敛暴征求考课。"这是明显的证据。我因此想起元祐五年（1090年）苏公知杭州时，写给宰相吕汲公论浙西灾伤的信说："贤哲一听这些话，照理不会不办。但恐怕世上谄媚成风，捉摸长官所乐闻与所忌讳，争着说没有灾，或者说虽然有灾但受损失不大。八月底，秀州几千人报告风灾，吏以法律上规定有报告水、旱而不说报告风灾，闭门拒绝不接受，老幼互相践踏，死者十一人。由此说来，吏不喜

---

① 秀州：治今浙江嘉兴。
② 稽考：考核，检验。

言灾十个人里几乎有九个,不可不审察。"苏公能够这么说实在可说是仁人之言。这岂不是因为前人当初立法的时候,像风灾、旱霜之类,不像遇到水、旱之田可以检验,害怕贫民乘机有所虚滥,所以不轻易开这个头。为如今打算,固然难于再制定新的条文,但凡有灾伤出于水旱以外的,专门委派贤良的守令去按水旱灾的措施类推办理,则能把实惠给予百姓,可以拯救他们免受流亡的痛苦,是最好的仁政了。

二六、京 师 木 工

这条笔记是讲宋代木工被迫无偿或廉价为官府服役,结果工料既费,质量又低劣,这是当时这种"当行"的坏制度所造成的,不改变制度,弊病无法消除。

今世郡县官府营缮创缔①,募匠疕役②,凡木工率计在市之朴斫规矩者③,虽启楔之技无能逃④。平日皆籍其姓名⑤,鳞差以俟命⑥,谓之"当行"。间有幸而脱,则其侪相与讼挽之不置⑦,盖不出不止也,谓之"纠差"。其入役也,苟简钝拙⑧,务阒其技巧⑨,使人之不己知;务夸其工料⑩,使人之不愿为,而亟其斥且毕⑪,谓之"官作"。

---

① 营缮:修理,修建。创缔:建筑,兴造。
② 疕(pī 痞)役:服役。
③ 率(lǜ 律)计:统计。朴斫规矩者:指木匠。朴,未经加工的木材。斫,砍削。规矩,校正圆形和方形的两种工具,此处指加工木料成一定的形状。
④ 启楔(diàn xiē 店歇)之技:指制造门闩、门柱的技术,这里指水平不高的技术。启,门闩。楔,门两旁的木柱。
⑤ 籍:登记入册。
⑥ 鳞差:即鳞次,像鱼鳞般一个个排列轮值,故曰鳞差、鳞次,也就是依次。
⑦ 侪(chái 柴):同类的人,同辈。讼:争论是非,诉讼。挽:牵引,拉。
⑧ 苟简:苟且简略。钝拙:迟钝,笨拙。
⑨ 阒:同"秘"。
⑩ 务:致力,必须,一定。
⑪ 亟:急忙,赶紧。斥:驱逐,排斥。

　　珂尝疑祖宗承平时①，爱民惠工②，以阜都邑③，当未必如此。及考之典故，有意存而可见者，于是始有以信臆度之不诬④，表之以示陈古风今之义焉⑤。李文简焘《续通鉴长编》⑥，元祐七年正月辛卯，礼部侍郎范祖禹言⑦："工部乞迁开封府于旧南省⑧，夫土木之功，使匠人度之，无不言费省而易可了，及其作之，便见费大。臣恐枉劳人力⑨，虚费国用。"珂谓此乃今私家通患，而官府则反是。味此奏之言⑩，则知当时顾直优厚无刊除⑪，而后致匠者之乐役，方且隐欺以求用之不暇⑫，其不假滕口以蔓引推托也决矣⑬。先朝官吏律己之廉，持论之厚，又于此乎见之。故不以其事之微而遂略之也。

（岳珂《愧郯录》卷 13）

今世州县官府的修建兴造，都要召募工匠服役。凡木工就统计市

---

① 珂：本文的作者岳珂自称。岳珂，字肃之，号倦翁，岳飞之孙，岳霖之子，官至户部侍郎、淮东总领、制置使、宝谟阁学士，著有《金陀粹编》《桯史》《愧郯录》等。
② 惠：给人以好处。
③ 阜：繁盛，兴旺。
④ 臆度：凭主观猜测。不诬：不假。
⑤ 陈古风今：陈述前代故实，劝勉今世之人。
⑥ 李文简焘：李焘，字仁甫，号巽岩，眉州丹棱（今四川丹棱）人。宋高宗绍兴八年（1138 年）中进士第，历任华阳县主簿及史职等，以敷文阁学士引退，撰有《续资治通鉴长编》等书。《续通鉴长编》：全称《续资治通鉴长编》，是编年体的北宋史，起太祖建隆元年，止钦宗靖康二年。元祐，见《风灾痛旱》篇注。
⑦ 礼部：官署名，属尚书省，神宗元丰官制改革，设尚书、侍郎为正副长官，掌管有关礼乐、祭祀、朝会、宴享、学校、贡举等政令。范祖禹：字淳甫，一字梦得，成都府华阳县（今四川成都）人，仁宗嘉祐间登进士第，历任知龙水县、神宗实录检讨官、翰林学士兼侍讲，知陕州等职，长期参加编修《资治通鉴》。哲宗绍圣初，因言者所论，贬责永州安置，卒于贬所，著有《唐鉴》等。
⑧ 工部：官署名，属尚书省。神宗元丰官制改革，设尚书、侍郎为正副长官，掌管修筑城郭、宫室、道路、舟车河渠等事务。开封府：指开封府衙门。南省：尚书省，神宗元丰间在内城之西新建尚书省官衙，旧址即此处的"旧南省。"
⑨ 枉：徒然。
⑩ 味：玩味，体会。
⑪ 顾直：即雇值。刊除：削除，克扣。
⑫ 方且：刚好，正是。
⑬ 不假，指不假借其他名义。滕口：张口放言，即胡说八道。蔓引：攀引。

上砍削锯刨的人，即使只懂得做门闩和门柱技术的也不能逃避。平时官府把他们的姓名登记在簿籍上，依次等待命令，这就叫"当行"。偶尔有侥幸逃避的，他的同行们就相互诉讼把他拉住不放，不到他出来当差不停止，这就叫"纠差"。服役时，做活草率，笨拙，尽量藏起技巧，使人家对自己不了解；尽量夸大工料，使人家不愿意动工，从而赶紧把他打发结束工作，这就叫"官作"。

珂曾猜想祖宗太平的时候，爱民惠工，以繁盛都邑，应该不会是这样。等考查了典故，发现其中保存的祖宗本意显然可见，于是开始相信我以前猜测的并不错，在这里写出来以示述古讽今之义。李文简焘的《续通鉴长编》记载，元祐七年（1092年）正月辛卯，礼部侍郎范祖禹说："工部要求把开封府府衙搬到南省旧址，土木之功，让工匠们估计，没有不说费用少而且容易办成，等到动工，就发现经费很大。臣担心枉劳人力，空费国用。"珂认为这是如今私家营造的通病，而官府的情况恰恰相反。体会这一奏状的话，就知道当时给予工匠的工钱优厚且没有克扣，而后使工匠乐于服役，隐瞒了来争取受到雇佣还来不及，不会胡说乱引而推托是肯定的了。先朝官员对自己要求清廉，立论宽厚，在这里也可看到。所以不因为事情微小便把它略而不记。

二七、辨人告户绝事

宋代订有户绝财产归属的专法。在富裕的外国商人下落不明的情况下，有人动了心，企图将商人所有的巨额财富充公，而为笔记作者所制止。

　　广州商有投于户部者①，曰："蕃商辛押陀罗者②，居广州数十

---

① 广州：今广东广州。户部：尚书省所属官衙之一，北宋前期，掌管全国土贡，此后掌管户口、农田、免役等事。
② 蕃商：外国商人的通称。辛押陀罗：勿巡国（南海上小国）人，宋神宗熙宁五年（1072年）曾提出捐助修筑广州城钱粮，并申请"统察番长司"。参见《续资治通鉴长编》卷234。

年矣,家资数百万缗①,本获一童子奴,过海遂养为子②。陀罗近岁还蕃,为其国主所诛,所养子遂主其家。今有二人在京师,各持数千缗,皆养子所遣也。此于法为户绝③,谨以告。"李公择既而为留状④,而适在告⑤。郎官谓予曰⑥:"陀罗家资如此,不可失也。"予呼而讯之曰,"陀罗死蕃国为有报来广州耶?"曰:"否,传闻耳。""陀罗养子所生父母、所养父母有在者耶?"曰:"无有也。""法告户绝,必于本州县,汝何故告于户部?"曰:"户部于财赋无所不治。"曰:"此三项皆违法。汝姑伏此三不当,吾贷汝。"其人未服。告之曰:"汝不服,可出诣御史台尚书省诉之。"⑦其人乃服。并召养子所遣二人,谓之曰:"此本不预汝事,所以召汝者,恐人妄摇撼汝耳。"亦责状遣之。然郎中终以为疑,予晓之曰:"彼所告者,皆法所不许。其所以不诉于广州,而诉于户部者,自知难行,欲假户部之重,以劫州县耳。"郎中乃已。

（苏辙《龙川略志》第5）

　　广州有商人向户部投书,说:"蕃商辛押陀罗,居住广州已经几十年,家产有几百万贯,早先获得一个童奴,过海来广州后便收为养子。陀罗近年回到本国,被国主杀死,他的养子就成为一家之主。现在有两个人在京城,各带几千贯钱,都是养子派来的。这种情况按照法律应该算作户绝,谨此报告。"李公择留下了这个状子,却逢上休假。郎官对

---

② 过海:经海上到广州。

③ 户绝:主人死后没有子孙,称户绝。宋代订有户绝条贯,如没有同居人或同居而不满三年,则遗产全部归于官府。

④ 李公择:李常,字公择。南康军建昌(今江西永修西北)人。宋哲宗元祐元年(1086年),任户部尚书。状:文书名称。

⑤ 在告:官员在休假期中叫"在告"。

⑥ 郎官:尚书省各部所属各司的正副长官郎中和员外郎的通称。

⑦ 御史台:官署名,为中央监察机构,参见《自讳其名》篇注。尚书省:中央官衙之一,负责执行皇帝各项命令。元丰改制前,以权判尚书省事为长官,改制后以左、右仆射,左、右丞为正、副长官。

我说："陀罗家产这么多,不可放过。"我把商人叫来问道,"陀罗死在蕃国,有人来广州报告了吗?"答道:"没有,是听说的。""陀罗养子的亲生父母、养父母中,还有活着的吗?"答道:"没有。""法律规定告户绝必须在本州县,你为什么告到户部来了?"答道:"因为户部在财赋方面无所不管。"我说:"这三项都属违法,如果你承认这三项都不对,我就饶恕你。"那商人不服。我又告诉他:"你不服,可以出去到御史台、尚书省控诉。"那商人才服了。我把养子所派的两个人找来,告诉他们;"这件事本来与你们无关,所以找你们来,是担心有人来煽动你们。"也让他们立下状后打发走。但郎中仍表示怀疑,我开导道:"那商人所告的,都是法律所不允许的。他所以不在广州控告,而控告到户部来,是因为知道难以达到目的,想借户部的威势,来动摇州县啊!"郎中这才作罢。

二八、仁宗发还户绝田产

雄州寡妇张氏死后,没有儿孙,便成为绝户。她已经出嫁的女儿,依法可以得到遗产的三分之一,表明当时妇女还有一点财产继承权。

天圣中①,雄州民妻张氏户绝②,有田产,于法当给三分之一与其出嫁女,其二分虽有同居外甥,然其估缗钱万余,当奏听裁。仁皇曰:③"此皆细民自营者,无利其没入,悉以还之。"是时,王沂公为宰相④,吕文靖公、鲁肃简公参知政事⑤,极赞美之。

(范镇《东斋记事》卷1)

---

① 天圣:宋仁宗年号(1023—1032年),共十年。
② 雄州:治今河北雄县。
③ 仁皇:宋仁宗。
④ 王沂公:王曾,生前封沂国公。
⑤ 吕文靖:吕夷简,死后谥文靖。鲁肃简:鲁宗道,死后谥肃简,亳州谯县(今安徽亳县)人。

天圣年间,雄州百姓的妻子张氏死后户绝,有田产,按照法律应该将三分之一给她已经出嫁的女儿,其余三分之二虽然可以分给与她一起生活的外甥,但她的家产估价一万多贯,当奏申朝廷裁决。仁宗皇帝说:"这都是小民自己经营获得的,不能以其没入为利,该全部归还给人家。"当时,王沂公做宰相,吕文靖公和鲁肃简公做参知政事,对此极为赞美。

二九、自 讳 其 名

我国封建时代讲究避名讳,不仅自己谨避皇帝的名讳,还常要求别人避自己的名讳,从而引出了田登等人的笑话。

　　世有自讳其名者。如田登在至和间为南宫留守①,上元,有司举故事呈禀②,乃判状云:"依例放火三日。"坐此为言者所攻而罢。

　　又有典乐徐申③,知常州④,押纲使臣被盗⑤,具状申乞收捕,不为施行。此人不知,至于再三,竟寝不报⑥。始悟以犯名之故,遂往见之,云:"某累申被贼,而不依申行道,当申提刑⑦,申转运⑧,申廉访⑨,申帅司⑩,申省部⑪,申御史台⑫,申朝廷,身死即休也!"

---

① 至和:宋仁宗年号(1054—1056年),共三年;南宫留守:应天府(治今河南商丘县)的知府,兼任南京留守司公事。
② 呈:旧时的一种公文,下对上用。禀:对上报告。
③ 典乐:主管大晟府的官员。大晟府,掌礼乐,设大司乐、典乐为正副长官,其次又有大乐令。徐申:曾任朝散大夫、大晟乐府令。
④ 常州:治今江苏常州。
⑤ 纲:官府水陆运输,以一定数额的同类物资,组成一纲,有米纲、钱纲、银纲等。使臣:宋八九品十等武阶官的总称,分大使臣和小使臣两大类。
⑥ 寝:停止,压下。
⑦ 提刑:全称提点刑狱公事,路的长官之一,掌管本路的刑狱、监察和荐举官员。
⑧ 转运:见《各地岁时风俗》篇"使"字注。
⑨ 廉访:全称廉访使者,初名"走马承受公事"。以三班使臣或宦官充当,每路一员,隶属经略、安抚、总管司,代皇帝访查该路情况,徽宗政和六年(1116年)改称廉访使者,南宋初废罢。
⑩ 帅司:原称安抚使司。路的长官之一,掌管一路的兵马。
⑪ 省部:泛指尚书省及其所属各部。
⑫ 御史台:中央监察官署。设御史中丞和侍御史知杂事为正、副长官,掌管对朝廷内外百官的监察和弹劾。

坐客笑不能忍。

　　许先之监左藏库①,方请衣,人众,有武臣亲往恳之曰:"某无使令②,故躬来请,乞先支给。"许允之。久之未到,再往叩之云③:"适蒙许先支④,今尚未得。"许谕曰⑤:"公可少待。"遂至暮不及而去。

　　汪伯彦作西枢⑥,有副承旨当唤状⑦,而陈牒姓张校尉⑧,名与汪同,遂止呼"张校尉"。其人不知为谁,久不敢出。再三谕令勿避,竟不敢言。既又迫之,忽大呼曰:"汪伯彦!"左右笑恐。汪骂之曰:"畜生!"遂累月不敢复出。

　　　　　　　　　　　　　　　　　　　　(庄绰《鸡肋编》卷中)

　　世上有忌讳说自己名字的人。如田登在至和年间(1054—1056年)任南京留守,上元节,主管官署列举先例呈文禀报,田登便在申状上批示道:"依例放火三日。"因为这个缘故被言者所攻击而罢官。

　　又有大晟府典乐徐申,出知常州,有个押纲使臣被盗,写状子申请收捕,徐申不给他办理。这个人不知道,申请至于再三,仍被扣押不发。他方才醒悟到是因为触犯了名讳的缘故,就去见徐申,说:"某屡次申报遭遇盗贼,而你不依照申报去处理,我将申报提刑,申报转运,申报廉访,申报帅司,申报省部,申报御史台,申报朝廷,直到身死方才罢休!"座上的客人都笑不能忍。

　　许先之监左藏库,正当领取衣装,人很多,有一名武官亲自前去恳

────────────────────

① 左藏库:官库名,元丰官制改革后属太府寺,掌管收受各地财赋收入,供给官吏及军兵俸禄赐予。
② 使令:使唤,也指被使唤的人。
③ 叩(kòu 扣):询问。
④ 适:刚才;正,恰好。
⑤ 谕:晓谕。
⑥ 汪伯彦:字廷俊,徽州祁门(今安徽祁门)人。登进士第,钦宗靖康元年(1126年)以直龙图阁知相州,康王赵构开大元帅府,受命为副元帅,赵构即帝位,迁知枢密院事,不久拜右仆射(即右相)。西枢:即枢密院。宋时中书门下为东府,枢密院为西府。
⑦ 副承旨:官名。枢密院的属官。
⑧ 牒:一种官府的公文,通称"公牒"。凡内外各官府不相统摄者,相互往来的公文用"牒"。校尉:武官的无品阶官和有品散官的通称。此处似指无品阶官,为进武校尉、进义校尉,赴吏部注授差遣。

求说:"我没有使令,所以亲自来领取,乞求先支给。"许先之准许了他。过了好久还没轮到,再往询问说,"方才蒙许先支,如今还没有领到。"许晓谕道:"公可稍等一下。"于是等到晚上还未轮到,只好回去。

汪伯彦主管枢密院时,有一名副承旨该按状唤人,而呈报公文的人是姓张的校尉官,名正与汪伯彦相同,于是只叫"张校尉"。这个人不知道叫谁,好久不敢出来答应。再三晓谕唤状者不用回避,他还是不敢回答。接着又催促他,他忽然大声说:"汪伯彦!"左右的人又笑又担心。汪骂他说:"畜生!"于是这个人连续几个月不敢再露面。

三〇、文人避亲讳

王安石、苏轼、张舜民等文人,未能超凡脱俗,在各自的著作、诗文中避写亲讳。后代有些人不明底蕴,加以仿效,很易造成讹误。

> 王荆公父名益①,故其所著《字说》无"益"字②。苏东坡祖名序③,故为人作序皆用"叙"字;又以为未安,遂改作"引",而谓"字序"曰"字说"。张芸叟父名盖④,故表中云"此乃伏遇皇帝陛下"⑤。今人或效之,非也。
>
> （陆游《老学庵笔记》卷6）

王荆公的父亲名益,所以他所著《字说》一书中没有"益"字。苏东坡的祖父名序,所以他替别人作序都用"叙"字,还以为不妥,就改做"引"字,而称"字序"为"字说"。张芸叟的父亲名盖,所以他向朝廷所上表中说"此乃优遇皇帝陛下"。如今有人加以仿效,是不对的。

---

① 王荆公:见《王荆公择邻》篇注。王益:字舜之(后改舜良),曾任建安县主簿、临江军通判等职。
② 《字说》:王安石晚年编写的一部语言文字学著作,着重以性命理义来解释文字,有穿凿附会的毛病。
③ 苏序:苏轼的祖父,生前未做过官,喜作诗。
④ 张芸叟:张舜民,字芸叟,邠州(治今陕西彬县)人。
⑤ 此乃:本来应作"此盖",张舜民因避父讳写作"此乃"。

三一、好 人 好 事

洪州旅店墙壁上有人题字劝人从善，又有官员提出做官也要每天做好事，可惜在封建社会里这样的官员实在太少了。

豫章旅邸①，有题十二字云："愿天常生好人，愿人常做好事。"邹景孟表而出之②，以为奇语。吾乡前辈彭执中云③："住世一日，则做一日好人；居官一日，则做一日好事。"亦名言也。

（罗大经《鹤林玉露》甲编卷 2）

在豫章的客店，有人题了十二个字："愿天下常生好人，愿人常做好事。"邹景孟加以表彰宣扬，认为是奇语。我家乡前辈彭执中说："活在世上一天，就做一天好人，做官一天，就做一天好事。"也是名言。

三二、磨 刀 劝 妇

婆媳之间难以相处，在封建社会尤其如此。媳妇虐待婆婆自然是不对的，但丈夫凭夫权来教育她改恶从善，今天看来也不是好办法。

裴亚卿言，为童稚时，侍其祖母文安县君④。闻语居宣城之日⑤，邻有俗子，忘其姓名，娶妇甚都而悍于事姑⑥。每夫外归，必

---

① 豫章：地名。即洪州，治今江西南昌。孝宗隆兴三年（1165 年），改为隆兴府。豫章是其郡名。
② 邹景孟：其人不详。
③ 彭执中：其人不详。
④ 文安县君：宋制，对官员的母、妻授予一定等级的封号。普通官员之母授予县太君的封号，妻授予县君的封号。文安县，今属河北省。
⑤ 宣城：县名。宋时为宣州治所，今属安徽。
⑥ 姑：婆婆。

泣诉其凌虐之苦，夫常默然。一夕于灯下出利刃，示其妇，妇曰：
"将安用此？"夫好谓之曰："我每见汝，诉我以汝姑之不容，我与汝
持此去之如何？"妇曰："心所愿也。"夫曰："今则未也。汝且更与
我谨事之一月，令汝之勤至，而俾姑之虐暴①，四邻皆知其曲，然后
我与汝可密行其事，人各快其死，亦不深穷暴死之由也。"妇如其
言，于是怡颜柔语，晨夕供侍，及市珍鲜以进饮馔②。姑不知其然，
即前抚接，顿加和悦。几月矣，复乘酒取刃玩于灯下，其气愤愤，呼
其妇语之曰："汝姑日来于汝若何？"曰："日来视我非前日比也。"
又一月，复扣刃问之，妇即欢然曰："姑今于我情好倍加，前日之
事，慎不可作也。"再三言之。夫徐握刃怒视之曰："汝见世间有夫
杀妇者乎？"曰，"有之。""复见有子杀母者乎？"曰："未闻也。"夫
曰："人之生也，以孝养为先，父母之恩，杀身莫报。及长而娶妇正
为承奉舅姑，以长子息耳。汝归我家，我每察汝恃少容色，不能承
顺我母，乃反令我为此大逆，天地神明其容之乎？我造此刃，实要
断汝之首，以快我母之心。姑贷汝两月，使汝改过怡颜，尽为妇之
道，于我母待汝之心，知曲不在母，而安受我刃也。"其妇战惧，泪
如倾雨，拜于床下曰："幸恕我此死，我当毕此生前承顺汝母，常如
今日，不敢更有少懈也。"久之乃许。其后妇、姑交睦，播于亲党。
有密知此事者，因窃语之。闻者皆谓此虽俗子，而善于调御，转恶
为良，虽士君子有不能处者矣！

（何薳《春渚纪闻》卷4《杂记》）

　　裴亚卿说，他儿童时，侍候祖母文安县君。听她说在居住宣城的日
子里，邻居中有一个普通的男子，已经忘记他的姓名，娶了一个漂亮而
对婆婆十分凶暴的妻子。每当丈夫从外面回来，她一定要哭诉如何受
到婆婆的虐待，丈夫总是沉默不语。有一天晚上丈夫在灯下拿出把锋

---

① 俾（bǐ 比）：使。
② 馔（zhuàn 撰）：饮食。

利的刀子来,给他的妻子看,妻子说,"拿这把刀做什么用?"丈夫好声好气地对她道:"我每次见到你,你总说婆婆容不得你,我和你拿这把刀子去把她收拾掉怎么样?"妻子说:"我心里就是这么想的。"丈夫说:"今天还不好这样做。你暂且再替我小心侍候她一个月,用你的勤劳周到,使你婆婆暴虐更为彰著,四邻都知道她不对,然后我和你可以秘密地去做这桩事,大家都会为她的死而称快,也决不会去认真追查突然死亡的原因了。"妻子听从了他的话,于是对待婆婆和颜悦色,轻声细语,早晚服侍,还买了精美新鲜的东西供她吃。婆婆不知道其中缘故,对她抚慰,态度也顿时和悦。这样已快一个月了,丈夫又趁酒后拿出刀子在灯下玩弄,气呼呼地叫他妻子过来说:"你婆婆近来待你怎样?"答道:"近来待我跟以前不能比了。"又过了一个月,丈夫再敲着刀子问妻子,她就高兴地说:"婆婆现在待我加倍地好,以前讲的事情,千万不要去做了。"她再三跟丈夫说。丈夫慢慢地握着刀子怒目而视道:"你看到世界上有丈夫杀妻子的吗?"答道:"有的。""你再看到有儿子杀母亲的吗?"答道:"没有听说过。"丈夫说:"人活着,首先要孝敬和赡养父母,父母的恩情,即使杀身也难以报答。儿子长大了娶妻正是为了奉侍公婆,养育子女。你嫁到我家来,我经常看到你仗着年轻美貌,不能够孝顺我母亲,反而叫我做这种大逆不道的事情,天地神明会容许你吗?我打造这把刀,其实是要用来杀你的头,以便让我母亲心里痛快。姑且给你这两个月时间,让你改正过失,和颜悦色地尽媳妇的义务,使你知道我母亲对待你的一片心意,确实错误不在我母亲,而后服服贴贴地吃我一刀。"妻子害怕得浑身发抖,泪如雨下,跪拜在床下说:"万望饶恕我这次不死,我一定终生孝顺你母亲,经常像今天这样,决不敢再有一点怠慢了。"过了好一会儿丈夫才允许。从此以后媳妇和婆婆和睦相处,亲戚中传为美谈。有人暗中知道了这事的底细,就私下告诉了别人。听到的人都说这人虽然是个普通男子,但他善于调理驾驭,使媳妇改恶从善,这种事纵使士君子也有不能很好处理的呢!

三三、恃 胜 失 备

小偷和强盗自以为有本事，他们或者疏于戒备，或者只会故伎重演，因此一旦被人洞悉诡计，就能轻而易举地击败他们。

　　濠州定远县一弓手①，善用矛，远近皆伏其能。有一偷，亦善击刺，常蔑视官军，唯与此弓手不相下，曰："见必与之决生死。"一日，弓手者因事至村步②，适值偷在市饮酒③，势不可避，遂曳矛而斗④，观者如堵墙。久之各未能进，弓手者忽谓偷曰："尉至矣⑤。我与尔皆健者，汝敢与我尉马前决生死乎?"偷曰："喏⑥。"弓手应声刺之，一举而毙，盖乘其隙也。又有人曾遇强寇斗，矛刃方接，寇先含水满口，忽噀其面⑦，其人愕然，刃已摏胸⑧。后有一壮士复与寇遇，已先知噀水之事。寇复用之，水才出口，矛已洞颈⑨。盖已陈刍狗⑩，其机已泄，恃胜失备⑪，反受其害。

（沈括《梦溪笔谈》卷 13）

　　濠州定远县的一名弓手，擅长用矛，远近都佩服他的本领。有个盗贼，也擅于击刺，常瞧不起官军，只跟这弓手不相上下，说："见到一定

---

① 濠(háo 豪)州：治今安徽凤阳县东北。定远县：今安徽定远。弓手：又称弓兵，北宋前期为乡村人户的职役，属县尉统率，负责捕捉盗贼，巡查市场，维持治安，宋神宗后逐渐成为地方治安部队。
② 村步：村落。步，通"埠"，最初为江岸或水边停船的地方，后引申为江边或水边的居民点。
③ 适：正，恰好。
④ 曳：拖。
⑤ 尉：县官名。参见《刘丞相谢罪》篇注。
⑥ 喏：同"诺"，答应的声音，表示同意。
⑦ 噀(xùn 迅)：喷水。
⑧ 摏(zhèn 振)：刺。
⑨ 洞：穿通；深入。
⑩ 刍狗：古代祭祀所用茅草扎成的狗，祭后则弃去，后引申为过时无用的东西。
⑪ 恃：依靠，凭借。

要与他决个生死。"有一天,弓手因为办事来到村落里,恰巧遇到这盗贼也在市上喝酒,势不可回避,便各提着长矛相斗,周围观看的人围得像堵墙。好久,两人都没有主动进攻。弓手忽然对这盗贼说:"县尉来了。我和你都是健者,你敢与我在县尉马前一决生死吗?"这盗贼说:"喏。"弓手应声刺了过去,一下子把他刺杀了,这是钻了对方的空子。又有人曾和强寇战斗,矛刃方接触,强寇先含了口水,忽然间喷到那个人的脸上,那个人吃了一惊,强寇的锋刃已刺进了胸膛。后来有位壮士,又与这个强寇相遇,他早已知道喷水的花招。强寇再次用水刚刚喷出口,壮士的长矛已经穿透了他的脖子。大凡已陈的刍狗,他的秘密已经泄露,却仍然依仗过去的胜利而不作戒备,结此反而身受其害。

三四、能　言　鹦　鹉

这条笔记引用谢良佐和朱熹的话,指出一些士大夫只说不做、言行不一的毛病,这种毛病到今天在某些人身上还存在着,读此可引为鉴诫。

　　上蔡先生云①:"透得名利关,方是小歇处。今之士大夫何足道,真能言之鹦鹉也②。"朱文公曰③:"今时秀才④,教他说'廉',直是会说'廉'⑤;教他说'义',直是会说'义';及到做来,只是不廉不义。"此即能言鹦鹉也。夫下以言语为学,上以言语为治,世道

---

① 上蔡先生:即谢良佐。字显道,蔡州上蔡(今河南上蔡)人。宋神宗元丰间登进士第,知应城县,徽宗时监西京竹木务,后废为民。受学于程颢、程颐,与游酢、吕大临、杨时在程门号称"四先生"。

② 鹦鹉:俗称鹦哥,种类甚多,头圆,嘴强大,羽毛色彩美丽,有白、赤、黄、绿等,舌肉质而柔软,经反复训练,能模仿人言的声音。

③ 朱文公:即朱熹。字元晦,号晦庵。徽州婺源(江西婺源)人。宋高宗绍兴间进士第,历任同安县主簿、知南康军、提举浙东茶盐公事、知漳州、秘阁修撰等,宁宗时退职,死后追谥文,是著名的理学家。

④ 秀才:原是对才能秀异的人的尊称,汉代开始作为举士的科目,唐代贡举,秀才科等第最高,宋代读书考科举的知识分子都泛称秀才。

⑤ 直是:简直是,真是。

之所以日降也。而或者见能言之鹦鹉，乃指为凤凰、鹭鸑①，惟恐其不在灵囿间②，不亦异乎？

（罗大经《鹤林玉露》甲编卷2）

上蔡先生说："能够透过了名利关，才到一个小歇脚处。现在的读书人实在不值得一提，简直是一些会说话的鹦鹉。"朱文公说，"现在的秀才，教他说'廉'，真会说'廉'；教他说'义'真会说'义'；等到做起来，只是不廉不义。"这便是只会说话的鹦鹉。下边以言语为学问，上边以言语来治理，这就是世道之所以一天不如一天。而有的人看到这些能言的鹦鹉，却把它们当作凤凰、鹭鸑，唯恐他们不在灵囿里，这不也很奇怪吗？

三五、论　　菜

这条笔记讲做官的人如专爱享受，不愿吃蔬菜，那百姓就会受苦，会面有菜色。今天贪图吃喝的人读了是否也感到惭愧！

真西山论菜云③："百姓不可一日有此色，士大夫不可一日不知此味。"余谓百姓之有此色，正缘士大夫不知此味。"若自一命以上至于公卿，皆是咬得菜根之人，则当必知其职分之所在矣④，百姓何愁无饭吃。

（罗大经《鹤林玉露》甲编卷2）

---

① 鹭鸑：(yuè zhuó 月酌)凤的别称。
② 灵囿：(yòu 右)囿是古代帝王畜养禽兽的大型园林。灵囿相传是周文王的园林，这里借用来指清贵显赫的政府部门。
③ 真西山：真德秀，字景元（后改为景希），号西山，建州浦城（今福建浦城）人，宋宁宗庆元间登进士第，历任江东转运副使，知泉州、潭州、福州，理宗端平元年后历任翰林学士、参知政事，学宗朱熹，是南宋后期的理学家。
④ 职分：职责；应尽的职务。

　　真西山论菜说:"老百姓脸上一天也不可以有这种颜色,士大夫们则一天也不可以不知道这种滋味。"我认为老百姓脸上之所以会有菜色,正是因为士大夫们不知道菜的滋味。如果从朝廷一品以上至三公九卿的官员,都是吃得惯菜根的人,那么他们必定会知道自己的职责是什么,这样,老百姓就不用担心没有饭吃了。

三六、译　　经

　　从佛教传入我国后,历代帝王对佛经翻译工作很重视。这条笔记讲宋代的情况,其措施大体沿袭唐代,有些地方还更隆重。

　　　　太平兴国中①,始置译经院于太平兴国寺②,延梵学僧翻译新经③。始以光禄卿④汤公悦、兵部员外郎张公泊润色之⑤,后赵文定⑥、杨文公⑦、晁文庄⑧、李尚书维⑨皆为译经润文官。天禧中⑩,宰相丁晋公始为使⑪。天圣三年⑫,又以宰相王冀公为使⑬。自后

---

① 太平兴国:宋太宗年号(976—984 年),共九年。
② 译经院:太平兴国五年(980 年)置,八年,改称传法院,掌管翻译佛经。太平兴国寺:汴京著名佛寺之一,寺内建开先殿,安放宋太祖等遗像,又设译经院。
③ 梵学:研究梵文和佛经的学问。
④ 光禄卿:北宋前期阶官之一,后为光禄寺长官。汤公悦:原名殷崇义,南唐宰相。入宋后,因避讳改姓名为汤悦,陈州西华(河南西华)人。
⑤ 兵部员外郎:北宋前期阶官之一,后为兵部副长官之一。张泊:字偕仁,一字师黯,滁州全椒(今安徽全椒)人,南唐时知制诰,参预机密,归宋后历任给事中、参知政事,与寇准同列。
⑥ 赵文定:字乐道,河南府洛阳(今河南洛阳市)人。宋太宗雍熙二年(985 年)登进士第,历官直集贤院、御史中丞等。尤嗜读书,所得禄赐,多以购书。谥文定。
⑦ 杨文公:杨亿,字大年,建州浦城(今福建浦城)人,谥文。
⑧ 晁文庄:晁迥,字明远,澶州清丰(今河南清丰县)人,谥文元。晁迥与李维曾同为译经润文官。文庄是晁迥之子晁宗悫的谥,此处所指恐非其人。
⑨ 李维:字仲ýv)方,洺州肥乡(今河北肥乡)人。仁宗时曾任工部尚书等。
⑩ 天禧:宋真宗年号。参见《张芸叟误记磨勘迁官之制》篇注。
⑪ 丁晋公:丁谓,字谓之,苏州长洲(今江苏长洲)人,封晋国公。
⑫ 天圣:宋仁宗年号。参见《仁宗发还户绝田产》篇注。
⑬ 王冀公:王钦若,字定国,临江军新喻人,封冀国公,宋真宗时宰相,倡导东封西祀。详见《野史不可信》篇注。

元宰继领之,然降麻不入衔①。又以参政、枢密为润文,其事寖重。每岁诞节,必进新经。前两月,二府皆集②,以观翻译,谓之"开堂",亦唐之清流尽在也。前一月,译经使、润文官又集,以进新经,谓之"闭堂"。庆历三年③,吕许公罢相④,以司徒为译经润文使⑤,明年致仕,章郇公代之⑥。自后降麻入衔。

(宋敏求《春明退朝录》卷上)

　　太平兴国年间,开始在太平兴国寺里设置译经院,聘请梵学僧人来翻译新经。最初委派光禄卿汤公悦和兵部员外郎张公洎担任润色工作,后来赵文定、杨文公、晁文庄、李尚书维都充任译经润文官。天禧年间,宰相丁晋公开始担任译经使。天圣三年(1025年),又委派宰相王冀公充当译经使。从此以后宰相相继领之,但在降麻时,不把此职列入官衔。又委派参知政事、枢密使为润文官,对这件事更加重视。每年逢当今皇上的生辰,一定要进献新经。在此以前两个月,中书门下和枢密院的官员集中一起,观看翻译情况,称为"开堂",犹如唐代的清流尽在一堂。到前一个月,译经使和润文官再次集中,进献新经,称为"闭堂"。庆历三年(1043年),吕许公免去宰相,以司徒任译经润文使,到明年致仕,由章郇公代替,从此降麻时也就列入官衔之中。

三七、丘浚智打珊僧

　　佛教徒中颇有些人并不遵照教义行事,这个珊和尚的势力就是如

---

① 降麻:朝廷颁发用麻纸所写制书。
② 二府:北宋前期,中书门下与枢密院对掌文、武大权,称东、西二府。
③ 庆历:宋仁宗年号。参见《张芸叟误记磨勘迁官之制》篇注。
④ 吕许公:吕夷简,字坦夫,寿州(今安徽凤台县)人,封许国公。
⑤ 司徒:太尉、司徒、司空为三公,是宰相等的加官。
⑥ 章郇(xún 旬)公:章得象,字希言,建州浦城人。宋仁宗时历官翰林学士、宰相兼枢密使等,封郇国公,谥文简。

此,丘浚收拾他很痛快,说明对待某些人确实需要用点机智。

> 丘浚尝在杭州谒释珊①。见之殊傲。顷之,有州将子弟来谒②,珊降阶接之,甚恭。丘不能平,伺子弟退③,乃问珊曰:"和尚接浚甚傲,而接州将子弟乃尔恭耶④!"珊曰:"接是不接,不接是接。"浚勃然起⑤,杖珊数下,曰:"和尚莫怪,打是不打,不打是打。"

> （沈俶《谐史》）

丘浚在杭州时曾经去拜访一个法名叫珊的和尚。这个和尚对待他十分傲慢。一会儿,有个州将的子弟前来拜访,珊和尚走下台阶前去迎接,极其恭敬。丘浚气愤不过,等那个子弟走后,便问珊和尚说:"你和尚接待我丘浚十分傲慢,接待州将的子弟却这样的恭敬啊!"珊和尚说:"迎接就是不迎接,不迎接就是迎接。"丘浚突然起身,打了珊和尚几棍子,说:"和尚不要见怪,打就是不打,不打就是打。"

三八、舶船过海外

宋代海外贸易发达,船舶制造技术也相应提高。本文所记海船使用指南针测定方位,是人类历史上远航使用指南针的首次记载。

> 甲令⑥:海舶大者数百人,小者百余人,以巨商为纲首⑦、副纲

---

① 丘浚:字道源,歙州黟(yī 衣)县(今安徽黟县)人。宋仁宗天圣五年(1027 年)登进士第,历官殿中丞,精通《周易》,著有《洛阳贵尚录》、《征蛮议》等。杭州:治今浙江杭州。释珊:释是僧人,和尚,珊是这个和尚的法名,一般有两个字,这里省称成一个"珊"字。

② 州将:宋代知州全称"知某州军州事",别称"州将"。

③ 伺:等待,守候。

④ 恭:恭敬。

⑤ 勃然:忽然,猝然。

⑥ 甲令:又作"令甲"。朝廷颁行的法令。

⑦ 纲首:水陆运输以一定数额的同类物资组成为"纲",主管该纲的负责人称"纲首"。

首、杂事,市舶司给朱记①,许用笞治其徒②,有死亡者籍其财③。商人言,船大人众则敢往,海外多盗贼,且掠非诣其国者。如诣占城④,或失路误入真腊⑤,则尽没其舶货⑥,缚此人卖之,云:"尔本不来此间。"外国虽无商税,而诛求⑦,谓之"献送"。不论货物多寡,一例责之,故不利小舶也。

舶船深阔各数十丈⑧,商人分占贮货,人得数尺许,下以贮物,夜卧其上。货多陶器,大小相套,无少隙地。海中不畏风涛,惟惧靠阁,谓之"凑浅",则不复可脱。船忽发漏,既不可入治,令鬼奴持刀絮自外补之⑨。鬼奴善游,入水不瞑。舟师识地理⑩,夜则观星,昼则观日,阴晦观指南针⑪。或以十丈绳钩取海底泥嗅之,便知所至。海中无雨,凡有雨则近山矣。商人言,舶船遇无风时,海水如鉴⑫。舟人捕鱼,用大钩如臂,缚一鸡鹜为饵⑬,使大鱼吞之,随其行半日,方困,稍近之,又半日,方可取,忽遇风则弃。或取得大鱼不可食,剖腹求所吞小鱼可食,一腹不下数十枚,枚数十斤。海大鱼每随舶上下,凡投物无不啖⑭。舟人病者,忌死于舟中,往往气未绝,便卷以重席投水中。欲其遽沉,用数瓦罐贮水缚席间,才投入,群鱼并席吞去,竟不少沉。有锯鲨长百十丈⑮,鼻骨如锯,

---

① 市舶司:掌管海外贸易抽税、管理外商等事的机构,设市舶使为长官。朱记:官印的一种,北宋规定京城和外地职司及各军将校用朱记,其他官员用印。
② 笞(chī 吃):指笞刑,即用笞杖或荆条责打。
③ 籍:指籍没,即加以登记并没收其所拥有的财产。
④ 占城:古国名。故地在今越南的中南部。
⑤ 真腊:中国古代史籍对七至十七世纪中南半岛吉蔑王国的通称。
⑥ 舶货:外国海运来的货物。
⑦ 诛求:征求,需索。
⑧ 舶船:大船,海船。
⑨ 鬼奴:泛指今中印半岛南部和南洋群岛的居民,肤色黑,唇红齿白,发曲而黄色。
⑩ 舟师:船家。
⑪ 指南针:此处指水罗盘针。
⑫ 鉴:镜子。
⑬ 鹜(wù 悟):鸭。
⑭ 啖(dàn 淡):吃。
⑮ 锯鲨:似即锯鳐,吻呈剑状突出,边缘具锯齿,长成可达五米左右,分布在南海、印度洋等。今广东人仍称此名。

遇舶船横截断之,如拉朽尔。舶行海中,忽远视枯木山积,舟师疑此处旧无山,则蛟龙也,乃断发取鱼鳞、骨同焚,稍稍没水中。凡此皆危急,多不得脱。商人重番僧,云度海危难祷之,则见于空中,无不获济①。至广州饭僧设供②,谓之"罗汉斋"。

(朱彧《萍洲可谈》卷2)

甲令规定:海船大的装载几百人,小的一百多人,以大商人做纲首、副纲首和杂事,市舶司发给朱记,准许他们用笞刑来管理部下,有死亡便没收他的财产。商人们说,船大人多就敢出海,海外盗贼很多,而且抢掠不是去他们国家的船。如去占城,倘若迷路误入真腊,就会全部没收他的船货,捆绑这人卖掉,说:"你本不是来这里的。"外国虽然不征商税,但勒索财物,叫做"献送"。不管货物多少,一概索取,所以不利于小船。

舶船深广各几十丈,商人们分别占据仓位装货,每人约得几尺,下面装东西,夜间睡在上面。货物中很多是陶瓷器,大小相套,没有留下一点空隙。在海里不怕风浪,只怕搁浅,叫做"凑浅",就没有办法摆脱。船忽然漏水,既没有办法进去修理,就叫鬼奴拿着刀子棉絮出船外去修补。鬼奴善于游泳,在水里不闭眼睛。船家熟悉地理,夜间看星,白天看太阳,阴天昏暗看指南针。有的用十丈长的绳子钩取海底的泥土用鼻子来闻,就知道到了什么地方。海里没有雨,凡遇到下雨就靠近山了。商人说,舶船碰到没有风的时候,海水就好像镜子一般。船夫捕鱼,用大钩子像手臂粗,缚一只鸡或鸭作为钓饵,让大鱼吞下,船跟随它行驶半天,大鱼才困乏,可稍为靠近;又行驶半天,才可以收取,如果忽然遇到大风就得丢掉不要。有时捕到大鱼不能吃,剖开鱼肚寻找所吞下的小鱼还可以吃,一条大鱼的肚子里不下几十条,每条重几十斤。海里的大鱼常常跟随舶船上下,凡抛出的物品没有不吃的。船上人生病,

---

① 济:救助,接济。
② 设供:设斋,祭祀时奉献的食品叫供。

忌讳在船上死去,往往还没有断气,就用几床席子卷起投到水里。要他赶快沉,用几只瓦罐装满了水绑在席子上,刚投到水里,鱼群连席子都吞了下去,竟然没有什么能沉下海底的。有一种锯鲨长达百十丈,鼻骨像锯子一样,碰到舶船横截切断,如同摧枯拉朽。船在大海中航行,忽然看到远处枯木堆成山,船家怀疑这里从前没有山,则就是蛟龙了,于是剪下头发拿鱼鳞、鱼骨来一起焚烧,蛟龙才稍稍沉入水下。所有这类事情都十分危急,多数不能逃脱。商人们重视番僧,说渡海遇到危难祈祷,就会在空中出现,没有不得到救助的。到广州后向僧侣施食设供,称为"罗汉斋"。

三九、住　　蕃

　　宋朝人出海或外国人来宋而不回本国的,当时叫做"住蕃"或"住唐"。从这条笔记可知当时住蕃之多,说明我国在当时海外贸易已很兴隆。

　　　　北人过海外①,是岁不还者,谓之"住蕃"。诸国人至广州,是岁不归者,谓之"住唐"。广人举债总一倍②,约舶过回偿,住蕃虽十年不归,息亦不增。富者乘时畜缯帛③、陶货④,加其直,与求债者计息,何止倍蓰⑤。广州官司受理有利债负⑥,亦市舶使专敕⑦,欲其流通也。

　　　　　　　　　　　　　　　　(朱彧《萍洲可谈》卷2)

---

① 北人:此处以广州定位,凡广州以北的人都称"北人"。
② 总:都,一概。
③ 畜:积贮。缯(zēng增)帛:丝织品的总称。
④ 陶货:指陶瓷器。
⑤ 倍蓰(xǐ徙):几倍。倍是一倍,蓰是五倍。
⑥ 有利债负:有利息的借贷。宋代规定官府不得受理私债,此处广州因外关系而特准受理。
⑦ 市舶使:见《舶船过海外》篇注。专敕:又称"一司敕"、"一司条法",是专为某一机构、地区制订的特别条法。

北方人到海外去,当年不回来的,叫做"住蕃"。外国人到广州来,当年不回去的,叫做"住唐"。广州人借债都出一倍的利息,约定海船去海外回来再偿还,住蕃即使十年不回,利息也不增加。但财主看准时机积蓄丝织品和陶瓷器,增加价钱,与借债的人计算利息,利息就何止倍蓰。广州官府受理有利息的借贷纠纷,这也是市舶使专敕所规定的,目的在于促使财物流通。

四〇、输租氓评《斗牛图》

这条笔记记述一位普通农民看出唐代名画家戴嵩画斗牛的破绽,可见名家的东西也得经受实际生活检验,有实际生活的人往往有真知灼见。

> 马正惠公尝珍其所藏戴嵩《斗牛图》①,暇日展曝于厅前②。有输租氓见而窃笑③。公疑之,问其故。对曰:"农非知画,乃识真牛。方其斗时,夹尾于髀间④,虽壮夫膂力不能出之⑤。此图皆举其尾,似不类矣。"公为之叹服。
>
> （曾敏行《独醒杂志》卷1）

马正惠公曾经珍爱他所收藏的戴嵩《斗牛图》,空闲时把它展晒在厅前。有个交租的农民见了暗暗发笑。公怀疑起来,问什么缘故。回答说:"我种田人不懂得画,但熟悉真的牛。当牛打架的时候,把尾巴紧紧地夹在两股中间,即使身强力壮的人使尽全身力气也不能拉它出

---

① 马正惠公:马知节,字子元,开封府祥符(今河南开封)人,以荫补西头供奉官,太宗朝历任知深、保、庆、梓等州,真宗时历任知秦、定州,签书枢密院事,知枢密院事。戴嵩:唐代画家,韩滉镇守浙西,戴嵩为巡官。师法韩滉,擅长画农家、田野景色,画牛尤为著名。
② 曝:(pù 瀑)晒太阳。
③ 输租氓:交租的农民。
④ 髀(bì 婢):股部、大腿。
⑤ 膂(lǚ 旅)力:也作"旅力"。体力、筋力。

来。这幅画牛都竖起尾巴,似乎不像了。"公为之叹服。

四一、米芾嗜书画

米芾擅长书法和绘画,是我国古代一大艺术家,又精于临摹,巧取豪夺了不少名迹,所以当时人写诗嘲弄他。

米元章书画奇绝①,从人借古本自临拓②,临竟③,并与临本、真本还其家,令自择其一,而其家不能辨也,以此得人古书画甚多。东坡屡有诗讥之,二王书跋尾则云④:"锦囊玉轴来无趾⑤,粲然夺真拟圣智⑥。"又云:"巧偷豪夺古来有,一笑谁似痴虎头⑦。"山谷亦有戏赠云⑧:"澄江静夜虹贯月⑨,定是米家书画船⑩。"余谓人之嗜好耽著⑪,乃至于此! 元章尝以九物换刘季孙《子敬帖》⑫,不获,其意歉然⑬。张芸叟作诗云⑭:"请君出奇帖,与此九物并。今日投

---

① 米元章:即米芾。芾又作"黻"。字元章,丹徒(今江苏镇江市)人。以恩荫得官,历知雍丘县、涟水军、无为军,入朝为书画学博士,出知淮阳军。能诗文,擅书画,与蔡襄、苏轼、黄庭坚合称北宋四大书家。
② 拓(tà 榻):这里指把前人的书画钩摹下来。
③ 竟:完毕,尽。
④ 二王:指东晋著名书法家王羲之和王献之。
⑤ 锦囊:锦做成的袋子。趾:脚趾。
⑥ 粲然:明白,明亮。夺真:乱真。
⑦ 痴虎头:东晋大画家顾恺之,小字虎头,有"才绝、画绝、痴绝"之称。这里用来比米芾,因为米芾行动怪异,也有"米颠"之称。
⑧ 山谷:即黄庭坚。字鲁直,自号山谷道人,宋英宗间进士登第,哲宗初任校书郎,《神宗实录》检讨官,迁起居舍人。后为新党所劾,贬官。工诗文,擅长行、草书。
⑨ 澄江:长江由镇江至江阴的一段。宋绍熙五年(1194 年)俞巨源云:"大江自京口来,委折而南,浩漾澎湃,势益壮越,数百里聚为澄江之区。"(见《江阴县志》)
⑩ 书画船:载书画的船。
⑪ 耽(dān 单):沉溺。著:即着意,用心。
⑫ 刘季孙:字景文,开封府祥符(今河南开封)人。笃志力学,工诗文,监饶州酒务,王安石荐摄州学教授,历任两浙兵马都监、知隰州等,死后家无余财,仅有书画三万余轴。
⑬ 歉然:心觉不安。
⑭ 张芸叟:即张舜民,字芸叟,邠州(今陕西彬县)人。宋英宗时进士登第,为襄乐县令,哲宗时历任监察御史、陕西转运使,徽宗时被列入元祐党籍,贬官。工诗词,著有《画墁集》。

汴水①,明日到沧溟②。"又有"破纸博珠玉"之句。此诗亦可以警膏肓于书画者③。

（葛立方《韵语阳秋》卷 14）

　　米元章的书法和绘画奇妙极了,从别人那里借来古本亲自临拓,完毕后把临本和真本一起还给人家,让人家自己挑选一份,而人家竟然不能辨别,用这个方法弄来人家的古书画很多。苏东坡屡次写诗讥笑他,在替王羲之和王献之墨迹所撰跋尾就说:"锦囊玉轴来无趾,粲然夺真拟圣智。"又说,"巧偷豪夺古来有,一笑谁似痴虎头。"黄山谷也有戏赠诗说:"澄江静夜虹贯月,定是米家书画船。"我说,人的爱好专执,居然到了这个程度!米元章曾经拿九件物品来换取刘季孙收藏的《子敬帖》,没有达到目的,很是惆怅。张芸叟写诗说:"请君出奇帖,与此九物并。今日投汴水,明日到沧溟。"还有"破纸博珠玉"的诗句。这诗也可以示警于过分沉溺于书画的人。

四二、赵水曹书画八砚

　　这是讲水部员外郎赵竦的艺术才能,讲他对文物的极端珍爱。这是我国文人的好传统,比只知道吃喝玩乐高尚多了。

　　水曹赵竦子立④,文章、翰墨皆见重于前辈⑤。蓬先博士为徐

---

① 汴水:即汴河,北从黄河汴口开始,流经汴京、南京应天府、宿州等地,南至泗州入淮河。

② 沧溟:大海。

③ 膏肓(huāng 荒):古代医学称心脏下部为膏,隔膜为肓,后谓病极严重难以医治为病入膏肓。

④ 水曹:水部,属尚书省的工部。神宗元丰官制改革,设郎中、员外郎为正副长官,掌修治河道、桥梁、舟楫等事。赵竦(sǒng 耸):字子立,元祐间以宣德郎知常州晋陵县(今江苏常州),主管开凿徐州吕梁、百步两洪,修筑月河石堤,上下置闸,以通船只。绍圣间迁水部员外郎,出知饶州、任京东路转运判官。

⑤ 翰墨:文辞书法,这里指书法。

州学官日①,赵献状开凿吕梁、百步之崄②,置局城下,最为周旋。其重定《华夷图》③,方一尺有半,字如蝇头,而体制精楷,苏州张珙妙于刊镵④,三年而后成。甚自秘借,不易以与人,与其所获丁晋公家王右军小楷《乐毅论》⑤,椟藏自随⑥,得之者以为珍玩,先子所得才三四数也⑦。其所用砚,端石长尺余⑧,阔七八寸,温润宜墨。云端石若此大者至艰得,求之十年而后获,上下界为八砚⑨。云性懒涤砚,又不奈宿墨滞笔⑩,日用一砚,八日而周,始一濯之⑪,则常用新砚矣,故名"八面受敌"云。

(何薳《春渚纪闻》卷9)

水部郎赵竦子立的文章书法都受到前辈的推重。何薳的先博士担任徐州学官的时候,赵向朝廷递呈奏状开凿吕梁、百步之险,他在城下设了局,和先博士最多往来。他所重新绘定的《华夷图》,方一尺半,字好像蝇头大小,而制作精工。苏州人张珙精于刊刻,花了三年时间刻成。他极其珍惜,不轻易把拓本送人,和他所获得的丁晋公家王右军小楷《乐毅论》,都藏在椟里随身携带,人们得到拓本都作为珍玩。先博

----

① 薳(wěi 伟):即本篇作者何薳,字子楚,自号韩青老农,建州建安(今福建建安)人。神宗熙宁十年(1077年)生,高宗绍兴十五年(1145年)卒。一生嗜学不仕,著有《春渚纪闻》《墨记》等。先博士:何薳的父亲何去非,字正通,神宗元丰间任武学教授,迁博士,死于沧州通判任上。徐州:治在今江苏徐州。学官:指州学教授。

② 吕梁、百步:徐州东南,泗水所经,州城东南六十里,有吕梁洪,上下长约七里,巨石齿列,波流汹涌;州城东南二里,有百步洪,约长百余步,水中有限石,悬流迅急,乱石激涛。崄,(xiǎn 显)同"险"。

③ 《华夷图》:唐代贾耽曾绘制《海内华夷图》,赵竦可能在贾图基础上重定,今西安碑林有公元1136年所刻《华夷图》,当又与赵图有关系。

④ 镵(chán 馋):刻。

⑤ 丁晋公:即丁谓,字谓之,苏州长洲(今江苏苏州)人。淳化间进士登第;真宗时,历任三司使,同平章事,封晋国公,智谋过人,仁宗初贬官。王右军:王羲之,官至右军将军、会稽内史,故称王右军。《乐毅论》:著名小楷法帖,传为王羲之所书,实不可信。

⑥ 椟(dú 读):本指木柜,木盒,这里指收藏在椟中。

⑦ 先子:古人称已去世的父亲为先子。

⑧ 端石:广南东路端州(今广东肇庆)所产砚石,质地坚实细润,雕成砚后发墨不损毫。

⑨ 界:分划。

⑩ 不奈:不耐,不能忍受。

⑪ 濯(zhuó 浊):洗涤。

士所得才三、四通。他使用的砚是端石,长一尺多,宽七、八寸,质地温润发墨。他说,像这样大的端石极为难得,寻求了十年才得到,上、下剖分成八砚。说生性懒于洗砚,又不耐烦砚上的陈墨滞笔,每天使用一砚,八天为一个周期,才洗涤一次,这样就能经常使用新砚了,所以称为"八面受敌"。

四三、捧砚得全牛

北宋的馆职是令人欣羡的清贵官职,但俸禄甚少,于是出现了石曼卿受富人牛监簿之邀赴宴繁台寺阁的故事。

> 石曼卿一日谓秘演曰①:"馆俸清薄②,不得痛饮,且僚友镢之殆遍③,奈何?"演曰:"非久引一酒主人奉谒,不可不见。"不数日,引一纳粟牛监簿者④,高资好义,宅在朱家曲,为薪炭市评⑤,别第在繁台寺西⑥,房缗日数十千⑦,长谓演曰:"某虽薄有涯产⑧,而身迹尘贱⑨,难近清贵,慕师交游尽馆殿名士,或游奉有阙⑩,无怯示及。"演因是携之以谒曼卿,便令置官醪十担为贽⑪,列酝于庭⑫,演为传刺⑬。曼卿愕然问曰:"何人?"演曰:"前所谓酒主人者。"不得

---

① 石曼卿:石延年,字曼卿,应天府宋城(今河南商丘县)人。秘演:当时有名的和尚,会做诗。
② 馆:指史馆、昭文馆、集贤院等三馆,后增秘阁,石延年曾任馆阁校勘和秘阁校理。
③ 镢(jué 爵):大锄。此处指敲竹杠。
④ 纳粟:富人向官府出钱或米买官叫纳粟。监簿:某个监(如国子监)的主簿。
⑤ 市评:管理市场的低级官员。
⑥ 繁(pó 婆)台寺:寺名,寺内有繁塔,在今河南开封南郊。
⑦ 千:一千文,即一贯,一缗。
⑧ 涯:边际、极限。
⑨ 尘:尘俗。
⑩ 阙:通"缺",这里指缺少钱财。
⑪ 醪(láo 劳):酒。宫醪,即宫内制造的酒,宋时又称"内酒",质量居全国之首。贽(zhì 志):初见尊长时赠送的礼品。
⑫ 酝(yùn 运):酒。
⑬ 刺:名片。

已因延之，乃问甲第何许，生曰①："一别舍介繁台之侧。"其生粗亦翔雅。曼卿闲语演曰："繁台寺阁虚爽可爱，久不一登。"其生离席曰："学士与大师果欲登阁，乞预宠谕，下处正与阁对，容具家蔌在阁迎候②。"石因诺之。一日休沐③，约演同登。演预戒生，生至期果陈具于阁，器皿精核，冠于都下。石、演高歌褫带④，饮至落景，曼卿醉喜曰："此游可纪。"以盆渍墨，濡巨笔以题云⑤："石延年曼卿同空门诗友老演登此⑥。"生拜扣曰⑦："尘贱之人幸获陪侍，乞挂一名以光贱迹。"石虽大醉，犹握笔沉虑，无其策以拒之，遂目演，醉舞伴声讽之曰⑧："大武生牛也⑨，捧砚用事可也。"竟不免，题云"牛某捧砚"。永叔后以诗戏曰⑩："捧砚得全牛。"

（文莹《湘山野录》卷下）

石曼卿有一天对和尚秘演说："馆职的俸钱微薄，不能痛饮，而且同僚中也差不多都敲过竹杠了，怎么办？"秘演说："我不久就带一个酒主人来拜访你，你不能不见。"没有几天，他带了一位纳粟得官的牛监簿来，此人很有钱而好义，家住在朱家曲，充当薪炭市评，别墅在繁台寺西，每天收入房租几十贯。常对秘演说："我虽然薄有资产，但地位低贱，难以接近清贵。我仰慕尊师，结识交游的都是馆阁名士，如果你们游玩的钱不够，不要不好意思告诉我。"秘演于是带他去谒见石曼卿，叫他准备好宫酒十担作为见面礼，把酒摆在庭院里，由秘演递上名片。

---

① 生：即牛监簿。
② 蔌（sù 速）：蔬菜的总称。
③ 休沐：休假。
④ 褫（chǐ 齿）：脱去。
⑤ 濡（rú 如）：沾湿。
⑥ 空门：佛教宣扬"诸法皆空"，以悟"空"为进入涅槃之门，故称佛教为空门。
⑦ 扣：通"叩"。
⑧ 讽：用委婉的语言暗示。
⑨ 大武生牛也：《礼记·曲礼下》有"牛曰一元大武"的说法，"一元"是一个头，大武是大脚迹印，后人就称牛为"一元大武"或"大武"。
⑩ 永叔，欧阳修，字永叔。见《欧阳文忠公"三上"作文章》篇注。

石曼卿惊愕问道:"这是谁?"秘演说:"就是上次与你说的酒主人。"石曼卿不得已请他进来,然后问他府第在哪里,这位牛生回答道:"有一处别墅靠近繁台寺的旁边。"这牛生大体上也还温雅。石曼卿在闲谈间对秘演说:"繁台寺阁上高爽可爱,好长时间没有上去过。"这牛生离席说:"学士和大师真想到阁上去,请预先赐告,在下的住处正好与阁相对,请容许我准备家常便饭在阁上迎候。"石曼卿就答应了他。一天公休,约好秘演一起登。秘演预先叮嘱这牛生,这牛生到时候果然将食具摆好在阁上,器皿精致,在都城里可称第一。石曼卿和秘演高声歌唱解下衣带,一直喝到夕阳西下。石曼卿醉中高兴地说:"这次游玩应该记下来。"用盒子浸墨,拿起一支大笔濡墨题字道:"石延年曼卿同空门诗友老演登此。"这牛生拜求道:"我这个低贱之人幸陪侍,请求挂上个名字来光辉一下我这贱迹。"石曼卿虽已大醉,但仍然拿着笔沉思,没有好办法来拒绝他,于是用眼暗示秘演,秘演醉舞伴声提醒道:"大武生是牛呀,让他捧砚就可以了。"石曼卿终于推辞不掉,题了"牛某捧砚"。欧阳永叔写诗开玩笑说:"捧砚得全牛。"

四四、张丞相草书

草书仍是一种字,写出来起码要叫人认识,张商英写草书连自己也不认识,还迁怒人家不早问。现在某些自言是书法家的也只会写草书,是否也犯了张商英的毛病呢?

  张丞相好草书而不工[①],当时流辈皆讥笑之[②],丞相自若也[③]。一日得句,索笔疾书,满纸龙蛇飞动,使侄录之。当波险处[④],侄罔

---

① 张丞相:张商英,字天觉,蜀州新津(今四川新津)人。宋英宗时进士登第,神宗时参预变法,徽宗朝历任尚书右丞、左丞、右仆射,出知河南府,贬官衡州安置。工:善于,擅长。
② 流辈:同辈人,一流人。
③ 自若:自如,一如既往。
④ 波:波折。险:险怪。

然而止①,执所书问曰:"此何字也?"丞相熟视久之,亦不自识,诟其侄曰②:"胡不早问,致余忘之。"

（惠洪《冷斋夜话》卷9）

张丞相喜欢写草书而写不好,当时同辈都嘲笑他,可张丞相却一如既往。有天,他想好了诗句,要过笔很快地写下来,满纸龙蛇飞动,叫侄儿抄写,抄到波折怪险之处,侄儿罔然停笔,拿着原稿问道,"这是什么字呀?"张丞相仔细看了好久,自己也不认识,责骂侄儿说:"你为什么不早点来问我,以致连我也忘记了。"

四五、范文正公作墓志

古代文人写文章喜欢用古官名来代替现行的官名,认为把现行官名写进文章里就欠古雅,其实这是一种奇怪想法,这里所说尹洙的见解很正确。

范文正公尝为人作墓铭③,已封将发,忽曰:"不可不使师鲁见④。"明日,以示尹师鲁。曰:"希文名重一时,后世所取信,不可不慎也。今谓转运使为部刺史⑤,知州为太守⑥,诚为脱俗⑦,然今

① 罔然:迷惑不解的样子。
② 诟(gòu够):骂。
③ 范文正公:范仲淹,字希文,苏州吴县(今江苏苏州)人。宋真宗时进士登第,仁宗时历任河中府通判,知陈、睦、苏等州,迁权知开封府。庆历三年(1043年)任参知政事,推行新政,死后谥文正。墓铭:即墓志铭。放在墓中刻有死者生平事迹的方石板。
④ 师鲁:尹洙,字师鲁,河南府人。宋仁宗初中进士第,历知光泽、伊阳等县,召为馆阁校勘。因反对以朋党为范仲淹罪,黜监唐州酒税,后知泾、渭等州,曾与欧阳修等提倡古文。
⑤ 转运使:见《各地岁时习俗》篇注。部刺史:西汉武帝时,分全国为十三部(州),部设刺史,主要为监察官。
⑥ 知州:全称知州军事。宋地方行政区划州的最高长官。太守:一郡的最高行政长官,宋代用作知州的别称。
⑦ 脱俗:脱却庸俗之气。

无其官,后必疑之,此正起俗儒争论也①。"希文怃然曰②:"赖以示之③,不然,吾几失之。"范文正公作《岳阳楼记》④,为世所贵,尹师鲁读之曰:"此传奇体也⑤!"

(毕仲询《幕府燕闲录》)

范文正公曾替人写墓志铭,已经封好刚要发送出去,忽然说:"不能不给师鲁看看。"第二天,给尹师鲁看。尹师鲁说:"希文已名重一时,为后代人所取信不可不谨慎。现在你把转运使写成部刺史,知州写成太守,虽然脱俗,但现今却没有这些官职,后代必然会产生疑问,正会引起庸俗文人的争论。"希文感叹地说:"幸亏请你看了,否则,我几乎要犯错误。"范文正公写了《岳阳楼记》,受到世人推崇,尹师鲁读了说:"这是传奇体啊!"

四六、欧阳文忠公"三上"作文章

欧阳修介绍做文章的体会,提出只在马上、枕上、厕上才能集中精力思考。看来是平时公务繁忙,无暇顾及学问。

欧阳文忠公谓谢希深曰⑥:"吾平生作文章,多在'三上':马上、枕上、厕上也。"盖惟此可以属思耳⑦!

(董菜《闲燕常谈》)

---

① 俗儒:浅陋迂腐的文人。
② 怃(wǔ舞)然:茫然自失的样子。
③ 赖:依靠。
④ 《岳阳楼记》:范仲淹撰。岳阳楼,今湖南岳阳西门城楼,高三层。
⑤ 传奇:小说体裁之一,因其情节多奇特、神异而得名,一般指唐、末人用文言文写作的短篇小说。
⑥ 欧阳文忠公:欧阳修,字永叔,号醉翁,晚年又号六一居士,吉州庐陵(今江西吉安)人。仁宗初登进士第,庆历三年(1043年)知谏院,迁知制诰,赞助庆历新政,后历任知滁、扬等州、枢密副使、参知政事,神宗初因反对新法坚谏退职,是著名的文学家、史学家。谢希深:谢绛,字希深,杭州富阳(今浙江富阳)人。哭真宗时进士登第,仁宗朝历任州府通判、知制诰、判吏部流内铨等,以文学知名。
⑦ 属思:专心思考,属是专注、倾注的意思。

欧阳文忠公对谢希深说:"我生平写文章,大都在'三上',就是马背上,枕头上,厕所上。"因为只有在这"三上"才可以全神贯注地思考啊!

四七、满城风雨近重阳

写诗要有兴会。这时全神贯注,不能有一点干扰。诗人潘大临写了"满城风雨近重阳"这一句后因催租人来,败意写不下去,是可以理解的,不能算是迂阔。当然,低水平的诗也可硬凑而成,就不在此列了。

> 黄州潘大临工诗①,多佳句,然甚贫,东坡②、山谷尤喜之③。临川谢无逸以书问有新作否④,潘答书曰:"秋来景物,件件是佳句,恨为俗气所蔽翳⑤。昨日闲卧,闻揽林风雨声,欣然起,题其壁曰:'满城风雨近重阳。'⑥忽催租人至,遂败意⑦,止此一句奉寄。"闻者笑其迂阔。
>
> （惠洪《冷斋夜话》卷4）

黄州潘大临善于写诗,有许多好句子,只是很穷,苏东坡、黄山谷尤其喜欢他。临川谢无逸写信问他有没有新作品,潘回信说:"秋天以来的景色,件件都是好句子,只恨被俗气遮蔽了。昨天无事躺着,听到了

---

① 黄州:治今湖北黄冈。潘大临:字邠老,黄州黄冈人。后迁居福建,与弟大观都以诗著名,从苏轼、黄庭坚、张耒游。
② 东坡:即苏轼,见《东坡与李琦》篇注。
③ 山谷:即黄庭坚,见《米芾嗜书画》篇注。
④ 临川:县名,抚州的治所,今江西抚州。谢无逸:谢逸,字无逸,号溪堂,临川人。博学工文辞,屡举进士不第,以诗文自娱。曾作蝴蝶诗三百余首,人称"谢蝴蝶"。
⑤ 蔽:遮挡;蒙蔽。翳(yì 缢):障蔽。
⑥ 重阳:节令名。农历九月初九称为重阳节,又称重九节。
⑦ 败意:扫兴,败兴。

搅动树林的风雨声,欣然起身,在壁上题诗道:'满城风雨近重阳。'忽然来了个催租的人,就败意,只有这一句寄赠给你。"听到的人都笑他迂阔。

四八、途巷小儿听说三国语

宋代说话四家之一是"讲史",讲三国故事是讲史中受人欢迎的题目,从这条笔记就可知道讲史对群众的影响,至于所讲的观点对不对则是另一回事,如这里的贬曹操抬刘备其实就并不公道。

　　王彭尝云①:"途巷中小儿薄劣,其家所厌苦,辄与钱,令聚坐听说古话。至说三国②事,闻刘玄德败③,颦蹙有出涕者④;闻曹操败⑤,即喜唱快。以是知君子小人之泽,百世不斩⑥。"彭,恺之子,为武吏,颇知文章,余尝为作哀辞,字大年。

(苏轼《东坡志林》卷1)

　　王彭曾经说过,"街巷中小孩们淘气,家里人对他们很厌烦,就给点钱,让他们坐在一起听人讲古代故事。讲到三国时,孩子们听说刘玄德失败,皱眉蹙额,甚至有流眼泪的;听说曹操打败仗,就高兴得高唱痛快。由此可知,君子小人之泽,百世不斩。"
　　王彭是王恺的儿子,当时做武官,懂得文章,我曾经为他写过哀词,他的字叫大年。

---

① 王彭:字大年,太原人。历任大理寺详断官、知婺州、济州、抚州等,好文喜佛书。父恺,字胜之,历任麟州都监·泾州观察使、武胜军节度观察留后等。
② 三国:继东汉后出现的魏、吴、蜀汉三国鼎立的历史时期。
③ 刘玄德:刘备,字玄德,三国蜀汉的建立者。
④ 颦蹙(pín cù 贫促):皱眉蹙额,不快乐的样子。
⑤ 曹操:字孟德。死后追尊为魏武帝。
⑥ 君子小人之泽百世不斩:《孟子·离娄下》说:"君子之泽,五世而斩;小人之泽,五世而斩。"这是流风余韵,一世三十年,斩是断绝,这里不同意《孟子》"五世而斩"的说法,认为"百世不斩"。

四九、野史不可信

宋代的野史、杂说保存了不少宝贵的资料,但由于多出于传闻,也难免有失实之处。这里举了三个例子,说明利用这些野史、杂说时得谨慎。

野史、杂说①,多有得之传闻,及好事者缘饰②,故类多失实③,虽前辈不能免,而士大夫颇信之。姑摭真宗朝三事于左④:

魏泰《东轩录》云⑤:真宗次澶渊⑥,语寇莱公曰⑦:"虏骑未退⑧,何人可守天雄军⑨?"公言参知政事王钦若⑩。退即召王于行府⑪,谕以上意,授敕俾行⑫。王未及有言,公遽酌大白饮之,命曰"上马杯",且曰:"参政勉之⑬,回日即为同列也。"王驰骑入魏⑭。越十一日,虏退,召为同中书门下平章事⑮。或云:"王公数进疑词于上前⑯,故莱公因事出之。"予按澶渊之役,乃景德元年九月,是

---

① 野史:古代私家编撰的史书,与官修史书相对而言。
② 缘饰:文饰,指给某些传闻添枝加叶,甚至歪曲事实。
③ 类:大抵。
④ 摭(zhí 直):拾取,摘取。
⑤ 魏泰:字道辅,号溪上丈人。襄州襄阳(今湖北襄樊)人,崇宁、大观年间章惇欲授以官职,未就。知识渊博,有口才,工文章,喜议论朝野间事,著有《东轩笔录》等书。
⑥ 次:行军或旅行途中的停留。澶渊,一名繁渊,在今河南省濮阳县西,参见《曹利用与契丹议岁币》篇注。
⑦ 寇莱公:即寇准。见《曹利用与契丹议岁币》篇注。
⑧ 虏:宋朝人对少数民族的蔑称,这里指契丹。
⑨ 天雄军:魏州(大名府)为节度州,称"天雄军节度";魏州,治今河北大名。
⑩ 参知政事:见《置参知政事》篇注。王钦若:字定国,临江军新喻(今江西新余)人,淳化间进士登第,真宗初为参知政事,景德元年契丹南侵,他密请真宗迁往金陵,后迎合真宗伪造天书,支持封泰山祀汾阴,被任为宰相。
⑪ 行府:出征或出巡时大臣的官衙。
⑫ 俾:使。
⑬ 参政:参知政事的简称。
⑭ 魏:州名,即大名府。
⑮ 同中书门下平章事:宰相,简称同平章事。
⑯ 疑词:使人疑惑不定的话。

时莱公为次相①,钦若为参政。闰九月,钦若判天雄②,二年四月罢政,三年莱公罢相,钦若复知枢密院③,至天禧元年始拜相④,距景德初元凡十四年。

其二事者,沈括《笔谈》云⑤:向文简拜右仆射⑥,真宗谓学士李昌武曰⑦:"朕自即位以来,未尝除仆射,敏中应甚喜。"昌武退朝,往候之,门阑悄然⑧。明日再对,上笑曰:"向敏中大耐官职⑨。"存中自注云:"向公拜仆射年月,未曾考于国史,因见中书记是天禧元年八月⑩,而是年二月王钦若亦加仆射。"予按真宗朝自敏中之前,拜仆射者六人,吕端、李沆、王旦皆自宰相转⑪,陈尧叟以罢枢密使拜⑫,张齐贤以故相拜⑬,王钦若自枢密使转。及敏中转右

---

① 次相:宋宰相分首相(上相)和次相两等。神宗元丰官制改革前,以同中书门下平章事兼昭文馆大学士、监修国史为首相,以同中书门下平章事兼集贤殿大学士为次相。

② 判:宋神宗元丰官制改革前,以"判"某官衙为实际职务。二品以上和带中书、枢密院要职而出任府、州等长官者,称"判某府(州)"。

③ 知枢密院:枢密院的长官。

④ 天禧:宋真宗年号(1017—1021年),共五年。

⑤ 沈括:字存中,杭州钱塘(今浙江杭州)人,宋仁宗嘉祐间进士登第,神宗时历任检正中书刑房公事、提举司天监、知制诰兼知通进银台司、翰林学士、权三司使等,参预王安石变法,后因对西夏作战失败降官,晚年居润州梦溪园,从事著述。《笔谈》:即《梦溪笔谈》,沈括撰。

⑥ 向文简,即向敏中,字常之,开封府人,宋太宗太平兴国间中进士第,历户部判官、知制诰、知广州、同知枢密院事,真宗初任参知政事,迁宰相,死后谥文简。右仆射(yè yè),在宋代是与宰相同列的高级官阶之一。

⑦ 李昌武:李宗谔,字昌武,深州饶阳(今河北饶阳)人。端拱间登进士第,历集贤校理、同修起居注、起居舍人、知制诰,景德二年为翰林学士、权判太常寺。

⑧ 阑:门口的横格栅门。

⑨ 大耐官职:指有气度、宠辱不动于心。

⑩ 中书:这里指为阁文书。

⑪ 吕端,字易直,幽州安次(今河北固安县东北)人,以恩荫得官,后周时累迁著作佐郎、直史馆,淳化四年(993年)任参知政事,第三年拜相,太宗说他小事糊涂,大事不糊涂。李沆(hàng 杭去声):字太初,洺州肥乡(今河北肥乡)人,太平兴国间登进士第,历任潭州通判、右补阙、知制诰、参知政事,真宗初年,迁宰相,累加尚书右仆射。任相遵守条制,不改祖宗法度,防止帝王奢侈,时称"圣相";王旦:字子明,大名府莘县(今山东莘县)人,太平兴国间登进士第,历任著作佐郎、知制诰、知审官院,真宗时历任知审官院、同知枢密院事、参知政事、宰相等,为相主张守祖宗之法,多提拔厚重之士。转,升转官阶。

⑫ 陈尧叟:字唐夫,阆州阆中(今四川阆中)人,端拱间状元,历任广西转运使、同知枢密院事、知枢密院事、宰相等。

⑬ 张齐贤:字师亮。曹州冤句(今山东曹县西北)人。太平兴国间进士登第,历任江西转运使、签书枢院、知代州、参知政事、宰相等。

仆射，与钦若加左仆射，同日降制①，是时李昌武死四年矣。昌武者，宗谔也。

　　其三事者，存中《笔谈》又云：时丁晋公从真宗巡幸礼成②，诏赐辅臣玉带③。时辅臣八人，行在祗候库止有七带④。尚衣有带谓之"比玉"⑤，价直数百万。上欲以足其数，公心欲之，而位在七人之下，度必不及己⑥，乃谕有司："某自有小私带可服，候还京别赐可也。"既各受赐，而晋公一带仅如指阔，上顾近侍速易之，遂得尚衣御带。予按景德元年，真宗巡幸西京⑦，大中祥符元年巡幸泰山，四年幸河中⑧，丁谓皆为行在三司使⑨，未登政府。七年幸亳州⑩，谓始以参知政事从。时辅臣六人，王旦、向敏中为宰相，王钦若、陈尧叟为枢密使，皆在谓上。谓之下尚有枢密副使马知节⑪，即不与此说合。且既为玉带，而又名"比玉"，尤可笑。魏泰无足论，沈存中不应尔也。

（洪迈《容斋随笔》卷4）

　　野史和杂说，有很多得之于传闻，加上喜欢多事的人加以缘饰，所以大多不符合事实，即使老前辈也不能避免，而士大夫却对它颇为相信。这里姑且列举真宗朝的三件事情如下：

----

① 降制：颁布制书。皇帝处理国家大事，颁布敕令、任命宰相等的文书，称"制书"。
② 丁晋公：即丁谓。见《赵水曹书画八砚》篇注。巡幸，皇帝外出到地方上视察、巡游。
③ 辅臣：指正、副宰相和枢密院长官。
④ 行在：本称"行在所"，古代帝王巡行所至并居留之处。祗候库，专供皇帝需要物品的仓库。祗，恭敬的意思。
⑤ 尚衣：皇宫内管理皇帝衣服的机构。
⑥ 度（duó夺）：估计，推测。
⑦ 西京：北宋设四京，以河南府（治今河南洛阳市）为西京。
⑧ 河中：即河中府。治今山西永济县西。
⑨ 三司使：北宋最高财政机构的长官。神宗元丰官制改革后，废三司。
⑩ 亳州：治今安徽亳县。
⑪ 马知节：字子元，开封府祥符（今河南开封市）人，以恩荫补西头供奉官，太宗朝历知定远军、深、保等州，真宗时历知秦、定州，并任枢密院都承旨、枢密副使、知枢密院事等。

　　魏泰撰《东轩笔录》说：真宗停留在澶渊，对寇莱公说："虏骑还没有退走，谁可以镇守天雄军呢？"寇莱公说参知政事王钦若。退朝后立即召王到行府来，把皇上的意思告诉他，授给他敕命叫他去上任。王来不及说话，寇莱公马上斟大杯酒请王喝下，称之为"上马杯"，并且说："参政尽力去做，到回来的时候就成为同事了。"王疾驰进了魏州。过了十一天，虏人撤退了，朝廷召王为同中书门下平章事。有人说："王公多次在皇上跟前进疑词，所以寇莱公借故把他弄出去。"我考察澶州之役，是在景德元年（1004 年）九月，这时候寇莱公做次相，王钦若做参知政事。闰九月，王钦若出判天雄军，二年四月罢政务。三年寇莱公罢宰相职，王钦若又知枢密院事。到天禧元年（1017 年）才拜相，距离景德初年有十四年。

　　第二件事，是沈括的《梦溪笔谈》中说：向文简拜右仆射，真宗对翰林学士李昌武说："朕从即位以来，没有任命过仆射，向敏中应该很高兴。"李昌武退朝，往向文简家探望，门口静悄悄的。第二天李昌武再奏对，皇上笑着说道："向敏中大耐官职。"沈存中自己作注说："向公拜仆射的年月，我还没有考查过国史，因为看到中书所记是在天禧元年八月，而这一年二月王钦若也加授仆射。"按真宗朝在向敏中以前拜仆射的已有六人，吕端、李沆、王旦都是自宰相转任的，陈尧叟是停止了枢密使的职务而后任命的，张齐贤是以前宰相任命的，王钦若是由枢密使升转的。等到向敏中升转为右仆射，与王钦若加左仆射同一天下达的制书，这时候李昌武已死去四年了。昌武就是李宗谔。

　　第三件事，沈存中的《梦溪笔谈》又说：当时丁晋公跟随真宗巡幸礼成，皇上下诏赐给辅臣玉带。当时辅臣共八人，而行在的祗候库里只有七条玉带。另外尚衣库有一条带子叫做"比玉"，价值达几百万文。皇上想拿来凑够数。丁晋公心里想要，而官位却在其他七人之下，估计一定轮不到自己，便吩咐管事的说："我自己有小私带可以使用，等回到京城以后另外赏赐好了。"接着其他七人都接受了赏赐，而丁晋公的一条带子只有手指那样宽，皇上回头叫内侍快点给他换一条，于是获得了尚衣库的那条御带。我考查景德元年真宗巡幸西京，大中祥符元年（1008年）巡幸泰山，四年巡幸河中，丁谓都任行在三司使，还没有登政府。七年巡幸亳州，丁谓才以参知政事随从。这时辅臣共六人，王旦、向敏中是宰相，王钦若、陈尧叟是枢密使，都在丁谓之上。丁谓以下还有枢密副使马知节，这就与上面的说法不一样。并且既然叫做玉带，而又名之为"比玉"，尤其可笑。魏泰固然不足道，沈存中就不该如此了。

五○、胡致堂《读史管见》

古人评论历史上的人和事，往往古为今用，借古喻今，这也算是我国史论文章的一个传统。这条笔记分析了胡寅《读史管见》如何古为今用、借古讽今，很具有启发性。

　　胡致堂著《读史管见》①，主于讥议秦会之②，开卷可考也。如论耶律德光谕晋祖宜以桑维翰为相③，谓"维翰虽因德光而相，其意特欲兴晋而已④，固无挟虏以自重，劫主以盗权之意，犹足为贤。"尤为深切。致堂本文定从子⑤，其生也，父母欲不举⑥，文定夫人举而子之。及贵，遭本生之丧，士论有非之者，故《汉宣帝立皇考庙》、

---

① 胡致堂：胡寅，字明仲，号致堂，建宁府崇安县（今福建崇安）人。宣和间中进士第，绍兴间历任中书舍人，知严州、礼部侍郎等，力陈抗敌大计，论苟安和议之非，为秦桧深忌，安置新州，秦桧死复官。
② 秦会之：秦桧。见《致仕之失》篇注。
③ 耶律德光：契丹人，辽太祖耶律阿保机第二子，公元927—947年在位，曾立石敬瑭为皇帝，割取燕云十六州（今北京、河北、山西的部分地区）。后又南下灭后晋，次年改国号为辽。晋祖：五代后晋高祖石敬瑭，公元936—942年在位，称契丹主耶律德光为"父皇帝"，自称"儿皇帝"。桑维翰：后晋宰相。
④ 兴晋：促使后晋兴旺。
⑤ 文定：胡安国，字康侯。绍圣间进士登第，历任太学博士，提举湖南、成都府路学事，高宗时任给事中、中书舍人。学宗程颐，著《春秋传》三十卷，借史事发表政见，死后谥文定。从子：侄儿。
⑥ 举：抚养，养育。

《晋出帝封宋王敬儒》两章专以自解①；而于《汉哀帝谢立定陶后》一节②，直谓："为人后者，不顾私亲，安而行之，犹天性也。"吁，甚矣！首卷论豫让报仇曰③："无所为而为善，虽'大学之道'不是过④。"若致堂者，其亦有所为而著书者欤！然其间确论固不容揜也⑤。

（赵与时《宾退录》卷2）

胡致堂著《读史管见》，主要用来讽刺秦会之，开卷就可考见。如论耶律德光吩咐晋高祖应该让桑维翰做宰相，说："维翰虽然因德光而相，但他的用意只是想兴晋而已，本没有挟持胡虏以自重，劫夺晋主以盗权的想法，还可算是贤。"说得尤其深切。致堂本是胡文定的侄儿，刚生下来，父母不想养育，文定的夫人收养下来当做自己的儿子。等到他显贵了，碰上亲生父母的丧事，士大夫中有对他非议的，所以书中《汉宣帝立皇考庙》、《晋出帝封宋王敬儒》两章专门为自己作辩解，而在《汉哀帝谢立定陶后》一节中，直说"过继别人为后，不顾私亲，心安理得地去做，还是出于天性"。唉，太过分了！第一卷评论豫让报仇说："无所为而做好事，即使大学之道，也不过如此。"像胡致堂这样，是有所为而著书的吧！但其中精确的评论自不应该一笔抹煞。

五一、艺祖滁州成功业

这条笔记讲滁州战役的胜利是赵匡胤建立功业的关键，而赵普的

---

① 汉宣帝：西汉第六位皇帝刘询，公元前73—前49年在位。皇考：对亡父的尊称。晋出帝：五代后晋第二位皇帝石重贵，公元942—946年在位。宋王敬儒：石敬儒，五代后晋高祖石敬瑭之兄，晋出帝石重贵之父，死后追封宋王。

② 汉哀帝：西汉第九位皇帝刘欣，公元前6—前1年在位。

③ 豫让：春秋末战国初人，曾投靠晋国范氏及中行氏，无所知名，去而事智伯得到重用。赵襄子与韩、魏灭智伯后，豫让漆身为癞，吞炭为哑，谋刺赵襄子，为智伯报仇，不成自杀。

④ 大学之道：指儒家的诚意、正心、修身、齐家、治国、平天下之道，见于《礼记》中的《大学》篇。

⑤ 揜：通"掩"，掩盖、抹煞。

献策又在其中起了决定性作用,文字颇为生动,读起来很有点像小说。

　　艺祖仕周世宗①,功业初未大显。会世宗亲征淮南②,驻跸正
阳③,攻寿阳刘仁赡未下④,而艺祖分兵取滁州⑤。距寿州四程皆
大山⑥,至清流关而止⑦。关去州三十里则平川,而西涧又在滁城
之西也⑧。是时,江南李璟据一方⑨,国力全盛,闻世宗亲至淮上,
而滁州其控扼,且援寿州,命大将皇甫晖⑩、监军姚凤提兵十万扼
其地⑪。太祖以周军数千与晖遇于清流关隘路⑫,周师大败,晖整
全师入憩滁州城下⑬,令翌日再出。太祖兵再聚于关下,且虞晖兵
再至,问诸村人。云有镇州赵学究在村中教学⑭,多智计,村民有
争论者,多诣以决曲直。太祖微服往访之⑮。学究者固知为赵点
检也⑯,迎见加礼。太祖再三叩之,学究曰:"皇甫晖威名冠南北,

---

①　艺祖:原意为始祖,是对开国皇帝的一种尊称,此处指宋太祖赵匡胤。周世宗:柴荣,五代后周的
　　皇帝,公元954—959年在位。
②　淮南:淮河以南地区。这时淮南属南唐国土。
③　驻跸:帝王出行,途中暂时停留。跸,原意为帝王出行时开路清道,禁止通行,引申为帝王的车驾。
　　正阳:地名,属寿州。淮河西岸称西正阳,东岸称东正阳。今安徽寿县西。
④　寿阳:地名。即寿州寿春县(今安徽寿县)。刘仁赡:字守惠,彭城(今江苏徐州)人。略通儒术,
　　好兵书,五代十国南唐将领,清淮军节度使,镇守寿州。屡败后周大军,后病死。
⑤　滁州:治今安徽滁县。
⑥　寿州:治今安徽凤台县。程:步行每日以五十里为一程。
⑦　清流关:关名,在清流山上。今安徽滁县西北。
⑧　西涧:指清流水。在滁州清流县城西。
⑨　李璟:字伯玉,五代南唐元宗。公元943—961年在位。交泰元年(958年),改称江南国主,用后
　　周年号,改名为"景"。
⑩　皇甫晖:魏州(治今河北大名东)人,原五代后晋密州刺史,投奔南唐,历任神卫军都虞候、江州节
　　度使、同中书门下平章事。后周兵攻南唐,受命为北面行营应援使,率军抵寿州,在滁州与后周军
　　力战受伤被俘,绝食而死。
⑪　姚凤:南唐常州团练使,后周兵攻南唐,任应援都监,与皇甫晖同时受伤被俘。
⑫　太祖:宋太祖赵匡胤。
⑬　憩(qì气):休息。
⑭　镇州:治进河北正定。赵学究,即赵普。字则平,幽州蓟县(今北京西南)人,后迁河南洛阳。后
　　周末年为赵匡胤幕职官,策划陈桥兵变,入宋以开国功历任枢密直学士、枢密使、宰相等职,死后
　　谥忠献,追封真定王、韩王。学究,原意是贡举考试的科目之一,此处为对普通读书人的通称。
⑮　微服:为隐蔽身份而改穿平民服装,使人不识。
⑯　点检:全称殿前都点检,五代和宋代军职,后周时都点检为殿前司的统兵官,赵匡胤在后周显德六
　　年(959年)任此职,故称赵点检,但赵匡胤追随周世宗攻滁州时尚未升迁此职。

太尉以为与己如何①?"曰"非其敌也。"学究曰:"然。彼之兵势与己如何?"曰:"非其比也。"学究曰:"然。两军之胜负如何?"曰:"彼方胜,我已败,畏其兵出,所以问计于君也。"学究曰:"然。且使彼天日整军再乘胜而出②,我师绝归路,不复有噍类矣③。"太祖曰:"当复奈何?"学究曰:"我有奇计,所谓因败为胜,转祸为福者。今关下有径路④,人无行者,虽晖军亦不知之,乃山之背也,可以直抵城下。方阻西涧水大涨之时⑤,彼必谓我既败之后,无敢蹑其后者⑥。诚能由山背小路率众浮西涧水至城下,斩关而入,彼方战胜而骄,解甲休众,必不为备,可以得志,所谓兵贵神速,出其不意。若彼来日整军而出,不可为矣。"太祖大喜,且命学究指其路。学究亦不辞,而遣人前导。即下令誓师,夜出小路亟行。三军跨马浮西涧以迫城,晖果不为备,夺门以入。既入,晖始闻之,旋率亲兵擐甲与太祖巷战⑦,三纵而三擒之。既主帅被擒,城中咸谓周师大兵且至,城中大乱,自相踩践,死亡不计其数,遂下滁州。即国史所载太祖曰"余人非我敌,必斩皇甫晖头"者,此时也。滁州既破,中断寿州为二,救兵不至,寿州为孤军。周人得以擒仁赡,自滁州始也。擒晖送世宗正阳御寨,世宗大喜,见晖于篑中⑧,金疮被体,自抚视之⑨。晖仰而言:"我自贝州卒伍起兵⑩,佐李嗣源⑪,遂成唐庄宗之祸⑫,

---

① 太尉:宋三公之一,宋徽宗政和二年(1112年),改为武臣阶官之首,此处为对武将的尊称。赵匡胤到显德六年后周恭帝即位后,才迁检校太尉。
② 且使:假使,如果。
③ 噍(jiào 叫)类:噍为咬、嚼,噍类原指能饮食的动物,特指活着的人。
④ 径:小路,近路。
⑤ 方:正在,当。
⑥ 蹑(niè 聂):踩、蹈。
⑦ 旋:随后,不久。擐(huàn 患):套、穿。
⑧ 篑(kuì 溃):盛土的竹筐。
⑨ 抚:安抚,抚慰。
⑩ 贝州:治今河北清河县西。卒伍:古代军队的编制,以五人为伍,一百人为卒。此处指普通士兵。
⑪ 李嗣源:五代后唐明宗,即位后改名亶,沙陀族人,公元926—933年在位。
⑫ 唐庄宗:李存勖,五代后唐的创建者,沙陀族人,公元923—926年在位。同光四年(926年),京城军乱,死。

后率众投江南①,位兼将相,前后南北二朝,大小数十战未尝败。而今日见擒于赵某者,乃天赞赵某,岂臣所能及!"因盛称太祖之神武②,遂不肯治疮,不食而死。至今滁人一日五时鸣钟,以资荐晖云③。

盖淮南无山,惟滁州边淮,有高山大川,江、淮相近处,为淮南屏蔽,去金陵才一水隔耳④。既失滁州,不惟中断寿州援,则淮南尽为平地。自是遂尽得淮南,无复障塞。世宗乘滁州破竹之势,尽收淮南,李璟割地称臣者,由太祖先擒皇甫晖,首得滁州阻固之地故也。此皇甫晖所以称太祖为神武者。晖亦非常人,知其天授,非人力也。其后仁宗时⑤,所以建原庙于滁而殿曰"端命"者⑥,太祖历试于周⑦,功业自此而成,五业自此而始,故号"端命",盖我宋之咸、镐、丰沛也⑧! 其赵学究即韩王普也,实与太祖定交于滁州,引为上介⑨,辟为归德军节度使巡官⑩,以至太祖受天命⑪,卒为宗臣⑫,比迹于萧、曹者⑬,自滁州始也。

(王铚《默记》卷上)

---

① 江南:指南唐国。
② 盛(shèng 胜):大,极。
③ 荐:进献,这里指荐福,佛教认为鸣钟可以有福于死者。
④ 金陵:五代吴国武义二年(920 年)升昇州置金陵府,治所在上元县(今江苏南京),南唐昇元二年(937 年)改称江宁府,北宋依旧,此处系沿用旧称。
⑤ 仁宗:即宋仁宗赵祯。公元 1023—1063 年在位。
⑥ 原庙:正庙以外另立的宗庙。
⑦ 历:经过;历来。试:试用,出仕。
⑧ 咸:咸阳,秦朝都城。今陕西咸阳东北。镐(hào 号):镐京,西周都城。故址在今陕西长安县丰镐村西北。丰沛:沛县丰邑,是汉高祖刘邦的故乡,在今江苏沛县。咸、镐、丰沛,是指帝王发祥之地。
⑨ 上介:最好的助手。
⑩ 归德军:宋南京应天府(治今河南商丘)的军号。巡官:赵普在赵匡胤克滁州后,被委任滁州军事判官,平淮南,迁渭州军事判官。巡官职任在判官之次,这里可能记错了。
⑪ 受天命:指赵匡胤黄袍加身当皇帝。
⑫ 宗臣:人所宗仰的大臣。
⑬ 比迹:齐步、并驾。萧、曹:西汉开国功臣萧何和曹参。

艺祖出仕周世宗朝,功业最初并不显赫。到世宗亲征淮南,驾驻正阳,攻打寿阳的刘仁赡没有打下,而艺祖分兵去攻取滁州。这里到寿州有四程路都是大山,到清流关而止,关距离州城三十里则是平川地,而西涧又在滁州城的西面。这时候、江南李璟割据一方,国力全盛,听到周世宗亲自来到淮上,而滁州是控扼的重镇,并且可以声援寿州,派大将皇甫晖和监军姚凤领兵十万人扼守。太祖带着周军几千人和皇甫晖在清流关隘路上遭遇,周军大败。皇甫晖整顿全军到滁州城下休息,叫明天再出战。太祖兵再集中到关下,而担心皇甫晖的兵再来。向村里人打听,说有位镇州的赵学究在村里教书,富有智计,村民有争吵的,都找他判断曲直。宋太祖微服前往寻访。赵学究本已经知道是赵点检,极有礼貌地接待。太祖再三询问他,赵学究说,"皇甫晖的威名冠于南北,太尉认为和自己相比怎样?"回答说:"不是他的对手。"学究说:"对的,他的兵力与你自己相比怎样?"回答说:"无法与他相比。"学究说:"对的。两军的胜负会怎样?"回答说:"他们刚取胜,我已战败,害怕他的兵来,所以前来向你讨教计策。"学究说:"对的。如果过几天让对方休整后再乘胜出击,我军被断绝归路,就将被杀得一个不剩了。"太祖说:"这该怎么办呢?"学究说:"我有一条奇计,就是所谓因败为胜,转祸为福。如今关下有条小径,没有人行走,即使皇甫晖军也不知道,是在山的背面,可以直达城下。现在正当西涧的水大涨之时,他们一定认为我军既是战败之后,不敢从他们后面加以袭击。真能从山背小路带领兵众浮过西涧水抵达城下,斩关而入,对方因为打了胜仗而骄傲,脱下盔甲在休息,一定不作准备,我军可以达到目的,这就是所谓兵贵神速,出其不意。如果他们过几天整顿好军队再出战,就没有办法了。"太祖大喜,并且叫赵学究指点这条道路。赵学究也不推辞,派人在前面引导。

太祖就下令誓师,夜间从小路快走。三军跨马浮过两涧进逼州城,皇甫晖果然没有做准备,周军夺门入城。周军进城后,皇甫晖才知道,随即率领亲兵穿上铠甲与太祖巷战,三次脱逃而又三次被周军擒获。

主帅既被擒获，城里都说周军的大部队来了，一片混乱，自相践踏，死亡不计其数，于是取得了滁州。这就是国史记载太祖所说"其他人都不是我的对手，必定要斩皇甫晖头。"这件事就指这一次。攻破滁州以后把寿州切断成两块，救兵不来，寿州变成了孤军。周军能够生擒刘仁赡，是滁州战役打基础的，把皇甫晖押送到周世宗在正阳的御寨，世宗极其高兴，见到皇甫晖在竹筐里，浑身金疮，亲自抚慰。皇甫晖仰头说，"我从贝州的行伍起兵，辅助李嗣源，促成了唐庄宗之祸，后来率领部属投奔江南，位兼将、相，前后南、北二朝，经历过大小战斗几十次都没有打败过。而今被赵某人所俘虏，是天助赵某，岂是臣所及！"因而盛赞太祖的神武，就不肯治疗伤口，绝食而死。直到现在滁州人还一天五时敲钟，以此来给皇甫晖荐福。

大体淮南没有山，只有滁州地处淮河旁边，有高山大川，与长江和淮河相近之处，是淮南的屏障，离开金陵才一水之隔。既已失去滁州，不仅中断了寿州的声援，这样淮南也就剩下一片平地。从此便全部取得淮南，不再有障碍了。世宗之所以能够乘攻取滁州的破竹之势，全部取得淮南，使李璟割地称臣，是因为太祖先擒获皇甫晖，首先取得了滁州这块险固之地的缘故。这就是皇甫晖所以称赞太祖为神武。皇甫晖也不是寻常人，可见太祖的成功是天授，而非人力。以后到仁宗时，所以要在滁州建原庙而称它的大殿为"端命"，是因为太祖在周历任显职，而功业是从这里建立，王业从这时开始，所以称之为"端命"，是我宗的咸、镐、丰沛啊！那位赵学究就是韩王赵普，就是在滁州与太祖结交的，自此被引用为辅佐，归德军节度使巡官，直到太祖受天命登极，赵普终于成为宗臣，与萧何、曹参比美，都是从滁州开始的。

五二、王济以鹅翎作箭羽

封建时代常要地方上进贡土产，其实多数成为虐民的苛政。王济以一个小小的主簿，敢于让百姓用易得的鹅翎代替鹳翎上交，应算是难得的好官了。

　　　　太宗朝，王济主漳州龙溪簿①。时福建诸郡输鹳翎为箭羽②，
既非常有之物，而官司督责甚急，民间苦之。济辄以便宜喻郡民用
鹅翎代之③，因附驿以闻④。诏可其请，施及旁郡。民咸德之。
　　　　　　　　　　　　　　　　　　　　　　　　（董莱《闲燕常谈》）

　　太宗朝，王济任漳州龙溪县的主簿。当时福建路各州的百姓要向
官府交纳鹳翎做箭羽，鹳毛既非常有的东西，而官府催得很急，民间为
之叫苦。王济就便宜从事叫本州百姓用鹅翎来代替，并经驿站报告朝
廷。下诏，准了他的请求，并且让邻州也照此办理。百姓都感他的
恩德。

五三、吕蒙正不喜记人过

　　宰相吕蒙正从不把别人的缺点和错误记在心上，有人说轻视他的
话，他也不去查究姓名，认为一旦知道对方姓名就终生难忘，不如不知
道为好。在封建时代有这种雅量确实不容易。

　　　　吕蒙正相公不喜记人过⑤。初参知政事，入朝堂⑥，有朝士于
帘内指之曰："是小子亦参政邪？"蒙正伴为不闻而过之。其同列
怒，令诘其官位、姓名，蒙正遽止之。罢朝，同列犹不能平，悔不穷

---

①　王济：字巨川。深州饶阳（今河北饶阳）人。雍熙间召试学士院，授龙溪县主簿，后历任镇州通
　　判、权判大理寺、河南府通判、侍御史知杂事、判司农寺等。龙溪：县名，漳州的治所。今福建漳
　　州。簿：主簿，县的主簿掌管官物出纳，销注簿书。
②　鹳（guàn 贯）：鸟名。外形像鹤又像鹭，嘴长而直，翅长大，飞翔轻快。翎：鸟的羽毛。
③　便宜：斟酌事势所宜，不必请示上级而自行处理。
④　附驿：交给驿站传送。
⑤　吕蒙正：见《吕蒙正辞让恩荫》篇注。相公：对宰相的一和尊敬的称呼。
⑥　朝堂：宋神宗元丰官制改革前，在中书门下设政事堂，简称"都堂"或"朝堂"。

问。蒙正曰："一知其姓名，则终身不能复忘，固不如无知也①。不问之，何损？"时皆服其量。

（司马光《涑水记闻》卷 2）

吕蒙正相公不喜欢记住人家的过失。刚任参知政事，进入朝堂，有个朝士在帘子里指着他说："这个小子也能参政吗？"吕蒙正假装没有听到，就走了过去。他的同事很生气，叫去查问这官员的官位、姓名，吕蒙正急忙阻止。退朝以后，同事还在替他不平，后悔当时没有追问。吕蒙正说："一旦知道了他的姓名，就一辈子都忘不掉，所以不如不知道。不去查问他，又有什么损失？"当时人都佩服他的度量。

五四、晏元献识事君之体

晏殊懂得"事君之体"，是因为他当时涉世未深，沾染的官场习气较少，而这一点也正是维护统治之所需要的，所以能受真宗识拔，为仁宗大用。

> 晏元献公为童子时②，张文节荐之于朝廷③。召至阙下，适值御试进士④，便令公就试。公一见试题，曰："臣十日前已作此赋⑤。有赋草尚在，乞别命题。"上极爱其不隐。及为馆职时⑥，天下无

---

① 固：通"故"。
② 晏元献公：晏殊，字同叔，抚州临川（今江西抚州）人。幼有文名，以神童召试学士院，赐同进士出身，真宗朝官至翰林学士，仁宗时历任枢密副使、御史中丞、宰相等。死后谥元献。
③ 张文节：张知白，字用晦，沧州清池（今河北沧州东南）人。太宗时登进士第，历任知审官院、参知政事，仁宗初任枢密副使、宰相，死后谥文节。
④ 御试：又称殿试、亲试，是宋代贡举最高级的考试，合格者按等第授官。
⑤ 赋：一种文体，讲究文采、韵节，兼具诗歌和散文的性质，近似散文的称为"文赋"，近似骈文的称为"骈赋"。
⑥ 馆职：北宋前期在史馆、昭文馆、集贤院、秘阁中担任学士一直至校理者，神宗元丰官制改革后的秘书省中秘书监一直至正字，通称"馆职"。

事,许臣幕择胜燕饮。当时侍从文馆士大夫,各为燕集,以至市楼酒肆,往往皆供帐为游息之地①。公是时贫甚,不能出,独家居,与昆弟讲习②。一日,选东宫官③,忽自中批除晏殊④。执政莫谕所因⑤,次日进复,上谕之曰:"近闻馆阁臣僚⑥,无不嬉游燕赏,弥日继夕,唯殊杜门,与兄弟读书,如此谨厚,正可为东宫官。"公既受命,得对,上面谕除授之意,公语言质野⑦,则曰:"臣非不乐燕游者,直以贫,无可为之具⑧。臣若有钱,亦须往,但无钱不能出耳。"上益嘉其诚实,知事君体⑨,眷注日深⑩。仁宗朝卒至大用。

（沈括《梦溪笔谈》卷9）

　　晏元献公在童年的时候,张文节把他推荐给朝廷。朝廷召他来京城,正逢上御试进士,就叫他参加考试。他一看试题,说:"臣在十天前已经做过这赋,有草稿还在,请另外出题目。"皇上极其喜欢他诚实不隐瞒。等到他担任馆职的时候,天下无事,准许百官自行选择名胜之地举办宴会。当时侍从官、馆阁中的官员,各自举行宴会,以至市楼、酒店,往往供帐成为游息的场所。晏公这时很穷,不能出去,独自住在家里,与兄弟们研讨学问。有一天,朝廷选择东宫官,忽然从宫中批示任命晏殊。执政官们都不知道是什么原因。第二天向皇上报告,皇上晓谕道:"最近听说馆阁里的官员,没有一个不吃喝玩乐,日以继夜,只有晏殊闭门不出,与兄弟读书。这样谨厚的人,正可以担任东宫官。"晏公接受任命后,得到见皇上的机会,皇上当面告诉任命的用意,晏公语

①　供(gòng 共)帐:陈设帷帐等用具以供宴会或行旅的需要。
②　昆弟:即兄弟,也包括近房和远房的兄弟。讲习:讲论研习。
③　东宫官:太子官属的总称。
④　自中批:又作内批。皇帝在宫中处理事务,直接交付有关机构执行。
⑤　执政:见《近时婚丧礼文亡阙》篇注。
⑥　馆阁:指史馆、昭文馆、集贤院三馆和秘阁。
⑦　质野:质朴粗率。
⑧　具:指酒肴和食器。
⑨　事:侍奉、服事。体:体统规矩。
⑩　眷注:眷,爱重,器重。注,关注。

言质朴,回答说:"臣不是不喜欢吃喝玩乐,只是因为太穷,没有力量去置办酒肴食器。臣如果有了钱,也会去的,只是没有钱不能出门而已。"皇上更加赞赏他为人诚实,懂得侍奉皇帝的规矩,对他眷注日深。到仁宗朝终于被大用。

五五、寇莱公喜燃烛

我国古代一般都点油灯照明,用蜡烛则是奢侈的事情,所以寇准喜用蜡烛就引来许多口舌。当然奢侈终不如节俭好,但说节俭就寿考终吉,奢侈会贬官客死,在封建社会未必一定如此。

邓州花蜡烛名著天下①,虽京师不能造,相传云是寇莱公烛法②。公尝知邓州,而自少年富贵,不点油灯,尤好夜宴剧饮③,虽寝室亦燃烛达旦。每罢官去,后人至官舍,见厕溷间烛泪在地④,往往成堆。杜祁公为人清俭⑤,在官未尝燃官烛,油灯一炷⑥,荧然欲灭⑦,与客相对清谈而已⑧。二公皆为名臣,而奢俭不同如此。然祁公寿考终吉⑨,莱公晚有南迁之祸⑩,遂殁不返,虽其不幸,亦可以为戒也。

(欧阳修《归田录》卷1)

---

① 邓州:治今河南邓县。
② 寇莱公:寇准。参见《曹利用与契丹议岁币》篇注。
③ 剧饮:豪饮,痛饮。
④ 溷(hùn 混):厕所。烛泪:蜡烛燃烧时淌下的蜡像落下的泪。
⑤ 杜祁公:杜衍,字世昌,越州山阴(今浙江绍兴)人。大中祥符间登进士第,历任地方官,入为三司户部副使、御史中丞、知审官院。庆历三年任枢密使,次年拜相,支持庆历新政,新政失败,出知兖州,封祁国公。
⑥ 炷:灯心,灯中火炷。
⑦ 荧然:光线微弱的样子。
⑧ 清谈:魏晋人把讨论玄学叫清谈,这里指清雅的谈话。
⑨ 寿考:高寿。终吉:善终。
⑩ 南迁之祸:寇准在真宗末仁宗初被贬为道州司马,再贬雷州司户参军,迁衡州司马死在当地。

邓州的花蜡烛天下闻名,即使京城也没有人能够制造,相传是用寇莱公的造炬方法。寇莱公曾经出知邓州,而从年轻时就富贵,不点油灯,又特别喜欢晚上开宴畅饮,即使寝室里也通宵达旦地点着蜡烛。每次他离任走了,后来的人到官舍,看到厕所里烛泪流在地上,往往成堆。杜祁公为人清廉节俭,在任时从来没有点过官府的蜡烛,晚间点上油灯一盏,荧荧欲灭,与客人们相对清谈而已。二公都是名臣,而彼此奢侈节俭是这样的不同。但杜祁公高寿善终,寇莱公晚年有贬官南迁之祸,到死没有返回,这虽是他的不幸,但也可以引以为戒。

五六、王文正公嘱后事

王旦迷信佛教虽不值得提倡,但提出不要在棺材中放贵重物品,主张火葬,则仍是可取的,至少比一心要厚葬的人来得高明。

　　本朝眷待耆德①,于仪物之盛②,惟王文正公也③。病深,屡乞骸④,不允。扶掖求对于便坐⑤,面恳之,真宗遣皇太子出幕拜留,曰:"吾方以卿翼吾儿⑥,卿瘦瘠殆此⑦,朕安敢强⑧!"翌日,册拜太尉⑨,诏礼官草仪⑩,就都堂赴上⑪,五日一起居⑫,起居日入中书预

① 眷待:优待,亲厚相待。耆(qí其)德:年高而有德望的人。
② 仪物:原意为礼仪所备的物品,引申为礼节。
③ 王文正公:王旦,字子明,大名府莘县(今山东莘县)人。太平兴国间中进士第,历任知制诰、同判吏部流内铨、知考课院等职,真宗时历任参知政事、宰相,死后谥文正。
④ 乞骸:乞骸骨,又称"乞身"。古代官员因年老自请退休。
⑤ 扶掖:扶持。掖,又着别人的胳膊。便坐:正房以外的别室。
⑥ 翼:扶翼,辅佐。
⑦ 瘠:瘦弱。
⑧ 朕(zhèn阵):古人自称的词。从秦始皇起专用为皇帝的自称。
⑨ 册拜:册是官府文书名。在立后妃,封亲王、皇子,大长公主,拜三师、三公、三省长官时使用,由翰林学士撰文。
⑩ 礼官:指在礼部、礼仪院等官署掌管礼仪的有关官员。
⑪ 都堂:即政事堂,在中书门下,是宰相办公议事之处。
⑫ 起居:请安,问好。

参决①。遇军国重事不限时日并入。至病之革②，公召杨文公于卧
内③，嘱以后事曰："吾深厌烦恼，慕释典④，愿未来世得为苾刍⑤，
林间宴坐⑥，观心为乐。将易箦之时⑦，君为我剃除须发，服坏色
衣⑧，勿以金银之物置棺内。用荼毗火葬之法⑨，藏骨先茔之侧，起
一茆塔⑩，用酬夙愿⑪。吾虽深戒子弟，恐其拘俗，托子叮咛告之。"
又曰："仗子撰遗表⑫，但罄叙感恋而已⑬，慎毋及姻戚。"大年谓曰：
"余事敢不一一拜教，若剃发三衣之事⑭，此必难遵。公，三公也⑮，
万一薨奄⑯，銮辂必有祓桃之临⑰，自当敛赠⑱，公衮岂可加于僧体
乎⑲？"至薨，大年与诸孤协议⑳，但以三衣置柩中㉑，不藏宝货而

①　中书：即中书门下。
②　革(jí急)：通"亟"，危急。
③　杨文公：杨亿，字大年，建州浦城(今福建浦城)人。太宗时赐进士及第，直集贤院，真宗时官至翰林学士、户部侍郎。工诗文，其诗学李商隐，词藻华丽，号"西昆体"。死后谥"文"。
④　释典：佛教典籍，佛经。
⑤　苾刍(bì chú 必除)：一作"苾刍"。梵语，佛教僧人的总称，意为佛的弟子。又说是"比丘"的音转。
⑥　宴坐：闲坐，静坐。宴是闲逸。
⑦　易箦：见《吕蒙正辞让恩荫》篇注。
⑧　坏色衣：又称"坏衣"。梵语"袈裟"的意译，即僧衣，僧尼避青黄红白黑五种正色，而以其他不正的颜色染衣，故称"坏色衣"，坏色即非正色。
⑨　荼毗(tú bì 途必)：又作"荼毗"。梵语音译，意为焚烧，即火葬。
⑩　茆(máo 毛)塔：简陋的塔。茆，通"茅"。
⑪　夙(sù 诉)愿：平素的志愿。
⑫　遗表：官员临终前所撰表文，死后由其家属申报朝廷，太中大夫(从四品)以上官员老死者，在申报退休的同时上遗表，朝廷给予恩典。
⑬　罄(qìng 庆)叙：畅叙，充分叙述。罄，容器中空，引申为尽、完。
⑭　三衣：佛教僧尼的袈裟，分为大衣、上衣、内衣三种，合称"三衣"。
⑮　三公：宋承唐制，先以太尉、司徒、司空为三公，不常设置，皆宰相、亲王等加官，其中特别任命者不参预政事。徽宗政和二年(1112年)以太师、太傅、太保为三公，并以三公为宰相，南宋仍以三公为加官。
⑯　薨(hōng 轰)奄：唐、宋时代三品以上官员死亡，称为"薨"。奄，奄息，本意为急遽，这里指生命倏忽。薨奄，是"死"的委婉说法。
⑰　銮辂(luán lù 峦路)：又称"銮驾"。皇帝的车驾，帝王的代称。祓桃(fú tiáo 弗佻)：祓是为除灾去邪而举行的一种仪式，桃是祖庙，祓桃是祭奠。
⑱　敛：通"殓"。赠(fù 付)，赠以财物助人办丧事。
⑲　公衮(gǔn 滚)：三公的礼服。衮，古代帝王及上公的礼服。
⑳　孤：又称"孤子"。居父丧者。
㉑　柩：已装遗体的棺材。

已。寿六十一,配享真宗庙廷①。

(文莹《续湘山野录》)

　　本朝优待年高而有德望的大臣,而在礼节方面的隆重,要推王文正公。他病重时,多次请乞骸骨,朝廷不允许。由人扶掖着求对于便坐,当面恳求,真宗让皇太子走出帐幕前拜留并说:"我正依靠卿来辅翼我儿,卿瘦弱得这个样子,朕怎敢勉强!"第二天,册封他为太尉,下诏命令负责礼仪的官员起草礼制,在都堂办公,每五天去皇帝处请安一次,请安的那天到中书参预商定政事,遇到军国重事,不限时间随时进入。到他病势危急的时候,他把杨文公请到卧室,托付后事说,"我最讨厌人世的烦恼,而仰慕佛典,希望来世能够成为一个出家人,在林间闲坐,以观心为乐。临终的时候,你替我剃去胡须和头发,穿上袈裟,不要将金银的物品放棺木里。用荼毗火葬的办法,把遗骨埋在祖先坟墓的一边,盖造一座简陋的塔,以实现我平素的心愿。我虽然深切告诫子弟,只怕他们拘泥于习俗,所以托你再三嘱咐他们。"又说:"要靠你来写遗表,只须尽量讲述感恋就行,千万不要提到亲戚。"杨大年回答说:"其他事情不敢不一一领教,但像剃掉头发穿上三衣这些事,肯定难以遵命。公,即是三公,一旦去世,皇上一定要到你家来祭奠,自然要赗赠,三公的礼服怎么能加到和尚的身上呢?"到王旦去世后,杨大年与王旦的儿子们商议,决定只放三衣在棺材中,不藏珍宝。他享年六十一,陪享真宗庙廷。

五七、刘丞相谢罪

　　旧社会"一人得道,鸡犬升天",有权势者的亲戚族人一般少有人敢得罪。程珦敢责令宰相刘沆的族人清偿积欠官租,而刘沆不仅不见

---

①　配享:又称"配飨"。指功臣死后,在帝王宗庙中陪享,也有极少数名儒可进孔庙配享。

怪,见了程珦还礼貌有加,在当时确实都很难得。

　　　　刘丞相在位时①,族人偶有逋负官租数十万②,丞相不知也。
前后官吏望风不敢问③。程公珦为庐陵县尉④,主赋事,追逮囚
系⑤,责令尽偿而后已。或以告丞相,丞相曰:"赋入不时,吾家之
罪,县官安可屈法也⑥!"乃致书谢之。后珦罢官至京师,丞相延
见⑦,礼貌有加。珦出,谓人曰:"刘公伟量,非他人能及,真宰相也!"
　　　　　　　　　　　　　　　　　　　(曾敏行《独醒杂志》卷5)

　　刘丞相在位时,族人中有拖欠了官租达几十万钱的,丞相并不知
道。前后官员观望风色不敢过问。程公珦来做庐陵县尉,主管征收租
赋,把这个拖欠赋税的追查逮捕关了起来,责令他全部交清才释放。有
人告诉了丞相,丞相说:"赋税不及时上缴,是我家的罪过,县官怎么可
以徇情枉法呢?"于是写信向程珦表示歉意。后来程珦罢官来到京城,
丞相请他见面,对待他特别有礼貌。程珦出来后,对人家说,"刘公的
器量伟大,别人难以相比,真是位宰相啊!"

五八、陈尧咨与卖油翁

　　通过卖油翁注油这件事,说明凡事熟能生巧,有一技之长者还是不

---

① 刘丞相:刘沆,字冲之,吉州永新(今江西永新县)人。宋仁宗初登进士第,历任知衡州、户部判
　　官、知制诰、知潭州等。皇祐三年(1051年)任参知政事,迁宰相,被劾,出知应天府,死后其家不
　　敢请谥。
② 逋(bū 晡):拖欠。
③ 望风:观望风头。
④ 程公珦(xiàng 向):程珦,字伯温,河南府人。历任黄陂县尉、通判南安军及知龚、磁等州,神宗时
　　反对新法,退职。子程颢、程颐,是著名的理学家。庐陵县,吉州的治所,今江西吉安市。尉:官
　　名。尉司的长官,统辖本县的弓手,维持治安,或兼巡捉私茶盐矾。
⑤ 逮:捉。
⑥ 屈法:违法,以私意歪曲法律。
⑦ 延:邀请。

要沾沾自喜为好。

> 陈康肃公(尧咨)善射①,当世无双,公亦以此自矜②。尝射于家圃,有卖油翁释担而立,睨之,久而不去③,见其发矢十中八、九,但微颔之④。康肃问曰:"汝亦知射乎? 吾射不亦精乎?"翁曰:"无他,但手熟尔。"康肃忿然曰⑤:"尔安敢轻吾射!"翁曰:"以我酌油知之⑥。"乃取一葫芦置于地,以钱覆其口,徐以杓酌油沥之⑦,自钱孔入而钱不湿,因曰:"我亦无他,惟手熟尔。"康肃笑而遣之。此与庄生所谓"解牛"、"斫轮"者何异⑧。

(欧阳修《归田录》卷 1)

陈康肃公(尧咨)擅长射箭,当时没有人比得上他,他也因此而自夸。他曾经在自家的园圃中射,有一个卖油的老翁放下担子站在那里,斜着眼睛看,很久不离开,看到康肃射出的箭十中八九,仅仅略微点点头。康肃问道:"你也懂得射箭吗? 我的箭射得不精吗?"老翁说:"没有什么,只不过手熟罢了。"康肃气愤地说:"你怎敢小看我的箭法!"老翁说:"我是从我酌油知道的。"便拿出一个葫芦放在地上,把一枚铜钱盖住葫芦口,慢慢地用杓舀油沥进去。油从铜钱眼里进去,而铜钱不沾湿。老翁说:"我也没有什么,只不过是手熟罢了。"康肃笑着打发他走了。这与庄周所说的"解牛"、"斫轮"的事情有什么不同。

---

① 陈康肃公(尧咨)(zī 资):陈尧咨,字嘉谟,阆州阆中(今四川阆中)人。咸平间状元,历任知光州、荆南府、永兴军、潭州、天雄军等,拜武信军节度使,工隶书,善射。卒谥康肃。

② 自矜(jīn 斤):自高自大,自夸。

③ 睨(nì 逆):眼睛斜着向旁边看,有轻视之意。

④ 颔(hàn 汗):下巴;点头,表示赞许。

⑤ 忿(fèn 奋):生气,怨恨。

⑥ 酌:斟,倒。

⑦ 杓:见《各地岁时习俗》篇注。沥:滴下,注入。

⑧ 庄生:庄子,名蒻,战国时哲学家,宋国蒙(今河南商丘东北)人。解牛、斫轮:见《庄子·养生主篇》"庖丁解牛"节和《庄子·天运篇》"轮扁斫轮"节,主要是谈到各行各业各有技术精湛的能手,高明的技术得各人的实践,往往不可言传。后来这两件事和人多被用作高妙技术和高手、能手的代称。斫(zhuó 浊):砍。

五九、李　国　舅

　　从李宸妃和李国舅姐弟俩悲欢离合的故事,可见宋代门第观念已基本消失,极少数贫苦百姓也能够跻身贵族官僚行列。

　　李太后始入掖庭①,才十余岁,惟有一弟七岁。太后临别,手结刻丝鞶囊与之②,拍其背泣曰:"汝虽沦落颠沛,不可弃此囊,异时我若遭遇,必访汝,以此为物色也。"言讫,不胜呜咽而去。后其弟佣于凿纸钱家,然常以囊悬于胸臆间,未尝斯须去身也③。一日苦下痢,势将不救,为纸家弃于道左。有入内院子者④,见而怜之,收养于家。怪其衣服百结而胸悬鞶囊,因问之,具以告院子。院子愁然惊异⑤,盖尝受旨于太后,令物色访其弟也。复问其姓氏、小字、世系甚悉,遂解其囊,明日持入示太后,及具道本末。是时太后封宸妃,时真宗已生仁宗皇帝矣⑥,闻之悲喜,遽以其事白真宗⑦,遂官之,为右班殿直⑧,即所谓李用和也。及仁宗立,太后上仙⑨,谥曰章懿⑩,召用和擢以显官⑪。后至殿前都指挥使⑫,领节钺⑬,

---

①　李太后:宋真宗宸妃(987—1032),杭州人。初入宫,为真宗司寝,生仁宗,真宗刘皇后取为己子。仁宗明道元年(1032年)封为宸妃,病死。次年刘皇后亦死,仁宗始知自己乃宸妃所生,追封皇太后。本文叙述李氏封妃时间有误。掖庭:皇宫中的旁舍,是宫嫔居住之处。

②　刻丝:又称缂丝。一种将绘画移植于丝织物的工艺美术品,织造时以单色丝为经,各色丝为纬而与经丝交织。鞶(pán 盘)囊:一种丝质小口袋,类似今天的绣花荷包。

③　斯须:一会儿,片刻。

④　入内院子:宫中的奴仆,宋代贵族官僚都称自己的家仆为院子。

⑤　愁(nì 逆):忧思状。

⑥　真宗:北宋第三代皇帝,公元998—1022年在位。仁宗:北宋第四代皇帝,公元1023—1063年在位。

⑦　遽(jù 据):急忙。

⑧　右班殿直:此处为武臣阶官名,属三班小使臣,后改称保义郎。

⑨　上仙:古人避讳说"死",故称帝后去世为上仙。

⑩　谥(shì 试):帝王大臣等死后追加带有褒意或贬意的称号。

⑪　擢(zhuó 茁):提拔。

⑫　殿前都指挥使:北宋禁军统帅,俗称"殿帅"。

⑬　节钺:(yuè 阅):符节和斧钺,古代授与将帅,作为加重权力的标志。宋代以此代表节度使衔。

赠陇西郡王,世所谓李国舅者是也。

(魏泰《东轩笔录》卷2)

　　李太后最初入掖庭,才十多岁,只有一个七岁的弟弟。太后临别的时候,亲手月刻丝做成一个小囊给他,拍着他的背哭着说:"你即便生活沦落颠沛,也不要丢掉这个囊,将来我如果显贵起来必定寻找你,就用它作为凭信。"说罢禁不住哭着走了。后来他的弟弟被一户凿纸钱的人雇佣,但常把囊挂在胸前,没有一刻离开过身。一天他困于痢疾,看上去已没法救治,凿纸钱家便将他遗弃在路边。一名在宫中当差的院子,见到了觉得可怜,收养在家里。见到他衣服极其破烂而胸前挂着丝织的小囊,问他,他都告诉了院子。院子怃然惊异,原来他曾经接受太后的旨意,让他物色此囊以寻找他的弟弟。院子再问他的姓氏、小名、世系很详细,就解下囊,第二天带他入宫给太后看,并讲了事情经过。这时,太后被封为宸妃,已和真宗生下了仁宗皇帝,听到这个消息后又悲又喜,急忙把事情告诉真宗,就授他官职,做右班殿直,就是所谓的李用和其人。到仁宗即位,太后去世,谥曰章懿,召见李用和升擢显官。后来做到殿前都指挥使,领节钺,赠陇西郡王,世称李国舅的便是。

六○、陈秀公见荆公

　　过去做官人的恶习之一就是摆官架子,讲排场,这里讲的陈升之就是如此。而王安石能反其道而行之,到今天仍值得我们学习。

　　陈秀公罢相①,以镇江军节度使判扬州②。其先茔在润州③,

----

① 陈秀公:陈升之,初名旭,字旸叔,建州建阳(今福建建阳)人。景祐间登进士第,历任侍御史知杂事、知谏院,神宗时拜同平章事、集贤殿大学士,封秀国公。
② 镇江军:润州(治今江苏镇江)的军号。节度使:唐后期节度使为一方最高长官,世称藩镇。宋时成为武臣高级虚衔,用以寄禄,俸禄高于宰相,并给仪仗,称为旌节。判:宋初官员出任州官,官品与职相应称知州,官品高于职者称判,不久改为辅臣、宣徽使、太子太保、仆射称判,其他都称知州。扬州:治今江苏扬州。
③ 先茔:祖先坟墓。

而镇江即本镇也。每岁十月旦、寒食①,诏许两往镇江展省②。两
州送迎,旌旗舳舰③,官吏锦绣,相属于道④,今古一时之盛也。

是时,王荆公居蒋山⑤,骑驴出入。会荆公病愈,秀公请于朝,
许带人从往省荆公⑥,诏许之。舟楫衔尾⑦,蔽江而下⑧,街告⑨,而
于舟中喝道不绝⑩,人皆叹之。荆公闻其来,以二人肩鼠尾轿⑪,迎
于江上。秀公鼓旗舰舳正喝道,荆公息于芦苇间驻车以俟⑫。秀
公令就岸,大船回旋久之,乃能泊而相见⑬。秀公大惭,其归也,令
罢舟中喝道。

(王铚《默记》卷中)

陈秀公被免去宰相的官职,以镇江军节度使出判扬州。他先人的
坟墓在润州,而镇江军就是他所带节度使官衔的本镇。每年十月初一
日和寒食节,下诏准许他去镇江省视祭扫两次。两州接送,旌旗舳舰,
官吏穿着锦绣,路上络绎不绝,真极古今一时之盛况。

当时,王荆公住在蒋山,骑驴进出。正好荆公病愈,秀公请示朝廷,
要求准许他带领随从去看望荆公,朝廷同意了。秀公的船只前后衔接,
蔽江而来,沿路已经布告百姓,在船上不停地喝道,弄得人们只好都叹

---

① 寒食:自冬至后一百零五天为寒食节。又称"百五节"、"禁烟节"。寒食前后三天,家家停止烟
火,只吃冷食。寒食第三天为清明节。
② 展省:展敬省亲。
③ 舳(zhú 竹)舰:大船。
④ 相属:互相接连。
⑤ 王荆公:即王安石。见《王荆公择邻》篇注。蒋山:即钟山,一名紫金山,今江苏南京东北。
⑥ 省:问候、看望。
⑦ 楫:划船的短桨。衔尾:前后相接。
⑧ 蔽:蒙蔽,遮蔽。江:大江,即长江。
⑨ 街告:宋制,节度使出行,由一千名士兵充作卫队,持节者前驱,路人回避。法令规定"冲节者
斩",这街告就是沿路布告百姓。
⑩ 喝道:官员出行,前导吏役呼喝,使行人闻声让路。
⑪ 肩:担荷。鼠尾轿:一种小轿,用二人抬。
⑫ 驻:车马停止。
⑬ 泊:停船靠岸。

气。荆公听说他要来,坐上两个人抬的鼠尾轿,到江边迎接。秀公击鼓张旗的舰舳正在喝道,而荆公在芦苇中休息,停着轿子等待。秀公叫靠岸,大船在江中旋了很久,才能够停下相见。秀公极其惭愧,回去时叫坐船不再喝道。

六一、王介甫嫁女

　　封建社会里显贵人家也并非都一味讲奢华,这里所说王安石夫人用名贵的蜀锦制帐给女儿作嫁妆,而受到皇帝的批评,就是一个例子。这对今天青年人结婚大摆排场应该起点教育作用。

　　　王介甫以次女适蔡卞①,吴国夫人吴氏骤贵②,又爱此女,乃以天下乐晕锦为帐③。未成礼,而华侈之声已闻于外。神宗一日问介甫,云:“卿大儒之家④,用锦帐嫁女?”甫谔然无以对⑤。归问之,果然,乃舍之开宝寺福胜阁下为佛帐⑥。明日再对,皇惧谢罪而已。

　　　　　　　　　　　　　　　　　　　(曾纡《南游记旧》)

　　王介甫(安石)把第二个女儿嫁给蔡卞,吴国夫人吴氏因为刚富贵,加上疼爱这个女儿,就用天下乐晕锦来做帐幔。还没有举行婚礼,说他们浮华奢侈的话已经传播开来。神宗有天问介甫说:“卿是大儒之家,怎么用锦帐来嫁女?”介甫吃了一惊,没有话可以回答。回到家

---

① 王介甫:即王安石,参见《王荆公择邻》篇注。蔡卞:字元度,兴化军仙游(今福建仙游)人。蔡京弟,王安石婿。神宗熙宁间登进士第,历任起居舍人、侍御史等,哲宗时历任中书舍人、尚书左丞,徽宗时知大名府,迁知枢密院。
② 吴国夫人吴氏:王安石妻,吴芮女,吴国是吴氏的封号,能诗词。
③ 天下乐锦:一种蜀锦,由成都府路转运司锦院织造。
④ 儒:泛指学者。
⑤ 谔:通“愕”,惊讶。
⑥ 开宝寺福胜阁:北宋京城著名佛寺之一。规模宏大,有房二百八十区、二十四院,是皇帝经常游赏和祈祷的地方。

里一问,果然如此,就把锦帐施舍给开宝寺的福胜阁作为佛帐。第二天再奏对时,慌忙地请罪。

六二、"好 舍 人"

孝敬父母是人类的天德。王安石按照传统习惯,离职守孝,极为虔诚,被人误认为老兵,在当时是很不容易的。

> 王荆公知制诰丁母忧①,已五十矣,哀毁过甚,不宿于家,以藁秸为荐,就厅上寝于地。是时,潘夙公所善②,方知荆南③,遣人下书金陵④。急足至⑤,升厅,见一人席地坐,露头瘦损,愕以为老兵也,呼院子令送书入宅⑥。公遽取书⑦,就铺上拆以读。急足怒曰:"舍人书而院子自拆可乎⑧?"喧呼怒叫。左右曰:"此即舍人也。"急足皇恐趋出,且曰:"好舍人,好舍人!"
>
> (王铚《默记》卷下)

王荆公任知制诰时遇母亲去世丁忧,当时年纪已五十岁了,悲伤过度,不在内宅住宿,而用稻草麦秆当席垫,在厅堂上睡到地上。当时,潘夙是荆公的好朋友,正知荆南府,派人送书信到金陵来。急足来到,进入厅堂,看到一个人席地而坐,露着头很消瘦,愕然地以为是名老兵,就

---

① 王荆公:王安石。知制诰:官名。北宋前期,翰林学士兼知制诰,负责起草制、诰、令、德音等,称内制;其他官员兼知制诰,也负责起草以上文书,称外制。丁忧:父母亡故。宋制,官员丁忧,一般解除官职,戴孝三年(实为27个月)。
② 潘夙:宋神宗时人,字伯恭。
③ 荆南:府名,治今湖北江陵。
④ 金陵:江宁府的别称,治今江苏南京。
⑤ 急足:急行传递书信的人,属递铺管辖,日行一百里。
⑥ 院子:见《李国舅》篇注。
⑦ 遽:急、骤然。
⑧ 舍人:王安石当时任中书省的舍人而知制诰,这舍人在中书省是仅次于中书令、中书侍郎的重要官职。

招呼院子叫把书信送进内宅。荆公急忙取过书信，坐在铺上拆开阅读。急足生气地说："舍人的书信而院子自行拆看能行吗？"高声怒叫。旁边的人对他说："这就是舍人。"急足惊慌地走出门，嘴里说道："好舍人，好舍人！"

六三、王荆公择邻

王安石重视对子女的教育，希望找到一位治家事事可法的邻居，这种精神在今天看来还是可取的。

> 先公言：与阎二丈询仁同赴省试①，遇少年风骨竦秀于相国寺②。及下马去毛衫，乃王元泽也③。是时盛冬，因相与于一小院中拥メ。询仁问荆公出处，曰："舍人何久召不赴④？"答曰："大人久病，非有他也。近以朝廷恩数至重，不晚且来。雰不惟赴省试，盖大人先遣来京寻宅子尔。"询仁云："舍人既来，谁不愿赁宅，何必预寻？"元泽答曰："大人之意不然，须与司马君实相近者⑤，每在家中云：'择邻必须司马十二⑥，此人居家事事可法，欲令儿曹有所观效焉。'"

（王铚《默记》卷下）

先父说：与阎二丈询仁一起参加礼部考试，在相国寺遇到了一位风格挺秀的少年。等他下马脱去毛衫，原来是王元泽。这时正值严冬，因

---

① 二丈：阎询仁排行第二，本文作者王铚是他的小辈，故尊称"丈"。省试：又称礼试、南省礼。为宋代贡举考试方式之一。因礼部属尚书省，故名。
② 竦（sǒng 耸）：挺拔。相国寺：北宋京城内著名的佛寺，寺内定期设市，中庭两庑可容万人，四方商旅来京，皆聚于此。
③ 王元泽：王雱，王安石之子，字元泽。
④ 舍人：中书省舍人的简称，此处用来称王安石。
⑤ 司马君实：司马光，字君实。
⑥ 司马十二：司马光排行十二。

此一起坐在小院里烤火取暖。询仁向他打听荆公的出处,说:"舍人为什么久召而不来京城?"答道:"大人长期生病,并非有其他缘故。最近因为朝廷给予的恩典极重,不久就会来的。雱这次不仅是要参加省试,而且是大人先派来京师寻找住宅的。"询仁说:"舍人既来,哪个人不愿意出赁住宅,何必预先寻找呢?"元泽答道:"大人不是这个意思,他是想找与司马君实靠近的,常在家里说:'选择邻居必须司马十二,这个人居家事事可以效法,想叫小儿们有所观摩学习。'"

六四、书 杨 朴 事

　　苏轼被人诬告捕捉,能用杨朴之妻作诗的故事来为送行的妻子说笑解忧,勾画出他临危不惧和善于自我排解的幽默性格。

　　昔年过洛①,见李公简言②:"真宗既东封③,访天下隐者,得杞人杨朴④,能诗。及召对,自言不能。上问:'临行有人作诗送卿否⑤?'朴曰:'惟臣妾有一首云:更休落魄耽杯酒⑥,且莫猖狂爱咏诗。今日捉将官里去⑦,这回断送老头皮⑧。'上大笑,放还山。"余在湖州⑨,坐作诗追赴诏狱⑩,妻子送余出门,皆哭,无以语之。顾

---

① 洛:即河南府(治今河南洛阳)。
② 李公简:其人不详。
③ 东封:宋真宗在大中祥符元年(1008 年)冬,曾亲赴泰山封禅,并过曲阜县谒孔子庙。
④ 杞(qǐ 企):县名。五代后晋改雍丘县为杞县,后汉复称雍丘,宋沿此称,隶东京开封府。治所在今河南杞县。杨朴:朴一作璞,字契玄,号东野,自称东里遗民,《宋史》作郑州新郑(今河南新郑东北)人。善歌诗,士大夫多传诵。
⑤ 卿:宋皇帝对臣僚、士大夫的称呼。
⑥ 休:不要。落魄:性情放浪,不拘小节。耽:迷恋,沉溺,入迷。
⑦ 官里:衙门里。
⑧ 断送老头皮:指把脑袋丢了。
⑨ 湖州:治今浙江湖州。
⑩ 坐作诗追赴诏狱:苏轼知湖州时,元丰二年(1079 年)御史台官员李定、舒亶等弹劾苏轼写诗讥讽神宗所行新法,将苏押赴京城,在御史台狱羁押四个多月,因御史台别称乌台,故此案件又称乌台诗案。诏狱:宋初,官员犯法,由御史台或开封府、大理寺审讯,仁宗后直接由皇帝下诏委派官员或宦官置狱审讯,称"诏狱"。

语妻曰:"独不能如杨处士妻作诗送我乎①?"妻子不觉失笑,余乃出。

(苏轼《东坡志林》卷2)

往年路过洛阳,听到李公简说:"真宗东封以后,访求天下的隐士,找到了杞人杨朴,会做诗。等到真宗召见他谈话,他自己说不会做诗。皇上问:'临走时有人写诗送卿吗?'杨朴说:'只有臣妻写了一首诗说:更休落魄耽杯酒,且莫猖狂爱咏诗。今日捉将官里去,这回断送老头皮。'皇上听罢大笑,放他回山里去了。"我在湖州,因为做诗被押赴诏狱,妻和孩子送我出门,都哭了,没有话好说。我看着妻子说:"难道你不能够像杨处士妻那样写诗送我吗?"妻不禁笑了起来,我才走出了家门。

六五、东坡与李琦

宋朝做官的习惯叫官妓陪酒,苏轼给歌妓李琦题了诗,使她身价增重,说明苏轼当年尽管已贬官可仍有很大名气。

东坡在黄冈②,每用官妓侑觞③,群姬持纸乞歌词,不违其意而予之。有李琦者,独未蒙赐。一日有请,坡乘醉书:"东坡五载黄州住,何事无言赠李琦?"后句未续,移时,乃以"却似城南杜工部④,海棠虽好不吟诗"足之,奖饰乃出诸人右⑤。其人自此身价增重,

---

① 处士:对隐居不仕的学人的尊称,也有自称处士的。
② 东坡:苏轼,字子瞻,号东坡居士,眉州眉山(今四川眉山)人,北宋著名文学家。神宗时曾任祠部员外郎,因与王安石政见不一,出为杭州通判,后徙知密、徐、湖三州,元丰二年(1079年)被定为撰诗"谤讪朝廷"罪贬谪黄州。黄冈:今湖北黄冈,宋为黄州治所。
③ 侑(yòu 又):劝,陪侍。侑觞(shāng 商):劝酒、陪酒。
④ 杜工部:杜甫,字子美,曾任剑南节度使严武幕僚,被严武表为检校工部员外郎,故称杜工部。
⑤ 右:古人尚右,以右为尊贵、上等。

殆类子美诗中黄四娘①。

(周煇《清波杂志》卷5)

苏东坡在黄冈时,常常让官妓陪酒,官妓们就拿了纸张向他索要歌词,东坡满足她们都给写了。有个叫李琦的,独独没有得到。一天她向东坡提出请求,东坡乘醉写了"东坡五载黄州住,何事无言赠李琦?"后两句还未续上,等了一会,再以"却似城南杜工部,海棠虽好不吟诗"足成,对李琦的夸奖高出了其他人。这个李琦从此身价增重,很有点像杜甫诗中的黄四娘。

六六、朱 氏 盛 衰

这里讲北宋末年以进献花石而暴发的朱勔一家兴衰史,说明当时上层统治的腐朽确已到达不可收拾的地步。

> 朱冲微时②,以常卖为业③,后其家稍温,易为药肆,生理日益进④。以行不检,两受徒刑⑤。既拥多资,遂结交权要,然亦能以济人为心。每遇春夏之交,既出钱米药物,募医官数人,巡门问贫者之疾,从而赒之⑥。又多买弊衣,择市妪之善缝纫者,成衲衣数百⑦,当大寒雪⑧,尽以给冻者。诸延寿堂病僧,日为供饮食药饵,病愈则已。

---

① 黄四娘:杜甫诗《江畔独步寻花七绝句》之中所讲到的人物。
② 朱冲:苏州(治今江苏苏州)人,朱勔之父。因结识蔡京,为蔡营建佛寺阁,蔡以其父子姓名隶属军籍,皆得官。微:低微,贫贱。
③ 常卖:串街走巷叫卖。
④ 生理:赖以谋生的职业,工作。
⑤ 徒刑:刑罚之一,分为三年、二年半、二年、一年半、一年共五等,可依折杖法减刑。
⑥ 赒(zhōu 周):周济,救济。
⑦ 衲衣:用许多碎布补缀而成的衣服。
⑧ 当:值,在。

其子勔①,因赂中贵人以花石得幸②,时时进奉不绝,谓之"花纲"。凡林园亭馆,以至坟墓间所有一花一木之奇怪者,悉用黄纸封识③,不问其家,径取之。有在仕途者,稍拂其意,则以违上命文致其罪④,浙人畏之如虎。花纲经从之地,巡尉护送⑤,遇桥梁则撤以过舟,虽以数千缗为之者,亦毁之不恤。初,江淮发运司于真、扬、楚、泗有转般仓⑥,纲运兵各据地分,不相交越。勔既进花石,遂拨新装运船⑦,充"御前纲"以载之⑧,而以余旧者载粮运,直达京师。而转般仓遂废,粮运由此不继,禁卫至于乏食,朝廷亦不之问也。

勔之宠日盛,父子俱建节钺⑨,即居第创双节堂。又得徽庙御容置之一殿中⑩,监司、郡守必就此朝朔望。勔尝预曲宴⑪,徽宗亲握其臂与语,勔遂以黄罗缠之,与人揖,此臂竟不举。弟侄数人,皆结姻于帝族,因缘得至显官者甚众。盘门内有园极广⑫,植牡丹数千本,花时,以缯彩为幕帘覆其上⑬,每花标其名,以金为标榜⑭,如是者里所。园夫、畦子艺精种植及能叠石为山者⑮,朝释负担,暮

---

① 勔:朱勔,宋徽宗时"六贼"之一。与父朱冲皆谄事蔡京、童贯等,在苏州设应奉局,勒索民间奇花异石,运往汴京,称"花石纲",鱼肉百姓二十年之久。
② 中贵人:有权势的宦官。
③ 识(zhì 志):记号,标志。
④ 文致:罗织,玩弄法律条文,陷人于罪。
⑤ 巡尉:巡检和县尉,巡检统率士兵,县尉统率弓手,维持地方治安。
⑥ 发运司:官名,掌管漕运淮、浙、江、湖等六路粮食,以输汴京,兼掌茶盐钱政及荐举官员,其官署称发运使司。乾道间(1165—1173 年)废。真:州名,治今江苏仪征。扬:州名,治今江苏扬州。楚:州名,治今江苏淮安。泗:州名,治今江苏盱眙。转般(搬)仓:北宋在真、扬、楚、泗四州设转般仓,东南各路运米纲船,至此下卸,再由装载量较小的汴河纲船运到汴京等地。
⑦ 装运船:者"纲船"。
⑧ 御前纲:御为对皇帝所作所为及所用物的敬称。
⑨ 建节钺:节为符节,钺为斧钺。是古代授予将帅,作为加重权力的一种标志,宋时建节钺,即获得节度使衔。
⑩ 徽庙:徽宗赵佶。御容:此处指皇帝的画像。
⑪ 曲宴:皇帝游览苑囿,临池垂钓,观看耕作、狩猎等,所到之处,举行宴会,称"曲宴",仅侍从官赴席。
⑫ 盘门:苏州西南角的城门。
⑬ 缯綵:缯,为古代丝织品的总称。綵,为彩色丝绸。
⑭ 标榜:夸耀;题名,书写榜文。
⑮ 畦(qí 其)子:畦为菜圃间划分的长行或治地成畦,分畦栽种。畦子即菜农。

纡金紫①，如是者不可以数计。圃之中又有水阁，作九曲路入之，春时纵妇女游赏，有迷其路者，老朱设酒食招邀，或遗以簪珥之属②，人皆恶其丑行。一日勔败，检估其家资③。有黄发勾者，素与勔不协，既被旨，黎明造其室，家人妇女尽驱之出，虽闾巷小民之家④，无敢容纳。不数日，已墟其圃。所谓牡丹者，皆析以为薪，每一扁牓⑤，以三钱计其值。勔死，又窜其家于海岛⑥，前日之受诰身者尽褫之⑦。当时有谑词云："做园子，得数载，栽培得那花木，就中堪爱。特将一个保义酬劳⑧，反做了今日殃害。诏书下来索金带⑨，这官诰看看毁坏。放牙笏便担屎担⑩，却依旧种菜。"又云："叠假山，得保义，幞头上带着百般村气⑪。做模样偏得人憎，又识甚条制⑫。今日伏惟安置⑬，官诰又来索气⑭。不如更叠个盆山，卖八文十二。"

　　初，勔之进花石也，聚于京师艮岳之上⑮。以移根自远，为风日

<hr>

① 纡(yū 迂)：屈抑；系结，垂。金紫：金印紫绶的简称。宋时指金鱼袋、金带和紫衣，表示得到高官显爵。

② 珥(ěr 耳)：女子的珠玉首饰。

③ 检估：指由官府没收家产后，派人进行查抄和估价。

④ 闾巷：闾，为里巷的门。闾巷也指里巷，泛指民间。

⑤ 扁牓：指标志牡丹花名的牓子，即花名牌，以金为饰。

⑥ 窜：放逐。

⑦ 诰身：又称诰、官告、诰命，是官员的一种委任状。褫(chǐ 齿)：剥去衣服。

⑧ 保义：全称保义郎，武臣官名，原称右班殿直，属三班小使臣之一，政和二年(1112 年)改称保义郎，宋时平民甚至奴仆，也常自称此名。

⑨ 金带：宋制，从三品以上官员服玉带，四品以上官服金带。

⑩ 笏(hù 互)：古代官员上朝时拿着的手板。宋制，文散官五品以上用象牙笏，九品以上用木笏，武臣都用象牙笏。

⑪ 村气：土气，俗气。

⑫ 条制：条贯(办事的程序手续)和法制。

⑬ 伏惟：俯伏思惟，下对上的敬词。安置：宋代对犯罪官员的一种处分。官员被贬谪，指定地区居住，行动受一定限制；其处分轻于编管而重于某州居住。

⑭ 索气：索，为索取，讨取。索气，似为惹气之意。

⑮ 艮(gèn 根去声)岳：政和间(1111—1118 年)在汴京东北用六年时间修筑的一座土山，称"寿山艮岳"，又称"万岁山"。由宦官梁师成主持其事，朱勔从各地搜罗奇花美木、珍禽异兽，运置于此。岳中飞楼杰观雄伟瑰丽。

所残,植之未久,即槁瘁①,时时欲一易之,故花纲旁午于道②。一日内宴,诨人因以讽之③。有持梅花而出者,诨人指以问其徒曰:"此何物也?"应之曰:"芭蕉。"有持松、柏、桧而出者,复设问,亦以"芭蕉"答之。如是者数四④,遂批其颊曰:"此某花,此某木,何为俱谓之芭蕉?"应之曰:"我但见巴巴地讨来⑤,都焦了。"天颜亦为之少破⑥。太学生邓肃有《进花石》诗⑦,大寓规谏之意⑧,至今传于世。

(龚明之《中吴纪闻》卷6)

　　朱冲贫贱的时候,以常卖为职业,后来家境稍稍好起来,改开药店,生意一天天兴隆。因为行为不检点,两次被判处徒刑。拥有大量资财后,就结交权贵,但还能有救人之心。每遇到春夏之交,就拿出钱、米、药物,招募几名医官,挨家挨户替穷人看病,从而救济他们。又买了很多破旧衣服,挑选市上擅长于缝纫的老年妇女,做成几百件衲衣,在大冷大雪天统统施给挨冻的人。那些在延寿堂生病的僧侣,每天给他们供给饮食和药饵,到病好了才作罢。

　　朱冲的儿子朱勔,因为贿赂中贵人以奇花异石受到宠幸,经常不断地进献,称为"花纲"。凡是林园亭馆,以至坟墓之间所有一花一木之奇怪者,都用黄纸封志,不问主人家直接弄走。有的是在做着官的,稍稍违背他的意志,就用违抗皇上命令来罗织罪名。两浙百姓怕他就像

---

① 槁(gǎo搞)瘁:槁,为枯干。瘁,劳累,困病,毁坏。

② 旁(bàng磅)午:交错,纷繁。

③ 诨(hùn 昏去声):见《各地岁时习俗》篇注。讽:用委婉的语言暗示、劝告。

④ 数四:三四次,多次。

⑤ 巴巴:等待,期望。

⑥ 天颜:帝王的容颜。

⑦ 邓肃:字子宏或志宏,南剑州沙县(今福建沙县)人。宣和间太学生,赋诗言守令搜求花石扰民,被斥。《进花石》诗:原题为《花石诗十一章并序》。其诗之九云:"饱食官吏不深思,务求新巧日孳孳。不知均是圃中物,迁远而近盖私私。"之十一云:"安得守令体宸衷,不复区区踵前踪。但为君王安百姓,圃中无日不春风。"

⑧ 规谏:以正言相劝诫。

怕老虎。花纲所经过的地方,巡检使和县尉护送,遇到桥梁就拆掉了让船通过,即使用了几千贯建成的桥梁,也毫不可惜地拆掉。最初,江淮发运使在真州、扬州、楚州、泗州设有转搬仓,负责纲运的兵士各自掌管地界,互不侵越。朱勔进献花石不久,便调拨新造的装运船,充当"御前纲"来装载,而用剩下的旧船装运粮食,直接抵达京师。转搬仓于是废除,粮食运输从此接续不上,禁卫弄得没有粮食吃,朝廷也不去过问。

朱勔一天比一天更受宠幸,父子都建节钺,就在所住第宅创建了双节堂。又得到了徽宗的御容安放在一所殿里,监司、知州每逢初一和十五日一定要在这里朝参。朱勔曾经参加曲宴,徽宗亲自握住他的胳膊与他说话,朱勔便以黄罗裹缠,与别人作揖时,这条胳膊竟然不往上抬。兄弟和侄子几人,都与皇族结亲,凭关系而做上高官的很多。盘门内有个园极大,种了牡丹几千株,开花时,用彩色丝绸做为幕帘遮盖在花上,每一株花都标上名字,还用黄金来题榜,像这样有一里多。园夫、菜农等擅长种植以及能够叠石造山的,早晨刚放下所挑担子,晚上就穿带起金紫,像这样的人多得不计其数。园圃里还有水阁,修筑了九曲的道路通入其中,春天时听任妇女进去游览观赏,有的妇女走迷了路,老朱设酒食加以招待,或者赠送簪珥之类,人们都讨厌他的这种卑劣行为。一朝朱勔倒台,朝廷对他的家产查抄估价。有黄发勾人,向来与朱勔不和,接到圣旨后,大清早跑到朱勔家里,把家属妇女全部赶出去,即使闾巷小民之家,也不敢收留他们。没有几天,园圃已变成了废墟。那些牡丹,都被劈成树柴,每一扁榜,只值三个铜钱。朱勔死后,又把他的家属流放到海岛,以前得到的诰身全被剥夺。当时有一首谑词说:"做园子,得数载,栽培得那花木,就中堪爱。特将一个保义酬劳,反做了今日殃害。诏书下来索金带,这官诰看看毁坏。放牙笏便担屎担,却依旧种菜。"又说:"叠假山,得保义,蹼头上带着百般村气。做模样偏得人憎,又识甚条制。今日伏惟安置,官诰又来索气。不如更叠个盆山,卖八文十二。"

当初,朱勔进贡花石,都聚集到京城的艮岳上。由于从远方连根移植,被风吹日晒所摧残,种植不久,就干枯毁坏了,需要常常更换,所以花纲十分繁忙地来往在道路上。一天内宴,诨人借此讽谏。有一人手拿梅花走出来,诨人指着问他的伙伴说:"这是什么东西?"回答说:"芭蕉。"又有一人手拿松、柏、桧走出来,再问,也用"芭蕉"来回答。像这样连续多次,于是打诨人的耳光道:"这是某花,这是某木,你为什么都说成是芭蕉?"回答道:"我只看到巴巴地讨来,都焦掉了。"天颜也为之一笑。太学生邓肃有一首《进花石》诗,大有规谏的寓意,直到现在还在世上流传着。

六七、吃 菜 事 魔

　　吃菜事魔是宋代官府对摩尼教及其他秘密教派的诬称,这些教徒在当时的闽、浙等地颇有势力,方腊起义时曾有所响应。这条笔记是教外人士所写,其中当然有许多不实之词,如说"以张角为祖"之类。

　　　　吃菜事魔法禁甚严①,有犯者家人虽不知情,亦流远方,财产半给告人,余皆没官。而近时事者益众,始自福建流至温州②,遂及二浙③。睦州方腊之乱④,其徒处处相煽而起。

　　　　闻其法,断荤酒,不事神佛、祖先,不会宾客,死则裸葬⑤。方敛⑥,尽饰衣冠,其徒使二人坐于尸傍,其一问曰:"来时有冠否?"则答曰:"无。"遂去其冠。次问衣履,遂亦去之,以至于尽,乃曰:

---

① 吃菜事魔:官府对摩尼教等秘密教派的诬称。"摩"字与"魔"同音,又该教主张吃素,故又诬称"吃菜事魔"。
② 温州:治今浙江温州。
③ 二浙:两浙路或两浙东路、两浙西路的总称。
④ 睦州:治今浙江建德东。方腊之乱:宣和二年(1120 年),方腊在睦州青溪县(治今浙江淳安西北)率领农民举行起义,攻占睦、歙、杭、处、衢、婺等州县。三年四月被镇压。
⑤ 裸(tǎn 坦):裸露。
⑥ 敛:通"殓",将尸体装进棺材。

"来时何有?"曰:"有包衣①。"则以布囊盛尸焉,云事后至富。小人无识,不知绝酒肉、燕祭、厚葬,自能积财也。又始投其党,有甚贫者,众率财以助,积微以至于小康矣。凡出入经过,不必相识,党人皆馆谷焉。凡物用之无间,谓为一家,故有"无碍被"之说,以是诱惑其众。其魁谓之魔王,右者谓之魔母,各有诱化。旦望人出四十九钱于魔公处烧香②,魔母则聚所得缗钱以时纳于魔王③,岁获不赀云④。亦诵《金刚经》,取"以色见我为邪道"⑤,故不事神佛,但拜日月,以为真佛。说不经,如"是法平等,无有高下",则以"无"字连上句,大抵多如此解释。俗讹以"魔"为"麻",谓其魁为麻黄,或云易魔王之名也。

其初授法,设誓甚重。然以张角为祖⑥,虽死于汤镬⑦,终不敢言"角"字。传言何执中守官台州⑧,州获事魔人,勘鞠久不能得⑨,或言何处州龙泉人,其乡邑多有事者,必得察其虚实,乃委之穷究,何以杂物百数问,能识其名,则非是,而置一羊角其间,余皆名之,至角则不言,遂决其狱。如不事祖先、丧葬之类,已害风俗。而又谓人生为苦,若杀之,是救其苦也,谓之度人。度人多者则可成佛,故结集既众,乘乱而起,日嗜杀人,最为大害。尤憎恶释氏,盖以不杀与之为戾耳⑩。但禁令太严,罕有告者。株连既广,又当籍没,全家流放,与死为等,必协力同心以举。官吏州县惮之,率不敢按,

---

① 包衣:胞衣。
② 旦望:朔望,即初一与月半。
③ 缗钱:用绳索穿起的铜钱。
④ 赀(zī 资):计量。
⑤ 取"以色见我为邪道":《金刚般若波罗蜜经》"法身非相分第二十六",佛世尊撰偈言云:"若以色见我,以音声求我,是人行邪道,不能见如来。"意谓佛身不是色身,而是一个法身,是虚空无相的;如果用人的肉眼、耳朵来求如来佛的形体,就走入邪道,不能见到如来佛的本来面目。
⑥ 张角:东汉末黄巾起义领袖,巨鹿(今河北平乡)人。创建太平道,借治病传教,秘密进行组织工作。
⑦ 汤镬:古代一种酷刑,把人投入大锅中煮死。
⑧ 何执中:处州龙泉(今浙江龙泉)人,字伯通。台州,治今浙江临海。
⑨ 勘:推究。鞠(jū 居):审讯。
⑩ 戾(lì 利):乖张,引申为违反。

反致增多也。

（方勺《青溪寇轨》）

　　吃菜事魔法律上严加禁止,违犯者家里的人虽不知情,也要流配远方,财产一半给予告发的人,其余没收入官。但最近信仰的人日益增多,开始的时候是从福建传到温州的,后来就扩展到两浙地区。睦州方腊骚乱的时候,吃菜事魔者到处煽动起事。

　　听说他们的教规,要不吃荤菜不喝酒,不供奉神佛、祖先,不会请宾客,死后裸体埋葬。入殓时,穿戴好衣帽,派两个人坐在尸体旁边,一个问道:"生下来时有帽子吗?"回答说:"没有。"就摘下死者的帽子。接着问死者的衣服和鞋子,也逐一脱掉,直到脱光,然后再问:"生下来时有什么东西?"说:"有胞衣。"则用布袋装上尸体,这样做认为事后可以致富。小人没有知识,不懂得杜绝了酒肉和宴请、祭祀、厚葬,自然能够积蓄财物。还有开始参加这个教派,有很穷的徒众就捐出财物帮助他,也可积细微以至于小康。凡进出经过,不管是否认识,只要同党都招待住宿吃饭。使用物品不分你我,称为一家,所以有"无碍被"的说法,用这个办法来诱惑徒众。大头目称为魔王,辅佐的称为魔母,各自诱化信徒。初一、十五日徒众每人出四十九文钱去魔公那里烧香,魔母就收集所得到的钱按时上交给魔王,每年所得不计其数。也诵读《金刚经》,取其中所说"以色见我为邪道"的话,从而不信奉神佛,只拜日和月,认为是真佛。他们的说法荒诞不经,如"是法平等,无有高下",断句时则以"无"字接连上句,大致多是这么作解释。民间误以"魔"为"麻",称它的大头目为麻黄。有人认为这是用来改换魔王之名。

　　最初传法,要立很重的誓。但以张角为祖,虽然死于汤镬,也始终不敢说"角"字。相传何执中在台州做官,州里捉到吃菜事魔的人,审讯长久不得结果,有人说何是处州龙泉人,他的家乡有很多事魔的,必定能够察其虚实,于是委派他彻底追查。何拿出一百来种杂物来问被审者,如果能够说出名称,就不是事魔的,其中放一只羊角,被审者对其他物品都能说出名称,到羊角则不说,于是定了案。诸如不奉祀祖先、不举行丧葬之类,已经伤风败俗。而又认为人生痛苦,如果杀掉,就是解除痛苦,称为度人,度人多的可以成佛,所以结集的徒众既多,就乘乱而起,天天要杀人,最为大害。他们特别憎恨佛教,因为佛教不杀生和他们的主张相违背。但是官府禁令太严,很少有人出来告发。株连的范围既宽,又要被没收财产,全家流放,与处死一样,必须协力同心来对付。官吏州县害怕他们,都不敢查问,反而促使徒众增多。

六八、明　　教

　　这是另一种关于摩尼教的记载,说明在南宋时有些上层人物也参加了这种宗教,明教就是人们对摩尼教的另一种称呼。

　　闽中有习左道者,谓之明教。亦有明教经,甚多刻版摹印,妄取《道藏》中校定官名衔赘其后①。烧必乳香②,食必红蕈③,故二物皆翔贵。至有士人、宗子辈,众中自言:"今日赴明教斋④。"予尝诘之:"此魔也⑤,奈何与之游?"则对曰:"不然。男女无别者为魔,男女不亲授者为明教。明教,妇人所作食则不食。"然尝得所谓明教经观之,诞谩无可取,真俚俗习妖妄之所为耳。又或指名族士大夫家曰:"此亦明教也。"不知信否。偶读徐常侍《稽神录》云⑥:"有善魔法者,名曰明教。"则明教亦久矣。

　　　　　　　　　　　　　　　　　(陆游《老学庵笔记》卷10)

---

① 《道藏》:道教的一部大丛书,内容庞杂,除道经外,还收有若干先秦诸子书。赘(zhuì):通"缀",连缀、附着。
② 乳香:橄榄科植物乳香树及其同属植物的树干皮部采得的胶树脂,性温,可入药。
③ 蕈(xùn训):伞菌一类的植物。无毒的可供食用,如蘑菇、香菇等。
④ 斋:明教信徒营斋堂,在此举行宗教仪式,宣讲教义,信徒参加这些活动称"赴斋"。
⑤ 魔:即所谓吃菜事魔之"魔"。
⑥ 徐常侍:即徐铉。字鼎臣,扬州广陵(今江苏扬州市)人,五代宋初文人,官至散骑常侍。《稽神录》:徐铉撰,皆记神怪故事。

福建有传习邪教的，称为明教。也有明教经，刻版摹印了很多，胡乱拾取《道藏》中校定官员的姓名和官衔连缀在经后。他们只烧乳香，必吃红蕈，所以这两种物品都昂贵。甚至有些士人、宗室，当众自称："今天去赴明教斋。"我曾经质问过他们："这是魔，怎么与它混到一起？"他们便回答道："不然。男女没有分别的才是魔，男女不亲授的是明教。明教规定，妇女所做的食物就不吃。"但我曾经得到所谓的明教经观看，都是虚妄浮夸，一无可取，实在是鄙俗传习妖妄者所编造。有人指着名族士大夫家说，"这家也是明教。"不知道是否确实。偶尔看到徐常侍《稽神录》中说："有善于魔法的人，称为明教。"可见明教也流传得很久远了。

六九、文山书为北人所重

这条笔记讲河间府烧饼店主人珍藏文天祥的墨迹，视为传家宝，说明抗敌英雄人物在普通群众中享受着何等崇高的地位。

平江赵昇卿之侄总管号中山者云①：近有亲朋过河间府②，因憩道旁，烧饼主人延入其家。内有小低阁，壁帖四诗，乃文宋瑞笔也③。漫云④："此字写得也好，以两贯钞换两幅与我⑤，如何？"主人笑曰："此吾传家宝也，虽一锭钞一幅⑥，亦不可博。咱们祖上亦是宋民，流落在此。赵家三百年天下，只有这一个官人⑦，岂可轻

① 平江：元代路名，治今江苏苏州。赵昇卿：其人不详。总管：元代官名。除大都、上都两路外，各路设总管府，以总管为长官，管理民政。中山：即赵与俦，号中山，江西南丰州（今江西南丰）人。
② 河间府：此处沿用宋地名称。元代改设河间路，治今河北河间县。
③ 文宋瑞：文天祥，字宋瑞，号文山，吉州吉水县（今江西吉水）人。宝祐四年进士第一，历任知瑞州、江西提刑、湖南提刑、知赣州，度宗时任右相兼枢密使，率兵抗元，祥兴元年兵败被俘，送大都（今北京市）囚禁三年，从容就义。
④ 漫：随便，漫不经意。
⑤ 钞：元初发行中统宝钞，以银为本，两贯钞值银一两。
⑥ 锭：元代钞法以钞一贯为一两，五十贯为一锭。
⑦ 官人：百姓对官员的尊称。

易把与人邪？文丞相前年过此与我写的，真是宝物也。"斯人朴直可敬如此，所谓公论在野人也①！

（周密《癸辛杂识》续集卷下）

　　平江赵昇卿的侄儿任总管号中山的说：最近有亲友经过河间府，因为在路边休息，烧饼店主人邀请他到自己的家里。里边有一个小低阁，墙壁上贴了四首诗，是文宋瑞的手笔。他随便说："这字写得也好，拿两贯钞换两幅给我，怎么样？"主人笑着说，"这是我的传家宝，即使一锭钞换一幅，我也不换。咱们祖上也是宋朝百姓，流落在这里。赵家三百年天下，只有这么一个官人，怎么可以轻易地给人啊？文丞相前年经过这里替我写的，真是宝贝。"这个人如此朴直可敬，所谓公论在野人啊！

七○、二 张 援 襄

　　蒙古灭宋中攻取襄阳是一大战役。这篇文字详细记述宋民兵部官张顺、张贵率师援襄的英勇事迹，值得炎黄子孙景仰学习。

　　　襄、樊自咸淳丁卯被围以来②，生兵日增。既筑鹿门之后③，水陆之防日密。又筑白河④、虎头及鬼关于中⑤，以梗出入之道⑥。自是孤城困守者凡四五岁，往往扼关隘不克进⑦，皆束手视为弃物。所幸城中有宿储可坚忍，然所乏盐、薪、布帛为急。时张汉英守樊城⑧，募善泅者，置蜡书髻中，藏积草下，浮水而出。谓鹿门既

---

① 野人：村野之人。
② 襄：襄阳府，治今湖北襄樊。樊：樊城，在汉水北岸，与襄阳府城隔江对峙。咸淳：宋度宗年号（1265—1274 年），共十年。
③ 鹿门：山名。在襄阳府治东南，蒙古兵围攻襄、樊，在鹿门山外筑土墙。
④ 白河：河名。在襄阳府东。
⑤ 虎头：山名。在襄阳府南。鬼关，其地不详。
⑥ 梗：阻塞，妨碍。
⑦ 克：能够，胜任。
⑧ 张汉英：庆元府奉化（今浙江奉化）人，度宗咸淳间守樊城。

筑,势须自荆、郢进援①。既至隘口,守者见积草颇多,钩致欲为焚爨用,遂为所获,于是郢、邓之道复绝矣②。

　　既而荆阃移屯旧郢州③,而诸帅重兵皆驻新郢及均州河口以扼要津④。又重赏募死士,得三千人,皆襄、郢西山民兵之骁悍善战者⑤。求将久之,得民兵部官张顺、张贵(军中号张贵为矮张),所谓大张都统、小张都统者⑥,其智勇素为诸军所服。先于均州上流名中水峪立硬寨⑦,造水哨轻舟百艘,每艘三十人,盐一袋,布二百。且令之曰:"此行有死而已,或非本心,亟去,毋败吾事。"人人感激思奋。是岁五月,汉水方生,于二十二日,稍进团山下⑧。越二日,又进高头港口⑨,结方阵。各船置火枪⑩、火炮⑪、炽炭、巨斧、劲弩。夜漏下三刻⑫,起碇出江⑬,以红灯为号。贵先登,顺为殿,乘风破浪,径犯重围。至磨洪滩以上⑭,敌舟布满江面,无罅可入⑮。鼓勇乘锐,凡断铁絙攒杙数百⑯,屯兵虽众,尽皆披靡避其锋⑰。转

① 荆:即荆门军,治今湖北荆门。郢:即郢州,治今湖北钟祥。
② 邓:即邓州,治今河南邓县。
③ 阃(kǔn捆):制置使司、安抚使司等军事机构的别称。荆阃:指江陵府制置使司。江陵府一度称荆南府,故简称"荆"。旧郢州:在湖北钟祥县西南,汉水北岸。以石为城。
④ 新郢:在湖北钟祥西南,汉水南岸。均州:治今湖北郧县西南。
⑤ 西山:山名,襄阳府南漳县(今湖北南漳东)西北的荆山以西,冈岭相接,统称西山。
⑥ 都统:都统制的简称。是各屯驻军的统兵官,其副职为副都统制,以下为各统制。张顺为鄂州左水军都统制。
⑦ 中水峪(yù裕):其地不详。
⑧ 团山:山名。在襄阳府城西北三十里。
⑨ 高头港口:在襄阳府西北清泥河沿岸。
⑩ 火枪:又名突火枪。一种管形火器。用长竹竿为筒,装上火药和子窠,点燃后,子窠射出,是后代管形枪炮的创始。
⑪ 火炮:最初是一种燃烧性火器,将黄蜡、松脂等流质与火药和匀,外裹纸衣,再涂松脂,做成十多斤重的圆球,用抛石机投射。后发展成爆炸性火器,用生铁铸成形似匏状的容器,内装火药等,点燃药线后,用抛石机投放,爆炸时声震如雷。
⑫ 漏:即刻漏,古代的一种滴水计时仪器。刻:时间单位,古代用漏壶计时,一昼夜共一百刻。
⑬ 碇:系船的石礅。
⑭ 磨洪滩:在襄阳府西北汉水中。
⑮ 罅(xià下):缝隙。
⑯ 絙(gēng耕):通"緪"。粗索。攒:聚集。杙(yì亦):小木桩。
⑰ 披靡:形容军队惊慌溃败,不能立足,如同草木随风倒伏。

战一百二十余里，二十五日黎明，乃抵襄城。城中久绝援，闻救至，人人踊跃，气百倍。及收军点视，则独失张顺，军中为之短气①。越数日，有浮尸溯流而上②，被介胄，执弓矢，直抵浮梁，视之顺也，身中四枪六箭，怒气勃勃如生③，军中惊以为神，结冢敛葬④，立庙祀之。然自此围益密，水道连锁数十里，以大木下撒星桩⑤，虽鱼鳖不得度矣。

　　外势既蹙⑥，贵乃募壮士至夏节使军求援⑦，得二人，能伏水中数日不食，使持书以出，至桩若栅，则腰锯断之，径达夏军⑧。得报而还，许以军五千驻龙尾洲以助夹击⑨。刻日既定⑩，贵提所部军点视登舟，失帐前亲随一人，乃宿来有过遭挞者⑪。贵惊叹曰："吾事泄矣！然急出，或未及知耳。"乃乘夜鼓噪冲突⑫，断絙破围前进，众皆辟易⑬。既度险要之地，时夜半天黑，至小新城⑭，敌方觉，遂以兵数万邀击之。贵又为无底船百余艘，中立旗帜，各立军士于两舷以诱之⑮，敌皆竞跃以入，溺死者万余，亦昔人未出之奇也。至钩林滩⑯，将近龙尾洲，远望军船栉栉⑰，旗帜纷纭⑱，贵军皆喜

---

① 短气：丧气。
② 溯：通"溯"。逆流而上。
③ 勃勃：旺盛的样子。
④ 冢(zhǒng 肿)：高起的坟墓。
⑤ 撒星桩：一种分散打入河底以阻碍船只通过的木桩群。
⑥ 蹙(cù 促)：紧迫。
⑦ 夏节使：夏贵，字用和，世居昭信军，后徙永丰。以军功累迁吉州刺史、知怀远军，宝祐六年除兼河南招抚使，咸淳四年后任沿江制置副使兼知黄州，历知庐州、重庆府，宣抚两淮，为南宋末年的大将，景炎元年以淮西降元。张贵派人求援时，夏贵率军驻扎郢州。
⑧ 径：径直，一直。
⑨ 龙尾洲：在襄阳府东南三十里的汉水中。
⑩ 刻日：限定日期。
⑪ 挞：用鞭子或棍子打。
⑫ 鼓噪：击鼓呼叫。
⑬ 辟易：惊惶退避。
⑭ 小新城：在襄阳府东南十里，蒙古军包围襄、樊时所筑。
⑮ 舷：船的两侧。从船尾向船头看，右边叫右舷、左边叫左舷。
⑯ 钩林滩：一作勾林滩。
⑰ 栉栉：形容排列很密。
⑱ 纷纭：盛多的样子。

跃,举流星火以示之。军船见火,皆前相迎,逮势近欲合①,则来舟北军也②。盖夏军前二日以风雨惊疑,退屯三十里矣。北军盖得逃卒之报,遂据洲上,以逸待劳。至是,既不为备,杀伤殆尽。贵身被数十创,力不支,遂为生得,至死不屈。此是岁十一月十七日夜也。北军以四降卒舁尸至襄,以示援绝,且谕之降。吕帅文焕尽斩四卒③,以贵附葬顺冢,为立双庙,尸而祝之④,以比巡⑤、远⑥。明年正月十三日,樊城破;三月十八日,襄阳降。此天意,非人力也!

同时有武功大夫范天顺者⑦,与顺、贵同入襄。及襄城降,仰天大呼曰:"好汉谁肯降,便死也做忠义鬼。"就所守地分自缢而死。又有右武大夫、马军统制牛富⑧,樊城守御,立功尤多。城降之际⑨,伤重不能步,乃就战楼触柱数四⑩,投身火中而死。

此事亲得之襄州顺化老卒⑪,参之众说,虽有微异,而大意则同。不敢以文害辞没其实,因直书之,以备异时之传忠义者云。

(周密《齐东野语》卷18)

襄阳、樊城从咸淳丁卯(1267年)被围以来,北军的生力军日益增多。他们筑起鹿门山土墙以后,水陆之防日益严密。又在其中建筑了

---

① 逮:及,到。
② 北军:即蒙古军。作者周密在元朝初年写成此书,故不像宋人对蒙古军使用贬称,而称为北军。
③ 吕文焕:安丰军安丰(今安徽寿县西南)人,咸淳三年以功累迁知襄阳府兼京西安抚副使,坚守襄阳五年,九年接受元朝招降,以襄阳附元。
④ 尸而祝之:古代祭祀时充当尸(代表死者受祭的活人)和祝的人,引申为崇拜的意思。
⑤ 巡:张巡,邓州南阳(今河南南阳)人,开元中进士及第,安史乱时在睢阳(今河南商丘)起兵,与太守许远共同抗敌,城陷不屈被害。
⑥ 远:即许远。
⑦ 武功大夫:原皇城使,属东班诸司使,没有职权,仅为升转的官阶,政和二年改为武功大夫。范天顺:原本作范大顺,误,荆湖都统制,带右领卫将军。自尽殉国后,追赠静江军承宣使。
⑧ 右武大夫:原称西上阁门使,政和二年改称右武大夫,是武臣的另一阶官。牛富:安丰军霍邱(今安徽霍邱)人。原为制置使司游击寨士兵,以军功迁为湖北总管司马军统制,坚守襄阳六年,城破自尽,追赠舍州观察使,谥忠烈。
⑨ 城降:《宋史·牛富传》都作樊城"城道"。从本文前后看,樊城是被攻破的,不能称"城降"。
⑩ 数四:三四次,多次。
⑪ 顺化:宋军番号之一。

白河,虎头山和鬼关等堡,以阻塞出入的通道。从此宋军困守孤城长达四五年,往往因为北军控制了关隘而不能派兵救援,都束手无策把它当作弃物。所幸城里有原先的积贮还可以坚持,但最为紧急的是缺少盐、柴、布匹。这时张汉英驻守樊城,召募善于游水的人,将蜡书放入发髻中,藏在积草下,浮水出城。蜡书里说鹿门山筑墙以后,势必需要从荆门军和郢州派兵前来支援。浮水的人到了隘口,北军守兵看见积草很多,钩取来想作烧饭用,浮水的人就被他们抓获,于是通向郢州和邓州的道路再次断绝了。

不久江陵府制置使司移驻旧郢州。而诸帅的重兵都驻扎在新郢及均州河口控制要津。又出重赏招募敢死之士,得到三千人,都是襄阳、郢州境西山民兵中勇猛强悍善战的人。征求将领好久,找到了民兵将领张顺和张贵(军队中称呼张贵为矮张),就是所谓大张都统和小张都统,智谋和勇敢向来受到各军的钦佩。他们先在均州上游名叫中水峪的地方扎下硬寨,打造水上巡哨用的轻便船一百艘,每艘船装载三十人,盐一袋,布二百匹。并且下命令说,"这次行动有死无生,如果不是自愿,立即离开,不要坏了我们的事。"人人受到感动准备奋战。这一年五月,汉水刚上涨,在二十二日,稍稍进军团山之下。过了两天,又进军高头港口,结成方阵。各艘船配备火枪、火炮、烧旺的炭、大斧、强弩。晚上一更三点,起碇驶出汉水,用红灯作为信号。张贵在前,张顺殿后,乘风破浪,直冲重围。到达磨洪滩以上,敌船布满江面,没有隙缝可以闯入。他们鼓勇乘锐,共截断用铁索连接的木桩好几百,北军驻兵虽然很多,都披靡避开他们的兵锋。他们转战一百二十多里,到二十五日黎明,方才到达襄阳府城。城里长久断绝了外援,听说来了救兵,人人踊跃,勇气百倍。等到收兵检查人数,单单张顺失踪,军中为之丧气。过了几天,有具浮尸逆流而上,披甲戴盔,手拿弓箭,直达浮桥,一看正是张顺,身中四枪六箭,怒气勃勃,像活着一样,军中惊奇,认为是天神,修墓殓葬,立庙祭祀。但是从此北军的包围更加严密,水路连续封锁几十里,用大小木头打下撒星桩,即使鱼鳖也不能越过了。

　　外地形势既然紧急,张贵就召募勇士到夏节使军中求援。召募到两个人,能够潜伏在水中几天不吃东西,便派他们带信出城,遇到木桩和栅栏,便拦腰锯断,一直到达夏贵军中,得到答覆而后返回,答应派兵五千进驻龙尾洲协助他们夹击敌人。日期既已约定,张贵带领所部士兵点查登船,发现少了一名帐前跟随的亲兵,是隔夜因为有过失挨打的人。张贵惊叹说,"我的事泄露了! 但是赶快出击,也许敌人还来不及知道。"于是乘夜击鼓呐喊向前冲击,砍断铁索突破重围前进,敌众都惊惶退避。越过险要之地以后,已经半夜天黑,到达小新城,敌人才发觉,就派兵几万拦击。张贵又做成一百多艘没有底的船,中间竖起旗帜,两舷各站着士兵来引诱敌人,敌人都争着跳进去,淹死了一万多人,这也是前人没有想出来的奇计。船队到了钩林滩,快要靠近龙尾洲,远望前方兵船密密排列,旗帜纷纭,张贵的士兵都高兴得跳起来,举起流星火给对方看。对方兵船见到火光,都向前迎靠,等到靠近快要会合,才发现来船是北军。原来夏贵的军队在前两天遇到风雨惊疑不定,退守三十里了。北军是因为得到张贵所部逃兵的报告,因而占据了洲上,以逸待劳。这时,张贵军既无准备,几乎全被敌人杀伤。张贵浑身几十处负伤,体力不支,就被活捉,至死不屈。这件事发生在这一年十一月十七日晚上。北军派四名宋朝降卒抬着尸体到襄阳,表示援兵已经断绝,并且劝谕投降。吕帅文焕将四卒全部斩首,把张贵附葬在张顺的墓里,替他们营建双庙,尸而祝之,以比唐代的张巡和许远。明年正月十三日,樊城攻破;三月十八日,襄阳投降。这是天意,不是人力啊!

　　同时有位武功大夫范天顺,与张顺、张贵同时入援襄阳。等到襄阳城投降,他仰天大声呼喊:"好汉谁肯投降,即使死了也做忠义鬼。"就在城的分守处自缢而死。还有右武大夫、马军统制牛富,坚守樊城,立功最多。城投降时,伤重不能行走,就在战楼上把头撞柱多次,跳进火中自杀。

　　这事我亲自从襄州顺化老卒那里听来,参考了大家的说法,虽然略微有些出入,而大意是相同的。我不敢以文害辞而淹没了事实,所以直笔记述,为以后替忠义者写传的人做准备。

中华历史通鉴·民俗史卷·
宋代的民俗文化

目　　录

宋代的民俗文化

　　唐、宋之际民俗文化再度发生重大变化。中唐以后,尤其到两宋时期,进入中国封建社会继续发展的新时期。在这一时期,社会经济发展迅速,科学技术成果累累。社会阶级结构从唐代的门阀士族和部曲、奴客、贱民、番匠、奴婢等旧格局,转变为宋代的官僚地主和佃客、差雇匠、和雇匠、人力、女使等新的格局。周邻各少数民族,特别是契丹、党项、女真等族一度强盛,建立起幅员广大的国家。受这三个主要因素的影响,人们的生活方式发生许多变化。这些变化表现在精神生活上,如精神风貌、各种礼仪、信仰、文艺、思想等方面,较前代更加深刻和实用;又表现在物质生活上,如服饰、饮食、器用、卫生保健等方面,较前代更加丰富多彩。这种新的民俗文化,反映了新兴的官僚地主阶级的利益和要求。

第一节　社会精神风貌

　　北宋结束唐末五代以来藩镇割据、军阀混战的分裂动乱局面,建立了统一的国家。官僚地主阶级吸取前代的经验教训,制定一系列新的政治和经济、军事、法律、教育制度,力图将各项权力收归朝廷中央,严防武将和宦官、女后、外戚等专权独裁。新的政治局面带来了社会经济和文化学术的繁荣,又促使社会精神风貌较之前代大为改观。

一、新习俗和新礼仪

宋代社会的变革,也使民风民俗处于变革之中。从真宗时起,因为社会经济的发展,"市井闾里以华靡相胜","服用寖侈"①。士大夫家也是"酒非内法","果肴非远方珍异","食非多品","器皿非满案",则不敢邀请宾友。为了举办一次宴会,往往要筹备数月,然后敢发请帖。不然,要被人们嘲笑,"以为鄙吝",所以,能够"不随俗靡者"极少②。徽宗时,平民更是穿着公侯的服装,墙壁披上文绣,公卿与皂隶同一制度,"倡优下贱"还可模仿嫔妃的装饰。婚冠、丧祭和宫室、器用,"家殊俗异,人自为制,无复纲纪"③。这种争华竞丽、妄费无节、人自为制、贵贱混淆的现象,显示民间习俗出现了许多新的变化。

中唐以后,士、庶的严格界限消失,从前适用于士的礼仪如《仪礼》和《大唐开元礼》已不适用于新的形势。宋代一些士大夫开始摸索制订适合于当时人情世俗的新的礼仪。程颐(1033—1107 年)、张载(1020—1078 年)拟订了一些婚姻、丧葬、祭祀的礼仪,但多是古礼即士礼。司马光(1019—1086 年)撰《书仪》,仍基本参照古礼,与实际生活相距较远,难以通行。徽宗时,朝廷委官编定礼书,称《政和五礼新仪》,正式规定了皇室和品官、士人、庶人婚丧嫁娶方面的礼制,作为社会礼俗的准绳。其中关于士人和庶人的礼仪,是中国历史上第一份民间通用礼。南宋时,传为朱熹(1130—1200 年)所撰的《家礼》,更是尽量吸取当今简易实用的礼俗,再参照古礼,制定了一整套民间日常通用的礼仪。《家礼》以其实用和简易而被民间遵用,成为一部最为完整的民间通用礼书。

二、商品意识增强

农业和手工业的发展,尤其是许多地区商品生产的发展,以及

---

① 王栐:《燕翼诒谋录·禁侈靡》。
② 刘清之:《戒子通录·训子孙文》。
③ 《政和五礼新仪·原序》。

人口的大幅度增长,促进了宋代消费市场的扩大和国内外市场的进一步开辟,使兴盛的商业达到一个新的水平。社会上各阶层竞相追逐商业利润,人们稍微改变了以前把商业视为"末业"的传统观念,商业开始与士、农、工等行业一样成为社会的"本业"。同时,人们也稍微改变了以前视商人为"杂类"或"贱类"而动辄加以抑制的传统观念,商人开始取得与士、农、工一样的封建国家法定的"齐民"之资格。

从宋初起,文臣武将普遍兼营商业,官大者往往"交赂遗,营资产";官小者"贩鬻乞丐,无所不为"①。士人在参加贡举考试时,常常在行李中随带货物营利,甚至偷漏官税②。各地军队也纷纷经营酒坊、解库、房廊、盐米等铺③。在各阶层竞相贸易的情况下,商人开始被允许参加贡举考试和做官,虽然法律规定必须是其中的"奇才异行者"④。商人的子弟被允许进入官办的州县学就读。商人可以通过向官府进纳钱粟而跻入仕途,这种出身的官员比比皆是。商人还交结宗室、贵戚、官员,甚至与之联姻,借此谋取官位。东京(今河南开封)的一家大富商称"大桶张氏","以财雄长京师",子弟多与宗室为婚,全家共娶进30多位"县主"。东京还有很多富商,每逢省试年份,物色中第的士人,"不问阴阳吉凶及其家世",以高价为诱饵,使士人就范,称"榜下捉婿"。一婿有时高达1 000多贯,称"系捉钱"⑤。士人们看中富商的钱财,也心甘情愿被"捉"做富商的门下婿。

宋代商品经济进一步发展,使各阶层对商业充满热情,纷纷加入商品流通领域。这一切显示人们稍微改变了"重本抑末"的传统观念,增强了商品意识。

---

① 王安石:《临川集·上仁宗皇帝言事书》。
② 梅尧臣:《宛陵先生集·闻进士贩茶》。
③ 《建炎以来系年要录》卷171,以下简称《系年要录》。
④ 《宋会要辑稿》选举14之12。
⑤ 朱彧:《萍洲可谈》卷1。

三、崇尚气节

唐末五代,封建伦常尤其君臣一伦遭到破坏,士大夫极不重视事君之道和气节。宋初虽然一洗五代的陋习,但"守故蹈常"的风气未变①。士大夫往往四平八稳,不露圭角,还十分崇拜五代时期曾历任后唐和后晋、契丹、后汉、后周宰臣的冯道(882—954年),从未提出非议。仁宗时,吕夷简(979—1044年)前后执政 20 年,屡逐言者,排斥忠贤,以致士大夫"不肯尚廉隅、厉名节",轻者"因循闻茸",重者"靡恶不为","都无廉耻,但能阿附夷简"②。直到范仲淹(989—1052年)、蔡襄(1012—1067年)等人登上政坛,揭露这种"废廉耻之节,成奔竞之风"(同上)的严重性,提倡忠劲之风和廉耻之节,士大夫才"靡然知所宗向,气节风谊,凛凛可观"③。范仲淹还提出"士当先天下之忧而忧,后天下之乐而乐",体现了宋代士大夫对于社会的责任感。经过范、蔡等著名政治家和学者的激励振作,士大夫们开始以名节相高,廉耻相尚,作成了一代的忠义之风。

南宋初年,国耻家仇使士大夫们充分认识徽宗时"朝廷不复崇尚名节"所造成的恶果,再次提倡忠义的气节。朝廷多次下令各路询访靖康间(1126—1127年)殉难死节者,优加赠恤,建庙祭祀,载入史册等④。此后,士大夫们更将气节提到理论的高度,使之成为理学的一部分。陈俊御(1113—1186年)提出衡量人才与气节的关系时,应以气节为主;有小过而有气节者,不妨容许;邪佞而很有才气者,则应慎重考察⑤。朱熹主张人才与气节兼备,才称得上"君子"。士大夫不仅要"死节",而且要有才能去"止难",才算"君子";否则,仅能死节,不能止难,

---

① 陈傅良:《止斋文集·温州淹补学田记》。
② 蔡襄:《蔡忠惠公集·乞罢吕夷简商量军国事》。
③ 岳珂:《宝真斋法书赞》卷 9。
④ 《系年要录》卷 6、91、148。
⑤ 《宋史·陈俊卿传》。

虽死何益①? 他还把气节与天理等同,才与本领等同,认为才是因为气禀的善恶不同,所以才也有善恶之分②。使气节观成为一个比较完整的理论,并纳入理学的体系。

四、贡举入仕

宋代统治者吸取前代的历史教训,深知组成本朝以文臣为主的新官僚队伍的重要性,所以重视儒学,重视文士,并且极力提高士大夫的社会地位。

在统治者的倡导下,士人无不以贡举登第为荣。宋代的贡举取士制度采用试卷密封卷首、编号、誊录、对读等方式,士人的登第与否,"一决于文字而已"③。士人的家世和乡贯已不受重视。不论宋代的贡举制度尚有一些弊病,但总算有了一个比较客观、公正的录取标准。在应举的士人大军中,以乡户出身者居多,他们得天独厚地享受到因造纸和雕版印刷业发达而带来的益处——获得更多的木版书籍,比较方便地学到修身齐家治国平天下的本领,进而通过贡举考试而谋得一官半职,乃至封妻荫子、光宗耀祖。所以,他们的贡举入仕欲望最为强烈。

在北宋前期的贡举各科目中,士人最看重进士科,认为进士科登第者"往往皆为将相,皆极通显",而视明经、诸科为"不过为学究之类"④。经过神宗和哲宗时的贡举制度改革,仅设经义进士和诗赋进士科。朝廷对殿试登第者给予很高的待遇。放榜之日,皇帝亲自上殿拆开前三名的试卷,排定名次,召见状元和榜眼、探花"三魁",赐官授衣,又赐给御宴。殿前司和步军司安排鞍马仪仗,迎接三魁各乘马到达期集院。状元委派同年进士充当本局的职事官,筹置登科题名录等。临安府(今浙江杭州)在大酒店丰豫楼举办鹿鸣宴,同年登第者聚集在楼下团

---

① 《朱子语类》卷35。
② 《朱子语类》卷59。
③ （元）刘勋:《隐居通议·前朝科诏》。
④ 《文献通考·选举五》。

拜欢庆。文、武状元注授官职完毕,各归乡里。状元原贯之州在其家旁建立状元牌坊,以为本地的荣燿。州、县也争先迎接,设宴庆贺。统治者借此来显示"士子读书之贵,而朝家待士之厚"①,勉励士人勤奋读书而应举做官。

贡举制度的影响扩及社会各阶层的生活。人们都以贡举登第尤其进士登第为荣,士人更以此作为入仕的主要途径。在此情况下,人们的价值观念和伦理、婚姻观念都发生了新的变化。

第二节　节　日　习　俗

宋代社会的发展变化,给最能反映民情风俗的各种节日,带来了一些变革。节日名目比前大为增多,尤其是带有政治性的节日;节日的体育娱乐活动更加丰富多彩,气氛轻松愉快,反映了宋人丰富的生活情趣和相对平衡的社会心态。

一、帝、后的"圣节"

开元十七年(729年)农历八月五日,唐玄宗诞辰,立此日为"千秋节",布告全国,宴乐庆祝,休假三天。中和三年(833年)十月十日唐文宗生日,命全国州府设宴。数年后,文宗诞日,又命禁止屠宰②,这是皇帝诞日置节号、赐宴和禁屠之始。五代时,各朝皇帝生日都置圣节。

宋代承袭这一制度,甚至有些皇太后也仿此建节。北宋九朝皇帝的"圣节"是:

节　名	圣节时间	皇帝庙号	建节时间
长春节	二月十六日	宋太祖	建隆元年正月十七日
乾明节	十月七日	宋太宗	太平兴国二年五月十四日

---

① 吴自牧:《梦粱录·士人赴殿试唱名》。
② 高承:《事物纪原·圣节》。

（续表）

节　名	圣节时间	皇帝庙号	建节时间
承天节	十二月二日	宋真宗	至道三年八月八日
乾元节	四月十四日	宋仁宗	乾兴元年二月二十六日
寿圣节	正月三日	宋英宗	嘉祐八年八月二十三日
同天节	四月十日	宋神宗	治平四年二月十一日
兴龙节	十二月八日	宋哲宗	元丰八年五月五日
天宁节	十月十日	宋徽宗	元符三年四月十一日
乾龙节	四月十三日	宋钦宗	靖康元年二月二十六日

太宗的圣节最初称乾明节，淳化元年（990 年）改名寿宁节。哲宗生于熙宁九年（1076 年）十二月七日，因避僖祖（赵匡胤的四世祖）的忌日，改用八日。徽宗生于元丰五年（1082 年）五月五日，也因避俗忌（世俗以每月初五为月忌之一）改用十月十日[1]。显示圣节的名称和时间可依统治者的愿望稍加改变。宁宗的圣节原名天祐节，使用一个多月后改称瑞庆节[2]。

　　每逢新皇帝即位，便由宰相带领群臣上表奏请，为皇帝生日立节。老皇帝的圣节便自然消失。仅孝宗时，高宗尚健在，逢天申节依例庆祝；光宗时，孝宗也健在，逢会庆节也依例祝寿。到圣节那天，皇帝坐殿，文武百官簪花，依次上殿祝贺，进献寿酒。皇帝退入另殿，设御宴款待群臣和外国使臣。各级官衙休假一天。各地除进贡银、绢、马等礼物外，在僧寺或道观开建"祝圣寿"道场，长官进香、享用御筵，用乐，放生，以示庆祝。朝廷下令禁止屠宰、丧葬和决大辟罪（死罪）等[3]。

　　北宋时，曾为两位皇太后的生日立过节名。仁宗初年，为太后刘氏正月八日生日立长宁节。哲宗初年，为宣仁太后高氏七月十六日生日

---

① 周密：《癸辛杂识·五月五日生》。
② 《宋会要辑稿》礼 57 之 18—19。
③ 《宋会要辑稿》礼 57 之 14—23。

建坤成节①。庆祝活动有,百官上殿祝寿、献金酒器,内外命妇进献香盒和入宫祝寿,开启道场斋筵,京城禁止行刑和屠宰七天,剃度僧道300名②。徽宗初年,皇太后孟氏生日,依照嘉祐、治平旧例,仍称圣节,但不立节名,从此定为制度③。

南宋六朝皇帝加上帝㬎的圣节是:

节　名	圣节时间	皇帝庙号	建节时间
天申节	五月二十一日	宋高宗	建炎元年五月六日
会庆节	十月二十二日	宋孝宗	绍兴三十二年八月二十六日
重明节	九月四日	宋光宗	淳熙十六年二月二十一日
瑞庆节	十月十九日	宋宁宗	绍熙五年九月十七日
天基节	正月五日	宋理宗	嘉定十七年十一月二十七日
乾会节	四月九日	宋度宗	景定五年十二月四日
天瑞节	九月二十八日	宋帝㬎	咸淳十年七月十二日

二、官定的重要节日

除圣节外,宋代还有许多官定的重要节日,其中有传统的节日,如元旦、上元节、中和节;也有统治者出于政治需要而一时制定的节日,如天庆、天祯、天贶、先天、降圣、天应等节。

元旦:正月一日。又称正旦、元日、旦日,俗称年节、新年。是日,朝廷下令免收公、私房租和准许京城百姓关扑(主要是赌博)三天。民间用鸦青纸或青绢剪成大小幡,由年长者戴之,或贴在门楣④。家家饮屠苏酒和术汤,吃年馎饦(面片汤或面条)。人们穿上新衣,往来拜节,并燃放纸制"编(鞭)炮"⑤。各坊巷摆设食物、日用品、水果、柴炭等,歌叫

① 《续资治通鉴长编》卷354,以下简称《长编》。
② 《宋会要辑稿》礼57之37—38。
③ 《宋会要辑稿》礼57之23。
④ 吕原明:《岁时杂记》。
⑤ 陈元靓:《岁时广记·元旦》。

关扑。东京的马行、潘楼街、州东宋门外等处,都搭起彩棚,铺陈冠梳、珠翠、头面、衣着、靴鞋、玩好之物等。其间开设舞场、歌馆,车马交驰,热闹异常。傍晚,贵家妇女出游、关赌,入场观看或进市店饮宴①。朝廷举行正旦大朝会,皇帝端坐大庆殿,殿庭列仪仗队,百官都穿戴朝服冠冕,各州进奏官手持土特产,向皇帝拜年。各国使臣也随班入殿祝贺。朝贺毕,皇帝赐宴。宫城前,已扎起山棚(灯山),百官退朝时山棚灯火辉煌,金碧相射②。各州官员、士大夫赴州衙团拜,依年齿为序,而不按官位高低③。

上元节:正月十五日,又称元夕节或元宵节。宋代京城张灯时间由三天延长为五天,各地三天,城门通宵开放。东京士民群集御街,两廊下歌舞、百戏、奇术异能鳞次栉比,乐声悠扬。有击丸蹋球者、踩绳上竿者,还有表演傀儡(木偶)戏、魔术、杂剧、讲史、猴戏等。又朝北搭起灯山(鳌山),张挂无数盏彩灯,极其新巧。从灯山到附近大街,约一百多丈,用棘刺围成"棘盆",实际是大乐棚。盆内各种彩灯照耀如同白日,乐人奏乐,同时演出各种杂戏。皇帝在宫城门楼上观灯戏嬉,百姓在楼下观看露台演出杂剧,奏乐人不时引导百姓高呼"万岁"④。百姓们以用绿豆粉做的蝌蚪羹、糯米汤元、焦䭔、春茧为节日美食,还迎邀紫姑神,预卜当年蚕桑⑤。朱玉《灯戏图》,描绘临安上元节民间舞队"李大口"、"瞎判官"、"交椅"等在排楼风前演出的情景⑥。

中和节:二月一日。官员放朝假一天,但不休务。皇帝开始换单罗服,官员换单罗公服。民间用青囊盛上百谷、瓜果种子,互相赠送。百官进献农书,显示重农务本⑦。

---

① 孟元老:《东京梦华录·正月》。
② 孟元老:《东京梦华录·元旦朝会》,吴自牧:《梦粱录·元旦大朝会》。
③ 施宿:《嘉泰会稽志·节序》。
④ 《东京梦华录·元宵》。
⑤ 沈括:《梦溪笔谈·异事》。
⑥ 《中华戏曲》第一辑。
⑦ 《梦粱录·二月》。

　　开基节：正月四日。宣和二年（1120 年），徽宗为纪念太祖在后周显德七年（960 年）正月四日登位、建立宋朝，决定立此节名①。是日，禁止屠宰和行刑，各级官员皆赴宫观等处进香②。

　　天庆等节：真宗为掩饰与辽订结澶渊城下之盟的耻辱，决定编造天书下降的谎言和用封禅泰山等办法来"镇服四海，夸示外国"，陆续创立了五个节名。大中祥符元年（1008 年）正月三日，伪造天书下降承天门，下令改元，并决定以该天为天庆节，命各州兴建天庆观，各官衙休假五天，百官赴宫观或僧寺进香。朝廷赐百官御宴。五天内禁止行刑和屠宰。同年四月一日、六月六日，又两次伪造天书下降，事后决定分立两日为天祯节和天贶节。遇此两日，不准屠宰和行刑，官员休假一日。天祯节后来改称天祺节。大中祥符五年（1012 年）闰十月，以后唐天成元年（926 年）七月一日"圣祖"轩辕皇帝下降日定为先天节，又以十月二十四日"圣祖"降临日定为降圣节，皆令放假五天，不准行刑和屠宰，准许请客和奏乐，互赠"保生寿酒"。各州选派道士建道场设醮③。

　　天应等节：政和四年（1114 年），徽宗借口"天帝"降临，以十一月五日为天应节，规定该日建置道场，各级官员前往进香朝拜，放假一天，停决大辟刑，禁止屠宰。此后，又陆续立宁贶（五月十二日）、天符等节名④。

　　天庆等节，最初京城的宫观每节斋醮七天，后来减为三天、一天，逐渐废罢。南宋时，京城不再举行庆祝活动，也不休假，仅外州官员赴天庆观朝拜和休务两天⑤。

三、节气性和季节性的节日

　　宋代节气性的节日，以立春、清明、立秋、立冬、冬至等较为重要。季节性的节日，有端午、七夕、中元、中秋、重阳、腊八、除夕等节。元旦、

---

① 李埴：《皇宋十朝纲要》卷 18。
② 赵昇：《朝野类要·诸节》。
③ 《宋会要辑稿》礼 57 之 28—31。
④ 《宋会要辑稿》礼 57 之 31—33。
⑤ 洪迈：《容斋五笔·天庆诸节》。

上元等节原属季节性节日,因倍受国家重视,从法律上规定了举行庆祝的规模和内容,故列官定的重要节日一类。

立春:立春前一天,开封或临安府奉献大春牛(土牛)和耕夫(土偶)、犁具到宫中,用五色彩杖环击牛三下,表示劝耕,称"鞭春牛"。各州县也造土牛和耕夫,清晨由长官主持"打春"仪式。打春毕,百姓争抢其"肉",但不敢触动号为"太岁"的耕夫①。

社日:以立春和立秋后第五个戊日,为春社和秋社。朝廷和各州县都举行祭祀社稷的仪式,官衙放假一天。民间做社糕、社酒相送,并用肉、饼、瓜、姜等切成棋子大小,浇在饭上,称社饭。学生也放假②。

寒食和清明:自冬至后第105天,称"寒食节",又称一百五日、百五节、禁烟节。寒食前一天为"炊熟日",蒸成枣糕,用柳条串起,插在门楣上,称"子推"或"子推燕"③。子女长大后,多在此日上头。寒食节前后三天,家家停止烟火,只吃冷食。寒食第三天,为清明节。从寒食到清明,官衙放假七天,军队停止训练三天。百姓纷纷出城扫墓,将纸钱挂在墓旁树上;同时,乘此携带酒食春游④。

端午:五月五日。又称端五、重五、重午、天中、浴兰令节。民间将桃、柳、葵花、菖蒲、艾叶铺设在门口,吃粽子、五色汤元、茶酒等⑤。南方很多地区赛龙舟竞渡⑥。

七夕:七月七日。宋初沿用五代旧制,七夕用六日,太宗太平兴国三年(978年)开始改用七日⑦。傍晚,妇女和儿童穿上新衣,设香桌于庭院。罗列摩睺罗(泥塑幼童像)、酒果、花瓜、笔砚、针线,姑娘们个个呈巧、焚香列拜,称"乞巧"⑧。此日又是晒书节,朝廷三省六部以下,各

①　《岁时广记·立春》。
②　程大昌:《演繁露》卷12、《岁时广记·二社日》。
③　金盈之:《醉翁谈录》卷3。
④　庄绰:《鸡肋编》卷上。
⑤　《东京梦华录·端午》。
⑥　《岁时广记·端五》。
⑦　王栐:《燕翼诒谋录·七夕改用七日》
⑧　《武林旧事·乞巧》、《东京梦华录·七夕》。

赐钱设宴,为晒书会①。

中元:七月十五日。官府放假三天,军队停止教阅一天。各州长官往圣祖庙朝谒②。百姓在家搭起圆竹架,顶部放荷叶,装满各种食物和"目连救母"画像,借以祭礼祖宗。僧寺建盂兰盆会,代百姓追荐亡人。是日,百姓吃素食,屠户罢市③。

中秋:八月十五日。晚上,金秋送爽,丹桂飘香,富豪皆登楼台酌酒高九歌,通宵赏月。贫民也质衣买酒,勉强迎欢④。

重阳:九月九日。又称重九节。民间用糖和面蒸成糕,糕上插小彩旗,称重阳糕,用来互相馈赠。又用粉做成狮子蛮王形状,放在糕上,称"狮蛮"。各僧寺都设斋会。民间竞相赏菊,将菊花和茱萸插在头上,并且饮菊酒和茱萸酒⑤。

立冬和冬至:十月内立冬前五天,东京官民开始贮藏蔬菜,以供一冬食用。立冬的时鲜有鹅梨、螃蟹、蛤蜊等⑥。十一月冬至,民间重视此节,为一年三大节(其余为正旦、寒食)之一。士庶换上新衣,备办食物,大多吃馄饨。皇帝受百官朝贺,称"排冬仗"。各官衙放冬至假五天,军队停止教阅三天⑦。

除夕:腊月(十二月)八日。僧寺做成五味粥,称腊八粥,馈赠施主。百姓也用果子、杂料煮粥而食。二十四日,民间用蔬菜、胶牙饧(麦芽糖)、萁豆等祭灶⑧。腊月底,是"月穷岁尽之日",故称除夜。而二十四日为交年节或小节夜,三十日为大节夜⑨。民间都洒扫门闾,除尘秽,净庭户,换门神,挂钟馗,钉桃符,贴春牌(春联),并祭祀祖先。宫

---

① 《朝野类要·曝书》。
② 《岁时广记·中元》。
③ 《事物纪原·盂兰》、《武林旧事·中元》。
④ 《梦粱录·中秋》。
⑤ 《梦粱录·九月》。
⑥ 《东京梦华录·立冬》。
⑦ 《东京梦华录·冬至》、《岁时广记·冬至》。
⑧ 《梦粱录·十二月》。
⑨ 《岁时广记·交年节》。

中举行大驱傩(驱逐疫疠)仪式,从宫内鼓吹驱祟到城外,称"埋祟",而后散去。同时,点燃爆仗,声震如雷。百姓合家围炉而坐,饮酒唱歌,奏乐击鼓,谓之"守岁"①。

四、宗教和纪念性的节日

宋代宗教和纪念性的节日仍然不少,现按时间顺序介绍如下。

人日:正月七日。民间在此日剪彩绢人像,称"人胜",贴在屏风或戴在头髻上,表示入新年后人的形貌更新。还用面做肉馅或素馅春茧,内藏写有官品的纸签或木片,食时探取,以卜将来官品的高低②。

玉皇生日:正月九日为玉皇大天帝生日。临安府居民赴承天观阁上建会③。

梓潼帝君生日:二月三日。帝君即晋代张恶子,本庙在剑州梓潼县七曲山,宋时屡被加封④。

祠山张真君生日:二月八日。张真君即张渤,本庙在广德军,宋代屡加封号。百姓竞赴朝拜,乘时演出百戏。祭者必诵《老子》,且禁食猪肉⑤。

上巳:古代以三月的第一个巳日为上巳节,魏晋以后到宋代专用三月三日⑥。民间在流水上洗濯,除去宿垢,称"禊"(即洁)。南海人不做寒食,而在上巳扫墓⑦。

东岳帝生日:三月二十八日。各地善男信女在前一天在大路上通宵礼拜,会集到东岳传祠(行宫),称"朝岳"⑧,祈求农业丰稔。

佛日:俗称四月八日为释迦佛的生日,又称浴佛节。各寺院都建浴

---

① 《东京梦华录·除夕》《梦粱录·除夜》。
② 《岁时广记·人日》。
③ 《梦粱录·社会》。
④ 《宋会要辑稿》礼21之25。
⑤ 《嘉泰会稽志·祠庙》《梦粱录·外郡行祠》。
⑥ 王观国:《学林·节令》。
⑦ 《岁时广记·上巳上》。
⑧ 陈淳:《北溪字义·世俗鄙俚》。

佛斋会,僧徒遍走街巷,同时用小勺将香药糖水(浴佛水)浇灌佛像。还举行规模盛大的放生会①。

解制日:佛教以四月十五日为"结制"或"结夏"开始之日。僧、尼从此日起,安居禅教律寺院,不能单身出外云游。佛殿也建楞严会。至七月十五日,僧尼寺院都设斋解制(又称解夏),称"法岁周圆之日"②。

五、节日习俗的特点

宋代政治制度的变革和科学技术、社会经济的发展,决定节日习俗出现了与前代不同的一些特点。第一、适应建立封建专制主义中央集权制的需要,创立了许多政治性的节日。如各朝皇帝的圣节、真宗和徽宗时的天庆等节。圣节完全是为了确保皇帝至高无上的地位,而天庆等节则为了掩饰政治上的失误,以维护皇帝的权威。第二、充分吸取科学技术的新成果,使庆祝活动更加丰富多彩。如火药药线的发明,被广泛运用来制造纸炮(鞭炮)和烟火(焰火),从而代替了爆竹;雕版印刷术的发展,也被运用来雕印门神像和春联以及各种年画。现存最早的木板年画是宋版《隋朝窈窕呈倾国之芳姿》,绘着王昭君和赵飞燕、班姬、绿珠,俗称《四美图》。第三,增加了庆祝活动的娱乐性。社会经济的繁荣,不仅使庆祝活动的时间延长,而且使活动更加轻松、欢乐。如元宵节,皇帝必定亲自登上内宫门楼上观灯,"与民同乐"并与近臣一起宴饮。人们在寒食、清明节打秋千更加普及,踏青风俗更加盛行。端午的粽子花色品种大为增多,中秋节赏月和吃月饼、赏桂、观潮蔚然成风,等等。

第三节　婚　姻　习　俗

唐、宋之际社会关系的变革,使人们的婚姻观念发生很大的变化。

---

① 《武林旧事·浴佛》、《梦粱录·社会》。
② 《梦粱录·僧寺结制、解制日》

首先是社会上已经不存在严格的士、庶之别,人们在选择婚姻的标准方面,主要重视对方或对方家庭的官职或钱财,至于乡贯、族望等已被置诸脑后。当时京城的许多贵戚,择婿时不论男方的家世,只要礼部试即省试中榜,便算符合标准,而且还资助新女婿一大笔缗钱。因为这些士人再经殿试就能获得官职,跻身官僚的行列,所以根本不必去考虑他们的家世门第。这些士人也不以家世门第为重,他们觉得钱财更为重要。因此,即使"市井驵侩,出捐千金",士人们便"贸贸而来,安以就之"。士人们"娶妻论财,全乖礼义",是宋代婚姻观念的一大变化①。其次是人们开始注意妇女的贞节观念,提倡妇女寡居守节,不赞成改嫁。虽然社会上普遍不以妇女改嫁或接纳后夫为耻,也不曾从伦理道德上予以太多的非难,但随着有些政治家和思想家提倡妇女寡居守节,不赞成改嫁,到南宋后期妇女改嫁或招纳后夫的情况大为减少。

人们婚姻观念的改变,导致宋代的婚姻礼仪出现许多变化。仁宗时,蔡襄叹息当时婚礼"无复有古之遗文"②。婚礼的混乱,使有些士大夫深感有必要重定婚姻等礼仪。司马光参照当时民间通行的礼仪所撰成的《书仪》10 卷中,有关婚礼的规定称"婚仪",约占一卷多的篇幅。

根据司马光《书仪》及《政和五礼新仪》,宋代的婚仪有纳采(平民用鸠、鹜,太学生用羊)、问名、纳吉、纳币(纳成)、请期(告期)、亲迎、妇见祖祢和舅姑(即公婆)、婿见妇之父母等。

一、聘礼和装奁

宋人重视聘礼和装奁。所谓将娶妇,必先问资装的厚薄;将嫁女,必先问聘财的多少,甚至双方订立契约,写明某物多少、某物多少,"以求售某女者"。世俗还有"铺房"的仪式,即在迎亲前一天,女家派人到男家布置新房,铺设被褥等物,把所有陪嫁的衣服、袜、鞋等全部陈列出来③。

① 《宋文鉴·请禁绝登科进士论财娶妻》。
② 《蔡忠惠公集》卷 18。
③ 《东京梦华录·娶妇》。

福建漳州民间嫁女,因为随嫁的装奁厚薄,外人看不到,乃置"随车钱",大抵多者1 000贯,少者不下几百贯,倘不如此,必定被乡邻"讪笑"①。还有男家向女家"下财利"的仪式。临安府的男家聘礼,"富贵之家"则送"三金",即钏(镯)、金鋌(锁足)、金帔坠;"铺席宅金"如无金器,则送镀金的银器。"士宦"之家也有送销金大袖、黄罗销金裙、缎红长裙,或送珠翠团冠等首饰、上细杂色彩缎匹帛,加上花茶果物、团圆饼、羊、酒等,还有送官会(一种纸币)、银铤的。财礼的多少视贫富而定,也有"下等人家"只送织物一二匹、官会一二封,再加上鹅、酒、茶、饼而已②。

二、坐花轿

宋代男家用花轿来迎接新娘。轿子是从辇、舆等载人用具逐步演变而成的,约在五代出现了有顶的轿子。到北宋,虽然士大夫依然主要骑马或骑驴,"不甚用轿",但民间已较为普遍使用了。据张择端《清明上河图》和《宋史·舆服志》,轿一般呈长方或正方形,饰有黄、黑两等,凸盖无梁,周围簟席,左右开窗,前面设门帘,用两根长竿扛抬。南宋时,朝廷允许百官乘坐轿子,达到了"无人不乘轿"的程度③,民间使用则更为普遍。在结婚仪式上,原来迎亲使用的交通工具——花车越来越被花轿所代替。司马光说:"今妇人幸有毡车可乘,而世俗重担子,轻毡车。"④担子即轿。据《政和五礼新仪》规定,皇帝娶皇后入宫,皇后乘坐肩舆(原注:"肩舆为担子")进堂上,再降舆升车。又据孟元老描述,亲王家的公主出嫁,乘金铜担子,轿顶用朱红漆的脊梁,盖以剪棕,装饰渗金铜铸云凤花朵,四周垂绣额珠帘、白藤间花。两壁栏槛都雕刻金花装的雕木人物、神仙。担子装两竿,用12人抬,竿前后都用绿丝绦

---

① 　廖刚:《高峰文集·漳州到任条具民间利病五事奏状》。
② 　《梦粱录·嫁娶》。
③ 　《朱子语类》卷128。
④ 　《书仪·亲迎》。

金鱼钩子钩定①。士庶之家和贵家女子婚嫁，也乘坐担子，但担顶上没有铜凤花朵。当时市面上有铺户专门出租担子。据吴自牧记载，临安府民间在迎亲的日子，男家算定时辰，预先命"行郎"指挥搬运花瓶、花烛、妆盒、镜台、裙箱、衣匣、交椅等人，还雇借官私妓女乘马，雇请乐官鼓吹，领着花担子，前往女家，迎接新人。花担子抬到女家后，女家置酒款待行郎，发给花红银碟、利市钱会（铜钱和会子），然后乐官奏乐催妆，时辰一到，催促登担；茶酒司齐念诗词，催请新人出阁登担。新娘由女家亲戚抱上新担后，抬担人不肯起步，仍念诗词，求取利市钱酒，称"起担子"。女家发给钱会后，才抬起担子奏乐，迎到男家门口。这时预定时辰将到，乐官、妓女和茶酒司等人互念诗词，在门口索取利市钱物花红等，称"拦门"。宋以后，新娘乘坐花轿的风气相沿不改，花轿的设备越加讲究，花轿也越加富丽堂皇。

三、撒谷豆、跨马鞍、上高坐仪式

新娘入男家门前要举行"撒谷豆"、跨马鞍以及新郎在中堂"上高坐"的仪式。《东京梦华录》和《梦粱录》都记载，新娘走下花担子后，有"阴阳人"或"尅择官"手拿花斗，盛上谷、豆、铜钱、彩果、草节等，一边念咒语，一边望门而撒，小孩们争相拾取，称"撒谷豆"。据传，这是为了厌青羊、乌鸡、青牛之神等三"煞"的。新娘走下担子，不能踩到地面，而要在青布条或青锦褥、青毡花席上走，由一名妇女捧镜面向担子倒行，又有数名妇女持莲座花烛导引前迎，先跨过马鞍和秤，再入中门。当晚，新郎要"上高坐"。新郎身穿绿色公服，头戴簪上花和胜的幞头，在中堂登上置于一张榻上的椅子，称"上高坐"。先是媒人，然后姨、姑各斟酒一杯，请新郎饮下，最后丈母请新郎饮酒，然后才下高坐归房。"撒谷豆"是由民间的迷信而形成的仪式，而跨马鞍和上高坐则是受北方游牧民族影响的产物。

---

① 《东京梦华录·公主出降》。

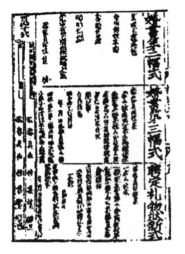

婚帖

四、拜先灵和交拜仪式

　　新郎和新娘还要举行"拜先灵"和交拜仪式。新娘进入男家前,男家在影堂(摆祖先画像处)中设香、酒、菜肴等,舅(公公)和姑(婆婆)穿起盛装,站在堂上,一东一西,相对而立。赞引者将一对新人带到阶下或堂前,主持人进入堂中,焚香,跪着酹酒,伏,起立。祝者跪下宣读:"某(婿名)以今月吉日,迎妇某(妇姓)婚,事见祖祢。"祝者起立,主持人再拜。司马光说,古代无此仪式,现今称为"拜先灵","亦不可废也"①。显示"拜先灵"在当时是民间流行的一种习俗。《东京梦华录·娶妇》记载,新郎和新娘面对面各挽一段彩绢的一端,彩绢中间结一同心,新郎倒行,称"牵巾",走到家庙参拜,然后新娘倒行,扶入新房。此后,还要举行夫妻"交拜"的仪式。司马光指出"古无婿、妇交拜之仪,今世俗始相见交拜"②。交拜的仪式是这样的:新郎和新娘各由陪伴者

①② 《书仪·亲迎》。

（富家由女仆）引导，进入新房，中间布席，新郎立在东席，新娘立在西席，新娘先对新郎一拜，新郎答拜，新娘又一拜、两拜，然后新郎揖请新娘就座。这也是"乡里旧俗"，因为男子"以再拜为礼"，而女子"以四拜为礼"的缘故。

小轿

五、结发仪式

　　新郎和新娘还有结发的仪式。唐代杜甫《新婚别》诗云"结发为君妇"，是说自孩提开始结发以来就为夫妻。西汉李广说"结发"与匈奴战，是说"始胜冠少年时"①。从五代开始，出现父母为新人"轈髻"的仪式②。宋代"世俗"沿袭此仪，仪式是这样的：男坐在左（宋代以左为尊），女坐在右，各留出一撮头发，由男，女两家提供丝织物、钗子、木梳、头𢂀（一种发带）等，轈梳为髻，然后喝"交杯酒"③。

──────────

①　《鸡肋编》卷上。
②　欧阳修：《归田录》卷2。
③　《东京梦华录·娶妇》。

六、各色新衣

新郎根据身份穿着不同样式的新衣。贫苦人家终身只穿苎布即麻布做的衣服,他们的子弟只在做新郎时,穿三天绢做的新衣,称"郎衣"①。一般富裕的平民子弟,在结婚时,按官府规定只能穿戴丝织的衣衫和幞头。至于贵族和官僚之家的子弟,则可以借穿官服。据《东京梦华录》和《梦粱录》描写,官宦人家子弟举行婚礼前,先由女家赠给新郎礼服——绿色的公服(公裳)、罗花幞头、靴、笏,新郎便在婚礼上穿戴。官府只准许品官子弟和太学三舍生在结婚时穿戴这种衣帽②,神宗元丰官制改革后,六品到九品官可穿绿色的公服,所以官员子弟和三舍生的结婚礼服也是绿色的。当时习俗还喜欢在新郎的幞头上插戴花、胜,以致"拥蔽其面",因此司马光讥为颇失大丈夫的气派。他赞成实在不得已,不妨"随俗",戴花一两枝、胜一二枚就可以了③。

第四节　丧葬习俗

唐、宋之际社会关系的变革,也使人们的丧葬观念发生很大的变化。这些变化反映在丧葬习俗方面,与前代有很大的不同。

一、薄葬蔚为风气

宋代薄葬蔚为风气。商、周时期,奴隶主为死后继续享乐,不惜将大批奴隶、牲畜和日常用品殉葬。秦、汉以后,地主贵族虽然较少将奴隶和牲畜殉葬,而代之以各种材料制成的俑和牲畜,但仍要死后食前方丈,仆台舆从,一呼百诺,用陶、瓷制作了精美的俑、楼屋、鸡狗马豚、粮瓶以及木制的食碗、羽觞等随葬,此外还有许多珍宝、钱币。到唐代,有

---

① 《鸡肋编》卷下。
② 《政和五礼新仪》卷179。
③ 《书仪・亲迎》。

些人开始主张丧葬要从简。甚至五代后周太祖郭威也戒谕厚葬,提出必须薄葬①。这时人们所提出的减少殉葬物品的主张,集中在减少金银财宝,而改用陶俑、木俑和陶制用具等。到宋代,社会上主张薄葬者增多,有些人还提出连陶、木的明器也可以取消,而官府则明文禁止厚葬,所以薄葬逐渐形成风气。仁宗时,翰林学士承旨宋祁撰《治戒》篇授其子,声明他身后要三日敛、三月葬,不受流俗阴阳拘忌;棺用杂木制成,不将金铜杂物放入墓中;墓上种五棵柏树,坟高三尺,不得用石翁仲和石兽②。大臣弥留之际,告戒其子"敛以一枕一席,小圹卑坟以葬"③。王安石的外祖母黄氏,病垂时"以薄葬命子"④。一些士大夫筑墓,不用砖头,只用石灰和筛土夯实,避免将来被村民发掘而盗取砖头出卖⑤。司马光在其《书仪》一书中,拟定丧仪,劝告世人"慎勿以金玉珍玩入圹中,为亡者之累"⑥。南宋时,理学家朱熹提出,丧事都不必用冥器、粮瓶之类,这些东西"无益有损",棺椁中不放置一件世俗的用物⑦。

宋代官府还制定法律如丧葬令,规定棺椁内不得安放金宝珠玉,不准用石板作为棺椁和建造墓室。还规定墓田的面积、坟的高度、石兽和明器的数量等,都有品级的限制。其中明器,五品和六品官准许用30件;七品和八品用20件;非京朝官,15件⑧。明器中的方相(四目的偶像,一称险道神)和魌头(两目的偶像),规定四品以上用方相,以下用魌头⑨。

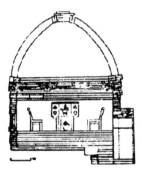

河南洛阳出土宋墓剖面图

①　应俊:《琴堂谕俗编·保坟墓》。
②　《景文集·戒》。
③　《长编》卷185。
④　王安石:《王文公文集·外祖母夫人墓表》。
⑤　江休复:《江邻几杂志》。
⑥　《书仪·丧仪四》。
⑦　《朱子语类》卷89。
⑧　《朱子家礼》卷4。
⑨　《庆元条法事类》卷77。

近数十年来,考古工作者从宋墓中所得器物,远远少于汉墓和唐墓。如四川宋墓中很少有金属器,而几乎全是陶制冥器,瓷器偶有发现,铜、铁钱也常常不过数枚而已。在江、浙地区,宋墓的情况也差不多。当然,少数宋墓也出土过较多器物,但其规模和数量都比不上汉、唐墓。这证明薄葬已成为宋代的一种社会风气。这种风气的形成,显示人们追求现实生活的享受,是社会进步的一个表现。

二、纸钱和纸质明器的广泛使用

宋代更多地使用纸钱和纸质明器。据记载,唐玄宗以前,民间稍用纸钱来祭祀鬼神。唐玄宗时,开始正式用纸钱襄被祭祀。到宋代,已普遍在丧祭时使用纸钱。北宋初,福州百姓都拿纸钱去东岳行宫祭神"乞福",这些纸钱数量之多好似"飞雪"①,然后将纸钱焚烧。民间在每年寒食节扫墓,不设香火,把纸钱挂在墓旁的树枝上。远离故乡者,登上高山,眺望而祭,撕裂纸钱,随风飞去,称"掰钱"②。司马光和俞文豹(字文蔚)都记载,民间逢到丧事,亲友们都赠送纸钱、纸绢等,"焚为灰烬,于生死俱无益"③。孝宗在祭祀祖先仪式上,也焚起纸钱。社会上纸钱需要量的逐渐增大,促使纸钱的生产和经销成为一项专门的行业。仁宗时,李宸妃之弟李用和(988—1050年)早年与姊失散,流落东京,穷困潦倒,以凿纸钱为业④。宁宗初,绍兴府诸暨县陆生也"以打凿纸钱为业"⑤。有些士大夫还不赞成在丧葬和祭祀时使用纸钱。高宗时,廖刚指出,世俗凿纸为缗钱,焚烧以向鬼神徼福,"不知何所据依"?"积习久远",送终祭祖者借此表示孝心,祷祀祈祝者借以致其诚意,致"使南亩之民转而为纸工者十且四五"⑥。朱熹在祭祀亡母或在家祭享

①　梁克家:《淳熙三山志·祠庙》。
②　《鸡肋编》卷上。
③　《书仪·丧仪一》。
④　《长编》卷111。
⑤　洪迈:《夷坚支志·诸暨陆生妻》。
⑥　《高峰文集·乞禁焚纸札子》。

时,完全不用纸钱①。这在当时是难能可贵的。

　　宋代还流行用纸质的明器来代替陶制的明器和实用器物。从唐代中期以后,藩镇强盛,竞其侈靡,扎成纸屋和纸人、纸物,然后焚烧②。到北宋初,长安(今陕西西安)民间遇到丧葬,陈列偶像,其中外表用绫绡金银做成的称"大脱空",外表用纸并着色的称"小脱空"。长安城里有专门生产和经销"脱空"的许多店铺,组成"茅行"③。用丝织品做成明器,自然仍属浪费,所以后来更多地使用纸质明器。赵彦卫说,古代明器,今天用纸做成,称"冥器",纸钱称"冥财"④。孔平仲也说,现今"流俗"不用皮革和羽毛之类放进柩中,"至用楮带、木笏"⑤。汴京和临安府还开设一些纸马铺,除专门雕印钟馗、财马等赠送顾客外,还用纸和芦苇扎成楼台亭阁和人物、鸟兽销售⑥,供顾客在丧葬和祭祀仪式上使用。

　　用陶瓷佣代替活人和牲畜殉葬,是人类社会的一大进步。宋代普遍使用纸钱和纸质明器来代替实钱和陶瓷明器,又是社会的一次不小的进步。

三、火葬的盛行

　　宋代火葬也甚为流行。土葬和火葬是当时的两种主要葬法。大约在唐代,因为佛教的影响,火葬迅速推广。到宋太祖时,开国伊始,即下诏"禁民以火葬",诏书说:"近代以来。率多火葬,甚愆典礼,自今宜禁之。"⑦但禁令并未认真贯彻。河东路百姓因为"地狭人众,虽至亲之丧,悉皆焚弃"⑧。士大夫到外地做官,病死任上,子孙火焚其柩,收集

①　《朱子语类》卷90。
②　《书仪·丧仪三》。
③　陶毅:《清异录·丧葬》。
④　《云麓漫钞》卷5。
⑤　《珩横新论》卷2。
⑥　《梦粱录·十二月》、《东京梦华录·清明节》。
⑦　王偁:《东都事略》卷1。
⑧　《宋史·礼志二八》。

骨殖带回故里安葬①。朝廷规定军人出戍，死后允许火葬，将骨灰运回。又规定郊坛三里以外，"方得烧人"。高宗时，范同（1097—1148年）提出当今"火葬炽甚，事关风化，理宜禁止"。荣薿认为，朝廷下令禁止火化，确是善政。但吴越风俗葬送费用多，必须积蓄而后置办。至于贫下之家"送终之具，唯务从简"，所以从来把火葬看成方便之举，相习成风，难于骤改，同时，各地官府一时无法找到荒地安葬贫民。既然无处可葬，立刻下达火化之禁，恐怕难安人心。因此，不如重申严禁富豪和官员病故火葬，其他贫下之民和客旅远方之人，"姑从其便"②。显然，火葬具有省钱和省地的优点，加上朝廷允许一般百姓照此办理，所以火葬更加盛行。

各地僧寺一面大力宣传火化，一面又为世俗百姓办起火葬场，当时称"化人亭"。如平江府吴县（今江苏苏州）城外通济寺，其化人亭拥有约10间房屋，规模并不太小③。虽然大多数士大夫反对火葬，认为将遗体举之于火，"惨虐之极，无复人道"，但也有一些士大夫赞成火葬。如理宗时俞文豹指出：如今京城内外，每天物故者数以百计，若非火化，"何所葬埋"④？可谓独具只眼，颇有远见。

四、佛、道教等的影响

佛、道二教和民间其他迷信对丧葬习俗带来了很深的影响。上述火葬的习俗当然是受了佛教影响的产物。此外，又表现在七七日、百日、周年之说，择日和择地安葬，做道场等功德，穿孝服，居丧饮食等方面。

佛教认为，人死后每遇第七天，其魄必定经过一个阴司，受许多苦。这样，由头七、二七，一直到七七即第七个七日，过完最后一个阴司，称"断七"。然后有百日、三周年，还要各经过一次阴司。百姓听信其说，

---

① 《书仪·丧仪三》。
② 《宋史·礼志二八》。
③ 黄震：《黄氏日抄·申判府程丞相乞免再起化人亭状》。
④ 《吹剑录外集》。

加上出于孝心,便在父母亡故后,请僧徒做道场或水陆大会、打醮,写经造像,修建塔庙,称"做功德"。做功德完毕,又造羹饭,称"七次羹饭"①。据说,这样可弥灭亡人的罪恶,脱离苦海了,升入天堂;否则,永入地狱,受尽锉烧舂磨的痛苦,不得超生②。道教也提出可以送魂登天,代天赦罪,不然亡者要受"鼎釜油煎"的"炼度"③。民间遇到丧事,都请僧侣和道士念经、设斋、打醮、做佛事等,鲜以为怪④。

民间还相信阴阳先生或"葬师"的话,人死后,安葬既择年月日时,又相信风水形势,以为日后子孙富贵贤寿或贫贱愚夭,全都靠此。因此,"世俗"常将棺柩寄放僧寺,因年月"不利",长期不葬。南宋时,朱熹劝谕遭丧的百姓,要及时安葬,不要停丧在家或殡寄僧寺⑤。

五代时,子孙的孝服还接近古制。但到宋代,由于世俗忌讳很多,孝服之制大变:除非儿子为父母,媳妇为公婆,妻子为丈夫,小妻为丈夫,没有别的亲属去穿麻布做的孝服。否则,人家尊长不同意,众人也会加以讥诮⑥。当时还习惯遇到至亲丧事时,要披头散发。"古礼"规定应该披散全部头发,但宋代变成为父亲只披散左边的头发,为母亲披散右边的头发,为公公披散后面左边的头发,为婆婆披散后面右边的头发⑦。比前代复杂得多。

在丧葬过程中,民间习惯用乐,即聘请乐师奏乐。初丧时,以奏乐"娱尸"。出殡时,由僧侣敲打花钹、花鼓槌在前引导,与丧者家属的号哭声前后呼应。宋初曾规定士庶之家在丧葬时,不得用僧徒仪仗前引,又禁止送葬用乐。但犯禁者"所在皆然"⑧。同时,民间在居丧期间照样饮酒吃肉。在初丧未敛时,亲朋带着酒来慰问,主人也杀猪

---

① 车若水:《脚气集》卷下。
②⑦ 《书仪·丧仪一》。
③ 陆游:《放翁家训》。
④ 《燕翼诒谋录·丧葬不得用僧道》。
⑤ 《朱文公文集·劝谕榜》。
⑥ 《书仪·丧仪二》。
⑧ 《燕翼诒谋录·丧葬不得用僧道》。

宰羊,以酒菜招待,"相与饮啜,醉饱连日"。到安葬时,更是"酬酢杯觞,当此而乐"①。

　　宋代理学家主张参照古礼,对现行世俗丧葬礼仪加以损益,他们不赞成这些礼仪受到佛、道二教和外来民族的影响,反对佛、道参预其事,也不去避煞,不信阴阳之说②。朱熹还采用一种悬棺葬法,据说这是因为"斯文不坠"的缘故③。程颐主张选择草木茂盛处安葬,吕祖谦更是主张"胡乱平地上便葬"④。但他们觉得世俗的力量过于顽强,不易骤改,不如采用"半今半古"之礼,"祭享用荤食,追修有缁黄"⑤。

第五节　饮　食　习　俗

　　宋代社会经济的发展和科学技术的进步,促使饮食业不断发展和烹饪技术不断提高。与前代相比,宋代的饮食习俗有以下特色。

一、南食和北食两大系统的形成

托面食侍女
北京辽赵德钧墓室壁画

　　北宋时,形成了南食和北食两大系统,为以后中国汉族的饮食习俗奠定了基本的格局。南食和北食的差别,主要在于南食以稻米制品为主食,北食以麦面制品为主食;南食的荤菜以猪肉和鱼为主。北食的荤菜以羊肉为主。

　　宋神宗时,宫廷中仍以面粉为主食的主要原料。熙宁十年(1077

---

① 《书仪·丧仪一》,刘燔:《云庄集·漳泉劝孝》。
②⑤ 《吹剑录外集》。
③ 《癸辛杂识·悬棺葬》。
④ 《朱子语类》卷89。

年),"御厨"所用面粉和大米的比例是 2∶1,表明这时的皇帝是以面食为主的。南宋初年人庄绰(字季裕)指出,"西人"(西北地区人)吃面几乎不用牙齿咀嚼,而"南人"(南方人)则"罕作面饵",甚至民间开玩笑说:南方人只会把擀面杖用来撑门,吃胡饼(一种表面带芝麻的烧饼)比服药还要艰难。这种北方人很少吃米食,南方人很少吃面食的习俗,到南宋初出现了很大的变化。高宗初年,江、浙、湖、湘、闽、广"西北流寓之人遍满"。北方人爱吃面食,面粉消费量猛增,麦价日涨,一石达12 贯铜钱。社会需要量的激增,促使南方农民"竞种春稼,极目不减淮北",麦子的种植面积迅速扩大①。

麦子产量的激增,为主食中面食的比重增大创造了必需的物质条件。南宋都城临安府的饮食店中,面食店比北宋汴京明显增多,面制食品也更加丰富。吴自牧《梦粱录·天晓诸人出市》记载,最热闹的大街上的面食店"通宵买卖,交晓不绝"。到理宗时,"有名相传"的面食店铺,有保佑坊前张卖食面店、金子巷口陈花脚面食店、太平坊南倪没门面食店、南瓦子北卓道王卖面食店、腰棚前菜面店,几乎"处处各有"面店。

面食和米食的品种也比前代增加很多。面食方面,汤饼不仅成为煮饼或面片汤,而且主要成为各种面条。黄庭坚(1045—1105 年)诗云:"汤饼一杯银线乱。"②形象地说明汤饼也是一种白面条。东京和临安府的饮食店中,有几十种面条供应。前代的"牢丸"(后避钦宗赵桓御讳,写成"牢九"),到宋代称为包子或包儿。包子一般是带馅的,馒头则一般实心无馅。馒头而带馅,就须在馒头前说明馅的内容,如羊肉馒头、蟹黄馒头等。蒸饼在仁宗时因避其讳祯,改名"炊饼"③。唐代的馄饨到宋代称为"馉饳",馉饳更像今天的饺子和锅贴。东京和临安府的饮食店里,都有"旋切细料馉饳儿"或"馉饳瓦铃儿"销售,其中鹌鹑

---

① 《鸡肋编》卷上。
② 《豫章黄先生文集·过土山寨》。
③ 顾文荐:《负暄杂录》。

肉馅馉饳是人们最喜欢的一种面食点心①。此外，还有角儿（饧角儿即糖三角）、春茧、春饼、夹儿（又称夹饼、餃子）、笑靥儿、月饼、汕饼、胡饼、划子、千层儿、韖饠（一种烤制的多馅圆面饼，馅有蟹肉、猪肝、樱桃等，烤熟）、饳饳、弹儿（丸子）、薄脆、馇子等。米食方面，种类和花色更多。干饭有香子米饭、石髓饭、大骨饭、羊饭、闷饭、铺羊粉饭等，水饭有大小米水饭、羊泡饭、七宝姜粥、赤豆粥、五味肉粥、绿豆粥、腊八粥等②。另有各种糕团、粽子、米果、米线（米粉）等。

经过一个多世纪南食和北食的融合，到南宋末年，临安的饮食已无严格的南北地区差别。《梦粱录·面食店》记载，东京曾开设南食面店和川茶分饭，为江南士大夫来往时服务，因为他们"不便北食"。南渡后经过近 200 年，则"水土既惯，饮食混淆，无南、北之分矣"。

在宋代的荤菜方面，南、北食中的猪肉和羊肉的比重前后也有变化。北宋时，北食以羊肉为主，南食以猪肉为主。熙宁十年（1077 年），"御厨"所用羊肉和猪肉的比例是 100∶1。大臣吕大防（1027—1097 年）说过，"御厨止用羊肉，此皆祖宗家法所以致太平者"③。御厨还经常把"燎羊"（烤羊）赐给近臣。东京饮食店中有各种羊肉食品，如旋煎羊白肠、批切羊头、虚汁垂丝羊头、乳炊羊肫等；还设有专门的熟羊肉铺。东京的居民不仅是北方人，因此猪肉的需要量仍然相当大。民间所宰杀的生猪，从早到晚经南薰门入京，每群以万计④。南宋时，羊肉在肉食中依旧保持相当大的比重。临安需要的羊，大都来自两浙等地。羊肉食品有蒸软羊、鼎蒸羊、羊四软、酒蒸羊、绣吹羊、千里羊等，不胜枚举⑤。与羊肉相比，临安的猪肉食品更多。城内外的肉铺不计其数，每家肉铺的肉案上都挂着十多爿猪肉。大瓦修义坊形成了"肉市"，巷内两街都是屠宰之家，每天宰猪不下数百头。其他街坊的肉铺也各自开

① 《东京梦华录》卷 4，《梦粱录》卷 16。
② 《武林旧事·粥》。
③ 《长编》卷 480。
④ 《东京梦华录·朱雀门外街巷》。
⑤ 《梦粱录·分茶酒店》。

设作坊,屠宰和销售猪肉①。许多猪肉店铺还组织起"行",候潮门外有"南猪行",打猪巷有"北猪行"②。肉市和猪行的形成,表明临安居民每日食用猪肉的数量之巨;反之,羊肉肉铺尚未组织成行或市,其销售量和猪肉相比,显然相形见绌。

二、烹饪技术的提高

宋代烹饪技术比前代大有提高,分工细密,菜肴花色品种增多。人们常用的烹饪方法,有煎、蒸、烧、爁(爊)、炰(烤)、炒、煠(炸)、焐、爆、糟、酿、脍(烩)、焙、炙、冻等,很多菜肴依此命名,如煎茄子、酒蒸鸡、烧肉、红爁鸠子、炰腰子、生炒肺、煠蟹、焐肠、爆肉、糟鲍鱼、酿黄雀、冻波斯姜等。还有一些菜肴依据其形状命名,如羊头签、鹅鸭签等,签是一种类似现代香肠、粉肠的食物。还有一些仿照荤食制造的素菜,如假圆鱼、假沙鱼、假蛤蜊、假河鲀等。南宋林洪在《山家清供》一书中描写了当时人做素蒸鸭、假煎肉、玉灌肺的方法。素蒸鸭实际是蒸葫芦。假煎肉是薄批瓠与麸,各和以佐料,用菜油煎麸、用猪油煎瓠,再熬葱油,加酒共炒瓠、麸成熟,即成。玉灌肺又称假肺,是用真粉、油饼、芝麻、松子、胡桃、茴香六味,拌和入锅蒸熟,切成肺一样的块,加上枣汁食用。一般厨司把工序分为打料、批切、烹炮、下食、调和等"节次"③。宫廷和大臣府第的厨司,分工更为细密。如宋真宗时,召集百官大宴,差宦官五人分掌肉从食餬饼局、铠面食粉局、蒸作炙爆局、脍饀笼局、盘饭口味局④。又如徽宗时,蔡京太师府包子厨中一名女子流落外地,但不会做包子,自称是包子厨中专缕葱丝者⑤。可见当时烹调过程中分工之细。

---

① 《梦粱录·肉铺》。
② 《武林旧事·诸市》。
③ 《都城纪胜·四司六局》。
④ 《宋会要辑稿》方域4之1。
⑤ 罗大经:《鹤林玉露·缕葱丝》。

三、各地出现特色菜肴

妇女斫鱼画像砖

宋代烹饪技术的提高,促使各地出现许多特色菜肴。江西临江军(今江西清江西)的黄雀,两浙江阴军(今属江苏)的河豚,福建兴化军(今福建莆田)的子鱼,"为天下第一,他处虽效之,终不及"①。江西的黄雀用来制成黄雀鲊外,运销各地。徽宗时,蔡京家仓库内黄雀鲊装满了三间屋。苏轼(1037—1101年)等士大夫酷嗜河豚,因为味道鲜美,苏轼说过:"食河豚,值得一死。"②明州(今浙江宁波)的黄花鱼,明州和越州(今浙江绍兴)、温州(今属浙江)、台州(今浙江临海)的海鲜、鲞、腊,苕溪(今浙江境)的鳊鱼等③,都是当时的名产。东京和临安集中了两宋的珍馐美味,这两地官员和商旅、游客荟集,酒楼茶肆林立,各店竞相号召,因而菜肴品名繁多,饕餮称快。在东京一度"声称于时"的,有王楼山洞梅花包干、曹婆婆肉饼、薛家羊饭、梅家鹅鸭、曹家从食、徐家瓠羹、郑家油饼、王家乳酪等④。临安的部分著名菜肴是由东京南迁的店铺制作和销售的。如在钱塘门外宋五嫂经营的鱼羹、李七儿的羊肉、王家的奶房、宋小巴的血肚羹等。此外,猫儿桥魏大刀的熟肉、官巷口的光家羹,寿慈宫前的熟肉、涌金门的灌肺、中瓦前职家的羊饭等,也是"都下市肆"中"名家驰誉者"⑤。

---

① 太平老人:《袖中锦》。
②④ 《枫窗小牍》卷下。
③ 《癸辛杂识》后集。
⑤ 《都城纪胜·诸行》。

四、糖果食品和甜食的增多

宋代是中国饮食史上蔗糖食品突飞猛进的时期。首先,蔗糖产量比前代大有增加。真宗时,处州(今浙江丽水)和吉州(今江西吉安)、南安军(今福建南安)进贡朝廷的沙糖,以每五万斤为一纲,装运到东京①。福建仙游县每年将沙糖运销到淮、浙地区,"不知其几千万坛"②。其次,东京和临安市场上有各种各样的水果糖,像西川乳糖狮子、麝香糖、杏仁糖、杨梅糖、玉柱糖、花花糖、五色糖、芝麻糖等。还有专供儿童食用的"戏剧糖果",像打娇惜、虾须糖、宜娘打秋千等③。当时的乳糖似今牛奶糖,用沙糖和牛奶做成,最早仅川蜀能够生产,后来越州也会制造,而且质量更高,有止渴去烦和解酒毒的功效④。第三,沙糖被添加到米食和面食中,制成各种甜食。米食有豆沙加糖粥、糖粥、糖豆粥、丰糖糕(蜂糖糕)、乳糖圆子、糖蜜巧粽、糖蜜糕⑤、寒具(一种和以糯米粉和面粉,油煎而成的食品,食时撒上沙糖)、粉餈等。面食有糖肉馒头、活糖豆沙馅春卷、糖馅馒头、姜糖馒头、笑靥儿、月饼、糖角儿等⑥。夏天的各种冷饮(宋代称"凉水")中,大都添加了沙糖。如东京州桥夜市上有沙糖雪冷元子、冰雪沙糖绿豆⑦,临安市场上有甘豆汤、姜蜜水、沈香水等⑧。

糖果食品和甜食的增多,使沙糖和糖霜进入了千家万户,不再是少数贵族和高官才能享用的了。

五、饮茶更加普及

宋代饮茶更加普及,茶叶成为人们的日常必需品之一。宋代的茶

---

① 《宋会要辑稿》食货 52 之 13。
② 方大琮:《铁庵方公文集·乡守项寺丞书》。
③ 《都城纪胜·食店》。
④ 《重修政和证类本草·甘蔗》。
⑤ 《梦粱录·荤素从食店》等。
⑥ 《梦粱录·荤素从食店》、《武林旧事·蒸作从食》。
⑦ 《东京梦华录》卷 2、卷 8。
⑧ 《武林旧事》卷 6。

叶分为片茶、散茶(散叶茶)和腊面茶(贡茶。乃以茶汁泛于汤面,与熔腊相似而得名)三种。蒸青片茶苦味较大,香味不正。北宋初为克服这个缺点,发明了蒸青散茶,蒸胃后不揉不拍,直接烘干,保持了茶叶的真味。随后,一度在茶叶中加配香料。不久,"虑夺真味",不再添加龙脑。南宋时,发明了炒青散茶,饮用时全叶冲泡。宋代人们在饮茶时,已普遍不加盐和姜,否则,使人捧腹大笑。

　　宋代民间把茶叶看做与米、盐同样重要的日常必需品。王安石说过:"茶之为民用,等于米、盐,不可一日以无。"①民间习惯于客人刚到,便请其啜茶;客人告别,则请其啜汤,汤用甘草等药材制成②。当时人们把建茶视为全国第一流的茶叶,大都供皇室、贵戚、大臣们享用。杭州的白云茶和垂云茶也很有名,苏轼诗云:"白云峰下两枪新。"又云:"拣芽分雀舌。"③最早描写"旗枪"茶的形状,这是现代龙井茶的前身。司马光认为,茶与墨正好相反,茶欲白,墨尚黑;茶欲新,墨贵陈;茶欲重,墨尚轻④。有一次,宋徽宗请近臣们品茶,他亲自取茶具,注沸水入盏沦茶。一会儿,"白乳浮盏面,如疏星淡月"⑤。宋徽宗还撰《茶论》20篇,提出白茶不同于普通茶,"系偶然生出,非人力可致",决定以白茶为第一⑥。人们还约定俗成,订有鉴赏茶叶的方法,斗茶的风气十分盛行。唐庚(1070—1120年)写有《斗茶记》,提出茶不问团或胯(片茶的样式和计算单位),要之贵新;水不问江或井,要之贵活。斗茶时,一般以茶面的泡沫鲜白,在盏内壁有水痕,同时又能耐久为最好。斗茶时使用的盛器,一般都是深色釉盏,以便与茶汤的白沫对照明显,易于评定。所以,兔毫盏和鹧鸪斑盏最为饮茶者所喜爱。

----

① 《临川集·议茶法》。
② 朱彧:《萍洲可谈》卷1。
③ 潜说友:《咸淳临安志·物产》。
④ 张舜民:《画墁录》。
⑤ 王明清:《挥麈后录余话》卷1。
⑥ 《负暄杂录》。

第六节 服 饰

中唐以后社会阶级关系的变动和物质生产的继续发展,一直到宋代,作为当时物质文明和精神文明综合反映的衣冠服饰,出现了一些新的变化。

一、突破服装等级制度

宋代民间往往突破朝廷规定的服装等级制度,穿戴的衣冠上自皇帝和贵族、百官,下至士人和平民,没有绝对严格的差别。隋唐时期的幞头,发展到宋代,已成为男子的主要首服。人们一般都戴幞头。官员的幞头背后,装上两脚,用铁丝或琴弦、竹篾等为骨,一般为直脚。从宋初开始,直脚逐渐加长,据说是为防止官员上朝站班时互相交头接耳。官员一般穿"公服",宋初规定三品以上用紫色,五品以上朱色,七品以上绿色,九品以上青色。宋神宗时,改为四品以上紫色,六品以上绯色,九品以上绿色①。公服的形色,是圆领,大袖,下据(大襟)加一横襕。到南宋时,由幞头改用幅巾,甚至像岳飞这样的武将也以包裹幅巾为尚,冠帽之制渐衰。同时,百官的衣服也由公服改为紫窄衫。赵彦卫说:南渡后,"方着紫衫,号为'穿衫尽巾',公卿皂隶,下至闾阎贱夫,皆一律矣。"②这种情况在北宋和南宋许多地方都

直脚幞头
绿色公服和玉銙大带

① 《宋史·舆服志四》。
② 《云麓漫钞》卷4。

不断出现过。哲宗至徽宗时人张耒(1054—1114年)在《衣冠篇》中说,当时胥徒的冠服与知州、县令相差无几,公卿大夫与武官、技术官的衣冠没有太大区别①。孝宗时,梁克家(1128—1187年)说,三十年前,"自缙绅而下","衣服递有等级,不敢略相陵躐"。但后来"渐失等威",而近年更加严重,甚至农民、商贩穿着道服和背子、紫衫,他们的妇女还穿着背子和霞帔②。朱熹也说过:"今衣服无章,上下混淆。"③到南宋末年,衣冠更易,有一些晚辈后生,不守旧规,裹起奇巾异服,"三五为群,斗美夸丽"④。这些情况显示,原来按规定只能穿白、皂两色服装的庶人和公人、商贾等,常常违禁穿戴官员才有资格穿戴的衣冠,而朝廷不断下令禁止百姓"逾僭",正证明这种"逾僭"的严重性和普遍性。

二、崇尚素雅和大方、新颖

宋人的衣冠服饰崇尚素雅和大方、新颖。文化的发展使人们对衣冠色彩的爱好,从鲜艳和单纯改变为繁复而协调,对比色调日趋稳重和凝练。除北宋官员的公服外,民间一般服装更多地使用复杂而调和的色彩。当时出现了印花的丝织品,在木板上雕刻图案,然后印在丝织品上,称"缬帛"。又出现了加入金线编织的丝织品,称"销金"。织锦也进入了全盛时期。尽管政府三令五申,禁止民间雕刻和买卖缬板,禁止服用"皂班(斑)缬衣",禁止民间男女穿戴销金衣帽,但并未奏效。徽宗时,东京大相国寺内,有些尼姑公开出售"生色销金花样幞头帽子"。孝宗时,知台州唐仲友(1136—1188年)在州衙召集工匠雕造花板,印染斑缬,达几十片⑤。南宋后期,临安的大街上有"销金裙"、"段(缎)小儿销金帽儿"、"挑金纱异巧香袋儿"等出售⑥。

---

① 《柯山集拾遗》卷9。
② 《淳熙三山志·岁时》。
③ 《朱子语类》卷91。
④ 《梦粱录·风俗》。
⑤ 《朱文公集·按唐仲友第三状》。
⑥ 《梦粱录·夜市》。

　　徽、钦宗时期,民间服装在色彩、款式、图案等方面出现了新的风格。宣和年间(1119—1125年),士庶竞相以鹅黄色为腰腹围,称"腰上黄"。妇女便服,不施衿(结带)纽,紧身短小,称"不制衿"。开始从宫廷外传,很快在全国推广①。妇女的鞋底呈尖形,用双色合成,称"错到底"②。靖康元年(1126年),东京妇女的首饰和衣服、织帛等备有一年四季的节日礼物或花卉,称"一年景"。这些新色服装的竞相出现,表现当时民间已形成了一次突破服装旧格调、旧样式的新高潮。

　　汉族人民还吸取了周邻少数民族服饰的优点。契丹的番样头巾、青绿色男服、番鞍辔、毡笠、钓墪(女子的连袜裤)以及铜绿、兔褐色的女服,纷纷传入,被士庶和妇女们加以仿效③,从而为汉族服装增添了新的式样和色调。

穿襦裙披帛的宫女　　　　"一年景"花钗冠

三、男女的新服装——背子

　　在宋代形形色色的服装中,背子是男子和妇女都喜欢穿着的一种便装,它形制美观,穿着方便。

① 佚名:《东南纪闻》卷三
② 陆游:《老学庵笔记》卷3。
③ 《宋会要辑稿》舆服4之7。

　　背子的形制与半臂背心不同。背子的袖管长至手腕,两裾平行而不缝合,两腋以下开叉。妇女的背子长度与裙子相等,袖子比衫子略宽①。一种式样是在两腋和背后都垂带子,腰间用勒帛(一种束在外面而用丝织物做的带子)束缚;另一种式样是不垂带子,腰间不用勒帛,任其左、右两襟敞开。半臂的袖管则只及背子的一半,其袖长与现代的短袖衬衫相似。广州(今属广东)的妇女穿黑色的半臂,也称"游街背子"②,半臂又与背子不加区别。背心不装袖管,与现代一样。

　　背子起源于宋代以前,主要是从半臂发展而来。到宋代,背子不仅袖管加长,而且两裾加长。同时,男、女的背子之制又有一定的区别:男子的背子只作为衬服,一般不穿在外作为常服;妇女的背子则作为常服甚至礼服穿用。东京的上等媒人"戴盖头,着紫背子";中等媒人"戴冠子,黄包髻,背子"③。临安府的酒库在每年寒食和清明节前开沽煮酒,派倡妓打扮成三等装束,其中第二等为"冠子、裙、背者"④。在徽宗前,背子一般要用勒帛束腰,徽宗后就不用勒帛,变为散腰了,这样显得更为简便和潇洒。

四、妇女戴盖头和裹足

　　唐代妇女开始头戴皂罗,五尺见方,也称"幞头"。这种幞头到宋代称为"盖头",妇女走上大街,常用方幅紫罗,以障蔽半身⑤。司马光在《家范》中,记载当时士大夫家的女子到官府打官司,"蒙首执牒","以争家资"。表明女子出门戴盖头这时已成为一种习惯。所以司马光在该书中提倡妇女有事,走出家里的中门,一定要"蒙蔽其面"⑥。由于士大夫的提倡,妇女出门戴盖头者日增。东京的妓女出门都将盖头

————————

①　《事物纪原·背子》。

②　《萍洲可谈》卷2。

③　《东京梦华录·娶妇》。

④　《都城纪胜·酒肆》。

⑤　周煇:《清波别志》卷中。

⑥　《家范·治家》。

背系在冠子上。在金明池附近开设的酒肆中,当垆少女出门时"幂首摇摇而来",与男子们说话。元夕节观灯,妇女戴"幂首巾"上街,甚至步入曲巷酒店饮酒,仍"以巾蒙首"。荆南府(今湖北江陵)妇女到医者家求医,"蒙首入门"。有的妇女在室内还用紫色盖头遮首①。南宋末年,甚至农村少妇外出,也要带上皂盖头。毛莘诗云:"田家少妇最风流,白角冠儿皂盖头。笑问旁人披得称,已遮日色又遮羞。"②临安府富室的男女,在结婚前三天,由男家送给新娘一些"催妆"礼物,其中包括销金盖头。在举行婚礼时,新娘戴上盖头,然后由男家夫妇双全的女亲,用秤杆或机杼挑下盖头,新娘"方露花容"③。

女子背衣穿戴展示 　　　福州黄昇墓出土褙子(摹本)

五代南唐主李煜(937—978 年),始命宫嫔用帛绕足,使之纤小,向上弯曲成新月的形状。此后,由宫廷传入教坊乐籍,由教坊乐籍传到京城,再由京城外传到各地城市,逐渐增多。苏轼最早撰词盛赞女子的小脚:"涂香莫惜莲承步,长愁罗袜凌波去;只见舞回风,都无行处踪。偷穿宫样稳,并立双趺困,纤妙说应维,须从掌上看。"④描写教坊乐籍的

① 洪迈:《夷坚志》。
② 《吾竹小稿·吴门田家十咏》。
③ 《梦粱录·嫁娶》。
④ 《宋六十名家词·东坡词·菩萨蛮·咏足》。

舞女仿效"宫样"缠足,显示裹足之风已从宫廷外传到教坊乐籍。北宋后期,徐积(1028—1103 年)赋诗表彰蔡氏寡妇艰苦持家云:"何暇裹两足,但知勤四肢。"太平老人《袖中锦》记载,章楶(1035—1105 年)说过"近世有古所不及者三事",即洛花、建茶、妇人脚。所谓妇人脚,显然是指北宋时妇女的裹足。

　　南宋时,妇女裹足的现象逐步增多。孝宗时,陈亮(1143—1194 年)写信给朱熹说自己"顽钝",每天与后生舞文弄墨,"正如三四十岁丑女更欲扎腰缚脚,不独可笑,亦良苦也"①。宁宗时,发现一名男子假扮厨娘,原来他自幼由其父穿耳、缠足,像女子一样②。车若水(字清臣)目睹妇女从小缠足、遭受无谓的痛苦,最早提出反对。他说:女子不到四五岁,就将双足"缠得小束"。"无罪无辜而使之受无限之苦","不知何用"?③ 一名在度宗末年去世而安葬于江西德安县的周姓妇女,生前缠足,死后双脚裹有脚带,各长 200 厘米、宽 10 厘米,用浅黄色素罗制成④。这是宋代妇女缠足的一个物证。

　　裹足摧残了妇女的肢体。这种习俗的形成,给中华民族的健康带来了危害。

五、戴花和雕青

　　宋代不论男女,都喜爱戴花。所戴之花中有真花,如牡丹、芍药;也有仿生花,用罗帛或通草制成。各地出现了专门制作生色花的小作坊。临安还形成了专门制作和销售花的"花朵市"或"花团",它必定由好多家店铺组成。在临安的 414 行中,有一行称"面花儿"行,看来是专产和专销妇女脸上贴花的⑤。每逢喜庆节日,皇帝头戴小帽、簪花,官员们则按品级由皇帝赐给花朵簪戴,不准超过数额。遇到朝廷举行重要典

① 《陈亮集·壬寅答朱元晦秘书》。
② 佚名:《夷坚续志·假女取财》。
③ 《脚气集》卷 1。
④ 《文物》1990 年第 9 期。
⑤ 佚名:《西湖老人繁胜录》。

礼,官员和军兵全部戴花,远望"全如花世界"①。

　　中国古代纹身的习俗,到宋代继续流行。除对士兵和罪犯有在面部或手背刺字的规定以外,民间很多青年男子以在身上雕刺图案花纹为荣,当时称这种纹身为"雕青"。北宋初,有拣停军人名张花项,因为"俗以其项多雕篆,故目之为'花项'"②。徽宗时,睿思殿应制李质在少年时"文其身",入宫后,徽宗赐号"锦体谪仙"③。高宗时,大臣张浚(1097—1164 年)挑选年轻而身高体壮的士兵,从臀部而下到双脚全刺花纹,称为"花腿"。目的是为了防止他们逃到别的军队去④。临安府的市井小民多以纹身为装饰,还组织成社会团体,称"锦体社",即"花绣"社团,遇迎神赛社活动时出场表演⑤。不过,当时也禁止宗室雕青⑥,自然是为了保持皇室子弟的高贵身份,防止他们与"市井小人"或"浮浪辈"为伍。

第七节　生活用具

　　宋代生活用具与前代相比,不仅数虽增加,而且质量有所提高,品种有所增多。南宋临安府的巷陌街市上,有民间日常需要的各种"家生动事"销售,诸如桌、凳、凉床、交椅、兀子、长桃(床板)、绳床、竹椅、裙厨、衣架、棋盘、面桶、项桶、脚桶、浴桶、大小提桶、马子、桶架、木杓、研槌、食托、竹夫人、懒架、木梳、篦子、刷子等⑦,几乎应有尽有。这些形形色色的生活用具,可以说已经具备了近代民间生活用具的初步规模了。

---

① 佚名:《西湖老人繁胜录》。
② 张齐贤:《洛阳搢绅旧闻记》卷 3。
③ 《挥麈后录》卷 2。
④ 《鸡肋编》卷下。
⑤ 《武林旧事·社会》。
⑥ 《宋会要辑稿》帝系 7 之 31。
⑦ 《梦粱录·诸色杂货》。

一、家具

宋代家具的最大特点是民间普遍使用椅子和桌子,彻底改变了自古以来席地而坐的习惯。

北宋时,流行两种形式的椅子,一种为交椅。交椅又名交床、胡床、绳床。徽宗时张择端所绘《清明上河图》中,东京赵太丞家堂屋正中,摆着一把交椅,上端呈"W"形,有坐垫。还有一家店铺中,主人正端坐在交椅中。椅背的高度与现代的椅子一般无二,这时的交椅"只有栲栳样",即圆形搭脑的椅圈,绳编的软坐屉。南宋时,交椅的制造技术日益提高,出现了太师椅、三清椅等新的样式。高宗绍兴初年,临安府长官梁汝嘉(1096—1154 年)在交椅的靠背上,插上一块荷叶样的木板,坐时可以"仰首而寝"。宋宁宗时,达官普遍使用这种新式椅子①。另一种记载认为,临安府长官吴渊看到太师秦桧(1090—1155 年)在国忌所坐在交椅中,偃仰片刻,头巾坠地,乃设计了荷叶托首 40 柄,运抵国忌所,命工匠当场安装完毕,凡宰相、执政、侍从官都有,于是号称"太师样"②。太师椅使人的头部有所倚靠,是交椅制造的一大进步。但坐在太师椅上,两臂仍然无处安放,于是又出现了"三清椅",两臂可以搁在"按手"上。宋人绘《春游晚归图》,绘有一名官员出游,其仆从肩扛一把太师椅,从其形制看,显然是折叠结构,而且靠背上还安装着荷叶托首。

另一种椅子是直腿椅。北宋时,民间使用直腿椅者逐渐增多。今河南禹县白沙发现的北宋墓中,第一号墓和第二号墓的壁画都绘有墓主夫妇对坐像,各坐直腿靠背椅一把③。河南方城的北宋墓中,也曾发现石雕的直腿椅子④。

交椅和直腿椅的逐渐普及,使桌子的四腿相应提高。桌子的样式

---

① 《挥麈三录》卷 3。
② 张端义:《贵耳集》卷下。
③ 宿白:《白沙宋墓》。
④ 《文物参考资料》1958 年第 11 期。

视需要而定。四川广汉北宋墓中,出土一张长方桌子,四脚宽厚,四足呈马蹄形①。宋徽宗绘《听琴图》,绘有一张桌子,四脚细直。

宋人椅、桌一般还使用"倚"、"卓"两字。也有少数人改用木字傍的"椅"、"棹"字,但北宋后期人黄朝英反对这样书写。不过,直到南宋末年"椅"字已被普遍使用,桌子则仍多用"卓"字。

北宋初年,桌、椅仅局限于富贵之家使用。北宋中期以后,逐渐普及到平民家庭。司马光《书仪》一书,多次提到民间使用桌、椅的情况,但这时还限于男子们使用,在士大夫家,妇女如坐椅子或兀子,则被人讥笑为没有"法度"②。南宋时,这种习俗逐渐改变。

随着桌、椅的流行和人们起坐方式的改变,其他家具的尺度也相应地增高了,如床榻、镜台、屏风等。各种家具在室内的布置还有了一定的格局,大致有对称和不对称两种方式:一般厅堂在屏风前正中置椅,两侧又各有四椅相对,或仅在屏风前置二圆凳,供宾主对坐。书房和卧室的家具布局采用不对称方式,没有固定的格局。此外,适应宴会等特殊需要,家具的布置出现一些变体③。宋人绘《汉宫图》中,就有排椅,看来是供官员们集会时使用的。

二、炊具

宋代的炊具与前代不同之处,表现在炉灶的进步上。民间的日用炉灶,主要有三种,第一种是低矮的陶灶,烧火人用吹火棍进气。四川广汉一号北宋墓和广元宋墓,均出土陶灶和烧火人俑和庖厨图石刻④,即是这种炉灶。第二种是砖砌的灶。第三种是风炉,炉身周围通风。南宋临安府的巷陌街市上,经常有修灶或泥灶的工匠,还有专卖泥风炉和小缸灶儿的店铺⑤。除此以外,从北宋开始,北方的居民普遍使用石

---

① 《考古》1990 年第 2 期。

② 《老学庵笔记》卷 4。

③ 刘敦桢:《中国古代建筑史》。

④ 《考古》1990 年第 2 期,图版陆之 7;《文物》1982 年第 6 期,图版柒之 2、6。

⑤ 《梦粱录·诸色杂货》。

炭（煤）作为燃料，煤的火力足和燃烧时间长，所以改用了一种炉膛较小的炉灶。北宋的一块画像砖上，绘刻一位高髻妇女，腰缠围裙，挽袖，正站在一张方桌前治鱼。桌前安放一只方形火炉，炉火熊熊，上置一只双耳铁锅，锅中的水或油正在沸腾。火炉支撑在一个方形铁架正中，炉膛较小①。显然这是一种新型的烧煤的炉灶。

三、灯具

宋代灯具比前代形制多样，日常用的灯具一般有瓷制和金属制两种，节日用的灯盏有用琉璃、纸、罗帛等材料制成的。瓷灯的釉色丰富多彩。当时流行青瓷灯，还有绿釉瓷灯和影青釉盅形瓷灯。山西太原小井峪49座宋墓中，曾出土瓷灯31盏，大小不一，分黑、白两种釉色，均作素面；灯身小口，唇外折，宽沿。河南鹤壁集瓷窑遗址出土的瓷灯，分为三式：一为三节式，上部三棱形莲瓣贴附在口沿上，下有盘、撇口、弧腹内收，下承灯座，底大于上部；二为平折沿灯盘，下有喇叭形圈足，口沿平而上绘黑彩花卉；三为撇口、宽肩、白釉，肩有剔花。民间还常常使用小碗或小钵作灯盏，宋墓中常出土青白釉碗，放置在墓壁砌出的灯擎之上。山西高平县开化寺宋代壁画《善事太子本生故事》，描绘一台织机旁的墙壁上，端放着一盏瓷碗的灯。

宋代出现了一种节省燃油的瓷灯，称为"省油灯"或"夹瓷灯"。陆游（1125—1210年）记载：宋白（933—1009年）的文集中有《省油灯盏》诗，现今嘉州（今四川乐山）也有这种灯，实际就是夹灯盏。这种灯一头开个小洞，灌进清冷水，每晚换一次。一般灯被火苗烧灼，灯油很快干燥，这种则不然，可以节省一半灯油。邵博（？—1158年）任嘉州知州时，曾屡次将这种灯馈赠在朝的士大夫②。陆游还说过："书灯"切不要使用铜盏，只有瓷盏最省油。四川有一种夹瓷盏，"注水于盏唇窍

① 《文物》1979年第3期，图版柒之4。
② 《老学庵笔记》卷10。

中,可省油之半"①。临安的414行中,有一行的店铺专售"读书灯",也许就是指夹瓷盏②,如同现今的读书台灯一样受人喜爱。这种灯具的发明凝结了宋代人民的智慧和才能③。

四、其他日用器具

宋代其他日用器具中,有折叠扇、钢针、剪刀、竹夫人、汤婆等值得一提。

中国古代的扇子,可分团扇、折叠扇、掌扇、五明扇、雉尾扇等。南北朝的南齐时,已有官员使用折叠扇,称为"腰扇"。此后,朝鲜或日本不断把折叠扇带到中国来,但一直没有在民间得到广泛的传播。到北宋时,折叠扇再度从朝鲜传入,苏轼诗中的"高丽白松扇"即是指此。宋高宗赵构(1107—1187年)躲避金军的进攻,曾随身携带一把折叠扇,用玉雕童子为扇坠④。宁宗初年,赵彦卫撰《云麓漫钞》卷4记载,今人用折叠扇,以蒸竹为骨,夹以绫罗。富贵之家或以象牙为骨,用金银装饰,源出于高丽。临安府有专门销售折叠扇的店铺,其中著名的有周家折揲扇铺⑤。现今可以看到的最早的折叠扇图,见于江苏武进出土的南宋温州所造"鎗金花卉人物奁盖"上⑥。

宋代冶铁技术提高,不仅生产出许多铁制的农具和工具,而且生产出更多更精致的生活用具。北宋初,朱姓和汤姓工匠善长生产钢针,他们的技术"谙熟精好,四方所推",所造"金头黄钢小品",医工可以用砭刺;大三分的钢针可以用来缝衣,小三分的钢针可以用来绣花⑦。衡州耒阳县(今属湖南)和济南府(今山东济南)的钢针,是当时的名产。现

---

①　陆游:《斋居纪事》。
②　《西湖老人繁胜录》。
③　《中原文物》1985年第2期,第79—80页。
④　《夷坚续志》前集卷1。
⑤　《梦粱录·铺席》。
⑥　《文物》1979年第3期,图版贰之4。
⑦　陶穀:《清异录·器具》。

在"济南刘家功夫针铺"的广告版,注明商标,是一件珍贵的文物。临安水巷桥河下针铺,也是当时著名的店铺之一①。中国古代的铁制剪刀,只是在一根铁条的两端锻成刀状,再将中段弯成"8"字形,利用熟铁的弹性,使刀口一张一合。这种剪刀中间没有轴眼,不装支轴。到北宋时,剪刀的基本形态仍是如此。北宋初人陶穀(903—970年)记载,饶州(今江西波阳)馈溪炼制的铁器"精而工细",剪刀"皆交股屈环",是亲友间馈赠的礼品②。同时,又出现了今天样式的剪刀,在刀刃和把柄的中间,钉上支轴,使用时既省力,又提高功效。河南洛阳宋神宗时期墓葬中,曾出土这种较为先进的剪刀。《清明上河图》所绘虹桥上摆有地摊,商贩出售的许多商品中,有"8"字形剪刀,又有支轴形剪刀,但把柄较长。邠州(今陕西彬县)每年向朝廷进贡剪刀20具③。嘉熙元年(1237年)林洪所撰《文房图赞》中,也有被赞为"齐司封"的支轴形剪刀图,且说剪刀"此居并州(今山西太原)"。各地还制造铁尺,泾州(今甘肃泾川北)专产镶嵌鍮石(黄铜)的铁尺,"甚工巧",每一对值五六贯文铜钱④。

宋代还出现一种名叫"竹夫人"和"汤婆"的卧具。竹夫人是用竹篾编成的圆笼,长与身等,夏天放在席上,以倚靠手足,较为舒适。黄庭坚认为,以夫人"憩臂休膝,似非夫人之职",乃改名"竹奴"。又因其冬夏长青,故称"青奴"⑤。许多文人都为它赋诗。汤婆是一种用锡或铜制成的壶,将热水灌其中,冬夜放在被窝内,用以暖足,故又称"脚婆"或"锡奴"、"汤夫人"。黄庭坚《戏咏暖足瓶二首》诗云:"小姬暖足卧,或能起心兵。千金买脚婆,夜夜睡天明。""脚婆元不食,缠裹一衲足。天明更倾泻,颒面有余燠。"⑥十分风趣地描绘了这一生活用具的功能

① 《梦粱录·铺席》。
② 陶穀:《清异录》。
③ 《宋会要辑稿》崇儒7之56。
④ 《鸡肋编》卷上。
⑤ 《豫章黄先生文集》卷9。
⑥ 《山谷内集》卷7。

和使用情况。

第八节　避　讳　习　俗

在中国古代，人们不得直接书写或称呼帝王、圣贤和尊长之名，而必须采用其他方法加以回避，这种习俗称"避讳"。凡与这些尊长之名相同的人、地、职官、书、物等名，都要回避。这种习俗发展到宋代，出现了一些新的内容，还出现一些有远见卓识的文人学士实际反对这种习俗。

宋代避讳的特点是一般只避尊长之名，不避其字、号或谥号。依照其内容，可分为官讳和私讳两大类。

一、官讳

官讳又称国讳，包括三部分内容。第一、皇帝生前的"御名"（正名）、曾用名（旧讳），这些名死后成为"庙讳"。如孝宗淳熙十五年（1188 年），下诏将"文书式"和国子监现行《韵略》所载高宗"御名"改为庙讳①。孝宗和光宗死后，其"御名"改为庙讳，也经历了类似的过程。回避皇帝旧讳，始于真宗大中祥符二年（1009 年）。是年六月，规定内外文书有与太宗旧讳"光义"二字相连及音同者，并令回避。到仁宗宝元元年（1038 年）四月，有人建议"毋得连用真宗旧名"。英宗治平元年（1064 年）十一月，又有人奏请"毋得连用仁宗旧名""受益"二字。从此，严禁连用皇帝的旧讳二字，"著之文书令，为不刊之典"②。

第二、有些皇帝的生父和太祖、太宗的几代祖先之名，也列入庙讳。前者如英宗生父赵允让、孝宗生父赵偁，后者如太祖和太宗之父赵弘殷。这部分官讳有的是可变的。如哲宗初，决定将翼祖皇帝赵敬的神主改迁夹室，按礼部例，其名不再回避，当时称"祧迁"或"祧庙"。但高宗绍兴三十二年（1162 年）又规定，祧庙名讳在文书中尽可不讳，百姓

---

① 《宋会要辑稿》仪制 13 之 17。
② 岳珂：《愧郯录·旧讳训名》。

命名则必须回避祧庙正讳①。

第三、皇太子、亲王以及皇后之父等名讳。如仁宗即位前任寿春郡王时名"受益",后来供奉官赵承益请避其讳,改名"承炳"。仁宗初,刘太后执政,其父刘通追封彭城郡王,"通"字也定为官讳。刘太后死后,即不再避刘通之名②。

宋代的庙讳,曾达 50 个字③。具体的回避方法,有改字、改音、缺笔、空字,用黄纸覆盖等。

二、私讳

私讳又称家讳。太宗雍熙二年(985 年)下诏,官员三代的名讳只可行于自家,州县长官不准在客位榜列出家讳;新授的职官,除部分高官准许按"式"奏改,其余不在请避之列④。同时,又规定凡各府号、官称违犯祖、父之名,而"冒荣居之者",判徒刑一年⑤。直到仁宗嘉祐六年(1061 年),再次下诏凡府号、官称违犯父、祖之名,不论官品高下,都准回避;如果只犯嫌名或双名中一字,仍旧不讳⑥。神宗、徽宗时,一度不准官员为避私讳而擅改官称。苏轼撰《杂纂·续纂》,提到"讳不得——小官祖父名"的歇后语,显示这时品级较低的官员又不准回避家讳了。

官员在接受差遣、升迁官阶时,回避家讳的方法很多,有改换所授差遣的地点、改授差遣和换官、改授次等阶官、改换所授职名、改动官称和官衔名称、升阶时仍用旧衔、不系在官衔内、减去差遣名称中某字或暂不迁官、改动文书用语、改称他人名等。

对于私讳,宋代官府按照比官讳略为放宽的原则,允许不避父、祖的嫌名和两个名字中的任何一字⑦。

---

①　《宋会要辑稿》仪制 13 之 14—18。
②　周密:《齐东野语·避讳》。
③　洪迈:《容斋三笔·帝王讳名》。
④　《宋会要辑稿》仪制 13 之 19。
⑤　《愧郯录·李文简奏稿》。
⑥　《长编》卷 193。
⑦　《宋会要辑稿》仪制 13 之 29、30。

三、避讳习俗的怀疑者和反对者

宋代避讳的风尚带来了一些弊病。朝廷的礼官为维护皇权的威严，"每欲其多庙讳"。随着各朝皇帝的替代，庙讳陆续增添，而且在实行时连一些形似的字也列入回避之列。许多庙讳加上其嫌音，士人在参加各级贡举考试时最易违犯，稍有不慎，便名落孙山。在校雠古籍时，士子们为避官讳，随意改字。孝宗时，宫中将旧版《文苑英华》交给宦官校雠，"改易国讳"。如押"殷"字韵诗，因冒犯"宣祖"赵弘殷之讳，乃改殷为商，于是将一诗之韵全令协"商"字。宦官召募"后生举子"为门客，他们"竞以能改避为功"①。乱改古书，必然造成混乱。官员们还利用家讳抬高自己的身份和欺压下属。仁宗时，田登知应天府（今河南商丘），自讳其名，触犯者必生气，吏卒多被榜笞，于是全府皆讳灯为"火"。上元（元宵）节点灯，依例准许百姓入州治游赏，吏人写榜张贴于闹市云："本州依例放火三日。"②从此留下了"只许州官放火，不许百姓点灯"的笑柄。大臣钱良臣（？—1189 年）也自讳其名，幼子十分聪慧，凡经史中出现"良臣"二字，都为之改正。一天，读《孟子》"今天之所谓良臣，古之所谓民贼也"句，改为"今天之所谓爹爹，古之所谓民贼也"③。李清臣（1032—1102 年）之父名不陋，派客吏修理屋漏，呼而问之，客吏答道："今次修了不漏。"李大怒，立即严惩客吏。赵方（？—1221 年）在楚州（今江苏淮安），问一娼妓从何而来，对方答道："因求一碗饭，方到此。"赵方怒其言及自己和父亲之名，将对方处死。陈卓知宁国府（今安徽宣城），一名司法参军初次参见，陈问其何住，答道："在安仁县寓居。"陈转身入内，在家庙内边哭边诉道："属吏辄称先世之名。"司法见状，手足无措，很快寻医而去④。这些记载极为可笑，但在

---

① 项安世：《项氏家说·文苑英华》。

② 《鸡肋编》卷中、《老学庵笔记》卷5。

③ （元）仇远：《稗史·志杂》。

④ 《贵耳集》卷中。

当时人们习以为常,鲜以为怪。

宋代只有少数士大夫对避讳的习俗提出异议,甚至自己不讲家讳。仁宗时,胡瑗(993—1059 年)为皇帝讲解《乾卦》,讲到元、亨、利、贞,其中贞字犯御讳,仁宗"为动色"。胡瑗不慌不忙地说:"临文不讳。"程颐为哲宗讲课,说到"南容三复白圭",内侍提醒他:"容字,上旧名也。"程颐不听。讲毕,对哲宗说:"昔仁宗时,宫嫔谓正月为初月,饼之蒸者为炊,天下以为子非。嫌名、旧名,请勿讳。"①公然向皇帝提出不要回避御讳的嫌名和旧名。朱熹也提出,真宗时王钦若(962—1025 年)之流论证"圣祖"之名为"玄朗",其实没有什么根据。他对回避那些旧讳觉得没有意义,他赞成当时朝廷"祧了几个祖讳"②。大臣杜衍反对官员们自定家讳,他说:父母之名,耳朵可听,嘴不准讲,"则所讳有我而已,他人何预焉"? 知并州的第三天,孔目官来请家讳,他答道:"下官无所讳,惟讳取在法赃吏。"孔目官"悚然而退"。包拯(999—1062 年)知开封府,上任之日,吏人也来请家讳。包拯瞋目而视说:"吾无所讳,惟讳吏之有赃恶者。"③富弼(1004—1083 年)之父名言,富弼照样充任右正言、知制诰;韩保枢之子韩亿(972—1044 年)和孙韩绛(1012—1088 年)、韩缜(1019—1079 年)都历官枢密院,未曾回避④。

第九节　称　　谓

随着社会生活的发展,宋代官员和百姓的称谓出现了许多变化。徽宗时,苏轼之子苏过(1072—1123 年)初到东京,他发现:"今世一切变古,唐以来旧语尽废",只有称娼妓为"录事"是"犹存唐旧"⑤。当然,不是一切旧称谓都废而不用,而是出现了许多新的称谓,或者利用

① 《齐东野语·避讳》。
② 《朱子语类》卷 128。
③ 《古今合璧事类备要·讳忌》。
④ 《容斋五笔·士大夫避父祖讳》。
⑤ 《老学庵笔记》卷 6。

旧称谓而给予新的内容。

一、各行业的通用称谓

宋代各行业的人们彼此间通用的称谓很多。首先是皇室的称谓。官员和百姓都尊称皇帝为"官家",宫中称皇帝为"官里"或"大家"。官员又经常称皇帝为"上"[1]。宫中称皇后为"圣人",称嫔妃为"娘子"[2]。社会上称皇帝的女儿为"公主",皇帝的姊妹为"长公主",皇帝的姑母为"大长公主"。徽宗时,一度改称"帝姬",不久复旧[3]。有时也可称公主为"主主",这是一种昵称。官员们简称大长公主为"大主"[4]。俗称驸马为"国婿"、"粉侯"。宗室之女封为郡主者,其夫称"郡马";封为县主者,其夫称"县马"。亲王南班之婿,号称"西官",又称"郡带头官"[5]。

其次是官员的通用称谓。皇帝可称臣僚为"卿",但臣僚不敢以此互称[6]。官员们对上级或同级自己谦称"下官",但称呼别人,常常过称官名,实际是互相吹捧。百姓们通称现任官员为"官人"[7]。

第三是富室的通用称谓。宋代直接称宰相之子为"东阁"[8]。权贵的子弟可称"衙内"。达官显宦家的子弟称"舍人",得名于武官的官称阁门宣赞舍人。各地富人被尊称为"员外",得名为尚书省各部的员外郎。如果富人年龄较轻,则人称"小员外"。有些富人被称"承务",得名于文官的官阶之一承务郎(京官的最低阶)[9]。

第四是巫医、娼妓、工匠、军人等的通用称谓。市井的巫师、医人、祝卜、技艺等三教九流,无不自称"助教"[10]。北方称卜相之士为"巡

① 赵彦卫:《云麓漫钞》卷3。
② 蔡絛:《铁围山丛谈》卷1。
③ 吴曾:《能改斋漫录·公主称》。
④ 钱世昭:《钱氏私志·董夫人》。
⑤ 《朝野类要·入仕》。
⑥ 《学林·朕》。
⑦ 《挥麈后录·村人所畏者尉曹》。
⑧ 戴埴:《鼠璞·东阁》。
⑨ 以上均见《夷坚志》。
⑩ 曾敏行:《独醒杂志》卷2。

官",得名于巡游四方卖术。人们还开始称医人为"大夫"或"郎中"①，"医生"是对各级医学中学生的称呼。北方民间又常称医人为"衙推"②。各行业工匠，开始被称"司务"，木匠被称"手民"或"手货"③。东京百姓鄙称军人为"赤老"④，因为北宋士兵都穿红色的军装。妓女称为"录事"或"酒纠"⑤，妓院中姿色出众、地位最高者称"上厅行首"或"行首"⑥。人们还称收生婆为"助产"、"老娘"⑦。穷书生在村中教学，或者士人应举专攻学究科，人们称之为"某某学究"⑧。

第五是仆隶的通用称谓。江西和江东普遍称受雇的佣工为"客作儿"，且成为一个骂人的词语⑨。官员们称家仆为"院子"，称家仆的主管为"内知"或"宅老"⑩。吴楚地区主人称年轻的女使为"丫头"。一般人称未婚的女婢为"妮"、"小妮子"、"小环"⑪。仆隶们往往彼此互称官名，比当官的主人的官阶还要高许多。奴仆一般称男、女主人为"郎君"和"娘"⑫或"小娘子"⑬。年纪较大的奴仆在主人面前，自称"老奴"⑭。

二、亲属间的通用称谓

因传统习惯的不同，各地亲属之间的称谓有所不同，但也有一些通用的称谓。这些称谓包括晚辈称呼长辈，同辈之间的称谓等。

---

① 《清明上河图》。
② 《老学庵笔记》卷2。
③ 陶穀：《清异录》卷上。
④ 《江邻几杂志》。
⑤ 《老学庵笔记》卷2、卷6。
⑥ 《梦粱录·诸库迎煮》。
⑦ 《朱子语类》卷138。
⑧ 王铚：《默记》卷上。
⑨ 《能改斋漫录·俗骂客作》。
⑩ 魏泰：《东轩笔录》卷2。
⑪ 《宛陵先生集·听文都知吹箫》。
⑫ 《淳熙三山志·岁时》。
⑬ 吕希哲：《吕氏杂说》卷上。
⑭ 沈俶：《谐史·戴献可仆》。

第一、子女对父母的通用称谓。宋代子女普遍称父亲为"爹"或"爹爹",称母亲为"妈"或"妈妈",几乎"举世皆然"①。也有一些地区子女称父亲为"爷"或"爷爷",称母亲为"娘娘"②。江州(今江西九江)农村中称父亲为"大老"③,福建人称父亲为"郎罢"或"郎伯"。陕西人称父亲为"老子",即使年仅十七八,只要生子,也用此称④。还有一些地区,子女称父亲为"老儿",父亲死后称"先子"⑤。

第二、长辈对儿女的称呼。福建人称儿子为"检"⑥。各地习惯称遗腹子为"别宅子",称过继给本族本房人为子者为"过房儿子"或"养子"、"义子"、"继子",出继给他人为子者称"出继子"⑦。一般民户称人家的在室女(处女)为"小娘子"⑧。宋代"小姐"一般是散乐路歧人和妓妾等地位低微的女性的称呼。但有些贵族家庭,在区别长女和次女时,已开始称长女为"大姐",称次女为"小姐"⑨。

第三、子孙对祖父母和外祖父母的通用称谓。子孙一般称祖父为"翁"、"翁翁"、"耶耶"、"祖公"或"太公",称祖母为"婆"、"婆婆"、"娘娘"、"祖婆"、"太母"或"太婆"⑩。四川民间尊称长者为"波",因而对祖父或外祖父也都称"波"⑪。一般外孙称外祖父母之家为"外家",称外祖父母为"外翁"和"外婆"⑫。有的地区也称外祖父为"外大父"⑬。

第四、女婿与岳父母之间、女婿与女婿之间、媳妇与公婆之间的通

① 《鸡肋编》卷上。
② 苏辙:《龙川别志》卷上。
③ 赵令畤:《侯鲭录》卷8。
④ 《老学庵笔记》卷1。
⑤ 《云麓漫钞》卷3。
⑥ 吴处厚:《青箱杂记》卷6。
⑦ 《名公书判清明集·户婚门》。
⑧ 《夷坚三志·许家女郎》。
⑨ 《永乐大典》卷13136。
⑩ (清)阮元:《两浙金石志·宋修六和塔砖记》。
⑪ 范成大:《吴船录》卷上。
⑫ 《夷坚丁志·陈通判女》。
⑬ 《朱文公文集·外大父祝公遗事》。

用称谓。女婿普遍称岳父为"丈人",称岳母为"丈母"①。也有称岳父为"冰叟"或"冰翁"②。有些地区女婿称岳父为"泰山",称岳母为"泰水"③。人们尊称他人的岳父为"令岳",称他人的妻子的伯父和叔父为"列岳"④。至于岳父母也可雅称女婿为"娇客"、"东床"、"坦床"或"郎"。两广地区的岳父母直称女婿为"驸马",这在中原地区是不敢说的⑤。前夫死后,续招一夫进家,世称后夫为"接脚婿"⑥。有些人家无子,唯恐世代从此断绝,不肯出嫁其女,于是招婿以补其世代,称"补代"。民间讹传赘婿为"布袋",是因为望文生义,以为当了赘婿,"如入布袋,气不得出",故名⑦。女婿和女婿之间,大女婿称"大姨夫",小女婿称"小姨夫"。同门女婿称"连襟"、"连袂"、"连裌"或"僚婿"、"友婿"⑧。媳妇一般称公公为"舅"或"阿翁",称婆婆为"姑"或"阿姑"、"阿婆"⑨。两广、浙西苏州一带民间还称公公为"官",称婆婆为"家"⑩。公、婆普遍称儿子的妻子为"媳"或"新妇"⑪。

第五、兄弟姊妹之间的通用称谓。世俗都称兄长为"哥"或"哥哥",称姊为"姐"或"姐姐"。弟、妹还称兄之妻为"嫂嫂"⑫。

第六、夫妻之间的通用称谓。丈夫可称妻子为"老婆"、"浑家"、"老伴"。唐代已有老婆一词,但只指老妇。到宋代,"老婆"成为表示妻子的主要俗语⑬,有时也表示老年妇女。宋时还使用"浑家"一词,表示妻子;有时也用来表示"全家"之意⑭。妇女常称丈夫为"郎",还尊称

① 《夷坚三志·解七五姐》。

② 《东坡集·次韵王郎见庆生日并寄茶》。

③ 晁说之:《晁氏客语》。

④ 谢维新:《古今合璧事类备要》前集卷29。

⑤ 《鸡肋编》卷上。

⑥ 《癸辛杂识·林乔》。

⑦ 朱翌:《猗觉寮杂记》卷上。

⑧ 马永卿:《嬾真子》卷2《亚婿》。

⑨ 《夷坚志》。

⑩ 王楙:《野客丛书·称翁姑为官家》。

⑪ 刘跂:《学易集·穆府君墓志》。

⑫ 《鸡肋编》卷上、《能改斋漫录·妇女称姐》。

⑬ 《梦粱录·夜市》。

⑭ 林洪:《山家清供》。

成年男子为"郎君"①。

第七、其他亲戚的称谓。女方称丈夫的兄妻为"母母"即"姆姆"②。婚姻之家互称"亲家",双方的男长辈称为"亲家公"③或"亲家兄",女长辈称为"亲家母",这是承袭了唐代的习俗④。

三、士大夫之间的通用称谓

士大夫私交,常以"丈"字相称。如人们称司马光为"司马十二丈",称苏轼为"东坡二丈"⑤。宋人还喜欢用行第相称。行第有多种排列方法,一是双名行第法,同一辈的名字必须一字相同,如宗室用"士"字、"之"字之类⑥。二是单名行第法,同辈的名字必须同一偏旁。三是按出生次序排列的行第法。如苏轼被称"苏二",实际他的正式排行是"九二",所以其弟苏辙人称"九三郎"⑦。使用这种行第法时,常将同胞兄弟和姐妹一起按照出生的先后顺序排列。四是前面用百、千、兆等中的一个字序辈,下一字则按出生次序排列行第。现存《宝祐四年(1256年)登科录》,载有状元文天祥(1236—1283年)以下殿试中榜人名单,也记录了他们的行第。如文天祥为"第千一"(有弟一人,名天璧),王景俟"第小一"(有兄一人);傅一新"第大"(有弟一人)。士大夫们以被人按行第称呼为荣。陆游说过:"今吴人子弟稍长,便不欲人呼其小名,虽尊者亦行第呼之矣。"⑧这显然是唐代以来的一种新的风气。

四、妇女的名讳

宋代妇女一般不起正名,常用姓氏加上一个"阿"字,便算她的正

---

① 《夷坚支乙·衢州少妇》。
② 吕祖谦:《紫微杂记》。
③ 《野客丛书·续释常谈》。
④ 赵与时:《宾退录》卷5。
⑤ 朱弁:《曲洧旧闻》卷10;黄庭坚:《豫章黄先生文集》卷26。
⑥ 《宋会要辑稿》帝系5之23。
⑦ 《老学庵笔记》卷1。
⑧ 《老学庵笔记》卷5。

式名字。如阿王、阿张之类①。在平时,妇女只是按照自己的行第组成名字,称"某某娘子"。如是未婚的闺女,则称"某某小娘子"。如史氏百九八娘、郑氏三十娘、孙四娘子等。像李清照、朱淑真等有正名和字、号的妇女,当时只是少数官员家属而已。妇女还常自称"妾"、"奴"、"奴奴"、"奴家"。清代学者钱大昕经过研究,发现妇女自称为"奴"是从宋代开始的②。这一现象反映,从唐代到宋代,妇女的社会地位在逐步降低。

第十节　卫生保健

随着社会经济的发展和科学技术的进步,人们更加讲究卫生保健。城市的环境卫生,水源清洁,个人卫生方面的洗浴、去污、防止蚊虫叮咬等,都比前代有显著的进步。

一、公共卫生

宋代城市普遍建筑公共厕所,官府重视城市垃圾和粪便的妥善管理。北宋东京每遇春季,由官府差人夫监淘城里的沟渠;另外挖坑装填淘出的污泥,称为"泥盆",等候官府派人来检查后再覆盖起来,以免影响晚上居民出入③。南宋临安府每遇新春,所有街道巷陌,也由官府差雇淘渠人挨家挨户疏通沟渠,又差雇船只将道路上的污泥搬运到乡下空地。各家的泔脚,自有专人上门讨去。临安的公共厕所比东京要少,居民都用马桶,每天有出粪的人倒去,称为"倾脚头","各有主雇,不敢侵夺"。如果发生纠纷,"粪主"必定出面与之抗争,甚至不惜经过府衙"大讼","胜而后已"④。上百万居民每天的垃圾和粪土由大批"倾脚头船"运出城外⑤。有些倾脚头船在装运粪土出城时,还插上高宗德寿

---

① 《云麓漫钞》卷 10。
② 《十驾斋养新录》卷 19《妇女称奴》。
③ 《东京梦华录·诸色杂卖》。
④ 《梦粱录·诸色杂货》。
⑤ 《梦粱录·河舟》。

宫的旗子,目的是免纳商税①。明州(今浙江宁波)的广惠院,每五天由甲头出卖一次粪土,所得款项供本院灯油等费用②。

为了保持城市居民饮水的卫生,官府重视水源的清洁,防止污染。北宋初年,命水工凿渠筑堤,引京水到东京城西,用木槽架过汴河,从西北水门进入京城,再引入皇城,贯注后苑池沼,称"金水河"。又命多作方井,官府和居民都可汲用③。杭州一直配备开掘西湖的军士,"专一撩河,无致湮塞","无垢污之患"。平时禁止官民将粪土倾倒入湖中,一经发现,严惩不贷。度宗时,宦官陈敏贤等包占湖面,盖造房屋,洗刷马桶,无所不施,"一城黎元之生,俱饮污腻浊水而起疾疫之灾"。于是御史鲍度加以弹劾,引起朝廷重视,将陈敏贤等降官罢职,并命临安府立即拆毁非法盖起的屋宇,"开辟水港","得以无秽污之患"④。临安府还经常派遣工匠开撩井泉,"以济邦民之汲,庶无枯涸之忧"⑤。这些措施对避免水源污染,保证城市居民的健康,起了很大的作用。

二、个人卫生

宋代人们喜爱洗澡。官员在每旬的最后一天休务,称"旬假",是官员们沐浴和休息的日子。各地城市普遍开设公共浴室,供居民洗澡除垢。杭州有许多澡堂业者,门口悬挂瓢杓为标志。入浴一次,收铜钱10文⑥。南宋时,临安经营浴堂的商人们,组织成"香水行"⑦。宋末元初,该城一些街道开设许多浴堂,每一浴堂足供100人一次沐浴之用。当地居民爱洗冷水浴,而专供外国人洗热水澡⑧。许多佛寺兼设浴堂,供僧人和俗人洗澡。陕西扶风县法门寺的浴室院,规模很大,可以"日

---

① 《朱子语类》卷111。
② 梅应发:《开庆四明续志·广惠院》。
③ 《宋史·河渠四》、《枫窗小牍》卷上。
④ 《梦粱录·西湖》。
⑤ 《梦粱录·井泉》。
⑥ [日]释成寻:《参天台五台山记》。
⑦ 《都城纪胜·诸行》。
⑧ 《马可波罗游记》第二卷第七十六章。

浴千数"人①。太学的炉亭里,也设立浴堂,专供学生和教职员洗澡②。仁宗景祐元年(1034 年),淮南制置发运使刘承颜发明了一种"轮扇浴器",献给仁宗③,想来是当时一种先进的洗澡辅助器。

　　人们重视口腔的卫生。出现了许多新的揩齿药配方,如太宗朝成书的《太平圣惠方》,就有"揩齿令白净诸方"九种,包括朱砂散方、七宝散方、龙脑散方、槐枝散方、桑椹散方、贝齿散方、升麻散方、寒水石散方、龙花蕊散方。这些揩齿粉的原料都是中草药,而且经过"擣罗"成为粉末。人们每天早晨或晚上临睡前用来揩齿。像七宝散,还规定"每日取柳枝打碎一头,点药揩齿"。据说,常用这些牙粉,效果"甚佳"或"甚验"。徽宗时成书的《圣济总录》,更收集了细辛散方、白芷散方、白石英散方等 28 种专门揩齿的药方。在这些药方中,明显增加了盐和石膏的成分。人们还主张常常漱口,保持口腔的卫生。杨士瀛认为,暑毒、酒毒常伏于口齿之间,不如经常洗漱为好。"临睡洗毕,至于晨兴,灌漱一口。"④苏轼更是倡导在饭后用浓茶漱口,他认为这样就能除去烦腻而"脾胃不知";肉在齿缝,消缩脱落,不须挑剔,而牙齿便"缘此渐坚密,蠹病自已"⑤。据现代科学分析,茶叶所以能使牙齿紧密,是氟元素的功劳,氟有抑制龋齿的效能。徽宗时,人们发明了牙刷,当时称"刷牙子",是一种用马尾的毛制成的植毛牙刷⑥。南宋临安的市场上,在"诸色杂货"中就有"刷牙子"。在金子巷口开设的"傅官人刷牙铺",是宋理宗时著名的商铺之一,也是世界上第一家专门销售牙刷的商店⑦。当时医学的分支学科——口齿科,也有充分的发展。朝廷的太医局中,口齿兼咽喉科是所设九科之一。牙医不仅治牙病,还会镶补牙

① 　(清)陆耀遹:《金石续编·法门寺浴室院灵异记》。

② 　《永乐大典》卷 662。

③ 　《长编》卷 114。

④ 　《仁斋直指·齿论》。

⑤ 　《苏轼文集·杂记·漱茶说》。

⑥ 　(明)周守中编:《养生类纂》引宋代温革撰《琐碎录》。

⑦ 　《梦粱录·诸色杂货、铺席》。

齿,陆游和楼钥(1137—1213 年)都曾以诗文赞美"以补种坠齿为业"的"神牙"医①。

在去污方面,民间普遍使用皂角作为洗涤剂原料。人们将豆科植物皂荚树的果实皂角摘下,捣烂,加工成橘子大小的球状,用来洗脸、洗衣。两浙地区皂荚树很少,人们用肥珠子做洗涤剂。肥珠子树干高大,生角三四寸长,子圆黑肥大,肉也厚,膏润胜过皂角,所以又名"肥皂"。临安的各行市里,有"肥皂团"经销②,看来是用肥珠子制成的。此外,澡豆也很流行。人们将猪胰腺加工后,与豆粉、香料混合,制成一种小丸状的洗涤剂,即澡豆。由于猪胰腺数量有限,因此澡豆只限于富裕人家使用。

为了防止蚊虫叮咬,稍为富裕的人家点燃蚊香。临安的有些作坊专门生产"蚊烟"即蚊香出卖③。宋代还生产出一种纸制的蚊帐,这种蚊帐当然比用丝织品制作的要便宜得多。所以,一般百姓可以备置,而且士大夫之间还用来互相赠送④。

参考书目

1.《中国古代服饰史》,周锡保,中国戏剧出版社 1984 年版。

2.《中国古代服饰研究》,沈从文,商务印书馆香港馆 1981 年版。

3.《中国地方志民俗资料汇编》(华北卷),丁世良等编,书目文献出版社 1989 年版。

(本文为《中华历史通鉴·民俗史卷》的第七章,国际文化出版公司 1997 年版)

---

① 陆游:《剑南诗稿·岁晚幽兴》。
② 《西湖老人繁胜录》、《武林旧事·小经纪》。
③ 《武林旧事·作坊》。
④ 裘万顷:《竹斋诗集·皖山纸帐送宋居士》。

中国政治制度史·宋朝政治制度

目　　录

第八章　宋朝政治制度

公元960年,后周殿前都点检赵匡胤在陈桥驿(今河南封丘东南陈桥镇)发动兵变,夺取皇权,建立了宋朝。1127年,金朝军队攻占汴京(治今河南开封市),掳走钦宗和徽宗,北宋宣告灭亡。同年,钦宗弟赵构在南京(治今河南商丘)称帝,重建了宋朝。直到1279年在元军的追击下,帝昺投海殉难,南宋亡国。宋朝前后经历了三百二十年的漫长岁月。

第一节　宋朝社会面貌和政治制度的基本特征

一、宋朝的社会面貌

唐朝中期以后,中国封建社会进入了新的发展时期。由门阀士族和部曲、奴客、贱民、番匠、奴婢等组成的旧的社会阶级结构,到宋朝终于转变为官僚地主和佃客、乡村下户、差雇匠、和雇匠、人力、女使等新的社会阶级结构。商人的社会地位也有了很大的提高,这是中国封建社会内部阶级关系的一次重大变化。土地私有制进一步发展,土地买卖盛行,土地所有权转移频繁。国家制定了严密的法规,保障私人对于土地的转移让渡的权利,使土地买卖和典当的法律更加规范化。地主阶级改变了对农民的剥削方式,普遍采用将土地租给农民而收取地租的办法,放松了对农民的人身束缚,租佃关系发展迅速。在此基础上,宋朝的农业、手工业、商业和科学技术都取得了前所未有的新成就。农业生产技术和粮食产量都居于当时世界上遥遥领先的地位。银、铜、铅、锡、铁等矿产量也在当时世界上首屈一指。广泛利用雕版来印刷书籍,并发明了胶泥活字印刷术。制造出水罗盘等指南仪器,用于海船远洋航运。应用火药制造武器,并由制造燃烧性的火器发展到制造爆炸性的火器,造出了世界上第一批火箭、火枪、火炮等新式武器。铜钱和铁钱的铸造量逐渐增大,还发行了世界上第一张纸币。国内外交通更加发达,尤其是海上丝绸之路的开辟使中外文化经济交往更加活跃。这一切都证明宋朝经济的发展远超过唐朝,而且对当时的世界做出了伟大的贡献。

农业和手工业以及科学技术的巨大发展,促使国内外贸易更为兴盛,货币流通量比前代大为增加,商品经济比前代发达。如果当时生产力获得顺利的发展,定会产生资本主义关系的萌芽。但是,由于宋朝在外部不断受到北方邻近的少数民族建立的王朝的侵扰,在内部地主阶级加紧对人民的压榨和控制,社会经济的进一步发展受到了压抑,因此始终没有产生出资本主义萌芽来。在元蒙灭宋的过程中,不少地区的生产受到了严重的摧残,社会经济的发展更是再度受阻[①]。

二、宋朝政治制度的基本特征

宋朝的社会形态决定统治阶级采用官僚政治制度。经过三个多世纪的不断完善,宋朝的官僚政治制度已经达到十分严密和完整的程度,为元、明各代奠定了坚实的基础。

第一,宋朝实行皇帝、官僚政治体制。唐末以后,门阀士族业已退出历史舞台,旧的皇帝士族政体彻底解体。宋初结束了五代十国的分裂割据局面,对各国官僚采取兼收并蓄的政策,保持其原有的官职,给予优厚的待遇。同时,又通过科举考试、学校考选等途径不断吸收士人

---

① 朱瑞熙:《宋代社会研究》,中州书画社 1983 年版。

进入各级官衙,使宋朝形成了自己的基本官僚队伍。这些官僚与门阀士族不同,他们的门第族望观念比较淡薄,也不再严格区分清、浊的流品。除皇室以外,他们不享受世袭官职和财产的特权,在经济上所享有的免税和免役的特权也比前大为减少。他们只在荫补亲属方面享受到较多的特殊优待,使一批中、高级官员的子弟获得低、中级的官衔或差遣。作为地主阶级总代表的皇帝,已不再是士族地主的首领,而是官僚和上户地主的首领。皇帝作为天命的和社稷的象征,起着维系和凝聚整个王朝的官僚士大夫和黎民百姓之心的作用;同时,又是整个王朝的最高行政长官,全面管理国家的政治、经济、军事、文化等等。所以,皇帝的地位虽然依旧至尊至贵,但皇权有时却要受到舆论和各种条法的制约。

第二,宋朝的统治者充分吸取唐、五代弊政的历史教训,为了严密防范文臣、武将、女后、外戚、宗室、宦官等六种人专权独裁,制定出一整套集中政权、兵权、财权、司法权等的"祖宗家法"。从太祖开始,用设官分职、分割各级长官事权的办法,将权力集中于皇帝,削弱了各级长官的权力。为防止宰相专权,设置了参知政事和枢密使,以分散其权力。为防止武将跋扈,首先解除其军职,授以虚衔,赋以厚禄;其次废除节镇支郡之制,委任京、朝官出任权知州事;在各州之上,又设监司和帅司,以监督知州,并分掌一路的民、财、兵、法等权,不用武将专制一路;武将一般只做统兵官,率领兵马。对于宦官、女后、外戚、宗室,宋朝也用各种办法,防止他们专权。宋朝统治者的这些集权措施,都立之以法,而且日趋严密,甚至达到了细者越细,密者越密,举手投足,都有法禁的地步。此后,针对社会政治和经济生活中陆续出现的各种各样的新情况,宋朝都制定了相应的条令法规,包括行政法、民法、刑法、经济法等,作出了比较严格的具体的法律规定,以供人们援据。可以这样说,宋朝法律制度在中国封建社会已达到了相当健全成熟的程度。

第三,宋朝商品经济的发达,促使政治领域和经济领域中的一些强制性措施,改行经济性的手段解决。在兵制方面,宋朝不再采用征兵制度,而是采用雇佣性质的募兵制度,将全国军队分为禁军、厢军、乡兵、蕃兵等。禁军实际上是受封建国家雇佣以服兵役;厢军实际上受雇于封建国家以服杂役,他们是一支从事牧业、手工业的专业生产兵。大批职业士兵的存在,使广大直接生产者免受征战和屯驻之苦,也分担了他们的大部分夫役。募役制度造成了兵、农的分离,是中国封建社会中进步的历史现象,它意味着军事劳役的赋税化,是劳役地租向实物地租过渡的表现之一。在征调徭役方面,北宋中期采用了夫役(丁役)的雇募法,不再单纯用无偿征调农民等服劳役的办法。此后,雇募法和差役法并行不悖。宋神宗时,职役也采用了雇募法,此后主要实行此法,但一度也是雇募法和差役法同时实行。在官府征调工匠服役方面,由单纯的轮差制度主要改为差雇制度,封建国家给予服役的工匠一定的报酬,从而减少了对工匠劳动力的剥削。如此等等,都显示经济的发展带来的威力,迫使封建国家在政治制度和经济制度方面采取更多的经济手段。

第四,宋朝官员彼此之间在法律上都处于平等地位。上自职位最高的宰相,下至职位最低的县尉、监当官,"比肩事主",对皇帝一人负责。上级官员不能随便对下级官员动用刑罚,下级官员也不须对上级官员行跪拜之礼。为了有效地管理文、武百官,宋朝按照官阶的高低,将文官分为升朝官、京官和选人三等;又将武官分为横班、诸司使和使臣三等。文至升朝官在北宋前期为太子中允以上,元丰改制后通直郎以上,是当时的中、高级官员。京官在北宋前期为秘书省著作佐郎到将作监主簿,元丰改制后为承务郎到宣德郎,官品仅为从九品、正九品和从八品,是当时的较低级官员。选人又称幕职州县官,北宋前期为签书判官厅公事到县尉,元丰改制为承直郎到将仕郎共七阶,是当时的最低级文臣阶官和地方官的总称。升朝官如果出任外官,不须每天参加朝参仪式;京官也没有规定必须在京师任职。将文臣划分为京、朝官和选人三大档次的实际意义,在于朝廷按此分别设置管理机构,然后根据举主、出身、资考等授予相应的差遣以及办理磨勘迁官的手续。同时,宋朝还适应社会政治生活逐步复杂的情况,将官员的官称和实际职务基本分离,出现了官、差遣和职的区分。官指正官或本官。北宋前期用前代的各种官名组成官阶,但不再担任与官名相应的职务。所以,这些官名又称阶官或寄禄官。差遣是指官员担任的实际职务。官员不担任差遣,朝廷一般停发俸禄。官阶按年资升迁,差遣则根据朝廷的需要和官员的才能,进行调动和升降。职一般指馆阁中的官职,如大学士、学士、待制等,是授予较高级官员的清高的头衔,并非实有所掌。元丰改制,采用原来文散官的名称重新编制官阶,依此来定俸禄,更趋规范化。宋朝实行官、差遣和职分离的制度,是当时政治制度发展的必然结果,三者交互并用,既有利于主管机构合理地行使用人大权,又有利于提高各级机构的行政效能,还增添了驱策官员的手段。

第二节　宋朝的皇帝制度和中央决策系统

从宋太祖开始,逐渐建立起由皇帝、宰执、侍从和台谏组成的中枢权力结构。在这一权力结构中,皇权处于主导地位。同时,皇帝成为决策的中心,并且形成了环环相扣、层层相联、互相制约的中央决策系统。

一、宋朝皇帝制度

宋朝统治经过十四世、十八位皇帝。宋太祖以后,皇位转入太宗世系的子孙继承;从孝宗开始,皇位又转入太祖的世系。

宋朝前十五位皇帝,平均寿命为52.3岁。他们继承皇位的平均年龄为27岁,其中最年轻的即位者是哲宗,10岁即帝位,其次是仁宗,13岁即位;最年长的即位者是光宗,43岁即帝位。他们在位的时间平均是22.33年,最长是仁宗,共四十二年;其次是理宗,四十一年;最短是钦宗,仅三年。从十五位皇帝的平均寿命、即位年龄和在位时间看,宋朝统治阶级在当时的历史条件下,较为妥贴地完成了历次新、老皇帝间皇位交接的过程,不至于出现严重的统治危机。

当然,宋朝统治阶级也不是没有遇到一些皇位继承方面的麻烦。宋太宗继袭其兄太祖之位时,已经 38 岁,具备了充当一国之君的地位和才能,所以即位后没有引起政治纠纷。从真宗朝开始,陆续出现了四次女后专权的局面。真宗晚年病重,政事多由刘皇后决断。宰相寇准密谋请皇太子监国,谋泄被罢相。真宗死后,仁宗年幼,遗诏由刘太后"权听断军国大事"。刘太后与仁宗每五天去承明殿垂帘决事一次。晚年,引进外戚,重用宦官察访外事。御史曹修古等上章表示异议,尽被逐出。刘太后执政十二年,明道二年(1033 年)去世,24 岁的仁宗才得以亲自执政。英宗 32 岁即位,但身患疾病,由曹太后"权同处分军国事",在内东门小殿内垂帘听政。一年后,英宗病愈,曹太后撤帘还政。哲宗幼年即位,由高太皇太后"权同听政",前后九年。元祐八年(1093 年),高太皇太后去世,哲宗才得以亲政。徽宗初立,坚请皇太后向氏(神宗皇后)"权同处分军国事",规定臣僚先向皇太后奏事,然后向皇帝复奏。半年后,皇太后主动还政。宋朝皇太后垂帘听政时,有坐正殿、立生辰节、与契丹遣使往来、回避家讳等待遇,但不完全一样,而是因人而异。

为了确保皇位继承的稳定性和皇权的连续性,宋朝统治阶级较为关注皇储问题。太宗雍熙二年(985 年),长子元佐患狂病,太宗"为宗社计",决定将其废为平民。太宗晚年,觉得诸子尚幼,仍不想立储,直到至道元年(995 年),才决定以第三子元侃为皇太子,改名恒。自唐末以来,已经九十年不立皇嗣,太宗立赵恒算是第一次。真宗时,刘皇后取李宸妃所生子为己子,天禧元年(1017 年)册为皇太子。四年,真宗病重,决定每五天开一次资善堂,皇太子立听辅臣参决各司事务。仁宗曾生三子,皆夭亡,故长期不立皇储,直到嘉祐七年(1062 年)以濮王赵允让之子宗实为皇太子,改名曙。五个多月后,仁宗便死去,赵曙即位。神宗在死前五天,才立第六子为皇太子。哲宗无子,生前也不建储。死后,向太后与宰相等商议拥立新帝事宜。宰相章惇认为应立神宗之子简王或申王为帝,认为端王赵佶"轻佻","不可以君天下",但太后与大臣曾布、蔡卞等坚持立端王为帝①。宁宗嘉定十四年(1221年),立侄子赵贵和为皇子,改名竑。皇子痛恨丞相史弥远专权,预谋在即位后将予严惩。史弥远发觉皇子用意,便趁宁宗病危,矫诏立皇侄赵贵诚为皇子,改名昀。宁宗去世后,史弥远联合杨皇后,决定立赵昀为帝。宋朝在确定皇太子后,一般便任命他为京城的长官,使他在治理政事上受到锻炼。

宋朝还四次出现皇帝内禅。徽宗宣和七年(1125年),在金军包围太原府和进犯中山府的国难当头时刻,44岁的徽宗匆忙内禅,命皇太子即位。高宗在绍兴三十二年(1162年)五月,立太祖七世孙赵玮为皇太子,改为昚。六月,下命由皇太子即帝位,自称太上皇帝,退处德寿宫。高宗直到孝宗淳熙十四年(1187年)才去世。孝宗在乾道七年(1171年),立第三子赵惇为皇太子。淳熙十六年(1189年),孝宗决定传位皇太子,自己退位休养。光宗在绍熙五年(1194年),因长久患病,决定退闲,传位给皇太子赵扩。光宗在七年后去世。

皇帝在宋朝拥有至高无上的地位,是当时的最高统治者。他握有最大的官员任命权、财权、兵权、立法权和司法权。宋朝官员众多,一般中、下级官员的差遣由专门机构委任,其他高级官员如宰相、枢密使、三司使、翰林学士、御史中丞等要员,则由皇帝亲自选派再经有关机构办理手续。一般官员的任命,也要"引对",由皇帝当面考察他们能否胜任。宋初将地方财权收归朝廷中央后,在宫廷中设立封桩库和内藏库,以分割三司的部分财权而直接掌握在皇帝的手里。后来,封桩库和内藏库的规模不断扩大,库目陆续添增,收入日益增多,成为三司或户部以外由皇帝直接掌管国家财政的机构。内藏库等收入,主要由内廷掌管,委派外官和内侍做监官,或须内侍负责"点检"。他们只对皇帝负责。朝廷其他机构,如太府寺、户部也有权对内藏等库进行"检察"②。皇帝掌握调兵遣将的最高权力。三衙负责统辖全国禁军,但没有调动兵马之权。枢密院有调动兵马之权,但必须"去御前画旨"③才能调动。

① 《宋史》卷22《徽宗纪四》。
② 《宋会要辑稿》食货51之7—8。
③ 《朱子语类》卷128《本朝二·法制》。

皇帝还拥有立法权和司法权。宋太祖时，法制极简，太祖动辄"以便宜行事"。此后，各朝皇帝陆续立法，"讲求备具"。太祖、太宗甚至真宗、仁宗时的立法，都成为以后各朝皇帝遵循的"祖宗之法"。经过不断完善，宋朝的法制达到了十分严密的程度。有的皇帝还亲自逐条审定"法册"，删去不合时宜的"条令"①。有的皇帝还登殿审理一些行政诉讼，决定如何审判和量刑。每年盛夏，皇帝"临轩虑囚"，实际上再次复查，囚犯常因而得到宽待。虑囚成为制度后，皇帝又掌握了复审关押在京师罪犯的权力。

宋朝的皇权受到一定的限制。宋朝虽然把政治、军事和财政大权最大限度地集中到朝廷中央，但它是按照"人主苴权，大臣审权，争臣议权"②的原则建立专制主义中央集权制度，制度规定皇帝任命或责降官员不当，负责起草诰词的知制诰和中书舍人可以"封还词头"，加以拒绝。皇帝动用内藏库等经费，外廷太府寺或户部也有权进行监督。这些说明宋朝的皇帝要受法律一定的约束，不能随心所欲地行事，比较有效地限制了最高统治者的胡作非为。只有在北宋末年，徽宗为了防止三省和台谏对自己命令有所驳难，直接用"御笔"的形式颁发到有关机构推行，稍有阻隔，便以"违制"罪论处。从此，全国政事不论大小，惟自己所欲施行，大臣们不敢再有异议。后来，徽宗委派宫女代写"御笔"，由宦官用印付外。最高统治者无限地扩张皇权，丧失了自我约束能力，破坏了中枢权力结构的分权制衡关系，终于导致社会大动荡，宋室被迫南渡。

二、宋朝中央决策系统及其运行机制

宋朝的中央决策系统是以皇帝为中心，辅以宰执、侍从、台谏等构成的。

皇帝除节、假日不坐殿视事外，每天清晨坐殿，接受在京升朝官的

---

① 《宋会要辑稿》帝系 11 之 9。
② 《宋史》卷 394《林栗传》。

朝参。朝参分三个部分：一是不釐务朝臣每天赴文德殿（前殿之一，又称正衙殿）立班，东、西相向对立。宰相从垂拱殿奏事完毕，即来此押班。听到传令皇帝不坐殿，再拜而退，称为"常朝"（常参）。参加正衙常朝的官员，最初有在京省、台、寺监釐务的官员，后来因妨废职事而免除朝参，仅御史台和审官院的、待缺阶官前赴。后来连宰相也不来押班了。二是皇帝坐垂拱殿（内殿）受朝，文官待制以上、武官诸司使以上皆日赴，称为"常起居"。宰相升殿奏事时，枢密使和宣徽使退下等候；宰相奏毕，枢密使再入奏事。以下依次为三司、开封府、审刑院和群臣登殿奏事。总称"内殿起居"。三是每五天文、武朝臣不论釐务或不釐务，都要赴内朝，称为"百官大起居"①。神宗元丰四年（1081 年）重定朝参之制，认为文德殿常朝与垂拱殿日参重复，决定废罢常朝仪式，同时，新定日参、六参、望参、朔参制度。凡侍从官以上，为日参官（又称常参官）；京师百司升朝官以上，为六参官（逢一日、五日朝参者）；在京升朝官以上，为"朔参官"或"望参官"。遇朝参的日子，皇帝坐殿，先将准备上殿奏事官员的名单过目。百官请安出殿后，宰相、枢密使上殿奏事，宰相和参知政事站在殿上东壁，枢密使以下站在西壁。宰相奏事时，以片纸读奏疏，皇帝表示同意或者提出一些问题，宰相回答完毕，退立东壁。枢密使奏事，也照样退立西壁。然后阁门带领一、二名臣僚上殿，或者带领台谏入奏。官员上殿奏札，规定要呈送一式两份。奏事可行者，一份留中，一份转发有关机构。

宋朝规定了百官奏事制度，而且不断完善。首先，规定了官员升殿奏事的资格，包括官阶高低、差遣重要程度。其次，规定官员申请入前殿奏事，必须移牒阁门，安排日期和班次，到时由阁门引见皇帝；要求入内殿奏事，则由入内侍者引班。再次，规定面奏的内容，必须是时政得失、人民疾苦、刑狱冤滥、军事机密等，其他日常小事属本机构该做之事，可用奏状闻奏。如果违反规定，随意论述私事和企求恩倖将

---

① 宋敏求：《春明退朝录》卷中。

受到弹劾。第四,规定面奏的方式有好几种,即轮对、请对、召对、留身等。一、轮对,又称转对、次对,是文武升朝官每五天排成班次,限定人数,轮流入殿向皇帝面奏,时间安排在宰执和枢密院奏事完毕后。或者在皇帝再坐后殿时引见官员。徽宗后,只有侍从以下、待制以上官员允许轮对。轮对的官员要呈上有关时政或利便的札子。二、请对,又称求对。中书、枢密院辅臣,如有军国大政、边防重事,准许随时请对,或者提前一天,上报准备面陈的事目,申请在后殿谈话。有时虽遇朝廷休假,也允许请对,皇帝特坐便殿听取。三、召对,又称诏对。由三省、枢密院进拟在京文官开封府推判官、武臣横行使副,在外文官诸路监司、藩郡知州、武臣知州军以上名单,申奏皇帝批准召对①。有些涉及机密之事,官员不愿通过中书门下,可以要求临时召见②。召对的地点有时在内东门的小殿。四、留身。辅臣平时有充分机会与皇帝谈话,如果不是请求罢免,一般不会特地要求留在殿中与皇帝单独谈话。当时把留殿与皇帝个别商议,称为"留身"。神宗元丰年间,规定尚书、侍郎奏事时,郎中、员外郎轮流随同,不准独自留身。侍郎以下,也不准请求单独奏事。徽宗崇宁元年(1102 年),允许六曹尚书独员上殿奏禀。后来,又规定执政官除非入谢和陈乞罢免,不准独班奏事,寺、监长官也不准留身③。

　　地方长官在接受差遣后,按照规定在朝辞日要引见皇帝,由皇帝亲自审察,也使中书有机会"阅其可否"。各路监司、郡守在任期间,一般不得要求赴京奏事。但罢任回京后,必须各自申报边防机事、民事三至五条。有些外任官,必须奏事完毕才能再有除授。河北、河东等沿边安抚使副、都督等官员,到京奏事,只准住十天,由阁门、内侍省催促进发④。

　　官员们在升殿面奏时,在帘前进呈一份札子,又将另一份密封投送

---

①④　《宋会要辑稿》仪制 6。

②　《宋史》卷 307《魏廷式传》。

③　《宋会要辑稿》仪制 6;《宋史》卷 21《徽宗纪三》。

通进司,不准要求皇帝直接批降中书门下(三省)或枢密院执行。一般札子都由皇帝批发中书门下(三省)或枢密院处理。有些札子规定要复奏,便由承旨司申报有关机构办理。

　　皇帝通过阅读各地各级官员奏章和接见官员谈话等渠道,获得信息,了解全国情况,然后与辅臣商讨对策。遇有不能决定的重要事情,便下令召集有关官员进行讨论,当时称为"集议"。集议的地点一般是尚书省,有时改在御史台或吏部尚书厅、后省等。参加尚书省集议的官员,大致有尚书、门下、中书三省和御史台官员以及翰林学士等。北宋前期,由判尚书省事"主席",按照官阶高低就座。集议结束,要将议定意见奏告皇帝,由皇帝最后决策。如有不同看法,准许另备札子论列。孝宗初年,一度命令侍从、两省官每天到都堂集议一次。如果事情理应关报台、谏,也应请台、谏官一起参加会议①。

　　在北宋前期,宰相、参知政事等在中书门下(政事堂)办公。平时,百官赴政事堂与宰臣议事,称为"巡白"。宰相据桌而坐,侍从官北向而坐,至于京官以上只能站着白事。元丰改制后,三省合班奏事,同时,以尚书令厅为都堂,成为三省议事的场所。后来,枢密院长官与三省长官举行会议,也同赴都堂。尚书省和枢密院的属官,在入局的日子,分头带上所议公事,上都堂禀白宰执,而后施行,称为"过堂"。都堂成为当时的最高决策机构。皇帝在殿上倾听官员们陈述奏札,回宫后还要阅读各地和各级官府的奏章。对于这些章疏,皇帝一般都要作出批示,然后将有关政体的章疏转送中书门下(北宋后期以为三省),将有关军机的章疏转送枢密院。其中,凡中书门下的奏札,皇帝如果同意,便批"可";凡枢密院的奏札,便批"依"②。有些章奏,皇帝批示转送有关机构"相度以闻"。有些章疏,皇帝认为不能同意,或者事涉机密,便留在宫中,称为"留中";或者烧毁,不予保存。两府长官在接到皇帝批示或口头指示后,回到各自办公处与其他长官起草"圣旨",最后一起押

---

① 《宋会要辑稿》仪制8。

② 《续资治通鉴长编》卷278,熙宁九年十月丙午条。

字。宋孝宗时,为防止漏洞,规定还要向皇帝复奏,皇帝详审"圣旨"确实无误,便通过二府下达有关机构或州县执行①。

皇帝不可以未经中书门下(三省)和枢密院而将"圣旨"以"指挥"形式直接下达有关机构,否则,便不符合"国体"②。中书门下(三省)和枢密院在凑到皇帝批发的"指挥"后,也要参照前后敕令审度可否,然后行下。这样,能够防止内外臣僚通过不正当途径要求皇帝"内降恩泽",防止"侵紊纪纲","增长侥幸"③。中书门下(或中书省)和枢密院"宣奉"皇帝的命令,还要录付门下省审读,藉以驳正二府的失误。

经过不断的完善,宋朝中央决策系统的决策的程序性得到了逐步加强。

第三节　宋朝中央行政体制

宋朝建立了适合当时需要的中央行政管理体制,设置了相应的各类行政管理机构,比较有效地实施民政、外事、宗教、民族、财政、外贸、司法、交通、教育等方面的行政管理。

一、宰辅制度

宋朝宰辅又称宰执,是指宰相和执政。北宋前期,正宰相称"同中书门下平章事",简称"同平章事",副宰相称"参知政事"。宰相一般每天值日办公,遇有国家大政,在议定后奏告皇帝。正、副宰相如有两员以上,则轮流掌印,并负责押班奏事。宰相的编制不定,大致同时不超过五员。太宗后,以三相二参或二相三参居多。元丰改制,以尚书左仆射兼门下侍郎、尚书右仆射兼中书侍郎为正宰相,以门下侍郎、中书侍郎、尚书左右丞为副宰相。开始实行以三省长官并为宰相的体制。徽宗政和年间(1111—1118 年),蔡京任宰相,自称太师,总领门下、中书、

---

① 周必大:《二老堂杂志》卷 3。
②③ 《宋史》卷 161《职官一》。

尚书三省,改尚书左、右仆射为太宰、少宰,由太宰兼门下侍郎,少宰兼中书侍郎。钦宗时,恢复尚书左、右仆射,废除太宰和少宰。高宗建炎三年(1129 年),正式以左、右仆射兼同中书门下平章事为正宰相,以参知政事为副宰相。门下、中书和尚书三省合而为一。孝宗乾道八年(1172 年),又改左、右仆射兼同中书门下平章事为左、右丞相。

哲宗元祐元年(1086 年),始设"平章军国重事"、"同平章军国事"之职,用来安排德高望重的大臣,位居宰相之上。当时首以文彦博任平章军国重事,吕公著任同平章军国事,但实际只是一种最高的荣誉职位。宁宗时,韩侂胄任平章军国事,立班在作为正宰相的丞相之上,每三天一朝和赴办公地处理军国大事。度宗时,贾似道也任太师、平章军国重事,独揽军政大权,丞相反屈居副宰相的地位。

执政官包括两府的大部分长官,其中属于枢密院的有枢密使、枢密副使、知枢密院事、同知枢密院事、签书枢密院事、同签书枢密院事,属于中书门下或三省的有门下侍郎、中书侍郎、参知政事、尚书左右丞。

宰执是宋朝最高的官僚集团,绝大部分由文官充任。武官如狄青、韩世忠、岳飞等一度担任枢密院的长官,但只是少数。宰执在百官中地位最高。但在罢免归班后,则与庶官等同,也可能担任较低级的差遣。直到徽宗崇宁(1102—1106 年)年间,这种情况才有所改变①。

二、中央行政机构及其职能

宋朝中央行政机构,有中书门下、枢密院、三司、三衙、翰林学士院、三省、御史台和谏院等。元丰改制前后有相当的差异。

在北宋前期,中书门下是正副宰相处理政事的最高行政机构,其办公厅设在宫中,称政事堂。正副宰相一般每天要到此视事。印文为"中书门下"。政事堂后设"制敕院",分设孔目、吏、户、兵礼、刑等五房

---

① 洪迈:《容斋续笔》卷 11《祖宗朝宰辅》。

办公,其官员称堂后官,宋初开始任用士人。

枢密院是总理全国军务的最高机构。北宋前期枢密院与中书门下,元丰改制后与三省对掌文、武大权,合称东、西"二府"。枢密院掌管兵籍、虎符,有调动兵马之权,但必须皇帝批准,将命令下达殿前司,方能生效。其长官为枢密使或知枢密院事,副长官为枢密副使或同知枢密院事、签书枢密院事等。

三司是北宋前期最高财政机构,号称"计省"。总管各地贡赋和国家财政。其长官为三司使,地位仅次于宰相。副长官是三司副使。盐铁、度支、户部等三部,各设数案,分工治事。元丰改制,撤销三司,其职权分归户、工等部。

三衙是殿前都指挥使司、侍卫马军都指挥使司、侍卫步军都指挥使司的总称。各设都指挥使、副都指挥使、都虞候、副都虞候各一员。三衙分掌全国禁军。南宋时,分管所辖各指挥的名籍、管理、训练、戍守、升补、赏罚等政令。与枢密院相反,三衙只统辖全国禁军,但没有调遣之权。

在北宋前期,中书门下、枢密院与三司分管民、军、财政,三者鼎立,彼此不相知。仁宗时,因对西夏用兵,宰相始兼枢密使。南宋时成为定制。元丰改制,宰相还兼管财政。这样,宰相重新握有民政、财政和部分军政的大权。

翰林学士院实际是皇帝的秘书处,负责起草朝廷的制诰、赦敕、国书和宫廷文书,侍奉皇帝出巡,充当顾问。设翰林学士承旨、翰林学士等。承旨不常设,学士设员不定。其他官员入院而又未授学士,则称"直学士院"。如果学士全缺,由其他官员暂草院中文书,则称"学士院权直"或"翰林权直"。北宋前期,翰林学士只是官衔,并不入院供职,必须带知制诰职者,才真正掌管诏命,直接替皇帝起草麻制、批答及宫廷文书,称"内制";单称知制诰或以他职带知制诰者,则奉皇帝或宰相之命,分房起草官员制词,称"外制"。内、外制总称"两制"。元丰改制后,翰林学士虽不再另任他职,但仍带知制诰。遇缺,则以侍郎、给事中、中书舍人兼学士院。

　　三省，即门下、中书和尚书省。北宋前期，设在宫外。三省长官非由宰相兼者，一般不登政事堂办公，没有议政和决策之权。元丰改制后，三省成为最高政务机构。南宋时，三省合为一体，宰相们办公的官厅称为"三省都堂"或"都堂"。门下省在北宋前期，主管皇帝宝玺、外官和流外官考课等，元丰改制，始专司审复。北宋前期，其长官为判门下省事，副长官为门下侍郎。中书省在北宋前期，主管郊祀、皇帝册文等，元丰改制，始专司取旨出令。北宋前期，其长官为判中书省事，副长官为中书侍郎。尚书省在北宋前期，总辖吏、户、礼、兵、刑、工六部和司封、司勋、考功等二十四司，元丰改制，始专司执行命令。北宋前期，其长官为权判尚书都省事。尚书省长官的办公厅也称"都堂"。元丰改制，最终确立了朝廷中央的中书省、门下省和尚书省的决策、审议和执行三权分立的体制。

三、外国和少数民族事务管理制度

　　宋朝与周邻许多国家和少数民族有着不同程度的政治、经济和文化方面的联系。朝廷掌管外国和少数民族事务的机构有鸿胪寺，官员有礼部主客郎中、兵部职方和驾部郎中、客省使、引进使、四方馆使、东西上阁门使等。鸿胪寺主管"四夷"朝贡、宴劳、赏赐、送迎等事务。如有贡品，则开具数字报告四方馆，引见皇帝。下设往来国信司，专管辽朝使臣交聘之事。都亭西驿和管勾所，掌管河西蕃部贡奉事宜。礼宾院，掌管回鹘、吐蕃、党项、女真等国朝贡、馆舍、设宴、互市、译语等事。怀远驿，掌管交洲、龟兹、大食等国贡奉事宜。同文馆和管勾所，掌管有关高丽的使命。南宋时，撤销鸿胪寺，有关事务拨归礼部。礼部主客郎中，主管以客礼接待来宋朝贡的"四夷"，负责慰问、安排食宿、赏赐等。兵部职方郎中，掌管归附的少数民族，负责将其安排至邻近各州，授给钱粮和田屋。驾部郎中负责向少数民族购买马匹。客省使，主管国信使晋见、告辞、设宴及"四夷"朝见、贡奉的仪式等。引进使，主管蕃国进奉礼物事宜。四方馆使,主管郊祀和大朝会时外国使臣的名单。东、西上阁门使,主管辽朝使臣以下朝见、辞谢等事。

宋朝将外国和少数民族事务管理制度制定成专法,以便严格照章办事。诸如《诸蕃进贡令式》16 卷;宋神宗元丰间制定的《高丽入贡仪式条令》30 卷、《高丽·女真排办式》1 卷;徽宗宣和间(1119—1125 年)制定的《接送高丽敕令格式》、《奉使高丽敕令格式》各 1 部等。

对于愿意臣服的外国,宋朝封其国主为国王或郡王,赐予最高荣誉官衔。如太祖时,封高丽国主王伷为检校太保、玄菟州都督、大义军使、高丽国王,封交阯丁部领为开府仪同三司、检校太师、交郡王。对于愿意留居的外国士人,宋朝量才录用。高丽士人金行成,被授以升朝官,担任通判之职。高丽士人康戬曾任知县、知州、转运使等职。

北宋前期,宋朝开辟登州港,允许高丽使臣等在此往返。神宗熙宁七年(1074 年)起,改为明州港,接待使臣等费用,由朝廷立式公布,全由官府供给。熙宁九年,仿照都亭西驿建造专门接待高丽使臣的馆舍。徽宗政和间,将高丽使臣升格为国信使,接待的规格高过夏国,与辽朝使臣皆隶枢密院负责,接待高丽使臣的引伴和押伴官,也升格为接送馆伴①。

宋朝外侨甚多。为便于管理,在侨民集中地设置蕃坊,委派蕃长管理本坊事宜。北宋后期,广州设蕃坊多处,又设蕃长司以总管。泉州聚居了许多大食商人,他们死后,由官府在城外专辟墓地安葬。允许外侨与留居地妇女通婚,以及雇人做人力和女使,但不准带他们出国入蕃②。还制定了“蕃商犯罪决罚条”,具体规定外国船主和曾受宋朝官衔以及其他人犯罪时处理办法③。

宋朝境内外还有很多少数民族,有些单独立国,有些归附宋朝成为“熟户”,有些不归附宋朝依旧是“生户”。宋朝规定了熟户每次入贡的

---

① 《宋史》卷 487《外国三·高丽》。
② 《庆元条法事类》卷 78《蕃蛮出入》。
③ 《续资治通鉴长编》卷 72,大中祥符二年十一月甲子条。

年限和人数,授给其首领以大将军、将军、郎将、司阶、司戈等官爵。或则在其聚居地区设州,委任其首领为刺史,赐给官印,每月给予茶叶和绢帛。有些地区的官府则向少数族征取租米和丝绵,并"团结"其丁壮为义军。

四、宗室和宗教管理制度

宋朝宗室是赵家皇族。主管宗室的机构有宗正寺和大宗正司。宋初,宗室人数较少,只设宗正寺。仁宗景祐三年(1036年),因人数日增,特置大宗正司。宗正寺掌管皇族名籍,记录其宗派之脉,区别昭穆,定出亲疏。北宋前期,设判宗正寺事为长官,元丰改制,改设卿和少卿为正、副长官。大宗正司掌管统领宗室,用德行和道义进行教育,审理词讼,纠正过失。每年统计人数,申报宗正寺。设知大宗正事和同知大宗正事各一员为正、副长官。徽宗崇宁二年(1104年),将太祖位下子孙迁至南京,设南外宗正司,将秦王(赵德芳)位下子孙迁至西京(治今河南洛阳),设西外宗正司,各置敦宗院。南宋时,西外宗正司迁至福州,南外宗正司迁至泉州,又新设绍兴府宗正司。各外宗正司皆设知宗,掌管本司事务。另设玉牒所,编修《皇宋玉牒》,每十年纂修进献一次。

宗室四五岁,便由官府供食。男子5岁或7岁,由朝廷赐名授官。到十四五岁,裹头参加起居。北宋前期,朝廷对宗室不教、不试、不用,即不重视宗室子弟的教育,不准应举,不准注授差遣。神宗时,王安石削减宗室的"恩数",又增立"教养选举之法",开始允许应举和注授差遣。南宋时,逐渐准许执政,一度还允许典兵[①]。

被封郡、县主的宗女(宗室妇女),朝廷月给俸禄,宗正寺设官媒负责议婚,也不规定对方的门第。神宗熙宁十年(1077年),始规定不得与"杂类"(指公公曾为人奴,婆婆曾为娼等)婚配。后又规定男方第三代中要有一代为官。宗女之夫因婚而得官,准许应举。

---

① 《宋史》卷329《赵汝愚传》。

宋太祖、太宗和宣祖世系祖免亲以上子孙,如秀王、濮王邸第授诸卫环卫官者,称南班宗室。南班宗室只依本官阶领俸禄,孝宗隆兴(1163—1164 年)后,才开始带宫观使和提举宫观头衔。

宋朝扶植佛教和道教。徽宗时一度禁佛崇道,佛教受到打击,但不久便恢复原状。礼部祠部郎中,主管全国佛道、寺庙的政令,控制名额颁发度牒。鸿胪寺所属左、右街僧录司,掌握寺院僧尼的帐籍和任命僧官等等;在京寺务司和提点所,掌管京城寺庙维修等事;传法院,掌管翻译佛经。

宋真宗时,为加强对佛寺的管理,规定统一改换全国寺名,由朝廷赐额。各路每年剃度僧尼有定额和年龄等限制。沙弥、童行读经考试合格,尼年满 15,僧和道士、女冠年 18,准许正式剃度,并发给官方证明文件——度牒。朝廷通过发放度牒来控制僧尼数量,但后来度牒可以买卖,减少了它应有的功能。南宋时,还向僧、道征收免丁钱,年满 60 或病残者免纳。

神宗前,各大佛寺均由朝廷授予宣敕,差补主首(住持),远地大庙多用黄牒选补。神宗后,改由尚书省祠部给帖。一般寺观的僧、道正副及寺观主首、主事,由本州僧、道正司审察差补。各州僧、道正,由知州、通判委派,申报转运司审核。京师设左、右街僧正、僧录、副僧录、校义等,道教也设相应的左、右街道录、副道录、都监、首座、校义等,分管本街教门公事。徽宗政和四年(1114 年),专设从六字“先生”到“校义”共二十六阶道官。朝廷对有名望的僧人授予二字或四字“大师”或“禅师”称号,授予道士二字或四字“真人”称号,另外,或赐给紫衣①。

宋朝重视佛经的翻译和佛、道经典的雕印。鸿胪寺最初设译经院。皇帝亲自组织翻译佛经,制作序文。真宗时,还委派宰相兼译经使,其他大臣为润文官。朝廷不时发布诏令,要求将新译佛经全部刻版摹印,以广流布。还曾由三馆校定道藏经。

---

① 《宋会要辑稿》道释 1。

第四节　宋朝地方行政体制

宋朝地方实行府州军监、县、镇以及乡都里保等行政管理系统,藉以贯彻朝廷的法令,严密控制城乡居民。

一、地方行政系统

宋朝的府、州、军、监是同级官府,直属朝廷。各府州军监实行军制,由朝廷委派京、朝官管理州郡事,称"权知某州军州(府、监)事",表示全权管辖一州的军政和民政。各州可以直接向朝廷奏事。二品以上和带两府职事者,称"判某州(或某府)"。同时,设"通判州军事"一至二员,与知州同领州事,裁处兵民、钱谷、户口、赋役、狱讼等。各州公文,知州须与通判一起签押方能生效。通判还有权监督和向朝廷推荐本州的官员。知州不法,通判可奏告朝廷。知州和通判的官属,有录事、司户、司法、司理等各曹参军。录事参军主管"州院"(监狱)的日常事务,监督各曹。司户参军掌管一州的户籍、赋税和仓库出纳。司法参军掌管检法议刑。司理参军(宋初称司寇参军)掌管狱讼审讯。各曹官衙一般称"厅",少数称"院",如司理院。

各州还设立各种幕职官和监当官。幕职官有节度掌书记、观察支使、判官、推官等,负责协助本州长官治理郡政,分管各案公文。监当官是各州主管仓场库务等经济机构的官员,负责征收茶盐酒税、矿冶、造船、仓库出纳等事务,名目繁多,随事置官。

宋朝将县分为赤、畿、望、紧、上、中、中下、下八等,除赤、畿为四京属县所定等级外,其他都按户数多寡而定。朝廷任命京、朝官领县,称"知县";任命选人领县,称"县令"。知县或县令的职权是主管一县的民政、司法和财政,如果驻扎军队,则兼兵马都监(升朝官兼)或监押(京官兼)以下。仁宗初年,县始设"丞",作为一县的副长官,委派选人任职。后来以京朝官充丞,称"知县丞";以选人充丞,带"权"字,仍称县丞。丞主管常平、坑冶、农田水利等事。另设主簿和尉,主簿掌官物出纳,销注簿书。尉的职位居主簿之下,掌管训练弓手,维持治安,南宋时兼管巡捉私贩茶盐矾等。宋时称县官为"亲民官"。

各县在居民繁密处或地形险要处设立镇或寨。五代时,由节度使自补亲随为"镇将",与县令分庭抗礼,公事得以专达于州。北宋初年设置县尉,维持乡村秩序,镇将只管城郭以内,归本县管辖。自太宗开始,经常委派本州衙前吏人兼任。后改设镇监官,掌管巡逻盗贼、烟火事宜,或兼征收酒税和商税。寨设寨官,招收士兵,训练武艺,防止盗贼。镇、寨官有权处分杖罪以下刑罚,其余解送本县。

各地还在重要地带和边远地区设立巡检司,不受州县疆界的限制。其长官称都巡检使、同都巡检使、巡检使、同巡检使,官阶低者称为都巡检、巡检等,以大、小使臣充任,主管本界的士兵、禁军的招募和训练的政令,巡逻州县,捕捉盗贼,兼巡捉私茶盐矾、私铸铜器和铁钱,或搜捉铜钱下海出界等。巡检司隶属所在州县长官统辖。

县以下乡村,北宋初实行乡、里制。各乡设里正一员,主管征催赋役。太祖开宝七年(974年),撤销乡的建制,改设"管"。管设置户长和耆长。户长负责征税,耆长负责防盗和处理词讼。太宗淳化五年(994年),下诏以人丁和物力定差第一等户充当里正,以第二等户充当户长。里正、户长负责征收赋税。里正下设乡书手,负责撰写和保管文书;耆长下属有壮丁、差下户充当[1]。

宋神宗时,在全国推行保甲法。将乡村民户以十户组成一保,五十户为一大保,十大保为一都保。选派主户中财产最多、势力最大者担任保长、大保长和都副保正。主户和客户有两丁以上者,抽一人为保丁,训练武艺。每一大保夜间轮派五人巡逻,遇有盗贼报大保长追捕。同保内发生盗窃等案,知情不报,连坐治罪。哲宗元祐初,虽然下令解散保甲,但保留保甲或后来恢复保甲的地区也不少。

---

① 梁克家:《淳熙三山志》卷14《版籍类五》。

　　南宋时,乡村一般实行乡、都、保、甲制,保正副主管原来耆长的职责,大保长主管原来户长的职责。每一都下设若干保,保以下设甲,每五家为一甲,甲头常常用来催税。有些地区,诸如福建、四川泸州等,则实行乡、里、耆、都制,设置保正长和耆长、壮丁。有些地区还设"团",相当于原来的乡,团设团首或团长。

　　州县城郭内,地域较大者划分为若干厢,厢下分设许多坊。北宋初,各坊设坊正一员,主管征税。地域较小者划分为若干隅,隅设隅长,隅以下也设坊。神宗开始,撤销坊正,将每二三十户编成一甲,设甲头轮流催税。

　　宋朝将居民分为主户和客户两大类,又在城镇和乡村实行不同的户等制度。官府在此基础上实行户籍的管理。一般规定,各州、县每三年造一次产业簿。乡村主户分为五等(一度分作九等),城镇居民即坊郭户分为十等。乡村主户,是指有税产的农村人口,上三等属地主,称"上户";第四、第五等属自耕农和部分佃农,称"下户"。坊郭户是指京城、府、州、县城内和镇内的居民。太宗至道元年(995年),全国各州县开始重造户口和二税版籍,由朝廷统一颁布格式。县将户数、夏税和秋税总数、田亩数、杂税数等逐一登记成长卷,一本送州库保存。仁宗景祐元年(1034年),各县造乡村和坊郭丁产等第簿和丁口帐。丁产簿包括各户户主的姓名、出生年月日、本户丁口数和年龄、田产、物力等。乡村由"三大户"即耆长亲往各户调查登录。后来改由百姓"自实",即自行核实申报,依式立状。三大户将通抄本耆的户口、税产报到县备案。县将各耆申报数字抄录副本,申报州官印缝,并收藏在州院。丁产簿每逢闰年更造一次。各县还依丁口的死亡生长随时增加或销注,登记在丁口帐上,由主簿专掌其事。每年年终,将全县的丁数申报给州,州将各县丁数申报转运司,转运司将各州的丁数申报户部,户部总计全国丁数申报朝廷①。

---

①　《宋会要辑稿》食货11。

各州有户帐、户帖、户钞、升降帐、桑功帐、闰年图等。户帐、户帖、户钞由本州判官和录事参军掌管。从太祖乾德元年（963 年）开始，规定各州申报朝廷的户帐，其中丁口男夫以 20 岁为丁，60 岁为老；女口不须统计。户帐每隔三年造一次，与闰年图一起上报尚书省。各州又将本州历年主户的户口的平均数登录造册，称为"升降帐"，一州的官吏依此受俸。各州还将当年统计所得本州户口数登录造册，称为"桑功帐"。将桑功帐与升降帐相比，如户口有所增加，官吏加俸；有所减少，则要受罚。这些帐册的户口数，每年也都要申报户部备案。

各路转运司在收集辖下各州户口数字后，首先负责覆核，并审核本路隐漏丁口，然后申报户部或三司。三司负责每年收集各路转运司供申的户口升降管额文帐，并规定文帐格式。元丰改制，撤销三司，其职权改归户部掌管。哲宗元祐六年（1091 年）立下定式：各州每年供具户口和财用数，在次年正月申报转运司，转运司在二月申报户部，户部在收到各路统计数后，半月内申报尚书省，然后三省汇总进呈皇帝①。

宋朝还给百姓颁发户帖。太祖建隆四年（963 年），朝廷在命令各县造版籍时，又命令百姓没有户帖者，一律都要置造②。户帖上详细开列该户所有的田地房屋的亩步、土色、间架、方位以及应纳的赋税数。户帐带有户籍和地契的双重性质。

朝廷中央和州、县都设有架阁库，负责收藏户籍。尚书省专设管架阁库官（南宋改为主管尚书某部架阁库），负责收藏户籍等文书档案。州由知州、通判或司户参军掌管，县由县令、丞或主簿等掌管。连同其他簿籍，各州每隔三年拣出可以销毁的部分，申报监司派官覆查，值得长期保留者改存他库③。

---

① 《宋会要辑稿》食货 12 之 3。
② 《宋会要辑稿》食货 69 之 16。
③ 《咸淳毗陵志》卷 6《官寺二·仓库》。

二、中央派出机构及其机制转换

宋朝在府州军监之上,尚未设置更高一级的行政机构,以代表朝廷加以管辖。宋太祖时,将全国分为若干道。太宗至道三年(997年),将全国分为十五路。仁宗初年,析为十八路。神宗元丰八年(1085年),增至二十三路。

各路设转运使司(漕司)、提点刑狱司(宪司)、提举常平司(仓司)、安抚使司(帅司)。漕、宪、仓三司,又统称"监司"。真宗景德三年(1007年)前,转运使掌管一路的大权,实际上是本路的最高长官。景德四年,正式设置提点刑狱,负责察访本路刑狱,审问囚徒,覆查案牍,荐举官员。神宗熙宁二年(1069年),设提举常平官,掌管本路常平义仓、免役、市易、坊场、河渡、水利等事,并荐举官员。安抚使掌管本路的兵政,由最重要的州府长官兼任。南宋前期,安抚使或经略安抚使成为一路的第一长官,掌全路的兵、民之政,弹压盗贼,用兵时,有权"便宜行事"。宁宗后,各路兵政划归都统制司,民政分属各司,安抚使反而有职无权①。

各路还设一些特殊的机构。太宗时,设置江淮、两浙发运使司,指挥东南六路的转运使,调运粮食至汴京,兼管茶盐、货币的政令和荐举官员。真宗时,称"都大发运使司"。设发运使、发运副使、发运判官等。高宗时,重设江淮、荆浙、闽广经制发运使,专管收籴粮食。徽宗时,因军事需要,临时设某路或数路制置使司,委派制置使一员,主管本地区经画边防军旅等事。南宋时,仍设各路制置使,多派安抚大使兼任。南宋后期,除闽、广以外,浙东、浙西两路设沿海制置使司,江东、江西两路设沿江制置使司,湖南、湖北等路设京湖制置使司,淮东、淮西两路设两淮制置使司,成都、潼川、夔州、利州四路设四川安抚制置使司②,实际成为管辖数路的大军区。南宋初,还创设总领所,委派户官担任"总领某路财赋"官,简称总领,掌管调拨和筹办各军钱粮,并有权

---

① 李心传:《建炎以来朝野杂记》甲集卷11《安抚使》。

② 《永乐大典》卷14627《部字·吏部十四》。

预闻本路的军政。

三、宋朝地方行政体制的特点

宋朝地方行政体制是中唐以来政治体制变革的产物,朝廷通过路级机构来监督府、州,又通过府、州来统治地方。它具有以下几个特点:

第一,路是由地方监察区向行政区过渡的一种形式,具有半地方半监察区和半行政区的性质。帅、漕、仓、宪四司并立,职能各有所侧重,而又同掌军政、民政、财政和司法,互不统属,而又彼此监督。所以,路级官府只是朝廷派驻各路的机构,朝廷通过路级官府来实行对府、州的监督。但是,从路级长官的总体而言,他们实际上行使了一级行政单位的职权。从唐朝的道和路发展到元朝的"行省",宋朝的路是这一发展过程中的一种过渡形式。

第二,府州军监直属朝廷。由于路级官府尚未成为完全的行政机构,朝廷通过府州军监的军府来统治地方。各州府军监直接受朝廷的管辖,知府或知州可以直接向朝廷奏事,府、州的财赋直接送交朝廷。

第三,县镇以下的地方基层组织较为复杂。各地乡村,从宋初实行乡、里制,发展为乡、都、保、甲制,呈现较为复杂的情况,但总的趋势是不断加强了对县镇以下广大乡村的控制。

第五节　宋朝的立法、司法和监察制度

中唐以后,政治和经济关系的大变化,促使宋朝统治者几乎全面地制定各种条法,而且随着社会的发展,不断编纂修订,日趋完善。在三个多世纪的漫长时期内,宋朝逐步确立了比较严密的立法、司法和监察制度。

一、立法制度

宋朝的法制沿袭前代的习惯,仍以刑法为主要内容,兼含民法、婚姻法、诉讼法等。部分行政法开始从刑法中独立出来。

宋朝统治者重视法治。从太祖时修订《重详定刑统》起,历朝皇帝都制定和修订各种法规,直到理宗淳祐年间(1241—1252 年)编纂《淳祐敕令格式》和《淳祐条法事类》为止。这与前代开国皇帝立法、继位者守法和立法不多的立法惯例大不相同。

宋太祖时,因《大周刑统》不适合新的形势,使用不便,命窦仪等主持修订。窦仪等以此书为蓝本,加以修改补充,还采录有关刑制律文和式、令、宣敕、续降,另编成《建隆编敕》4 卷。全书称《重详定刑统》,共30 卷,分为 213 门,前列律条、律疏,以下按照时间顺序分列敕、令、格、式。《重详定刑统》是中国历史上第一部木版雕印的法典。它基本上属于刑事法规,包括了刑事立法和刑事诉讼法,但又保留或增添了如户绝资产、死商钱物等纯属经济范围的民法。

《重详定刑统》作为宋朝的律典,发挥了一定的作用,但它的大部分内容不切合宋朝的实际生活,因此逐步让位给不断新订的编敕和令、格、式、例等。

从宋初起,各朝都纂修"编敕",专门成立编纂所或敕令所,由宰执担任提举(总编),两制以上官员负责详定(审稿)[1]。平时,皇帝对一定的人和事发布的诏敕,称为散敕(敕条)。其中长期适用的敕文,经过编纂成书,则称编敕。编敕中,除诏敕正文外,还附有看详、申明、指挥、敕书、德音等。

北宋前期,法规的主要形式为令、格、式、敕,与律(《刑统》)并行。令是皇帝颁布的各种约束禁止方面的规定;格是有关官民等级和论功行赏等方面的规则、规程;式是有关体制楷模方面的规定,即实行细则,包括各种文书程式。神宗认为律不能概括所有情况,正式将法规主要形式改为敕、令、格、式,同时保留了律。如果敕令格式与律出现抵牾,则依从前者[2]。从此,法规采用以上四种形式,而敕与律相比则优先适

---

① 《玉海》卷 67《宋朝敕局》。
② 李心传:《建炎以来朝野杂记》甲集卷 4《淳熙事类》。

用。神宗以后,各朝皇帝依此体例"随时修立",不断编纂前一时期敕令格式,以后冲前,以新改旧,使之成为较为完备的基本法典。如《元祐敕令格式》、《乾道重修敕令格式》等。尚书省还负责将一些专门的敕令格式编纂成书,如神宗时国子监、武学、司农寺等都编有各自的敕令格式。

　　神宗以后,敕令格式被称为"海行条贯",简称海行。遇到新情况发生,又制定新的敕令,称"续降指挥",简称续降。刑部负责将续降指挥编录成册,每年仲春或仲夏时颁布实行。续降具有同等的法律效力。朝廷临时处置一些事情的措施,后来相继援用,便成为"例"。例分为判例(断案的成例)和一般行政等方面的例两种。前者如《熙宁法寺断例》12卷、曾旼《(元符二年)刑名断例》3卷等,后者如沈立《新修审官两院条贯》、张诚一《熙宁五路义勇保甲敕》各附《总例》1卷①。断例由刑部和大理寺官员筛选前后所断刑狱和定断公事(行政诉讼法)编纂而成②。这些经过编纂颁行的例,更具有法律适用的效力,以致达到了法与例并行的程度。

　　南宋时期,还出现了随事分类编纂的法典。高宗时,有人编纂《宋大诏令集》240卷,收集了宋初到徽宗的诏书、手诏、御笔、制书等3 800多篇。绍兴十五年前,晏敦复还裁定吏部七司条法。孝宗初年,又仿此体例,编成《淳熙条法事类》。这是前此法令未有的形式。宁宗嘉泰二年(1202年),又在《庆元敕令格式》的基础上,改编成《庆元条法事类》437卷。从此,"条法事类"成为有别于敕令格式的另一体例的法典。

　　除各种综合性的法典外,宋朝还制订了一些专门法,如带有行政法性质的铨选法。在综合性的法典中,包括了刑法和民法两大类:刑法如"盗贼重法"、"妻孥编管法"、"诸仓乞取法"等;民法如婚姻法、继承法、分析法、户绝法、亲子法等。在这两大类立法中,都各自包含许多经济

---

① 《宋史》卷204《艺文志三》。
② 《续资治通鉴长编》卷140,庆历三年三月戊辰条。

方面的立法。大量经济法的出现，是宋朝立法不同于前代的重要特点之一。

二、司法制度

宋朝逐渐形成了一套比较严密的司法制度。

皇帝实际是最高审判官，拥有最大的司法权。皇帝不时亲自审判京城的疑案。各地的一些重大案件必须奏报皇帝裁决。一些特别重大案件则由皇帝派员前往立案审判，称"诏狱"，其审讯机构称"制勘院"。

在朝廷中央，设置大理寺、刑部、御史台、审刑院等最高司法机构。北宋前朝，大理寺不管一般审讯，只负责详断各地奏报案件，送审刑院覆查，同署上报。神宗熙宁九年（1076 年），复置大理狱，始治行政案件，民事案件则送开封府①。刑部在北宋前期，负责覆查大理寺所判杖罪以下案件和全国已决死刑案件；元丰改制后，掌管刑法、狱讼、奏谳等事。审刑院设在宫中，负责复大理寺所详断案件，上报中书，奏请皇帝定夺。元丰三年（1080 年），并归刑部。各地重大刑事案件和重大行政案件，还由御史台设狱审理，简称"台狱"。台狱由尚书省右司纠察审核。

各路监司不设刑狱机构，不接受词诉，不负责直接审案。转运使和提刑有定期巡历制度，负责审查各州所定刑事和民事案件，平反冤狱，巡视在押囚犯等。南宋后期，提刑也可直接审案。各州专设州院、司理院、判官厅和推官厅为审讯机构，由录事参军、司理参军、判官和推官主持审理。北宋前期，州有权判决包括死刑在内的刑事案件以及民事案件。元丰改制后，州判决死刑的案件，必须申报提刑司核准，才能执行。如有疑难案件，即申报朝廷，转送大理寺覆议。各县不专设审讯机构，但有刑事和民事审判权，可判决笞罪和杖罪，徒以上罪则移送至州。

刑事案件，实行鞫谳分治和审讯官独立审判的原则。各级审讯机

---

① 李心传：《建炎以来朝野杂记》甲集卷 5《大理狱非得旨不许送理官宅》。

构,同时设鞫(审问)和谳(检法议刑)官,双方独立活动,互不通气,以防偏听偏信和徇私舞弊。各级审判活动,由本级承勘官员独立进行,不受上级机构约束。审讯结案后,还要经同级官员的覆查和上级审讯机构的逐层覆查。还允许犯人翻供,翻供后,移交其他机构重审。

朝廷规定了各级机构审判每个案件的期限,以提高司法效能。州县审理民事案件,每年也有时间限制。从农历二月一日"入务"(务指农务)起,直到九月三十日,为"务限"期间。州县官府停止受理有关田宅、婚姻、债务、地租、役法等民事诉讼。自十月初一"开务",直到明年正月三十日为止,这段时间内才受理这类诉讼。民事案件,也实行多级审理制度。县衙属初审机构,县衙判决不公或拖延太久,可上诉州衙。依次向转运司、提刑司、尚书省本曹、御史台、尚书都省逐级上诉。尚书都省成为民事终审机构。如认为尚书都省判决不当,可向登闻鼓院,实际向皇帝上诉。州县判决时,要向词诉双方发"断由"(判决书),作为以后的凭据。民事起诉人,允许自己写诉状(起诉书),也允许请书铺代写。专写状钞的书铺户,要经县衙批准,发给木牌作为营业执照。起诉人的年龄,限为 18 至 69 岁。

宋朝实行赦宥制度。赦宥分为大赦、曲赦、德音、疏决等类。大赦是朝廷每三年举行一次,郊祀后,发布赦免杂犯死罪以下犯人的命令,有时还赦免常赦所不予宽减的犯人。曲赦是因武功开边、皇帝巡幸或某地发生严重灾害,颁发命令,特赦一路、一州或陪都、京畿的罪犯。德音是宽减死罪和流罪犯人,释放轻罪犯人,其赦免地区和罪犯等级广狭不常,一般比曲赦地区广,比大赦罪犯等级窄。疏决是每年盛夏清理在押犯人,一般杂犯死罪以下都得减罪或释放,称为"热恩"[1]。岳珂统计过,太祖建隆元年到光宗绍熙五年(960—1194 年)的 234 年内,宋朝共赦宥 301 次[2],平均每年赦宥 1.28 次。

---

①　《宋朝诸臣奏议》卷 100,范镇:《上仁宗论不可数赦》。
②　岳珂:《愧郯录》卷 15《赦宥之数》。

三、监察制度

宋朝在朝廷中央有台谏监察系统和封驳监察系统,在地方有路的监司和帅司监察系统,还有走马承受所和通判厅,自上到下构成了一个严密的监察网络,形成了比较完备的监察制度。

御史台和谏院合称"台谏",台官和谏官合称"言官",表明宋朝两者职能上的趋于合一。台谏官的遴选程序是由侍从官荐举,宰执进拟候选人名单,最后由皇帝决定去取。宰执无权荐举台谏官。台谏系统的职责除审理案件和参决朝政外,主要是监察内廷和外朝。凡皇帝违反法制的行为,宫中不经政府而直付有关机构的"内降"命令,皇太后的专权,宦官的弄权等,台谏官都有权进行揭发和弹劾,加以抵制。有时,皇帝不得不采纳台谏的意见,修改诏旨,遵守法制,皇太后不得不交出政权。台谏系统成为制约皇权滥用的一个重要环节。神宗元丰二年(1079 年),台谏对朝廷中央各省、部等机构实行新的行政监察权,即六察制:御史台分设吏、户、刑、兵、礼、工六察官,对中央大部分行政机构按照职能进行对口监察。六察御史专司行政监察,不预言事,开始与言事御史出现了不同的分工。朝廷举行的各种会议,轮派监察御史一员到会监督。御史台还负责对"外台"——监司、帅司长官考核政绩,检查有无违法行为等,以此实施对地方的监察。

台谏官的信息渠道,有中央各部门抄报的文书案卷、参预各种重要会议;内外百官呈送的"短卷"、官民的奏章等[1]。台谏官的各种监察活动,有着比较完整的法律依据。台谏官享有风闻言事的特权,即使弹奏失实,皇帝既不可追问消息来源,又不可以治罪。宋太祖立下誓碑,不杀言事官[2],使监察官无后顾之忧。但也要求弹奏尽量审实,多论朝廷得失和民间利病,少指摘纤瑕细故。

台谏官的监察活动,具有相对的独立性。台谏官不准禀承时相风

---

①　《皇朝中兴两朝圣政》卷 46《孝宗皇帝六》。

②　王明清:《挥麈录》后录卷 1《太祖誓不杀大臣言官》。

旨言事,也不必遵照皇帝圣旨弹劾。台谏官每月要轮派一员言事,称为"月课"①,还设立台谏章奏簿,一册存中书,一册存宫中,便于皇帝和宰执对他们的监控。台谏官之间也实行互察互劾制度。

朝廷中央的另一监察系统,是由门下省给事中、中书省中书舍人和知制诰等组成的监察网络,即封驳监察系统。门下省是国家政令的审察机构。但元丰改制前,由枢密院银台司兼管门下封驳事。元丰改制,门下省给事中终正其职,负责驳斥朝廷政令失误、除授不当以及纠治积压百官章疏等事。驳正的方法之一是封还词头,封驳中书的画黄和录黄。元丰改制,中书舍人负责起草制词,遇朝廷除授非人和处事不当,允许论奏并封还词头,拒绝草诏。给事中和中书舍人合称"给舍",在监察职能上都有封驳或缴驳之权,但一般不准联合同奏。给舍举驳不须事先禀告宰执,实行封驳独立原则。给舍之间实行互察法。

各路监司和帅司各有专职,是本路同时并立的几个监察机构。转运司监察部下官员,有不称职、怠惰、黩货者,即奏申朝廷。同时,督察州县的行政、司法情况。提刑、提举和帅司也都负责对州县官吏的督察。监司长官分上、下半年出巡本路州县,询访民间疾苦,纠察贪赃官吏,规定一年或二年巡遍辖区。各监司实行独立监察原则,彼此不须通报按刺情况。监司自身要接受御史台、谏院以及走马承受的监控,彼此又实行互察法。监司出巡,随从人数有定员,不准赴宴吃请和接受馈赠。

走马承受公事所,宋初设在河北、河东、陕西、川陕等沿边地区,后各路陆续添置。委派三班使臣和内侍出任走马承受公事,简称走马承受。名义上隶属各路帅司,但并不是帅司的正式属官②,实际直接受皇帝指挥。走马承受的职权,宋初只是随军承受奏报文书,附带了解各处物情人事。到仁宗后期,可以预闻边要和主帅的机密公事。徽宗政和六年(1116 年),改称廉访使者,一路事无大小都可按刺,几乎与监司地

①　《两朝纲目备要》卷 7。
②　徐度:《却扫编》卷中;《宋会要辑稿》职官 41 之 124、126。

位相垺。钦宗靖康初,复名走马承受。走马承受并非正式察官,官位也不高,但其权甚重,不仅监督军队,而且监督地方行政,凡各路民生利病、法令废举、吏治清浊,每季或每年春、秋两季各赴京一次奏告皇帝。他们也享有风闻言事的特权①。

各州通判厅的长官是通判,与知州同领州事。通判有权监督本州及其属县的官员,实际是一州的监察员,所以又称"监州"。

第六节　宋朝的军事制度

中唐后,随着府兵制的崩溃和募兵制的推行,军队的性质由兵农合一的半职业化军队演变为专事战斗的职业化军队,对军队的管理也由政军合一的折冲府体制逐步演变为专司军队的侍卫司与殿前司领导体制。五代时期,这种变化逐渐完成,到宋初,建立起有别于盛唐的新的军事制度。这种军事制度,可称是中国最早的成熟的职业军队的管理体制。

一、军事领导体制

1. 皇帝与军权

职业军队的危险性,远大于兵农合一的府兵。随之而来的是皇帝对于军队的控制,也远强于府兵制时期。军权最终集中到了皇帝手中,并且体现在制度上。

北宋时期,握兵权、调兵权与统兵权分而为三:三衙握兵,枢密院调兵,临时遣将统兵,三者均向皇帝负责。保证了军权从属于皇帝,任何一方不能拥兵自重,再演唐末藩镇割据或五代兵变上台的闹剧,有效地保证了宋朝政权的稳定。

南宋时期,总的说来,皇帝对军权的控制不如北宋时期。高宗初年,屯驻大军各归其将,至有"岳家军"、"韩家军"之称。高宗收张俊、

---

① 《宋会要辑稿》职官 41 之 127—128。

韩世忠、岳飞三大将兵权,未尝不是怕军权旁落而危及自己的统治地位。南宋的川蜀、荆襄,地当前线,远离中央,颇有鞭长莫及之势,在军政方面,一直保有某种程度的独立。即或如江淮、闽广,皇帝对军队的指挥也不能如身之使臂。加之南宋先后有秦桧、韩侂胄、史弥远、史嵩之、贾似道等权臣擅权,如果说初期的秦桧,还是在高宗控制之下,那么韩侂胄以后诸人,就颇有凌驾皇帝之上之势,皇权对军队的控制,就更成为虚话而已。

2. 北宋的中央指挥系统

北宋的中央指挥系统,可称为枢密院——三衙体制。

枢密院的设置、职责和人选:

枢密使,始置于唐代宗(762—779 年在位),由宦官担任。五代时期改用士人,任枢密使(后梁曾改为崇政使)者皆是皇帝的心腹之臣,其权势日益增大。枢密院取代中书门下,成为中央政府。

宋太祖乾德二年(964 年),赵普出任宰相,中央事权从枢密院归属中书门下,中书重新成为中央政府。枢密院所掌,仅军政而已。太宗淳化元年(990 年),从左正言、直史馆谢泌之请,自今凡政事送中书,机事送枢密院,财货送三司①,此后,枢密院成为专掌军事的机构。

枢密院的职责是:"掌军国机务、兵防、边备、戎马之政令,出纳密令,以佐邦治。凡侍卫诸班直、内外禁兵招募、阅试、迁补、屯戍、赏罚之事皆掌之。"②设枢密使、副,签署院事、同签署院事,都承旨、副都承旨。有时不置使、副,以知院事、同知院事为其长官。

北宋的枢密院长官,一般以文臣担任。武将任此职者极少,仅曹彬、王德用、狄青数人而已。

3. 三衙的设置、职责和人选

五代时,禁军的最高统率机构为侍卫司与殿前司,前者健全于后晋,后者建置于后周。

---

① 《续资治通鉴长编》卷 31;张其凡:《宋初中书事权初探》,载《华南师大学报》1986 年第 2 期。
② 《宋史》卷 162《职官志二》。

宋初,殿前司的都点检、副都点检与侍卫司的都指挥使、副、都虞候,陆续不再除授。殿前司的长官为都指挥使,侍卫司无长官,侍卫马军与侍卫步军分裂为两司,各有都指挥使为其长。这样,禁军的统率机构便由殿前司、侍卫马军司、侍卫步军司三者组成,称为"三衙"。

三衙不仅掌管禁军,也掌管厢军,天下兵柄,尽归于三衙①。

三衙的长官,各有都指挥使、副、都虞候,但一般未配备齐全。三衙之帅,在宋初尚有领兵出征者,后来不再领兵出征。三衙将帅,不能参政,"用边臣、戚里及军班出身各一人"②。

枢密院掌握调兵权。三衙掌握训练权,统兵出征则另遣将帅,三者均难以拥兵自重。这就是北宋中央指挥系统的相维相制原则。

4. 北宋地方的军事机构

北宋的路、州、县三级都设有军事机构。

一路有路分钤辖,一州则有州钤辖。官高资深者称都钤辖,有些地区还增置驻泊钤辖③。掌管就粮与驻泊禁军,有各级都监。"都监有路分,有州、府、军、监,有县、镇,有城、寨、关、堡"。路分都监掌本路禁军屯戍、边防、训练之政令,以肃清所部;州、府以下都监,皆掌其本城屯驻兵甲训练、差使之事④。

北宋时、以文臣任地方经略使、安抚使等军职,统辖驻泊和屯驻禁军,实行以文制武,以防军人萌生野心。

5. 宋神宗时军制的变化

宋神宗元丰改制,三省重又成为实权机构,但枢密院——三衙的中央统兵体制依旧不变。军队的地方指挥系统,在神宗时期有所变化,主要表现在将兵法的实施上。

---

① 　叶梦得:《石林燕语》卷6。
② 　《建炎以来系年要录》卷97,绍兴六年正月乙未条。
③ 　《文献通考》卷59;《续资治通鉴长编》卷63,景德三年七月壬戌;《宋会要辑稿》职官48之107。
④ 　《宋史》卷167《职官七》。

　　将兵法实施后,北宋政府在各路设将,统率各地禁兵。河北,"置立三十七将,各专军政,州县不得关预"①。开封府界、京东西,二十六将。河东,"团成十二将"。鄜延,分为九将。环庆路军马,分为八将。秦凤路,最终扩大至九将。泾原路,前后置十三将。熙河路,共分十将。东南诸路,共分十三将。

　　总计各路至少设置了一百四十三将,各将所辖兵力不同,从几千人至一万余人都有。因将官是别置的,所以与原来的地方统兵官——总管等形成"设官重复",逐渐使总管钤辖等统兵官成为闲散官员,地方兵权主要由将官掌握了。

　　6. 南宋的指挥系统

　　宋高宗即位未久,即设御营司,"以总齐军中之政","其后遂专兵柄,枢密院几无所预"。宰相、执政分任御营使、副,下设都统制,统管御营军②。

　　建炎四年(1130 年),取消御营司,"将佐并属枢密院",恢复了枢密院管军的旧体制。当时,正规军主要由吴玠、岳飞、刘光世、韩世忠、张俊五大帅统领。绍兴十一年(1141 年),夺诸大帅兵权,取消其军号,各军并称御前诸军。在长江沿线和川陕交界,先后布置了十支大军,称为屯驻大兵。屯驻大兵的统兵官是都统制和副都统制,下设军、将两级编制。

　　南宋时,三衙军逐渐恢复充实后,成为与御前诸军平列的屯驻大兵。三衙长官也成为与御前诸军各都统制平列的统兵官,不再统辖全国军队。三衙的编制,与御前诸军相同。

二、武装力量的体制

　　1. 兵种

　　北宋的军队,主要分为禁兵、厢兵、乡兵,还有蕃兵,依乡兵之制。

---

① 　王曾瑜:《宋朝兵制初探》,中华书局 1983 年版。
② 　李心传:《建炎以来朝野杂记》甲集卷 10《御营使》。

禁兵，是中央的正规军，皇帝的卫兵。其中最亲近扈从者，号诸班值；其次者，总于御前忠佐军头司、皇城司、骐骥院。以上诸军皆拱卫宫阙。其余诸军，用以守京师，备征戍。禁兵的数量，太祖时，马步193 000；太宗时，358 000；真宗时，432 000；仁宗时，826 000；英宗时，663 000；神宗时，612 000。

厢兵，是诸州的地方军，名义上属侍卫马、步军司管辖。厢兵很少教阅，分给畜牧缮修之役，没有多大战斗力。神宗元丰末年（1085 年），厢兵共约 230 000 人。

乡兵，选自户籍，或士民应募，在当地团结训练，以为防守之兵。乡兵是地区性的，一般不脱离生产。所以，乡兵可说是非正规的地方军。河北、河东、陕西三路乡兵，共约 430 000 人。

蕃兵，具籍塞下内属诸部落，团结以为藩篱之兵。蕃兵以部族为单位组成，朝廷对各部族首领封官，由他们分别统率本部族壮丁，"籍城砦兵马，计族望大小，分队伍，给旗帜，使各缮堡垒，人置器甲，以备调发"[1]。蕃兵是仁宗时因对西夏作战的需要而设置的，主要分布在陕西的秦凤、泾原、环庆、鄜延四路和河东的石、隰、麟、府、岚五州。陕西四路蕃兵，共约 100 000 人。蕃兵虽是西北的地方军，但颇有战斗力。

从军队种类来说，北宋的军队主要由步兵、骑兵和水师组成。

步兵，主要分隶于殿前司与侍卫步军司。殿前司步军，先后有 18 军额；侍卫部军司，先后有 63 军额。

骑兵主要分隶于殿前司与侍卫马军司。殿前司马军，先后有 31 军额；侍卫马军司，先后有 36 军额。

北宋的水师中，禁兵较少。殿前司步军有虎翼水军，侍卫步军司有神卫水军、虎翼水军，均为一指挥。上述三指挥水军，屯驻开封。厢兵中的水师，兵力大于禁兵，分布甚广，主要部署在南方。

南宋军队，主要分为屯驻大兵、禁兵、厢兵三大类。厢兵情况，与北

---

① 《宋史》卷 191《兵志五》。

宋无异;禁兵地位下降,与厢兵相差无几,成为地方役兵;屯驻大兵,乃南宋的正规军。

绍兴五年(1135年),南宋朝廷将张俊、韩世忠、刘光世、岳飞、吴玠五大帅统领的五支大军统一改名为行营护军,标志着屯驻大兵取代禁兵,成为朝廷的正规军。绍兴十一年(1141年),罢韩世忠、张俊、岳飞兵权后,先后撤销行营护军各军番号,改称御前诸军。自川陕至长江沿岸,先后设置了十个都统制司,将御前军分为十军,加上三衙三军,组成屯驻大兵,是为南宋正规常备军。

2. 编制

北宋禁兵的编制,大致规定是:"大凡百人为都,五都为营,五营为军,十军为厢,或隶殿前,或隶两侍卫司。"营又称指挥,"凡五百人为一指挥,其别有五都,都一百人,统以营居之"①。

北宋禁兵的最精锐部队,是充当皇帝宿卫的诸班直,分隶殿前司马军诸班直与殿前司步军御龙诸直。诸班直的各班各直都是军事编制单位,人数不尽相同。殿前司马军诸班直的统兵官有都虞候、指挥使、都知、副都知、押班,殿前司步军御龙直的统兵官有四直都虞候,每直有都虞候、指挥使、副指挥使、都头、副都头、十将、将虞候。

诸班直以外的禁兵,大致分为厢、军、指挥、都四级编制。

北宋厢一级的统兵官是厢都指挥使。上四军——捧日、天武、龙卫、神卫,各分左右厢,曾设置过"马步军龙、神卫四厢都指挥使"与"殿前捧日、天武四厢都指挥使"。此外,殿前司马军骁骑、步军虎翼,侍卫马军司骁捷、骁武、云翼,侍卫步军司虎翼、勇捷、威武、清塞、归思诸军也分左、右厢。但左、右厢并非厢一级的正规编制,三衙的多数军额是不分左、右厢的。

北宋军一级的统兵官是军都指挥使和都虞候。每军兵力,按规定是2 500人,但实际各有不同,许多军的兵力高于标准编制,多者达

---

① 曾公亮:《武经总要》前集卷1《军制》、卷2《日阅法》。

5 000 人。

指挥(营)是北宋最普通的军事编制单位。指挥的统兵官是指挥使和副指挥使。每指挥兵力,虽规定为 500 人,实际却往往少于此数。

都的统兵官,马军是军使和副兵马使,步军是都头和副都头。在副兵马使和副都头以下,还有军头、十将、将虞候、承局、押官等军职。一都的兵力,规定为 100 人,实际数量基本符合规定。

南宋将屯驻大兵统一改称行营护军时,将五帅的军队统一定名为行营前、后、左、右、中护军。各支大军的编制,一般分成若干军,军设统制、统领等;各军分为若干将,设正将、副将和准备将为统兵官;将之下,部分行营护军还设有"部"的编制,设部将;队一级编制,普遍存在,设旗头、拥队、押队之类作头目。行营护军的总军力达 30 余万人。

绍兴十一年后,逐渐将韩世忠、张俊、岳飞、吴玠四支屯驻大兵改编为十支屯驻大兵,统称御前诸军。屯驻大兵的统兵官是都统制和副都统制。屯驻大兵普遍有军、将两级编制。军一级统兵官有统制、同统制、统领、同统领、副统领等。将一级统兵官在正将、副将、准备将以下,还设有训练官、部将、队将、押队、拥队、旗头、教头之类的军官和军吏。御前诸军的总兵力,绍兴十二年约 21 万多,绍兴二十三年约 25 万多,绍兴三十年约 31 万多,乾道三年约 32 万多,此后通常保持在 40 万上下。

3. 募兵制的实行与作用

两宋军队的来源,主要是召募,禁兵、厢兵等都依此补充。或募土人,就所在团立;或取营伍子弟,听从本军;或募饥民,以补本城;或以有罪,备隶给役。召募时,先度人材,次阅走跃,试瞻视,然后黥面,赐以缗钱、衣履而隶诸籍。

募兵制的实行,使农民和工匠在很大程度上免除了兵役,使军队走上了专业化、职业化的道路,是历史性的进步。但是,宋朝实行募兵制,也产生了许多弊端。军队的宏大数量,造成了沉重的财政负担;军队战斗力的衰弱,是主要的弊端。

4. 管理体制

阶级法与禁戒

宋时所谓"阶级",是指军队内部的等级尊卑关系。章如愚《群书考索》后集卷40《宋朝兵制》记载:"峻其等级相犯之刑,谓之等级,以绝其犯上之心。"北宋时,严明军纪,"令以威驾,峻其等为一阶一级之法,动如行师,俾各服其长"。对禁军长吏,"付以生杀,寓威于阶级之间,使不得动"①。所谓"阶级法",即军队内部的管理法,各级军校,各司其职,下级绝对服从上级。宋孝宗说,太祖设为阶级法,"二百年军中不变乱,盖出于此"②。

除阶级法外,北宋还制定了许多军事法规,严加禁戒,要使"士卒衣食无外慕,安辛苦而易使"③。曾公亮(999—1078年)撰《武经总要》前集卷14《罚条》所载军事法规,共计72条。南宋王质所列举的,有斗伤、博戏、禽犬、巫卜、饮、滥、逃、盗、诡名、匿奸、弛艺、窃造军器、私传兵武、出法物、结义社等禁④。宋初,逃禁规定:禁军逃亡满一日者斩;仁宗时,改满三日;神宗熙宁五年(1072年)又改为七日⑤。按照禁戒规定,禁兵不得衣皂,只许衣褐,长不得过膝,红紫之服更不许穿;葱韭不得入军门,鱼肉和酒严禁入军门;军兵无故不令出班,每班置市买二人;每月请月粮时,营在城西者,即于城东支,营在城东者,即于城西给,不许雇车或人帮助,士兵必须自己背负⑥。

更戍法

北宋以"强干弱枝"、"内外相维"为军事部署的指导方针,因此,有大量禁军驻守外地。北宋规定,除殿前司的捧日、天武两军外,其余诸军"皆番戍诸路,有事即以征讨"⑦。禁军的驻地经常更换,轮流戍守边

---

①　陈傅良:《历代兵制》卷8;朱弁:《曲洧旧闻》卷9。

②　《中兴两朝圣政》卷50,乾道七年五月条。

③　彭乘:《续墨客挥犀》卷8。

④　《雪山集》卷6《兴国四营记》。

⑤　《宋史》卷192《兵志七》。

⑥　张方平:《乐全集》卷18《再对御札一道》;《玉海》卷141《兵法·建隆军律》;《续资治通鉴长编》卷74,大中祥符三年十月条;《续墨客挥犀》卷8;沈括:《梦溪笔谈》卷25。

⑦　《文献通考》卷152《兵四》引《两朝国史志》。

陲。这就是更戍法。

北宋禁兵出屯,有三种名目:就粮、屯驻、驻泊,三者有所不同。就粮是因经济原因——粮食不足而移屯者,可携家属前往;屯驻或驻泊是军事或政治的原因而移屯的,一般不许携带家属,隶州者曰屯驻,隶总管者曰驻泊①。

更戍的时间,京东、西、河北、河东、陕西、江、淮、两浙、荆湖、州陕、广南东路三年,广南西路二年,陕西城砦巡检并将领下兵半年②。

保甲的上番与教阅

熙宁三年(1070年)颁布"保甲法",将保、大保、都保的编制推行于各路乡村。对于保甲的管理,北宋政府主要采取了"上番"和"教阅"两项措施。

上番,是规定主户保丁轮流到本地巡检司和县尉司值勘,"教习武艺","出入巡警"③。上番时间,一年共有十天,也有半月,并未统一,但上番是全国性的。

教阅,是在冬季农闲时,集中保丁进行训练。各路专设提举保甲司,负责保甲的教阅事宜。教阅并未推行于全国,仅限于禁兵的主要集结地开封府与河北、河东、陕西等地。教阅的本意是企图增强军力,但结果并无多大用处。

保甲的上番与教阅,是宋朝统治者在实行募兵制的同时,部分恢复征兵制的一种做法。神宗后,保甲的上番与教阅逐渐废弛。

宦官对军队的监督

宋太祖时,很少派宦官到军中监督将领。太宗时,开始钳制前方将帅,每每赐以阵图,训令按图作战。宦官监军,从此逐渐增多。淳化四年(993年),西川王小波、李顺起义,太宗以宦官王继恩为统帅,领兵前去镇压。真、仁、英、神四朝,宦官监军,成为常例。徽宗时,宠信宦官童

① 《文献通考》卷152《兵四》;《群书考索》后集卷40《宋朝兵制》。
② 《宋史》卷196《兵志十》。
③ 《续资治通鉴长编》卷237,熙宁五年八月条。

贯,命他长期主持对西夏、辽、金的战事,时称"媪相"。

总的看来,北宋时宦官对军队的监督作用,远不及晚唐。到南宋时,权相迭出,宦官监军的情况就不多见了。

三、兵制在宋朝的地位、作用与影响

在宋朝的政治制度中,兵制占有相当重要的地位。

中唐后,天下大乱,武人势力日趋膨胀,至五代达到顶峰。皇帝无不出其手者。在这种背景下建立起来的赵宋皇朝,总结了晚唐五代的经验,建立起一套新的兵制,将职业化的军队牢固地控制在封建皇帝手中,从而保证了宋朝政权机制的正常运转,排除了武人对政治的干扰。从这一点上讲,宋朝的兵制,是宋朝政权机制运转的重要稳定因素。

在两宋三百十九年统治中,军队一直比较稳定,大规模的兵变基本没有,武人没能够再度威胁国家与社会,这是两宋兵制的成功之处。

两宋兵制,处处透着一个"防"字,提防将领,钳制士兵。猜忌和压抑武将,使有才干的将领难以出头,庸将得以擢升。钳制士兵,刺字为军,当兵成为社会歧视的下贱职业,从而使士兵们对社会产生了一种对抗心理。又因招募对象的影响,更加剧了军队中的这种情绪。军士易恃功而骄,欺凌百姓;或则无事时因将校虐待,起而为乱。因此,宋朝大规模的兵变甚少,小规模的兵变则时有发生。由于将士们这种心理状态,军队的战斗力不能不受到严重的影响,加上其他原因,最终造成宋朝军力的积弱状况,对外作战,败多胜少。

第七节　宋朝的财政管理制度

一、三司的设置

三司是北宋前期的中央财政管理机构,总管盐铁、度支、户部三部。三司使一职,创设于唐代中期,初由宰相兼任,但作为专指掌管盐铁等

三部的财政长官,则始于五代后唐长兴元年(930 年)①。

　　宋初,沿五代之旧,仍设三司使。太宗时,分合不定,几经变化。真宗咸平六年(1003 年),设三司使,盐铁、度支、户部各置副使。自此直到元丰改制前,大致相沿未变。

　　三司使负责征调财赋,主持国计,号称计省,位亚执政,目为计相②。

　　三司以及盐铁、度支、户部三部各设正使、副使、判官。盐铁,掌天下山泽之货,关市、河渠、军器之事,以资邦国之用;度支,掌天下财赋之数,每岁均其有无,制其出入,以计邦国之用;户部,掌天下户口、税赋之籍,榷酒、工作、衣储之事,以供邦国之用③。

　　三司使一般委派地位高的大臣。咸平六年三司定制时,以曾任枢密副使、参知政事的寇准出任三司使,可见其地位。缺正使时,则以给、谏以上权知使事。元丰改制,撤销三司,三司职责归于户、工等部。

二、内库

　　太祖时,建封桩库。太宗时,扩大而为内藏库,遂为长久之计。其后,内藏库规模不断扩大,库目续有增加,形成一个内库系统,并且规模、库目仍呈发展趋势,直至亡国。

　　内库之财,由皇帝亲自掌握。内库收入很高,支出范围甚广,使朝廷主财政部门在相当程度上仰赖内库。内库实际上是朝廷财政机构——三司(户部)之外的又一套中央财政机构。

　　内库与朝廷财政机构的收入来源并无明确界限,形成了整个国家赋税收入的分成制,并且在大部分时间内维持着很高水平。

　　内库的支出大致有六项:一为宫廷消费,二为郊祀之费,三为军费,四为协助支出国家日常费用,五为赈恤,六为充作市易、青苗、均输等的本钱。几乎在两宋的每一个时期,内库对军费、日常费用、郊祀等国家

①　《资治通鉴》卷 277。
②③　《宋史》卷 162《职官志二》。

最大宗的开支进行着同朝廷财政机构平行的拨款,其中郊祀、赈恤、市易本钱等项的全部支出,常以内库为主。

内库完全控制在皇帝手中。皇帝有自己一套保密的管理办法,动用内库之财的决定权只属于皇帝。内库的主管者,多为内臣或专门委派的朝臣,只向皇帝一人负责。内库成为皇帝全面控制国家财政的有力机构,成为提高并巩固皇权的物质基础①。

三、地方财政管理系统

宋朝各路转运使,负责从本路州县征集财赋,供输中央;调剂各州县财赋,以满足地方官府的财政开支;监察各州县财务。转运使之下,有副使和判官等员。转运司尚未能在朝廷中央与州军之间形成一个正式的财政管理级别。

在州一级,知州是本地财政的最高负责人。并设立完整的财政管理机构,由通判及属官分领。各州的民税和专卖收入,除“系省钱物”,即州军留用的财赋外,缣帛之类,全部上缴朝廷,部分起发上京,部分就地贮积,部分应付别路州军。輂送京师的上供钱帛的舟车,并从官给。各州的主库吏,每三年一易。朝廷还派遣常参官分往各州,接受民税②。诸州军的征榷场务,随事置官。场务的监当官,由朝廷派员充任,掌茶、盐、酒税征输及冶铸等事,并制定了精密的条禁与文簿,岁有定额,岁终课其额之登耗以为升降③。

宋朝,州是地方完整的一个财政管理级别,是地方财政的基本核算单位,而县财政附属于州级财政。

四、财政预算与收支分配

宋朝为记录国家财政收支情况,定期编纂《会计录》,成为一代之

---

① 　李伟国:《论宋代内库的地位和作用》,载《宋辽金史论丛》第 1 辑,中华书局 1985 年版。
② 　《宋史》卷 179《食货志下一》。
③ 　《宋史》卷 167《职官志七》;《宋史》卷 179《食货志下一》。

制。《会计录》的编制,始于宋真宗景德四年(1007 年),权三司使丁谓主编《景德会计录》6 卷,为宋朝第一部《会计录》。其后,代有编制。今可考知者有:《祥符会计录》30 卷,《庆历会计录》2 卷,《皇祐会计录》6 卷,《治平会计录》6 卷,《元祐会计录》30 卷,《宣和会计录》,《宣和两浙会计总录》,《绍兴会计录》两种,《乾道会计录》,《绍熙会计录》,《庆元会计录》,《端平会计录》等①。

宋朝的财政收入,主要包括五方面来源。第一是农业税收,包括田税、身丁税、和籴与和买收入、杂税(农器税、牛革筋角税、曲引钱等)、官庄租税;第二是商税;第三是榷利,即盐、茶、酒、矾等项专卖收入;第四是契税、牙税及杂税;第五为徭役——免役钱收入,这是熙宁(1068—1077 年)年间变法后所收,纳入司农寺。

宋朝的财政支出,主要有五项。第一是军费,包括军饷、作战费用与向辽、夏、金交纳的费用,此项支出所占的比重最大,达十之七八;第二是俸禄与赏赐,由于官吏数目的庞大,赏赐数目的众多,此项支出费用不少;第三是皇帝费用;第四为郊祀之费;第五为日常费用,如交通支出及各项杂支。

宋朝编制《会计录》的目的之一,是为了"量入制出",但制作财政预算,则迟至仁宗时期。天圣初(1023 年),首命有司取景德(1004—1007 年)一岁用度,较天禧(1017—1021 年)所出,省其不急者②。这虽是裁减部分冗费,但以景德、天禧用度为基准,已有预算之意。神宗时,王安石执政,命官考三司簿籍,商量经久废置之宜,凡一岁用度及郊祀大费,皆编著定式③。这就正式编制了固定预算。元丰三年(1080 年),诏户部取有关财用,除诸班诸军料钱、衣赐、赏给,特支如旧外,余费并裁省④。但是,各种费用的不断增加,使预算定式不断被突破。徽宗时,虽曾几度企图恢复元丰三年的预算定式,但均未成功。

---

① 《玉海》卷 185《食货·会计》;《宋史》卷 344《李常传》;《宋会要辑稿》食货 56。
②③④ 《宋史》卷 179《食货志下一》。

五、宋朝财政管理制度的特点

宋朝财政管理制度的一大特点是散乱:"天下财用岁入,有御前钱物、朝廷钱物、户部钱物,其指置裒敛、取索支用,各不相知。天下财赋多为禁中私财,上溢下漏,而民重困。"①财政收入与支出均政出多门,给朝廷财政机构的工作造成了极大的困难,《会计录》并不能真实反映财政收支状况。

另一个重要特点,是皇帝对财政大权的有力控制。国家财政管理的两个主要机构——三司(户部)和内库,内库直接由皇帝控制,宰相亦不得过问;三司或户部,皇帝也可间接控制。因此,财政大权高度集中于皇帝手中,提高并巩固了皇权。

与皇权对财政的有力控制形成鲜明对照的,是三司或户部等政府财政部门的软弱和窘困。三司或户部在财政上对于内库的仰给越来越厉害,掌握的财力日益不能应付国家的日常支出,积贫之态日益严重,"财匮"之议盈溢朝野。

第八节　宋朝人事管理制度

宋朝全面确立了官员以及胥吏的人事管理制度,制定出铨选、贡举取士和学校三舍考选、回避、品阶、俸禄、致仕、休假、胥吏等制度,并且制定出一系列行政方面的法规。

一、铨选制度

宋朝官员铨选制度,是指朝廷中央选拔、任免、考察各级官员的制度,具体包括注授差遣、叙迁、考课、恩荫等许多方面。

---

① 《宋史》卷179《食货志下一》。

铨选机构

宋朝官员比前代增加很多,尤其是幕职州县官的激增,使原有的铨选机构不能适应,所以从宋初开始,铨选机构不断改革,到元丰改制才基本定型。

北宋前期,设吏部南曹、磨勘院、京朝官差遣院、吏部流内铨、三班院等机构,分管文臣和武臣的铨选事宜。吏部南曹分管幕职州县官的磨勘(考核),将合格者送流内铨。幕职州县官授官,颁发印纸。神宗熙宁五年(1072年),并入流内铨。磨勘院实际有两个,一是磨勘京朝官院,二是磨勘幕职州县官院。太宗淳化四年(993年)二月,将前者改为审官院,后者改为考课院,总称吏部流内铨。五月,将考课院并入流内铨。神宗熙宁三年,新设审官西院,将原审官院改为审官东院。太宗太平兴国六年(981年),设置京朝官差遣院,分管少卿监以下京朝官的注拟差遣和考课事宜。淳化四年五月,撤销差遣院,由审官院总管。太宗雍熙四年(987年),还设立三班院,分管武臣中的大小使臣的铨选事宜。元丰改制,实行吏部四选制,以审官东院为尚书左选,主管文臣寄禄官从朝议大夫,职事官从大理正以下,非中书省敕授的官员,即承务郎以上官员;以审官西院为尚书右选,主管武臣升朝官从皇城使,职事官从金吾阶街仗司以下,非枢院宣授的官员,即武翼郎以上官员;以流内铨为侍郎左选,主管文臣从初仕到幕职州县官,即承直郎至迪功郎;以三班院为侍郎右选,主管武臣从借差、监当到供奉官、军使,即承信郎、校副尉以上官员。此外,兵部主管下班祗应、进义副尉、进勇副尉等无品级武臣,刑部掌管无品级的进武副尉。

任用制度

官员赴铨选机构如吏部四选或兵部、刑部报到,办理接受差遣的手续,称为"参部注授",简称"参选"。

官员年满20,方可出任差遣。非贡举登第和特旨者,包括以恩荫授官者,要求达25岁。

官员注授差遣有三个途径:一、从两府以下到侍从官(即左右谏议大夫或太中大夫以上），全部由皇帝提名除授。二、从卿监以下及已经晋升，或寄禄官到中散大夫阶者（即中大夫到中散大夫，或秘书监到少府监），都由"堂除"，不属吏部管辖。部分监司、知州、通判由都堂注拟差遣。三、从朝议大夫到迪功郎，接受常调差遣的文臣，都归吏部授予，不属中书。

北宋前期，官员每任一般以三年为期。哲宗时，改为三十个月。南宋时，又改京朝官为两年，而知县仍以三年为任①。

官员根据朝廷官缺选注差遣。官缺分为堂缺和常调缺两类。堂缺是指由都堂授予的差遣官缺。常调缺中又分为正格、破格、残零、无人愿就残零、破选等缺。正格缺中又分为非次和经使两类。这些官缺是因差遣的等级和吏部公布的缺榜的时间长短而区分的。吏部公布缺榜，由合格人投状指射，始于仁宗时。因官员逐步增多，常年员多缺少，所以官员必须待缺一年半载甚至三四年。

叙迁制度

官员升迁制度，宋朝称"叙迁"。北宋前期，将京官以上文官分为三类：一是将作监主簿到秘书监，二是左右谏议大夫到吏部尚书即两制、两省（中书和门下省）官，三是宰相和执政官。第一类根据有出身、卿列馆职、荫补、杂流等大致分为四等，前二等人可超资转官，后二等人逐资转官。第二类不再分等，共十一转。第三类可超等升资，宰相每次超三官，执政超二官。宋高宗后，承务郎以上文臣四年一转，有出身者超资升转，无出身逐资升转，升到奉议郎都逐资升转，到朝议大夫开始七年一转。武臣承信郎以上五年一转，升至武功大夫也七年一转。

各类官员逐级晋升到一定的官阶，差遣，便不能往上晋升，称"止法"。这时，必须具备其他条件，才能继续晋升。如文臣升转到中大夫，要差遣达到侍从格，才准许再升太中大夫。

---

① 杨简：《慈湖遗书》卷18《杨简行状》；《宋会要辑稿》职官54之39—40。

考课制度

官员升迁本官阶时的考课,称为"磨勘"。京朝官升转都有一定年限,在任期内每年由上级长官考核其功过,再由审官院、吏部等覆查其成绩优劣,而后决定升迁官阶。考查标准因职务而异,一般用"举官当否"等"七事"考查监司。用"德义有闻"等"四善"、"狱讼无冤,催科不扰为治事之最"等"三最"考查守令。考查分三等,七事中达到五项列为上等,三项为中等,其他为下等。选人经磨勘合格,即改为京朝官,称"改官"。磨勘制度到真宗时正式形成,制订了京朝官三年磨勘进秩一次之法。京朝官及选人任满三年,由审官院或考课院考核功过,然后引见皇帝,由皇帝决定升黜。官员有过犯,则延期磨勘。此后,大致规定了文臣三年、武臣五年一次磨勘迁官之法。

恩荫制度

恩荫又称"任子"、"门荫"、"荫子",是官员按照职、阶高低而为其子弟或亲属获得官衔或差遣的制度。真宗时基本确立这一制度。恩荫的名目大致有五类,一是每三年举行一次郊祀或明堂典礼。宁宗时规定,宰相可荫补缌麻以上亲属十人,执政八人,侍从六人,中散大夫到中大夫四人,常职朝奉郎到朝议大夫三人。二是皇帝诞日。真宗时规定,大两省至知杂御史以上,各荫一子为京官,少卿监一子充试衔。皇太后、皇后等也荫亲属为官,人数不等。三是官员致仕。曾任宰相和现任三少、使相,荫补三人;曾任三少、使相、执政和现任节度使,荫补二人;太中大夫及曾任尚书、侍郎和右武大夫以上,荫补一人。四是官员上奏遗表。曾任宰相和现任、曾任三少、使相,荫补五人;曾任执政和现任节度使,荫补四人;太中大夫以上,荫补一人;等等。五是改元、皇帝即位、公主生日、皇后逝世等临时性恩典,都给予品官亲属一定的荫补名额。

宋朝每年都有一批中、高级官员的子弟通过恩荫而获得中、低级官衔或差遣。大部分州县官、财务官、巡检使等职位,被恩荫出身者占据。

二、贡举取士和学校三舍考选制度

宋朝百姓入仕途径有多种,主要是贡举、恩荫、学校三舍考选、摄官、吏入出职、军功、纳粟等。其中贡举取士和学校三舍考选,是统治者选拔人才的两个主要途径。

贡举取士制度

宋朝实行乡试(解试)、省试(礼部试)、殿试三级考试制度。举人或举子,是参加贡举考试的各科士人的统称。举人乡试及格,获得"发解"资格,可进一步参加省试。省试及格,可进一步参加殿试。举人享受免除丁役和身丁钱米的特权;参加过省试者,犯徒以下公罪和杖以下私罪时,允许赎罪。举人殿试合格,朝廷按科目和录取甲次,授予及第、出身、同出身、赐出身,并授予官职。宋朝士人以进士科登第为荣。统治者通过贡举,选拔出大批官员。

学校三舍考选制度

宋初,朝廷只设一所学校即国子监(国子学),学生甚少,州、县学也寥寥无几。从仁宗朝起,增设四门学、太学,国子学的地位逐渐由太学代替,并且开始在藩镇立学,随后又在州、县建学。但在神宗前,各级学校没有取士权,即使太学也只在每次贡举考试时,与各州同时举行国子监发解试,由朝廷统一指定录取名额(解额)。

从神宗熙宁元年(1068 年)开始,太学逐步实行三舍法,太学生初入学为外舍生,由外舍升内舍,由内舍升上舍。外舍一年,内舍二年,上舍二年。太学生由学校供给伙食。太学还实行私试和公试制,外、内舍生每月考试经义、诗、赋、论、策一次,由学官自行出题,派其他学官任考校、弥封、誊录等职,称为"私试"。每年年底,比较成绩优劣,每十人录取一人,升入内舍,称"外优"。内舍生私试合格,年终总成绩达优等,为"内优"。内、外舍生每年还由朝廷派外官主考,每七人录取一人,称为"公试"。外舍生公试及格,也可升入内舍,视私、公试成绩决定入等升、本等升、行等升或追升。内舍生公试合格,计算分数。内舍生参加上舍试。上舍试每两年举行一次，由朝廷派外官主考，命题难过省试，成绩及格者分优、平两等。内舍生已得"内优"，上舍试又列优等，即定为上等上舍；其次一优一平，为中等上舍；再次为二平，为下等上舍。上等上舍，赐进士出身，一般授京官阶，注国子录或教授差遣，俗称"释褐状元"；中等上舍"免省"，直赴殿试；下等上舍"免解"，直接参加省试。理宗时，中等和下等上舍常常准予释褐授官。至此，太学取得了部分取士权。

徽宗时，一度取消乡试和省试，太学成为士人获得殿试资格的惟一途径，但不久又全面恢复贡举制度。此后，太学三舍考选和三级贡举制同时实行，互为补充，不断为国家提供了一批批有用的人才。

三、回避制度

宋朝官员在政治生活、贡举考试等方面实行比较严格的回避制度。有服亲属和婚姻之家互相回避，称为"避亲法"；为避嫌疑而互相回避，称为"避嫌法"；还有官员任职回避原籍、置产业州县等。

避亲法

官员之间职事上有统摄或相干关系，则应与亲戚加以回避。仁宗康定二年（1041 年），规定官员避亲服纪亲疏，为本族缌麻以上亲属和有服或无服的外亲，其他亲属不拘①。神宗熙宁三年（1070 年），规定内外官避亲法，亲属等级为：一、本族同居无服以上亲；二、本族异居祖免以上亲；三、亲姑、姐妹、侄女、孙女之夫；四、女婿、媳妇之父及其亲兄弟；母、妻之亲姐妹之夫，姨之子，亲外孙，外甥女之夫；五、母在世时，母之本服大功亲。不必回避的亲属：一、堂从之亲；二、嫡母、继母，慈母亡故后，母之本服大功亲②。

避亲法的方法主要有三种：一是与他人对换差遣，二是调换出京，三是解职罢官。常常是职位低者回避高者。改换的新职原则上要与旧职相应，不然，只能辞高居卑，不准趁机升迁。

---

① 《宋会要辑稿》职官 63 之 2。
② 《宋会要辑稿》职官 63 之 4—5。

在贡举和学校考试时,也实行避亲法。回避的亲属等级与官员任职避亲法大致相同。贡举的省试、类省试、太学和各州乡试时,考官和地方长官的亲戚和门客都要回避,另派官员专设试场考试,称为"别头试",简称"别试"。考官中包括主司、考校、监门、巡捕、封弥、誊录等官。学校举行公试、上舍试时,本房考官和考生有亲戚关系,考生不须别试,但须将试卷转送他房考校,称为"避房"。

在司法过程中,审理案件的覆审官与原审官如有亲戚关系,准许自报回避。同一案件、同一系统的同级或上、下级审讯官,如有亲戚,必须依法回避①。

避嫌法

官员之间原来有嫌隙不和,允许相避。凡经宰相和执政官推荐过的官员,不准许充任台谏官;宰相的现任属官,也不准兼任台谏官。台官和谏官之间,如有乡里关系,也须回避。负责推勘、录问官与被审案犯,如有同年加上同科目及第关系,就须避嫌,提出辞避。

避籍和避置产业州县等

避籍是外任官员不得在原籍任职。各路属官不准委派原籍和家住在本路的官员充任。其中主管坑冶官员须回避原籍和居住州县。禁止地方官在任所购置田宅,禁止地方官和部下百姓结婚,任满后不得在任所继续居住②。在司法过程中,京朝官不准被派回本乡里主持审讯工作③,但也有一些例外,如侍从官出任知府或知州,高宗时还特许不避本贯。

四、品阶制度和俸禄制度

品阶制度

北宋前期,官员分为九品,每品分正、从,四品以下,正、从之中又分上、下,共三十阶。官品功能甚小,只是决定官员公服颜色的一种标准。

① 《庆元条法事类》卷8《亲嫌·职制令》。
② 《建炎以来系年要录》卷187,绍兴三十年十一月庚辰条。
③ 《宋会要辑稿》职官3之52。

元丰改制,重定官品令,减少官品,共为九品正从十八阶。

官阶有本官阶和散官阶两类。本官阶即寄禄官阶,用以定品秩、俸禄和叙封等。文臣从太师、太尉、太傅到秘书省正字,共四十二阶;武臣从节度使、节度观察留后到三班借职,共二十七阶。元丰改制,将原有京朝官本官阶改成职事官名称,而新定官阶采用了原散官阶的名称。这些新的京朝官寄禄官阶,从开府仪同三司到承务郎,共二十五阶。新阶的功能是决定俸禄。官员担任差遣时,以此为标准,在结衔时在寄禄官前加上"行"、"守"、"试"字,以示区别。徽宗崇宁二年(1103年),改选人的官阶为承直郎到将仕郎,仍为七阶,以与京朝官阶统一。大观初年,增加升朝官的官阶,有宣奉、正奉、通奉、中奉、奉直大夫,共五阶。政和二年(1112年),再次改换选人最后三阶名称。文臣的寄禄官阶至此完备。同时,对武臣、内侍、医职的官阶也进行整顿,使之整齐划一,又易于区别。

散官阶,又称散官、散阶,是一种附加性官衔,表示一定的级别,而与实职和俸禄无关。文散官从开府仪同三司到将仕郎,共二十九阶。武散官从骠骑大将军到陪戎副尉,共三十一阶。元丰改制,废除散官阶。此后,散官专指闲散不管事的官职。

俸禄制度

官员俸禄包括正俸(钱)、衣赐(服装)、禄粟(粮食)、茶酒厨料、薪炭、盐、随从衣粮、马匹刍粟、添支(增给)、职钱、公使钱以及恩赏等。

宋初,官员俸禄较低。真宗大中祥符五年(1012年),首次全面增加文武职官俸钱,仅幕职州县官等依旧。仁宗嘉祐间(1056—1063年),正式制定"禄令",详细规定了文武各级官员的俸禄数。如宰相、枢密使每月俸料300千,春、冬衣服各赐绫绢50匹,冬绵100两,每月禄粟各100石、傔人衣粮各70人,每月柴草1 200束,每年炭1 600秤、盐7石等。东京畿县5 000户以上知县,升朝官月俸20千,东官18千;3 000户以上知县,升朝官18千,京官15千。各路10 000户以上县令20千。等等。神宗熙宁四年(1071年),增加幕职州县官的料钱和米麦。元丰改制,又略增俸料,同时将原来官方供给在京职事官的钱数,一并改为"职钱",按照官阶的高下分为行、守和试三等,试者职钱稍低。徽宗时,一度将职钱改为"贴职钱",不久恢复添支旧制。南宋初,因财政窘困,官俸减半支给,后来又逐渐恢复北宋旧制。

北宋地方官还分配职田,每员从 40 顷到 1—2 顷不等,南宋时大幅度减少。各路监司、帅司、州军、边县、带兵武将,由朝廷给予一定的公使钱,专为往来官员供应酒食之用。官员请病、事假满 100 天后,不能继续任职者,即停发月俸。官员在外地任职,家属可分领俸给、衣赐、添支钱等①。

五、休假制度

祠部(属礼部)掌管官员的请假事宜。官员的假期有多种,如节假、旬假、上任假、丧假等。休假的方式,一是放朝假,即官员不赴殿朝参;二是休务,即官员不值日办公。

宋初规定,岁节、寒食、冬至是三大节,各放七天朝假,称"七日假",其中五天休务。圣节、上元、中元,各放朝假三天,其中休务一天。春社、秋社、上巳、重午、重阳、立春、人日等 18 个节日,各放朝假一天,但官府不休务。夏至、腊日,各放朝假三天,官府不休务。朝廷大祀,放朝假一天,官府也不休务。朝廷大祀,放朝假一天,官府也不休务。神宗元丰五年(1082 年),祠部规定官员全年休假 76 天②。

宋朝还规定,凡逢大忌即皇帝和皇后去世之日,在京六部各司都不休务,但执政官可以早退。南宋时,在京百官在双忌日放假一天,单忌仅三省官员休假回家。官员遇私忌,给假一天。

每遇旬末,官员休务一天,皇帝不御殿,官衙不开门。仁宗康定元年(1040 年),因西夏元昊反叛,临时取消中书门下、枢密院和三司官员的旬假,到时并须赴后殿奏事。数月后复旧。

---

① 《宋会要辑稿》职官 57 之 29、38、56。
② 庞元英:《文昌杂录》卷 1。

京朝官受命出任外官,朝廷给假一个月,以便准备行装,辞别亲友。文官遇父母亡故,一般都要解除官职,持服三年(实足 27 个月)。武臣遭父母丧,宋初照例不解除官职,也没有给假的日限。仁宗天圣八年(1030 年)开始规定武臣父母丧,给 100 天公假,然后朝参。嘉祐四年(1059 年),因武臣往往不持丧,引起朝廷重视,决定阁门祗候、内殿崇班以上持服,供奉官以下不持。哲宗元祐七年(1092 年),又下诏命武臣丁忧者,现任管军处或担任路分总管、钤辖、都监、押纲大使臣等,都不解除官职,其中系沿边任职者和押纲者,给假 15 天。其他武臣 100天。南宋时,小使臣和内侍官遇丁忧,小使臣不解除官职,都给公假100 天[1]。在京场、务、坊监官,遇期亲丧,给假五天,闻哀两天;大功、小功丧,给假三天,闻哀一天;缌麻亲丧,给假一天[2]。

六、致仕制度

从宋初到真宗时,逐步确立了比较完善的致仕(退休)制度。文臣年满 70,武臣年满 80,除少数元老、勋贤等尚需留任外,都应自动申请致仕。官员未到规定年龄,无特殊理由,不得请退。确因昏老不能任事或自愿就退,可以奏请朝廷准予提前休致,当时称"引年致仕"。习惯上凡援引这一年限而退闲者,也可称此。官员到了退休年龄,应撰表札,通过所在州府,向朝廷提出申请,获准后便领取致仕告敕,作为证明文书。

宋太宗时,开始规定给予致仕官员半份俸禄。神宗时规定,对曾因立战功而升转两官以上的武臣,致仕后准予领取全俸。

官员致仕后,照例升转其本官阶一阶,称"加转一官"。官员致仕时应升转的官阶或官资,称"合致仕官"。得到皇帝的特准,可升转数阶。已致仕者,每逢朝廷举行重要典礼,仍能升转官阶。有些选人无资可升,则改为初等京官。80 岁以上者,可加转一级官资。

四品以上文臣和六品以上武臣致仕时,可按官品授予其一至三名

---

[1] 《续资治通鉴长编》卷 470,元祐七年二月甲子条;《宋会要辑稿》礼 36 之 17。

[2] 《续资治通鉴长编》卷 89,天禧元年四月癸未条。

近亲子弟低、中级官衔；五品到七品文臣和七品武臣，可荫补一名近亲。在法律上，官员荫补亲属常称"恩泽"。官员挂冠时，如只荫补亲属而不转官资，则称"守本官致仕"。因荫补得武官者，致仕时最高能升为武功大夫。官员致仕前，如曾犯罪等，只能转官，不能荫子孙。

官员致仕时，还可按照规定向朝廷要求"恩例"，如允许在贡举考试时升其亲属的名次，授予"出身"，指射差遣，减少磨勘年限等。

北宋前期，高级官员致仕，必须"落职"即解除在三馆、秘阁中所任官职。神宗时，开始允许职事官带原职致仕。

致仕官员在朝廷需要时，允许复出任职，授予相应的差遣，称"落致仕"。复职的官员一般可恢复原来的官阶，如在致仕时已加转过一阶，恢复正官实际比致仕时降低了一阶，如系"守本官致仕"，享受过"恩泽"，复职后不予追回，但下次致仕时不再"推恩"。

宋朝采取各种措施奖励及时致仕的官员。仁宗时，一度对到期致仕者发给全俸。又制造舆论，使官员们以及时退休为荣。对一些年迈老朽、不肯退休的官员，及时由朝廷勒令致仕，或停止磨勘转官，或不准荫补子孙，或降低官阶等，以示惩罚①。

七、吏胥制度

宋朝的吏胥是指官员（品官和未入品官）以外的官职办事人员。他们是在各级官府中担任日常行政事务的属员，大致可以划分为中央政府吏胥、各级官府吏胥两大类。各级吏胥虽然地位低微，但大部分人比较熟悉各种法规和公文程式，擅长笔札，往往不因主管长官的更替而变动，故而颇有势力。

吏胥的名目很多，统称"公吏"。公吏包括公人和吏人两类。公人是指衙前、专知、副专知、库子、称子、掏子、杖直、狱子、兵级等。吏人是指职级到贴司②。朱熹曾指出，公人"各管逐项职事"，吏人"掌文书简

---

①　朱瑞熙：《宋代官员致仕制度概述》，《南开大学学报》1983 年第 3 期。

②　《庆元条法事类》卷 52《解试出职》。

牍"，胥徒是"今弓手、节级奔走之类"①。宋朝另有"人吏"，乃指州、县官府中一种不领官俸的贴书一类的小吏②。

北宋前期，朝廷各司地位最高的一种胥吏称中书五房堂后官，从太祖开始，任用士人做堂后官，晋升为员外郎，便可出任外官。元丰改制，废堂后官之名，在中书省和门下省各置录事，不再任用士人③。南渡后，改称三省诸房都录事，地位其次的胥吏是中书门下的堂吏和枢密院的院吏。这些胥吏都领取朝廷的俸禄。中书堂后官月俸为 20 千，特支 5 千，中书和枢密院的主事 20 千，录事和令史 10 千。春、冬各赐绢 10 匹、春罗 1 匹；主事以上赐冬绵 50 两，录事和令史 30 两，主书 7 千，守当官和中书令史 5 千。春、冬各赐绢 2 匹；主书和书令史春钱 3 千、冬绵 12 两，钱 1 千；守当官春钱 1 千。堂吏迁官到朝请郎为止，徽宗时至中奉大夫④。其他省、部、寺、监的吏，有都事、录事、主事、令史、书令史、守当官、贴房、贴书、都勾押官、贴司、法司等，视官府的级别和职掌而决定吏胥的编制。这些胥吏中还可以划分为正名、守缺、私名三种。前两种是正式的吏，守缺是待缺之意，但也定编制，实际成为同一名目次等的吏。私名人从州县吏人中选补，每年经考试合格补正名之缺，如私名贴司升为正名贴司。私名也定员。

州县官府的胥吏，有衙前、人吏、贴司、造帐司、祗候典、散从官、都虞候、杂职、斗子、掏子、称子、拣子、库子、栏头、手力、乡书手、所由、保长正、耆长、壮丁等，名目甚多，州衙和县衙所设大同小异。这些吏职除祗候典、保正长等是神宗变法时创设以外，大部分从宋初就已出现。他们大都从乡户中按户等轮差。北宋前期，衙前分为都知兵马使到第六名教练使，共 13 阶；人吏分为都孔目官到粮料押司官，共 10 阶⑤。

北宋前期，除朝廷中央各司胥吏领取官俸外，州县胥吏大部分人属

①　《朱子语类》卷 84《礼一·论修礼书》。
②　陈耆卿:《嘉定赤城志》卷 17《吏役门》。
③　王栐:《燕翼诒谋录》卷 4《堂吏不得为知州》。
④　曾敏行:《独醒杂志》卷 1。
⑤　《嘉定赤城志》卷 17《吏役门》。

于轮流担任职役者,不领官俸。神宗熙宁三年(1070 年),开始实行"诸仓乞取法",又称"仓法",逐步推广,内自政府百司,外至监司、州县胥吏,都授予俸禄,已有俸禄者增加俸禄,因而又称"重禄法"。领取重禄的胥吏,称"重禄公人"。重禄公人受贿或勒索,即从重处罚①。

各级官职和各州、监司胥吏,属于高级胥吏,都可按照"年劳",免予铨试,直接注授差遣,称为"出职"②。一般都要任职 20 年,才有可能出任官职。朝廷制定了"流外补选法"或"流外出官法",对各种胥吏补授官职作出了具体的规定。有些胥吏任职年满后,本应出职授官,却勒令继续留司担任本职,或在任差遣得替后,命回原司祗应,称为"勒留官"。勒留官再依照选限,准予出职。地方衙前和人吏,任职年满后,经过考试刑法,也可出职授官③。

八、各种行政法规

《唐六典》的制定,开始了中国古代行政法从刑典中分离的过程。宋朝的行政法虽然有一部分仍然散见于各种法规中,但也出现了一部分自成体系的完整法规。为了有效地管理各级和各类官府,宋朝陆续制定出许多行政方面的法规,规定各级官府本身的活动原则和制度,以及与其他官府的关系和官民的关系。

《宋史·艺文志三》保存了宋朝一些行政法规的名称和卷数。其中有关中书省,有《中书省官制事目格》120 卷。有关门下省,有《门下省官制事目格》和《参照卷旧文净条厘析总目目录》72 册。有关尚书省及其所属官府,有《尚书省官制事目格参照卷》67 册,《六曹条贯》和《看详》3 694 册,《六曹格子》10 册,《绍兴重修六曹寺监库务通用敕令格式》54 卷,范镗撰《熙宁详定尚书刑部敕》1 卷,《元丰户部敕令格式》,《贡举条制》12 卷,《政和禄令格》等 321 册,吴奎撰《嘉祐禄令》10

---

① 沈括:《梦溪笔谈》卷 12《官政二》。
② 赵昇:《朝野类要》卷 3《入仕·年劳》。
③ 《庆元条法事类》卷 52《解试出职》。

卷和《驿令》3 卷,《审官院编敕》15 卷,沈立撰《新修审官西院条贯》10
卷,《嘉定编修有司吏职补授法》133 卷,王海撰《群牧司编》12 卷,李承
之撰《礼房条例》并目录 19 册,王珪撰《在京诸司库务条式》130 卷。有
关枢密院,有《枢密院条》20 册和《看详》30 册。有关大宗正司,有张稚
圭编《大宗正司条》6 卷,《熙宁新编大宗正司敕》8 卷,《大宗正司敕令
格式申明》和目录 81 卷。有关三司,有陈绎撰《熙宁编三司式》400 卷、
《随酒式》1 卷,《三司条约》1 卷。有关各寺、监,有曾肇编《将作监式》5
卷,《司农寺敕式》各 1 卷,蔡确编《元丰司农敕令式》17 卷,陆佃撰《国
子监敕令格式》19 卷等。

　　尚书省吏部的一些行政法规最值得注意,有一部分至今还残存于
世。《宋史·艺文志三》记载有曾伉撰《新修尚书吏部式》3 卷和《元丰
新修吏部敕令式》15 卷,《吏部四选敕令格式》1 部,吕惠卿撰《新史吏
部式》2 卷,朱胜非等撰《绍兴重修吏部敕令格式》并《通用格式》102
卷,陈康伯等撰《绍兴参附尚书吏部敕令格式》70 卷,龚茂良等撰《淳熙
吏部条法总类》40 卷,《开禧重修吏部七司敕令格式申明》323 卷,《嘉
定编修吏部条法总类》50 卷。高宗绍兴十五年(1145 年)前,晏敦复裁
定吏部七司条法,其中虽然不无疏略,但“已十得八九,有司守之以从
事,可以无弊”①。孝宗淳熙二年(1175 年),龚茂良等奉命编纂当时铨
选制度方面的法典,将吏部尚左、尚右、侍左等七司现行改官、奏荐、磨
勘、差注等条法和指挥,分门别类加以删定。次年成书,分为 68 类、30
门,以“吏部条法总类”为名②。宁宗嘉定六年(1213 年),又命官员重
编一次。理宗景定三年(1262 年),再次派官重修吏部七司条法,次年
后编成,今存《永乐大典》卷 14620—14622、卷 14624—14629 中的《吏
部条法事类》,正是该书中的一部分。虽然今存仅 9 卷,分为差注、奏
辟、考任、荐举、关升、磨勘等 6 门,比原书缺少了 24 门,但也足以反映
南宋后期有关人事行政制度的行政法规的一个概貌。

---

① 《文献通考》卷 38《选举考十一》。
② 《玉海》卷 66《淳熙吏部条法总类》。

此外，散见于史籍的行政法规，还有避亲法、仓法、钱法、役法、保甲法、安济法、谥法等。

第九节　宋朝政治制度的历史地位

中国政治制度发展到宋朝，已经进入了长成期。统治阶级经过三百多年的不断努力，建成了一个比较健全、完整的国家机器，其合理性、严密性远超过唐、五代。对周邻各族、各国也带来了深刻的影响。但是，由于皇帝或者大臣不时滥用权力，把个人的意志凌驾于整个制度之上，常常使已趋严密完整的政治制度的功能大为减弱，甚至导致了中央权力制衡结构的倾覆。

一、与唐、五代政治制度的异同

宋初统治者在唐、五代政治制度的基础上，根据唐、五代的历史经验，确立了皇帝为主导的新的中央集权制度，而且不断加以完善。宋朝的政治制度与唐、五代有其相同处，又有较多的相异处。

第一，国家机器效能发挥方面的异同。唐中叶以前，以皇帝为核心的国家机器，统治效能发挥较好，促进了社会经济、文化的繁荣。但中唐以后，皇权呈现不稳定状态，皇族、女后、外戚、文臣、宦官和武将为争夺权力展开了激烈的斗争；皇帝反而成为傀儡。皇权旁落，国家机器运转出现故障，政局动荡不定。五代十国的五十多年，更是武将们割据一方、称王称霸的时期。宋朝则比较妥善地解决了宗室、女后、外戚、文臣、宦官和武将的问题，保证了皇权的长期稳定和国家机器的正常运转。诚然，北宋末年时，徽宗滥用皇权，削弱了自束力，又重用蔡京，相权实际上超过了皇权，破坏了国家机器各个环节间分权制衡的关系，终于导致覆亡。南宋后期，理宗信用贾似道，将军国大权全部交由贾似道掌管，皇权旁落，加上统治阶级的腐败，国家机器运转失灵，加速了国家的灭亡。

第二,监察制度方面的异同。唐朝前期,监察制度逐步完备。朝廷设置御史台,以御史大夫为长官,御史中丞为副长官。御史可以风闻言事,且有独立奏事而不须向本台长官咨禀的权力。但谏官隶属门下省,作为宰相的僚属,要听命于宰相,难以独立规谏。朝廷派遣监察御史出巡州县,另外又派出十道按察使,对地方官实行监察。从唐玄宗开始,取消了御史风闻言事和御史独立奏事的权力,规定御史劾状要写明告事人的姓名,弹奏要事先告诉本台长官,再通报中书、门下。又将十道按察使改为采访处置使或观察处置使,变为地方行政长官,监察职能丧失。还允许节度使、观察使、刺史都可兼御史大夫、中丞之号,御史台长官变成了一种虚衔。尚书省户部、盐铁、度支三司官员这时也受命出使地方,负起监察的责任。宋朝初年监察一职尚未形成制度,直到真宗时经过整顿,开始走上正轨。宋朝中央也设御史台,但不设御史大夫,而以中丞为长官。台谏官出现了合一的趋势。宋朝实行台谏官风闻言事和独立言事的原则,不仅奏事不须禀白本台本院长官,而且不须咨禀宰执甚至皇帝。御史大夫和御史中丞不再作为一种加官,而另立一种"宪衔",作为武臣等的加官,从"兼御史大夫"到"兼监察御史"共五级[1]。御史一般不出巡地方,三司则没有按察地方的职权。地方的监察机构是监司、走马承受公事所和通判厅。从总体衡量,宋朝的监察制度比唐朝更加系统、合理和严密,监察的对象包括皇帝、宰相和文武百官,监察的面从中央到地方要宽广得多,朝廷监察机构在中央权力结构中发挥的效能也比唐朝要更大一些。

第三,在亲嫌的回避制度方面。唐朝在官员任职时,已规定在同一机构有互相统摄或相干关系的官员之间,遇有亲等在大功以上亲戚者,应该加以回避[2]。法官与犯人之间,也有涉及亲戚、仇怨、业师三种关系回避的规定[3]。宋朝的回避制度,比前更加严密和制度化,而且推广

①　《宋史》卷169《职官志九》。
②　《旧唐书》卷43《职官志二·吏部》。
③　《唐六典》卷6《刑部》。

到官员任职、贡举和学校考试以及刑事和民事审判等各个方面,回避的亲属范围也扩大了很多。中国古代丧制,按照亲属的亲疏分为斩衰、齐衰、大功、小功、缌麻共五服。斩衰是五服中最重的丧服,缌麻是最轻的丧服,至于袒免亲更是五服以外的远亲。宋朝的回避亲等,仁宗时从唐朝的大功以上扩大到缌麻以上(即包括所有五服之亲在内),神宗时更进一步扩大到本族同居无服以上和异居袒免以上,还有婚姻之家(即外亲)的种种亲属。此外,有些官职同是乡里者,也有回避的规定①。

第四,中央行政机构设置的异同。唐朝中央行政机构实行尚书省、中书省和门下省三省制。三省是皇帝控制下的最高行政、决策和审议机构。三省长官以门下省的政事堂作为议事的场所,后来将政事堂迁到中书省,唐玄宗时改政事堂称"中书门下"②。北宋前期,虽设三省,但大部分职权被其他机构分割,宰相办公的场所"中书门下"设在禁中。元丰改制,才撤销中书门下,恢复三省应有的职权,三省长官议事的场所设在尚书都省,称政事堂或都堂。唐朝前期实行府兵制,朝廷中央设左右卫、左右骁卫、左右武卫、左右威卫、左右领军卫、左右金吾卫、左右监门卫、左右千牛卫。每卫设上将军、大将军、将军,负责统领府兵。中唐后,府兵制度破坏,实行募兵制。朝廷始派宦官任"内枢密使",为"内诸司之贵者",干预朝政,权势无比。五代后梁改用士人代居其职。后唐庄宗又分中书兵房置枢密院,与宰相分掌朝政。宋朝依旧保持从左右金吾卫、左右卫到左右千牛卫等官称,号"环卫官",但没有职掌,也不定编制,只用作除拜宗室以及武臣的赠典、安置武职闲官而已③。同时,依旧设置枢密院,作为最高军政机构。唐朝中叶设置盐铁、度支二使,也有判户部,但从未总命一使。后唐明宗时才分盐铁、度支、户部为三司④。宋初承袭此制,三司成为北宋前期的最高财政机

① 李光:《庄简集》卷10《乞出第一札子》。
② 高承:《事物纪原》卷4《中堂》。
③ 《宋史》卷165《职官志六》。
④ 赵与时:《宾退录》卷7。

构。元丰改制,撤销三司,其职权分归户、工等部。

第五,法律制度的异同。唐朝法律有律、令、格、式四种形式,宋朝改为敕、令、格、式(仍保留律),其内涵也与唐有所不同。唐朝在审判过程中,不实行鞫、谳分职的制度,各州司法参军既掌鞫狱,又掌定刑①。五代时,各级司法机构分设推司官典和详断检法官,审判活动开始分为三个程序,一是推勘(审讯),二是检法,三是定罪②。宋朝继续实行此制,各级审判机构皆按此原则设置专职官员。唐朝州县没有死刑的终审权,五代仍然如此,但已普遍出现地方执行犯人死刑而不向朝廷覆奏的情况③。宋朝县衙仍旧没有死刑终审权,但北宋前期州衙有死刑的判决权,元丰改制后,须申报提刑司审核。唐朝的地方司法机构与地方行政机构合一,州县的行政长官同时又是司法长官。宋朝承袭此制,没有变化。

二、宋朝政治制度对周邻族、国的影响

与宋朝同时鼎立中国境内的辽朝、西夏、金朝以及许多少数族,都受到宋朝政治制度或多或少的影响,主要表现在采用宋朝的职官制度方面。

辽朝南面官系统的一些官职,是在契丹族封建化过程中,兼采宋制而逐渐添置的。辽太祖时设置政事省,其长官为政事令。辽兴宗重熙十三年(1044年)改为中书省,设中书令、大丞相等职。从辽圣宗开始,实行贡举取士制。进士及第的名额逐步增多。贡举实行乡、府、省三级考试。辽圣宗时,考试科自为词赋、法律,后来又增加明经、茂才等科。圣宗以后,完全仿宋制,只设诗赋、经义两科。

西夏也是一面采择宋制设立官职,一面又设党项官,两个官僚系统并行。仿宋制,设立了中书省和枢密院,作为最高行政和军事机构,长

① 徐道邻:《中国法制史论集·鞫谳分司考》。
② 《五代会要》卷10《刑法杂录》、卷16《大理寺》。
③ 《五代会要》卷10《刑法杂录》。

官是中书令和枢密使。设御史台,作为最高监察机构,长官是御史大夫。又设尚书令,总管三司、翊卫等 16 个司。西夏在直接统治的 22 个州,各设州主,又仿宋制设通判等职。文官的服式为戴幞头,穿靴执笏,服色为紫、绯等,都基本采用宋制。夏仁宗还仿宋制,开科取士,正式策试举人,立唱名法。又设童子科。夏崇宗时,在蕃学外,设立国学,教授汉学。在宫中创办小学,设教授。后来又创办太学和内学。

金朝在熙宗废除勃极烈制后,采用宋制,朝廷设立太师、太傅、太保三师,领三省事。尚书省设尚书令,下设左、右丞相和左、右丞,左、右丞相实际是宰相,左、右丞是副相。不久,增设平章政事和参知政事,为正、副宰相的助手。设御史台,作为最高监察机构。海陵王时只设尚书省,直属皇帝,三师不领省事。世宗时,以尚书令、左右丞相和平章政事为宰相,以左右丞、参知政事为执政官。尚书省下设六部,分理政务。金朝还仿宋制,将地方划分为路、府、州、县四级。举行贡举考试,分词赋、经义两科,录取文士。海陵王时,废经义科,举人只考词赋。

西夏和金朝部分采用宋制,加速了党项和女真族封建化的进程。

宋朝境内外还有许多少数族,他们的社会发展落后于宋朝。西南溪峒各少数族在唐末混乱时期,其首领各占其地,仿唐制自署为刺史。入宋后,宋朝对于归附的各族首领,基本按照文官和武官制度授以官职,赐给官诰和印符。承袭知州者,任满五年,由该路帅司奏申朝廷颁发敕诰。一般不允许自署职名,年老者,依法迁官致仕,其家属享受邑封等待遇。邕州左、右江壮族聚居地,宋朝实行羁縻政策,将各部分为州、县、洞三级管理,设知州、权州、监州、知县、知洞等,知州有养印田,如同宋朝的职田①。西南诸少数族在入宋后,宋朝同时实行夷、宋两种职官制度,既赐给其首领以王、大将军、将军、郎将、司阶、司戈、司候等官称,又赐以刺史、都鬼主、知军等官职②。宋朝在有些少

---

① 范成大:《桂海虞衡志·志蛮》。
② 《宋史》卷 496《蛮夷志四》。

数民族地区,对峒丁等都计口给田,制定条法,禁止买卖田地,私自交易者有罚①。

宋朝与稍远的邻国高丽,有着密切的关系。高丽的政治制度受宋朝的影响较深。高丽仿照宋制,参照唐朝《开元礼》,设置官职,制定阶、勋、赐、检校、功臣、诸卫的等级②,如高丽王王楷时,朝廷设置尚书省、中书省、门下省、枢密院、御史台等机构,设置太傅、太保、太师、太尉、司徒、中书令、尚书令、门下侍郎、中书侍郎、平章事、参知政事、枢密院使、知枢密院事等官职。据王楷说:高丽立政造事、大小云为,无不资禀崇宁、大观(宋徽宗年号)以来的施设注措之方;高丽文阁经筵、求访儒雅,悉遵宣和(徽宗年号)之制③。官员的服饰也仿宋制,卿、监以上穿紫纹罗袍,戴纱制幞头,高官还束玉带、佩金鱼,国相则束毬纹金带;朝官穿绯纹罗袍,束角带,佩银鱼,低级的庶官穿绿衣,持木笏,戴幞头,穿乌靴④。又参照宋朝贡举制,地方的贡举考试,称土贡(京城之内)、乡贡(郡邑),合格者集中于国子监,再次考试,最后由国王亲试。每三年举行一次,分进士、诸科、算学、制科、宏辞等科⑤。考试科目为诗、赋、论三题⑥。将录取者分为甲乙丙丁戊五等,朝廷赐予的恩例等级大致仿照宋朝省试制度⑦。

三、宋朝政治制度的利弊得失

宋朝的皇帝官僚政体,决定它必然实行高度的中央集权的专制主义统治。但以皇帝、宰相、侍从、台谏组成的权力结构,难以长期保持这种分权制衡的状态,不免出现倚轻倚重的局面。于是在有利的另一面,则产生了许多弊端。

---

① 《宋史》卷494《蛮夷志二》。
② 徐兢:《宣和奉使高丽图经》卷8《人物》。
③ 徐兢:《宣和奉使高丽图经》卷6《宫殿二》。
④ 徐兢:《宣和奉使高丽图经》卷7《冠服》。
⑤⑦ 《宣和奉使高丽图经》卷40《同文·儒学》;《宋史》卷487《外国三·高丽》。
⑥ 徐兢:《宣和奉使高丽图经》卷19《民庶·进士》。

第一，宋朝实行以皇帝为核心的中央集权专制主义政治制度，革除了唐末五代的一些弊政，保证国内长期没有发生大规模的战乱，保持了统治秩序的相对稳定。但中央集中权力过多，也带来了一些弊病。叶适说过，宋太祖为安定天下，认为不削弱节度则祸源不断，于是设置通判，以监督刺史而分割其事权；任命文臣权知州事，使名称似乎不正，任职似乎不长，以减少其权力；委派监当官管理榷税，都监总领兵马，而知州块然只管空城、接受词讼而已①。加之，许多州郡被堕毁城墙、收缴兵甲、撤除武备，成为一些不设防的城池②，在剥夺藩镇之权的时候，把各州的"兵也收了，财也收了，赏罚刑政一切收了"，因此州郡"日就困弱"③。正因为州县的权力太轻，遇到突发事变，就难以支撑。北宋末年，金军所过一州破一州，所到一县则破一县，宋朝地方政权立即溃散④。宋朝许多有远见卓识的政治家，都已看到了中央集权过甚、地方权力太少和各个机构事权过分分割、行政效率太低等等弊病。

第二，宋朝制定了以贡举考试为主的一系列选拔士人入仕的制度和选拔官员任职的制度。贡举考试通过不断完善，出现了考卷实行编号、糊名弥封、誊录、别头试等比较严密和行之有效的方法，使贡举考试在录取方面有了一个比较客观的标准，取消了贵族和官僚子弟的特权，对选拔人才发挥了积极的作用。但是，限于当时的技术条件，以及官僚政治风气的日益腐败，各级贡举考试中也出现了许多舞弊现象。权贵、富豪子弟使用挟书、请人代笔、拆换卷首、改动编号、考官密告试题、暗立记号等非法手段，猎取高第，有些地区富室子弟在考试前贿赂考官，预买题目，请人答卷，称为"买解"，而考官根本不阅考卷，只根据记号录取举人，称为"卖解"⑤。大批有真才实学的穷寒之士因而名落孙山，难以金榜题名。至于那些庸庸碌碌甚至目不识丁的纨绔子弟，反而进

①　《水心别集》卷14《外稿·纪纲二》。

②　蔡襄：《蔡忠惠公文集》卷17《乞相度开修城池》；《续资治通鉴长编》卷47，咸平三年条。

③　《朱子语类》卷128《本朝二·法制》。

④　文天祥：《文山先生全集》卷3《己未上皇帝书》。

⑤　《宋会要辑稿》选举16之36。

士登第,取得了一官半职。虽然宋朝的任官制度,还是比较严密、完整的。通过这一制度,使许多德才兼备的士大夫担任了有利于发挥他们专长的官职,推动国家机器的正常运转。但是,公卿大臣的子弟亲戚们常常捷足先登,抢占了一些美差。诸如京师诸司库务的许多监当官职务,原应由三司荐举,权贵之家子弟和亲戚便想方设法,"因缘请托",通过三司,注授这些差遣①。范仲淹在回答仁宗手诏的十件事中,第一件"明黜陟"就提到在京百司,钱谷浩瀚,"权势子弟,长为占据"②。权贵们还不时为其子弟和亲戚向朝廷要求注授馆阁职事,或者进入馆阁"读书",或者担任接待外国使臣的接伴使,或者违反各种规定优先注授差遣,或者由选人超迁知州和通判,等等。大批素质低下的权贵子弟占据了重要的职务,导致各级机构运转失灵,而且使官场更加腐败和混乱。

第三,宋朝依靠儒臣治国,由文臣控制各级各类重要的职位,而对武臣严加防范。同时,为鼓励士大夫公心为国,从太祖起立誓不杀大臣,成为士大夫积极参予国事的政治保证。不过,太祖、太宗时对枉法贪赃的官吏仍然严惩不贷,赃官往往被判处死刑,或被刺配。这类事例很多,不胜枚举。但从真宗起,一般不再将赃官处死。神宗熙宁(1068—1077 年)后,开始赦免犯了入己赃罪的贪官。哲宗元祐七年(1092 年),又赦其杖罪。元祐八年,则全部赦免③。到绍圣年间(1094—1098 年)后,更立出"三免法":赃官不死、不黜、不杖。大批官员贪赃枉法而不受严惩,甚至逍遥法外,使他们有恃无恐,变本加厉地盘剥百姓。所以,南宋时有人指出,由于赃吏无法无天地勒索百姓,浙西一带"根本之地",已经十室九空了④。

第四,宋朝确立了比前代更为严密、健全、合理的监察制度,在国家的政治生活中发挥了维护法制和自我调节机制的功能。通过制度上的

①　欧阳修:《归田录》卷 2。
②　《范文正公政府奏议》卷上《答手诏条陈十事》。
③　陈师道:《后山谈丛》卷 2。
④　俞文豹:《吹剑四录》。

监督,加强了对各级机构的控制,以维护中央集权的统治秩序;加强了对违法官员的弹劾和必要的法律制裁,防止官僚政治的腐败;通过对皇帝的规谏,纠正皇帝的过失,尽量减少决策上因随意性而产生的偏差或失误。监察官员的职事回避制度,首先包括对宰执的亲戚和嫌疑的回避,其次包括监察官之间的回避,有效地防止了宰执与监察官、监察官与监察官之间交通关节、营私舞弊的情况。监察官员的相对独立监察制度,保证了监察权的行使,对推动监察系统的正常运转,起了十分积极的作用。监察官在当时的政治生活中处于特殊的地位,特别是在政治斗争中起到举足轻重的作用。宋仁宗时的庆历新政,便是由谏官范仲淹、韩琦、富弼等人推动下兴起的,后来他们又升任执政而主持新政。徽宗时,御史也曾多次弹劾权相蔡京,使其多次罢相。这些都反映监察系统在抑制权臣、女后、外戚、宦官、宗室、武将等六种人所发挥的积极作用。但是,宋朝皇帝官僚政体,决定了监察制度必然存在一些缺陷,从而不可避免地产生了许多弊病。最大的缺陷是监察系统的独立监察权只是相对的,它不断地受到皇权和相权的干扰和破坏。在皇帝昏庸、权相跋扈的情况下,监察系统不可能正常运转,反而会成为打击坚持正义、贤明的大臣们的工具。宋徽宗和理宗时监察系统的逆向作用,是最好的证明。

　　第五,宋朝制定了一套民事和刑事审判制度,内容包括审判原则、审判管辖、回避、起诉、立案、审讯、覆审、判决等许多方面。这套制度基本适应了司法机构审理形形色色的民事和刑事案件的需要,而这些案件因为社会经济和政治生活的发展变得越来越多。审判制度的正常执行,对缓和社会矛盾,促进社会的发展起了不可估量的积极作用。但审判制度也存在一些弊病。在刑事审判过程中,宋朝承袭唐制,允许审判官对囚犯进行“拷讯”,即用刑逼供。虽然对拷讯作了一些限制,但审讯官为了早日结案,或因收受贿赂,往往非法严刑拷打,逼迫囚犯招认[1]。有些地方官还主张将囚犯吊起一足直立,不让睡觉,迫

---

① 胡太初:《昼帘绪论·治狱篇第七》。

使招认①。在严刑拷打之下,假案、冤案自然不会很少。此其一。元丰改制后,虽然将州级的死刑终审权收归监司,表示对死刑覆审的重视,但州官常常用重杖处死的变通办法,将囚犯用杖打死,实际上取消了监司审定死刑的权力。此其二。覆审制度过于繁琐,囚犯不服判决或翻供,就要移交同级另一法庭重审,称"别推"。囚犯依然不服或申诉,再移交上级司法机构开庭审理,称"移推"。移推的程序是从县、州、监司,一直到朝廷。地方的一些疑案也可奏申朝廷决断。次数过多的覆审,大量案件集中到中央,势必造成许多案件长期拖延不决,延长了审判时间,影响了司法机构的正常活动。此其三。

　　(本文为白钢主编:《中国政治制度史》(修订本)第八章,天津人民出版社 2002 年版)

---

① 李元弼:《作邑自箴》卷 3《处事》。

中华民族杰出人物传(第二辑)·岳飞

目　　录

岳　飞

一　从军抗金

　　岳飞(1103—1142年)是宋朝著名的抗金将领,也是中国历史上杰出的民族英雄之一。岳飞生于宋徽宗崇宁二年(1103年)二月十五日。据传说,岳飞呱呱堕地的那天傍晚,恰巧有一只大鸟从岳家的屋顶上飞鸣而过,父亲岳和就给他取名叫飞,后来又给起了个字叫鹏举。

　　又据传说,岳飞初生还没有满月时,黄河在大名府(河北大名东北)内黄县(河南内黄)境决口。岳飞的家乡相州(河南安阳)汤阴县(河南汤阴)永和乡孝悌里,位在内黄县西边。滔滔的洪水一泻千里,淹没了永和乡。岳飞的母亲姚氏怀抱着襁褓之中的岳飞,坐在一口水缸里,随着洪水向西漂流而下,最后终于获救,保全了性命。

　　岳飞家境清贫,童年时就参加劳动,去野地打柴割草。稍长大一点,帮助父母下地耕作。贫困的生活并没有减少岳飞强烈的求知欲望。缺钱买灯油,他就白天拾取枯柴晚上燃点照明,由父亲教他识字。以后自己稍能读书,更加勤苦,往往读到半夜,甚至通宵不寐。他特别爱读《左氏春秋传》和学习孙、吴兵法。《左氏春秋传》又叫《左传》,是秦代以前学者用来解释儒家经典《春秋》的"三传"之一(另外二传是《公羊传》、《穀梁传》)。这部书提倡德义,主张从成败中吸取经验教训,推尊中央王朝,排斥"夷狄",叙述了许多古代打仗和人物的故事,十分引人入胜。书中的这些故事和人物深深地吸引着岳飞,使他手不释卷,反复探究其中的道理,不知不觉地在他的心灵中埋下了忠义许国的种子。他娴熟孙、吴兵法,也为日后的军事指挥打下了基础。

长期的劳动,使他受到很好的锻炼。他身体结实,力气超人。在未成年时,就已能拉开三百斤的硬弓、八石的腰弩。永和乡有个老人叫周同,擅长弓箭,岳飞便拜他为师,很快学会了一手好箭法,并能左右开弓。岳飞的外祖父姚大翁也特别喜欢岳飞的为人,请本地枪手陈广给岳飞传授"技击",使岳飞枪法高超,成为"一县无敌"。

年轻的岳飞平日少言寡语,深沉宽厚,但生性刚直,心里想说什么,决不有所顾忌。他对师长非常尊敬。师父周同去世后,他每逢初一、月半,必定准备酒肉到周同坟上祭奠痛哭,又用周同所赠的弓射三箭,以表达他对师父的怀念。

政和八年(1118年),岳飞十六岁,由父母作主,娶妻刘氏。第二年,生下长子岳云。过早的婚姻,在年轻的岳飞肩头增添了赡养妻小的负担。为此,他不得不到邻近的安阳县韩姓大地主家当佃客,后来又在安阳的商市上做过"游徼"(巡查员)。工作之暇,继续练习武艺。

这时,正是宋徽宗赵佶统治的年代。宋徽宗是一个腐朽荒淫的皇帝,他先后任用蔡京、王黼(音甫 fǔ)、童贯等人主持朝政,大肆搜括民脂民膏。他派朱勔(音免 miǎn)在江浙地区搜罗各种奇花异石,用大量船只、车辆运到京城,称"花石纲"。花石纲耗费了亿万民财,而更严重的是强差成千上万的农民挑担、拉纤来运送,使他们长期脱离农业,不少人劳累致死,农田一片荒芜。

正当宋朝统治者纵情享乐的时候,长期生息在我国东北的女真族勃然兴起。他们不堪辽朝统治者的残酷压迫,在贵族首领阿骨打(完颜旻,旻音民 mín)的领导下,进行反辽战争。阿骨打逐步统一了分散的女真部落,宋徽宗政和五年(1115年),在混同江(松花江)边建立起女真奴隶主的金政权。以后,金国势力大张,不断攻辽。宣和七年(1125年),金兵灭辽。几个月后,金兵继续南侵,向宋朝发动侵掠。金兵长驱直入,逼近宋的都城汴京(河南开封)。宋徽宗闻讯,惊恐万状,气急昏厥,于是急忙宣布退位,将皇位传给皇太子赵桓(音环 huán),这就是宋钦宗。

宋钦宗也是一个十分昏庸的皇帝,既贪生怕死,又妒贤忌才。靖康元年(1126年)正月,金军兵临城下。宋钦宗被迫起用抗战派李纲领兵守城,同时派康王赵构等人出使金营当人质,割让太原(山西太原)、河间(河北河间)、中山(河北定县)三镇给金朝,乞求退兵。跟腐朽的统治者相反,广大人民坚决要求保卫汴京,抵抗金军,各地援兵陆续开到汴京城外,达二十多万人。金军见宋兵日益增多,积极奋战,且已获得宋割让三镇之地的利益,便允许退兵。同年十一月,另一支金军第二次逼近汴京。闰十一月,金军攻入汴京,把城里的财物抢劫一空,装上大车,又驱赶着徽宗、钦宗和后妃、亲王、大臣、各种工匠、医人、乐人、太监、宫女等几千人撤出汴京,在冰封雪冻的驿道上,缓缓地向北方行进。北宋王朝就这样灭亡了。

早在宣和四年(1122年),金军已经攻占了辽朝的大部分领土。宋徽宗制订荒唐的"联金灭辽"战略,准备派兵北上攻取辽的燕京(北京市西南部),以便与金国共同夹击辽军。

这一年岳飞正好二十岁。这个饱读兵书、娴熟武艺、身强力壮的年轻人,早已跃跃欲试,盼望有一天能够投身边疆杀敌,为国家报仇雪耻了。因此,当真定府路安抚使刘韐(音蛤 gé)招募"敢战士"的消息传来时,他立即辞别双亲和妻儿前去应募。刘韐慧眼识真金,非常器重这个小伙子,派他当一名"十队长"(即小队长)。不久,岳和在汤阴病故,岳飞便离开军队奔丧回乡去料理丧事。

宣和六年(1124年),岳飞去河东路平定军(山西平定)再次投军,当"效用士",不久升为偏校即下级军官。靖康元年(1126年)六月,河东路姓季的路分都监知道岳飞勇敢,派他带一百多名骑兵作"硬探",到庆阳、榆次(山西榆次)一带侦察金军动静。突然,遇到了大队金军,战士们毫无思想准备,惊慌失措;只有岳飞镇静自若,扬鞭策马冲入敌阵,杀死几名金骑兵将领。敌人畏怯,不敢逼近。稍后,大约因为队伍被金军打散,岳飞只身回到相州。

靖康元年十二月初,康王赵构在河北相州建立大元帅府,自己担任"天下兵马大元帅",下令招募义勇民兵。相州许多穷苦百姓为了保卫乡土、保卫祖国,纷纷从军。岳飞也经人介绍,参加了赵构统率的军队。从此,他一直坚持在抗金战争的最前线,为挽救民族危亡而英勇斗争。

岳飞第三次参军后的第一个任务,是奉命收编一支由吉倩率领的武装。这支队伍近四百人,活动在相州一带。一天傍晚,岳飞带领一百名骑兵出发,安顿了队伍食宿后,他只带四骑直闯吉倩的营房,向他说明来意,分析形势。吉倩等人已听说岳飞武艺超群,又对岳飞能开诚相见表示感激,置酒款待。岳飞也畅饮不疑。正在岳飞进一步说服吉倩等人接受招募时,突然有一人向岳飞猛扑过来,想把岳飞按倒在地。岳飞眼疾手快,顺手将那人打翻在地,拔出剑来顶在他的胸前。吉倩等人立刻跪倒在岳飞面前,请求恕罪,并纷纷交出武器,表示降服。岳飞就这样一箭未射、一人未伤,轻易地收编了三百八十人,因功被授予承信郎(最低级的武官)。

又有一次,岳飞领骑兵三百人往相州西北的李固渡(河北大名西北)邀击金军,半路上与金军遭遇。岳飞率领士兵奋战,击毙敌军猛将一员。还有一次,岳飞带领一百名骑兵在滑州(河南滑县东南)南,练习冰上骑射。那时,天气极其寒冷,连黄河都结起很厚一层冰。忽然发现金军大队人马从冰上飞驰而来,岳飞见敌我悬殊,沉着地对部下说:"敌人虽然人数很多,但是一点不知道我军的虚实。乘他们喘息未定的时候,我们给予迎头痛击,一定能够打败他们。"话刚说完,他就骑着战马,冲向敌群。金军中有一名军官挥舞大刀迎上前来,岳飞挥刀挡住对方大刀,刀口砍进大刀一寸多,岳飞用力拔出,手起刀落,杀死敌军官。骑兵们乘机猛冲掩杀,把金军打得大败而逃。这一仗,岳飞和他的部下杀死金军几千名,夺得战马几百匹。岳飞又因军功升为秉义郎(从八品的武官)。

十二月十五日,赵构率领大元帅府的全部人马渡过黄河到达南岸。

岳飞告别了老母,留下妻子侍养,踏着凛冽的寒冰,随着大队人马离开了家乡,抵大名府。副元帅宗泽建议赵构尽快领兵去汴京解围。早被金军吓破了胆的赵构,不敢亲自前往汴京,又怕被指责为坐视君父(指徽、钦二帝)危难而不救,就乘机派宗泽先往澶州(河南濮阳附近)救援,将岳飞所部改隶宗泽,赵构自己则带着人马从大名府往东,到达东平(山东东平),又从东平进入济州(山东巨野),始终不敢向西进军。

二 转 战 南 北

靖康二年(1127年)初,岳飞在宗泽领导下,曾经两次小胜金军。一次在开德府即澶州与金军接战,岳飞两箭射死两名扛旗的金兵,然后策马突击,打败敌人。另一次在曹州(山东曹县西北),岳飞披散头发,挥舞四刀铁简,率先攻打敌阵。宋军紧跟在后,无不一以当百,终于大败敌军,追杀几十里,方才鸣锣收兵。

跟岳飞一样,七十岁的老臣、副元帅宗泽也出身于农家。他热爱祖国,忠于朝廷,一心想依靠中原人民抵抗金军。他对岳飞这样一个朴实而又英勇善战的年轻军官十分赏识。他告诉岳飞说:"你的勇敢、才艺,即使古时候的良将也比不上。但你喜欢野战,这不是古法,今天你作为一个偏裨小将还能胜任,日后你成为大将,这就不好了。"说完,把一些阵图交给岳飞,要他好好学习。岳飞看了一遍,就搁在一边,不再管它们。后来,宗泽想起这件事,又问岳飞。岳飞回答说:"按图布阵,都是定局。古今不同,战场有险易、广狭,岂可以用一定的阵图!用兵的关键在于出奇,使敌人无法测度我方的虚实,方能取胜。倘若在平原旷野,仓卒遇敌,那时怎得工夫摆布阵势,再与他厮杀呢?何况现在我领兵不多,如果布阵一定,金军得知虚实,派出铁骑四面攻击,我军必然失败。"宗泽听了这一番议论,反问道:"据你所说,古人这些兵书阵法都没有用了?"岳飞回答说:"用兵的常法,是先布阵而后打仗,但不可拘泥一法。运用之妙,以变制变,全在一心。"宗泽沉思一阵,点头说道:

"你说得很有道理。"原来北宋的将帅出征，皇帝皆亲自绘制阵图，交给将帅，命令将帅在战争时完全按照这些图来布阵。这是造成北宋历朝对外战争屡败的原因之一。岳飞吸取这一教训，深刻地指出"运用之妙"，"全在一心"，这个"妙"就是灵活性。灵活性要求指挥官根据客观情况，审时度势，采取及时的和恰当的处置方法。因此，岳飞的这一席话说得带兵多年的老臣宗泽从心眼里佩服。

赵构在河北、京东一带转悠了几个月，眼睁睁看着汴京沦陷，徽宗、钦宗被俘北去，然后在五月初一，在南京（河南商丘南）登基当了皇帝（宋高宗），重建赵宋王朝，将靖康二年改为建炎元年。为了标榜"中兴"，赵构起用在军民中威望很高的李纲为右相，副元帅宗泽知开封府兼东京留守；同时，任命宠臣黄潜善为中书侍郎，汪伯彦为同知枢密院事。在朝廷上，李纲尽心竭力为抗金斗争进行部署，然而独木难支，终究阻挡不住赵构和黄潜善、汪伯彦等人一心想逃避地东南的逃跑企图。

作为下级军官的岳飞，当然无从知道朝廷上的这些分歧。不过，他有自己切身的体验。他之所以离乡背井、投身行伍，不正是为了拯救沦陷在敌占区的苦难同胞，把敌人驱逐出境吗？而今只见朝廷不断命令军队向南转移，越来越远离敌人，这不能不激起人们的忧虑和义愤，于是生性耿直的岳飞再也坐不住了，他不顾自己位卑言轻，决定上书给皇帝赵构。在这篇几千字的奏书中，他提议应该利用我各路勤王队伍日益集结，兵力渐强，而敌人骄纵松懈的时机，痛予反击，打它一个措手不及。他坚决反对继续向南逃跑，力请赵构返回汴京，撤销巡幸三州的诏令，亲率六军北渡黄河，这样将帅一心，士兵作气，一定可以恢复中原。这道奏书进呈后，触怒了赵构和黄、汪这些妥协投降派，便加以"小臣越职，非所宜言"的罪名，把岳飞的官职削夺了。这对岳飞是个不小的打击，不得已他一人寄居旅邸，郁郁无聊。

闲居三个月后，岳飞难以压抑心中报效国家的强烈意愿，决定投奔河北路招抚使张所。张所是一位爱国将领，这时他正置司北京（大名府），招募义勇民兵，蓄积力量，准备反攻。岳飞很愿意受他指挥，为经营河北出一分力。张所素知岳飞有勇有谋,见到岳飞,就问道:"听说你作战勇冠三军,你自己衡量能对付多少敌人?"岳飞回答说:"光凭勇敢是靠不住的。用兵首先要有谋略,谋略是决定战争胜败的关键。"张所感到岳飞的话很有道理,不觉肃然起敬,请岳飞坐下畅谈。谈到当前局势,岳飞慷慨陈词,泪流满面,矢志以身许国,消灭敌人,迎还"二圣",恢复故疆,以报答君父。张所向岳飞请教在河北的进取步骤。岳飞指出,黄河以北地区好像人的四肢,汴京全靠它作为屏障,只有收复河北的失地,才能保守汴京。不然,敌人既占河北,又会得寸进尺,侵犯黄河以南。险要地方既已丧失,即使跑到江、淮,命运如何也难以逆料。岳飞还向张所表示,愿意在他率领下,服从他的指挥,万死不辞。张所很赏识岳飞的胆略,任命他当中军统领,不久升为统制,编置在都统制王彦的统辖之下。

这一年秋天,张所被投降派捏造罪名罢官,朝廷改派王彦接替张所任河北招抚使。王彦集合了岳飞等十一名将官,率领部众七千人,渡过黄河,攻击金军。开到卫州新乡县(河南新乡),岳飞带领所部战士与金守军鏖战。岳飞亲自夺取金军的大旗,不断挥舞,将士们呼声震天,个个奋勇争先,猛冲猛杀,终于收复了新乡县城,活捉金军千户阿里孛。接着,又打败金军万户王崇。王彦乘此胜利,向各州县传布文告,扩大声势。

第二天,岳飞又带着战士同金军大战于侯兆川(河南辉县西北)。在大战前,岳飞鼓励部下说:"我军两次打败敌人,敌人一定会竭尽全力来反击。我们人数少,为了争取必胜,凡不服从命令、不奋勇杀敌的,一律斩首。"兵士们同仇敌忾,个个奋勇争先,作殊死战。在激烈的战斗中,兵士伤亡很多,岳飞自己也受伤十多处,终于大败金军,俘获大批金军和战马。

经过新乡的几次战斗,金朝以为宋朝派来了大批人马,就派出几万人,把王彦、岳飞的营寨团团围住。王彦、岳飞合计自己的人马很少,武器也较简陋,速战必败,为了保存战斗力量,就决定突围。

突围后，王彦和岳飞等将领商讨下一步的对策。由于孤军作战，兵员损失严重，给养供应不上，部队陷入困境。这时，将领们出现意见分歧，有几名将领竟然拉队伍回北京去了，王彦主张退入卫州共城（河南辉县）西太行山中，岳飞则率领一军继续北上，不久也进入太行山区。在太行山，岳飞多次击败金军的追击，曾手拿丈八铁枪，单骑刺杀金军将领黑风大王，使大队金军闻风逃窜。尽管取得了一些战斗的胜利，但岳飞这支队伍毕竟人数太少，自从跟王彦的主力分道扬镳后，越来越感到势孤力弱，难以长期坚持下去，于是决定一边战斗，一边向南撤退。这年冬天，岳飞转战到汴京，再次投奔汴京留守宗泽，宗泽委任他做留守司的统制。

宗泽在汴京加强治安，整顿社会秩序，团结各地流民首领，招募新兵，规划战具，使汴京重新成为抗战的中枢。宗泽还拟出渡河北伐，全面反攻的计划奏报朝廷。建炎二年（1128年）春，岳飞在宗泽指挥下，在黄河以南连续跟金军进行战斗，获得胜利。七月，宗泽不幸病逝。临终前，宗泽劝勉部将们说："你们能替我歼灭强敌，完成恢复之志，我虽死无恨！"连呼三声"过河"！然后死去。

宗泽之死，使驻守汴京的将士以及百姓悲痛万分。岳飞原想投奔一位既志同道合，而又能使自己施展才能的将帅，宗泽自然是最符合他理想的上级，但宗泽又突然离开了人世，岳飞悲痛之余，暗暗立誓要完成宗泽的遗志。八月，岳飞在汜水关（河南汜水县）跟金军打了一仗。敌人的一员将领骑马跑到阵前，往来冲突，耀武扬威，岳飞策马左射，敌将应弦而倒，敌军大乱，宋军乘势追击，获得全胜。随后，岳飞的部队在竹芦渡（河南汜水县东）与金军相持。岳飞看到粮食快要吃完，不能再拖下去，便挑选精兵三百人，埋伏在前山脚下，每人准备两堆柴草，交叉缚成十字形。到了半夜，伏兵们一齐举起柴草，点燃四端，金军见到火把无数，怀疑宋方援兵赶到，纷纷逃窜。岳飞乘机追杀，打了一次大胜仗。

宗泽死后，朝廷派杜充接替宗泽在汴京的官职。杜充是个刚愎自用而又懦怯愚蠢的官僚,根本不想坚守汴京,打击金军,恢复国土。他一到汴京,就尽反宗泽所为。由宗泽辛苦集结一起的武装力量,见杜充无意抗金,便各各引去,很快就走散了一大半。岳飞本来不愿受杜充的节制,但多年的磨难使他不愿再轻易脱离主将,同时他认识到汴京这个据点在抗金斗争中的重要性,便决心坚守汴京。为此,他在建炎三年(1129年)春、夏,勉强执行杜充的命令,在汴京周围陆续跟王善、曹成、张用等流民队伍打仗,获得了一些胜利。

杜充迫使两河忠义民兵和流民队伍全部离去,这种倒行逆施无异是自撤藩篱、自毁长城。他全然不顾人民的死活,掘开黄河大堤,妄图用洪水来阻挡金军。洪水淹没了农田,毁坏了庄稼,冲倒了房屋,给人民带来很大的灾难。这时,不断传来金军大举南侵、赵构已逃到江南的消息,杜充如坐针毡,再也没有胆量留在汴京,决定弃城逃跑。岳飞闻讯,立刻向杜充进谏。杜充主意已定,拒绝岳飞的忠告,径自带领部下,退到建康(江苏南京市)。岳飞也只好随军南下。赵构听说杜充已经放弃汴京,到达建康,就命令他驻守建康,把防守两淮和长江的责任交给了他。

这一年的冬天,金军在阿骨打第四子兀术率领下,再次大举南侵,杜充照例终日宴饮,不问兵事。直到金军抵达长江北岸马家渡并渡过长江,杜充才慌乱起来,派都统制陈淬(音脆 cuì)带领统制官岳飞等迎敌,又命前军统制官王燮(音泄 xiè)所部随后应援。正当双方激战的时候,王燮带领人马抢先逃跑,陈淬见孤军势单,无心恋战,退守蒋山(江苏南京紫金山)。杜充在城内听说前线打了败仗,立即仓皇弃城逃走,建康终于失陷了。

杜充在金军攻入建康后,渡江跑到真州(江苏仪征),不久,叛变降敌。赵构在金军渡江前,一直逗留在浙西各州,又转入浙东;金军渡江后,急忙跑到越州(浙江绍兴)、明州(浙江宁波)、定海(浙江镇海),最后乘船逃到海上。

在建康保卫战中,岳飞的一部分人马一直坚持到天黑,兵士又饿又累，退到蒋山露宿。第二天清早，岳飞又主动出击，杀伤许多敌人，然后转入茅山（江苏金坛西），再向南转移，入广德军（安徽广德）。金军也取道广德向浙东进发。岳飞预先侦察到敌人的动静，乘敌人行军途中没有防备，六次出动兵马进行袭击，活捉到敌军几十人，杀死一千多人，取得了难得的战果。广德军经过金军的蹂躏，百姓的粮食、财物早被洗劫一空。岳飞设法夺取敌人的给养来供给军食，他自己跟普通士兵一样过着艰苦的生活。当时，全军将士经常挨饿，但岳飞约束部下，不准骚扰民户，因此这里的商市还是照常营业。

建炎四年（1130 年）正月，岳飞率军向北开到常州宜兴（江苏宜兴）驻守，归张俊统辖。岳飞在宜兴，严格执行军纪，收编散兵游勇，安定社会秩序，常州吏民扶老携幼纷纷迁到宜兴，把宜兴当作临时的避难之地。这时的岳飞经过四年多的战斗，已更加成熟、老练，变为一个能征惯战、智勇双全的将领，他的部属也锻炼成为一支斗志旺盛的坚强队伍。

金军追赶赵构到海上，被宋舟师击败。兀术这时担心孤军深入，被宋军切断后路，决定放弃南进计划，由杭州班师北撤，一路大肆掳掠。金军撤退到常州宜兴。岳飞以逸待劳，给予金军迎头痛击，连续四次打败敌人。敌军逃奔入河，淹死者不可胜计。宋军活捉女真万户少主孛堇等十一人。接着，岳飞率部紧跟在金军之后，瞧准时机进行掩袭，一直追击到镇江。金军撤退到镇江，被浙西制置使韩世忠部打败，不得不退入黄天荡（江苏镇江附近）。双方相持四十八天，兀术险些被活捉，后来沿着老鹳河故道，连夜开凿一条三十里的大渠，通到秦淮河，才侥幸逃到建康。

宋廷命令岳飞向西进军，去收复建康城。岳飞立刻率领部下，赶到建康城南的牛头山上埋伏。半夜，当金军疲惫不堪，昏昏入睡时，他便派一百名战士换上了黑色的衣服，混到敌营中，扰乱敌军。金军在睡梦中惊醒，以为宋军前来偷袭，营中一片混乱，以至互相残杀。金军上当之后，便在营栅外增设岗哨，加强巡逻。于是岳飞又派出身强力壮的战士,悄悄地潜伏在敌营四周,伺机捕捉敌军的哨兵,从这些"舌头"身上获得了许多重要的情报。岳飞得知金军正从建康城撤退,由静安镇(江苏南京西北)渡江北去,立即带领部下飞速赶到静安镇附近。这时建康城已经变成一片火海。原来兀术在临走时,下令杀光城内的居民,抢光所有财物,然后放火把所有房子点着。岳飞和他的战士们,遥遥望见建康城内火光冲天,听到了城内传来的阵阵哭喊声,个个怒不可遏。一声令下,战士们以翻江倒海之势,冲向还没有来得及撤走的敌人。岳飞持枪跃马,在敌人队伍中纵横驰骋,如入无人之境。建康府通判钱需,在建康陷落后,在城外联合抗金的乡兵,坚持抗敌。岳飞率军与敌人厮杀时,钱需也带领乡兵前来参战,从侧翼夹击敌人。两军会合,奋勇冲杀。金军急于北撤,毫无准备,被宋军打得大败。来不及渡江的金军余部,全被宋军消灭。战斗结束,统计战果,击毙敌军不计其数,十多里内,金军横尸遍野;斩获耳戴金环和银环的金军将领首级一百七十多个;活捉敌兵三百多名,其中女真人八名;缴获马甲一百九十多副,弓箭刀旗金鼓三千五百多件。岳飞、钱需进驻建康,胜利地收复了该城。

经过金军洗劫后的建康城,剩下断垣残壁,几乎成为一片废墟。岳飞在建康驻扎不久,因给养发生困难,便领兵回到了宜兴,进行休整。但是北伐金朝、恢复失地的愿望始终萦绕在他的心头。岳飞清楚记得女真贵族的种种暴行:金朝统治者在占领区禁止百姓穿着汉服,强迫百姓剃发结辫。金军每到一地,大规模地焚烧房屋,肆意残杀百姓,抢掠财物,霸占田地,甚至驱掠整个州城或县城的百姓为奴隶。还经常在同一时间在占领区搜捕南方人和客户(佃农和雇农),将他们没收入官,再用铁链锁住,在耳朵刺上"官"字,赶到云中,标价出卖;剩下的驱往鞑靼、西夏去交换战马,十个人才值一匹马。有时遇到掠卖人口不顺利,就把大量丁口活埋掉。贫苦百姓,父子、夫妇全城星散,哀号之声遍野,自缢而死的也很多。凡是家里隐藏曾被金军俘虏而逃走的人,家长要处死刑,产业、家口的一半没收归女真贵族,另一半赏给告发者;此外,四邻也要罚款三百贯。为了搜捕逃亡者,金军分散到各路州县,遇到村民,便殴打、侮辱,强迫他们领路抓人。万一抓到逃亡者,金军便拘收隐藏之家的人口和财物,往往邻居也难以幸免。无辜的百姓如同大祸天降,全家立即活生生地被拆散。如果稍有反抗,金军见人杀人,遍地积尸狼藉。许多地区的百姓被迫宰杀耕牛,烧毁房舍,结伙上山,进行抵抗……这些悲惨的情景时刻浮现在岳飞的眼前,使他的心情无法平静。在宜兴西南张渚镇,岳飞游览了一所寺庙。在庙壁上,岳飞怀着必胜的信心写下了一篇《五岳祠盟记》。在这篇激动人心的题记中,抒发了他誓死消灭敌人,迎还"二圣",恢复故土的雄心壮志,在后来的战斗岁月里,岳飞正是以顽强的毅力,一步一个脚印地去实现自己的这一非凡的抱负。

三　挺　进　淮　南

岳飞在建康全歼金军余部的捷报,迅速传遍各地。这时赵构小朝廷正在越州(浙江绍兴),岳飞派人将战俘和战利品押送到那里,顺便递上自己的奏章。在奏章中,他极力陈说建康在军事上的重要性,主张应派出重兵防守。他还报告说:最近张俊要派他驻守鄱阳(江西波阳),但江东、江西并不是敌人渡江南侵的必经之路,因此他自告奋勇表示愿意过江去淮南防守。

淮南主要包括今天的江苏北部和安徽北部等地,收复并且牢牢控制这一地区,乃是保障江南安全的必要条件。但赵构没有理会岳飞的这一要求,只是虚与委蛇地表示嘉奖。

建炎四年(1130年)七月,有一个名叫邵纬的官员上书朝廷,盛赞岳飞非常骁勇、沉着、刚毅,而谦虚、谨慎又像一名书生。邵纬历举岳飞从河北投军后收复建康止,在各次战役中所建立的功绩,指出岳飞威名已经传播四方,却仍跟普通兵士同食,军纪严明,民间秋毫无犯。知常州林茂也向朝廷推荐岳飞忠勇。大将张俊从浙西入朝,也在宰相范宗尹面前保举岳飞可用,范宗尹一一转达给赵构。赵构估量岳飞已经成为一名可靠的、能独当一面的将领，就决定委派他任通、泰州镇抚使，兼知泰州（江苏泰州），负责防守扬州以东从泰州到通州（江苏南通）的地区，直接受浙西安抚大使刘光世的统辖。

屯驻在常州宜兴县的岳飞，在得到朝廷委派他任通、泰州镇抚使的命令后，开始他并不愿意就任。因为通、泰两州地处扬州东面的长江北岸，这里江面宽阔，金军难以渡江，而且这里离金军较远。他愿意到淮东（宋朝将淮南分为东、西两路）更接近金军的前线地带，负担最艰难的职务，以便招集兵马，掩杀敌人，收复当地州郡，然后乘机逐步收复山东、河北、河东、京畿（开封府界）等路故土，完成平生的大志，尽到臣子报答皇上的责任。于是他上书赵构陈述自己的这一志愿，要求辞去通、泰州的新任。为了取得朝廷的信任，他还在奏章里提出情愿把老母、妻子和两个儿子留在后方为人质。赵构依然不理会岳飞的要求，坚持命他去通、泰任职，岳飞只好服从。

岳飞接受新的任命后，就着手做渡江的准备工作。岳飞知道，自己部队已拥有战斗兵员一万多人，加上随军家属，共七万多人。这么多人渡江到泰州，必须事先准备好摆渡的舟船和充分的给养。经派人调查，长江南岸的江阴军（江苏江阴）和镇江府（江苏镇江）摆渡的船只很少。宜兴县缺少钱粮，应付不了军队的全部给养。泰州的军饷更为困难，出产稻米的兴化县（江苏兴化）已经划归承州（江苏高邮），泰兴（江苏泰兴）也已经划归扬州；剩下如皋县靠近大路，产粮不多，海陵县（江苏泰州市）屡经兵火，全年颗粒不收。显然，七万多人开到泰州，就会发生断粮的危险。因此，他上书朝廷，将这些情况作了详细汇报，请求把兴化、泰兴两县拨回泰州，借支盐钞一百万贯，并发给全军一万多战士的冬衣。

几天后，岳飞率军从宜兴到江阴军驻扎。岳飞得到探子报告，金军正在围攻楚州（江苏淮安），情况危急，便迅速派统制官王贵带兵马先行摆渡，自己也随后赶到，九月初九，进入泰州城。

楚州位于淮河、运河的交会口，是由淮北到淮南的交通要道，也是宋朝在淮南的一个军事重镇。金兀术从建康北撤途中，原来打算乘船从运河往北，但途中必经楚州和承州两城，而这两座城都还控制在宋军手中，兀术只得停在六合（江苏六合），不能遍过。兀术和元帅左监军挞懒商定，不惜一切代价，先派重兵攻下承州，再由挞懒领兵南下会合兀术的兵马，攻打楚州。赵构小朝廷得到承州失守和楚州被围危急的消息，先后拟派神武右军都统制张俊和浙西安抚大使刘光世去楚州援救。他们都不敢亲自过江。

在这种情况下，朝廷只得命令岳飞领兵救援楚州，要他从腹背掩杀金军。岳飞接到命令后，便差统制官张宪守泰州，自己率主力到三墩安营扎寨，声援楚州。随后就进军承州。在承州境内近一个月的时间里，岳军与金军重兵大战三次，每次都取得胜利。岳飞在给朝廷的捷报上写着：击毙金国的大酋高太保，活捉阿里孛堇等酋长和女真、契丹、渤海士兵七十多人，并将全部俘虏献给朝廷。赵构用"御札"勉励岳飞说："你节义忠勇，不愧于古人，所到之处，不骚扰百姓，百姓不知道有兵；所向必克，敌人害怕你的威名。现今国步艰难，没有你们几个人，我岂能考虑收复中原！"

岳飞这次挺进淮南，实际上处于孤军作战的局面，而且仓促出兵，携带的粮草甚少，兵员也远比金军要少。在这种形势下，岳飞曾经几次请求刘光世增派一两千名士兵，调拨十几天的军粮，以便激励士卒，解楚州之围。但刘光世始终不愿调拨士兵和军粮。这样，岳飞也难以把军队直接开到楚州去跟敌人作战。

在粮尽援绝的情况下，九月底，楚州城被金兵攻破。知州赵立英勇牺牲。楚州沦陷后，岳飞只得退回泰州，加紧措置通、泰一带的防御工作。浙西安抚大使刘光世为了推卸违抗命令、不救楚州的罪责，竟然向朝廷一再声称承、楚两州的失陷，完全是因为岳飞拖延时间，丧失机会，否则一定能打败承州的敌军和解救楚州之围。但朝廷并未听信刘光世的诬辞而加罪岳飞。

在泰州加紧防御工作的同时，岳飞继续整顿军队纪律。岳飞素以治军严整著称,他禁止军队骚扰百姓,因此深得百姓的同情和支持。这时,却发生了部将傅庆狂妄自大、违犯军纪的严重事件。

傅庆原是卫州(河南汲县)的窑户(烧窑的工匠),成为岳飞部下后,因为骁勇善战,屡立战功,深受岳飞的喜爱,任命他做前军统制官。岳飞把他当自己的亲密朋友对待,傅庆也只把岳飞看作平辈,而从不认为岳飞是自己的长官。每次遇到手头缺少钱物,便找岳飞毫不客气地说:"岳丈,傅庆没钱花了,给几两银子吧。"或者说:"给凑几贯钱吧。"岳飞每次都尽量满足他的要求,如数把钱给他。傅庆恃才傲物,甚至向人夸口:"岳丈今日能够率领一军,全靠我尽力作战有功。"岳飞自从受命为通泰镇抚使后,为了严肃军纪,对傅庆的种种越轨行为不再像从前那样宽容,傅庆对岳飞也逐渐由心怀不满而产生异志,一心想脱离岳飞。当岳飞出兵救援楚州时,刘光世派王德到承州,傅庆也作为前军将领来到这里。傅、王两人骑马相遇,傅庆对王德表示不愿再留在岳飞军中,愿意投到刘相公(光世)的部下,王德表示同意。岳飞从统领官张宪的报告中,知道了这件事,心里很不痛快,嘱咐张宪不要再告诉别人。

回到泰州后,岳飞在校场开庆功会,先命各将官比赛射远。别的将官用尽全身力气最多只射了一百五十步,独有傅庆搭箭上弦,三箭都射到一百七十步。傅庆三占鳌头,岳飞三次赏酒祝贺,傅庆不免带有几分醉意。等到岳飞宣布奖赏楚州战功,要把赵构所赐战袍赏给统制官王贵时,傅庆擅自出列,高声嚷叫:"应当赏给有战功的人!"岳飞问:"谁是有战功的人?"傅庆毫不掩饰地昂着头走上将台回答说:"我傅庆在静安镇有功,应当赏我。"岳飞没有料到傅庆这样放肆,不禁勃然大怒,马上走下将台,取过战袍烧掉,把金带砸碎,叫人把傅庆拉下台去,并高声喊道:"不杀傅庆,何以示众?"立即下令把傅庆杀了。岳飞知道千兵易得,一将难求,而况傅庆又是一员武艺高强的猛将,在国家用人之际,应予爱惜。但傅庆狂妄自大,目空一切,并且离心离德,甚至到了公然违抗军令、破坏军纪的地步,就难以包庇、纵容他了。否则还成什么军队?怎么去跟敌人作战呢?因此,他忍痛杀了傅庆。经过这一事件,岳飞军队的纪律更加严明，变成一支战无不胜、攻无不克的常胜军。

金挞懒攻下楚州城后不久，带领二十万人，沿着大运河转向泰州。挞懒首先进攻泰州境鼍（音驼 tuó）潭湖内由以梁山泊渔民张荣为首的水军守卫的水寨。张荣一直坚持到十一月，只好放弃水寨，率领水军向南转移到通、泰州境。泰州地处平原，无山险可恃，唯一的地利是湖泊和河道。鼍潭湖水寨的失陷，使泰州城完全暴露在金军面前，岳飞军已经无险可恃。这时，岳飞派往湖州催督、搬运五千石军粮的使臣，空着手回来报告说，湖州知州赵子璘借口尚未接到朝廷命令，拒绝调拨。在这种困难情况下，岳飞按照朝廷"泰州能战就战，能守就守，如果不能战、不能守，就退到附近沙洲，保护百姓，寻找机会掩杀敌人"的命令，估计敌我力量过于悬殊，决定放弃泰州城，向南撤退。在南撤的途中，金军尾随在后，岳飞军边战边走，屡次打退敌人，遇到粮饷断绝，就割敌人尸体的肉充饥。等到接近长江边时，岳飞为掩护百姓撤退，亲自带领二百名骑兵在后掩护。金军遥遥望见岳飞骑在马上，不敢逼近。岳飞军就这样由柴墟渡过长江，移屯江阴军，随即把失守的消息报告朝廷，听候治罪。朝廷下诏答应他领军在江阴就粮，尽力防御金军过江。

满怀抗敌救国激情的岳飞，毅然挺进淮南，惨淡经营，誓图恢复，终于因为得不到朝廷的有力支持而遭受挫折，返回江南。

四　收复襄阳六州

建炎四年九月以后，金朝统治者改变战略，集中东、西两路兵力征服陕西和四川地区。兀术引主力进入川、陕作战。在中原，则扶植汉奸刘豫建立齐国，作为金、宋中间的缓冲，使宋不能直接威胁金朝，而金朝可以随时通过齐国攻打宋朝。

金朝统治者还施展了一条更为毒辣的诡计，把已经投降的秦桧放回宋朝去充当奸细。

秦桧年轻时在太学读过书，登第后，担任州学教授，总嫌教官的生活过于清苦。他写过一首诗,有两句说:"若得水田三百亩,这番不作猢狲王。"幻想有朝一日成为一个饱食终日的中等地主。北宋灭亡前夕,秦桧任御史中丞。金军攻占汴京,准备立张邦昌为帝,秦桧独自向金帅上书表示反对,要求由皇储继承宋朝的皇位,因此颇得声名。金帅指名索要秦桧,成为俘虏。到北方后,秦桧见宋朝大势已去,屈膝投降了敌人,很快就成为挞懒的亲信,随军为挞懒出谋画策。秦桧曾替被金朝羁留的宋徽宗起草文稿,呈送金帅粘罕,文稿的主要内容是为金朝献计:与其出兵远征,劳师动众,不如派回一名宋廷旧臣,让他劝谕南宋皇帝自动归顺,世代臣属,年年纳贡,这样就可以"不烦汗马之劳,而坐享厚利"。这一计策虽然没有立即被粘罕采纳,秦桧由此却更受金朝统治者的赏识。

挞懒配合兀术所部金兵围攻楚州时,秦桧及其妻子王氏都在挞懒军中,任随军转运使。金军攻下楚州后,秦桧带着王氏以及四五名随从,坐小船进入涟水军(江苏涟水)境,被宋水寨巡逻队当作奸细抓住,捆绑起来,打了一顿,准备处死。秦桧找到一个读书人,证明自己是"御史中丞秦桧",才被释放。随后,全家坐船从海上到达浙东。

秦桧突然归来,引起许多官员的怀疑。只有宰相范宗尹跟秦桧是老相识,在赵构面前极力推荐秦桧"忠心",因而得以见到赵构。秦桧一见赵构,就兜售"议和"妙策,他说:"如果要使天下平安无事,必须是南自南,北自北。"建议与金议和,还请求赵构写信给挞懒"求好"。第二天,范宗尹进呈由秦桧代赵构草拟的一份通过挞懒向金朝求和的国书,赵构看后说:"秦桧朴忠过人,朕得到了他,高兴得一夜都睡不着觉。"任命秦桧为礼部尚书。三个月后,即绍兴元年(1131 年)二月,升为参知政事(仅次于宰相的职位)。七月,范宗尹罢宰相职。秦桧看到朝廷缺相,图谋夺取宰相高位。他放出空气,声称:"我有两个计策,可以耸动天下。"有人问他为什么不讲,秦桧回答说:"如今没有人当宰相,不好实行啊!"这话传到赵构耳中,加上正遇有一些大臣暗中推荐秦桧,就在八月提拔他做右相兼知枢密院事。秦桧在朝网罗主和官员作为自己的党羽。次年七月,左相吕颐浩出师回到朝中,与秦桧意见不合。八月,殿中侍御史黄龟年弹劾秦桧"专门主张和议,阻碍国家恢复中原故土的长远计划","培植党羽,独专大权"等罪。吕颐浩也向赵构极力揭露秦桧。赵构向兵部侍郎綦崇礼(綦音奇 qí,崇同祟)出示秦桧以前所献的两策,大意是"南人归南,北人归北",即不但放弃中原,而且把抗金南迁的河北、河东人交给金朝,中原人交给刘豫。赵构说:"秦桧说'南人归南,北人归北',朕是北人,该归哪里?"又说:"秦桧做宰相已经几个月了,说要耸动天下,可是到现在还没有听说什么。"于是命綦崇礼起草制书,谴责秦桧,罢免相位,并且在朝堂出榜宣告朝廷"永不复用"。秦桧的党羽也被驱逐一空。

这时,趁着金军暂时停止向东南地区侵掠的空隙,赵构小朝廷决定腾出手来戡定"内乱",解决从前线败退下来而流窜各地的叛兵、游寇等叛乱武装以及各地农民起义。岳飞的部队因为战斗力强、纪律严明、军风整肃而声名卓著,各地的官员纷纷向朝廷请求调遣岳家军前去镇压。于是岳飞被派到江西、湖南等地,在江淮招讨使张俊指挥下,配合前军统制王燮、后军统制陈思恭所部,引兵征讨李成、曹成这两支势力最强、为害最大的武装力量。岳飞运用自己的谋略,严格约束部下,受到各地人民的支持,几经鏖战,终于击溃李成、曹成主力。李成带领残部北窜齐国,投降了刘豫;曹成南逃,最后走投无路,也向韩世忠投降。接着,岳飞又奉命扑灭了江西地区的几支农民起义队伍。

从绍兴元年到绍兴三年,岳飞前后整整三年时间,驰骋在江西、湖南等地,既平定了叛乱武装,也镇压了农民起义。他从这些武装力量中收编了一部分精明强干的士兵,用来补充队伍,绳以纪律,使自己的部队逐渐发展成一支拥有近三万人的劲旅。岳飞逐渐成为与刘光世、韩世忠、张俊相提并论的大将。绍兴三年九月,岳飞带着长子岳云,到临安府(浙江杭州)朝见赵构。赵构赏给岳飞父子衣甲、马铠、弓箭、战袍、战马等物,又赐给军旗一面,上面绣着赵构亲写的"精忠岳飞"四个大字。岳飞被提升为镇南军承宣使、神武后军都统制、江南西路舒蕲州制置使,在江州(江西九江)、兴国军(湖北阳新)、南康军(江西星子)一带驻军防守。

同年十月,刘豫军队占领邓、襄,切断了朝廷通向川、陕的交通,也直接威胁湖南、湖北百姓的安全。岳飞接连不断地向朝廷写奏章,建议及早进兵中原,收复襄阳等六州。在奏章中,岳飞指出襄阳等六州地形险要,是恢复中原的基本。他已经厉兵秣马,只等朝廷批准,立即北向。宰相朱胜非和参知政事赵鼎这时都是主战较力的人物。朱胜非完全支持岳飞的建议。赵鼎也指出:"熟悉上流利害,没有人比得上岳飞。"在朱胜非和赵鼎的劝说和鼓励下,赵构勉强同意岳飞的计划,在绍兴四年的五月,任命岳飞兼黄、复二州、汉阳军(湖北汉阳)、德安府(湖北安陆)制置使,把收复襄、邓等州的重任完全托付给了他。

形势对岳飞十分有利。不仅在朝大臣支持他出征,而且朝廷还把在河南作战多年,熟悉襄汉一带地利的勇将牛皋调到他军中。岳飞得到牛皋非常高兴,立即委派他做唐邓襄郢州安抚副使,兼统踏白军,不久又改任神武后军中部统领兼制置司中军统制。朝廷又将李横的部将董先、湖北帅司的统制官颜孝恭、崔邦弼所部,以及荆南镇抚使司的骑兵,全部拨给岳飞率领。此外,还指定韩世忠派一万人屯驻泗上(指泗州一带)作为疑兵,刘光世选精兵出陈州(河南淮阳)、蔡州(河南汝南)合力并进,互相策应,牵制敌人。更使岳飞放心的是,军队的粮饷有了保证,朝廷指派司农卿、户部员外郎沈昭远随军筹措,赵构还亲自写诏书给鄂州(湖北武汉市武昌)、岳州(湖南岳阳)附近地区的监司、帅臣,命令他们随宜供应岳家军的粮饷,不得欠缺。

这一切使岳飞对未来的胜利充满信心。他严申行军纪律:沿途兵马不得践踏庄稼,对百姓做到丝毫不犯。

五月初一,朝廷命岳飞兼任黄、复二州和汉阳军、德安府制置使,并命令立即领兵出征。岳飞大军出发的那天,以绣着"精忠岳飞"四字的大旗在前引导,士兵们迈着坚定的步伐,浩浩荡荡地离开了江州(江西九江),沿江西上,经过鄂州,在初五到达郢州(湖北钟祥)城外。

郢州城的伪齐守将荆超,骁勇强悍,有"万人敌"的称号,拥兵一万多人。岳飞骑马环城走了一圈,视察地形。他派张宪去劝说荆超,说:"你们受国家厚恩,为何不思报答,反而叛变而追随刘豫?"试图用民族和国家的大义劝告他及早自动归降。荆超恃勇拒绝。他的谋主、伪知长寿县(即郢州的治所)刘楫,执意顽抗,还在城头上肆无忌惮地辱骂。岳飞怒不可遏,命令全军一旦攻下州城,一定要活捉这个无耻之徒,重重治罪。这时,因为军队推进速度很快,军粮运输一时没有跟上,全军余粮只够再吃一顿,但岳飞估计已经足够支持,可一鼓拿下郢州。

第二天拂晓,岳飞部署停当,便在郢州城外摆开阵势,随即擂起战鼓,命令全军发动总攻击。战士们齐声呐喊,冒着箭雨,奋勇登城。守城的金、齐军早已听说"岳爷爷"和岳家军的厉害,现在亲眼看到岳飞的军队无比勇猛,早已吓得六神无主,勉强抵挡一阵后,边战边退。没有多久,岳家军占领了城头,打开城门,放下吊桥,大军乘势冲进城内,杀死敌军七千人。荆超走投无路,跳崖自杀。刘楫被战士们活捉,推到岳飞的面前,岳飞把他痛斥一顿,命令刀斧手立即把他处死。

岳飞旗开得胜,一举攻下郢州。稍事休整,即派张宪、徐庆带一部分人马去攻取随州(湖北随县),岳飞亲自领兵直趋襄阳府。

伪齐襄阳府守将李成,原是岳飞的手下败将,探知郢州已经失守和岳飞提兵压境,急忙引兵出城四十里,左靠汉水,摆开阵势,准备迎战。岳飞的部将王贵、牛皋等人准备马上进击,岳飞一边仔细观察李成的阵势,一边微笑着说道:"暂且停下。李成这贼将好几次败在我的手里,我原以为他多吃些败仗,一定会接受教训,谁知道他还像过去那样愚蠢。"又说:"险阻的地形对步兵方便,平旷的地形对骑兵有利。李成却把骑兵放在他左边的江岸,把步兵摆在右边的开阔地,尽管他有十万之众,又有什么用?"说完,岳飞举起马鞭,指示王贵说:"你带领步兵,手持长枪,从李成的左侧攻击他的骑兵。"又指示牛皋说:"你带领骑兵,从李成右侧攻击他的步兵。"双方交战,李成军前排的战马都被岳家军的长枪刺中,后排无路可退,连人带马被挤进江中;李成军的步兵被岳家军的骑兵来回冲杀,死伤无数。李成军大败,连夜狼狈逃跑。岳飞顺利地收复了襄阳府。伪齐不甘心失败,增派新征壮丁支援李成,号称三十万,企图夺回襄阳。六月初,岳飞号令全军分两路夹击,再一次大败李成军,追杀十多里。

张宪、徐庆带兵往东攻打随州。伪齐知州王嵩保守州城不出,张宪、徐庆连攻一个多月,还是没有得手。岳飞得报,派牛皋前去支援。牛皋临走,请求带三天的粮草,不等粮草用尽,便攻下了州城,俘获五千人,其中包括王嵩。岳飞长子岳云也参加了这次战斗。他手握两根各重八十斤的铁锥,抢先登上了随州城头。

七月,岳飞率领大军继续向邓州进发。伪齐李成自从襄阳败退后,又纠集兵马与金将刘合孛堇以及陕西番、伪军共几万人,屯驻在邓州西北,建营寨三十多座,准备与宋军决战。岳飞差人探知这一情况,决定派王贵等人沿光化军(湖北光化西北)一路,张宪等人沿横林(今地不详)一路,夹击敌人。王贵、张宪领兵到达邓州城外三十里,遇到敌兵几万人迎战。在两军混战时,王贵、张宪又派王万、董先各带奇兵突然冲杀过去,敌军抵挡不住,纷纷溃逃。宋军俘获金将杨德胜等二百多人,缴获战马二百多匹,兵器、衣甲各以万计。李成和金将刘合孛堇只身逃跑。李成部将高仲率领残部退入邓州城,闭门顽抗。十七日,岳飞指挥全军攻城,将士们不顾箭、石纷下,争先登城,一鼓作气攻下州城,活捉高仲。二十三日,岳家军收复唐州(河南唐河)。同日,又收复信阳军(河南信阳市),捉住伪知县等五十人。到此为止,岳飞按照预定的计划,在不到三个月的时间内,迅速收复了襄、邓等六州,有力地保卫了长江中游,打开了川陕通向朝廷进纳财赋和纲马的道路。与此同时,击溃了伪齐的主力李成大军,伪齐从此一蹶不振。

岳家军挥戈猛进,势如破竹,本来可以乘胜长驱直入,收复中原更多失土。但是,赵构并非真想收复中原,他只是迫于形势,不得不派岳飞出兵。他害怕过于刺激金朝统治者,会招惹对方更大的报复。所以,在岳飞领兵出发之前,就用"三省、枢密院同奉圣旨"的名义,告诫岳飞：这次出兵，只准收复襄阳府、唐、邓、随、郢州、信阳军六个州军的土地，不得越出这一界限；敌军逃遁出境，不须远追；不得扩大事态，提出"提兵北伐"、"收复汴京"之类的口号；此仗打完，大军回江上屯驻。遵照这些规定，岳飞在收复六州后，很快就任命新的地方官，分拨人马镇守，安顿流亡百姓，然后下令班师，带领大军回到鄂州。

岳飞的这次胜利，是南宋抗金战争中，继吴玠、吴璘在仙人关大捷后的又一次重大的胜利。但这次又跟仙人关战役有所不同，二吴是宋军在自己的防区内被迫应战，岳飞这次则是宋军主动出击，因而更增强了宋朝军民抗敌的勇气和信心。

襄、邓前线捷报传到临安，朝野一片欢腾。赵构又惊又喜，慨叹地对大臣们说："朕早就听说岳飞治军极有纪律，却没有料到他能破敌立功到如此地步！"又说："岳飞的筹略，颇令人满意。"宰相朱胜非按照出征前对岳飞许下的口愿，经赵构批准，提升岳飞为清远军节度使、湖北路荆襄潭州制置使，兼管新成立的襄阳府路（包括襄、邓六州）。不久，进封武昌郡开国侯。宋朝建国以来，节度使成为贵族和官员的最高荣誉职位，从来不轻易授人。这时，宋朝带节度使衔的，只有刘光世、韩世忠、张俊三名大将。岳飞以三十二岁的年龄而持节封侯，这在宋朝是史无前例的。

尽管如此，岳飞并非热衷功名利禄的庸俗之辈，他从来把这些东西看作浮云和尘土，他念念不忘的是驱逐金人、收复失地的根本大业。在攻克襄阳后，虽然他清楚记得朝廷在出师前夕规定的种种限制，但是仍在奏章中分析敌我形势，指出应该及早攻讨刘豫，不宜延缓时间，免得刘豫乘机修筑城池、增兵积粮。如果坐失戎机，到时候再想攻取，就加倍费力了。他还指出，如果现在能选派精兵二十万人，直捣中原，恢复故土，民心归顺，易于为功，这是国家的长久之策。他在鄂州，又撰成《满江红·题黄鹤楼》词一首：

遥望中原，苍烟外，许多城郭。想当年，花遮柳护，凤楼龙阁。
万寿山前珠翠绕，蓬壶殿里歌声作。到而今、铁骑满郊畿，风尘恶。

兵安在？青锋锷。民安在？填沟壑。叹江山如故，千村寥落。
何日请缨提劲旅，一鞭直渡清河洛。待归来、再续汉阳游，骑黄鹤。

再一次描述了他心头的宿愿——率领劲旅，直渡黄河，肃清敌人，
恢复疆土。

五　增援淮西

金与伪齐军队在襄、邓一带屡遭岳家军的痛击后，决定改变战略，
避开岳飞的防区，改由东路渡过淮河侵入淮南，然后伺机侵掠江南，企
图由此来弥补在襄、邓遭受的重大损失。

岳飞早在李成败降伪齐后不久，就乘刘豫招徕江南士大夫之机，派
幕僚王大节，假装投降刘豫，暗中设法促使李成反正归宋。这原来是赵
构交给岳飞去办的一项任务，赵构透露过只要李成反正，马上授给李成
节度使衔。王大节到伪齐后，刘豫之子刘麟留他做皇子府的属官，很受
信任。有一天，刘麟向王大节询问征服江南的计策，王大节假意建议可
先攻四川，然后顺江直下，江南唾手可得。刘麟说："不然。大金已有命
令，要会合本国的军队去淮南，渡长江，直逼吴会，你以为如何？"王大
节重申己见，刘麟不听。王大节故意劝诱刘麟舍近求远而消陷其军旅
于山川险阻的四川的意见，虽然未经采纳，但从刘麟嘴里却套出金、齐
的作战计划。于是他脱身逃归江州，报告岳飞。

九月十五日，在王大节逃回江南不久，金、齐联军果然再度大举南
犯。东路由元帅左监军挞懒率领步兵，从楚州沿运河进攻承州；西路由
兀尤率领骑兵，从泗州（江苏盱眙西北）进攻滁州（安徽滁县）。刘麟渡
淮后，率兵坐镇在盱眙军（江苏盱眙）。

金军渡淮后，宋楚州知州樊序弃城逃走。宋镇江建康府、淮南东路
宣抚使韩世忠自承州带兵马回到镇江府把守。这时适逢赵鼎代替朱胜
非任右相兼知枢密院事，赵鼎鼓励赵构决策亲征。十月初，赵构命令张

俊派兵支援淮东，刘光世移兵建康府，韩世忠再从镇江府领兵回扬州抗敌。韩世忠在大仪镇（江苏扬州市西北大仪集），韩军部将解元在承州相继打败敌军。另一员部将董旼也在天长县鸦口桥打败敌军。

金西路军统帅兀术，十月初四领兵进犯滁州，不胜。十一月初六，改攻六合县（安徽六合）。十一日，掠全椒县（安徽全椒）境。十三日，攻陷滁州。十二月初，金、齐联军进逼庐州（安徽合肥），淮西安抚使仇愈发宣抚司守军一千人抵御，被金、齐军杀败，几乎全军覆没。仇愈领兵退入城中，金、齐军立即将城包围得水泄不通。

庐州危急，赵构亲写札子命令岳飞率领全军东下，日夜兼程前往淮西。"御札"中说："卿一日不到，朕一日不安。"岳飞接到命令后，迅速带军到达池州（安徽贵池）。为了及早解围，岳飞派腹心将领，统制徐庆、牛皋带领援兵作为先遣队，首先渡过长江，赶到庐州。徐庆、牛皋率十三名骑兵最先到城下，入城会见仇愈。坐未暖席，探子报告金、齐军五千多骑逼近州城。这时，岳飞大军尚未到达，仇愈面露忧虑之色。牛皋安慰仇愈，并自告奋勇地说："不用害怕，我们替你打退敌人。"他立即跟徐庆并骑出城，迎向敌人，大声警告敌人说："牛皋在此，你们怎敢前来？"一名敌军头目答道："我知道牛公已奉命赴湖北路，这里怎么会有牛公？"牛皋顺手展开"岳"字旗和"精忠"旗给敌人看，敌军望见这些旗帜，意识到真的又碰上了岳家军，不禁相顾失色。牛皋察见敌军的军心已经动摇，不失时机地挥舞手中的矟（通槊，音 shuò，为长一丈八尺的矛，用于马战），冲向敌军。敌军害怕牛皋，只得且战且退。突然徐庆在追逐敌军时跌落马下，敌军乘机回头拥上前来，打算活捉。牛皋拍马赶到，一手拉起徐庆上马，一手杀死几名敌兵，两人重新投入战斗。这时，牛皋的两千名步兵正好赶到，敌军以为是伏兵杀出，急忙转身逃窜。牛皋指挥部下猛追三十里，金军逃跑时互相推挤、践踏致死和被宋军杀死者各占半数，宋军击毙金军副都统和千户五名、百户几十名，活捉八十多人，缴获马八十多匹、枪刀不计其数。金兀术军大营设在离庐州一百多里的地方，共十万多人，听说岳家军杀来，当晚向北逃窜。

金与伪齐军在淮东和淮西连遭岳飞和韩世忠军的沉重打击,知道一时难以取胜,便在庐州败逃后几天,从东、西两路全线撤兵,灰溜溜地退回淮北了。

六 收复商、虢、蔡等州

绍兴五年(1135年)夏,岳飞奉朝廷之命,领兵到达洞庭湖地区,镇压杨太领导的农民起义军。岳飞凭借军事上的优势,使用围困、诱降兼强攻的策略,陆续攻破起义军的水寨,终于把起义镇压下去。岳飞因镇压起义有功,朝廷命他兼任蕲、黄州制置使,特授检校少保,进封开国公。不久,又提升为荆湖南北、襄阳府路招讨使。岳家军还屯鄂州。这时,由于收编了杨太起义军的精壮,岳家军的人数猛增,编制从十将增加到了三十将。

荆襄形势稳定后,宋朝统治者又把注意力转到对金的攻战上。绍兴六年(1136年)二月,坚决主张抗金的张浚以宰相兼都督诸路军马事的身份,召集各路将领在平江府集议北伐,决定由京东宣抚使韩世忠据守承、楚二州,准备攻取淮北;淮西宣抚使刘光世屯驻庐州,招诱金、齐兵;江东宣抚使张俊在建康府练兵,进屯盱眙军;权主管殿前司公事杨沂中率领精兵为后翼,支援张俊;岳飞则进驻襄阳府,准备收复中原。临行,张浚勉励岳飞说道:"这件事是你的宿愿,希望你好自为之。"

早在绍兴五年冬天,太行山忠义社梁兴率领一百多人渡过黄河,投奔到襄阳岳飞军中来。梁兴领导的忠义社是一支活跃在太行山的抗金义军,深受河北、河东百姓的爱戴,称之为"梁小哥"。由于金军大批出动扫荡,义军寡不敌众,为了保存力量,梁兴带领一百多名骨干夺路南下,来到岳飞处。岳飞很快把这件事奏报朝廷,赵构十分高兴,对大臣们说:"梁兴等人应当优与官赏,以劝来者。派往金军的探子,他们的报告多半不甚可信,只有这些忠义之士回来,才能真正了解敌情。"梁兴的到来,使岳飞更增加了恢复故土的决心和信心,连续几次向朝廷提出北伐的要求。

准备就绪后,岳飞便在六月进屯襄阳。七月,岳飞派统制官牛皋、王贵、董先率领偏师攻打伪齐的镇汝军。伪齐为了进攻宋军驻守的唐州,在唐州北边的鲁山县(河南鲁山)设置镇汝军,在这里屯驻重兵、积聚粮饷。伪齐知镇汝军薛亨向来号称"骁勇",常常驱使大批士兵攻掠唐、邓。牛皋、王贵等率领的岳家军到达唐州后,得悉薛亨再次来犯,立即出城,严阵以待。双方交战,牛皋、王贵假败,薛亨率军穷追。这时,牛皋、王贵所派冯赛带领的奇兵绕到薛亨军后,牛皋、王贵突然领兵杀回,与冯赛前后夹击,薛军大败。薛亨和伪齐河南府中军统制郭德等七人被活捉。伪齐主将,刘豫之弟"五大王"刘复带兵出城顽抗,又被王贵击败,横尸遍野。宋军冲进镇汝军,烧毁了齐军营房,缴获到大批军粮。十三日,岳飞第四副将杨再兴领兵收复西京长水县(河南洛宁西南),斩伪齐孙都统,俘获后军统制满在等将领一百多人,缴获粮食二万多石。八月下旬,岳飞派王贵、郝晸、董先攻取虢州寄治之地卢氏县(河南卢氏),全歼伪齐守军,缴获粮食十五万石,进而攻下虢略(河南灵宝)、朱阳(河南灵宝西南)、栾川(河南栾川)等虢州其他三县。九月初,岳飞命王贵派偏将向西收复商州(陕西商县),向东经栾川攻克顺州(即宋伊阳县,今河南嵩县西南)。

商、虢、顺等州及鲁山县,地处河南西部,金、齐在这里积聚了大批军粮和物资,还牧养着一万多匹战马。岳家军这次主动出师进攻,收复了伊(水)、洛(水)的险要之地,声震河、洛之郊,在军事上给敌人以沉重的打击,同时,夺取和烧毁了大批粮食和物资,使敌人在经济上也受到很大的损失。

但是,岳飞很快就发现自己孤军深入敌境,既无援兵,又缺粮食,于是不得不决定放弃将士们用鲜血和生命换来的城池,在九月二十八日收兵回到了鄂州。

伪齐皇帝刘豫见宋朝部署北伐,金熙宗不发援兵,不得不孤注一掷,在九月亲自领兵三十万大举反击。驻守在庐州、盱眙的大将刘光世、张俊,在齐军的凶猛攻势面前,畏敌怯战,企图弃地南逃,却向朝廷建议抽调襄汉前沿的岳家军前来抵敌。张浚分析形势,向赵构指出,现今的形势是只能进击,不能后退,岳飞也不能离开襄汉。赵构急令刘、张回军迎敌,但又担心刘、张不能尽力,仍命岳飞提兵到淮南应援。这时,岳飞刚刚收兵回到鄂州,正患着眼病。接到命令后,岳飞不顾疼痛,即日带兵启程。赶到江州时,适逢齐军主力已被击败,战事基本结束,赵构又命岳飞还军。

十月底,金与伪齐军分成数路向岳飞防区反扑过来,企图夺取淮河上游地区。岳飞指挥统制官王贵、寇成、崔邦弼等,逐路粉碎敌人的进攻。十一月初,伪齐主将、刘豫之弟"五大王"刘复,领军进侵唐、邓州等地,十日,到达唐州北称大标木的地方,布列阵势。岳家军前线主将王贵率军抵御,打败刘复。岳飞接到前线的捷报,立即渡江,亲自统帅大军追击敌人。岳飞深入到蔡州城下,观察敌情。他看到蔡州的城壕又深又阔,城头上只竖着黑旗,却看不到守兵。岳家军每次进攻,黑旗便随着晃动,然后就出现一队队士兵上城抵御;岳家军后退,城上便恢复原状。岳飞估计敌人防守严密,自己的军队只带十天的口粮,难以进行旷日持久的攻坚战,因此决定撤兵。

狡黠的刘豫得知岳飞从蔡州撤兵的消息,派李成、孔彦舟等十大将,尾随在后,打算在岳家军的归途中伺机狙击,然后直捣鄂州。岳飞撤兵时,命董先、王贵等带领部分人马在后掩护。董先等从敌军士兵口中得知刘豫的这一阴谋,立即派人飞速报告岳飞,自己则带兵在山林险要之处埋伏下来,不断指挥一二队骑兵从树林中出来袭击。董先、王贵等撤到唐州境内名叫牛蹄的地方,李成等带兵追到。金与伪齐几千名骑兵正在渡河,董先领兵冲杀过去,敌骑拥入河中,死伤极多,董先所部活捉敌骑三千多名,缴获战马二千多匹及衣甲、器仗等物。不久,岳飞统率大军回来救援。李成等人遥遥望见岳家军,吓得六神无主,急忙夺路逃走,岳飞领兵渡过泌河(河南境唐河),追赶三十多里,生俘伪齐将领几十人、兵士几千人。对于被俘士兵，岳飞一一发给钱物，抚慰他们，士兵们很受感动，都欢呼而去。

回到鄂州，岳飞因为这次战功，官阶由少保提升为太尉。但是，跟他一心想要完成的北伐大业相比，加官晋爵又算得了什么！每次出兵北上，他总是满怀着恢复中原的热忱和同仇敌忾的心情，但不是由于孤军无援，就是由于粮饷不足，被迫半途而归，终于功败垂成，壮志难伸。

一天雨后，岳飞靠着栏杆，望着远处的江水和群山，回忆往事，百感交集，情不自禁地赋成词《满江红》一首：

> 怒发冲冠，凭栏处、潇潇雨歇。
> 抬望眼，仰天长啸，壮怀激烈。
> 三十功名尘与土，八千里路云和月。
> 莫等闲、白了少年头，空悲切。
>
> 靖康耻，犹未雪；
> 臣子恨，何时灭？
> 驾长车、踏破贺兰山缺。
> 壮志饥餐胡虏肉，笑谈渴饮匈奴血。
> 待从头、收拾旧山河，朝天阙。

这首词充满了对敌人的无比痛恨和报仇雪耻的迫切心情，以及恢复旧疆的不可动摇的意志。为了实现"还我江山"的雄心大志，岳飞用"莫等闲、白了少年头"来勉励自己。词中虽然不免流露出忠君思想，但岳飞的忠君并不是只知有君、不知有国的封建奴才式的愚忠，而是与爱国融为一体的忠君。在他生活的时代，人们难以把皇帝和国家严格区别开来，特别在民族危难时，更把忠君当作爱国，把"勤王"当作救国。因此，这一忠君思想丝毫不影响这首词被誉为千古绝唱的爱国主义名作。几百年来,每当汉族或中华民族遭到外来的压迫或侵略时,这首词曾经打动了无数志士的心,激励他们奔向杀敌的战场。

七　坚决反对"和议"

刘豫连续派兵南侵,被宋军打得弃兵曳甲、狼狈而逃。金朝统治者看到刘豫这匹走狗已不仅无用,而且成为自己的累赘,就在绍兴七年(1137年)十一月下令废黜刘豫为蜀王,取消齐国政权。挞懒等人主张将河南、陕西地区归还给宋朝,要求赵构向金称臣,贡纳岁币。金熙宗与群臣议定后,就将宋朝在金的使臣王伦放回,让他回去报告金朝准许和议的消息。

十二月,王伦回朝向赵构转达了挞懒的口信:"好好告诉江南,从此道路无阻,和议可望成功。"还把金朝允许归还"梓宫"(徽宗的灵柩)和皇太后,以及退还河南各州等事告诉赵构。赵构得报,大喜出望,立即厚赏王伦,决意加紧与金议和。为了准备和议,赵构重新想起了曾经提出"南人归南,北人归北"理论,并且跟金挞懒有着亲密关系的秦桧,认为秦桧是乞和的最合适的人选,于是不顾几年前发布的"永不复用"秦桧的命令,在三月间,第二次任命他为右相兼枢密使。

秦桧再次任相,完全摸透了赵构急于求和的心理,便尽力迎合;同时,打击和排挤所有反对和议的官员,扶植党羽。御史中丞常同、中书舍人潘良贵、参知政事刘大中、左相赵鼎、枢密副使王庶、礼部侍郎曾开等人,都因反对和议而相继被罢官出朝。一些趋炎附势、力赞议和的官员,像勾龙如渊、施庭臣、莫将、沈诙、孙近等人,受到破格提拔,掌握了弹劾机构御史台等要害部门,以便控制舆论,排除异己。

秦桧与赵构沆瀣(音 hàng xiè)一气,十分露骨地向金朝统治者乞降,引起宋朝文武官员和广大人民的激烈反对。福建安抚大使张浚连续五次上书,驳斥秦桧等人的谬论。韩世忠连上十多道奏章,要求拒绝议和,发兵决战。吏部尚书张焘等侍从官,秘书省著作佐郎胡珵

（音呈 chéng）等馆职官，都联名上书指出："今天屈己求和，陛下认为可以，士大夫、百姓、军士却都认为不可以。"枢密院编修官胡铨上奏说："王伦企图使陛下成为刘豫，秦桧企图引导陛下当石敬瑭，孙近附和秦桧主和。我与秦桧等人不共戴天，希望斩下这三个人的脑袋，悬挂槁街上，然后拘留敌使，责其无礼，再兴师问罪。这样，三军不战而勇气百倍。否则，我宁愿投东海而死，也决不在小朝廷里求活。"胡铨这篇激昂慷慨、字字铿锵的奏章被民间迅速刻印传诵，流传四方，使朝野反对妥协投降的浪潮达到了顶点。临安城内外连续喧腾了好几天，街头巷尾出现了"秦相公是细作！"的匿名揭贴，甚至有些人准备要刺杀秦桧。

在全国上下反对与金议和的热潮中，统兵驻守在鄂州的岳飞，一直在准备对金用兵，策划如何深入敌境北伐。他要求朝廷乘金人废刘豫之机，发兵出征，以雪积年的耻辱。他写信告诉枢密副使王庶说："今年如果再不举兵北上，我当纳节请求退闲。"随后，又上奏书说："我们对金国的深仇大恨，哪一天都不应该忘记。臣愿意带领战士收复三京（汴京、西京、南京）陵墓，然后设法攻取河北，恢复旧疆。"岳飞到临安朝见赵构，赵构把金朝派遣使者议和，将要归还河南的情况告诉岳飞，岳飞回答道："敌人难以相信，和好难以依靠，宰相（指秦桧）不好好地替国家着想，恐怕要叫后代人讥议。"这一席话说得赵构沉默不语。赵构当然最清楚，与金议和是他的既定国策，秦桧不过是积极推行者；岳飞说后代人将讥议秦桧，实际也是包括他的。

绍兴八年（1138 年）十二月，秦桧以宰相的身份，到临安金朝使臣的宾馆，代表赵构跪拜在金使的脚下，诚惶诚恐地接受了金朝的诏书。金朝答应把陕西、河南"赐还"给宋朝，并归还徽宗及其皇后的灵柩；宋朝向金称臣，每年进贡银子二十五万两、绢二十五万匹。赵构、秦桧一伙就这样违背人民意愿，在抗金斗争相继取得胜利的形势下，使宋朝变成了金的属国。绍兴九年（1139 年）正月，赵构以和议达成布告全国，大赦天下，以示庆祝；满朝文武百官也因之加官晋爵。

按照惯例,岳飞在接到朝廷颁发的议和赦令后,要上表致谢。在谢表中,岳飞再次申述他一贯反对"和议",坚持抗敌的主张。他列举一些历史事实来证明"夷虏"背信弃义,往往盟约的墨迹尚湿,口血未干,他们便又驱马兴师侵犯中原的疆土。因为他们的贪欲永远不会满足。为了暂时解除国家的危难而议和,决不是长远之计。为了国家的前途,他坚决表示愿意制定方略,收复河东、河北,直捣燕云,为国复仇。岳飞这篇充满爱国激情的谢表,道出了广大爱国人民的心声,士大夫们争相传诵,以致很快就家喻户晓。这篇谢表实际上变成一道讨伐投降派的檄文,因此,秦桧读后,对岳飞恨得咬牙切齿。

接着,岳飞又上疏给赵构,请求批准他酌量带些官兵,亲自到金朝刚退还的西京(洛阳)去洒扫先帝的陵墓。这时,赵构已经派宗室、同判大宗正事赵士㒟(音niǎo)和兵部侍郎张焘为祗谒陵寝使,去西京修奉陵墓,就同意了岳飞的请求,让岳飞从鄂州出发,陪同赵士㒟等前去。岳飞去西京的真实意图,正如他在另一道奏章中所说:"从靖康年间以来,北敌用一个'和'字玩弄我朝十多年了,我们始终没有觉察他们的奸计,因而受害到如此地步。现在他们无缘无故请求讲和,国内必定有心腹之患,没有能力攻犯我边境;同时,刘豫刚被废黜,藩篱空虚,所以他们假意这样做。名义上是归还土地,实际上是把土地暂寄我朝。臣请求适当带领轻骑,随同两位使臣恭谒陵寝,乘此机会观察敌人的虚实。"但一当赵构和秦桧知道了岳飞此行这一用意时,生怕他到西京会惹出麻烦,便以新收复的土地需要大将抚存军队为理由,撤销了不久前批准他亲去西京的诏令。

为了粉饰太平,取得武臣对"和议"的支持,赵构授予刘光世、张俊、韩世忠三大将新的封号和官爵,也提升岳飞为开府仪同三司。岳飞连上四奏,提出了辞免新头衔的要求。在奏章中,他指出"虏情奸诈","现今的形势是只能引以为危而不能引以为安,只足以使人忧虑而不足以使人祝贺,应该加紧训练士兵,以备不测,而不应该论功行赏,被敌人耻笑"。要求朝廷追回成命,以便"保全臣节"。

　　岳飞屡次向朝廷上书,坚决反对"议和",引起赵构的极大不满,更引起秦桧的切齿痛恨。

八　大举北伐

　　正当赵构和秦桧一伙弹冠相庆,以为大功告成的时候,金朝国内形势发生了变化。绍兴九年(1139年)七、八月间,金熙宗以谋反的罪名处死了挞懒等大臣,提升兀术为都元帅。兀术认为,把陕西、河南疆土归还给宋朝是最大的失策,决意发兵夺回,并进一步深入侵宋。绍兴十年(1140年)五月,金熙宗采纳兀术等人的建议,撕毁和约,下令元帅府伐宋。金兀术决定一改秋季出战的常规,在盛夏用兵。金军分成四路,向宋发动大规模的进攻:兀术亲率孔彦舟、郦琼、赵荣等人领兵十多万,从黎阳(山西浚县)直取汴京;右监军撒离喝经河中(山西永济西)入陕西;聂儿孛堇出山东;李成攻打西京。自从金朝归地以来,陕西、河南的守臣大多是金与伪齐旧官。金兵打来,他们不是叛降,便是逃走。在短短一个多月的时间里,金朝归还的土地重新全部陷落。

　　赵构和秦桧一伙一时慌了手脚。为了保全自己的统治地位和身家性命,不得不下令各军分头进行抵抗,同时,颁发檄文,宣布兀术、撒离喝的罪状。

　　五、六月间,金军撒离喝部在陕西、兀术部在顺昌府(安徽阜阳),都遭到了宋军的顽强抵抗,双方展开了空前的激战。川陕宣抚副使胡世将,率领右护军都统制吴璘、川陕宣抚司都统制杨政等,在凤翔府石壁寨(陕西宝鸡东北)、扶风县(陕西扶风)等地,连续打败撒离喝所部金军,金军死伤惨重,撒离喝被迫退守凤翔。新任东京副留守刘锜,率领王彦旧部八字军近二万人,途经顺昌府,得报金军已经进入汴京,便决定留在顺昌,与知府陈规坚守。兀术亲自领兵十多万,重重包围了顺昌城。刘锜、陈规指挥全城军民浴血奋战,击毙了大批敌人,又大破兀术训练的"铁浮图"和"拐子马"。兀术料定不能取胜,便狼狈逃回汴京,被迫由攻势转为守势。

岳飞接到赵构命令他"乘机战胜"金军的亲笔诏书,立刻调兵遣将,准备出击。这时,顺昌被围,情势危急,岳飞派遣张宪、姚政带领一支兵马,日夜兼程赶去应援。岳飞自己则统率大军,从驻地鄂州出发,大举北伐。

六月十三日,岳飞所部统制官牛皋领兵深入京西境。牛皋旗开得胜,大败李成的金军。

二十二日,岳飞大军到达德安府(湖北安陆)。这时,赵构和秦桧派出"计议军事"的特使、司农少卿李若虚也来到这里。李若虚向岳飞传达赵构"兵不可轻动,宜且班师"的旨意。原来赵构在发出"乘机战胜"金军的命令后,很快就感到后悔。他和秦桧合计,觉得金军兵强马壮,本朝军队能否招架得住,实在难说。所以又派出李若虚等三名文臣,分别到岳飞、韩世忠、张俊三大将的军营中去,以"计议"军事为名,实际上是去命令他们对敌人不得主动进攻,只能采取守势。李若虚奔赴鄂州时,岳飞已经北上。一直追到德安府,他才见到岳飞。岳飞听完李若虚的传达,立即表示拒绝。李若虚看到岳飞的态度如此坚决,不禁受到感动。他对岳飞说:"皇上的旨意只是说不宜轻动,现在大军既然已经进发,势必不能再退回去。朝廷如果追究不肯奉命停师之罪,由我一人承担。"岳飞得到李若虚的支持,信心倍增,便按照原来的计划,继续向北推进,派王贵、牛皋、董先、杨再兴、孟邦杰等提兵分路进攻河南各州,又命梁兴带领游击军渡过黄河,重返河北,会合忠义民兵,剿杀金贼,夺取河东、河北州县,切断和骚扰金军的供应线。岳飞自己率领主力,正面推进,以扫清汴京外围。正式发兵的那天,岳飞跟部将们告别说:"希望你们好好努力,让我们收复河北后再胜利会师吧。"

数天后,岳家军渡过淮河,浩浩荡荡地进入了河南中部。鲜艳的"精忠岳飞"旗和"岳"字军旗在队伍前面迎风招展;刀枪如林,盔甲鲜明;鼓声隆隆,战马嘶鸣;战士们个个精神抖擞,威风凛凛。岳飞盼望已久的与敌人决战的时刻终于到来了。

　　二十三日,岳家军的先头部队进入陈州(河南淮阳)、蔡州境内,统领官孙显大败金军裴满千户所部。

　　闰六月二十日,前军统制官张宪及傅选引兵攻克颍昌府(河南许昌)。张宪在六月初曾奉命应援刘锜,等他赶到顺昌时,战斗已经结束,于是他又回到大本营。颍昌府是襄汉通往汴京的必经孔道,岳飞决定先拔掉这个据点。这时,扼守颍昌的是刚由顺昌溃退下来的韩常所部金军,岳飞派张宪、傅选担当主攻任务。张宪、傅选领兵跟韩常激战一整天,打败了韩常的大队人马,在这一天收复了这座城市。韩常率领残兵败将退守陈州。岳飞又派统制官牛皋、徐庆跟张宪、傅选会师,合力与韩常军鏖战,再次打垮金军,韩常仓惶逃窜。二十四日,张宪领兵在陈州城外,接连击溃金骑兵和金翟将军的增援部队,乘势收复了陈州。岳飞委派胜捷军统制官赵秉渊任陈州知州。

　　二十五日,韩常和镇国大王斜也字董率领六千名骑兵向颍昌府反扑,被踏白军统制董先、游奕军统制姚政等人击退。同日,中军统制官王贵的部将杨成、中军副统制官郝晸、将官张应、韩清等,击败金万户漫独化等五千多人,收复郑州(河南郑州)。二十九日,刘政突入汴京附近中牟县(河南中牟东),夜袭漫独化的营寨,漫独化下落不明。

　　岳家军的另一支人马、河南兵马钤辖李兴所部,也在这时候打到西京附近,收复了伊阳(河南嵩县)等八县,又在河清县(河南孟县西)击退金军,乘势收复汝州(河南临汝)。金朝河南尹李成放弃西京,渡河逃往孟州(河南孟县)。七月初一,中军统制官王贵又派遣郝晸、张应、韩清带领增援部队到达西京,便与李兴一起开进洛阳城。接着,孟邦杰领兵收复了北宋皇帝陵墓所在地永安军(河南巩县)。

　　岳家军分兵进击,在短短四十多天时间内,先后收复了陈州、颍昌、郑州、西京等重镇,从东南、西、南几个方面对汴京形成了弧形包围圈。岳飞清楚地知道,自己的军队虽然歼灭了许多敌人、夺回了一些城市,但是,因占地甚广,造成兵力分散的弱点;同时,敌人主力即兀术亲率的金军精锐尚未被消灭。这部分金军最为凶残,在屡次南侵过程中,对宋朝人民犯下的罪行真是罄竹难书,不久前虽然在顺昌被刘锜、陈规击溃过,但很快就得到补充,恢复了建制。因此,岳飞决定制订一项全歼兀术军的计划。

金兀术得报前线连吃败仗,不免有些心慌,立即在汴京召集元帅左监军、龙虎大王突合速等各路将领,商讨对策。兀术说:"宋朝将帅都不难对付,唯独岳飞一军深入,将勇兵精,而且有河北忠义民兵响应作声援,其兵锋锐不可挡。"决定寻找机会,与岳家军决一死战。

岳飞从探子的报告中,知道了敌人的意图,他说:"金房已经技穷。即使探子所报属实,也不值得害怕。"这时,岳家军有十万人。他故意分散兵力,自己仅以少数轻骑驻守郾城(河南郾城),佯示郾城防御力量十分薄弱,同时,每天派一支小部队向金军挑战,让兵士们在阵前痛骂敌人,引诱兀术出战。

七月初八,兀术侦知郾城兵力很少,便集合了龙虎大王突合速、盖天大王完颜宗贤和昭武大将军韩常的兵马,抄小路,进逼郾城。

在郾城以北二十多里的地方,宋、金两军相遇,各自摆下阵势。岳飞首先命令长子岳云道:"你带领背嵬(大将帐前由骁勇战士组成的亲随兵)、游奕(巡逻兵)两支骑兵直闯敌阵,一定要得胜;否则,先斩你的头!"岳云得令,挥舞双锤,冲向敌群,与金将鏖战几十回合,打败金将,杀死大批金兵,缴获战马几百匹。勇将杨再兴单枪匹马,像一支离弦的箭冲入敌阵,打算活捉兀术,负伤几十处,杀死敌军几百人,又杀出敌阵。

兀术眼见不能取胜,决定孤注一掷,出动"铁浮图"和"拐子马"这两支骑兵,共一万五千人,向岳家军杀来。"铁浮图"又称"铁塔兵",是头戴双层铁盔,身披重甲的骑兵,以三匹马为一组,用皮带相联;他们的后面放着拒马子,用来阻止战马后退,战马每前进一步,拒马子便前移一步。铁浮图常常担任正面冲锋的任务,推进时就像一堵铁墙,对敌军造成极大的威胁。铁浮图的左、右两翼,配备着叫做拐子马的轻骑兵,常常在跟敌军战斗到白热化时突然出击,往来冲杀。这两支骑兵只准女真骑士充当,实际上是女真贵族赖以攻战的重要支柱。兀术曾用这两支骑兵多次大败宋军,因此有"常胜军"的称号。仅在顺昌被刘锜军打败过,但经过短期的补充和训练,重新组成了战斗队伍。这次,兀术故伎重演,又出动这两支骑兵,妄图一举歼灭岳家军。

　　岳飞早就盼着兀术能倾巢出兵,他吸取了刘锜的经验,专门训练一批步兵用来对付铁浮图。等敌军临近阵前,他立即命令步兵各拿一种叫"麻札刀"的大刀和大斧上阵。步兵们弯着身子,低着头,用刀斧专砍马足。马一摔倒,人就跟着摔了下来;一匹马躺下,另两匹马就不能前进。与此同时,他又指挥背嵬和游奕两支骑兵,专门对付拐子马。两军短兵相接,一场肉搏就开始了。激战几十回合,岳家军步、骑密切配合,战士个个奋勇争先,从午后一直杀到天色将黑,金军铁浮图纷纷倒地,拐子马非死即伤。金军终于全线崩溃了。兀术带着残兵败将,急忙向北逃跑。岳家军一路猛追,直杀得金军尸横遍野,弃甲如山。兀术看着七零八落的人马,不禁嚎啕大哭,说道:"从海上起兵,全靠铁浮图和拐子马打胜仗,现在一切都完啦!"

　　郾城惨败之后,兀术仍然不肯罢休。他收集残部,并从各地征调援军,又拼凑了十二万人,驻扎在郾城以北的临颍县(河南临颍),伺机反扑。十日,一支金军侵入郾城北五里店,岳飞亲自提兵出城迎敌,派将领王刚带领五十多名军将组成的军官队,出外侦察敌情。他们在半路上遇到大股敌人摆着一字阵。王刚等人冲入敌阵,杀死敌将阿李朵孛堇。岳飞远远望见黄尘遮天,知道自己的军队正与敌人厮杀,立刻带领四十名骑兵冲向战场。他在敌人阵前往来驰骋,左右开弓射箭。骑兵们勇气倍增,无不以一当百,呼声惊天动地,一鼓作气,击溃了敌军。十三日,杨再兴带领三百名骑兵巡逻,在郾城北的小商桥与金军大队人马遭遇。金军人数超过杨部几十倍,将杨再兴团团围住。杨再兴毫无惧色,带领战士奋勇拼杀,毙敌二千多人以及万户撒八孛堇等一百多名将领。杨再兴浑身中箭,仍然坚持战斗,直到壮烈牺牲。部将王兰、高林等也英勇捐躯。正在这时,张宪率领大军赶到,兀术连夜逃跑。张宪从战场上找到杨再兴的遗体,火葬后,捡得箭头二升。杨再兴原是叛乱武装曹成军的将领,岳飞领兵追剿曹成,杨再兴曾杀死岳飞之弟岳翻。曹成兵败,杨再兴被俘,岳飞爱他骁勇,不记杀弟之仇,劝他归降了官军。参加岳家军后,杨再兴和金与伪齐军作战,屡立战功。小商桥一战,不幸殉难。

郾城连捷之后,岳飞预料兀朮必定还会卷土重来进攻颍昌府,就命令岳云从速带领背嵬军前往颍昌,支援驻守在那里的中军统制官王贵。果然不出岳飞所料,兀朮重整旗鼓,纠集了步兵十万人、骑兵三万人,向颍昌府杀来。兀朮在西门外摆开一字阵,长亘十多里,阵地上金鼓震天。王贵命令踏白军统制董先、选锋军副统制胡清守城,自己统率中军、游奕军,出城迎敌。岳云手执双锤,带着八百名背嵬骑兵,正面冲杀,两翼步兵跟着推进。从上午到中午,双方血战几十回合,直杀得人变成血人,马变成血马。正当两军胜负未分、相持不下的时候,董先、胡清带领一支生力军从城中杀出,金军立即抵敌不住,全线崩溃。岳家军乘势追杀,大获全胜。战斗结束,战场上横七竖八地躺着五千多具金军的尸体,其中包括金国统军使、金吾卫上将军夏某(兀朮的女婿,不知其名)、千户五人,岳家军还俘虏了包括渤海汉儿都提点、千户王松寿,女真汉儿都提点、千户张来孙,千户阿里不等大小首领七十八人在内的二千多名战俘,缴获战马二千多匹、金印十枚。兀朮狼狈逃走,副元帅粘罕孛堇身受重伤,抬到汴京就断气了。

在这次大举北伐中,岳飞也得到了河东、河北义军的有力配合。早在绍兴九年,岳飞就派统制官李宝秘密回到山东、河北一带,联合各地忠义军马,四出活动,袭击敌人。次年五月,金兀朮撕毁和约,准备南侵。李宝从卫州共城(河南辉县)境太行山出发,沿河夺取敌人的船只,顺流而下,到曹州(山东菏泽)境多次夜袭兀朮军营,大量杀伤敌人,使兀朮阻滞了半个多月,才南侵顺昌府。岳飞这次北伐,梁兴也受命带领人马渡过黄河。之后,他迅速会合太行山忠义民兵和河东、河北豪杰赵云、李进、董荣、牛显、张峪等各支抗金武装,连克绛州垣曲县

(山西垣曲东)、泽州沁水县(山西沁水)、绛州翼城县(山西翼城)、赵州(河北赵县),活捉金将十多名,杀死金兵几千人。李宝和梁兴连获胜仗,队伍日益壮大。他们打着岳家军的大旗,牵制了许多金兵,截断了金军从山东到河北的运输通道。

经过许多次战役,尤其是郾城和颍昌之战,岳家军显示出无与伦比的战斗力。金军被岳家军打得闻风丧胆。他们不得不承认:"撼山易,撼岳家军难。"金军统制王镇、统领崔庆、将官李觐、秉义郎李清以及崔虎等,各自带领全部人马投奔岳家军。龙虎大王突合速帐下的心腹禁卫,像忔查千户、高勇之、张仔、杨进等人,也接受岳飞的旗榜,率领部众从北方来降。甚至韩常也因颍昌战役惨败,害怕被兀术治罪,暗中派人报告岳飞,愿意带五万人马前来投降。这时,金军的一举一动及其屯驻的地形,岳飞都了解得清清楚楚。

形势对岳家军极为有利。岳飞立即向赵构上书,报告河北人民盼望宋军前去解救和金兀术已经命令其老小渡河北撤的消息,指出现在正是"陛下中兴之机,金贼必亡之日",如不乘此机会,必定留下后患。他请求尽早命令各路兵马火速并进,发动总反攻。与此同时,岳飞亲自带领全军从郾城继续北上,进军朱仙镇,距离汴京只有四十五里了。困在汴京城里的兀术,在前有岳家军,后有忠义民兵的夹击下,几乎成为瓮中之鳖。为了挽救自己覆灭的命运,兀术一度倾巢出动,带领十万兵出城,与岳家军对阵。岳飞按兵不动,只派猛将带领背嵬军骑兵五百名出击,杀败金军,兀术抱头鼠窜,连夜逃回了汴京。

朱仙镇之捷,更增强了岳飞乘胜渡河收复河北的决心。他再次上书赵构,要求深入敌境,复取旧疆,报亡国之耻。他急切地盼望着朝廷能批准他的请求,发出渡河进军的命令。他鼓励部下说:"这一次进军,直捣黄龙府,一定跟大家喝个痛快。"这时,河东、河北的忠义民兵听说岳家军马上就要渡河,都拿起武器、扛着粮食,或者顶盆焚香,准备迎接。大批百姓拥向黄河北岸,等待着岳家军。金军看到这种情景,又急又惧,徒唤奈何。燕京(今北京市)以南,金朝号令不行。兀术企图征兵继续顽抗，河北各州没有一人愿意从军。不仅汉族百姓进行抵制，连女真族百姓也痛恨这场长期的无休无止的掠夺战争。兀术哀叹道："自我起兵北方以来，没有像今天这样挫败过。"他不敢再战，只求能安全撤回北方。

正当宋朝军民精神振奋，迎接即将到来的胜利时，突然从临安传出了一个惊人的消息。原来赵构既怕岳家军打败，又怕岳家军全胜。打败了，南宋小朝廷难保，他自己可能沦为敌人的阶下囚；全胜则又担心岳飞功勋太大，有震主之威，难以驾驭。秦桧更怕岳飞打胜，因为他是为金朝主子效劳，以主和起家的。岳飞得胜之日，便是他性命难保之时。他摸透了赵构的心理，指使一名官员上书赵构说："现今兵弱将少，民困国乏，岳飞如果深入敌境，岂不危险！希望陛下命令岳飞暂且班师，待将来兵强将众，粮食充足，再兴师北伐，当可一举而定，这才是万全之计。"赵构本来心怀鬼胎，一见奏书，正中下怀，立即下令各路大军停止进击，一律撤回原来的驻地。

岳飞接到朝廷的命令，一面让将士整装待发，一面在七月十八日上奏力争。在奏章中，他说："金贼屡次败衄，锐气丧尽，内外震骇，打算弃掉辎重，迅速渡河。况且现今豪杰闻风响应，将士奋不顾身，天时人事，谁强谁弱，已一目了然。大功即将告成，时机不可轻失。"他坚决要求乘胜北进，扩大战果。但是，岳飞的这一奏章还没有送到临安，赵构已在一天之内用金字牌（朱漆的木牌，长一尺多，上面刻着金字，是用来传递皇帝发下的特急件的一种标志，按规定不分昼夜，鸣铃走递，一天行四百到五百里）发出十二道诏书，催促岳飞班师，理由是"孤军不可久留"。事实上，这时张俊虽刚从亳州（安徽亳县）南撤，岳家军右侧略显空虚，但刘锜军仍在顺昌府，韩世忠军在淮阳军（江苏邳县西南）境，岳家军并非完全处于孤立无援的困境。

一道道诏书，像一支支毒箭，射向岳飞的胸膛。岳飞泪流满面，悲愤地说："十年的努力，一旦付之东流！收复的各州，一朝全部丢弃。社稷江山，难以中兴；乾坤世界，无由再复！"诸将也痛哭流涕。就这样，岳飞被迫下令撤军。在撤军前,为防备兀术闻讯派兵偷袭,故意放出风声,说明天将要渡河。金兀术害怕汴京城内百姓做岳家军的内应,连夜弃城,北逃一百多里。

岳家军班师的消息不胫而走,百姓们扶老携幼,纷纷赶来挽留。他们挡住岳飞的坐骑,痛哭失声地诉说:"我们顶香盆、运粮草,迎接王师,金贼知道得一清二楚。现今相公一走,我们就没法活命了。"岳飞勒住马头,流着泪,拿出赵构的诏书,让百姓们观看,说:"朝廷有诏书,我不能不走呵!"他只好再三安慰百姓,劝他们向南撤到襄、汉一带。为此,他命令留兵几天,掩护百姓撤退。

七月二十一日,岳飞率军从郾城班师。岳家军渐渐远去了,百姓们聚集在大道上,看着岳飞的军旗渐渐消失,一个个都痛哭失声。

金兀术听说岳家军已经撤走,不禁额手称庆,紧接着便派兵重新夺占了郑州、颍昌、陈州、蔡州等地。

九　诏狱受审,惨遭毒手

颍昌之战后不久,金兀术秘密写信给秦桧说:"你一天到晚请求讲和,而岳飞却正想进攻河北,还杀死我女婿,此仇非报不可。必须杀了岳飞,才可以讲和。"他向秦桧明确提出以害死岳飞为议和的条件。

对于手握大军,节制一方的武将,赵构一直是心怀忌刻的,其中特别是军力最盛的岳飞。绍兴八年,岳飞多次要求增添兵力,赵构加以拒绝,说"宁可缩小防区,也不能添兵",要防止"尾大不掉"。十年六月,岳飞当面建议赵构早建皇储(确定继承皇位的人),赵构更大为不满,说:"武将不应干预朝政。"郾城、颍昌之战,岳飞重创金军主力,声威大震,这在赵构看来,是武将挟震主之威,更难于容忍。加上岳飞始终不渝地反对苟安投降,坚持抗战,以"直捣黄龙"为目标,这就愈来愈为以妥协苟安为国策的赵构视同眼中钉了。

绍兴十一年(1141年)正月,金兀术再次征兵十多万,侵犯淮西,赵构命令韩世忠、张俊等大将合兵淮西。二月初,金军已占领庐州,不时派兵进入无为军(安徽无为)、和州(安徽和县)剽掠。岳飞二月九日接到前往江州应援的诏令,稍作准备,十一日便领兵上道。十八日,淮北宣抚副使杨沂中、判官刘锜、淮西宣抚司都统制王德等部,在无为军境柘皋镇(安徽巢县西北)大败金朝邢王和镇国大将军韩常所率骑兵。岳飞亲率背嵬军赶到庐州,战事已告结束。三月四日,金兀术采用郦琼的计策,发兵急攻濠州,八天后破城。张俊听说濠州被围,急忙会合杨沂中、刘锜所部,回兵救援,但离濠州六十里时,该城已经陷落。杨沂中见金军几万名伏兵杀来,吓得语无伦次,指挥紊乱,宋军不战而逃,被金军追杀,死伤极多。接着,韩世忠在濠州附近也被金军打败。岳飞在接到朝廷急援濠州的命令前,就已主动带兵从舒州(安徽潜山县)出发,进援濠州。十三日,岳飞赶到濠州定远县(安徽定远),已离濠州城不远。这时,张俊、杨沂中、韩世忠等部宋军已经败退,而金兀术听说岳家军开到,立即引兵退回淮北。

赵构和秦桧及其死党、参知政事王次翁、给事中范同等经过宫廷密议,在四月间,以酬赏柘皋之捷的名义,把韩世忠、张俊、岳飞召到临安。赵构任命韩世忠、张俊为枢密使,岳飞为副使。几天后,宣布撤销三大将的宣抚司机构,将所辖人马直属皇帝"御前"。

赵构和秦桧一举剥夺了三大将的兵权,这是他们蓄谋已久的阴谋的第一步。紧接着是解散三大将的军队,防止他们的部属因怀念旧帅而违抗朝廷命令;同时,利用三大将的矛盾,逐个剪除。五月,赵构命令张俊和岳飞出使淮东,检阅韩世忠的兵马,筹措战守之策。实际上,赵构和秦桧布置给张、岳的任务是拆散韩家军,罗织韩世忠的"罪状"。临行前,秦桧向岳飞透露赵构的真实意图,要他到韩家军驻地去搜罗韩世忠的"罪状"。秦桧还假示关怀,要岳飞防备韩家军叛变。生性耿直的岳飞立即回答秦桧,说:"韩世忠已经升任枢府,楚州的军队就是朝廷的军队。公相(指秦桧)命我带兵自卫,有什么用处呢? 至于叫我去收罗同列的阴私,只会使公相失望。"岳飞和张俊到楚州后,张俊一伙按照秦桧的预谋,由淮东总领胡纺出面,诬告韩世忠的心腹将耿著,说:"耿著企图动摇军心,图谋叛逆,而且还要让韩世忠重掌兵权。"显然,秦桧、胡纺打算从耿著这个突破口,寻找证人,逮捕韩世忠。岳飞事先已经知道秦桧的这一阴谋,对韩世忠的遭遇极为感叹,他说:"我和韩世忠一起为朝廷做事,岂能使他无辜被罪! 否则,我就对不起他了。"于是立即写信急报韩世忠。韩世忠得报,紧急求见赵构,哭诉了一场。赵构假装不知道这件事,让秦桧审理耿著一案,因而耿著得以免死,以刺配流放了事。

在赴楚州的途中,张俊也向岳飞透露秦桧准备拆散韩家军的诡计。张俊还说:"皇上留下韩世忠,是让我们分他的军队。朝廷的意图十分清楚。"岳飞反道:"不然。国家依靠恢复故土的只有我们这三四家,万一皇上再让韩太保统兵,我们有何面目去见他?"张俊怏怏不乐。

岳飞在韩世忠的问题上秉公尽义,但因此更得罪了秦桧和张俊,也得罪了赵构。七月间,岳飞从楚州回到临安。十六日,秦桧唆使右谏议大夫万俟卨(音莫齐谢 mò qí xiè)首先发难,上书指责岳飞"爵高禄厚,志满意得,平昔功名的志向,日渐颓惰"。具体"罪状"有二,一是柘皋之战,违反诏旨,不及时发兵,很久才到蕲、舒;二是扬言楚州不可守,沮丧士气,动摇民心。万俟卨请求罢免岳飞的枢密副使。赵构亲自出场配合,首肯万俟卨的话,说:"岳飞公然声称楚州不可守、修城有什么用,这是因为将士久戍楚州而感到厌烦,想弃城而到别处去,岳飞的用意是附和下级以钓声誉,所以说出这种话来,叫朕去依靠谁!"秦桧乘机推波助澜,说:"岳飞的话说到这个地步,而朝廷内外有的人还不知道。"接着,御史中丞何铸、殿中侍御史罗汝楫也交章弹劾岳飞,大意跟万俟卨所说相同,请求赵构"速赐处分",让岳飞闲废。岳飞立即连上三奏,要求辞职。八月九日,赵构罢免岳飞枢密副使之职,改任万寿观使的闲职。

岳飞居闲后,已既无兵,又无权,但是,赵构和秦桧对岳飞的迫害并不到此止步。他们觉得岳飞虽已罢官,但他的爱将王贵和张宪仍分别担任岳家军的都统制和副都统制;同时,英勇善战的岳家军依旧存在。这些都使他们不能放心。因此,他们又施展一系列阴谋诡计,以达到一箭双雕——杀害岳飞和解散岳家军的目的。

还在六月间,赵构和秦桧就已派林大声为湖、广总领官,不仅总管岳家军粮饷,还有权统率各军。林大声到鄂州后,跟胡纺在韩家军的活动手法完全一样,想方设法收集岳飞的材料,网罗败类,企图使岳飞的部将们互相攻击,然后牵连岳飞父子。岳飞手下有一个叫王俊的前军副统制,本来是一个小兵,因告发同伴谋乱而立功,升为副都头。从此,他专事告密,一直爬到了副统制。军中给他起了一个绰号叫"王雕儿",意思是凶狠如雕,是贪婪无义之徒。王俊自从编入岳家军后,屡次因奸贪而受到张宪的处罚,对张宪怀恨在心。林大声觅到王俊,如获至宝,便向王俊暗示了秦桧的意图。王俊受宠若惊,觉得这是难得的升官发财的好机会,还可乘机报复对张宪的私仇。

林大声和王俊经过精心策划,在九月初八,由王俊出面诬告说:张宪曾在八月二十二日对王俊谈及,张宪知道岳飞罢官,准备裹胁大军由鄂州移屯襄阳,逼迫朝廷释放岳飞,并把兵权交还给岳飞。如朝廷派兵来剿,则请番兵帮助。王俊的状词破绽很多,最明显的是张宪和王俊原来关系并不融洽,王俊又是尽人皆知、专事告密的无耻之徒,张宪决不会跟他推心置腹地商议这种大事。同时,王俊的诬告状最后也给自己留有余地,声明他没有看到岳飞派人来找张宪,也没有看到张宪派人到岳飞那里去。

都统制王贵也是秦桧一伙准备收买的对象。王贵在颍昌战役一开始曾经怯战,打完仗,岳飞很生气,要处死王贵,由于部将们纷纷请求,才饶恕了他。又有一次,王贵帐下的士兵,乘百姓房屋起火,偷了几张芦席,用来遮盖自己的屋子,被岳飞发现后,立即斩首示众,王贵也被责杖一百。在岳飞被罢官前后的一段时间里,王贵正在镇江的枢密行府,向张俊报告和商议军事。秦桧和张俊以为王贵一定怨恨岳飞,派人诱使王贵。起初,王贵不肯加害自己的主将,他说:"岳相公身为大将,当然要行赏罚。如果部下都这样怨他，那就不胜其怨了。"秦桧、张俊见王贵不肯就范，进一步派人搜集他家中的隐事，用这些东西来迫使他屈从。最后，秦、张达到了目的。王贵刚从镇江回到鄂州，即九月初七，王俊就向王贵告发张宪。王贵明知蓄意诬陷，也仍然将诬告状转交林大声，用急递发送镇江张俊。

张宪原在九月初一按照朝廷的命令，离开鄂州，准备去临安朝见赵构。等张宪经过镇江时，王俊的诬告状已送到了张俊手中。张俊立即在镇江将张宪拘押起来。根据宋朝的法制，枢密院无权审讯犯人，但张俊求功心切，不等将张宪解往临安，就在行府私设刑堂。张俊使用种种毒刑，把张宪打得体无完肤，企图逼迫张宪承认收到过岳飞的亲笔信，信上命令张宪设法使朝廷将兵权归还岳飞。并把王俊叫来当堂对证，但张宪宁死不屈，不肯诬认。张俊见动刑和对证都不能使张宪屈服，便假造供词，上奏说：张宪已供认"在收到岳飞文字后谋反"。

按照事先的策划，不论指使王俊诬告，或者胁迫王贵、拷打张宪，无非是为了顺藤摸瓜，以牵连岳飞父子。十月十三日，赵构传下"圣旨"，命令在刑部大理寺设立制勘院审理此案，然后"闻奏"。于是岳飞和岳云都被逮捕，押送到大理寺狱中。与此同时，朝廷还出榜公布，说张宪一案"其谋牵连岳飞，遂逮捕归案，设诏狱审问"。诏狱是皇帝亲自处理重大案件，下诏置狱的特别法庭。此案由赵构亲自审理，可见关系重大。

岳飞被投入牢狱后，由御史中丞何铸、大理卿周三畏共同审讯。何铸原来附和秦桧，曾参预弹劾岳飞。审讯时，何铸传岳飞到庭，要岳飞交代"谋反"的罪行。岳飞撕开衣服，袒露背部，叫何铸看他背上刺着的"尽忠报国"四个大字。这几个字深深透入肌肤，是他老母姚氏早年为了鼓励他忠于国家而亲手刺上的。何铸不禁深受感动。在继续审讯时，何铸逐步发现王俊的状词、张俊的奏章等都是无实据的诬陷之词，说明岳飞蒙受了不白之冤。他把这一看法禀告秦桧。秦桧听罢，大为不满，便向何铸透露这次逮捕和审讯岳飞不是他秦桧的主意，而是"圣上的意思"。何铸不听，仍然据理力争，说："我何铸岂止是为了一个岳飞！强敌未灭，无故杀一名大将，会失去士卒的信心，不是社稷长久之计。"秦桧无言以对，愤愤而去。

何铸为岳飞鸣冤，审讯工作自然毫无进展。赵构和秦桧就用别的名义，将何铸调离御史台，不久后又将他贬官。十一月二十一日，根据右谏议大夫万俟卨的毛遂自荐，命他接任御史中丞；又命罗汝楫为右谏议大夫。于是由万俟卨、罗汝楫、周三畏等人重新开始审理岳飞这一案子。

万俟卨以前任湖北提点刑狱时，岳飞宣抚荆湖，曾对万俟卨很不客气，万俟卨一直耿耿于怀。这次，万俟卨主动要求负责审讯岳飞，显然不怀好意。岳飞和张宪第一次受审，被带到堂上，蓬头赤脚，浑身血染，戴着沉重的枷锁镣铐。万俟卨等人向岳飞大声呵斥道："国家哪里亏待你们，你们二人却要谋反？"岳飞理直气壮地说："对天起誓！我绝对不辜负国家。你们既然主持国法，就不该损陷忠臣。否则，我到冥府也要与你们对质到底！"万俟卨又追问岳飞说："你既然不想谋反，你记不记得游天竺寺时，在壁上题有'寒门富贵在何时'一句，这是什么用意？"罗汝楫等陪审官员一齐随声附和说："你既然写这些东西，岂不表明想造反吗？"岳飞看到这些审讯官员无一不是秦桧的党羽，跟他们讲道理还有什么用处呢？不禁长叹一声，说："我现在才知道已落入国贼秦桧手里，使我为国尽忠之心，一切都白费了！"说罢，闭上眼睛，再也不说一句话，任凭狱卒去拷打。

在以后的许多次审讯中，岳飞屡经酷刑的折磨，但始终以坚强的意志、非凡的毅力，忍受肉体上的极大痛苦，拒绝回答万俟卨们提出的任何问题，拒绝承认王俊、张俊等人捏造的"罪状"。为了表示抗议，岳飞开始绝食。连续好几天，岳飞一口粥也不吃。他终于病倒了。根据宋朝的法律，囚犯患重病，可以找家属到狱中侍候。万俟卨等人就指定派岳飞的次子岳雷入监照顾。

秦桧、万俟卨还继续派他们的党羽搜检岳飞的文书档案，又派党羽分头到各地去罗致别的"罪证"。他们说,在当年淮西战役中,岳飞在得知张俊、韩世忠等战败后,用手指着张宪说道:"张太尉,像张(俊)家那样的兵马,你带一万人去,就可以把他们踏平了。"随手又指着董先说道:"董太尉,像韩(世忠)家那样的兵马,你不消带一万人去,就可以把他们踏平了。"这不仅是故意渺视同朝大将,而且是想残害友军。又说,岳飞有一次召集诸将开会,他忽然扬言:"国家今天的景况不得了啊,官家(指赵构)又不修德!"这是"指斥乘舆"即攻击皇帝。他们还说,几年前,岳飞第一次作节度使时,曾经高兴地向别人夸耀说:"我三十二岁建节,自古少有。"而在这个年纪做节度使的,只有开国皇帝宋太祖。这是与太祖皇帝相提并论,显然怀有不测的野心。此外还编造说:岳飞罢兵权后,曾经命幕僚孙革写信给张宪,叫张宪"采取措施,另行筹画",又指使张宪谎报金兀尤大军侵犯襄、汉一带,以便占据襄阳作乱。万俟卨等人还捏造了岳云的一些罪名,说他写信给张宪,要张宪想法把岳飞弄回军中来,并说这封信已经焚毁。

在这样的"罪状明白"以后,万俟卨决定立即结案定罪。按照宋律,应该召集此案审讯官和刑部、大理寺官员一起集议。大理寺丞李若朴、何彦由提出,岳飞的罪依法只可判处两年徒刑,不应判死刑。万俟卨等人置之不理,仍然决定岳飞、岳云、张宪三人犯下了"私罪",应该判处岳飞斩刑、张宪绞刑、岳云徒刑,并将所定罪名奏报朝廷,请赵构最后"裁断"。

正当秦桧、万俟卨等人迫害岳飞的时候,朝廷内外许多爱国的、主持正义的官员、士大夫展开了营救岳飞的活动。宗室首领,判大宗正司赵士㒟,力辩岳飞无罪,他说:"中原未宁,祸及忠义,这是忘记二圣,不想恢复中原了。臣愿意以全家百口,担保岳飞没有罪。"南剑州(福建南平)"布衣"(平民)范澄之上书指出,全国百姓不知道岳飞因犯何罪而被逮系诏狱,但又怕指责为造谣惑众,所以都不敢说话。宰辅大臣献媚房人,急于求和。陛下正下定决心恢复祖宗大业,岂可叫将帅们互相屠杀! 希望陛下特予赦宥,释放岳飞。"布衣"刘允升、汾州进士智浃也各自上疏为岳飞伸冤。抗金名将韩世忠不顾个人的安危，亲自责问秦桧，秦桧含糊其词地回答说："岳飞子岳云写给张宪书虽然不清楚，但是这件事莫须有（也许有）……"韩世忠听了，义愤填膺，说道："相公'莫须有'三字，何以服天下？"从此，"莫须有"成为冤狱的代名词，后代还称冤狱为"三字狱"。在赵构和秦桧一伙的黑暗统治下，爱国的官员和士大夫的营救活动都成为徒劳。

岳飞被捕入狱后，赵构、秦桧一伙加紧向金朝求降。十月，赵构派吏部侍郎魏良臣等出使金朝，在兀朮面前再三叩头，哀求甚切，兀朮才准议和。十一月，宋、金和谈成功，金朝规定宋朝投降的条款为：划定两国的国界，东从淮水、西到陕西大散关（陕西宝鸡西南）以北的土地全部归金朝所有，宋在京西割唐、邓二州，陕西割商、秦二州之半给金；仍向金称臣，每年奉送金朝银子二十五万两和绢帛二十五万匹。

赵构和秦桧一伙屈膝投降如愿以偿后，又按照金朝统治者的意旨，决定对岳飞下毒手。

绍兴十一年的寒冷岁末，即腊月二十九日，岳飞经过许多天的绝食，身体已经极度衰弱。赵构审批尚书省转呈的刑部大理寺奏状，当即下旨："岳飞特赐死。张宪、岳云并依军法施行，命杨沂中监斩，仍多差将兵防护。"刑部大理寺原来议定不杀岳云，但赵构和秦桧、万俟卨一伙连岳云也不肯放过。

当天，大理寺执法官遵旨进入狱中，作最后的处决，他们再次提审岳飞，逼他在供状上画押。岳飞知道已经到了生命的最后时刻，他仍然坚持自己抗金爱国无罪，决不向赵构和秦桧一伙乞求开恩赦免。不过，他觉得如果老天有眼，一定会证明自己的一生光明磊落、无辜被害，于是他镇定自若地取过笔来，在供状上写了八个大字：

　　　天日昭昭，天日昭昭！

不一会儿，狱吏拿来毒药，放入酒中，岳飞一饮而尽。张宪、岳云同时也被押赴刑场。三位许身抗敌，反对民族压迫的斗士，就这样没有战死在抗敌的疆场上，却惨死在妥协投降派的毒刑下。这时，岳飞仅三十九岁，岳云二十三岁。

岳飞等三人被害的同时，岳飞和张宪的家属也受到株连，按照赵构的"圣旨"，被分别押解到广东、福建拘管，家产被查抄、没收入官。岳飞的幕僚于鹏、孙革被诬为遵照岳飞之意书写文字给张宪；王处仁、蒋世雄向岳飞传报王俊诬告张宪的消息；僧泽一被逆为参与张宪"谋叛"；进士智浃被诬为接受岳云的贿赂；这六人作为岳飞的同案犯，也都根据赵构的"圣旨"，被判处徒或流放、监管、杖脊等刑罚。岳飞的一些参谋官、参议官以及曾为岳飞鸣冤的官员、士大夫，也都先后受到岳云"诏狱"的牵连，被贬官或罢官、流放、监管等，不一而足。岳家军由张俊的心腹田师中接管，牛皋被毒死，很多将领被田师中用各种名义驱逐出军。

十　严于治军、治家和律己

岳飞在亢金斗争中所以能屡建奇功，岳家军所以能百战百胜，跟他严于治军、严于治家、严于律己等密切有关。

岳飞的孙子岳珂总结岳飞治军的经验有六条：一是重蒐（同搜字）选。岳飞用兵，贵精不务多，善于以寡胜众。背嵬军所向克捷，都能以一当百。岳飞曾以背嵬军五百名，大败金兀术的十万大军。二是谨训习。岳飞在停战休整时期，仍然抓紧练兵。将士练习登城、跳壕等课目，都穿着重甲，把平时当作战时。岳飞常常因为忙于训练，连家也顾不上回去。三是公赏罚。岳飞对待千万人就像对待一个人一样，有功者必赏，有过者必罚。张宪部下的士兵郭进作战有功，岳飞立即解下自己的金束带和所用银器，奖赏给他，又提拔他为秉义郎。有一次，岳云身穿重甲，上下山坡时，不慎马失前蹄，从马背上摔下来，岳飞责怪他平时训练不严，罚杖一百。四是明号令。岳飞调兵遣将，发号施令，总是简明扼要,使部下易于理解、便于执行。五是严纪律。岳飞行军或驻扎时,都对百姓秋毫不犯。如果偶然有士兵践踏百姓农田,损坏庄稼,或者向百姓购买物品不给足价,皆要处死,不予宽贷。如果有士兵私取百姓的一缕麻或一束草,一经发现,立即斩首。军队半夜路过民居,不敢惊动主人,都露宿门外;即使百姓开门请进,也不随便进入。开拔前,要把铺草、苇席整理好。岳飞经常带十几名骑兵在驻地周围巡视,检查有无违犯军纪情况。有时还亲自为屋主人洒扫门庭,洗涤器具,然后告辞而去。"冻死不拆屋,饿死不打虏",成为岳家军的一种光荣传统。六是同甘苦。岳飞经常跟最低级的士兵同吃,酒、肉全部平均分配。如果酒少,不能分给全部将士,则添上一些水,使每人都能喝上一口。士兵露宿野外,岳飞也决不一人住进营帐。部将带兵远征,岳飞派妻子李氏(前妻刘氏在岳飞从军后,已改嫁他人)常到他们家中慰问,赠给金帛。将士不幸牺牲,岳飞亲自主持追悼,抚养他们的遗属。士兵有病,岳飞不时前往探望,亲手调理汤药。朝廷每次犒赏,多者几十万贯,少者几万贯,岳飞都交给有关机构,分发给将士,从不私藏一文钱。有一次,岳飞命一名部将分发犒赏,按照带甲人、轻骑人、不带甲人三等给钱,这名部将却裁减其数,中饱私囊,被岳飞发觉后,立即杖杀。

岳飞治军能够恩威并施,信赏必罚,使将士人人遵守纪律,唯恐违犯。但动辄惩处,小过大罚,罚则不赦。要求过严,近乎苛酷,是它的流弊。

岳飞严于治家。他最孝顺母亲姚氏。从军后,他念念不忘在沦陷区受煎熬的老母,派人前去找寻,好几年音讯全无。后来突然从老母那里来了一个人,告诉他说:"你母亲托我转告你:好好替圣天子做事,不要惦念我。"他听了悲喜交集,十分激动。他一再派人去迎接,总共往返十八次,才把母亲接来。母亲有病,他在军务、应酬等百忙之中,一早一晚抽空回来看望,还亲自尝药。遇到出征,他便再三叮嘱家人仔细侍养老人。如果发现稍有侍候不周之处,他从妻子起,一一责骂、惩罚。母亲死后,他痛不欲生,亲自跟岳云一起赤脚扶棺,归葬庐山。

　　除岳云外，岳飞还有岳雷、岳霖、岳震、岳霆等四个儿子。岳飞身为大将，俸禄丰厚，完全可跟其他大将一样，使儿子们养尊处优。但岳飞规定，全家只穿麻布衣服，不穿丝织品。家中的器具够用即可，不求精巧美观。日常的饭食是面食和蔬菜，很少吃荤。诸子平时不准近酒，读书之外，还常常叫他们拿起农具，耕田种植。岳飞告诉他们："稼穑艰难，不可不懂啊！"岳飞也从不凭借权势，为儿子们钻营功名利禄。岳云追随他在战场上出生入死，屡建战功，但他常常扣押下来不报，有时因朝廷追问，才不得不补报，还一再辞去朝廷对岳云的赏赐。

　　在政治腐败、贪婪成风的宋朝，岳飞以严于治家而著称，实在难能可贵。当然，他在家庭中实行的是严格的封建家长制，这是不足取的，但在当时社会里，也是不可免的。

　　岳飞还严于律己。他生活俭朴，不贪财爱色。在当时的大将中，像韩世忠、张俊、刘光世等人，都广殖资产，婢妾成群，唯独他是一个例外。他平生不置田产，不积私财，朝廷所赐钱物都用来犒赏将士；部队粮饷不足，即捐出家中的藏粮。他被害后留下的田地约二千亩、房屋近五百间，这些是他用来抚养从北方逃来的家属和同族穷苦人的。跟韩世忠拥有每年收租几万石，张俊收租六十万石的田产相比较，真有天壤之别！赵构曾经赐给岳飞一区住宅，让他在临安府安家，岳飞上疏恳辞，说："北虏未灭，臣何以家为！"再次表明他的伟大志向。有人问岳飞："天下何时能够太平？"岳飞回答说："文官不爱钱，武官不惜命，则太平了。"这句话既是岳飞针对时弊而发的批评，也是他的政治理想。岳飞还终身不娶妾。有一次，川陕宣抚使吴玠派人给他送来一个年轻美貌的士族女子，妆奁丰盛。岳飞没有看一眼这个女子，隔着帘幕告诉她："我家上下都穿细布衣服，吃的只是虀（音激jī，咸菜）面。女娘子如果能够同甘共苦，就请留下；不然，就不敢收留。"女子没有答复问话，岳飞只听到她在帘内吃吃的笑声，知道她过不惯这种粗茶淡饭的生活，就送她回吴玠那里。岳飞原来嗜好喝酒，酒量也很大，赵构劝他戒酒，说到将来收复河北后再饮，他就立誓滴酒不入口。

在打仗时,岳飞常常身先士卒,亲自充当旗头,扛着军旗,冲向敌阵。打郢州时,岳飞竖旗张盖,指挥攻城,突然城上打下一颗炮石,正中座位前面,两旁将士受惊躲避,岳飞却镇定自若,继续指挥战斗,连脚也不移动一步,一直到把城攻下为止。岳飞克己奉公,功成不居。每次作战获胜,总将功劳让给别的大将或自己的部下。收复襄、邓等六州时,朝廷派刘光世率骑兵五千人来牵制敌人,但等到六州全部收复后,刘光世军才赶到。后来朝廷论功行赏,岳飞却奏请先赏刘光世之功。每当岳飞自己受赏,他总是一而再,再而三地以无功而辞,不愿居功受赏。这种态度,跟当时其他大将往往贪功冒赏完全不同。

岳飞被害后二十年,即绍兴三十一年(1161 年)秋,因为金朝统治者再次撕毁和约,分兵南侵,又因为太学生程宏图上书为岳飞伸冤,赵构乃在十月间,下诏释放岳飞和张宪的家属,准许他们随意定居。但可憎可恨的是,赵构在诏书中竟然把权奸蔡京、童贯与岳飞、张宪相提并论,同时释放了蔡、童的家属。直到赵构退位、宋孝宗即位,为了平息民愤、鼓励将士抗敌,才正式昭雪岳飞的冤狱,追复他原有的官职,并将他的遗体依礼改葬。乾道六年(1170 年),在鄂州替岳飞盖造"忠烈庙",表示纪念。淳熙六年(1179 年),谥"武穆"。宋宁宗嘉泰四年(1204年),追封鄂王。宋理宗宝庆元年(1225 年),改谥"忠武"。从此,岳飞恢复了他的抗金名将的名誉。

岳飞的一生,是英勇抗击外族侵掠的一生,他的坚决反抗民族压迫的爱国主义精神和坚贞不屈的民族气节,为中华民族树立了优秀的典范并提供了高尚的精神遗产,值得人们永远纪念。

(《中华民族杰出人物传(第二辑)》,中国青年出版社 1983 年版)